INFANCIA Y LEGALIDAD EN EL PRÓXIMO ORIENTE ANTIGUO DURANTE EL BRONCE RECIENTE (CA. 1500–1100 A. C.)

ANCIENT NEAR EAST MONOGRAPHS

General Editors
Alan Lenzi
Juan Manuel Tebes

Editorial Board
Reinhard Achenbach
C. L. Crouch
Roxana Flammini
Esther J. Hamori
Christopher B. Hays
René Krüger
Graciela Gestoso Singer
Bruce Wells

Number 20

SBL PRESS

INFANCIA Y LEGALIDAD EN EL PRÓXIMO ORIENTE ANTIGUO DURANTE EL BRONCE RECIENTE (CA. 1500–1100 A. C.)

by
Daniel Justel

SBL PRESS

SBL PRESS

Atlanta

Library of Congress Control Number: 2018940912

Printed on acid-free paper.

Para Teresa

Índice

Resumen ix
Lista de figuras y tablas xi
Lista de abreviaturas y convenciones xiii
Agradecimientos xxv

1. Introducción 1
1.1. La infancia en el Próximo Oriente Antiguo como tema de investigación 1
1.2. Presentación y justificación del estudio 6

2. Abortos y abandonos infantiles 27
2.1. Introducción 27
2.2. Fuentes del Bronce Reciente 30
2.3. Valoración de la documentación del Bronce Reciente 39
2.4. Abortos voluntarios y abandonos infantiles del Bronce Reciente dentro de su cntexto próximo-oriental antiguo 41
2.5. Conclusiones 56

3. Infancia y matrimonio 59
3.1. Introducción 59
3.2. Fuentes del Bronce Reciente 60
3.3. Cuestiones terminológicas en las fuentes presentadas 68
3.4. Generalidades históricas y contextualización de las fuentes del Bronce Reciente 71
3.5. Infancia y matrimonio en el Bronce Reciente. Comentarios y conclusiones 76

4. Adopciones infantiles 81
4.1. Introducción 81
4.2. Fuentes del Bronce Reciente 83
4.3. Términos y expresiones 90
4.4. Los actores del contrato 94
4.5. Economía en las adopciones infantiles 114
4.6. Causas y objetivos de las adopciones infantiles 116
4.7. Las adopciones infantiles del Bronce Reciente en su contexto próximo-oriental antiguo 123
4.8. Conclusiones 129

5. Infancia y esclavitud 133
5.1. Introducción 133
5.2. Fuentes del Bronce Reciente 134
5.3. Términos y expresiones 147
5.4. La esclavitud infantil en el Oriente Próximo durante el Bronce Reciente 156
5.5. La esclavitud infantil del Bronce Reciente en su contexto próximo-oriental antiguo 188
5.6. Conclusiones 206

6. Ventas de niños 211
6.1. Introducción 211
6.2. Fuentes del Bronce Reciente 212
6.3. Términos y expresiones 224
6.4. Los actores del contrato de venta 234
6.5. Economía en las ventas de niños 275
6.6. Causas y objetivos de las ventas de niños 284
6.7. Las ventas de niños del Bronce Reciente en el contexto próximo-oriental antiguo 292
6.8. Conclusiones 302

7. Conclusiones 305
7.1. Síntesis por ámbitos documentales 305
7.2. Conclusiones conjuntas 311

8. Bibliografía 323

9. Anexos 369

Resumen

En el presente trabajo estudiamos los textos cuneiformes de la Mesopotamia y Siria del Bronce Reciente (ca. 1500–1100 a. C.) que nos informan sobre los aspectos legales de la infancia. La documentación analizada es variada, siendo contratos y documentos administrativos los principales géneros que informan sobre el tema. También heterogénea es la distribución geográfica de los textos estudiados, que dividimos en cuatro ámbitos geográficos diferenciados tanto a nivel cultural como en ocasiones político: Babilonia casita, Asiria, ámbito mittanio y Siria.

A lo largo de los capítulos profundizamos en las principales cuestiones jurídicas en torno a la infancia, tanto las de carácter positivo (adopciones y matrimonio) como las que en principio se presentan como perjudiciales para el menor (abortos, abandonos, esclavitud infantil). Todos estos mecanismos operan sobre un trasfondo legal, por lo que el estudio se plantea desde esta perspectiva jurídica. Para ello ponemos de relieve las características propias de cada cnjunto documental, señalamos las semejanzas o disimilitudes entre ellos y contextualizamos los mecanismos jurídicos estudiados dentro de la constante legal del Próximo Oriente Antiguo.

Por tanto, el objetivo perseguido en el trabajo es analizar el papel que los niños juegan en los procesos activados por adultos. La percepción que éstos tengan de los menores y el tratamiento hacia ellos dispensado nos informará sobre la concepción que el hombre próximo-oriental del Bronce Reciente tenía sobre este sector tan importante de la sociedad.

Lista de figuras y tablas

Figuras

1. Ámbitos documentales y principales archivos estudiados en la investigación 19
2. Edad de los familiares en el primer matrimonio en el 1.er milenio a. C. 72
3. Copia de dos contratos arcaicos de ventas (ambos anversos, RTC 16 y RTC 15) 291

Tablas

1. Terminología sumeria general que concierne a niños 22
2. Terminología acadia general que concierne a niños (según CAD) 23
3. Expresiones sobre abandonos infantiles en las series *ana ittišu* (MSL I) y ḪAR-ra *ḫubullum* (MSL V) 45
4. Fuentes del Bronce Reciente para el estudio de la relación entre infancia y matrimonio 67
5. Distribución general de los participantes en los contratos de adopción infantil 84
6. Fórmulas básicas empleadas de adopciones infantiles en el Bronce Reciente 88
7. Fuentes del Bronce Reciente de ventas de niños conjuntamente 137
8. Número de niños en las listas mesobabilónica de trabajadores forzados 139
9. Fuentes del Bronce Reciente de ventas de niños individualmente 143
10. Ocurrencias de niños, divididos por edades, en listas mesobabilónicas de trabajadores forzados 152
11. Términos para designar niños en la lista mesoasirias de deportados VAT 18087+. 153
12. Distribución de niños lactantes por labores en listas mesobabilónicas de trabajos forzados 167
13. Comparativa entre raciones alimentarias mensuales del 3.er milenio a. C. y época mesobabilónica (en *qû*) 196
14. Número de personas vendidas conjuntamente en la documentación mesobabilónica 216
15. Documentación de ventas de niños en el Bronce Reciente 223
16. Denominación y número de los niños vendidos 225
17. Fórmulas verbales referidas al pago 230

18. Fórmulas empleadas para subrayar el cambio de estatus del niño vendido 233
19. Medidas de los niños vendidos 236
20. Medidas empleadas y equivalencias aproximadas 237
21. Distribución por edades de los niños vendidos 239
22. Principales características de las ventas de niños del Bronce Reciente 246
23. Precios de los niños vendidos 282
24. Esquema general de las ventas de personas con la información correspondiente de RTC 16 294

Lista de abreviaturas y convenciones

Textos, obras de referencia y revistas

A.	Número de signatura de la colección de Mari del Museo del Louvre. París.
AAA	Annals of Archaeology and Anthropology, Liverpool, 1908–1948.
AAAS	Les Annales archéologiques de Syrie. Revue d'archéologie et d'histoire syriennes. Damasco, 1951–.
AASOR	Annual of the American Schools of Oriental Research. New Haven–Cambridge, etc., 1919/1920–.
AASOR 16	Pfeiffer, Robert H. y Speiser, Ephraim Avigdor. *One Hundred New Selected Nuzi Texts*, AASOR 16. New Haven: The American Schools of Oriental Research, 1936.
AbB	Kraus, Fritz Rudolf (ed.). *Altbabylonische Briefe in Umschrift und Übersetzung*. Leiden: Brill, 1964–.
ABL	*Assyrian and Babylonian Letters*. Chicago, 1982–1914.
ADD	Johns, Claude Hermann Walter. *Assyrian Deeds and Documents*, 1–4. Cambridge: Deighton Bell and Co., 1898–1923.
AcAnt	Acta Antiqua Academiae Scientiarum Hungaricae. Budapest, 1951/1952–.
AfO	Archiv für Orientforschung. Berlín, etc., 1923–.
AfO Beih.	Archiv für Orientforschung, Beiheft. Berlín, etc., 1933–.
AHw	Soden, Wolfram von. *Akkadisches Handwörterbuch*. Wiesbaden: Otto Harrassowitz, 1965–1981.
Akkadica	Akkadica. Périodique bimestriel de la Fondation Assyriologique Georges Dossin. Bruselas 1977–.
ALASPM	Abhandlungen zur Literatur Alt-Syrien-Palästinas und Mesopotamiens, Münster.
AlT	Wiseman, Donald J. *The Alalakh Tablets*. Londres: The British Institute of Archaeology at Ankara, 1953.
ANET	Pritchard, James B. (ed.). *Ancient Near Eastern Texts Relating to the Old Testament*. Princeton: Princeton University Press, 1950–1969.
AnOr	Analecta Orientalia, Roma, 1931–.

AO	Número de signatura del departamento de Antiquités Orientales del Musée du Louvre. París.
AOAT	Alter Orient und Altes Testament. Neukirchen-Vluyn/Münster, 1969–.
AÖAW	Anzeiger der Österreichischen Akademie der Wissenschaften, Viena.
AoF	Altorientalische Forschungen. Schriften zur Geschichte und Kultur des alten Orients, Berlín, 1974–.
AOS	American Oriental Series. New Haven, 1924–.
ARM	Archives royales de Mari. París, 1950–.
ArOr	Archív Orientální. Quarterly Journal of African and Asian Studies. Praga, 1929–.
AS	Assyriological Studies. Chicago, 1931–.
ASAW	Abhandlungen der Sächsischen Akademie der Wissenschaften zu Leipzig, 1864–.
ASJ	Acta Sumerologica. Hiroshima, 1979–.
ASJ 10	Tsukimoto, Akio. "Sieben spätbronzezeitliche Urkunden aus Syrien, *ASJ* 10 (1988): 153–89.
AuOr	Aula Orientalis. Barcelona, 1983–.
AuOr5	Arnaud, Daniel. "La Syrie du moyen-Euphrate sous le protectorat hittite: contrats de droit privé", *AuOr* 5 (1987): 211–41.
AuOrS	Aula Orientalis Supplementa. Barcelona 1991–.
B.	Babylon-Sammlung, Tontafelarchiv, IAM. Estambul.
BA	Beiträge zur Assyriologie und semitischen Sptrachwissenschaft. Leipzig, 1889/1890–.
BagF	Baghdader Forschungen. Mainz, 1979–.
BaM	Baghdader Mitteilungen. Berlín.
BAM	Köcher, Franz *et al. Die babylonisch-assyrische Medizin in Texten und Untersuchungen*. Berlín, 1963–.
BASOR	Bulletin of the American Schools of Oriental Research. New Haven, etc., 1921–.
BBSt	King, Leonard William. *Babylonian Boundary Stones and Memorial-Tablets in the British Museum*. Londres: British Museum Publications, 1912.
BATSH	Berichte der Ausgrabung Tall Šēḫ Hamad/Dūr-Katlimmu. Wiesbaden, 1991–.
BBVO	Berliner Beiträge zum Vorderen Orient. Berlín, 1982–.
BBVOT	Berliner Beiträge zum Vorderen Orient, Texte. Berlín, 1990–.
BE	The Babylonian Expedition of the University of Pennsylvania, Series A: Cuneiform Texts. Filadelfia 1893–.
BE 14	Clay, Albert T. *Documents from the Temple Archives of Nippur dated in the Reigns of Cassite Rulers (complete dates)*, BE 14. Filadelfia: Department of Archaeology, University of Pennsylvania, 1906.

BE 15	Clay, Albert T. *Documents from the Temple Archives of Nippur dated in the Reigns of Cassite Rulers (complete dates)*, BE 15. Filadelfia: Department of Archaeology, University of Pennsylvania, 1906.
BE 17	Radau, Hugo. *Letters to Cassite Kings from the Temple Archives of Nippur*, BE 17/1. Filadelfia: Department of Archaeology of the University of Pennsylvania, 1908.
BiAr	The Biblical Arch(a)eologist. Atlanta, 1938–.
Bib. Hist.	Diodoro Sículo, *Bibliotheca Historica*.
BiMes	Bibliotheca Mesopotamica. Malibú, 1975–.
BIN	Babylonian Inscriptions in the Collection of James B. Nies. New Haven, 1917–.
BiOr	Bibliotheca Orientalis. Leiden, 1943/1944–.
BM	Sigla de tablillas de la colección del British Museum. Londres.
BWL	Lambert, Wilfred G. *Babylonian Wisdom Literature*. Winona Lake: Eisenbrauns, 1996.
C-	Numeración de textos en Paradise, Jonathan S. *Nuzi Inheritance Practices*, Tesis Doctoral inédita. Filadelfia: University of Pennsylvania, 1972.
CAD	Roth, Martha T. (Editor-in-Charge). *The Assyrian Dictionary of the University of Chicago*. Chicago: Oriental Institute of the University of Chicago, 1956–2010.
Camb	Strassmaier, Johann Nepomuk. *Inschriften von Cambyses, König von Babylon*. Leipzig: Verlag von Eduard Pfeiffer, 1890.
CBS/CBM	Sigla de tablillas de la colección del University Museum. Filadelfia.
CDA	Black, Jeremy y George, Andrew y Postgate, Nicholas. *A Concise Dictionary of Akakdian. 2nd (corrected) printing*, SANTAG 5. Wiesbaden: Harrassowitz Verlag, 2000.
CDLI	Cuneiform Digital Library Initiative (www.cdli.ucla.edu).
CE	Código de Ešnunna.
CH	Código de Ḫammurapi.
CHANE	Culture and History of the Ancient Near East. Leiden-Boston-Colonia, etc., 2000–.
CHJ	Boyer, Georges. *Contribution à l'histoire juridique de la 1re Dynastie Babylonienne*, París: Geuthner, 1928.
CKLR	Chicago-Kent Law Review. Chicago, 1923–.
CM	Cuneiform Monographs- Groningen-Leiden 1992–.
CNIP	Carsten Niebuhr Institute Publications. Copenague, 1986–.
CRRAI	Comptes rendus de la Rencontre Assyriologique Internationale. París, etc., 1951–.

CT	Cuneiform Texts from Babylonian Tablets in the British Museum. Londres 1896–.
CTMMA III	Cuneiform Texts in the Metropolitan Museum of Art. Nueva York, 1988–.
CTN	Cuneiform Texts from Nimrud- Londres, 1972–.
CUSAS	Cornell University Studies in Assyriology and Sumerology. Bethesda 2007–.
Cyr	Strassmaier, Johann Nepomuk. *Inschriften von Cyrus, König von Babylon*. Leipzig: Verlag von Eduard Pfeiffer, 1890.
DHA	Dialogues d'histoire ancienne. Besançon, 1969–.
DK	Gurney, Oliver R. "Texts from Dur-Kurigalzu", *Iraq* 11 (1949): 131–49.
Dt.	Libro del Deuteronomio.
DUL	del Olmo, Gregorio y Sanmartín, Joaquín. *A Dictionary of Ugaritic Language in the Alphabetic Tradition*, HdO 67. Leiden-Boston: Brill, 2003.
E6	Arnaud, Daniel. *Recherches au Pays d'Aštata. Emar VI.1*, *VI.2, VI.3*. Synthèse 18, París: Éditions Recherche sur les Civilisations, 1986.
EA	Knudtzon, Jørgen Alexander. *Die El-Amarna–Tafeln*. Leipzig: J. C. Hinrichs'sche Buchhandlung, 1915.
EAH	Maynard, John A. "A Neo-babylonian Grammatical School Text", *JSOR* 3 (1919): 65–69.
EN	Excavations at Nuzi, Cambridge. Bethesda, etc., 1929–.
EN 9/1	Ernest R. Lacheman y David I. Owen y Martha A. Morrison, "Part III. Texts in the Harvard Semitic Museum", SCCNH 2. Winona Lake: Eisenbrauns, 1987, 357–704.
EN 9/2	Morrison, Martha A. *The Eastern Archives of Nuzi*, SCCNH 4. Winona Lake: Eisenbrauns. 1993.
Ex	Libro del Éxodo.
Ez	Libro de Ezequiel.
FAOS	Freiburger Altorientalische Studien. Wiesbaden, etc., 1975–.
FLP	Número de signatura del Free Library of Philadelphia Museum. Filadelfia.
FM	Florilegium Marianum. París, 1991–.
GAG	von Soden, Wolfram. *Grundiss der akkadischen Grammatik*, AnOr33. Roma: Pontificium Istitutum Biblicum, 1995.
Gerión	Gerión. Revista de Historia Antigua. Madrid 1983–.
Gn	Libro del Génesis
HAL	Koehler, Ludwig y Baumgartner, Walter. *Hebräisches und aramäisches Lexikon zum Alten Testament*. Leiden: Brill, 1967–1995.
HANEM	History of the Ancient Near East Monographs. Padua 1996–.

HdO	Handbuch der Orientalistik. Leiden 1948–.
HG	Hammurabis Gesetz. Leipzig, 1904–1923.
Hir	Tsukimoto, Akio. "Akkadian Tablets in the Hirayama Collection (II)", *ASJ* 13 (1991): 275–333.
HKL	Borger, Rykle. *Handbuch der Keilschriftliteratur*. Berlín: de Gruyter, 1967–1975.
HSAO	Heidelberger Studien zum Alten Orient. Wiesbaden-Heidelberg 1967–.
HSS	Harvard Semitic Series. Cambridge, 1912–.
HUCA	Hebrew Union College Annual. Cincinnati 1924–.
IB	Išān-Baḫrīyāt (Isin). Signatura de textos de Isin.
ICK	Inscriptions Cunéiformes du Kultépé, Praga 1952–1962
ICK 1	Hrozný, Bedřich. *Inscriptions Cunéiformes du Kultépé* 1, ArOr 14. Praga: SPN, 1952.
IEJ	Israel Exploration Journal. Jerusalén 1950/1951–.
IM	Número de signatura del Museo de Bagdad.
IMGULA	Sommerfeld, Walter (ed.). *Imgula*. Münster-Marburg, 1996–.
Iraq	Iraq. Journal of the British School of Archaeology in Iraq. Londres, 1934–.
JANES	Journal of the Ancient Near Eastern Society of Columbia University. Nueva York, 1968/1969–.
JAOS	Journal of the American Oriental Society. New Haven, 1843/1849–.
Jc	Libro de los Jueces.
JCS	Journal of Cuneiform Studies. New Haven-Boston, etc., 1947–.
JEN	Joint Expedition with the Iraq Museum at Nuzi. París-Filadelfia, etc., 1927–.
JEN	Joint Expedition with the Iraq Museum at Nuzi. París-Cambridge, 1927–.
JESHO	Journal of the Economic and Social History of the Orient. Leiden 1957/1958–.
JNES	Journal of Near Eastern Studies. Chicago, 1942–.
JSOT Suppl.	Journal for the Study of the Old Testament, Supplement Series. Londres-Sheffield, 1980–.
KAJ	Ebeling, Erich. *Keilschrifttexte Juristischen Inhalts* (KAJ), Ausgrabungen der Deutschen Orient-Gesellschaft in Assur. E: Inschriften IV. Leipzig: Hinrichs, 1927.
KAV	Schroeder, Otto. *Keilschriften aus Assur verschiedenen Inhalts*, Ausgrabungen der Deutschen Orient-Gesellschaft in Assur 3. Leipzig: J. C. Hinrichs'sche Buchhandlung, 1920.

Ki	Donbaz, Veysel y Yoffee, Norman. *Old Babylonian Texts from Kish Conserved in the Istanbul Archaeological Museums*, BiMes 17. Malibú: Undena Publications, 1986.
KTEMA	*KTEMA*. Civilisations de l'Orient, de la Grèce et de Rome antiques. Estrasburgo, 1976–.
KTT	Keilschrifttexte, Tuttul (Krebernik, Manfred. *Tall Bi'a/Tuttul – II. Die Altorientalischen Schriftunde*, WVDOG 100. Saarbrüken: Saarbrücker Druckerei und Verlag, 2001).
KTU	Dietrich, Manfried y Loretz, Oswald y Sanmartín, Joaquín. *Die keilalphabetischen Texte aus Ugarit, Ras Ibn Hani und anderen Orten. Dritte, erweiterte Auflage* (KTU^{3}), AOAT 360/1. Münster: Ugarit-Verlag, 2013.
LAM	Leyes Asirias Medias.
LAPO	Littératures anciennes du Proche-Orient. París 1967–.
Lev	Libro del Levítico.
LH	Leyes Hititas.
LKA	Ebeling, Erich. *Literarische Keilschrifttexte aus Assur*. Berlín: Berlin Akademie-Verlag, 1953.
LLI	Leyes de Lipit-Ištar.
LVTL	Koehler, Ludwig y Baumgartner, Walter. *Lexicon in Veteris Testamenti libros*. Leiden: Bill Archive, 1958.
M.	Signaturas de textos de Mari.
MAH	Signaturas de textos del Musée d'art et d'histoire. Ginebra.
MANE	Monographs on the Ancient Near East, Malibú.
MBQ-II	Mayer, Walter. *Tall Munbāqa-Ekalte- II. Die Texte*, WVDOG 102. Saarbrücken: Saarbrücker Druckerei und Verlag, 2001.
MC	Mesopotamian Civilizations. Winona Lake, 1989–.
MDP	Mémoirs de la Délegation en Perse. París, 1900–.
ME	Número de signatura de la colección privada Meskene-Emar.
MEA	Labat, René y Malbran-Labat, Florence. *Manuel d'épigraphie akkadienne*. París: Geuthner, 1998.
MesZL	Borger, Rykle. *Mesopotamisches Zeichenlexikon. Zweite, revidierte und aktualisierte Auflage*, AOAT 305. Münster: Ugarit-Verlag, 2004.
MKGH 4	Franke, S.—Wilhelm, G. "Eine Mittelassyrische Fiktive Urkunde zur Franke, Sabina y Wilhelm, Gernot. "Eine Mittelassyrische Fiktive Urkunde zur Wahrung des Anspruchs auf ein Findelkind", *Jahrbuch des Museums für Kunst und Gewerbe Hamburg* 4 (1985), 19–26.
MRWH	Petschow, Herbert P. H. *Mittelbabylonische Rechts- und Wirtschaftsurkunden der Hilprecht-Sammlung Jena: Mit beiträgen zum mittelbabylonischen Recht*, ASAW 64/4. Berlín: Akademie-Verlag, 1974.

MSKH I	Brinkman, John A. *Materials and Studies for Kassite History* I: *A Catalogue of Cuneiform Sources Pertaining to Specific Monarchs of the Kassite Dynasty*. Chicago: The Oriental Institute Publications, 1976.
MSL	Materialen zum Sumerischen Lexikon. Roma, 1937–.
MUN	Mittelbabylonische Urkunden aus Nippur (Sassmannshausen, Leonhard. *Beiträge zur Verwaltung und Gesellschaft Babyloniens in der Kassitenzeit*, BaF 21. Mainz am Rhein: von Zabern, 2001)
MVAG	Mitteilungen der Vorderasiatischen Gesellschaft. Leipzig, 1896–.
NABU	Nouvelles Assyriologiques Brèves et Utilitaires. París-Ruán 1987–.
Nbk	Strassmaier, Johann Nepomuk. *Inschriften von Nabuchodonosor, König von Babylon*. Leipzig: Verlag von Eduard Pfeiffer, 1889.
Nbn	Strassmaier, Johann Nepomuk. *Inschriften von Nabonidus, König von Babylon*, Leipzig: Verlag von Eduard Pfeiffer, 1889.
Ni.	Signatura de textos del Museo Arqueológico de Estambul.
NT	Nippur-Texte. Signatura de textos de Nippur. Chicago-Bagdad.
OBO	Orbis Biblicus et Orientalis. Friburgo/Göttingen 1973–.
OIC	Oriental Institute Communications. Chicago, 1922–.
OIP	Oriental Institute Publications. Chicago 1924–.
OIS	Oriental Institute Seminars. Chicago, 2004–.
OLA	Orientalia Lovaniensia Analecta. Lovaina, 1974/1975–.
OLP	Orientalia Lovaniensia Periodica. Lovaina, 1970–.
OLZ	Orientalistische Literaturzeitung. Monatsschrift für die Wissenschaft vom Vorderen Orient und seine Beziehungen zum Kulturkreise des Mittelmeeres, Berlín/Leipzig 1898–.
OPSNKF	Occasional Publications of the Samuel Noah Kramer Fund (desde el vol. 9, Filadelfia, 1988–).
OrNS	Orientalia Nova Series. Roma 1932–.
P	Archivo Peiser (Peiser, Felix Ernst. *Urkunden aus der Zeit der dritten babylonischen Dynastie*, Berlín: Wolf Peiser Verlag, 1905).
PBS	Publications of the Babylonian Section, University of Pennsylvania. Filadelfia, 1911–.
PBS 1/2	Lutz, Henry Frederick. *Selected Sumerian and Babylonian Texts*, PBS 1/2. Filadelfia: University Museum, 1919.
PBS 2/2	Clay, Albert T. *Documents from the Temple Archives of Nippur dated in the Reigns of Cassite Rulers*, PBS 2/2. Filadelfia, University Museum, 1912.

PBS 8/2	Chiera, Edward. *Old Babylonian Contracts*, PBS 8/2. Filadelfia: University Museum, 1922.
PBS 13	Legrain, Léon. *Historical Fragments*, PBS 13. Filadelfia: University Museum, 1922.
PBST	Publications of the Baghdag School, Texts (Filadelfia 1927–1939) [=JEN].
PIHANS	Publications de l'Institut historique-archéologique néerlandais de Stamboul, Institut néerlandais du Proche-Orient. Leiden.
PRU	Palais Royal d'Ugarit. Mission de Ras Shamra. París, 1955–.
PSBA	Proceedings of the Society of Biblical Archaeology. Londres, 1878/1879–.
R	Libro de los Reyes.
RA	Revue d'Assyriologie et d'Archéologie orientale. París 1884/1885–.
RBC	Podany, Amanda H. y Beckman, Gary M. y Colbow, Gudrun. "An Adoption and Inheritance Contract from the Reign of Igid-Lim of Ḫana", *JCS* 43–45 (1991/1993): 39–51.
RE	Beckman, Gary M. *Texts from the Vicinity of Emar in the collection of Jonathan Rosen*, HANEM 2. Padua: Sargon. 1996.
RGTC	Répertoire Géografique des Textes Cunéiformes. Wiesbaden 1974–.
RHD	Revue historique de droit français et étranger. Ginebra, 1855–.
RIDA	Revue internationale des droits de l'Antiquité, 3ème série, Bruselas, etc., 1948/1951–.
RlA	Reallexikon der Assyriologie und vorderasiatische Archäologie. Berlín-Leipzig 1928/1932–.
RS	Catálogo de textos de Ras Shamra (Ugarit).
RTC	Thureau-Dangin, François. *Recueil de Tablettes Chaldéennes*. París: Ernest Leroux, 1903.
SAA	State Archives of Assyria. Helsinki, 1987–.
SAAB	State Archives of Assyria Bulletin. Padova, 1987–.
SAAS	State Archives of Assyria Studies. Helsinki, 1992–.
SBAW	Sitzungsberichte der Bayerischen Akademie der Wissenschaften. Múnich, 1835–.
SCCNH	Studies on the Civilization and Culture of Nuzi and the Hurrians, 1981–.
SD	Studia et documenta ad iura Orientis antiqui pertinentia. Leiden, 1936–
SMEA	Studi Micenei ed Egeo-Anatolici. Collana di Incunabula Graeca. Roma, 1966–.
SMN	Signatura textos de Nuzi del Semitic Museum of the Harvard University.

SPOA	Serie Próximo Oriente Antiguo. Zaragoza: Instituto de Estudios Islámicos y del Oriente Próximo, 2003–†.
StAT	Studien zu den Assur-Texten. Saarbrücken-Wiesbaden 1999–.
StPohl	Studia Pohl: dissertationes scientificae de rebus Orientis antique. Roma, 1967–.
Subartu 17	Cavigneaux, André y Beyer, Dominique. "Une orpheline d'Emar", en Butterlin, Pascal y Lebeau, Michel y Monchambert, Jean-Yves y Montero Fenollós, Juan Luis y Muller, Béatrice (eds.). *Les Espaces Syro-Mésopotamiens: Dimensions de l'expérience humaine au Proche-Orient ancient. Volume d'hommage offert à Jean-Claude Margueron*, Subartu 17. Turnhout: Brespols Publishers, 2006, 497–500.
Sumer	Sumer. A Journal of Archaeology and History in Iraq. Bagdad, 1945–.
T.	Signatura de Tulul al-ʻAqar (Kār-Tukultī-Ninurta).
TBER	Durand, Jean-Marie. *Textes babyloniens d'époque récente.* París: Éditions A.D.P.F., 1981.
TBL	Tabulae Cuneiformes a F. M. Th. De Liagre Böhl Collectae Leidae Conservatae. Leiden, 1954–1973.
TBR	Arnaud, Daniel. *Textes Syriens de l'âge du Bronze Récent*, AuOrS 1, Sabadell: Eisenbrauns, 1991.
TCL	Textes cunéiformes, Musée du Louvre, Département des Antiquités Orientales. París, 1910–.
TCS	Texts from Cuneiform Sources. Glückstadt, 1966–.
TIM	Texts in the Iraq Museum. Bagdag-Wiesbaden, 1964–.
TJDB	Szlechter, Émile. *Tablettes juridiques de la 1re Dynastie de Babylone*, 2ème Partie. París: Recueil Sirey, 1958.
TMH NF	Texte und Materialien der Frau Professor Hilprecht Collection of Babylonian Antiquities im Eigentum der Friedrich Schiller-Universität Jena, Neue Folge. Berlín-Leipzig-Wiesbaden, 1937–.
TRU	Legrain, Léon. *Le temps des rois d'Ur: recherches sur la société antique d'après des textes nouveaux*, Bibliothèque de l'École des Hautes Études, IVe section, 199, París: Librairie Honoré Champion, Éditeur, 1912.
TUAT	Texte aus der Umwelt des Alten Testaments. Gütersloh, 1982–.
TUAT NF	Texte aus der Umwelt des Alten Testaments, Neue Folge. Gütersloh 2004–.
UE	Ur Excavations. Londres/Filadelfia, 1927–.
UET	Ur Excavations Texts. Londres, 1928–.

UET 7	Gurney, Oliver R. *Middle Babylonian Legal Documents and Other Texts*, UET 7. Londres: British Museum Publications, 1974.
UF	Ugarit-Forschungen. Internationales Jahrbuch für die Altertumskunde Syrien-Palästinas. Neukirchen-Vluyn-Münster 1969–.
UM	Signatura de tablillas del University of Pennsylvania Museum of Archaeology and Anthropology. Filadelfia.
VAS/VS	Vorderasiatische Schriftdenkmäler der Königlichen Museen Zu Berlin, Leipzig. 1907–1917.
VAT	Signatura de tablillas del Vorderasiatisches Museum. Berlín.
VDI	Vestnik drevnej istorii. Moscú, 1937–.
WAW	Writings from the Ancient World Series. Atlanta 1990–.
WO	Die Welt des Orients. Wissenschaftliche Beiträge zur Kunde des Morgenlandes. Wuppertal-Göttingen, 1947/1952–.
WVDOG	Wissenschaftliche Veröffentlichungen der Deutschen Orient-Gesellschaft. Leipzig-Berlín, etc., 1900–.
WZKM	Wiener Zeitschrift für die Kunde des Morgenlandes. Viena, 1887–.
YBC	Signatura de tablillas de la Yale Babylonian Collection.
YOS	Yale Oriental Series, Babylonian Texts. New Haven-Londres-Oxford, 1915–.
YOS	Yale Oriental Series. New Haven, 1915–.
ZA	Zeitschrift für Assyriologie und vorderasiatische Archäologie. Leipzig, etc., 1886–.
ZA 101	Spada, Gabriella. "A Handbook from the Eduba'a: An Old Babylonian Collection of Modern Contracts", *ZA* 101 (2011): 204–45.
ZAR	Zeitschrift für altorientalische und biblische Rechtsgeschichte. Wiesbaden, 1995–.
ZDMG	Zeitschrift der Deutschen Morgenländischen Gesellschaft. Wiesbaden, etc., 1847–.

Otras convenciones

A. D.	anno Dómini
AA. VV.	autores varios
ac.	acadio
a. C.	antes de Cristo
C.C.	complemento circunstancial
C.C.P.	complemento circunstancial de procedencia
esp.	especialmente
fem.	femenino
fig.	figura
l.	línea

lám.	lámina
láms.	láminas
lit.	literalmente
ll.	líneas
masc.	masculino
n.	nota
nn.	notas
NP	nombre personal
NPF	nombre personal femenino
O. D.	objeto directo
O. I.	objeto indirecto
p.	página
pl.	plural
pp.	páginas
s.	siguiente / siglo
sing.	singular
suj.	sujeto
sum.	sumerio
ss.	siguientes / siglos
T.L.	tutor legal
v.	versículo
vv.	versículos

Las transcripciones de los textos se rigen por el sistema habitual de la Asiriología moderna:

^{m}	Determinativo personal masculino
^{f}	Determinativo personal femenino
^{d}	Determinativo de divinidad
< >	Enmienda de introducción
[ ]	Reconstrucción del texto
⸢ ⸣	Signos parcialmente dañados pero legibles
( )	En transcripciones, reconstrucción
/	En transcripciones, límite de la línea

Agradecimientos

El presente volumen constituye la versión reducida, revisada y actualizada de una investigación doctoral defendida en la Universidad de Zaragoza y con título *Aspectos legales de la infancia en el Próximo Oriente Antiguo durante el Bronce Reciente (ca. 1500–1100 a. C.)*. El período predoctoral transcurrió en buena parte en el ya extinto Instituto de Estudios Islámicos y del Oriente Próximo (Consejo Superior de Investigaciones Científicas—Universidad de Zaragoza—Cortes de Aragón), siendo beneficiario en esta institución primero de una beca predoctoral CSIC–I3P y después de una beca y contrato de Formación de Profesorado Universitario del Ministerio de Educación y Ciencia. Adscrito al Consejo Superior de Investigaciones Científicas, desarrollé el programa de doctorado "Nuevas Tendencias de Investigación en Ciencias de la Antigüedad" del Departamento de Ciencias de la Antigüedad de la Universidad de Zaragoza. Tanto durante el período predoctoral como postdoctoral he tenido la suerte de formarme y trabajar en instituciones de prestigio nacional e internacional dentro de la disciplina de la Asiriología, visitando bibliotecas, museos y teniendo contacto diario con personas y personalidades académicas de gran valía y competencia. Soy deudor de todos ellos, y por ello no quiero dejar de mencionar a las personas que tanto me han ayudado en este camino y gracias a las cuales este libro ve la luz.

Mi primer agradecimiento es para Juan Pablo Vita, mi director de Tesis, que con tanta paciencia y competencia académica siguió mi trabajo de cerca. Nunca podré compensar la gran ayuda que me ha prestado en todo momento. Quiero asimismo mencionar y agradecer a los miembros del tribunal de la Tesis, titulares y suplentes, por aceptar juzgar el trabajo y por sus sugerencias de revisión del manuscrito, las cuales han sido tomadas en cuenta para este volumen final: los profesores Francisco Marco, Brigitte Lion, Joaquín Sanmartín, Juan Antonio Belmonte, Adelina Millet, Juan Carlos Oliva y Francisco Beltrán.

Hago extensivas estas palabras a mis compañeros del IEIOP (José Ángel, Luz, Pedro, Bárbara, Cristina, Pablo, Fernando, Silvia, etc.), con quienes maduré en mi etapa predoctoral. Varias personas del Departamento de Ciencias de la Antigüedad de la Universidad de Zaragoza me ayudaron de una forma u otra. Pienso especialmente en el Dr. Francisco Marco, mi tutor en el Programa de Doctorado, así como en Francisco Beltrán, Pilar Utrilla, Manuel Bea y Jorge Angás. Una alusión particular, por su ayuda y atención en el período postdoctoral, va dirigida a José Miguel Justel (Universia).

A lo largo de varios eventos y estancias de investigación he podido conocer otras realidades académicas y asiriólogos que me han ayudado en la tarea investigadora. Mención especial merecen Florence Malbran-Labat y Sylvie Lackenbacher (CNRS-París), Robert Hawley y Carole Roche-Hawley (Institut Catholique de Paris), Brigitte Lion (Université Lille 3), Betina Faist (Seminar für Sprachen und Kulturen des Vorderen Orients de la Universität Heidelberg), John A. Brinkman (Oriental Institute of the University of Chicago), Erle V. Leichty †, Stephen J. Tinney, Grant Frame y Phil Jones (University of Pennsylvania Museum of Archaeology and Anthropology), Roxana Flammini y Juan Manuel Tebes (Centro de Estudios de Historia del Antiguo Oriente de la UCA, Buenos Aires), Qiang Zhang, Sven Günther, Guangsheng Wang y Michela Piccini (Institute for the History of Ancient Civilizations de la Northeast Normal University of Changchun, China), Walther Sallaberger y Frans van Koppen (Institut für Assyriologie und Hethitologie de la Ludwig-Maximilians Universität München), Francesco Voltaggio y Armando Medina (Domus Galileae, Korazim) y Felipe Torreblanca (Domus Mamre, Jerusalén). Su disponibilidad, bienvenida y conocimientos han sido de valía capital para la consecución de este trabajo.

Reconozco asimismo de una forma especial a los editores de la serie Ancient Near East Monographs, Juan Manuel Tebes y Alan Lenzi, por haber aceptado el trabajo y por su profesional diligencia en el proceso de publicación. Un agradecimiento particular, por su profesional labor en el proceso de edición, está dirigido a Nicole L. Tilford. Asimismo doy las gracias a los evaluadores anónimos externos que han leído meticulosamente la monografía, han dado profundidad a diversas cuestiones mediante pertinentes aclaraciones y me han provisto con valiosísimos comentarios sobre algunos errores. Seguirá habiéndolos, sin duda alguna, y son de mi entera responsabilidad, pero han ayudado considerablemente a mitigarlos.

En todo este período también he podido experimentar la gratuidad y amor de diversos hermanos en la fe, como los de las parroquias de San Braulio (Zaragoza) y Santiago y San Juan Bautista (Madrid), así como María Ángeles y Thomas (Bonne Nouvelle de París), Josefina, Lalo, Alfonso y Gaby y familia (All Saints Saint Anthony de Chicago), Pepe y Mary (First Church of the Lord Jesus Christ de Filadelfia), Graciela, Fernando, Lili, Josefina, Pablo y Bernarda (Santa Amelia de Buenos Aires), Joaquín y Paula (Sankt Korbinian de Múnich), los hermanos de de la Domus Galileae (Korazim, Israel) y de la Domus Mamre (Jerusalén). Su ayuda, fuera de lo estrictamente académico, ha sido una bendición que me va construyendo como persona diariamente.

Pienso de una manera singular en las dos instituciones donde actualmente desarrollo mi trabajo, por su apoyo diario en todos los cometidos que tenemos entre manos. A mis compañeros y amigos del Colegio Internacional Kolbe (Clara Fontana, Ángel Mel, Irene Llabrés, Onintza Pardilla y un larguísimo etcétera), por permitir y facilitarme enormemente la tarea investigadora en un mundo tan frenético como es el de la educación secundaria. Por otra parte, a mis colegas de la Facultad de Literatura Cristiana y Clásica San Justino (Universidad Eclesiástica San Dámaso), especialmente a Patricio de Navascués, Andrés Sáez y Manuel Crespo, así como al Rector de dicha institución, Javier Prades, y al Director de la revista *Estudios Bíblicos*, Ignacio Carbajosa. La amistad de todos ellos, CIK y UESD, va más allá de lo académico, y mi corazón estará siempre agradecido por su ayuda y comprensión diarios. Varias estancias de investigación, esenciales para la ejecución de este trabajo, han sido auspiciadas por la Oficina de Investigación y Relaciones Internacionales de la UESD. Por ello agradecemos de manera particular a Víctor M. Tirado, José Antúnez, Héctor González y Gema González.

Evidentemente, nada de esto habría sido posible sin el apoyo incondicional y cariñoso de mi familia, tanto natural como política. Agradezco a mis padres el haberme dado en todo momento la libertad para tomar decisiones, apoyándome y aconsejándome con amor, y sobre todo por haberme transmitido la Fe. Una mención particular es para Josué, hermano asiriólogo, por su paciente ayuda y siempre desinteresada disposición.

El mayor premio del Doctorado no es este volumen, sino el haberme encontrado en mi primera estancia en París con Teresa, la que es ahora mi esposa y madre de nuestros Alejandro, Esther, David y Pablo. Ella es la principal artífice de este volumen, y ellos el motor que me ayuda a avanzar cada día. *El Señor ha estado grande con nosotros y estamos alegres*. Os quiero.

Jerusalén, marzo de 2018

1
Introducción

1.1. La infancia en el Próximo Oriente Antiguo como tema de investigación

Cada grupo humano categoriza su estructura social basándose en criterios de diversa índole, como sexo, parentesco o clase socio-económica. La edad constituye asimismo un elemento de clasificación, si bien en muchas sociedades preindustriales este concepto tiende a la laxitud. Ello dificulta la aproximación del investigador que pretende analizar una determinada fase de la vida humana, puesto que la percepción que cada realidad histórica tenía de la adultez o la vejez podía diferir tanto temporal como conceptualmente. Por tanto, y aunque los estadios fisiológicos sean similares en todos los grupos humanos (p. ej., nacimiento, pubertad, menopausia, muerte), la noción de "fase de la vida" no es universal. Es tarea del estudioso el analizar los diferentes aspectos que configuraron en cada ambiente unos determinados patrones con roles implícitos y socialmente aceptados.

La presente investigación está consagrada al análisis de una de esas etapas: la infancia. Este período de la vida ha sido considerado en varios estudios a lo largo de las últimas décadas. Podemos señalar la obra de Philippe Ariès (*L'Enfant et la vie familiale sous l'ancien régime*. París: Éditions du Seuil, 1960) como el hito fundacional de los estudios sobre la infancia en la Historia[1]. Tras él, numerosos investigadores han analizado aspectos generales o puntuales de la niñez en diferentes contextos históricos, partiendo para ello de diversos métodos de

[1] Ariès, uno de los protagonistas de la tercera generación de la Escuela de los Annales, defensor de la corriente de la Historia total, defiende que el concepto de "infancia" habría sido inventado en el s. XVIII, con el renacido interés por la educación de los niños. Hasta la Ilustración, por tanto, los menores habrían disfrutado de un tipo de vida similar al de los adultos. El primer autor que desacreditó las tesis de Ariès fue Lloyd deMause ("The Evolution of Childhood", en Lloyd deMause [ed.], *The History of Childhood* [Nueva York, 1974], 1–73), a partir de postulados basados en el psicoanálisis histórico. Sobre estas y otras cuestiones véase Daniel Justel, "El estudio de la infancia en el Mundo Antiguo", en Daniel Justel (ed.), *Niños en la Antigüedad: Estudios sobre la infancia en el Mediterráneo Antiguo*, Colección Ciencias Sociales 87 (Zaragoza: Prensas de la Universidad de Zaragoza, 2012), 16–18.

aproximación científica, como la Filología, Antropología, Arqueología o incluso el Psicoanálisis. La cantidad de artículos, monografías y proyectos consagrados al tema ha crecido considerablemente durante las dos últimas décadas, de forma paralela a los estudios de género[2].

Los análisis sobre la infancia en el Mundo Antiguo siguen desarrollándose con profusión en la actualidad. Buena prueba de ello es la reciente creación de la *Society for the Study of Childhood in the Past* (SSCP), institución de carácter interdisciplinar que se dedica al estudio de la niñez en diferentes culturas del pasado[3]. Aparte, determinados trabajos se centran en varios aspectos de la infancia en distintas civilizaciones antiguas, como Egipto[4], Israel[5], Grecia[6] o Roma[7], mien-

---

[2] Sobre la relación entre los estudios de género y de la infancia véanse Sally Crawford y Carenza Lewis, "Childhood Studies and the Society for the Study of Childhood in the Past", *Childhood in the Past* 1 (2008): 10; Margarita Sánchez Romero, "Childhood and the Construction of Gender Identities through Material Culture", *Childhood in the Past* 1 (2008): 17–37 (esp. pp. 18–21).

[3] La SSCP organiza periódicamente congresos y seminarios destinados a debatir distintos aspectos sobre la infancia, publica una revista (*Childhood in the Past. An International Journal*, hasta la fecha diez números) y edita monografías (hasta el momento cinco: Laurence Brockliss y Heather Montgomery [eds.], *Childhood and Violence in the Western Tradition*, Childhood in the Past Monograph Series 1 [Oxford: Oxbow Books, 2010]; Grete Lillehammer [ed.], *Socialisation: Recent Research on Childhood and Children in the Past; Proceedings from the Second International Conference of the Society for the Study of Childhood in the Past in Stavanger, Norway* [Stavanger: Museum of Archaeology, University of Stavanger, 2010]; Katariina Mustakallio y Christian Laes [eds.], *The Dark Side of Childhood in Late Antiquity and the Middle Ages: Unwanted, Disabled and Lost*, Childhood in the Past Monograph Series 2 [Oxford: Oxbow Books, 2011]; Dawn M. Hadley y Katie A. Hemer [eds.], *Medieval Childhood: Archaeological Approaches*, Childhood in the Past Monograph Series 3 [Oxford: Oxbow Books, 2014]; Margarita Sánchez Romero y Eva Alarcón García y Gonzalo Aranda Jiménez [eds.], *Children, Spaces and Identity*, Childhood in the Past Monograph Series 4 [Oxford: Oxbow Books, 2015]; Eileen Murphy y Mélie Le Roy [eds.], *Children, Death and Burial: Archaeological Discourses*, Childhood in the Past Monograph Series 5 [Oxford: Oxbow Books, 2017]). Al respecto véase http://www.sscip.org.uk/.

[4] Rosalind M. Janssen y Jac J. Janssen, *Growing Up in Ancient Egypt* (Londres: The Rubicon Press, 1990); Erika Feucht, *Das Kind im alten Ägypten: Die Stellung des Kindes in Familie und Gesellschaft nach altägyptischen Texten und Darstellungen* (Fráncfort: Campus Verlag), 1995.

[5] David Kraemer (ed.), *The Jewish Family in Antiquity: Metaphor and Memory* (Nueva York: Oxford University Press, 1989); John Cooper, *The Child in Jewish History* (Northvale: Jason Aronson, 1996); Charles Fontiony, "La naissance de l'enfant chez les Israélites de l'Ancien Testament", en Aristide Théodoridès y Paul Naster y Julien Ries (eds.), *L'enfant dans les civilisations orientales: Het Kind in de Oosterse Beschavingen*, Acta Orientalia Belgica 2 (Lovaina: Peeters Publishers, 1980), 103–18.

[6] Judith Blackmore Dann, *The World of the Infant: Ideology of the Infant Condition and Infant Care in Ancient Greece*, Tesis Doctoral inédita (Columbus: The Ohio State University, 1999); Mark Golden, *Children and Childhood in Classical Athens* (Baltimore-Londres: The

tras otros tienden a la presentación de estudios de diferentes ámbitos culturales, englobados en el mismo volumen[8].

Las Mesopotamia y Siria de antes de nuestra era no son una excepción en esta corriente historiográfica, y desde los años 70 del pasado siglo se están produciendo estudios al respecto, muy especialmente, al menos en origen, en el ámbito académico francés. En 1971, M. Gonelle defendió su tesis doctoral con título *La condition juridique de l'enfant en droit suméro–babylonien*, bajo la dirección del Prof. G. Cardascia[9]. Este trabajo, que permanece inédito, es el primer volumen monográfico que conocemos para los aspectos legales de la infancia en la Mesopotamia antigua[10]. Por su parte, el primer congreso en que se trataron temas sobre la infancia en el Próximo Oriente Antiguo tuvo lugar en Estrasburgo en mayo de 1972, y fue organizado por la *Societé Jean Bodin*[11]. Sin embargo, pode-

---

Johns Hopkins University Press, 1990); Corinne O. Pache, *Baby and Child Heroes in Ancient Greece* (Urbana-Chicago: University of Illinois Press, 2004). Sobre el niño en Israel, Egipto y Grecia, cf. Andreas Kunz-Lübcke, *Das Kind in den antiken Kulturen des Mittelmeers: Israel, Ägypten, Griechenland* (Neukirchen-Vluyn: Neukirchener Verlag, 2007).

[7] Thomas E. J. Wiedemann, *Adults and Children in the Roman Empire* (Londres: Routledge, 1989); Keith R. Bradley, *Discovering the Roman Family: Studies in Roman Social History* (Nueva York: Oxford University Press, 1991); Véronique Dasen y Thomas Späth (eds.), *Children, Memory, and Family Identity in Roman Culture* (Oxford: Oxford University Press, 2010).

[8] Véanse por ejemplo Véronique Dasen (ed.), *Naissance et petit enfance dans d'Antiquité: Actes du colloque de Fribourg, 28 novembre–1er décembre 2001*, OBO 203 (Friburgo: Academic Press, 2004) (Próximo Oriente, Grecia, Roma y Bizancio); Kunz-Lübcke, *Das Kind in den antiken Kulturen des Mittelmeers* (Israel, Egipto y Grecia); Jacques Bouineau (ed.), *Enfant et romanité: Analyse comparée de la condition de l'enfant* (París: L'Harmattan, 2007); Sánchez Romero, M. (ed.), *Infancia y cultura material en Arqueología*, monografía en *Complutum* 21.2, Madrid, 2010; Justel, *Niños en la Antigüedad* (Mediterráneo antiguo).

[9] Michel Gonelle, *La condition juridique de l'enfant en droit suméro-babylonien*, Tesis Doctoral inédita (París: Faculté de Droit et des Sciences Économiques, Université de Paris, 1971).

[10] La dificultad de acceder al volumen de Gonelle, debido a su condición de inédito y a sus escasos ejemplares en bibliotecas, hace que agradezcamos especialmente a los profesores F. Joannès, C. Michel y B. Lion su permiso para trabajar con dicho estudio en los fondos bibliográficos de la *Université Paris X-Nanterre*.

[11] Las actas de este congreso se publicaron en cinco tomos, todos con título *L'enfant* (Bruselas, 1975). Los volúmenes dedicados parcialmente a la Antigüedad son los n.os 35 (*Antiquité- Afrique- Asie*) y 39 (*Le droit à l'éducation*) (los demás se refieren a la Europa medieval y moderna [tomo 36], siglos XIX y XX [tomo 37] y la cuestión de la delincuencia juvenil moderna [tomo 38] [cf. John Gilissen, "Preface", en AA. VV. *L'Enfant: Cinquième partie: Le droit à l'éducation*, Recueils de la Société Jean Bodin pour l'histoire comparative des institutions, vol. 39 [Bruselas: Éditions de la Librarie Encyclopedique, 1975], 5–6]). Entre ellos, sin embargo, solo encontramos dos artículos dedicados al niño en la literatura

mos considerar la obra coordinada por A. Théodoridès, P. Naster y J. Ries, *L'enfant dans les civilisations orientales*, Lovaina, 1980, como la primera puesta en común de carácter global sobre el mundo de la infancia en las sociedades orientales[12].

Tras la década de los 70 comenzaron a surgir otras perspectivas y novedosas aproximaciones al ámbito de la niñez próximo-oriental antigua. Encontramos ejemplos en este sentido en el volumen de W. Farber[13] sobre la relación entre rituales mágicos e infancia en Mesopotamia; en la tesis defendida por J. Fleishman[14]; en la publicación de una monografía por el mismo autor[15]; en el concienzudo estudio de M. Stol sobre la concepción del nacimiento y primera infancia a partir de textos cuneiformes y bíblicos[16]; o en el reciente trabajo de K. H. Garroway sobre la situación del infante en el hogar[17]. Los congresos y seminarios sobre el tema también se siguieron produciendo, como la mesa redonda organizada en 1997 por B. Lion, C. Michel y P. Villard y publicada en la revista *KTEMA* bajo el título *Enfance et éducation dans le Proche-Orient Ancien*[18]. Con el paso

---

cuneiforme, tanto en la época de Ur III hasta Hammurapi (Michel Gonelle, "Le droit à l'éducation, de l'époque de la 3e dynastie d'Ur à celle de la dynastie de Hammurabi", en AA. VV., *L'Enfant. Cinquième partie*, 63–77) como contextualizado en el archivo de Mari (Josef Klíma, "Le statut de l'enfant d'après les documents cunéiformes de Mari (Première moitié du 2E Millénaire avant J.C.)", en AA. VV., *L'Enfant. Première partie: Antiquité- Afrique- Asie*, Recueils de la Société Jean Bodin pour l'histoire comparative des institutions, vol. 35 [Bruselas: Éditions de la Librarie Encyclopedique, 1975], 119–30).

12 En este volumen editado en francés y holandés (Théodoridès y Naster y Ries, *L'enfant*), y a diferencia de los publicados por la *Societé Jean Bodin*, encontramos una amplia gama de artículos sobre la niñez en diferentes contextos culturales del Oriente antiguo, como Mesopotamia (Limet, Naster, Vanstiphout, Sauren), Egipto (Mekhitarian, Théodoridès), Israel (Fontinoy) o India (Verpoorten).

13 Walter Farber, *Schlaf, Kindchen, Schlaf!: Mesopotamische Baby-Beschwörungen und -Rituale*, MC 2 (Winona Lake: Eisenbrauns, 1989).

14 Joseph Fleishman, *Studies in the Legal Status of Children in the Bible and the Ancient Near East*, Tesis doctoral inédita (en hebreo) (Ramat Gan: Bar Ilan University, 1989).

15 Joseph Fleishman, *Parent and Child in the Ancient Near East and the Bible*, Ancient East Bible Studies, Studies Perry Foundation for Biblical Research (en hebreo) (Jerusalén: Hebrew University Mag, 1999). Ambos trabajos de Fleishman están dedicados a la condición jurídica del niño en Mesopotamia e Israel, con especial énfasis en la relación legal existente entre padres e hijos. Al respecto véase también Joseph Fleishman, "On the Legal Relationship between a Father and His Natural Child", *ZAR* 6 (2000): 68–81.

16 Marten Stol, *Birth in Babylonia and the Bible: Its Mediterranean Setting*, CM 14 (Groningen: STYX Publications, 2000).

17 Kristine H. Garroway, *Children in the Ancient Near Eastern Household*, Explorations in Ancient Near Eastern Civilizations 3 (Winona Lake: Eisenbrauns, 2014).

18 En este elenco de estudios los distintos autores analizan varias cuestiones relacionadas con la infancia, como el nacimiento, las fases de la vida desde una perspectiva artística, la familia, la educación infantil o las sepulturas de niños.

al nuevo milenio, nuevos trabajos han salido a la luz, muy especialmente en forma de artículos, tratando diversos aspectos concretos de la infancia en Mesopotamia y Siria antiguas[19].

Sin embargo, entre todos los análisis que se han publicado en las últimas décadas no encontramos ninguno centrado exclusivamente en la condición legal de los niños a partir de los principales archivos próximo-orientales del Bronce Reciente. Ello se puede deber, en primer lugar, a que los ámbitos documentales, aunque parcial o totalmente contemporáneos, son culturalmente diferentes. Así, y a modo de ejemplo, un especialista en el archivo de Nuzi tendrá necesidad de profundizar, entre otras, en la documentación casita para encontrar paralelos textuales, pero no tomará dicha documentación como principal objeto de estudio. El sistema de investigación actual facilita esa disgregación, por lo que las obras que tratan un tema transversalmente, a partir de varias realidades documentales, suelen ser ediciones con varios especialistas como colaboradores. Otra causa para explicar la ausencia de estudios generales sobre la relación entre infancia y legalidad en el Bronce Reciente responde también a la importante cantidad de textos sin publicar. Como veremos a lo largo de la investigación, son muchos los documentos sobre niños, especialmente en el contexto de la Babilonia casita, que permanecen aún en los museos a la espera de su edición. Además,

---

19 Sin la pretensión de enumerar todos los análisis sobre la infancia en el Próximo Oriente antiguo, véanse varios trabajos al respecto en Konrad Volk, "Von Dunkel in die Helligkeit: Schwangerschaft, Geburt und frühe Kindheit in Babylonien und Assyrien", en Dasen, *Naissance et petit enfance*, 71–92; Erlend Gehlken, "Childhood and Youth, Work and Old Age in Babylonia—A Statistical Analysis", AOAT 330 (Münster: Ugarit-Verlag, 2005), 89–120; Konrad Volk, "Von Findel-, Waisen-, verkauften und deportierten Kindern. Notizen aus Babylonien und Assyrien", en Andreas Kunz-Lübcke y Rüdiger Lux (eds.), *"Schaffe mir Kinder, wenn nicht, so sterbe ich": Beiträge zur Kindheit im alten Israel und in seinen Nachbarkulturen*, Arbeiten zur Bibel und ihrer Geschichte 21 (Leipzig: Evangelische Verlagsanstalt, 2006), 47–87; Laura Culbertson, "A Life-Course Approach to Household Slaves in the Late Third Millennium B.C.", en Laura Culbertson (ed.), *Slaves and Households in the Near East*, OIS 6 (Chicago: The University of Chicago, 2011), 33–48; Daniel Justel, "Some Reflections on the Age of Adopted Children and Their Adoptive Parents at Nuzi", en Brigitte Lion y Philippe Abrahami (eds.), *The Nuzi Workshop at the Fifty-Fifth Rencontre Assyriologique Internationale*, SCCNH 19 (Bethesda: CDL Press, 2012), 141–57; Daniel Justel, "Adopciones infantiles en el Próximo Oriente Antiguo", en Justel, *Niños en la Antigüedad*, 99–148; Jordi Vidal, "La infancia en las leyendas de Ugarit", en Justel, *Niños en la Antigüedad*, 149–62; Ulrike Bock, *"Von seiner Kindheit bis zum Erwachsenenalter": Die Darstellung der Kindheit des Herrschers in mesopotamischen und kleinasiatischen Herrscherinschriften und literarischen Texten*, AOAT 383 (Münster: Ugarit-Verlag, 2012) (cf. Daniel Justel, *BiOr* 73.3–4 [2016]: 423–30); Garroway, *Children* (cf. Daniel Justel, *BiOr* 73.1–2 [2016]: 273–79); Vitali Bartash, "Children in Institutional Households of Late Uruk Period Mesopotamia", *ZA* 105.2 (2015): 131–38.

se debe tener en cuenta en todo momento que las características de las fuentes disponibles hacen que los casos relativos a la infancia sean marginales. Los casos atestiguados de abandonos, abortos, adopciones o esclavitud infantil no representan necesariamente a la infancia en sus diversos y heterogéneos grupos sociales. Así, se tendrá en cuenta la excepcionalidad de las fuentes cuneiformes tratadas, así como el azar de los hallazgos.

En este trabajo analizamos la condición legal de los niños a partir de la documentación cuneiforme de los archivos casitas, mesoasirios, mittanios y sirios. Para ello hemos encontrado, entre otras, las dificultades anteriormente expuestas, por lo que desde el comienzo de la investigación hemos intentando en la medida de lo posible tener una correcta visión de conjunto de los diferentes ámbitos culturales y los archivos que los componen. Así, el contacto y la discusión con investigadores especialistas en la documentación de cada región ha sido clave para la consecución del trabajo.

Creemos que la elección del tema y época queda justificada también por la laguna historiográfica existente, analizándose por primera vez estas cuestiones para el período comprendido aproximadamente entre el 1500 y el 1100 a. C.

1.2. Presentación y justificación del estudio

Objetivos

El principal objetivo del trabajo es evaluar la condición legal de la infancia en las diferentes realidades sociales de Mesopotamia y Siria durante el Bronce Reciente. Se estudia por tanto el papel que los niños jugaron en sus respectivos ámbitos de vida. Para ello no solo contemplaremos a estos individuos como elementos pasivos de la sociedad, sino que intentaremos evaluar también un protagonismo activo dentro de su círculo vital. Así, son analizadas especialmente las ocasiones en las que los niños (y en especial los adolescentes) tienen capacidad legal suficiente como para que de ellos emane la activación de ciertos mecanismos jurídicos. Otras veces será evidente su papel activo, y desde muy pequeños, en la producción manufacturera de determinados productos.

La relación legal entre los niños y los adultos —principalmente sus padres, biologicos o adoptivos— es asimismo tomada en consideración. Para ello será necesario contemplar y evaluar la posición que el menor tenía dentro de su ámbito familiar, en relación a cuestiones como obligaciones para con los progenitores, derechos de herencia, etc.

Con el estudio de las mismas cuestiones en diferentes realidades, otro de los objetivos del trabajo será proceder a la comparación entre los distintos archivos. No obstante, dicha confrontación será en ocasiones imposible de realizar, puesto que la documentación disponible no es homogénea, ni cuantitativa ni cualitativamente, a lo largo de todos los ámbitos geográficos del estudio. Aún así, sí se podrán trazar unas líneas generales para evaluar los principales aspectos legales de la infancia en las distintas zonas analizadas.

Por último, un propósito de la investigación es la inserción de las cuestiones estudiadas para el Bronce Reciente dentro de la constante próximo-oriental antigua. La relación entre la jurisdicción sobre la infancia de épocas anteriores o posteriores con la aquí estudiada evidenciará en ocasiones un desarrollo lineal, mientras que otras veces apreciaremos innovaciones o rupturas de tradiciones y determinados comportamientos legales.

Metodología

La metodología empleada tiene como base principal la documentación cuneiforme que proporcionan los archivos mencionados abajo. Por tanto, las cuestiones filológicas serán las primeras en tomarse en consideración, constituyendo el primer fundamento de la presente investigación. Examinados los textos, procederemos al análisis histórico, insertando la documentación en un contexto social, económica y culturalmente determinado. A la hora de estudiar y explicar las cuestiones generales o específicas en relación con la infancia, acudiremos al derecho familiar antiguo, y muy especialmente al mesopotámico, plasmado en códigos legislativos y casos de práctica legal. Asimismo la antropología histórica conferirá un trasfondo importante a los modelos sociales imperantes en las sociedades del Bronce Reciente. Debido a la naturaleza de sus fuentes, otras disciplinas históricas serán tomadas en consideración solo de forma parcial. Por ejemplo, la Arqueología arroja luz sobre cuestiones sobre la infancia como enfermedades de niños o ritos funerarios, pero no guarda una relación directa —o al menos aparente— con el planteamiento jurídico en el que se desarrolla el trabajo.

Por último, y puesto que la mayor parte de la documentación cuneiforme empleada de forma directa, tanto a través de colaciones personales como del estudio de ediciones de textos, corresponde a la época estudiada, la comparación con otras realidades sociales, contemporáneas o no, se ha llevado a cabo a partir de la bibliografía disponible. A pesar de que no existía hasta la fecha un estudio conjunto que tratara la relación entre infancia y legalidad en todos estos ámbitos del Bronce Reciente, hemos podido consultar varios trabajos que de una u otra forma guardan relación con el tema estudiado. Las diferentes ideas que varios autores tiene sobre distintas cuestiones relacionadas con la infancia han enriquecido sobremanera nuestra perspectiva a la hora de abordar la presente investigación.

Delimitaciones

Delimitación crono-espacial. Los archivos estudiados. La investigación se encuadra cronológicamente en el período conocido en la modernidad como Bronce Reciente[20]. A grandes rasgos éste se corresponde con la segunda mitad del 2.° milenio a. C. (esto es, 1500–1000 a. C.). Sin embargo, este marco temporal variará asimismo tomando en cuenta las características de cada espacio geográfico estudiado.

Los ámbitos documentales analizados en el trabajo se inscriben en cuatro zonas geográficas y política y/o culturalmente determinadas del Próximo Oriente antiguo: Babilonia, Asiria, Mittani y Siria. Las tres primeras, mesopotámicas[21], se corresponden con entidades políticas de la época, gobernadas por monarcas y por tanto con una concepción de unidad. Por su parte, Siria responde más bien a una concepción cultural, también común, que facilita su estudio conjunto al investigador.

A continuación exponemos brevemente estas cuatro realidades documentales en el orden arriba nombrado, incidiendo especialmente en sus límites cronoespaciales, y presentando una valoración sobre los textos que atañen a nuestra investigación.

DOCUMENTACIÓN EMPLEADA. A lo largo del estudio se analiza la documentación cuneiforme, principalmente redactada en acadio, de varios archivos. El criterio que hemos seguido para filtrar el corpus ha sido principalmente la elección de textos que guardan relación con la condición jurídica de los niños de la época. Por tanto, por lo general la documentación tiene una naturaleza legal, lo que se expresa en contratos de ventas, adopciones, testamentos, etc. Otro tipo de textos son asimismo tomados en consideración. Entre éstos merecen mención especial las listas de trabajadores forzados o de raciones, de las que, aun poseyendo naturaleza administrativa, subyace información de carácter legal crucial para entender la relación de dependencia entre dichos trabajadores —entre los que hay niños— y la administración palaciega y del templo.

Así pues, atenderemos a la documentación del Bronce Reciente mesopotámico y sirio que nos informe directa o indirectamente sobre cualquier aspecto general o puntual de carácter jurídico en relación a los niños de la época.

Ámbito mesobabilónico. El período mesobabilónico se corresponde con el gobierno de la dinastía casita, que reinó en la Mesopotamia meridional desde 1595 a. C. hasta la toma de Babilonia a manos elamitas, en 1155 a. C.[22] Tradicionalmente

[20] Otras denominaciones de esta época en la historiografía hispana, igualmente válidas, son "Bronce Final" o "Bronce Tardío". Nosotros escogemos, por tanto, la nomenclatura francesa ("Bronze Récent").

[21] Con la excepción siria de Alalaḫ, que incluimos en la órbita mittania. Véase más adelante al respecto.

[22] Para una historia política y bien estructurada del período en que los monarcas casitas reinaron en Babilonia véase Susanne Paulus, "Babylonien in der 2. Hälfte des 2. Jts. v. Chr.—(K)ein Imperium? Ein Überblick über Geschichte und Struktur des mittelbabylonischen Reiches (ca. 1500–1100 B.C.)", en Michael Gehler y Robert Rollinger (eds.),

considerada como una "edad oscura", debido principalmente a su posición cronológica entre dos grandes imperios (el paleobabilónico y, tras la Segunda Dinastía de Isin, el neobabilónico), se trata de la dinastía que más tiempo reinó en la historia de Babilonia[23]. La documentación cuneiforme que conocemos se concentra en los dos últimos siglos de la dinastía, a partir de mediados del s. XIV a. C.[24].

Uno de los principales problemas al que se enfrenta el investigador actual que aborda la realidad casita es la gran proporción de documentos inéditos. De los aproximadamente 13.000 textos que configuran el corpus mesobabilónico conocido, el elenco publicado no llega al 15%[25]. Este aspecto dificulta enormemente la aproximación a cualquier tema basado en el corpus, y el de la infancia no es una excepción.

Dejando de lado ciudades como la capital Dūr-Kurigalzu, Larsa, Eridu, Isin o Uruk, cuya documentación publicada no nos informa sobre los niños de la época, los archivos mesobabilónicos estudiados en esta investigación son, por orden cuantitativo decreciente, Nippur, Ur, Tell Imliḥiye y Babilonia.

Nippur fue el centro administrativo y religioso del reino casita. Desde que en 1888 la Universidad de Pennsylvania comenzara las campañas arqueológicas de manos de Peters, Hilprecht y Haynes, más de 10.000 tablillas mesobabilónicas del yacimiento han salido a la luz[26]. Este archivo constituye nuestra mayor fuente textual a lo largo de la presente investigación, su naturaleza es tanto privada como pública y su amplitud cronológica general se sitúa entre 1350 y 1150 a. C. Documentos de géneros diversos nos informan sobre la infancia de la épo-

---

Imperien und Reiche in der Weltgeschichte: Epochenübergreifende und globalhistorische Vergleiche (Wiesbaden: Harrassowitz Verlag, 2014), 66–76. Cf. asimismo, de forma muy especial y referido a varios aspectos sobre época casita, el reciente trabajo en Alexa Bartelmus y Katja Sternitzke (eds.), *Karduniaš: Babylonia under the Kassites* (2 vols) (Berlín: de Gruyter, 2017).

23 Para un análisis sobre Babilonia durante la dinastía casita véase especialmente John A. Brinkman, "Babylonia under the Kassites: Some Aspects for Consideration", en Bartelmus y Sternitzke, *Karduniaš*, 1–44.

24 Daniel Justel, "La Babilonia casita: Historia de las investigaciones y perspectivas futuras de estudio", en Juan Carlos Oliva y Juan Antonio Belmonte (coords.), *Esta Toledo, aquella Babilonia*, Colección Estudios 131 (Cuenca: Ediciones de la Universidad de Castilla-La Mancha, 2011), 75.

25 Sobre esta y otras cuestiones sobre la documentación mesobabilónica véanse especialmente Justel, "La Babilonia casita", 73–74, 78; Susanne Paulus, "The Limits of Middle Babylonian Archives", en Michele Faraguna (ed.), *Archives and Archival Documents in Ancient Societies*, Legal Documents in Ancient Societies IV, Graeca Tergestina, Storia e Civiltà 1 (Trieste: Edizioni Università di Trieste, 2013), 87–103.

26 Sobre las expediciones arqueológicas a Nippur y las principales ediciones de textos del archivo véase Justel, "La Babilonia casita", 68–70, 72–73.

ca, a través de ventas de niños, listas de trabajadores forzados o de raciones de cereal, entre los que se consignan menores. Gran parte de los textos estudiados permanecen aún sin editar, si bien muchos de ellos, además de otros paralelos, han sido objeto de colación personal en el *University Museum* (Filadelfia) y el *British Museum* (Londres)[27].

El yacimiento de **Ur** fue excavado por L. Woolley entre 1922 y 1934. En la campaña de 1926–1927 el equipo halló alrededor de cien textos de época mesobabilónica, publicados décadas después por Gurney[28] y encuadrados cronológicamente entre 1292 y 1079 a. C. El corpus del Ur casita posee un carácter eminentemente legal y económico. De hecho, una decena de documentos del archivo guarda relación directa con el mundo de la infancia, informándonos especialmente del fenómeno de vender niños. Ello hace que Ur se convierta en una pieza fundamental en este estudio, aportando en particular sugerentes comparaciones entre su documentación y la de Nippur[29].

En lo que concierne al corpus mesobabilónico hay que referirse al archivo de **Tell Imliḫiye**. Se trata de un emplazamiento excavado por el Instituto Alemán de Arqueología entre 1979 y 1980, a escasos kilómetros del río Diyala. Su cronología se inscribe entre 1263 y 1255 a. C., y las decenas de tablillas casitas encontradas conciernen a una sola familia, la de Ilī-šēmi y sus hijos, Apil-Nergal y Burna-Nergal. Apenas un documento de este archivo nos informa sobre cuestiones relacionadas con la infancia: un texto en el que Apil-Nergal vende una niña pequeña[30].

El último archivo casita del que nos nutrimos es la ciudad de **Babilonia**, donde el alemán R. Koldeway desarrolló su labor arqueológica entre 1899 y 1917. Hasta quinientas sesenta y cuatro documentos mesobabilónicos salieron a la luz durante estos años, si bien, al igual que ocurre con Tell Imliḫiye, solamente uno nos interesará al analizar la infancia: un texto inédito de venta de tres adolescentes[31].

---

27 A lo largo de sendas estancias en septiembre y octubre de 2010 (Filadelfia) y abril de 2015 (Londres).

28 Oliver R. Gurney, *Middle Babylonian Legal Documents and Other Texts*, UET 7 (Londres: British Museum Publications, 1974); *The Middle Babylonian Legal and Economic Texs from Ur* (Londres: British School of Archaeology in Iraq, 1983).

29 Sobre la documentación del Ur mesobabilónico véanse Leonard Woolley, *The Kassite Period and the Period of the Assyrian Kings*, UE 8 (Londres: British Museum Publications, 1965), 101–108; MSKH I, 43–44; Justel, "La Babilonia casita", 71.

30 Sobre el archivo mesobabilónico de Tell Imliḫiye véanse Rainer M. Boehmer y Heinz-Werner Dämmer, *Tell Imlihiye, Tell Zubeidi, Tell Abbas*, Baghdader Forschungen 7 (Mainz: Von Zabern, 1985); Justel, "La Babilonia casita", 72.

31 Se trata de B.143 + B.227, que sera analizado especialmente en el Capítulo 6, consagrado a las ventas de niños. Véase una visión general de la demás documentación casita de Babilonia en MSKH I, 44; Olof Pedersén, *Archive und Bibliotheken in Babylon*,

Así pues, la documentación mesobabilónica aporta, a través de cuatro archivos[32], una información fundamental para aproximarnos al análisis de cuestiones legales sobre la infancia. Este estudio se hace necesario, puesto que hasta la fecha dicho corpus no ha sido tomado en consideración conjuntamente[33].

Ámbito mesoasirio. El período conocido como mesoasirio se corresponde aproximadamente con la segunda mitad del 2.º milenio a. C. (ca. 1420–1050 a. C.). Son varios los emplazamientos de la Mesopotamia meridional donde los arqueólogos, especialmente alemanes, han hallado archivos con textos cuneiformes. Si bien contamos con varios yacimientos con este tipo de documentación, como Šibaniba, Tell Rimaḫ o Tell Fekhariya, solamente el corpus de Aššur, Ḫarbe y la capital del imperio, Kār-Tukultī-Ninurta, proporcionan información acerca de la condición legal de los niños en sendas ciudades[34].

ADOG 25 (Berlín: Saarländische Druckerei und Verlag, 2005), 69–108; Justel, "La Babilonia casita", 70.

32 Si bien no es de significancia capital sobre la cuestión de la infancia, se debe mencionar la existencia de un lote de textos casitas quizás provenientes del archivo de Dūr-Enlilē. Esta ciudad, cuyo emplazamiento exacto desconocemos (solamente se puede hipotetizar que se situaría en las inmediaciones de un canal o un río, vía por la que se comerciarían diferentes bienes), fue un importante centro económico dependiente de la administración de Nippur. A los más de 450 textos recientemente publicados (cf. Wilfred H. van Soldt, *Middle Babylonian Texts in the Cornell University Collections I: The Later Kings*, CUSAS 30 (Bethesda: CDL Press, 2015), y datados a partir del reinado de Kadašman-Turgu, habrán de añadirse otros cuatro centenares que aparecerán próximamente. La publicación de este segundo lote de textos, datados entre los siglos XV y XIV a. C., correrá a cargo de Elena Devecchi dentro de la serie estadounidense CUSAS. Para nuestro estudio, la importancia de este archivo radica en las referencias a terminología sobre actividades laborales.

33 El único análisis conjunto que conocemos sobre la infancia en época casita es el de Leonhard Sassmannshausen, *Beiträge zur Verwaltung und Gesellschaft Babyloniens in der Kassitenzeit*, BaF 21 (Mainz am Rhein: von Zabern, 2001), 202–10, bajo apartado "Kaufverträge". Sin embargo, el autor no toma como eje principal la condición legal de los niños comprados, sino que el criterio lo constituye la naturaleza de los documentos, compra-ventas de personas. Es por ello que también presenta en su estudio textos de ventas de adultos, como el contrato de Ur UET 7 74. Lo mismo ocurre con el estudio de Jonathan S. Tenney (*Life at the Bottom of Babylonian Society: Servile Laborers at Nippur in the Fourteenth and Thirteenth Centuries B.C.* [Leiden: Brill, 2011]), quien examina las listas mesobabilónicas de trabajadores forzados, donde solo una parte de los individuos son niños.

34 Otros archivos mesoasirios serán referenciados a lo largo del trabajo. Baste mencionar aquí el de Dūr-Katlimmu, en cuya reciente publicación de textos sobre raciones aparecen consignados ocasionalmente menores (cf. Saqer Salah, *Die Mittelassyrischen Personen- und Rationenlisten aus Tall Šēḫ Ḥamad / Dūr-Katlimmu*, BATSH 18 [Wiesbaden: de Gruyter, 2014]).

Las excavaciones alemanas en **Aššur**, en la actual Qal'at Sherqaṭ, fueron llevadas a cabo por equipos alemanes, y en menor medida iraquíes, en diferentes fases desde 1900. Las campañas sacaron a la luz cientos de tablillas mesoasirias, mostrando no solo a nivel documental sino también arqueológico —espacios públicos y templos en el norte y casas privadas en el sur— un florecimiento especial de la urbe entre los reinados de Aššur-uballiṭ y Tiglat-Pileser I (ca. 1365–1076 a. C.)[35]. Los géneros literarios de los textos de Aššur son variados: listas lexicales, himnos, mitos, rituales reales, etc. Asimismo encontramos documentos legales en torno a menores, entre los que se encuentran las escasas pero significativas fuentes que analizamos en el trabajo, fundamentalmente referidas a adopciones infantiles.

El archivo de **Ḫarbe** (actual Tell Chuēra) se encuentra a 6 km al sur de la frontera entre Siria y Turquía, en el territorio sirio entre los ríos Khabur y Balikh. Las excavaciones del yacimiento, también llevadas a cabo por equipos alemanes desde 1958, sacaron a la luz alrededor de sesenta tablillas cuneiformes del reinado de Tukulti-Ninurta I (1243-1207 a. C.)[36]. Aparte de una veintena de cartas, el resto de documentos son en su mayoría listas de personas con su correspondiente asignación de cereal. Son precisamente algunos de estos textos los que consignan niños entre los receptores de raciones, aspecto que pondremos en relación con los documentos administrativos del mismo tipo pero procedentes del archivo de Nippur.

El último archivo mesoasirio analizado es **Kār-Tukultī-Ninurta** (actual Tulul al-'Aqar), situada apenas a tres kilómetros al norte de Aššur, en la orilla opuesta del Tigris. Excavada por equipos alemanes en 1913–1914 y 1986–1989, se trata de una fundación *ex novo* del monarca Tukultī-Ninurta I (1243–1207 a. C.), que promovió el cambio de capital de su imperio, anteriormente en Aššur. Hasta la fecha se conocen cuatro archivos de la ciudad, si bien la mayor parte de los textos permanecen aún inéditos. Muchos de estos documentos son de carácter administrativo, principalmente listas. Es precisamente uno de estos textos, VAT 18087+, el que nos informa sobre el tratamiento de la infancia por los contemporáneos a través de un elenco de deportados hurritas entre los que se consignan niños.

Al igual de lo que ocurre con el ámbito casita, la historiografía no ha incidido expresamente en la figura del niño en la Asiria de la época a través de un análisis específico a nivel jurídico. Si bien no contamos con gran cantidad de textos que nos informen sobre la niñez en dicho contexto, se hará especialmente

---

35 Para la documentación de Aššur durante este período véanse Olof Pedersén, *Archives and Libraries in the City of Assur: A Survey of the Material from the German Excavations*, Part 1 (Uppsala: Almqvist & Wiksell, 1985); *Archives and Libraries in the City of Assur: A Survey of the Material from the German Excavations*, Part 2 (Uppsala: Almqvist & Wiksell, 1986).

36 Sobre el yacimiento de Ḫarbe véase Olof Pedersén, *Archives and Libraries in the Ancient Near East. 1500–300 B.C.* (Bethesda: CDL Press, 1998), 98–100.

interesante la puesta en común de los documentos de Aššur con las adopciones nuzitas o sirias, los de Ḫarbe con las listas de raciones mesobabilónicas y el de Kār-Tukultī-Ninurta con la práctica próximo-oriental antigua de deportar prisioneros de guerra.

Archivos mittanios. Con la debilidad del poder hitita tras la caída del reino semítico de Yamḫad, a comienzos del s. XVI a. C., se concretó la "formación estatal" de Mittani[37]. Es en el s. XV a. C. cuando Mittani adquiere crucial importancia en el contexto socio-económico del Oriente próximo, disfrutando de una situación geoestratégica privilegiada entre los imperios asirio, hitita y egipcio. Tras un período de dominación hitita de Mittani, el reino fue finalmente anecionado por el rey asirio Salmanasar I, en el s. XIII a. C.

La cohesión del territorio mittanio, debido no solo a cuestiones políticas sino también culturales, como su evidente sustrato hurrita, hace que estudiemos conjuntamente dos archivos que nos proporcionan significativa información para el tema. Nos referimos a Nuzi y Alalaḫ, en los actuales Iraq y Siria respectivamente.

A nivel documental conocemos el antiguo reino de Arrapḫe, perteneciente al imperio de Mittani, en especial gracias al archivo de **Nuzi** (actual Yorgan Tepe), una de las capitales provinciales del territorio[38]. Las excavaciones arqueológicas americano-iraquíes llevadas a cabo entre 1925 y 1931 sacaron a la luz en el yacimiento alrededor de cinco mil textos procedentes de varios archivos, datados entre los siglos XV y XIV a. C. y provenientes tanto de contextos palaciegos como del templo o privados. Entre estos últimos destacan los archivos familiares de Teḫip-Tilla, llamados así aunque abarquen cinco generaciones, que cuentan con más de 1.000 tablillas. Asimismo importantes son los archivos

---

37 El Ḫanigalbat de asirios y babilónicos. Para una introducción actualizada sobre el territorio de Mittani véanse Bárbara Eugenia Solans, *Poderes colectivos en la Siria del Bronce Final* (Barcelona: Universidad de Barcelona, 2014), 59–60; y especialmente Eva Cancik-Kirschbaum y Nicole Brisch y Jesper Eidem (eds.), *Constituent, Confederate, and Conquered Space: The Emergence of the Mittani State*, Topoi Berlin Studies of the Ancient World 17 (Gotinga: De Gruyter, 2014). Para una visión política de todo el territorio mittanio, con énfasis en aspectos cronológicos y territoriales y una atención especial sobre el territorio de Cárquemis, cf. Juan Antonio Belmonte, "Reflexiones sobre el territorio de Cárquemis durante el periodo mittanio", en Alberto Bernabé Pajares y Juan Antonio Álvarez Pedrosa (eds.), *Orientalística en tiempos de crisis: Actas del VI Congreso Nacional del Centro de Estudios del Próximo Oriente* (Zaragoza: Libros Pórtico, 2015), 52.

38 Sobre los archivos de Nuzi véanse especialmente Brigitte Lion, "Les archives privées d'Arrapḫa et de Nuzi", SCCNH 10 (Bethesda: CDL Press, 1999), 35–62; Maynard P. Maidman, *Nuzi Texts and Their Uses as Historical Evidence*, WAW 18 (Atlanta: Society of Biblical Literature, 2010).

de Šilwa-Teššup, con más de 700 o los de Akkuya y Zike, con unos 200 documentos.

Teniendo en cuenta estos últimos archivos, y si bien los géneros de las tablillas de Nuzi son diversos en su naturaleza literaria, una buena parte de los documentos se inscribe en el ámbito legal y jurídico. Será este corpus de carácter familiar el que nos informe sobre cuestiones relacionadas con la infancia, especialmente a través de contratos de adopción y ventas de niños. Hasta la fecha la historiografía no ha aportado ningún estudio detallado sobre la infancia en Nuzi[39], y la comparativa del elenco textual nuzita con otros contemporáneos o ligeramente posteriores arrojará luz para insertar determinados mecanismos legales en el contexto próximo-oriental del Bronce Reciente.

El yacimiento de **Alalaḫ** (actual Tell Açana) fue excavado por la expedición inglesa dirigida por L. Woolley, entre 1937–1939 y 1946–1949. Este emplazamiento sirio posee varios niveles arqueológicos con archivos cuneiformes, entre los que destacan Alalaḫ VII (ca. 1800–1650 a. C.) y Alalaḫ IV (ca. 1500–1400 a. C.). En este estudio tomaremos en consideración el último, puesto que se encuadra cronológicamente en el Bronce Reciente[40]. De esta época, y contextualizados en archivos administrativos palaciegos, provienen casi trescientos textos escritos en el dialecto babilónico del acadio con fuerte influencia hurrita. Su naturaleza literaria es variada, presentando contratos de diversa índole, procesos legales o registros administrativos[41]. Sin embargo, la documentación que concierne a la infancia es tan escasa que la historiografía no ha aportado ningún estudio centrado en este aspecto. Aún así, dos contratos de compra-venta de jóvenes esclavos procedentes de Alalaḫ darán una amplitud mayor al análisis de este fenómeno en el Bronce Reciente.

Archivos sirios. A lo largo del estudio entenderemos por "Siria" la región noroccidental de la actual República Árabe de Siria, donde se sitúan los archivos

39 Aún así, y por su relación obvia con el tema, véase un trabajo sobre las nodrizas en el Próximo Oriente antiguo, con atención especial al archivo de Nuzi, en Helga Schneider-Ludorff, "Die Amme nach Texten aus Nuzi", SCCNH 18 (Bethesda: CDL Press, 2009), 479-89. Para la cuestión desde una perspectiva legal, cf. Sophie Démare-Lafont, "Women at Work in Mesopotamia: An attempt at a legal perspective", en Brigitte Lion y Cécile Michel (eds.), *The Role of Women in Work and Society in the Ancient Near East*, Studies in Ancient Near Eastern Records 13 (Berlín: de Gruyter, 2016), 319–23.

40 Sobre la cronología de los textos de Alalaḫ IV véase Christian Niedorf, *Die mittelbabylonischen Rechtsurkunden aus Alalaḫ (Schicht IV)*, AOAT 352 (Münster: Ugarit-Verlag, 2008), 9–17.

41 Sobre la documentación de la Alalaḫ del Bronce Reciente véase especialmente ibíd., así como Eva von Dassow, *State and Society in the Late Bronze Age: Alalaḫ under the Mittani Empire*, SCCNH 17 (Bethesda: University Press of Maryland, 2008).

estudiados de Emar, Ekalte, Ugarit y Tuttul[42]. Esta nomenclatura ha sido ambigua desde la Antigüedad, y responde a una alteración que los jonios, que frecuentaban esa parte de la costa mediterránea, introdujeron a partir del concepto de "Asiria" en el s. VIII a. C., cuando los ninivitas redujeron la región a provincia del imperio neoasirio[43]. Por tanto, esta denominación griega será de carácter exógeno.

Sea como fuere, el concepto de Siria constituye en la historiografía moderna la manera más práctica de agrupar los archivos mencionados en un ente con rasgos comunes[44]. Éstos, además de geográficos, son asimismo culturales, algo evidente al examinar las lenguas de la zona. Hasta el momento todos los documentos de la Siria de la época emplean la escritura cuneiforme silábica y la lengua acadia, con la notable excepción de Ugarit, donde, además, se emplea un alfabeto cuneiforme para redactar textos en ugarítico, la lengua local. En la lengua acadia empleada en estos archivos se aprecian, en cada uno, elementos procedentes de los sustratos lingüísticos locales, tanto semítico-noroccidentales como hurritas. Otros archivos que no comparten estas características, aun estando ubicados en la Siria actual, no son tomados en consideración en la designación de "Siria del Bronce Reciente"[45].

La ciudad de **Emar** (actual Tell Meskéne), a orillas del Éufrates, era conocida al menos desde 1929, pero no fue excavada sistemáticamente hasta 1972 por el equipo francés dirigido por J.-C. Margueron. En fechas posteriores ha sido U. Finkbeiner el encargado de la excavación del yacimiento.[46] Los años

---

42 El archivo de Alalaḫ bien podría haber sido insertado dentro de esta zona, actual Siria, si bien decidimos clasificarlo dentro de la influencia mittania, primando los criterios políticos y culturales sobre los estrictamente geográficos.

43 Por esta razón, Homero, probablemente contemporáneo al momento de creación de este nuevo concepto, y con toda seguridad desconocedor del mismo, no cita el nuevo término. Así, se referirá a esta región sirviéndose de su nombre oriental: "Aram" (alterado en "Arimeen" y "Erembos"). Estas cuestiones ya aparecen expuestas en los diarios de diferentes viajeros y exploradores de la Ilustración, como en el capítulo "Viage a Siria", en AA. VV. *El viagero universal, ó Noticia del Mundo Antiguo y Nuevo: Obra recopilada de los mejores Viageros por D. P. E. P.*, Tomo II, Suplemento (Madrid: Imprenta de Villalpando, 1801) (esp. pp. 79ss).

44 Sobre el concepto de "Siria", véanse especialmente Joaquín Sanmartín, "«Siria»: historia de un mapa", en AA. VV. *Séptimo Centenario de los Estudios Orientales en Salamanca*, Estudios Filológicos de la Universidad de Salamanca 337 (Salamanca: Ediciones Universidad Salamanca, 2012), 153–61; Trevor Bryce, *Ancient Syria: A Three Thousand Year History* (Oxford: Oxford University Press, 2014), 5.

45 Es por ejemplo el caso de Ḫarbe (Tell Chuēra), que aun estando en Siria pertenece a la órbita del imperio mesoasirio, o el ya expuesto de Alalaḫ.

46 Véase un resumen sobre los aspectos arqueológicos de Emar en Uwe Finkbeiner, "Die Stratigraphie von Emar", en Jörg Becker, Ralph Hempelmann y Ellen Rehm (eds.),

siguientes estuvieron dedicados a la excavación de los niveles del Bronce Reciente, tanto en áreas privadas como en las que se supuso en un principio que pertenecían a espacios públicos de carácter cultual[47]. Las más de 1200 tablillas cuneiformes procedentes de estos archivos datan de finales del s. XIV hasta la destrucción de la ciudad (ca. 1180 a. C.)[48]. Durante este período la ciudad estuvo integrada en el Imperio Hitita, dependiendo directamente del reino de Cárquemis. La documentación emariota, en su mayoría escrita en el dialecto babilónico del acadio[49], refleja estas circunstancias históricas, con la presencia también de textos en hurrita e hitita. Los documentos acadios presentan gran variedad de géneros: listas lexicales, registros administrativos, textos literarios y mágicos, rituales, cartas, etc.[50] Cuantitativamente destacan los documentos de tipo económico y jurídico-legal. Entre los primeros encontramos préstamos o compraventa de propiedades o personas. Por su parte, los textos legales nos informan sobre testamentos, matrimonios o adopciones. Ambos *corpora* conformarán la

---

Kulturlandschaft Syrien: Zentrum und Peripherie, Fetschrift für Jan-Waalke Meyer, AOAT 371 (Münster: Ugarit-Verlag, 2010), 197–205 (con bibliografía). Una introducción al archivo emariota se encuentra en Betina I. Faist, "Emar", en Hubert Cancik y Helmuth Schneider (eds.), *Der Neue Pauly. Enzyklopädie der Antike* 12.2 (Sttutgart: J.B. Metzler, 2002), 950 (cf. asimismo Solans, *Poderes colectivos*, 99–103). Para un elenco bibliográfico detallado sobre los estudios de Emar véase especialmente Betina I. Faist y Josué Javier Justel y Sakal, Ferhan y Vita, Juan Pablo, "Bibliografía de los estudios de Emar (6)", *UF* 45 (2014): 95–110.

[47] En la actualidad, sin embargo, los llamados "Templos de Emar" son interpretados por la mayoría de autores como verdaderos archivos privados. Al respecto véase por ejemplo Daniel E. Fleming, *Time at Emar: The Cultic Calendar and the Rituals from the Diviner's House*, MC 11 (Winona Lake: Eisenbrauns, 2000), 13–47.

[48] Sobre la cronología del corpus emariota véanse Aaron Skaist, "The Chronology of the Legal Texts from Emar", *ZA* 88 (1998): 45–71; Fleming, *Time at Emar*, 21–25; Francesco di Filippo. "Notes on the Chronology of Emar Legal Tablets", *SMEA* 46 (2004): 175–214; Maurizio Viano, "Problemi di datazione di alcuni testi legali di Emar", *KASKAL* 4 (2007): 245–59; Lorenzo d'Alfonso y Yoram Cohen y Dietrich Sürenhagen (eds.), *The City of Emar among the Late Bronze Age Empires: History, Landscape, and Society. Proceedings of the Emar Conference, 25–26.04.2006*, AOAT 349 (Münster: Ugarit-Verlag, 2008); Francesco di Filippo, "Emar Legal Tablets: Archival Practice and Chronology", en d'Alfonso y Cohen y Sürenhagen, *The City of Emar*, 45–64; así como la controversia al respecto entre Masamichi Yamada ("The Chronology of the Emar Texts Reassessed", *Orient* 48 [2013]: 125–56) y Yoram Cohen ("Problems in the History and Chronology of Emar", *KASKAL* 10 [2013]: 281–94). Cf. el último trabajo sobre la cuestión en Sophie Démare-Lafont y Daniel E. Fleming, "Emar Chronology and Scribal Streams: Cosmopolitanism and Legal Diversity", *RA* 109 (2015): 45–77.

[49] Sobre el acadio de Emar véase Stefano Seminara, *L'accadico di Emar*, Materiali per il vocabulario sumerico 6 (Roma: Herder, 1998).

[50] Sobre estas cuestiones véase especialmente Faist y Justel y Sakal y Vita, "Bibliografía", 106–9.

base de nuestro elenco documental, ya que el archivo de Emar nos informa profusamente sobre cuestiones como ventas de niños o adopciones infantiles.

Por último, hay que subrayar que la heterogeneidad que apreciamos en el archivo, a distintos niveles, se ve acentuada por la coexistencia de dos tradiciones escribales marcadamente diferenciadas: la siria y la siro-hitita[51]. La primera responde a unos rasgos más formalistas, herederos de la tradición paleobabilónica. Por su parte, la tradición siro-hitita presenta textos con formato heterogéneo, gran variedad gramatical y temática —incluso dentro el mismo documento. Es precisamente dentro de esta segunda tradición donde se inscriben la mayoría de los textos emariotas analizados en el trabajo que presentamos.

El yacimiento Ras Shamra (antigua **Ugarit**) se sitúa a apenas 1 km de la costa mediterránea, en el noroeste sirio, próximo a la actual localidad de Latakia. Las excavaciones francesas comenzaron en 1929, dirigidas por C. Schaeffer, y han continuado hasta la actualidad dirigidas por diversos arqueólogos[52]. Si bien la zona estuvo ocupada desde el Neolítico, el esplendor de Ugarit se sitúa en el Bronce Reciente, coincidiendo con su condición de vasallo de Ḫatti y conservando una dinastía propia. Las numerosas campañas arqueológicas han aportado más de 2.000 tablillas cuneiformes, divisibles en dos grupos similares a nivel cuantitativo pero diferentes lingüísticamente[53]. El primero se corresponde con documentos escritos en acadio y pertenecientes a distintos géneros literarios:

---

[51] Recientemente denominadas de "formato convencional" (siria) y de "formato libre" (siro-hitita). Al respecto véanse Sophie Démare-Lafont y Daniel E. Fleming, "Tablet Terminology at Emar: 'Conventional' and 'Free Format'", *AuOr* 27 (2009): 19–26; Yoram Cohen, "The Scribal Traditions of Late Bronze Age Emar", en Daisuke Shibata y Shigeo Yamada (eds.), *Cultures and Societies in the Middle Euphrates and Habur Areas in the Second Millennium BC—I: Scribal Education and Scribal Tradition* (Wiesbaden: Harrassowitz Verlag, 2016), 119–31. Sobre estas cuestiones véase asimismo Sophie Demare-Lafont, "Éléments pour une diplomatique juridique des textes d'Émar", en Sophie Démare-Lafont y André Lemaire (eds.), *Trois millénaires de formulaires juridiques*, EPHE, Sciences Historiques et Philologiques II, Hautes Études Orientales-Moyen et Proche-Orient 4, 48 (Ginebra: Droz, 2010), 43–84.

[52] Véanse varias referencias bibliográficas sobre las excavaciones arqueológicas en Ugarit en Marguerite Yon, *La cité d'Ougarit sur le tell de Ras Shamra* (París: Éditions Recherche sur les Civilisations, 1997); *The City of Ugarit at Tell Ras Shamra* (Winona Lake: Eisenbrauns, 2006).

[53] A estos dos grandes grupos habrá que añadir otros textos hallados en Ugarit que fueron redactados en hurrita, hitita, jeroglífico egipcio o chipro-minoico. Sobre la presencia de estas lenguas en Ugarit véanse, entre otros, Florence Malbran-Labat, "Langues et écritures à Ougarit", *Semitica* 49 (1999): 65–101; Juan Pablo Vita, "Los estudios ugaríticos: breve presentación y bibliografía", en Josué Javier Justel y José Ángel Zamora y Juan Pablo Vita (eds.), *Las culturas del Próximo Oriente Antiguo y su expansion mediterránea* (Zaragoza: Instituto de Estudios Islámicos y del Oriente Próximo, 2008), 181–85.

textos lexicales, jurídicos, religiosos, literarios, legales, tratados internacionales, etc.[54]. El segundo grupo lo constituyen textos —míticos, epistolares, jurídicos, administrativos, etc.— redactados en la lengua autóctona, denominada ugarítico, por medio de un alfabeto cuneiforme[55]. En ninguno de los documentos de Ugarit, tanto acadios como ugaríticos, se consigna la fecha de redacción[56]. Aún así, se puede afirmar que la amplitud temporal de los archivos se sitúa entre mediados del s. XIV y principios del s. XII a. C.[57].

La documentación publicada de Ugarit apenas ofrece información para evaluar distintos aspectos legales de la infancia[58]. El corpus del archivo con el que trabajamos en este estudio es por tanto restringido, y se limitará en lo esencial a un texto redactado en ugarítico en el que se presenta una lista de deportados compuesta por mujeres y niños.

Tuttul (actual Tell Bi'a) constituye el último archivo sirio de la época del que presentamos documentación en el trabajo. Situada en la confluencia de los ríos Éufrates y Balikh, fue objeto de excavaciones alemanas en la segunda mitad del s. XX. Ya importante desde finales del 3.er milenio a. C., fue en la primera mitad del 2.° milenio a. C. cuando la ciudad adquiere mayor relevancia, especialmente

---

[54] Sobre la naturaleza textual de la documentación acadia de Ugarit véase Wilfred H. Van Soldt, "The Syllabic Akkadian Texts", en Wilfred G. E. Watson y Nicolas Wyatt (eds.), *Handbook of Ugaritic Studies* (Leiden-Boston-Colonia: Brill, 1999), 36–40; así como Sylvie Lackenbacher, *Textes akkadiens d'Ugarit*, LAPO 20 (París: Éditions du Cerf, 2002). Por su parte, las principales gramáticas de referencia sobre el acadio del archivo siguen siendo las de John Huehnergard (*The Akkadian of Ugarit*, HSS 34 (Atlanta: Scholars Press, 1989) y Wilfred H. van Soldt (*Studies in the Akkadian of Ugarit: Dating and Grammar*, AOAT 40 (Neukirchen-Vluyn: Butzon & Bercker, 1991).

[55] Para el ugarítico véanse las gramáticas de Josef Tropper (*Ugaritische Grammatik*, AOAT 273 [Münster: Ugarit-Verlag, 2000]) y Pierre Bordreuil y Dennis Pardee (*Manuel d'Ougaritique* [París: Geuthner, 2004]; *A Manual of Ugaritic* [Winona Lake, Eisenbrauns, 2009]), así como los diccionarios de Gregorio del Olmo y Joaquín Sanmartín (*A Dictionary of Ugaritic Language in the Alphabetic Tradition*, HdO 67 [Leiden-Boston: Brill, 2003]) y Josef Tropper (*Kleines Wörterbuch des Ugaritischen*, Elementa Linguarum Orientis 4 [Wiesbaden: Harrassowitz Verlag, 2008]). Sobre el ugarítico véase una breve introducción en Vita, "Los estudios ugaríticos", 180–81 (con varias referencias bibliográficas de gramáticas ugaríticas en pp. 182–83).

[56] Vita, "Los estudios ugaríticos".

[57] Sobre la discusión de la cronología de los textos de Ugarit véanse Horst Klengel, *Syria 3000 to 300 B.C. A Handbook of Political History* (Berlín: Akademie Verlag, 1992); Juan Pablo Vita, "Datation et genres littéraires à Ougarit", en Françoise Briquel-Chatonnet y Hélène Lozachmeur (eds.), *Proche-Orient Ancien: Temps vécu, temps pensé* (París: Éditions Maisonneuve, 1998), 39–52; Itamar Singer, "A Political History of Ugarit", en Watson y Wyatt, *Handbook*, 603–733; Jacques Freu, *Histoire politique du Royaume d'Ugarit* (París: L'Harmattan, 2006).

[58] Otros temas relacionados con la niñez sí son susceptibles de recibir un análisis a partir del corpus de Ugarit (cf. al respecto Vidal, "La infancia").

por ser el gran centro religioso del dios Dagan. La mayor parte de la documentación cuneiforme de Tuttul proviene de esa época (Bronce Medio). Sin embargo, la presencia de algunas tablillas del Bronce Reciente evidencia la ocupación posterior de la ciudad, ya en su declive. Nuestro corpus del archivo se ve reducido a una venta de niña (KTT 382), única referencia a la realidad infantil en el Tuttul del Bronce Reciente.

Los emplazamientos presentados constituyen una amalgama de archivos con características sociales, económicas o lingüísticas diferentes. Se extienden a lo largo de toda Mesopotamia y el ámbito mediterráneo y continental sirio (fig. 1) en etapas cercanas del Bronce Reciente (ca. 1500–1100 a. C.). Esta diversidad geográfica y cronológica lo será también a nivel jurídico. Cada ámbito documental presenta expresiones legales bien definidas, aspectos asimismo característicos de los textos cuneiformes sobre niños: ventas infantiles, adopciones de menores, relación entre infancia y matrimonio, etc. El que unos archivos nos informen más que otros sobre la condición legal de la niñez en el Bronce Reciente hace que centremos más la atención en determinados ámbitos a la hora de analizar una cuestión específica. La mayor dificultad residirá por tanto en trazar una idea común, si realmente la hubiere, sobre la relación entre legalidad e infancia en el Oriente Próximo durante el Bronce Reciente.

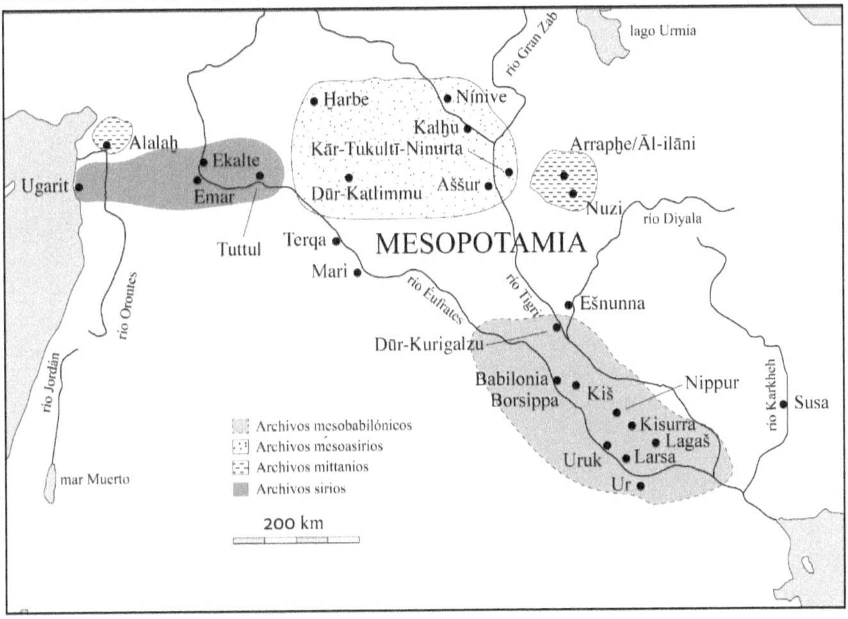

Fig. 1. Ámbitos documentales y principales archivos estudiados en la investigación

DELIMITACIÓN TEMÁTICA Y TERMINOLÓGICA. *Las edades de la vida.* La noción de "fase de la vida" estaba muy presente en el ideario de los antiguos mesopotámicos[59]. Si bien generalmente la documentación cuneiforme no hace referencia explícita a la edad de las personas en términos de años[60], determinados textos categorizan la vida humana tomando como criterio diferentes fases de la vida. Así, encontramos tablillas sumerias que ya en el 3.er milenio a. C. distinguen los siguientes grupos[61]:

(1) Niños hasta cinco años
(2) Niños de cinco a diez años
(3) Niños de diez a trece años
(4) Adultos
(5) Ancianos

Esta división no es universal para todas las culturas próximo-orientales antiguas, y ni siquiera para el cada región en la misma época. Los criterios, de hecho, pueden ser de distinta naturaleza. El hebreo bíblico, por ejemplo, distingue tres edades de la vida a nivel jurídico: (1) infancia; (2) período entre el comienzo de la madurez y la llegada a la misma; (3) madurez y plena senectud[62].

---

59 Sobre las fases de la vida en el Próximo Oriente antiguo, desde distintas perspectivas (jurídica, arqueológica, artística, por sexos, etc.), véanse Martha T. Roth, "Age at Marriage and the Household: A Study of Neo-Babylonian and Neo-Assyrian Forms", *Comparative Studies in Society and History* 29.4 (1987): 716–19; Marten Stol, "Private Life in Ancient Mesopotamia", en Jack M. Sasson (ed.), *Civilizations of the Ancient Near East* (Farmington Hills: Hendrickson Publishers, 2006), 486–87; Dominique Parayre, "Les âges de la vie dans le répertoire figuratif oriental", *KTEMA* 22, 1997, 59–89; Brenda J. Baker y Tosha L. Dupras y Matthew W. Tocheri. *The Osteology of Infants and Children*, Texas A&M University Antrophology Series (Austin: Texas A&M University Press, 2005), 10; Josué Javier Justel, *La capacidad jurídica de la mujer en la Siria del Bronce Final: Estudio de las estrategias familiares y de la mujer como sujeto y objeto de derecho*, SPOA 4 (Zaragoza: Instituto de Estudios Islámicos y del Oriente Próximo, 2008), 278; Kristine H. Garroway, "Gendered or (Un)Gendered? The Perception of Children in the Ancient Near East", *JNES* 71 (2012): 96–97; *Children*, 16–19. Para la Antigüedad en general véase Justel, "El estudio de la infancia", 15–29.

60 Roth, "Age at Marriage", 716.

61 Esquema basado en Stol, "Private Life in Ancient Mesopotamia", 487.

62 Respectivamente *yōnēq*, *ṭāp* o *na'ar* (primer período), *bāḥūr*, *betūlāḫ* (segundo período) y *'īš*, *'iššāḫ* o *zāqēn* (tercer período). Amplíese en Hans-Walter Wolff, *Anthropology of the Old Testament* (Filadelfia: Hymns Ancient & Modern Ltd, 1974), 120–21; Joseph Fleishman, "The Age of Legal Maturity in Biblical Law", *JANES* 21 (1992): 35. Para estas tres épocas en la Mesopotamia antigua véase Rivkah Harris, *Gender and Aging in Mesopotamia: The Gilgamesh Epic and Other Ancient Literature* (Norman: University of Oklahoma Press, 2000), 3–31.

Mientras tanto, la *plena pubertas* llegaría para los israelitas a los veinte años[63]. Esta subdivisión por edades del pueblo judío carece de precisión cronológica, y responde sin duda a la inexistencia de conceptos concretos sobre las diferentes etapas vitales.

Aunque a primera vista ocurre algo similar en las culturas mesopotámicas del Bronce Reciente, el análisis detenido de determinados textos cuneiformes puede arrojar luz sobre esta cuestión, y muy especialmente para el caso de los menores. Por ejemplo, en decenas de textos mesobabilónicos de trabajadores forzados éstos son organizados según períodos generales de edad, nunca en términos concretos de años, presentando terminología específica al respecto[64]:

(1) Niños lactantes
(2) Niños destetados
(3) Niños
(4) Adolescentes
(5) Adultos
(6) Ancianos

Es interesante comprobar cómo el período de la infancia se subdivide en varias etapas en estos textos casitas, al igual que se hace en otros documentos mesoasirios[65]. Por tanto, es evidente que el hombre mesopotámico del Bronce Reciente tenía una concepción diferenciada de cada fase de la infancia, algo que nos ha llegado principalmente a través de documentos administrativos. Su percepción de los menores no se se constreñía por tanto a individuos que pasaban de ser niños a adultos inmediatamente, sino que eran contemplados como personas en proceso de crecer[66].

---

63 Fleishman, "The Age of Legal Maturity in Biblical Law", 48. Compárese este caso con la antigua Grecia, donde la autonomía jurídica de los varones comenzaría a los diecisiete o dieciocho años, tras la ejecución de la δοχιμασία, especie de examen que debía realizar el candidato a ciudadano de pleno derecho (C. Simantiras, "L'enfant dans la Grèce Antique", en AA. VV., *L'Enfant: Première partie*, 200). Otros retrasan esa edad a los catorce años (cf. Blackmore Dann, *The World of the Infant*, 29). Por su parte, según el derecho romano la infancia concluía con la *pubertas* (unos catorce años para los varones y doce para las mujeres), mientras que textos literarios establecen el límite de la *pueritia* a los diecisiete años (Stefano Tafaro, "La responsabilité de l'enfant dans le droit romain", en Bouineau, *Enfant et romanité*, 121).

64 Amplíese dicha división terminológica en §5.3.

65 Véanse por ejemplo los documentos VAT 18087+, KAJ 180, 92.G.127 y 92.G.172.

66 En la línea de Joanna Sofaer Derevenski, "Where Are the Children? Accessing Children in the Past", *Archaeological Review from Cambridge* 13.2 (1994): 13.

Identificación de documentos. Para proceder a la identificación de textos sobre niños a lo largo del trabajo hemos recurrido tanto a evidencias directas como indirectas. Entre las primeras se encuentra la terminología, especialmente en lenguas sumeria y acadia. La variedad de términos para referirse a los niños ha sido en muchas ocasiones debatida historiográficamente, sin llegarse a veces a un consenso por parte de la comunidad científica.

Los principales términos sumerios que encontramos en los textos del Bronce Reciente se resumen en los aportados por las comentadas listas mesobabilónicas de trabajadores forzados procedentes de Nippur:

Masculino	**Femenino**
GURUŠ.TUR, "adolescente"[67]	SAL.TUR, "adolescente"
GURUŠ.TUR.TUR, "niño"[68]	SAL.TUR.TUR, "niña"
DUMU.GABA, "niño lactante"	DUMU.SAL.GABA, "niña lactante"

Tabla 1. Terminología sumeria general que concierne a niños

Sin embargo, y si bien la identificación de algunos términos con su franja de edad es evidente[69], en otros casos dependerá del contexto en el que sean nombrados, a lo que hay que añadir la exclusividad de algunos vocablos en determinados archivos. Así, en la ciudad casita de Ur no se empleará el término GURUŠ.TUR, sino LÚ.TUR. Además, en algunas ventas de niños de este archivo es evidente que el niño denominado LÚ.TUR (o su equivalente femenino SAL.TUR) no se corresponde con un adolescente, sino que es en realidad mucho más joven. Este problema, teniendo en cuenta que el logograma TUR (ac. *ṣeḫru*) actúa como un adjetivo con el sentido de "pequeño", "menor de edad", se puede explicar mediante el análisis filológico de ambos sustantivos. El sumerio LÚ es el término genérico para "hombre" (ac. *awīlu*), por lo que un

[67] Las traducciones de "adolescente" para GURUŠ.TUR y SAL.TUR y de "niño/a" para GURUŠ.TUR.TUR y SAL.TUR.TUR no dejan de ser anacrónicas al hacer referencia al Oriente Próximo. Al no poder asegurar con certitud que existiera un concepto similar al nuestro moderno en la Antigüedad mesopotámica, seguiremos las traducciones proporcionadas tradicionalmente por John A. Brinkman, "Sex, Age, and Phisycal Condition Designations for Servile Laborers in the Middle Babylonian Period", en Govert van Driel y Theo J. H. Krispijn y Marten Stol y Klaas R. Veenhof (eds.), *Zikir Šumim: Assyriological Studies Presented to F. R. Kraus on the Occasion of His Seventieth Birthday* (Leiden: Brill, 1982), 1–8.

[68] La reduplicación del sumerograma TUR reforzará sin duda la idea de "pequeño", por lo que un GURUŠ.TUR.TUR será menor que un GURUŠ.TUR (lo mismo que SAL.TUR.TUR vs. SAL.TUR).

[69] Véase por ejemplo DUMU.GABA, que con el significado literal de "hijo de pecho" se refiere evidentemente a un pequeño lactante.

LÚ.TUR será en sentido general un "hombre pequeño"[70]. Por su parte, GURUŠ se corresponde con el acadio *eṭlu*, "hombre" (referido a un individuo en concreto), y unido al logograma TUR tendrá un significado más próximo al de "joven"[71]. Así, este último término se presta a componer una lista graduada de categorías de edad, mientras que LÚ.TUR no precisa terminológicamente una edad u otra.

Por otro lado, como profundizaremos más adelante, entre las categorías de GURUŠ/SAL.TUR.TUR y de DUMU(.SAL).GABA se encuentra una fase vital denominada en acadio *pirsu* (masculino y femenino) y *pirsatu* (femenino en textos mesobabilónicos), para la cual última no conocemos —y quizás no hubiera— equivalencia sumeria.

El vocabulario acadio que concierne a niños también delimita en nuestra investigación lo que entendemos por "niño". Los términos principales, tanto verbos como sustantivos y adjetivos, derivan de la raíz semítica *ṣḫr*. A continuación exponemos lo señalado en el *Chicago Assyrian Dictionary* para estos términos:

Categoría gramatical	**Masculino**	**Femenino**	**Referencia en CAD**
Verbo	*ṣeḫēru*, "ser menor"		CAD Ṣ 121a
Adjetivo	*ṣeḫru*, "pequeño", "joven"	*ṣeḫertu*, "pequeña", "joven"	CAD Ṣ 180
Sustantivo	*ṣuḫāru*, "niño", "adolescente"	*ṣuḫārtu*, "niña", "adolescente"	CAD Ṣ 231

Tabla 2. Terminología acadia general que concierne a niños (según CAD)

Sin embargo, la correspondencia de estos vocablos acadios con una u otra construcción logográfica sumeria ha sido debatida, y lo es aún, en la historiografía moderna[72]. La posibilidad de que cada uno de los términos pueda asimismo

[70] Y no necesariamente un lactante (*šerru*, "nourrison"), como identifica Labat (MEA 144).

[71] CAD E 407b. Nótese que en textos de Bogazköy se emplean en ocasiones ambos términos conjuntamente: LÚ.GURUŠ (cf. CAD).

[72] Además, la concepción de lo que implican en último término este tipo de palabras es un tanto laxa (cf. André Finet, "Le *ṣuḫarum* à Mari", en Dietz Otto Edzard [ed.], *Gesellschaftsklassen im Alten Zweistromland und in den angrenzenden Gebieten- XVIII: Rencontre Assyriologique Internationale, München, 29. Jun ibis 3. Juli 1970* [Múnich: Verlag der Bayerischen Akademie der Wissenschaften, 1972], 65–72; *Le Code de Hammurabi*, LAPO 6 [París: Éditions du Cerf, 2004], 30, n. 3). Sobre estos conceptos en la literatura cuneiforme véanse Finet, "Le *ṣuḫarum* à Mari"; Hans-Peter Stähli, *Knabe-Jüngling-Knecht: Untersuchungen zum Begriff* נ ע י *im Alten Testament*, Beiträge zur biblischen Exegese und

referirse a la esfera de la esclavitud[73] complica aún más el análisis de fondo de cada caso. Ante la importancia que a nuestro juicio tiene un examen detenido de los aspectos terminológicos, en la presente investigación dedicaremos en cada capítulo un apartado a analizar el vocabulario presente en los diferentes ámbitos geográficos y temáticos. Teniendo una visión de conjunto procederemos en las conclusiones de cada capítulo a trazar una visión sobre la cuestión en la documentación del Bronce Reciente.

Sea como fuere, y en comparación con otras lenguas contemporáneas[74], el acadio no precisa con detalle las diferentes etapas de la infancia. Aún así, y fuera de los textos que consideramos, encontramos diversos términos que hacen referencia a la misma realidad: *la'û*, "niño pequeño"[75], *šerru*, "niño", *batūlu*, "hombre joven, "adolescente"[76], etc.[77]

Por último, queremos subrayar que a lo largo del trabajo son precisamente los aspectos terminológicos los que van a delimitar el concepto de "niño". La concepción de "infancia" que tenemos en nuestra sociedad moderna es en general ambigua. Si bien el punto de partida es el nacimiento, el límite posterior puede variar dependiendo de la jurisdicción imperante, de aspectos fisiológicos o incluso de opiniones personales y por tanto no compartidas por todos. Así, por

---

Theologie, Band 7 (Fráncfort-Berna-Las Vegas: Peter Lang, 1978), 249–54; Wilfred H. van Soldt, *JAOS* 98 (1978): 500; René Lebrun, "Notes sur la terminologie et le status de l'enfant hittite", en Théodoridès y Naster y Ries, *L'enfant*, 43–58; Claus Wilcke, "Familiengründung im alten babylonien", en Ernst Wilhelm Müller (ed.), *Geschlechtsreife und Legitimation zur Zeugung* (Múnich: Alber, 1985), 213–317; Farber, *Schlaf, Kindchen, Schlaf!*, 132–36; Karen Radner, *Die Neuassyrischen Privatrechtsurkunden als Quelle für Mensch und Umwelt*, SAAS 6 (Helsinki: Eisenbrauns, 1997), 152ss; Cécile Michel, "Les enfants des marchands de Kaniš", *KTEMA* 22, 1997, 93–95; Stol, *Birth in Babylonia and the Bible*, 176; Nicoletta Bellotto, *Le Adozioni a Emar*, HANEM 9 (Padua: Sargon, 2009), 58.

73 Como "segundo en rango", "sirviente", "esclavo", etc.

74 Véase por ejemplo el léxico egipcio, que cuenta con unos treinta vocablos para referirse a un niño (David N. MacDonald, "Terms for 'Children' in Middle Egyptian: A Sociolinguistic View", *Bulletin of the Australian Centre for Egyptology* 5 (1994): 53–59; Feucht, *Das Kind im alten Ägypten*, 503–49).

75 Sobre el concepto de *la'û* véase Farber, *Schlaf, Kindchen, Schlaf!*, 136–38.

76 CAD B 174. Sobre el concepto de *batūlu* (fem. *batultu*) véanse especialmente Roth, "Age at Marriage", 745 (con argumentos corregidos por la propia autora en Martha T. Roth, *Babylonian Marriage Agreements: Seventh–Third Centuries B.C.*, AOAT 222 (Neukirchen-Vluyn: Neukirchener Verlag, 1989); Jerrold S. Cooper, "Virginity in Ancient Mesopotamia", en Simo Parpola y Robert M. Whiting (eds.), *Sex and Gender in the ancient Near East: Proceedings of the Forty-Seventh Rencontre Assyriologique Internationale. Helsinki, July 2–6, 2001* (Helsinki: Neo-Assyrian Text Corpus Project, 2002), 91–112; Radner, *Die Neuassyrischen Privatrechtsurkunden*, 152ss.

77 Para otra terminología sobre bebés y niños véase Farber, *Schlaf, Kindchen, Schlaf!*, 139ss.

ejemplo, un niño puede ser concebido tanto como un individuo de cero a doce años[78] como de cero a dieciocho años[79].

Sin embargo, un criterio observado a lo largo del estudio ha sido en la medida de lo posible la no extrapolación de nuestra concepción moderna de "infancia" a la del Bronce Reciente mesopotámico y sirio. ¿Qué entendían esas sociedades por "niño"?, ¿dónde está el límite temporal en el que pasan a ser considerados "mayores" o "adultos"? La clave al respecto, como hemos apuntado, yace en la terminología empleada. Mientras que nosotros podemos considerar que un adolescente ha concluido ya el período infantil, las listas mesobabilónicas de trabajadores forzados expresan esta fase de la vida añadiendo a GURUŠ, "hombre", el adjetivo TUR, "pequeño", "menor". Así pues, y aún teniendo en cuenta el riesgo que comporta generalizar lo evidente en Babilonia para zonas como Asiria, Arrapḫe o Siria, podemos intuir que en todos estos ámbitos los sujetos de edad inmediatamente inferior a la madurez[80] serán considerados como menores (eso sí, graduando las diferentes etapas de la infancia, como por ejemplo mediante la reduplicación del adjetivo TUR[81]). Por tanto, al emplear el término "adolescente" a lo largo del trabajo no nos referiremos solo a lo que esta palabra implica en español, sino que poseerá una connotación ligeramente diferente, probablemente más corta y restringida al período inmediatamente anterior a la madurez legal.

Entre las evidencias indirectas encontramos los casos en los que es el propio contexto del documento, o la mención a determinados mecanismos legales, el que nos informa sobre la existencia de niños entre los individuos mencionados. En estos textos no se designa a los menores de forma aclaratoria, sino mediante términos genéricos, especialmente DUMU (ac. *māru*), "hijo", lo que no implica necesariamente la adscripción del individuo al mundo de la infancia. Este hecho se ve frecuentemente en las adopciones de niños, donde solo mediante un análisis de la relación entre las partes contractuales se podrá llegar a la certeza de estar encontrarnos ante un menor.

ESTRUCTURA DEL ESTUDIO. La estructura del presente trabajo viene determinada, al menos en su primera parte, por las fases de la vida de los niños estudiados. Así, tras el capítulo introductorio (§1), analizaremos las situaciones en las que de una forma u otra se pretende eliminar voluntariamente al niño, mediante las prácticas del aborto y el abandono (§2). En los siguientes apartados

---

78 Por tanto, con el comienzo aproximado de la pubertad.

79 Esto es, con la madurez legal en España.

80 Entendiéndose "madurez" por lo que expresan los términos GURUŠ (ac. *eṭlu*) o LÚ (ac. *awīlu*).

81 Un GURUŠ.TUR.TUR es en este sentido menor que un GURUŠ.TUR (mismo caso con SAL.TUR.TUR y SAL.TUR).

profundizaremos en cuestiones en las que los menores pueden ser desde lactantes hasta adolescentes. En primer lugar presentaremos las situaciones en las que los niños salen beneficiados, al reglar su futuro matrimonio (§3) o a partir de contratos de adopción (§4). Posteriormente trataremos los casos en los que los menores viven situaciones más complicadas, especialmente las relacionadas con la esclavitud (§5). En conexión con este último apartado, dedicaremos un capítulo a estudiar la mayor fuente a nivel cuantitativo sobre los niños esclavos: las ventas infantiles (§6). La cantidad de documentos de la época sobre esta cuestión, con la consiguiente riqueza a nivel comparativo entre diferentes realidades, justificará la inclusión de un capítulo consagrado únicamente a los contratos de ventas de niños.

Cada uno de estos capítulos se estructura por lo general de manera similar. Así, primeramente exponemos las fuentes del Bronce Reciente que conocemos para el análisis de la cuestión. En ocasiones estas fuentes se presentan por ámbitos documentales, mientras que otras veces, debido a una mayor riqueza de variedad en lo que respecta a la naturaleza de la documentación, dividimos los textos por géneros. A continuación realizamos propiamente el estudio, desmenuzando la información de los documentos en la medida de lo posible, conforme éstos nos lo permitan. Previamente a la presentación de las conclusiones de cada capítulo, nos ha parecido conveniente dedicar un subapartado a inscribir cada fenómeno estudiado para el Bronce Reciente dentro del contexto histórico del Próximo Oriente antiguo. De esta forma hemos pretendido impedir el hermetismo en lo estudiado, confiriendo a nuestros textos cierta singularidad y autonomía, pero subrayando a la vez la medida en que continúan o no una constante en el desarrollo de mecanismos jurídicos mesopotámicos y sirios.

Tras el estudio de los capítulos centrales de la investigación presentamos las conclusiones generales (§7). Éstas resumen las principales características de los temas analizados, haciendo especial hincapié en las tesis propuestas a lo largo del estudio. Para una mayor claridad expositiva dividiremos las conclusiones por ámbitos geográficos diferenciados, subrayando cómo se comporta cada uno desde un punto de vista jurídico en relación con la infancia. Al final presentamos una síntesis general del tema para el Bronce Reciente y su emplazamiento dentro del devenir histórico próximo-oriental antiguo.

En la parte final del estudio, tras la lista bibliográfica de las obras referenciadas a lo largo del trabajo (§8), presentamos los índices (§9). Están divididos por materias, aportando listas de tablas, textos citados, equivalencias, antropónimos, teónimos, topónimos o términos y expresiones recurrentes. Por último, el elenco se completa con un índice detallado de las principales cuestiones tratadas a lo largo de la investigación (§10).

2
Abortos y abandonos infantiles: La eliminación voluntaria del niño y sus consecuencias jurídicas

2.1. Introducción

La práctica de abortar o abandonar niños fue algo conocido en la mayoría de sociedades antiguas. Especialmente documentada es la del abandono, en ámbitos como Egipto, Grecia, Roma, Israel o China, donde encontramos numerosos documentos de género textual diverso que atestiguan dicho fenómeno, así como el más radical del infanticidio[82]. Estas cuestiones, unidas a otras con características similares, como maltratos o abusos infantiles, están recibiendo cada vez más atención por parte de la comunidad científica, formando parte de la corriente historiográfica de estudios de género[83].

---

82 Para estas cinco sociedades antiguas véase en general Sander J. Breiner, *Slaughter of the Innocents: Child Abuse through the Ages and Today* (Nueva York: Springer US, 1990).

83 Además del estudio de Breiner (ibíd.), véanse otros análisis históricos generales sobre la relación entre infancia y violencia, abandonos o abortos en L. F. R. Germain, "L'exposition des enfants nouveau-nés dans la Grèce ancienne: aspects sociologiques", en AA. VV., *L'Enfant. Première partie*, 211–46; John Boswell, "Expositio and Oblatio: The Abandonment of Children and the Ancient and Medieval Family", *The American Historical Review* 89.1 (1984): 10–33; *The Kindness of Stranger: The Abandonment of Children in Western Europe from Late Antiquity to the Renaissance* (Chicago: University of Chicago Press, 1988); Ryoji Motomura, "The Practice of Exposing Infants and Its Effects on the Development of Slavery in the Ancient World", en Tōru Yuge y Masaoki Doi (eds.), *Forms of Control and Subordination in Antiquity* (Leiden-Nueva York-København-Colonia: Brill, 1988), 410–15; Pierre Brulé, "Infanticide et abandon d'enfants. Pratiques greques et comparisons anthropologiques", *DHA* 18 (1992): 53–92; Stephen D. Ricks, "Abortion in Antiquity", en David Noel Freedman (ed.), *The Anchor Bible Dictionary* (New Haven: Yale University Press, 1992), 31–35; Simon Mays, "Infanticide in Roman Britain", *Antiquity* 67.257 (1993): 883–88; Marshal Joseph Becker, "Infanticide, Child Sacrifice and Infant Mortality Rates: Direct Archaeological Evidence as Interpreted by Human Skeletal Analysis", *Old World Archaeological Newsletter* 18.2 (1995): 24–31; Meir Malul. "Some Measures of Population Control in the Ancient Near East", en Yitzhak Avishur y Robert Deutsch (eds.), *Michael. Historical, Epigraphical and Biblical Studies in Honour of Prof. Michael Heltzer* (Tel Aviv-Jaffa:

Si bien la realidad es común en los distintos ámbitos, detrás de cada aborto o exposición infantil subyacen rasgos peculiares y diferenciadores: limitación planificada de la población, incapacidad económica para criar al niño, preferencia no satisfecha por tener descendencia de un determinado sexo, malformaciones físicas del pequeño, etc. Aunque se analice cada caso por separado, en muchas ocasiones las circunstancias en que se producían los abandonos son oscuras para los ojos del historiador.

La documentación del Próximo Oriente antiguo también nos informa sobre niños expósitos. El corpus cuneiforme, además, arroja cuantitativamente más luz sobre la cuestión de los abandonos que sobre los infanticidios. Sin duda éstos existirían, pero las fuentes cuneiformes, al contrario de lo que ocurre con otros ámbitos, como por ejemplo la Esparta clásica, guardan por lo general silencio con respecto a dicha realidad[84].

En el presente capítulo estudiamos dos formas sobre el deseo de eliminar un niño: el aborto y el abandono. La razón para agruparlas conjuntamente responde a la voluntad materna, y paterna en menor medida, de prescindir del pequeño sin mirar por los intereses de éste. Ello difiere de otras prácticas permitidas por las que los padres también se deshacen de sus hijos, como las

Archaeological Center Publications, 1999), 221–36; Cornelia Wunsch, "Findelkinder und Adoption nach neubabylonischen Quellen", *AfO* 50 (2003/2004): 174–244; Francesca Stavrakopoulou, *King Manasseh and Child Sacrifice: Biblical Distorsions of Historical Realities* (Berlín: de Gruyter, 2004); Jonathan A. Silk, "Child Abandonment and Homes for Unwed Mothers in Ancient India: Buddhist Sources", *JAOS* 127 (2007): 297–314; Jaqueline S. du Toit, "'These Loving Fathers': Infanticide and the Politics of Memory", en Izak Cornelius y Louis Jonker (eds.), *"From Ebla to Stellenbosch": Syro-Palestinian Religions and the Hebrew Bible*, Abhandlungen des Deutschen Palästina-Vereins 37 (Wiesbaden: Harrassowitz Verlag, 2008), 49–65; Brockliss y Montgomery, *Childhood and Violence*; Sally Crawford y Martin Ingram y Alysa Levene y Heather Montgomery y Kieron Sheehy y Ellie Lee, "Infanticide, Abandonment and Abortion", en Brockliss y Montgomery, *Childhood and Violence*, 57–104; Laura Sancho Rocher, "Τεκνοποιία: Estrategias de natalidad en las ciudades griegas de época clásica", en Justel, *Niños en la Antigüedad*, 163–98; Andrew White, "Abortion and the Ancient Practice of Child Sacrifice", *Journal of Biblical Ethics in Medicine* 1:2 (2012): 27–42; Jean-Manuel Roubineau, "Pauverté, rationalité économique et abandon d'enfants dans les cités greques", en Estelle Galbois y Sylvie Rougier-Blanc (eds.), *La pauvreté en Grèce ancienne: Formes, représentations, enjeux*, Scripta antiqua 57 (Burdeos: Ausonius Éditions, 2014), 145–64.

[84] La disposición CH 194 del Código de Hammurapi (s. XVIII a. C.) es el único texto legislativo procedente de la Mesopotamia antigua que presenta la posibilidad de que un niño lactante muriera por culpa de la nodriza. Sin embargo, es evidente que este caso no constituye un ejemplo de infanticidio, puesto que el niño moriría de forma inintencionada, y no entra en el ánimo de la nodriza causarle la muerte (de hecho, lo que se penaliza es que la mujer se procurara otro niño sin conocimiento del padre y de la madre).

adopciones infantiles o las ventas de menores. Así, como veremos, el aborto intencionado por parte de la madre estaba abiertamente penalizado, al menos en el Bronce Reciente[85].

Hay varios aspectos que deben ser analizados para comprender los abandonos y abortos voluntarios de niños. La situación de la madre, por ejemplo, constituye un elemento esencial[86]. No solo es la persona que vive en primera persona el embarazo y parto, sino la que cuida y protege al niño durante sus primeros años de vida. El tratamiento que recibe la madre durante esta época por parte de su círculo social más inmediato nos ayudará a entender cada caso de aborto o abandono. En muchas ocasiones, sin embargo, desconocemos el estatus de las madres que tuvieron que acudir a tan drásticas soluciones.

El contexto socio-económico del momento es otra cuestión para tener en consideración a la hora de estudiar el fenómeno de los abortos y abandonos. Los períodos de crisis son en principio más propensos para encontrar ejemplos concretos al respecto. Además, algunos motivos religiosos, como la prohibición de engendrar descendencia, serían asimismo cruciales para que las madres abortaran o abandonaran a sus hijos. Por último, el sistema patriarcal y de transmisión hereditaria por línea masculina, imperante en la mayoría de sociedades antiguas, hace plantearse la posibilidad de que se produjeran más abandonos de niñas que de niños[87].

A lo largo del presente capítulo analizamos las fuentes que conocemos para el estudio de los abortos voluntarios y los abandonos de niños durante el Bronce Reciente mesopotámico y sirio. Para ello presentaremos el elenco textual (§2.2), comentando cada texto por separado, atendiendo a sus interpretaciones tradicionales y, en su caso, proponiendo una nueva visión, particular y de conjunto

85 Diversos códigos legislativos mesopotámicos, como el Código de Hammurapi, las Leyes Hititas o las Leyes Asirias Medias, condenan la práctica del aborto (cf. Justel, "El estudio de la infancia", 21–22). Lo mismo hace el Juramento hipocrático (s. V a. C.) (Stol, *Birth in Babylonia and the Bible*, 47–48), así como el Digesto romano (s. VI d. C.), que considera al niño *qui in utero est* una verdadera vida autónoma en relación a la madre (Maria Pia Baccari, "Sept notes pour la vie", en Bouineau, *Enfant et romanité*, 113). Por otra parte, y aunque las fuentes mesopotámicas sobre abortos sean más numerosas que las que tratan los infanticidios, no debemos interpretar automáticamente que hubo más casos de los primeros que de los segundos. De hecho, en palabras de S. Crawford, "if the aim was to destroy the life of an unwanted child, infanticide offered a far safer and more certain remedy than abortion" (Sally Crawford, "Infanticide, Abandonment and Abortion in the Graeco-Roman and Early Medieval World: Archaeological Perspectives", en Crawford e Ingram y Levene y Montgomery y Sheehy y Lee, "Infanticide, Abandonment and Abortion", 60).

86 Véase al respecto Breiner, *Slaughter of the Innocents*, 2.

87 Ante el desconocimiento del sexo del bebé antes de nacer, obviamente este aspecto no incluye los abortos, sino solamente la exposición de niños.

(§2.3). Tras este estudio central inscribiremos las fuentes del Bronce Reciente en su contexto próximo-oriental antiguo (§2.4), para luego proceder a trazar las principales conclusiones sobre el tema (§2.5).

2.2. Fuentes del Bronce Reciente

Los archivos mesopotámicos y sirios del Bronce Reciente presentan contados ejemplos de textos que nos informan sobre el deseo de eliminar la vida de un niño. Exceptuando el ámbito fenicio y cananeo del 1.er milenio a. C., de las escasas atestiguaciones de infanticidio con que contamos para todo el Próximo Oriente, ninguna se corresponde con la documentación de la época que nos ocupa. Tampoco conocemos caso alguno de puesta en práctica del aborto, si bien la única mención de tal cuestión proviene de una cláusula legal mesoasiria. Por último, y aunque estemos mejor informados sobre el fenómeno de las exposiciones de niños a lo largo del período, los contados ejemplos deben ser revisados en su naturaleza y propósito mismo del abandono infantil. El objetivo de este apartado es enumerar, analizar y reinterpretar los documentos que conocemos al respecto, tanto los que nos hablan sobre estas realidades de forma directa como indirecta.

Abortos voluntarios

LAM 53. Aparte de la cuestión de los abandonos de niños, el corpus documental mesoasirio nos informa sobre la práctica del aborto, tanto involuntario como voluntario. Así, las disposiciones de las Leyes Asirias Medias (s. XI a. C.[88]) LAM 21, LAM 50, LAM 51 y LAM 52 presentan el supuesto de que una mujer embarazada perdiera su hijo como consecuencia de ser golpeada por un hombre[89]. Sin embargo, lo significativo para el estudio es el artículo LAM 53.

Esta disposición constituye la única de todos los códigos legales próximo-orientales en la que se presenta de forma explícita el aborto deseado por parte de la madre[90]. Como se aprecia, la pena por matar al niño que lleva dentro será la muerte por empalamiento, práctica sin duda alguna severa no solo a nivel físico

---

[88] Sobre las distintas propuestas de datación de este código legislativo véase Roth, "Age at Marriage", 154. Seguimos la propuesta de Roth (p. 153) al datarlo en el s. XI a. C. (ca. 1076 a. C.).

[89] Se contemplan las opciones de que la mujer fuera la hija de un hombre libre (LAM 21, LAM 50, LAM 51) o una prostituta embarazada (LAM 52). LAM 50, además, presenta el caso de que la mujer encinta muriera. En ese caso la condena es clara: "que ejecuten al hombre: tendrá que pagar el valor de una vida en substitución del fruto de sus entrañas" (traducción en Joaquín Sanmartín, *Códigos legales de tradición babilónica*, Pliegos de Oriente 2 [Barcelona: Trotta, 1999], 232).

[90] Victor H. Matthews, "Marriage and Family in the Ancient Near East", en Ken Campbell (ed.), *Marriage and Family in the Biblical World* (Downers Grove: InterVarsity Press, 2003), 21.

sino también religioso: su cadáver es privado de sepultura[91]. El texto, perdido en su segunda parte, penalizaría probablemente con la muerte a quienes intentaran ocultar el asesinato llevado a cabo por esta madre.

En primer lugar debemos intentar comprender qué repercusiones sociales, económicas e incluso sentimentales sufriría una mujer tras un aborto voluntario. La antropología histórica muestra cómo el aborto es una actividad llevada a cabo normalmente en la más estricta intimidad. Cada caso sería conocido bien solo por la madre, bien por su círculo más íntimo —novio, marido, familia, médico, etc.—. Así pues, y por cuestiones naturales y sociales, el aborto no constituye en sí un fenómeno susceptible de ser anunciado deliberadamente, puesto que las madres lo querrían mantener en secreto. En nuestra opinión, el Próximo Oriente antiguo se adscribiría a esta constante histórica, razón por la cual no poseemos documentos de práctica abortiva voluntaria[92]. Ello no es óbice para pensar que los abortos voluntarios no serían comunes entre las mujeres mesopotámicas. De hecho, tal sería la cotidianeidad de dichas prácticas, conocidas por todos y no tratadas abiertamente por nadie, que incluso se legislaría en contra de lo considerado como un verdadero asesinato.

La segunda cuestión se refiere a las consecuencias y características legales del aborto voluntario. Tomando como base la disposición LAM 53, es innegable que el acto abortivo a propósito se equiparaba con un asesinato, puesto que la pena sufrida por la madre era si cabe más dura que la de un simple homicidio. En este caso la muerte para ella era físicamente atroz —el empalamiento—, además de ser privada de sepultura a través de los habituales ritos funerarios[93]. De esta manera se considera que la mujer no tiene el derecho exclusivo sobre su descendencia. El niño pertenecerá en último término a su marido, e incluso mediante la práctica del aborto estaría cometiendo un crimen contra la sociedad[94].

---

91 Arnaud, D. "Le fœtus et les dieux au Proche-Orient sémitique ancien. Naissance de la théorie épigénétique", *Revue de l'Histoire des Religions* 213 (1996): 129, n. 27. La severidad de esta pena plantea dicho crimen como si estuviera al nivel de otros como el robo de algo propio de su marido o la práctica misma del adulterio (Matthews, "Marriage and Family", 22).

92 Por tanto, nos mostramos en desacuerdo con la idea esgrimida por Arnaud. Al tratar los abortos voluntarios, y tras lanzar la pregunta "¿este crimen era frecuente?", responde que "On peut en douter raisonnablement puisque aucun document de la pratique, retrouvé à ce jour, ne traite de l'avortement volontaire" (Arnaud, "Le fœtus", 129).

93 Godfrey Rolles Driver y Miles John C. (*The Assyrian Laws* [Darmstadt: Scientia Verlag Aalen, 1975], 117, n. 3) apuntan que esta pena de privación de sepultura de la mujer que aborta voluntariamente es la misma que la sufrida por los suicidas de Grecia o Inglaterra.

94 En la línea de lo defendido por Guillaume Cardascia (*Les lois assyriennes*, LAPO 2 [París: Éditions du Cerf, 1969], 245ss) o Stol (*Birth in Babylonia and the Bible*, 41).

Por tanto, la disposición legal mesoasiria LAM 53 nos informa sobre la realidad del aborto voluntario, fenómeno conocido en Mesopotamia pero para el que no contamos con ningún ejemplo concreto en el que vislumbremos las circunstancias en que se producía. Este documento del Bronce Reciente, por tanto, es sumamente importante a la hora de confirmar dicha práctica, sin referencias en códigos legislativos de otras épocas pero probablemente extrapolable a todo el Próximo Oriente antiguo.

ABANDONOS INFANTILES

MKGH 4. La documentación mesoasiria es parca en cuanto a fuentes sobre abandonos infantiles se refiere. La única excepción que conocemos al respecto la constituye el documento MKGH 4 (s. XIII a. C.), de barro y con forma de pierna humana, de apenas 7 cm de longitud, e inscrito con trece líneas[95]. Este exvoto, más de carácter votivo que jurídico y por completo inhabitual en su forma física, presenta el caso de un niño abandonado en el río, salvado por una mujer y posteriormente adoptado por ésta. Las cuatro primeras líneas del texto dicen así:

1- $^{\mathrm{f.d}}$ḪU.TI-*re-mi-ni* GEMÉ *ša* ^{f}*kur-ṣib-te*
2- SAL É.GAL-*li ša* ^{m}*aš-šur-i-din ša* ^{m}ÍD-SU
3- LÚ *pa-gu-ú i+na* ÍD *ta-ši-a-ni*
4- *tu-ur-tab-bi-šu* DUMU-*ša šu-ut*

"ḪU.TI-rēminni, esclava de Kurṣubtu, la mujer del palacio de Aššur-iddin, la que ha recogido del río a Nāru-erība, el hombre-*pagû*; ella lo crió (y ahora) es su hijo"

A partir del documento, el pequeño Nāru-erība es abandonado en un río y salvado por la mujer ḪU.TI-rēminni. Los editores del texto interpretaron esta tablilla como un caso ficticio de abandono y posterior adopción[96]. Por su parte, Démare-Lafont se refiere a MKGH 4 como "an atypical document", pero no

---

[95] Véase la *editio princeps* de este documento en Sabina Franke y Gernot Wilhelm, "Eine Mittelassyrische Fiktive Urkunde zur Wahrung des Anspruchs auf ein Findelkind", *Jahrbuch des Museums für Kunst und Gewerbe Hamburg* 4 (1985): 19–26. Otros comentarios en Meir Malul, "Adoption of Foundlings in the Bible and Mesopotamian Documents. A Study of Some Legal Metaphoes in Ezekiel 16.1–7", *JSOT* 46 (1990): 116, n. 23, 121, n. 67; Sohpie Démare-Lafont, "Middle Assyrian Period", en Raymond Westbrook (ed.), *A History of the Ancient Near Eastern Law* (Leiden-Boston: Brill, 2003), 540 sub §5.3.3; Rocío da Riva, "La Guerra en el Antiguo Oriente: el asedio a las ciudades y las penurias de la población", *Historiae* 5 (2008): 7.

[96] Como muestra incluso el mismo título del artículo de Franke y Wilhelm, subrayado por nosotros aquí: "Eine Mittelassyrische Fiktive Urkunde zur Wahrung des Anspruchs auf ein Findelkind".

incide en la cuestión de su correspondencia histórica con un caso real[97]. En la misma línea encontramos la interpretación que lleva a cabo Malul[98]. A nuestro parecer, varias son las razones para creer que no estamos ante un abandono ni posterior adopción reales.

La primera cuestión anormal es el aspecto de la tablilla, con forma de pierna humana. A lo largo de la documentación cuneiforme mesopotámica y siria encontramos diferentes ejemplos de impresiones de pies infantiles en arcilla, tanto escritas como anepígrafas. Sin duda con fines identificatorios en relación con ventas y adopciones infantiles, dicha práctica está atestiguada en series lexicales[99], códigos legales[100] y casos de práctica legal[101]. Sin embargo, la forma de pierna responde más bien a un exvoto a modo de ofrenda o relación con los dioses, quienes además actúan como testigos del documento (véase abajo).

El nombre del expósito, Nāru-erība, tiene el significado literal de "el río me ha compensado"[102]. Este antropónimo no desmiente en principio un caso real de abandono, puesto que conocemos otros apelativos parecidos para otras épocas (§2.4). Sin embargo, ninguno de ellos guarda relación con un niño abandonado

---

[97] Démare-Lafont, "Middle Assyrian Period", 540. De hecho, que la autora estudie el texto entre otros documentos de la época, sin duda alguna relativos a ejemplos reales (por ejemplo KAJ 1, KAJ 2, KAJ 3, KAJ 4, KAJ 5, KAJ 6), hace que implícitamente le esté confiriendo veracidad histórica. En otro apartado, Démare-Lafont (p. 540 sub §5.3.4) cita MKGH 4 como evidencia incontestable de que la adopción de un expósito por parte de una mujer (en este caso ḪU.TI-rēminni) podía ofrecer a ésta mantenimiento durante su vejez. El otro ejemplo que arguye para probar este último aspecto es el sin duda caso práctico KAJ 1, por el que un hombre adopta a su sobrino (cf. en este estudio §4.2).

[98] Malul, "Adoption of Foundlings", 116, n. 23. Otros autores, como Garroway (*Children*, 104) sí que admiten explícitamente la condición de texto ficticio.

[99] Serie *ana ittišu* III iii 39–ss.

[100] Véase al respecto la disposición 20 de las Leyes de Lipit-Ištar (Roth, "Age at Marriage", 29).

[101] Como ejemplos en los que en la misma impresión del pie del niño se encuentra redactado su nombre véanse los textos emariotas E6 218, E6 219, E6 220. Para impresiones anepígrafas véase el ejemplo de Nippur CBS 7052 (foto escala 1:1 en Erle Leichty, "Feet of Clay", en Hermann Behrens y Darlene Loding y Martha T. Roth [eds.], *DU-MU-E$_2$-DUB-BA-A. Studies in Honor of Åke Sjöberg*, Occasional Publications of the Samuel Noah Kramer Fund 11 [Filadelfia: Samuel Noah Kramer Fund, University Museum, 1989], 356). Véase un pie de niño sin escritura en la impresión pero sí en el anverso de la tablilla en el documento neobabilónico Nbk 439 (copia y dibujo en Wunsch, "Findelkinder", 220). En general sobre este tema cf. Meir Malul, "Foot Symbolism in the Ancient Near East: Imprinting Foundlings' Feet in Clay in Ancient Mesopotamia", *ZAR* 7 (2001): 353–67.

[102] Sobre este antropónimo véase Franke y Wilhelm, "Eine Mittelassyrische Fiktive Urkunde", 21–22.

en un río. Esta exposición de Nāru-erība, teóricamente en una canasta o recipiente similar[103], recuerda a casos míticos como el de Sargón o Moisés[104]. Sin embargo, en la realidad resulta complicado pensar que un niño arrojado al agua pudiera sobrevivir. Las leyendas mencionadas responden sin duda a una pretensión de ensalzar la capacidad del niño, predestinado, elegido y tocado por la mano de los dioses. El pequeño Nāru-erība no constituye, al menos para nuestro conocimiento, un ejemplo similar al del rey de Acad o el líder fugitivo hebreo.

La adopción de Nāru-erība por parte de ḪU.TI-rēminni presenta, al igual que otros contratos del mismo tipo, una cláusula contra futuras reclamaciones. En este caso se estipula que "quien fuera (contra el acuerdo) a través de un juicio (y) una acusación, deberá entregar ⸢seis⸣ hijos (y ḪU.TI-rēminni) le dejará ir (a Nāru-erība)" (ll. 5–7). Por comparación con otros documentos, como adopciones infantiles (§4.4) o ventas de niños (§6.4), podemos concluir que la penalización expuesta en MKGH 4 es totalmente desmedida, triplicando la *poena duplex*, multa común que presentan otros textos[105].

Por último hay que mencionar la peculiaridad de encontrar cuatro divinidades mesopotámicas como testigos del documento: Sîn, Šamaš, Ištar y Gula[106]. Aunque en ocasiones constatemos dioses testificando en textos mesobabilónicos contemporáneos[107], este hecho es insólito dentro del corpus mesoasirio.

Así pues, y basándonos en los datos y comentarios expuestos[108], creemos que MKGH 4 no se corresponde con un caso real de abandono infantil y poste-

---

[103] Aunque este aspecto no se señala en el documento.

[104] Franke y Wilhelm, "Eine Mittelassyrische Fiktive Urkunde", 21; §2.4 en este estudio.

[105] Cf. §6.4 al tratar la previsión de rupturas del acuerdo en las ventas de niños por parte de los actores del contrato.

[106] MKGH 4: 12–13: $^{\langle m \rangle d}$30 IGI ^{d}UTU IGI ^{d}IŠTAR / IGI ^{d}*gu-la*.

[107] Franke y Wilhelm, "Eine Mittelassyrische Fiktive Urkunde", 24 y 26 n. 37.

[108] Otros aspectos de MKGH 4 llaman la atención por su peculiaridad. No sabemos, por ejemplo, cómo se debe interpretar la aposición que acompaña al nombre de Nāru-erība: LÚ *pa-gu-ú* (l. 3). Literalmente "hombre-mono", el calificativo del expósito apenas cuenta con paralelos conocidos, estando abierto a interpretaciones (Franke y Wilhelm, "Eine Mittelassyrische Fiktive Urkunde", 22–24). El texto recuerda a otros ejemplos reales, ya cercanos a nuestro tiempo, en los que ciertos niños crecieron en un contexto salvaje, sin contacto con humanos. Sirvan como ejemplos el pequeño Victor de Aveyron, hallado en 1800 tras pasar largo tiempo —aproximadamente de sus cinco a sus doce años— en un bosque al sur de Francia (historia recogida por François Truffaut en 1970 en la película *L'enfant sauvage*); el bautizado como "John", un hombre de unos veintiséis años con el comportamiento de primates y capturado en 1982 en un bosque al este del Lago Victoria (Kenia); o Robert, un niño sordo-mudo de tres años perdido en la Guerra Civil de Uganda, en 1982, alimentado y criado por monos cercopitecos verdes y recogido por humanos cuando tenía seis años. Para estas y otras historias similares véase Lucienne Strivay, *Enfants sauvages: approches anthropologiques* (París: Gallimard, 2012).

rior adopción del niño. Podría tratarse, eso sí, de un ejercicio escolar de un alumno en período de formación, o incluso constituir una actividad innovadora de algún escriba que quisiera plasmar mediante fórmulas conocidas un ejemplo inexistente de exposición infantil. Por último, no hay que descartar una posible naturaleza cultual del texto, a modo de exvoto, si bien una interpretación en esta línea escapa a nuestro conocimiento al desconocer paralelos similares.

E6 256. Por su parte, el corpus de la Siria del Bronce Reciente ofrece al menos dos documentos que tradicionalmente han sido interpretados, al menos por algunos autores, como abandonos infantiles. Procedentes ambos del archivo de Emar, nos referimos a los textos E6 256 y Subartu 17.

El primero constituye el único caso sirio que conocemos de abandono y posterior adopción. Si bien analizaremos este documento por su naturaleza de adopción (§4.2), determinadas cláusulas sobre la exposición infantil anterior justifican la creación de dicho contrato adoptivo. En él se dice:

> Abandono (ll. 1–14): "En el día de hoy así dice Addu, hijo de Awiru: «He aquí que los dos bastones de Ḫulāu, mi hijo, se han quebrado. Mi hijo ya no está, y ahora Ḫulāu está muerto, y sus dos hijos fueron arrojados a la calle durante el Año de la Guerra. Pero Abī-kāpī, hijo de Ḫam⸢su⸣, (los) ha adoptado, y a los hijos de ⸢Ḫu⸣[lā]⸢u⸣, [hijo de Addu], los salvó (lit. "los levantó") de la call[e]»".
>
> Adopción (ll. 23–32): "En es⸢te⸣ día Abī-kāpī, hijo de Ḫamsu, así dice: «He aquí que he adoptado a Aḫiu e Ištarte y Aḫa-mi, los hijos de Ḫulāu, (respectivamente) como mi hijo y (como) mis dos hijas»".

El texto presenta desde el principio peculiaridades propias: es la única adopción infantil de nuestro corpus en la que los niños son tomados directamente por el adoptante (ll. 23–32), sin mediación de tutor legal alguno[109]. Por otra parte, las fórmulas empleadas para marcar el acto del abandono y la consiguiente salvación de los tres niños recuerda a textos de otras épocas, como el neobabilónico Nbk 439 (§2.4), presentándose dos fases diferenciadas por el empleo de distintas preposiciones:

> (1) exposición (preposición *ana*, "a", "hacia"): l. 9: *a-na ri-bi-ti ṣa-al-ú*, "fueron arrojados **a** la calle";
>
> (2) salvación (preposición *ištu*, "de", "desde"): ll. 13–14: *iš-tu ri-bi-*[*ti*] *iš-ši-šu-nu*, "los sacó **de** la call[e]".

La estructura de este documento emariota, única en su archivo, cuenta con abundantes paralelos en la literatura próximo-oriental, especialmente en textos

[109] Se trata, pues, de una "adopción directa", y no de una "entrega en adopción".

de adopciones infantiles. Es dentro de ese contexto en el que E6 256 se debe analizar, planteando si realmente se trata de un abandono infantil, mediante la expresión *ana ribīti ṣālû*, o responde más bien a fórmulas tradicionalmente establecidas para justificar la adopción.

El texto en sí ha sido interpretado tradicionalmente como un abandono infantil múltiple. Se presenta el caso de Aḫiu, Ištarte y Aḫa-mi, tres hermanos que tras la muerte de su padre fueron "arrojados a la calle el año de la guerra"[110]. Posteriormente, y a instancias de su abuelo paterno Addu, un hombre llamado Abī-kāpī "los levantó de la calle"[111] y los adoptó[112].

Muchos autores han visto en E6 256 un caso de exposición real de los tres niños. Joannès, por ejemplo, habla de estos pequeños como "gens sans toit, qui vivent dans la rue"[113]. Por su parte Westbrook afirma, sin comillas[114], que "the adopter takes abandoned orphan children from the street"[115]. Más recientemente Bellotto apunta, de nuevo sin entrecomillado, que los niños "sono abbandonati sulla pubblica piazza"[116].

La tesis que defendemos para E6 256, en relación al abandono, es diferente a la interpretación de estos y otros autores. Este texto emariota, si bien representa el único caso del archivo en este sentido, constituye un buen ejemplo de adopción justificada mediante dos actos simbólicos: el abandono y la salvación de los niños. El primero se plasma mediante una fórmula sumamente gráfica, "arrojar a la calle", que recuerda a otras expresiones próximo-orientales: "arrojar a la boca del perro", "tirar a un pozo", "meter en un horno", etc. El segundo se presenta como "levantarlos de la calle" (esto es, salvarlos de una muerte segura). Algunos autores han defendido el carácter simbólico de estos actos en otros textos[117]. Nosotros interpretamos de igual manera el documento que nos ocupa.

---

[110] E6 256: 9-10: *a-na ri-bi-ti ṣa-al-lu* / a-na MU.KÁM *ša* KÚR.MEŠ *nu-ku-ur-⌜ti⌝*. Sobre esta expresión véase Seminara, *L'accadico*, 606.

[111] E6 256: 13-14: *iš-tu ri-bi-*[*ti*] / *iš-ši-šu-nu*. Sobre esta expresión en Emar véase ibíd., 471.

[112] Sobre las cuestiones relacionadas con la adopción en E6 256 véase §4.3.

[113] Francis Joannès, *šêpê ina ṭiṭṭi šakânu*, NABU 1989.109, 82.

[114] Y, por tanto, sin citar literalmente la fuente acadia, sino confiriéndole la categoría de hecho que aconteció. Otros autores, sí que se refieren al hecho del abandono mediante el entrecomillado y la cita literal. Sirva como ejemplo en este sentido Josef Tropper y Juan Pablo Vita, "Texte aus Emar", TUAT NF 1 (Gütersloh: Gütersloher Verlagshaus, 2004), 148: "Daraufhin wurden sein Sohn und Seine zwei Töchter von einer Person names Abī-kāpī »von der Straße aufgelesen« (Z. 11-14) und formell adoptiert".

[115] Raymond Westbrook, "Emar and Vicinity", en Westbrook, *A History*, 672.

[116] Bellotto, *Le Adozioni a Emar*, 148. Al hablar de "due bambini abbandonati" Bellotto (p. 147) se refiere obviamente a tres (cf. Daniel Justel, "La adopción en Emar en su contexto próximo-oriental antiguo", *Historiae* 8 [2011]: 113).

[117] Véanse por ejemplo Elena-M. Cassin, "Symboles de cession immobilière dans l'ancien droit mésopotamien", *L'année sociologique*, 3e série (París: Presses Universitaires de

Hemos visto las dos fases de la primera parte de en este sentido, para los casos de Emar en este sentido, para los casos de Emar E6 256, divididas por el distinto empleo de preposiciones. Creemos que el "arrojar a la calle" no implica una exposición infantil triple, sino una renuncia jurídica del abuelo de los niños, Addu, en relación a sus tres nietos[118]. El hecho de "arrojar" tiene en este sentido la connotación implícita —y quizás explícita para sus contemporáneos— de "rechazar"[119], por lo que comporta un abandono legal, pero en ningún caso una exposición física. Addu pierde de tal forma cualquier derecho que tuviera por vía sanguínea sobre los niños, y en su lugar es Abī-kāpī quien adquiere dichas prerrogativas legales mediante el segundo acto de redención, plasmado a través de la expresión "los levantó de la calle". Gracias a estas fórmulas, dramáticas en su forma y con un aparente final nada prometedor para los pequeños, la adopción posterior (ll. 23–32) queda plenamente justificada. Por tanto, en E6 256 se emplea el conocido recurso del abandono, convertido ya en tópico literario, para argumentar y razonar la necesidad de que los niños fueran adoptados. Mediante este tipo de construcciones el adoptante, además de hacerse con tres individuos más en el hogar, se presenta como el salvador de los niños.

SUBARTU 17. En segundo lugar encontramos el documento Subartu 17, actualmente en una colección privada suiza y procedente de la ciudad de Emar[120].

France, 1952), 119, n. 1; Joseph Fleishman, "Who Is a Parent? Legal Consequences of Child Maintenance", *ZAR* 7 (2001): 401–2. Por su parte, Malul, refiriéndose a expresiones como "arrojado a la boca del perro", dice lo siguiente: "It is not clear how one should visualize the way this ceremony was actually performed. Was it indeed carried out in reality? It is also possible that these are no more than frozen legal formulae which do not necessarily reflect any actual performed ceremony" ("Adoption of Foundlings", 129, n. 64).

118 En la línea de lo sugerido, pero no explicado y relacionado con otros paralelos, por Daniel Arnaud ("Humbles et superbes à Emar (Syrie) à la fin de l'âge du Bronze récent", en André Cacot y Mathias Mathias [eds.], *Mélanges bibliques et orientaux en l'honneur de Henri Cazelles*, AOAT 212 [Münster: Ugarit-Verlag, 1981], 12, n. 3).

119 En el sentido de *nasāḫu* 1a 2' (cf. CAD N/2 3a–b). Véase asimismo Fleishman, "Who Is a Parent?", 402, n. 11.

120 El documento en cuestión fue publicado en André Cavigneaux y Dominique Beyer, "Une orpheline d'Emar", en Pascal Butterlin y Michel Lebeau y Jean-Yves Monchambert y Juan Luis Montero Fenollós y Béatrice Muller (eds.), *Les Espaces Syro-Mésopotamiens: Dimensions de l'expérience humaine au Proche-Orient ancient. Volume d'hommage offert à Jean-Claude Margueron*, Subartu 17 (Turnhout: Brespols Publishers, 2006), 497–500. Aún dentro de Emar, el archivo concreto de procedencia es desconocido, si bien su emplazamiento original podría corresponderse con el Templo M1 (Cavigneaux y Beyer, "Une orpheline d'Emar", 497). Sobre este texto véase asimismo Démare-Lafont, "Éléments pour une diplomatique juridique", 78ss.

Este texto, de estilo siro-hitita[121], expone una serie de disposiciones sobre la pertenencia de una niña, por nombre Al-ummī, presuntamente abandonada en su momento, que fue salvada "en el año de la miseria y el año de la guerra"[122]. Con casi toda probabilidad la niña es huérfana, tanto de padre como de madre, por las siguientes razones:

> (1) El nombre del padre, Zū-Ba'la, es conocido por el patrónimo de Al-ummī[123], pero no interviene en el documento. Este hecho es extraño, puesto que, como apuntan Cavigneaux y Beyer, "il (el padre) devrait être le premier ayant-droit sur la jeune fille"[124].
>
> (2) El antropónimo de la pequeña Al-ummī, con significado literal de "¿Dónde está mi madre?", podría evidenciar su condición de huérfana de madre. Otra posibilidad complementaria sería que la madre hubiera muerto durante el parto, siendo la niña una hija póstuma.

Sea como fuere, la niña no tiene a nadie que se haga cargo de ella, siendo objeto de las decisiones que varias personas toman en torno a ella. ¿Responde realmente este caso a un abandono infantil? ¿Por esa supuesta razón los personajes que aparecen en el texto arreglan lo conveniente, en beneficio de la niña, puesto que su familia no podría asumir su carga? ¿Cabría explicarse este documento mediante razones caritativas y sentimentales hacia la pequeña Al-ummī?

---

[121] Para las diferencias entre las tradiciones siria y siro-hitita, con características propias, véanse en general Daniel Arnaud, "Catalogues des textes cunéiformes trouvés au cours des trois premières campagnes à Meskéné qadimé Ouest (Chantiers A, C, E, et trouvaille de sourface)", *AAAS* 25 (1975): 87–88; Dominique Beyer, "Les empreintes de sceaux", en Dominique Beyer (ed.), *Meskéné-Emar, Dix ans de travaux, 1972–1982* (París: Éditions recherche sur les civilisations, 1982), 61–62; Claus Wilcke, "AH, die 'Brüder' von Emar. Untersuchungen zur Schreibtradition am Euphratknie", *AuOr* 10 (1992): 115–50; Seminara, *L'accadico*, 9–20; Démare-Lafont, "Éléments pour une diplomatique juridique".

[122] Subartu 17: 19-20: *i-na* MU.KAM *dan-na-ti / ù i-na* MU.KAM *ša nu-ku-ra-ti*. Sobre esta cuestión véanse Carlo Zaccagnini, "War and Famine at Emar", *OrNS* 64 (1995): 92–109; Murray, R. Adamthwaite, *Late Hittite Emar: The Chronology, Synchronisms, and Socio-Political Aspects of a Late Bronze Age Fortress Town*, Ancient Near Eastern Studies Supplement Series 8 (Lovaina: Peeters, 2001), 133–75; Démare-Lafont, "Éléments pour une diplomatique juridique", 80, n. 70. Es difícil estimar la edad de Al-ummī, aunque sin lugar a dudas se tratará de una niña pequeña puesto que: (1) ha sido salvada en épocas de carestía, en el sentido de "ser salvado para vivir" (empleo del verbo *balāṭu*, "dar vida", cf. CAD B 48a c); (2) no cuenta con capacidad jurídica propia y es tratada en todo momento como sujeto pasivo, a merced de las decisiones de los adultos.

[123] Subartu 17: 1: ᶠ*al-um-mi* DUMU.SAL ᵐ*zu-ba-la*, "Al-ummī, hija de Zū-Ba'la…".

[124] Cavigneaux y Beyer, "Une orpheline d'Emar", 499.

Los editores del texto propusieron que se tratara bien de una garantía por deudas, bien de la incapacidad de que la familia de la pequeña asumiera su carga[125]. Esta última posibilidad podría apuntar a un caso de abandono anterior, quizás por parte de su padre[126] o como resultado de quedar totalmente huérfana, cuando un tal La-abu-Dāgan la salvó "en el año de la miseria y el año de la guerra" (ll. 19–20).

Más convincente a nuestro juicio es la propuesta de Démare-Lafont, quien ha defendido que el texto Subartu 17 se corresponde realmente con el único caso de anticresis femenina conocido en Emar[127]. El fenómeno de la anticresis personal es común en Emar, y consiste en el acto por el que el acreedor toma al deudor a su servicio, aprovechándose de su trabajo para reembolsar los intereses (es decir, el capital del préstamo) hasta que la deuda es cancelada[128]. Subartu 17 se podría explicar en este sentido, siendo Al-ummī el recurso humano tomado por el prestamista en relación a la deuda contraída —sin valor económico conocido— por Matiya, un familiar de la pequeña sin parentesco explícito en el texto[129]. El documento, firmado y sellado por el poder colectivo de los "Grandes de Emar"[130], está encaminado a proteger a Al-ummī de las manos de su familiar Matiya. Como se expone en el texto, La-abu-Dāgan permitió a la niña vivir en tiempos de penurias, por lo que incluso queda justificado que le pertenezca a él, y no a Matiya. De esta manera, dudamos que Subartu 17 se trate realmente de un abandono infantil.

2.3. Valoración de la documentación del Bronce Reciente

Expuestos los posibles casos de abortos y abandonos infantiles en los textos cuneiformes del Bronce Reciente mesopotámico y sirio, podemos realizar algunos comentarios y valoraciones al respecto. En primer lugar, y en comparación con

---

125 Ibíd.

126 Puesto que la madre habría fallecido con casi total seguridad.

127 Démare-Lafont, "Éléments pour une diplomatique juridique", 78ss.

128 Sobre la anticresis personal en Emar véase especialmente ibíd., 75–78. Cf. también el documento de Nuzi de anticresis personal en la persona de una niña BM 102353, en Josué Javier Justel y Daniel Justel, "An Unpublished Nuzi-Type Antichretic Loan Contract in the British Museum: With Some Comments on Children in the Kingdom of Arrapḫe", *Iraq* 77 (2015): 129–42. Sobre los *ṭuppi tidennūti* como contratos anticréticos nuzitas cf. §5.2.

129 Sobre la esclavitud por deudas en el Oriente antiguo véanse §5.2 y §5.5.

130 Subartu 17: 7: GAL.MEŠ IRI *e-mar*. Además, los testigos (fórmula *ana pāni*, ll. 21-26) se corresponden con seis miembros de esta institución, al frente de la cual parece estar Bēlu-malik (Démare-Lafont, "Éléments pour une diplomatique juridique", 79), en cuya casa reside Al-ummī en calidad de fianza y garantía. Se trata de "uno de los pocos contratos emariotas que invocan a autoridades locales para servir de testigos institucionales" (Solans, *Poderes colectivos en la Siria del Bronce Final*, 103).

los corpora de otras épocas, se puede afirmar que la documentación de la época que nos ocupa es proporcionalmente mucho menos numerosa. El contexto socio-económico del que surgen estos textos debería en principio habernos proporcionado más evidencias sobre dichos fenómenos, puesto que las épocas de carestía, como la que vivió Mesopotamia y especialmente Siria en el s. XIII a. C., son teóricamente propicias para el desarrollo de prácticas como abortos o exposiciones infantiles. Las madres sumidas en un ambiente de crisis económica no se podrían hacerse cargo de sus hijos, y el aborto o el abandono podría haber constituído una solución a tal problema[131]. Por otro lado, ninguno de los documentos de práctica legal analizados en torno al fenómeno de los abandonos de niños son clarificadores. Para nuestro período no contamos con ningún texto que presente, al igual que otros ejemplos próximo-orientales antiguos[132], un caso de un expósito abandonado de forma evidente, sin prestarse a otro tipo de interpretaciones. La ambigüedad y sobriedad documental a la que nos enfrentamos para estas formas deliberadas de deshacerse de un niño deberá ser explicada convenientemente, presentando las alternativas tomadas por los padres que no podían o no querían hacerse cargo del mantenimiento de sus hijos.

Incluso dentro de la documentación del Bronce Reciente hay corpora que guardan silencio sobre las cuestiones de los los abortos voluntarios y los abandonos de niños. En Nuzi no contamos con ningún texto que haga alusión directa o indirecta al respecto. La naturaleza legal de la mayor parte de los documentos del archivo complican una explicación a esta falta de textos, puesto que tanto abortos como abandonos de niños presentan un trasfondo jurídico.

Por su parte, y a pesar de la habitual información que los textos mesobabilónicos nos ofrecen para el estudio de determinados aspectos de la infancia, no tenemos constancia de documentos casitas sobre abandonos, abortos o infanticidios una vez nacido el niño. Las ventas de menores, ampliamente atestiguadas en el corpus mesobabilónico (§6.2), fueron probablemente una alternativa eficaz a la hora de no recurrir a soluciones tan drásticas en torno a un niño no deseado. Además, al menos para el caso de las listas de trabajadores forzados de Nippur, parece que las familias poseen suficientes recursos para criar a los niños pequeños. El alimento que reciben es proporcional a la edad o la actividad desarrollada (§5.4), y las cantidades de grano serán dispensadas por la administración palaciega o del templo, y no por las mismas familias. Por último, y siempre que trabajaran y se comportaran de la manera demandada y deseada por la institución imperante, los adultos eran conscientes de que sus hijos no sufrirían maltrato alguno, teniendo además la posibilidad de formarse en un oficio y creando en el futuro una familia. Por tanto, creemos que todas estas características facilitarían en cierta medida la vida de los niños, aún siendo sier-

---

131 Otras soluciones en este sentido, estudiadas en otros capítulos, son las adopciones (§4) o las ventas de niños (§6).

132 Véase al respecto el documento de Mari ARM 6 43 (§2.4).

vos, impidiendo tácitamente a los padres el recurrir al abandono o asesinato de sus hijos.

Sea como fuere, la parquedad de las fuentes del Bronce Reciente sobre las cuestiones analizadas deben ser inscritas en su contexto próximo-oriental antiguo, aspecto que trataremos brevemente a continuación.

2.4. Abortos voluntarios y abandonos infantiles del Bronce Reciente dentro de su contexto próximo-oriental antiguo

Las fuentes cuneiformes del Bronce Reciente mesopotámico y sirio sobre abortos y abandonos infantiles se inscriben en una constante histórica y textual próximo-oriental extensamente generalizada[133]. Buena prueba de ello son no solo la cantidad de documentos que aluden a la cuestión, sino también la diversidad de textos de distinta naturaleza literaria: ejercicios escolares, contratos, cartas, textos administrativos, etc. Por tanto, la reproducción documental del fenómeno responde también en otras épocas a una realidad existente.

En primer lugar nos referimos a la práctica de los abortos en el Oriente antiguo[134], contextualizando nuestro documento mesoasirio LAM 53. Hay que subrayar en primer lugar que la mayor parte de las referencias próximo-orientales a abortos responden a casos involuntarios, ajenos a la madre, bien por causas naturales, bien provocados por un tercero por medio de maltratos físicos. Fenómeno atestiguado en la literatura cuneiforme, las fuentes de naturaleza legislativa, desde Sumer hasta el Pentateuco, presentan regulaciones contra el aborto[135]. El hombre mesopotámico era muy consciente de lo que significaba realmente el feto: un ser vivo, que podía incluso llorar o ser percibido, y mediante el aborto se cometía un asesinato[136]. Este hecho es corroborado desde los primeros códigos legislativos. Encontramos cronológicamente el primer ejemplo en las Leyes de Lipit-Ištar (Isin, ca. 1930 a. C.)[137]:

---

133 Al respecto, véase el estudio comparativo entre abandonos infantiles mesopotámicos y bíblicos en Daniel Justel, "Abandonos infantiles en la literatura cuneiforme y bíblica", en Santiago Rostom y Pablo Andiñach (eds.), *Revista Bíblica* 77–78 (2015–2016): *Homenaje a Armando Levoratti* (Buenos Aires: Editorial PPC, 2017), 337–53.

134 Sobre la cuestión de la muerte —deliberada o no— del feto en la antigua Mesopotamia véanse especialmente Andrew E. Hill, "Abortion in the Ancient Near East", en James K. Hoffmeier (ed.), *Abortion: A Christian Understanding and Response* (Grand Rapids: Baker Book House, 1987), 31–48; Arnaud, "Le fœtus", 123–42 (esp. pp. 129ss.); Matthews, "Marriage and Family", 21–22; Stol, *Birth in Babylonia and the Bible*, 39–48.

135 Ibíd., 39. Véanse las principales leyes mesopotámicas y bíblicas en relación al aborto en pp. 39–46.

136 Arnaud, "Le fœtus", 135.

137 Corríjase, por tanto, la afirmación de Stol (*Birth in Babylonia and the Bible*, 39), quien dice que "the oldest example (of abortion) is from a Sumerian legal textbook",

§d: "Si un [...] golpea a la hija de un hombre (libre) y causa la pérdida de su feto, deberá [...] pagar 30 siclos de plata";

§e: "Si ella muere, ese hombre deberá ser ejecutado";

§f: "Si un [...][138] golpea a la esclava de un hombre (libre) y causa la pérdida de su feto, deberá [...] pagar 5 siclos de plata"[139].

Apreciamos por tanto que las penas por matar el feto son considerables desde un principio, si bien siempre se tendrá en cuenta el estatus social de los agraviados[140]. Otros códigos legales próximo-orientales que tratan la realidad del aborto son el Código de Hammurapi[141], las Leyes Hititas[142] o las Leyes Asirias Medias[143].

---

citando para ello la tablilla de ejercicios legales sumerios YOS 1 28 (p. 39, n. 93). En realidad, dicho documento data aproximadamente del año 1800 a. C. (Martha T. Roth, *Law Collections from Mesopotamia and Asia Minor*, WAW 6 [Atlanta: Scholars Press, 1997], 42), siendo más de un siglo posterior a las Leyes de Lipit-Ištar arriba referenciadas (ca. 1930 a. C.). Sobre las Leyes de Lipit-Ištar véanse en general Francis R. Steele, "The Lipit-Ishtar Law Code", *AJA* 52 (1948): 425–50; Samuel N. Kramer, Lipit-Ishtar Lawcode", ANET (Princeton: Princeton University Press, 1955), 159–61.

138 El sujeto de esta acción será el mismo que en §d y §e (Manuel Molina, *La ley más antigua: Textos legales sumerios* (Barcelona: Trotta, 2000), 94, n. 20).

139 Probablemente la siguiente disposición (§f), perdida en su práctica totalidad (Roth, *Law Collections*, 27), se refiriera al supuesto por el que la esclava muriera por la paliza recibida. Para las Leyes de Lipit-Ištar hemos seguido la división y nomenclatura presentada en Roth, *Law Collections*, 26–27.

140 En la legislación próximo-oriental antigua el matar un hombre libre estaba más fuertemente penado que el matar un esclavo. Véanse por ejemplo las leyes CH 209, CH 210, CH 211, CH 212, CH 213, CH 214 del Código de Hammurapi; o, respecto a una muerte sin relación con el aborto, CH 229, CH 230, CH 231.

141 CH 209, CH 211, CH 212, CH 213, CH 214. Estas disposiciones del Código de Hammurapi son similares a las mencionadas Leyes de Lipit-Ištar, pero exceptuando el hecho de que si el hombre mataba a la hija de un hombre libre (*awīlum*), estando encinta, el asesino no sería condenado a muerte, pero sí la hija de éste, en caso de que existiera (cf. CH 210). Si la mujer embarazada fuera hija de un individuo cualquiera (*muškēnum*), la pena será el pago de 30 siclos de plata (CH 212), mientras que si se trata de la esclava de un *awīlum* (esto es, una *amtu*), la cantidad será de 20 siclos (CH 214). Las penalizaciones por no matar a la madre, sino solo al nonato, serán de 10 siclos (hija de un *awīlum*, CH 209), 5 siclos (hija de un *muškēnum*, CH 211) y 2 siclos de plata (esclava de un *awīlum*, CH 213).

142 LH 17, LH 18 (cf. Roth, *Law Collections*, 219). La disposición LH 17 de las Leyes Hititas dice así: "Si alguien provoca que una mujer libre expulse un feto, si es al décimo mes, da 10 siclos de plata; si es al quinto, 5 siclos de plata. Y por ello él mira en su casa" (traducción en Alberto Bernabé Pajares y Juan Antonio Álvarez Pedrosa, *Historia y Leyes de los Hititas: Textos del Imperio Medio y del Imperio Nuevo* (Madrid: Akal, 2004), 184; cf. asimismo Alberto Bernabé Pajares, "La mujer en las leyes hititas", en Josué Javier Justel y Bárbara

Aunque la mayoría de las disposiciones legales anteriores se refieren al aborto no natural, generalmente como consecuencia de maltratos físicos, en el Próximo Oriente antiguo también se llevaba a cabo la pérdida voluntaria del niño. Así, hemos visto que LAM 53 constituye el único presupuesto legislativo que trata explícitamente sobre el aborto deseado por la madre[144].

Así como los mesopotámicos conocían y empleaban determinadas plantas para estimular y promover la concepción o evitar el aborto[145], otras medicinas naturales eran usadas deliberadamente como anticonceptivos o métodos abortivos[146]. BAM 3 246: 1 recomienda a la mujer "romper ocho plantas y beberlas,

---

Eugenia Solans y Juan Pablo Vita y José Ángel Zamora (eds.), *Las aguas primigenias: El Próximo Oriente Antiguo como fuente de civilización. Actas del IV Congreso Español de Antiguo Oriente Próximo (Zaragoza, 17 a 21 de Octubre de 2006)*, vol. 1, Serie Próximo Oriente Antiguo 3 (Zaragoza: Instituto de Estudios Islámicos y del Oriente Próximo, 2007), 85–97, 89. Esta ley implica una valoración y penalización distinta dependiendo del mes de gestación en que se encuentre la madre. La interpretación más probable, según Stol (*Birth in Babylonia and the Bible*, 42), sería la de penalizar con 5 siclos de plata quien causara un aborto entre el primer y quinto mes. A partir del sexto, hasta el décimo, se deberían pagar 10 siclos. Por su parte, Gary M. Beckman (*Hittite Birth Rituals*, Second Revised Edition), StBoT 29 [Wiesbaden: Harrassowitz, 1983], 10) propone la posibilidad de que la multa guardara una relación numéricamente directa con el mes de gestación: a los tres meses, 3 siclos; a los seis meses, 6 siclos; etc. Esta segunda opción afirmaría aún más la conciencia que los próximo-orientales antiguos tenían sobre el feto como individuo con derecho a vivir. Sobre las posibles causas por las que los hititas —al igual que los romanos más adelante— contemplaban un embarazo normal de diez meses, y no de nueve (como en la sociedad moderna occidental), véase Isabelle (Klock-)Fontanille, "Les lois hittites: traduction, commentaire", *KTEMA* 12, 1987, 212. Sobre la concepción del embrión en la antigüedad bíblica y judía véase Étienne Lepicard, "L'embryon dans la Bible et la tradition rabbinique: les représentations de la conception", *Éthique: La vie en question* 3 (París: Éditions Universitaires, 1992), 37–47 (hiver 1992), 58–80 (printemps 1992).

143 LAM 21, LAM 50, LAM 51, LAM 52, LAM 53.

144 Ricks, "Abortion in Antiquity", 31a. Más adelante Flavio Josefo (*Contra Apionem* II 202) dice que "La Ley ordena alimentar a todos los hijos y prohíbe a las mujeres abortar o destruir el semen por cualquier otro medio; una mujer sería considerada infanticida por destruir una vida y disminuir la raza" (traducción en Flavio Josefo. *Autobiografía—Contra Apión*, Edición de L. García Iglesias [introducción] y M. Rodríguez de Sepúlveda [traducción y notas], Biblioteca Clásica Gredos 189 [Madrid: Gredos, 2008], 270).

145 Sirva como ejemplo un texto ofrecido por CAD N/1 79b 2' (sub *nadû* 1e): LKA 9 r. iii 8: *ana erīti… ša libbiša la* ŠUB-*e*, "in order that a pregnant woman not have a miscarriage". Sobre este tipo de plantas véase especialmente Stol, *Birth in Babylonia and the Bible*, 52–59.

146 Si bien los métodos anticonceptivos y abortivos serían contemplados como conceptos diferentes, véase la reflexión de Stol (ibíd., 42), quien dice que "the borderline between them was thin in Antiquity".

acompañadas de vino y con el estómago vacío"[147]. En CT 14 36 se habla de "una planta para inducir el aborto"[148]. En estos y otros documentos la acción de "abortar", tanto como objetivo perseguido como por incidencia involuntaria sufrida, se expresa mediante una acepción del verbo *nadû* (sum. ŠUB)[149].

Estamos menos informados sobre la práctica del aborto voluntario en Mesopotamia que sobre el aborto no deseado[150]. Aún así, y como acontece con los abandonos de niños, las madres que llevaran a cabo tal acción no estarían interesadas en que su caso se conociera ni en su círculo social más íntimo, y mucho menos en que fuera plasmado por escrito. Ello sería perseguido probablemente mediante el derecho consuetudinario en todas las épocas, si bien en el Bronce Reciente esta legalidad iría más allá, haciendo constar explícitamente las Leyes Asirias Medias una ley para impedir tal práctica.

Por otra parte, y refiriéndonos a los abandonos de niños en el Oriente antiguo, tal era su cotidianeidad que varios códigos legales mesopotámicos incluso ofrecen en distintas épocas cláusulas sobre el tema. Estas disposiciones tratan generalmente la adopción que se produciría tras el rescate del niño expósito por alguien. De hecho, abandono y adopción son dos fenómenos que con frecuencia van de la mano en la cultura próximo-oriental antigua. Tras el primero se da la segunda, y aunque no siempre se plasmara de tal manera, la mayor parte de los supuestos legales o casos prácticos responden a estas características[151].

---

[147] Sobre estas cuestiones véanse Julio César Pangas, "Notas sobre el aborto en la Antigua Mesopotamia", *AuOr* 8 (1990): 215–16; Gary M. Beckman y Benjamin R. Foster, "Assyrian Scholary Texts in the Yale Babylonian Collection", en Erle Leichty y Maria deJ. Ellis (eds.), *A Scientific Humanist: Studies in Memory of Abraham Sachs*, Occasional Publications of the Samuel Noah Kramer Fund 9 (Filadelfia: Samuel Noah Kramer Fund, The University Museum, 1988), 12.

[148] CT 14 36 79-7-8, 22 rev. 5: Ú *šá-mi* ARḪUŠ ŠUB-*e*, lit. "planta para inducir el aborto en el seno materno". Sobre este texto —sin cita por parte del autor— véase asimismo Arnaud, "Le fœtus", 129, n. 25.

[149] Cf. CAD N/1 79b 2'. Hay que señalar que en otras culturas contemporáneas a las mesopotámicas también se conocían remedios naturales para abortar voluntariamente. Sirva como ejemplo un remedio del antiguo Egipto, que consistía en un preparado de dátiles, cebollas y frutas de acanto. Tras machacar tales ingredientes y añadirles miel, el combinado debería ser esparcido en un trapo para finalmente aplicarlo en la vulva de la mujer encinta. Sobre este documento en papiro véase Cyril P. Bryan, *Ancient Egyptian Medicine: The Papyrus Ebers* (Chicago: Ares Publisher, 1974), 83.

[150] Las causas para abortar voluntariamente podrían ser variadas: incapacidad económica de la madre para criar al niño, embarazo fuera del matrimonio, embarazo producto de infidelidades o incluso deseo de no engordar (sobre este último aspecto véase Arnaud, "Le fœtus", 129).

[151] Sobre la relación entre abandonos de niños y su posterior rescate y adopción véanse Gonelle, *La condition juridique*, 179–96; Malul, "Adoption of Foundlings", 97–126; Justel, "Adopciones infantiles", 132–35.

Así, dicha relación, analizada en textos como MKGH 4 o E6 256, tiene su origen al menos desde las series lexicales *ana ittišu* y ḪAR-ra *ḫubullum*. Éstas, datadas a fines del 3.er milenio a. C.[152], constituyen ejercicios de escuela que reproducen fórmulas de práctica legal, atestiguadas en ejemplos posteriores. Su importancia, aún restringiéndose a lo meramente formulístico, evidencia la habitual práctica de exponer recién nacidos.

	Sumerio	**Acadio**	**Español**
MSL I, 3 III: 34s	ka-ur-[zí]r-ta ba-an-[da]-kar	*i-na pi-i kal-bi e-ki-im-šu*	"Lo ha rescatado de la boca del perro"
MSL V 50: 5-6	ka-ur-ku-a-ni-šè ba-an-da-kar	*i-na pi-i kal-bi e-kim*	"Ha sido rescatado de la boca del perro"
MSL I, 3 III: 32	túl-ta-pàd-da	*i-na bur-ti a-tu-šu*	"Ha sido hallado en un pozo"
MSL V 50: 3	túl-ta-pàd-da	*i-na bur-ti a-tu*	"Ha sido hallado en un pozo"
MSL I, 3 III: 33	sil-t[a ba-an-t]u-ra	*i-na su-qí šu-ru-ub*	"Tomado de la calle"
MSL V 50: 4	síl-ta ì-tu-ra	*i-na su-ú-qí šu-ru-ub*	"Tomado de la calle"

Tabla 3. Expresiones sobre abandonos infantiles en las series *ana ittišu* (MSL I) y ḪAR-ra *ḫubullum* (MSL V)

Como vemos en la tabla 3, las expresiones son sumamente gráficas, si bien a nuestro juicio responden, siguiendo la idea trazada para los documentos del Bronce Reciente analizados, a una manera deliberadamente drástica y simbólica de exponer el acto del abandono, que no se produciría realmente de tal forma[153].

---

152 Martin David (*Die Adoption im altbabylonischen Recht* [Leipzig: Theodor Weicher, 1927], 5) dató la serie *ana ittišu* en la Dinastía de Ur III (2112–2004 a. C.), mientras que Benno Landsberger (*Die Serie* ana ittišu [Roma: Pontificium Istitutum Biblicum, 1937], II) interpretó su origen como más tardío, en la Primera Dinastía de Isin (2017–1794 a. C.). La serie ḪAR-ra *ḫubullum* podría ser contemporánea. Sobre estos ejercicios de escuela véanse Landsberger, *Die Serie* ana ittišu; *The Series* ḪAR-ra = *ḫubullu*, MSL 5 (Roma: Pontificium Istitutum Biblicum, 1957); *The Series* ḪAR-ra = *ḫubullu*, MSL 6 (Roma: Pontificium Istitutum Biblicum, 1958); *The Series* ḪAR-ra = *ḫubullu*, MSL 7 (Roma: Pontificium Istitutum Biblicum, 1959); André Cavigneaux, "Lexikalische Listen", *RlA* 6 (1980–1983): 609–41; Cécile Michel, "Listes lexicales", en Francis Joannès (dir.), *Dictionnaire de la Civilisation Mésopotamienne* (París: Éditions Robert Laffont, 2001), 475–76.

153 Es la idea que hemos defendido en Justel, "Adopciones infantiles", 132–135, o en este estudio para el caso emariota E6 256, en §2.2. En la misma línea, basándose en adopciones paleobabilónicas, véase Cassin, "Symboles de cession immobilière", 119, n. 1:

Diversos códigos legislativos ofrecen también varias disposiciones sobre adopciones de niños expósitos. El primero cronológicamente es el artículo 20 de las Leyes del rey Lipit-Ištar (1934–1924 a. C.): "Si un hombre rescata a un niño de un pozo, deberá [tomar sus] pies [y sellar una tablilla con la medida de sus pies (como identificación)]"[154].

El posterior Código de Hammurapi (s. XVIII a. C.) trata idéntica cuestión, si bien la expresión empleada para evidenciar el supuesto de niño abandonado es esta vez *ina mêšu*: CH 185: "Si un hombre adopta a un niño *ina mêšu* y lo cría, ese niño no podrá ser reclamado"[155]. La mencionada construcción fue tradicionalmente traducida como "en su nombre", interpretando el signo *me* como derivación del sumerio MU (ac. *šumu*, "nombre"). Yaron, sin embargo, propuso que la fórmula se entendiera como "en sus aguas" (del acadio *mû*, "aguas"), haciendo referencia al líquido amniótico[156]. De esta forma quedaría patente que el expósito era realmente un recién nacido, abandonado completamente a su suerte y sin ninguna opción de sobrevivir por sí solo[157]. Tras el trabajo de Yaron la mayor parte de los autores se han mostrado de acuerdo con dicha interpretación[158]. El documento MDP 23 288, paleobabilónico redactado en acadio y procedente de Elam, confirma la lectura de Yaron, puesto que añade la cláusula *u dāmēšu*, "y (en) su sangre"[159]. El hecho de que el acto del nacimiento no solo

---

"il s'agit d'un acte purement symbolique [...] par le fait que l'on ait eu recours à cette procédure formaliste".

154 Para LLI 20 hemos seguido la restitución de Roth (*Law Collections*, 29), basada en la serie *ana ittišu* (p. 35, n. 2) (al respecto véase Molina, *La ley más antigua*, 88 y 95, n. 22).

155 CH 185: *šum-ma a-wi-lum ṣe-eḫ-ra-am i-na me-e-šu a-na ma-ru-tim il-qé-ma úr-ta-ab-bi-šu tar-bi-tum ši-i ú-ul ib-ba-aq-qar*.

156 Reuven Yaron, "Varia on Adoption", *Journal of Juristic Papyrology* 15 (1965): 171–73.

157 Véanse algunos ejemplos de la expresión *ina mêšu* en los textos CH 185, MDP 23 388 (*ina mêšu u damēšu*), YOS 12 331 y CT 52 103. Sobre estos textos en relación a dicha fórmula véase Malul, "Adoption of Foundlings", 106–13.

158 Véanse varias referencias a importantes ediciones del Código de Hammurapi que siguen la interpretación de Yaron en Justel, "Adopciones infantiles", 112, n. 40, añadiendo Garroway, *Children*, 51–54, 100–101. Para otros autores que tras el trabajo de Yaron siguen entendiendo el texto como "en su nombre", véase por ejemplo A. R. Colón, *A History of Children. A Socio-Cultural Survey Across Millennia* (Westport: Greenwood Press, 2001), 62.

159 MDP 23 288: 8-11: *i-na me-e-šu* / ***ù da-mé-šu*** *i-zi-ib-šu-ma* / [*a*]*-na* $^{\mathrm{f.d}}$*tu-zi-dam-qa-at* / [*mu-še*]*-ni-iq-ti ta-ad-di-iš-šu-ma* ("Ella lo ha abandonado en sus aguas y en su sangre, y lo ha entregado a Tuzi-damqat, la nodriza").

esté relacionado con el agua, sino también con la sangre[160], hace que nosotros también optemos por la relación con el líquido amniótico[161].

Aunque no se conserven más referencias de códigos mesopotámicos que regulen aspectos sobre abandonos de niños, las citadas arriba muestran que se premiaría en cierta manera a los salvadores de los expósitos. Este aspecto está confirmado por los documentos de práctica legal del Bronce Reciente comentados en el capítulo.

Aparte de las series lexicales, las disposiciones de códigos legislativos y algún caso de colecciones paleobabilónicas de "casos modelo"[162], en la documentación cuneiforme también poseemos referencias a casos concretos de abandonos a través de documentos de diversa naturaleza literaria, como leyendas[163], cartas,

---

160 Stol, *Birth in Babylonia and the Bible*, 125.

161 Interesante en este sentido es el paralelo bíblico de Ez 16, 1–7, sobre el que Malul ("Adoption of Foundlings", 108–9) llama la atención. En él se presenta una alegoría de la infidelidad de Israel, personificada en una niña pequeña que simboliza la ciudad de Jerusalén. Tras explicar el abandono de esa niña (vv. 1–5), Yahveh la salva (vv. 6–7): "Pero pasé junto a ti y te vi revolcada en tu sangre, y te dije «¡En tu sangre vive!» Díjete, pues: «¡En tu sangre vive y crece!»". Este pasaje veterotestamentario será un paralelo más que confirme la interpretación de Yaron arriba expuesta. Al respecto véanse asimismo Marius Gerhardus Swanepoel, "Ezekiel 16: Abandoned Child, Bride Adorned or Unfaithful Wife?", en Philip R. Davies y David J. A. Clines (eds.), *Among the Prophets: Language, Image and Structure in the Prophetic Writings*, JSOT Suppl. Series (Sheffield: Bloomsbury T&T Clark, 1993), 84–104; Marjorie D. Gursky, *Reproductive Rituals in Ancient Israel*, Tesis doctoral inédita (Nueva York: New York University, 2001), 85ss; Joseph Fleishman, "Did a Child's Legal Status in Biblical Israel Depend upon his beign Acknowledged?", *ZAW* 121 (2009): 363; Garroway, *Children*, 101.

162 Nos referimos a documentos que, sin ser de práctica legal, presentan compendios de cláusulas contractuales con terminología específica. Sirva como ejemplo el texto escolar de época paleobabilónica CBS 11324, tratado más adelante en el presente subapartado. Sobre este documento véase Jacob Klein y Tonia M. Sharlach, "A Collection of Model Court Cases from Old Babylonian Nippur (CBS 11324)", *ZA* 97 (2007): 4–9. Para el caso de un niño que es adoptado tras ser arrojado a un horno véase asimismo el texto ZA 101 §44 (cf. Gabriella Spada, "A Handbook from the Eduba'a: An Old Babylonian Collection of Modern Contracts", *ZA* 101 [2011]: 241–42).

163 Estas leyendas forman parte de la mitología próximo-oriental y suponen la construcción de héroes de diferentes pueblos antiguos. Un ejemplo paradigmático es el de Sargón de Acad: "Mi madre, gran sacerdotisa, me concibió y me dio a luz en secreto. Me puso en un cesto de juncos y selló con pez sus aberturas. Me depositó en el río, que no se alzó contra mí. El río me llevó hasta Akki, el escanciador de agua. Akki, el escanciador de agua, me sacó cuando hundía su cubo en el río. Akki, el escanciador de agua, me adoptó como su hijo y me crió" (véanse las copias cuneiformes en CT 13 42 [láms. 42–43], así como un breve estudio en Benjamin R. Foster, *Before the Muses: An Anthology of Akkadian Literature* [Bethesda: CDL Press, 2005], 912–13). Para profundizar en estos pasajes de la

textos administrativos o contratos de adopción. Son estos últimos especialmente significativos e importantes para estudiar el fenómeno, no solo a nivel cuantitativo —contamos con decenas de textos al respecto, para prácticamente todas las épocas—, sino también por su claridad de interpretación a nivel jurídico. El orden de los eventos es generalmente el mismo para todos los casos, y casa perfectamente con el analizado en nuestros documentos MKGH 4, E6 256, e incluso Subartu 17:

> (1) un niño es abandonado, generalmente por sus padres biológicos, y no tiene capacidad de salvación[164];
>
> (2) un adulto se apiada[165] del pequeño expósito, y actúa conforme a la legalidad para salvarle (cf. 3);
>
> (3) el adulto adopta al niño, expresándose el acto mediante fórmulas legales comunes con las demás adopciones (§4.3).

En estos y otros textos, tanto de forma —aspectos filológicos— como de fondo —aspectos jurídicos—, se expresan dos actos simbólicos marcadamente diferenciados. En primer lugar se encuentra el abandono, por el que los padres biológicos repudian a su hijo, cortando por tanto todo el vínculo legal que confería la relación sanguínea. La terminología que subraya este primer acto es sumamente elocuente, empleándose verbos como *nasāku*, "arrojar" (Nbk 439: 3);

---

leyenda de Sargón véase Brian Lewis, *The Sargon Legend: A Study of the Akkadian Text and the Tale of the Hero Who Was Exposed at Birth*, American Schools of Oriental Research Dissertation Series 4 (Cambridge: American Schools of Oriental Research, 1980), así como Joan Goodnick Westenholz, *JNES* 43.1 (1984): 73–79. Quizás el caso más famoso de exposición infantil y posterior adopción en la literatura próximo-oriental antigua es el de Moisés, abandonado en las aguas del Nilo y adoptado posteriormente por la hija del Faraón (Ex 2, 1–10) (para comentarios comparativos entre las historias de Sargón y Moisés, cf. Justel, "Abandonos infantiles", 349–50). Posteriormente, el tema del expósito fue empleado en obras griegas de teatro con gran componente dramático. Autores como Aristófanes, Eurípides, Menandro, Plauto o Terencio se sirvieron del motivo del niño abandonado para presentar desenlaces emotivos y felices. Por último debemos reseñar un ejemplo significativo para la cultura occidental, constituido por la leyenda romana de Rómulo y Remo, hijos de Marte, abandonados por su madre Rea y posteriormente salvados y amamantados por la loba Luperca.

164 La imposibilidad para salvar la vida por sí mismo se expresa mediante fórmulas tan gráficas como las de las comentadas series lexicales.

165 Las razones y objetivos para que el adulto se apiade del niño podrán responder sin duda a causas de carácter caritativo (véase por ejemplo el caso de E6 256 en §4.6), si bien en otras ocasiones el objetivo no sería tan desinteresado: hacerse con un heredero, con una fuerza de trabajo en el hogar, etc.

nadû[166], "tirar" (CT 13 42: 6); o *ezēbu*, "dejar, abandonar" (MDP 23 288: 9). En lo que a nuestra documentación del Bronce Reciente compete, podemos añadir el empleo del verbo *ṣalû*, "arrojar", presente en el texto de Emar E6 256 (l. 9: *ṣa-al-lu*). Además, la voz Š de *ṣalû* en época mesoasiria adquiere el sentido genérico de "abortar"[167], fenómeno que relacionamos con los abandonos de niños. Todos estos términos, si bien expresan un acto físico, se refieren realmente a la acción jurídica de "rechazar". Los padres naturales se desentienden de tal forma de su hijo mediante su abandono, no solo a nivel de cuidados básicos —alimento, vestido, etc.—, sino también legal.

El segundo acto es el de la adopción, por el que el padre adoptivo se hace con el niño tras el abandono[168]. Para ello se emplean asimismo distintos verbos,

---

166 El equivalente hebreo del acadio *nadû* es לשך, "arrojar". Véase un ejemplo en el libro de Ezequiel, bajo la forma hof'al 2.ª pers. fem. sing. יכלשת: "Fuiste (Jerusalén) arrojada sobre la superficie del campo" (Ez 16, 5). Acerca del caso de Moisés en el libro del Éxodo, es interesante evidenciar el distinto empleo de verbos en dos pasajes. Primeramente, con el objetivo de expresar las órdenes del faraón de matar a los hebreos varones recién nacidos se utiliza לשך, (al igual que en Ezequiel) bajo la forma hif'il futura 2.ª pers. masc. pl. והכילשת: "Luego Faraón dio orden a todo su pueblo, diciendo «A todo hijo que nazca de los hebreos le arrojaréis al río»" (Ex 1, 22). Así, el propósito del Faraón es sin duda que esos niños murieran. Empero, el objetivo de la madre de Moisés no era que su hijo muriera, sino que se salvara de un destino trágico. Para ello el redactor de Éxodo no emplea el verbo דלש, "arrojar (al río)", sino מוש, "poner, colocar": "Como no pudiese ocultarle (a Moisés) por más tiempo, cogió una cesta de papiro, la calafateó con betún y pez, colocó (ומשת) en ella al niño y la colocó en el juncal, a la orilla del Nilo" (Ex 2, 3). Sobre estas cuestiones véanse en general Morton Cogan, "A Technical Term for Exposure", *JNES* 27 (1968): 133–35; Malul, "Adoption of Foundlings"; Erkki Koskenniemi, *The Exposure of Infants among Jews and Christians in Antiquity*, The Social World of Biblical Antiquity, Second Series, 4 (Sheffield: Sheffield Phoenix Press, 2009), 16ss.; Garroway, *Children*, 99. Sobre este mismo fenómeno de dos tipos de *expositio* (con el objetivo de matar al neonato y de que fuera salvado) en época romana véase el estudio de Alberto Sevilla Conde, "Morir *ante suum diem*. La infancia en Roma a través de la muerte", en Justel, *Niños en la Antigüedad*, 199–233.

167 AHw 1077a: "Leibesfrucht abwerfen lassen". Cf. CAD Ṣ 71b d, sub *ṣalā'u*.

168 La creación del contrato de adopción o de otro tipo no es cuestión baladí, puesto que el simple hecho de recoger a un niño abandonado no confiere automáticamente un tipo de filiación legítima o una existencia legal del expósito. Salvando las distancias temporales respecto a nuestro corpus, es interesante en este sentido en el texto neobabilónico VAS 6 116. Un documento anterior (Nbn 990) presenta el caso de la mujer Ṣiraya, que es dada en matrimonio a Nabû-nādin-šumi, y entre la dote aportada hay tierras, bienes muebles y dos esclavas. Una de ellas es Šēpītaya, objeto principal del posterior VAS 6 116. En este texto se menciona que Ṣiraya "levantó (a Šēpītaya) de la calle y la crió" (ll. 7-8: *ul-tu su-ú-qu / ta-šá-am-ma tu-ra-bu-ú*), puesto que la sirvienta fue en su día abandonada. Estas afirmaciones fueron leídas en público, ante testigos, creándose entonces la existencia

algunos también muy gráficos: *našû*, "levantar, cuidar" (Nbk 439: 4, VAS 6 116: 8[169]); *šaqû*, "levantar"; o *leqû*, "tomar, adoptar" (CT 52 103: 16[170]). Nuestros ejemplos del Bronce Reciente añaden dos verbos en el acto redentor: *rubbû / rabû*, "criar, educar" (MKGH 4: 4); y *lamādu*, "reconocer" (E6 256: 11). Mediante el empleo de estos términos se subraya la naturaleza redentora del acto por parte de los padres adoptivos, quedando la adopción completamente justificada —a un nivel jurídico especialmente en E6 256— y a su vez evitando futuras reclamaciones[171].

---

legal de Šēpītaya y justificando la posesión de la esclava por parte de Ṣiraya y Nabû-nādin-šumi. Así, y tomando como ejemplo el momento anterior a la creación de VAS 6 116, en palabras de Joannès, se puede afirmar que "ce status d'enfant recueilli ne permettait pas à Ṣiraia ni à son époux Nabû-nādin-šumi de justifier de leur droit de propriété sur Šēpītaia" (*šēpê ina ṭiṭṭi šakânu*, 81–82). Si bien es posible que VAS 6 116 no constituya una verdadera adopción tras el abandono, sino la confirmación del estatus de esclava de Šēpītaya (en la línea de Mariano San Nicolò, "Über Adoption und die Gerichtsbarkeit der mâr-bânî im neubabylonischen Rechte", *ZSS* 50 [1930]: 450), el documento muestra claramente que tras la exposición y salvación de un abandonado se debía crear un vínculo y existencia legal del mismo, careciendo en el intervalo de realidad jurídica alguna. Sobre estas cuestiones véanse San Nicolò, "Über Adoption", 445–55; Roth, *Babylonian Marriage Agreements*, 71–73; Joannès, *šēpê ina ṭiṭṭi šakânu*, 81–82; da Riva, "La Guerra en el Antiguo Oriente", 7–8; Muhammad A. Dandamaev, *Slavery in Babylonia: From Nabopolassar to Alexander the Great (626–331 B C)* (DeKalb: Northern Illinois University Press, 2009), 103; Garroway, *Children*, 105; Josué Javier Justel, *Mujeres y Derecho en el Próximo Oriente Antiguo: La presencia de mujeres en los textos jurídicos cuneiformes del segundo y primer milenio a. C.* (Zaragoza: Libros Pórtico, 2014), 84–85.

169 VAS 6 116: 8: *ta-šá-am-ma*. Sobre esta forma del verbo *našû* véase Joannès, *šēpê ina ṭiṭṭi šakânu*, 82, n. 2.

170 En este contexto se emplea frecuentemente la versión sumeria de *leqû*, bajo la forma ŠU BA.AN.TI (véase un ejemplo en un texto paleobabilónico de abandono y adopción de niño en YOS 12 331: 7).

171 Sobre la relación entre las fases de abandono y adopción en este tipo de textos véase Fleishman, "Who Is a Parent?", 401–2. Un texto en el que se aprecian claramente los dos actos legales de abandonar y salvar, empleándose terminología similar pero con distinto uso de verbos y preposiciones, es el neobabilónico Nbk 439. En él la mujer soltera Ṣiraya "arrojó a su hijo **a** la boca del perro" (ll. 2–3: DUMU-⌜*šú*⌝ ***a-na*** / [*pi-i*] *kal-bi ta-as-su-ku*). El acto de salvación está representado por la misma imagen, pero sin emplear la preposición *a-na*, "a, hacia", sino *ištu*, "de" (sentido del inglés "from", y en su variante neobabilónica *ultu*; véase la colación de Wunsch ["Findelkinder", 219], *contra* la restitución de Oppenheim ["Assyriological Gleanings I", *BASOR* 91 (1943): 36]: [*i*]*š* (!)-*tu*): "(y) Nūr-Šamaš lo ha salvado (lit. "lo ha levantado", forma verbal de *našû*) **de** la boca del perro" (ll. 3–4: ^{m}[*nū*]*r*-^{d}UTU / **[*u*]*l-tu*** *pi-i kal-bi iš-šu-ú-u'-ma*). Sobre esta cuestión véanse A. Leo Oppenheim, "Assyriological Gleanings I"; Wunsch, "Findelkinder", 220, Z. 3. Es interesante constatar la existencia de BM 59804, documento paralelo al anterior y redactado inmediatamente tras el mismo, en el que Nūr-Šamaš, el adoptante, contrata en

Otra expresión común en algunos contratos mesopotámicos de adopción tras el abandono, especialmente de época paleobabilónica, es la fórmula acadia *šilip rēmim*, cuyo análisis ha sido historiográficamente controvertido[172]. Mientras que Szlechter tradujo la fórmula *šilip rēmim* de MAH 15951: 1 como "(arraché) à un taureau sauvage"[173] (esto es, del ac. *rīmu*, "toro salvaje"), CAD Ṣ 232a (sub *ṣuḫāru* 1b) la entiende como "(little boy) who had to be pulled out of the womb (at birth)" (esto es, del ac. *rēmu*, "útero"). Tanto si se trata de "arrojado a un toro salvaje" como "extraído del útero (al nacer)", el ejemplo de *šilip rēmim* podría referirse a un abandono infantil[174].

Respecto a la terminología empleada, hay que señalar que la documentación del Bronce Reciente presenta las mismas características que la constante próximo-oriental general, en la que algunos nombres de niños que fueron abandonados nos informan sobre el fenómeno de la exposición infantil. Hemos visto a partir de las series lexicales cómo ciertas expresiones referentes a los niños hacen alusión a su condición de abandonados, aspecto presente asimismo en textos de práctica legal: "el que no tiene padre ni madre" (*ša aba u umma lā īšû*), "el que no conoce a su padre (ni) a su madre" (*ša abašu ummašu lā īdû*), o "el procedente de la boca del cuervo" (*ina pî aribi ušaddi*)[175].

---

calidad de nodriza a la madre biológica (cf. Justel, *Mujeres y Derecho*, 83–84). A partir de estos documentos neobabilónicos se produce por tanto un fenómeno parecido al que encontrábamos siglos antes en el archivo de Nuzi, con los textos HSS 19 86 y HSS 19 134 (cf. especialmente Daniel Justel, "New Proposals of Family Relationship at Nuzi Based on HSS 19 134 and 19 86", NABU 2010.83; y §3.2 en este trabajo).

172 Véanse algunos textos con dicha expresión en CT 48 70, MAH 15951, BM 78811/78812, BE 6/1 58 (Claus Wilcke, "Noch einmal: *šilip rēmim* und die Adoption *ina mê-šu*. Neue und alte einschlägige Texte", *ZA* 71 [1981]: 91). Cf. asimismo Klaas R. Veenhof, "Two *šilip rēmim* Adoptions from Sippar", en Hermann Gasche y Michel Tarnet y Caroline Janssen y Ann Degraeve (eds.), *Cinquante-deux réflexions sur le Proche-Orient ancien offertes en hommage à Léon de Meyer*. MHE Occasional Publications 2 (Lovaina: Peeters, 1994), 143–52.

173 Émile Szlechter, *Tablettes juridiques de la 1re Dynastie de Babylone*, 2ème Partie (París: Recueil Sirey, 1958), 3 y n. 1.

174 Sobre esta expresión véanse también Jacob J. Finkelstein, "*šilip rēmim* and Related Matters", en Barry L. Eichler (ed.), *Kramer Anniversary Volume: Cuneiform Studies in Honor of Samuel Noah Kramer*, AOAT 25 (Kevelaer: Verlag Butzon & Bercker, 1976), 187–94; Wilcke, "Noch einmal", 91. Otras posibles explicaciones apuntan a que los niños denominados con la fórmula *šilip rēmim* podrían ser bien hijo de una *nadītu*, bien haber nacido mediante una intervención de cesárea (cf. Garroway, *Children*, 109).

175 Para estas cuestiones véase especialmente Malul, "Adoption of Foundlings", 105, 121, n. 66. En este sentido es importante señalar el ejercicio escolar CBS 11324, probablemente procedente del Nippur paleobabilónico (Klein y Sharlach, "A Collection of Model Court Cases", 2). Se trata de un documento que presenta tres casos típicos de

Ahora bien, también encontramos antropónimos sobre dicha cuestión[176]. El nombre Ša-pî-kalbi, por ejemplo, tiene el sentido literal de "el de la boca del perro"[177]. Stamm lo puso en relación con la serie *ana ittišu*, concretamente el pasaje acadio *i-na pi-i kal-bi e-ki-im-šu*, "lo ha rescatado de la boca del perro", considerando el nombre como característico de un niño expósito[178]. Por su parte, Oppenheim arguyó que dicho antropónimo era demasiado frecuente como para ser objeto de una interpretación de tipo sentimental[179], proponiendo que el nombre se refería más bien a un tipo de adopción que a la "escapatoria de una muerte ignominiosa"[180]. Sea como fuere, este nombre podría tener relación con

---

naturaleza jurídica familiar: (1) la adopción de un niño abandonado; (2) la disputa de un hombre y su tío en torno a una herencia; (3) la disputa de una herencia por dos hermanos. Si bien la primera parte (1) no constituye un caso real de abandono, sino un modelo de las fórmulas legales para referirse a tal cuestión, véanse las gráficas expresiones que sirven de apelativos del expósito recién nacido (ll. 1–7): "(Acerca de) un niño lactante, hallado en un pozo, salvado de la boca de un perro, sin padre, sin madre, sin hermana, sin hermano, y sin hermano adoptivo: Ištar-rīmti-ilī le adoptó como hijo, y le puso el nombre de Ilī-tūram" ([DUMU.NIT]A$_2$.GABA / [TÚL.T]A ⌜PÀ.DA⌝ KA UR.GI$_7$.RA.TA KAR / [A]D.DA NU.TUKU AMA NU.TUKU NIN$_9$ NU.TUKU / ŠEŠ NU.TUKU Ù ŠEŠ.BAR.RA NU.TUKU / ^{m}INANNA-*ri-im-ti-ì-lí* / NAM.DUMU.⌜NITA⌝.A.NI.ŠÈ ⌜BA.DA.AN⌝.RI / ^{m}*ì-lí-tu-ra-am* ⌜MU.NI MU.SA$_4$⌝). Sobre esta primera parte de CBS 11324 véase Klein y Sharlach, "A Collection of Model Court Cases", 4–9. Para una traducción completa en castellano, cf. Justel, *Mujeres y Derecho*, 83.

176 En la cultura occidental encontramos asimismo antropónimos que indican explícitamente la condición de niños abandonados. El caso probablemente más conocido en España es el nombre Expósito, "el colocado fuera" (*ex pósitus*), designación para los abandonados que ha pervivido en dicho país hasta hace menos de una centuria. Otras fórmulas empleadas en España para nombrar a los niños abandonados fue poner como apellido el santo del día o elegirlo arbitrariamente por los responsables del hospicio donde eran recibidos.

177 Sobre este antropónimo véanse Johann Jakob Stamm, *Die Akkadische Namengebung* (Darmstadt: Wissenschaftliche Buchgesellschaft, 1968), 320; Oppenheim, "Assyriological Gleanings I"; Wunsch, "Findelkinder"; Dandamaev, *Slavery in Babylonia*, 103–104; Garroway, *Children*, 100 y n. 38.

178 Stamm, *Die Akkadische Namengebung*, 320.

179 Véase al respecto Arnaud, "Le fœtus", 130, n. 29.

180 Oppenheim, "Assyriological Gleanings I", 37. Por su parte, Dandamaev (*Slavery in Babylonia*, 104), apuntando que Oppenheim se basa en el documento Nbk 439, dice sobre el texto que "nothing is said about adoption in the text, and, if it is kept in mind that contracts dealing with adoption were composed according to a specific formula [...], one may assume that the lot of a slave frequently awaited children who were picked up". Por otro lado, en el documento BM 94589 el niño descrito como Ša-pī-kalbi aparece referenciado como un niño esclavo, aunque en este caso el niño entró en dicha esfera legal tras su rescate (Wunsch,"Findelkinder", 174ss, 215–17). Véanse otras referencias al

un niño abandonado, o al menos con un individuo rechazado en su momento por sus padres biológicos y luego admitido en un distinto círculo familiar. Otros ejemplos en la literatura cuneiforme son: Sūqā'a/Šūqā'ītum/Sulâ'a/ Šulâ'a ("El / la de la calle"[181]), Aba-lā-īdi ("no conoce al padre"),[182] É.A.BA-ul-īšu ("no tiene casa paterna"[183]).

Es aquí donde deben encuadrarse dos antropónimos de nuestros textos del Bronce Reciente. Nos referimos a los comentados Nāru-erība ("El río me ha compensado", MKGH 4) y Al-ummī ("¿Dónde está mi madre?", Subartu 17). A ellos podría añadirse la lista mesobabilónica inédita de trabajadores forzados Ni. 5989. En ella se referencia un recién nacido (DUMU.GABA) llamado Aba-lā-īdi, literalmente "(El que) no conoce al padre" (rev. ii' 9'). Sin embargo, el contexto familiar, preservado perfectamente, explica la situación: su padre y antigua cabeza de familia, Šamaš-uballissu, falleció, dejando a su mujer, ya viuda, a cargo de los hijos de ambos: un adolescente, un niño pequeño recién destetado y el mencionado Aba-lā-īdi. El nombre de este niño, huérfano de padre, responde probablemente a su condición de hijo póstumo, por lo que no creemos en la posibilidad de que su madre no supiera realmente quién era el padre de dicho niño[184]. Por tanto, el antropónimo del pequeño, que en otras ocasiones podría ser interpretado como referente a un niño abandonado, es con probabilidad un ejemplo de hijo póstumo pero con madre aún viva y cuidando de él.

Así pues, la documentación cuneiforme próximo-oriental nos informa de manera abierta sobre los abandonos de niños con su consiguiente adopción. Tenemos ejemplos al respecto para prácticamente todas las épocas, como la que nos ocupa del Bronce Reciente, si bien este tipo de textos es especialmente prolijo en los corpora paleobabilónico y neobabilónico[185]. Por otra parte, no

---

nombre Ša-pî-kalbi en VAS 5 56: 6 (femenino: [f]*šá-pi-i-kal-bi*) o en PSBA 9: 29 (masculino: [m]*šá-pi-i-kal-bi*; cf. ibíd., 219). Cf. asimismo Garroway, *Children*, 100, n. 38).

181 Stamm, *Die Akkadische Namengebung*, 251.

182 Véase una variante de este nombre en el documento casita inédito Ni. 5989 rev. ii' 9': *aba-lā-īdi*.

183 Godfrey Rolles Driver y John C. Miles, *The Babylonian Laws, vol. I: Legal Commentary* (Oxford: At the Clarendon Press, 1952), 391, n. 2. Al respecto véanse en general Malul, "Adoption of Foundlings", 105, 121, n. 67; Garroway, *Children*, 100. Aunque probablemente el nombre del Moisés bíblico se trate en realidad de un teóforo egipcio, hay que mencionar el significado tradicional que se le ha conferido a dicho antropónimo, aceptado por autores como Flavio Josefo en sus *Antigüedades judías*. Ex 2, 10 reza: "Cuando el niño hubo crecido, llevóselo a la hija de Faraón, la cual le tuvo como hijo y púsole por nombre Moisés, pues dijo: «¡En verdad que lo he sacado del agua!»".

184 Como se plantea en Tenney, *Life at the Bottom*, 195, n. 16.

185 Sobre los abandonos-adopciones en época paleobabilónica no conocemos ningún estudio global. Se pueden ver, no obstante, varias referencias en los trabajos de Gonelle, *La condition juridique*, 179–96; Wilcke, "Noch einmal"; Malul, "Adoption of Foundlings".

poseemos tanta información sobre los abandonos en los que el expósito muere, casos que se presentan generalmente de forma velada y cuyo estudio se puede acometer más bien a través de evidencias indirectas. Hay, sin embargo, claras excepciones, como la carta procedente del archivo de Mari ARM 6 43 (s. XVIII a. C.):

> Di a mi Señor: así dice Bahdî-Lîm, tu siervo: «Un niño lactante, nacido el año pasado, yacía en frente del Antiguo Palacio, que se encuentra bajo la región inferior, cerca del canal. Este niño había sido cortado por la mitad: solo quedaban sus restos desde el pecho hasta la cabeza, pero no la cabeza, y no quedaba nada de él hasta los pies. Niño o niña, ¿quién lo puede saber? Del busto hasta la parte inferior no se conservaba nada de su cuerpo. El mismo día en el que llegó a mis oídos esta historia dí las órdenes convenientes, y pregunté de forma incisiva a los jefes del barrio, a los maestros obreros y a los extranjeros domiciliados, pero ni el responsable del niño, ni su padre, ni su madre, ni persona al corriente del asunto se presentó ante mí»[186].

Pese a la crudeza del texto anterior, por lo general la documentación que concierne abandonos de niños presenta un final muy diferente: el niño, lejos de morir, es salvado por algún adulto mediante el mecanismo legal de la adopción. Las fuentes suelen guardar silencio sobre los casos en que los niños corrieron peor suerte.

Podemos trazar algunas conclusiones sobre los abortos y abandonos infantiles de nuestro corpus dentro del contexto mesopotámico antiguo. En primer lugar, hay que señalar que las causas para abandonar o abortar no son expresadas en los documentos de ninguna época. Las que podemos proponer como tales responden por tanto a conjeturas basadas en evidencias indirectas, en el conocimiento de los mecanismos socio-económicos de la sociedad mesopotámica y en la antropología histórica de la familia. Las dificultades económicas de muchas familias estarían indudablemente detrás de muchos abandonos de niños. La incapacidad de los padres para proveer alimento a sus hijos será una causa co-

---

Respecto a la documentación neobabilónica el trabajo de referencia es sin duda el de Cornelia Wunsch ("Findelkinder"), en el que la autora presenta un elenco con las fuentes y realiza un estudio de todos los textos conocidos para el tema y época, editando y reeditando algunos de ellos. Sobre esta cuestión para el Próximo Oriente antiguo en general, véase Garroway, *Children*, 99–112.

[186] Traducción basada en las restituciones de Jean-Marie Durand, *Les Documents Épistolaires du Palais de Mari*, LAPO 18 (París: Éditions du Cerf, 2000), 236–37. Sobre este documento véanse Jean R. Kupper, *Correspondance de Baḫdi-Lim*, ARM 6 (París: Imprimerie nationale, 1954), 67–69; Klíma, "Le statut de l'enfant", 124–25; Jean-Marie, Durand, "La population de Mari", *MARI* 5, 1987, 664.

mún en las exposiciones infantiles[187]. Las razones religiosas, especialmente referidas a sacerdotisas del templo que no pudieran por cuestiones de culto tener descendencia, llevaría a muchas de estas mujeres a abortar o abandonar sus hijos. La soltería de una madre estaría socialmente mal contemplada, al igual que en muchas otras sociedades históricas. Este hecho, unido a su posible incapacidad económica para satisfacer todas las necesidades del pequeño, podrían inducir a dichas madres a recurrir a tales soluciones[188]. El deseo insatisfecho de tener hijos de un determinado sexo, especialmente varones —mayor fuerza de trabajo y con derechos hereditarios plenos—, podría ser otra causa para abandonar, en este caso a las niñas[189]. Por otra parte, es más que probable probable que niños con malformaciones físicas fueran asimismo abandonados tras su nacimiento.

En cuanto a la práctica abortiva voluntaria, estamos menos informados que sobre las exposiciones infantiles. Sin duda se producirían, puesto que contamos con varias prescripciones médicas a tal efecto, y para la época que nos ocupa incluso tenemos una ley contra dicha práctica. Aún así, no tenemos información sobre documentos concretos de aborto. Podemos intuir que, si bien algunas madres recurrirían a tal solución, otras preferirían esperar a que el pequeño naciera para abandonarlo, puesto que el abandono constituye, al igual que el infanticidio, un remedio más eficaz que el aborto, amén de ser más seguro para la madre[190].

En cuanto a estos abandonos infantiles, estos son, tanto en el Bronce Reciente como en otras épocas, un hecho conocido para el cual tenemos información textual a través de documentos de distinto tipo. Especialmente prolijos son los textos de adopción tras la mención del abandono, lo que hace plantearse la posibilidad de que éste no se produjera de la manera expresada ("arrojado a la boca del perro", "recogido de la calle", etc.), y que dichas fórmulas constituyan un recurso estilístico para subrayar la condición infantil de desamparados por completo.

---

[187] En muchos contratos de adopción próximo-orientales los padres entregan sus hijos en adopción con el objetivo declarado de que el adoptante mantuviera (ac. *zanānu* B, cf. CAD Z 44 a) a su nuevo hijo, tanto con alimento como con ropa. Véase al respecto Justel, "Adopciones infantiles", 137–38.

[188] Sirva como ejemplo en este sentido el texto neobabilónico Nbk 439. Si seguimos la lectura propuesta por Wunsch ("Findelkinder", 219), Ṣiraya, la madre del niño abandonado, era una mujer soltera: l. 2: ⸢*amēl-tú* NAR⸣-*tu*$_4$ (*contra* Oppenheim, "Assyriological Gleanings I", 36: $^{\textit{amēl}}$[ ]-*tum* (?).

[189] El corpus neobabilónico, el más prolijo en textos de abandonos infantiles, presenta al menos para el caso de Nippur una mayoría abrumadora de niñas vendidas y abandonadas frente a expósitos y vendidos varones (cf. Francis Joannès, "La mention des enfants dans les listes néo-babyloniens", *KTEMA* 22, 1997, 125).

[190] Crawford, "Infanticide, Abandonment and Abortion", 60.

Sea como fuere, los abandonos de un bien tan preciado como un niño llegaban incluso a estar penados por la ley. Siglos más adelante, los judíos, por ejemplo, no admitían esta práctica, puesto que la otra opción —esta vez contemplada legalmente en casos de extrema pobreza— era vender los hijos[191]. Así pues, esta relación entre abandono-venta e ilegalidad-legalidad también fue característica de los pueblos próximo-orientales antiguos.

Así, los abortos y los abandonos de niños estuvieron presentes de una manera u otra a lo largo de la historia del Oriente antiguo, y el Bronce Reciente, aun con menos documentos al respecto cuantitativamente, no constituye una excepción a esta constante histórica.

2.5. Conclusiones

En el presente capítulo hemos analizado las fuentes cuneiformes del Bronce Reciente mesopotámico y sirio que conocemos para el estudio de los abortos voluntarios y los abandonos infantiles. Ambas realidades son formas de deshacerse de un niño intencionadamente, y poseen definidas peculiaridades sociales, económicas y jurídicas. La parquedad de la documentación al respecto podría ser un indicador de la magnitud cuantitativa de dichas prácticas, si bien esta conclusión no es enteramente generalizable. El hecho de conocer más textos sobre abandonos de niños que sobre abortos voluntarios para todo el Próximo Oriente antiguo en general, y para el Bronce Reciente en particular, podría no ser una coincidencia. Abandonar un recién nacido era una solución más segura que el abortar durante el embarazo[192]. Otro indicio de ello es que las literaturas mesopotámica y bíblica emplearon este tópico del niño abandonado en más ocasiones que los casos de abortos voluntarios.

Sin embargo, y en comparación con otros corpora textuales anteriores y posteriores, la documentación del Bronce Reciente es especialmente exigua en casos reales de abandonos de niños. Hemos visto cómo ninguno de los documentos que presentan forma de abandono infantil, si bien se han analizado historiográficamente como tales, se corresponden realmente con verdaderos ejemplos de abandonos. Al inscribirse en un corpus limitado es complicado

---

191 Como atestiguan autores clásicos como Estrabón (*Geografía* XVII 2, 5) o Diodoro Sículo (*Bib. Hist.* I 77, 80). Al respecto véanse Arminda Lozano Velilla, *Importancia Social y Económica de la Esclavitud en el Asia Menor Helenística*, Tesis Doctoral inédita (Salamanca: Universidad de Salamanca, 1974), 131; Carlos Alonso Fontela, *La esclavitud a través de la Biblia*, Bibliotheca Hispana Biblica 9 (Madrid: Consejo Superior de Investigaciones Científicas, 1986), 40–41; James K. Hoffmeier, "Abortion and the Old Testament Law", en Hoffmeier, *Abortion*, 49–63.

192 Crawford, "Infanticide, Abandonment and Abortion", 60. Entendiéndose el concepto "segura" no solo como el término inglés "safe (method)", sino también como "secure" o "certain" (esto es, un fenómeno seguro a nivel sanitario pero también con mayor efectividad práctica).

proceder a generalizaciones. Aún así, podemos argüir que en épocas de crisis, como la que vivió la Siria de los siglos XIII–XII a. C., un recurso humano sería realmente importante a la hora de contribuir en trabajos del hogar, o incluso con el objetivo de ser vendido posteriormente y así recibir una suma económica. Las familias que tuvieran hijos no deseados optarían por lo general por dichas soluciones, así como por las entregas en adopción, recomendables a varios niveles: social —no estaría mal visto, sino que eran prácticas legales—, económica —recibían dinero por sus hijos— o sentimental —no condenaban a su descendencia a una muerte segura o a un futuro incierto.

Fenómeno diferente es el presentado en textos como E6 256, con multitud de paralelos en la literatura próximo-oriental antigua en lo que se refiere a las dos fases conocidas de abandono y posterior adopción. Como hemos defendido, la primera etapa no se correspondería a un abandono real, sino que se presenta más bien como modo de justificación jurídica de la adopción misma: al estar el niño abandonado— es decir, sin relación legal con sus progenitores —el adoptante tiene derecho pleno para adoptarlo, presentándose además como un acto de redención altruista. Además, y al igual que el abortar intencionadamente, el abandonar un niño podría tener connotaciones sociales negativas, pero en varios documentos de "abandonos" con la consiguiente adopción incluso se aporta información sobre los padres biológicos. Creemos que este hecho es impensable en los casos en que los padres querían que su hijo muriera. La solución que llevarían a cabo estos padres en esos casos sería la del infanticidio, práctica para la que apenas contamos con información en la literatura cuneiforme[193].

Por tanto, se puede afirmar que la documentación del Bronce Reciente analizada, al igual o incluso más que en otras épocas, da un valor especial al niño. Éste es considerado un bien preciado que hay que proteger convenientemente. Apenas poseemos referencias, por ejemplo, de niños abandonados que posteriormente son salvados y hechos esclavos[194]. Todo lo contrario: los "abandonos" acaban felizmente para padres e hijos. La legalidad protegerá asimismo a los más débiles e indefensos, y la disposición mesoasiria LAM 53 constituye el major ejemplo en este sentido.

---

193 Y que por supuesto tampoco estaría contemplada socialmente de forma positiva.

194 Con alguna excepción conocida, como el texto neobabilónico BM 94589 (Wunsch, "Findelkinder", 174ss, 215–17). Aún así, no nos mostramos de acuerdo con la afirmación generalizadora de Alonso Fontela (*La esclavitud*, 40, siguiendo a Lozano Velilla, *Importancia Social*), quien dice que "La costumbre de abandonar a los niños (*expositio*) [...] puede considerarse como fuente de esclavitud". Sobre esta cuestión, y para el período neobabilónico, véanse San Nicolò, "Über Adoption", 450; Dandamaev, *Slavery in Babylonia*, 104. Para el Mundo antiguo en general véase Motomura, "The Practice of Exposing Infants".

La eliminación intencionada de un niño, tanto antes de salir del vientre de su madre como poco después de nacer, es un tema para el que no contamos apenas con información en el Bronce Reciente. Por comparación con documentación de otras épocas podemos imaginar que tanto abandonos infantiles reales como abortos se producirían, y quizás de forma especial en el caso de las niñas[195]. Sin embargo, a día de hoy los textos —o la ausencia de los mismos— muestran que en la época que nos ocupa dichos fenómenos respondían a casos procedentes de una esfera radicalmente privada, sin emanación de documentos, y probablemente se tratarían más bien de casos aislados.

---

195 Por ejemplo F. Joannès, quien al hablar de la documentación neobabilónica de Nippur afirma que "les enfants vendus ou abandonnés sont presque exclusivement des filles" ("La mention des enfants", 125).

3
Infancia y matrimonio

3.1. Introducción

En el presente capítulo analizamos las fuentes cuneiformes del Bronce Reciente mesopotámico y sirio en las que se concibe, de una forma u otra, el matrimonio de personas cuando no han entrado aún en la adultez[196].

El concepto de "matrimonio" hace referencia a la unión de un hombre y una mujer adultos concertada mediante determinados ritos o formalidades legales. Esta definición es igualmente aplicable a las uniones del mundo antiguo. El Próximo Oriente en la época que nos ocupa no es una excepción, y el matrimonio constituía asimismo un fenómeno por el que hombre y mujer se vinculaban a través de un contrato, un rito de paso por el cual ambos se hacían con derechos y deberes sobre el cónyuge y su futurible descendencia.

El matrimonio en el ámbito próximo-oriental antiguo es generalmente monógamo. En ciertos casos, sin embargo, el derecho familiar era permisivo y daba la posibilidad al hombre de tomar una esposa secundaria. Las causas para casarse con otra esposa podían ser varias: ausencia del hogar durante largo tiempo del marido —especialmente comerciantes—, esterilidad de la mujer, esposa relacionada con actividades cultuales —con la prohibición de engendrar descendencia—, etc.[197].

Uno de los objetivos principales del matrimonio era el de tener descendencia, no solo por cuestiones económicas —proveerse de un heredero, fuerza de trabajo, etc.—, sino también por razones sentimentales de los esposos. Los respectivos suegros, por su parte, se aseguraban por esta vía de que su linaje familiar se perpetuara, encargándose ellos frecuentemente —y en especial los padres de la novia— de arreglar los contratos de matrimonio. Si bien la natura-

---

196 Así pues, no son menores en el momento del matrimonio, sino en el momento del planteamiento del mismo.

197 Al respecto véase Brigitte Lion y Cécile Michel, "Mariage", en Joannès, *Dictionnaire*, 504b; así como el análisis de Josué Javier Justel, "The Involvement of a Woman in Her Husband's Second Marriage and the Historicity of the Patriarchal Narratives", *ZAR* 18 (2012): 191–207.

leza de dicho concepto ha variado a lo largo de la historiografía moderna, nuestra meta aquí no será analizarlo en su globalidad[198].

Por tanto, nuestro objetivo se encamina a analizar este tipo de documentos en los que se plantea la unión matrimonial futura de determinados niños y niñas. Hasta la fecha ningún trabajo ha sido consagrado a dicha cuestión, por lo que un estudio del fenómeno, además de la comparativa entre los distintos sujetos por sexos y edades, es original desde el planteamiento. Para exponer el tema con claridad nos parece necesario presentar las principales fuentes de la época (§3.2) y realizar algún comentario sobre terminología específica (§3.3), para luego proceder a su contextualización en el Próximo Oriente antiguo (§3.4) y trazar una serie de comentarios y conclusiones sobre el tema (§3.5).

3.2. Fuentes del Bronce Reciente

Al igual que en períodos anteriores y posteriores, la documentación del Bronce Reciente nos informa de una manera u otra sobre la relación entre los niños y la institución del matrimonio. En determinadas ocasiones los padres se planteaban el futuro de sus hijos siendo todavía éstos, tanto varones como mujeres, menores de edad y generalmente —aunque no siempre— fértiles. A continuación exponemos las fuentes cuneiformes que conocemos al respecto, dividiéndolas por ámbitos geográficos diferenciados: Babilonia, Mittani y Siria.

Babilonia

De los más de mil documentos mesobabilónicos publicados[199], alrededor de una decena nos informan sobre cuestiones matrimoniales. Además, la interpretación de algunos de ellos ha sido historiográficamente controvertida, sin llegarse a un consenso final[200]. Sin embargo, determinados textos de este elenco legal, además

---

[198] Sobre la naturaleza del matrimonio y sus diversas interpretaciones para el Próximo Oriente antiguo véanse el análisis y bibliografía presentados en Justel, *La capacidad jurídica*, 35–36; *Mujeres y Derecho*, 27ss.

[199] Justel, "La Babilonia casita", 78.

[200] Nos referimos al grupo de textos englobados bajo la apelación de *ṭuppi zununnê*, "tablilla de mantenimiento" (cinco ejemplos: DK 5, UET 7 51, UET 7 52, UET 7 53, UET 7 54), y *ṭuppi aḫuzati*, "tablilla de matrimonio" (un ejemplo: DK 4), expresiones que aparecen en la parte inicial del documento. En los seis documentos se presentan bienes de diverso tipo, generalmente de primera necesidad, que son tomados, entregados y distribuidos entre varios individuos: novio, novia, padre de ésta, o incluso personas sin relación aparente entre sí. Samuel Greengus, basándose solamente en DK 5, en conexión con el texto paleobabilónico UET 5 636, dedujo al respecto que estos bienes estaban en relación con celebraciones de bodas, en la misma línea de lo asumido en CAD Z 162–63 (Samuel Greengus, "Old Babylonian Marriage Ceremonies and Rites", *JCS* 20 [1966]: 67). Más tarde, Oliver R. Gurney planteó como posibilidad la existencia del fenómeno conocido como "matrimonio *errēbu*", presente cuando un padre solo tiene una o varias hijas, y escoge un marido para ella(s) a condición de que el nuevo esposo sea considerado su propio

de otros de carácter administrativo, pueden indicarnos que los sujetos casaderos[201] eran aún niños en el momento de creación del contrato[202].

El documento MSHK I 9 es hasta la fecha la única adopción matrimonial casita publicada[203]. En la edición del texto, Brinkman interpretó que se trataba de la venta de una niña, denominada SAL.TUR y "comprada como esposa"[204].

---

hijo —por tanto, a modo de adopción—, pasando a vivir en la casa del adoptante y suegro (*The Middle Babylonian Legal and Economic Texs from Ur*, 137). Sin embargo, quizás en esos casos las entregas de transferencias matrimoniales, como podría ser el caso, no habrían sido necesarias (Justel, *La capacidad jurídica*, 270). Sea como fuere, y debido a la dificultad de encontrar una explicación satisfactoria (Kathryn E. Slanski ["Middle Babylonian Period", en Westbrook, *A History*, 502] tampoco propone nada novedoso al respecto), nos mostramos de acuerdo con Gurney cuando afirma: "In view of all these contradictions and obscurities it is probably best to suspend judgement on the nature of these transactions and to await further evidences" (*The Middle Babylonian Legal and Economic Texs from Ur*, 138). Asimismo, véase un caso mesobabilónico de proceso judicial en torno a un matrimonio en UET 7 8 (cf. Oliver R. Gurney, "A Case of Conjugal Desertion", en van Driel y Krispijn y Stol y Veenhof, *Zikir Šumim*, 91–94; Claus Wilcke, "*šumßulum* "den Tag verbringen", *ZA* 70 [1980]: 138–40). Hay que señalar, por último, la existencia de dos textos, creemos que aún inéditos, vendidos por la casa Bonhams (subasta "10187: Antiquities" de 13 de mayo de 2003), con referencias 235 y 236 (ambos con fotografías de anverso y reverso en el catálogo, así como con resumen de cada uno de ellos). Bonhams 236, procedente del reinado de Nazi-Maruttaš, consigna la entrega de varios bienes, sobre todo comida para un período de varios años, fenómeno que recuerda los documentos comentados de Ur y Dūr-Kurigalzu. Por su parte, Bonhams 235, proveniente de época de Kadašman-Turgu, presenta un caso en el que una mujer, probablemente viuda, arregla el matrimonio de su hijo, pactándolo así con los padres de la muchacha y futurible esposa. Al llegar a la edad de casarse, la joven había desaparecido, argumentando los padres que debido a su situación económica precaria la habían tenido que vender. Así pues, estos padres ofrecieron a la viuda otra muchacha para que pasara a ser su esclava, junto con una variedad de regalos a modo de dote. Nada se regula en esta segunda ocasión sobre el matrimonio de la joven con el hijo de la viuda, aunque él mismo recibe, junto con su madre, grandes bienes por la transacción. La presencia de personalidades importantes del Nippur casita actuando como testigos podría indicar que las partes contractuales pertenecieran a un círculo social de clase elevada.

201 Para referirnos a estos niños empleamos el adjetivo "casaderos" sin el sentido moderno de "el que está en edad de casarse" (Diccionario de la Real Academia Española), sino haciendo alusión al individuo que ya está prometido —conociéndose o no con quién—, aunque sea menor de edad.

202 Para el estudio de la relación entre infancia y matrimonio en la documentación mesobabilónica emplearemos asimismo referencias a textos inéditos, corpus que cuando sea publicado podrá arrojar determinante luz para comprender dicha cuestión.

203 En este sentido, añádase a MSKH I 9 el recientemente señalado texto Bohnams 236.

204 MSKH I, 384: "(NP$_1$) [...] bought her as wife (lit.: for daughter-in-lawship)".

En un principio, Wilcke siguió considerando el texto como una venta[205]. Sin embargo, Petschow argumentó que la traducción "as her purchase price"[206] no era la más conveniente, debido a que en vez del esperado logograma ŠÁM (ac. *šîmu*, "compra"), encontrábamos la formación *ana* KÙ.BABBAR-*ša* "como su dinero (de ella)"[207]. Además, el verbo empleado para marcar la transacción de la niña no era *šâmu*, "comprar", sino una forma acabada del verbo *leqû*, "tomar, recibir", con el sentido de "adoptar" (AHw 544b I; CAD L 137b)[208].

La clave para interpretar este texto nos la da la expresión *ana kallūti leqû*, "recibir en estatus de *kallatu*" (ll. 7–8)[209]. Como se estudia más adelante (§3.3), el empleo del término *kallatu* en su forma abstracta (-*ūt*-) conlleva la existencia de una adopción matrimonial. Así, MSKH I 9 no es una venta, sino la entrega que unos padres hacen de su hija a otro hombre para que éste la entregue en matrimonio a su hijo menor.

De las trece mujeres conocidas designadas con el término *kallatu* en las listas casitas de trabajadores forzados[210] solo conocemos la categoría de edad de cinco de ellas[211]. Tres son designadas como SAL, "mujer"[212], mientras que en dos ocasiones son SAL.TUR, "adolescentes", como la *kallatu* de la adopción matrimonial MSKH I 9[213].

---

205 Wilcke, "*šumßulum*", 140. Aún así, aunque incluye MSKH I 9 entre los documentos de venta ("[…] in der analog den Kaufverträgen gestalteten Urkunde…"), Wilcke opta por emplear el término "adquisición" ("Erwerb") en vez del sustantivo "compra".

206 MSKH I: 384.

207 Herbert P. H. Petschow, "Die Sklavenkaufverträge des *šandabakku* Enlil-kidinnī von Nippur (I)", *OrNS* 52 (1983): 145, n. 8.

208 MSKH I 9: *il-qí-ši*. Aparte de Petschow, otros autores siguen idéntica interpretación. Por ejemplo, el mismo Wilcke ("Familiengründung", 244) diferencia, con la consiguiente interpretación de MSKH I 9, los términos *leqû* y *šâmu*. De igual forma véase Sassmannshausen, *Beiträge*, 202, n. 3200.

209 Bajo la forma *a-na kal-lu-t*[*i*] […] *il-qí-ši*.

210 Sabemos de la existencia de al menos diez listas mesobabilónicas que señalan la existencia de *kallatu*: ocho en listas de raciones, una entrada en un texto contable relacionado con tejedores y un ejemplo más de tipología sin identificar.

211 En otros casos la designación de edad está dañada. Cf. los documentos BE 14 58, BE 14 126, CBS 3484, CBS 3646, CBS 7092, CBS 7752, CBS 11868, CBS 11937, PBS 13 64 + MUN 9, UM 29-15-730, Ni. 1574.

212 Como en el texto legal Ni. 1574, donde una mujer adulta (l. 8: SAL Ina-šamê-rabi'at) es designada como É.GI.A.NI ("su *kallatu*").

213 Sobre la cuestión de las *kallātu* en las listas de trabajadores forzados de Nippur véase Tenney, *Life at the Bottom*, 74, n. 45.

El último documento casita en este breve corpus es P 88, perteneciente al llamado "Archivo Peiser"[214]. Al principio del mismo se presenta el caso de la crianza de un niño (bajo la forma adjetival *ṣeḫru*) y su posterior matrimonio. Sin embargo, el texto se encuentra en muy mal estado de conservación. Probablemente se trate de un contrato legal, pero de cualquier manera no podemos llegar a entender cuál es el argumento principal del acuerdo. Para nuestro propósito aquí, lo importante es la relación entre los conceptos de "niño" y "matrimonio".

MITTANI

Como en los otros ámbitos estudiados, tampoco en Nuzi existen análisis consagrados a las prácticas matrimoniales en las que aparecen niños como casaderos. En un breve comentario, J. M. Breneman habla de cinco documentos que podrían presentar tales características: JEN 89, JEN 437, HSS 19 75, HSS 19 76 y HSS 19 88[215]. Hay que recordar que la naturaleza del archivo de Nuzi es eminentemente privada y de carácter familiar, razón por la que contamos con hasta un centenar de contratos matrimoniales, además de varias adopciones y testamentos donde se regulan diferentes cuestiones relacionados con estas uniones legales. Si bien Breneman analizó algunos de estos contratos matrimoniales nuzitas hace más de cuarenta años[216], nuevos textos que han salido a la luz desde entonces, unidos a paralelos de otros archivos[217], hacen cada vez más necesaria la realización de un estudio global al respecto[218]. Lo mismo ocurre con los documentos sobre la relación entre infancia y matrimonio, por lo que también nos referiremos a otros textos sobre los que Breneman no llamó la atención.

En Nuzi se contempla la posibilidad de que los niños varones se casen en el futuro. En HSS 19 76 Ašua-naššī, probablemente adulta y con capacidad jurídica propia[219], es entregada a otra mujer, Uriš-elli, para que ésta a su vez la

---

214 Texto publicado en Felix Ernst Peiser, *Urkunden aus der Zeit der dritten babylonischen Dynastie* (Berlín: Wolf Peiser Verlag, 1905), 2–3. Sobre dicha colección privada y de proveniencia desconocida véase MSKH I, 46.

215 J. Marvin Breneman, *Nuzi Marriage Tablets*, Tesis Doctoral inédita (Brandeis University, 1971), 271–72.

216 Ibíd.

217 Especialmente provenientes de la Siria del Bronce Reciente, donde las prácticas jurídicas matrimoniales, adoptivas o testamentarias, parecen haber sido similares en algunos aspectos. Al respecto véanse por ejemplo Josué Javier Justel, "L'adoption matrimoniale à Emar (Syrie, XIIIe s. av. J.-C.)", *RHD* 86 (2008): 1–19; "A New Expression of the Adoption from Nuzi and Ekalte: Some Remarks on the Role of Adoption during the Late Bronze Age", *ZDMG* 161 (2011): 1–15.

218 Véase en este sentido Carlo Zaccagnini, "Nuzi", en Westbrook, *A History*, 587ss.

219 Ya que se plantea la posibilidad de que esta mujer casadera pueda reclamar tras el contrato (ll. 12–14).

entregue en matrimonio a Elḫip-šarri. Como apunta Breneman[220], quizás Elḫip-šarri se trate de un niño, o en cualquier caso sería demasiado joven para poder casarse con Ašua-naššì justo tras la creación del contrato.

En HSS 19 75 Akawatil entrega su hija Ḫaluia como esposa de Tanna. Parte de la dote es transferida a la familia del novio. Sin embargo, aún faltarían 15 siclos de plata, lo que se pagaría cuando Ḫaluia comenzara a vivir con Tanna (ll. 12–15). El hecho de que aún no vivieran juntos podría significar que él, ella, o ambos, serían demasiado jóvenes para salir de sus respectivas casas paternas.

En los contratos de adopciones infantiles nuzitas JEN 572, HSS 5 57, HSS 5 67, HSS 19 45 y HSS 19 51 también se aprecia la relación entre los jóvenes adoptados y sus matrimonios[221]. En JEN 572, HSS 5 57 y HSS 19 45 el padre adoptivo deberá proveer de una esposa a su nuevo hijo. Por otra parte, los jóvenes adoptados en HSS 5 67 y HSS 19 51 acaban de recibir una esposa, lo que implica un cambio significativo en su condición legal: son adoptados y en ese momento se casan, pasando de tal manera a la adultez. Como se verá más adelante (§4.6), el fenómeno de proveer al joven adoptado de un cónyuge es uno de los objetivos básicos perseguidos en las adopciones infantiles.

Por su parte, las mujeres en Nuzi podían ser dadas en matrimonio, o al menos entrar en la esfera de *kallatu*[222], siendo menores de edad. Seguramente fue una práctica generalizada, y en casi todos los contratos matrimoniales la esposa o futura esposa podría haber sido joven. Aún así, la documentación cuneiforme disponible apenas nos ofrece información directa sobre tal cuestión.

HSS 19 86 es el texto nuzita en el que comprobamos más evidentemente el planteamiento del futuro matrimonio de una niña siendo ésta sin duda pequeña[223]. Se trata de una adopción matrimonial en la que Karrate da su hija Nūru-mātu como hija adoptiva a Utḫap-tae, quien a su vez deberá entregarla como esposa. De nuevo se emplea el verbo *rabû* D, "criar", esta vez como obligación de Utḫap-tae[224]. Sin embargo, la evidencia directa para interpretar la edad de la pequeña Nūru-mātu es la expresión DU[MU.SAL *i+na*] *tù-li-ú*, "hija de pecho" (ll. 3–4)[225]. Ya que el período de lactancia se podría alargar aproximadamente hasta los tres años, podríamos encuadrar a Nūru-mātu en esta edad[226].

---

220 Breneman, *Nuzi Marriage Tablets*, 271–72.

221 Sobre estos textos véase Justel, "Some Reflections", 148–49.

222 Esto es, *kallūtu*.

223 Añádase este ejemplo HSS 19 86 al elenco presentado por Breneman (*Nuzi Marriage Tablets*, 271–72).

224 HSS 19 86: 7: ⌜*ú-ra*⌝-*ab-bá-áš*.

225 Véase idéntica expresión en HSS 19 134: 7.

226 Sobre HSS 19 86 y la relación directa que guarda con HSS 19 134 véase una propuesta de relaciones familares en Nuzi en Justel, "New Proposals", aceptada, entre otros, por Marten Stol (*Vrouwen van Babylon: prinsessen, priesteressen, prostituees in de bakermat van de cultuur* [Utrecht: Kok, 2012], 204, 458, n. 16). Al corpus documental en el que una

Por su parte, en la adopción matrimonial JEN 437 Tulpi-šenni da su hermana Warḫa-zizza en adopción matrimonial (como *kallatu*) a Teḫip-Tilla. Éste debería entregar en matrimonio la recién adoptada Warḫa-zizza a cualquiera de sus esclavos[227]. La adoptada es denominada como una *ṣuḫārtu*[228], lo que podría implicar, además de una baja condición social —esclava—, una edad temprana —niña.

En el documento HSS 19 89 se nos informa de la crianza de la pequeña Irte por parte de Šarua-alla. Tras ello, la segunda adopta a la menor, que pasa a un estatus no explícito de *kallatu*, contemplándose su futuro matrimonio por medio de pagos de dote. Si bien la descripción filológica de Irte no aporta ninguna clave en relación a su edad[229], la forma verbal empleada para el acto de criar a la niña (*rabû* D) sí que podría indicar su edad temprana, incluso durante sus primeros meses de vida[230]. Algo parecido ocurre con el documento EN 9/2 299, donde Uante da su hermana Elwini en adopción a Pašši-Tilla, quien a su vez la deberá dar en matrimonio. En el texto se expresa que Pašši-Tilla no crió a Elwini (utilizándose para ello una forma de *rabû* D), sino que será su propio hermano, Uante, quien se encargaría de ello[231].

Siria

La documentación cuneiforme de la Siria del Bronce Reciente nos informa de una cincuentena de casos de matrimonios a través de adopciones, veredictos y procesos legales, entregas de dote, donaciones reales, manumisiones de esclavos y actas de divorcio[232]. Por lo general, a partir de dicho corpus es complicado

---

niña es dada en matrimonio, Breneman (*Nuzi Marriage Tablets*, 272) añade HSS 19 88. Sin embargo, no encontramos diferencias significativas entre dicho documento y otros del mismo tipo, también susceptibles de implicar a pequeñas.

227 JEN 437: 6-7: ^m^*te-ḫi-ip-til-la* ⸢*a-na*⸣ ÌR.MEŠ-*šu ga*$_{14}$*-ab-bi-im-ma a+na aš-šu-ti* SUM-*in* ("Teḫip-Tilla deberá dar[la] como esposa a cualquiera de sus esclavos").

228 JEN 437: 12: *ṣú-ḫa-ar-tù*. Véase el mismo empleo del término *ṣuḫartu* en la adopción matrimonial nuzita JEN 440+/638: 11 (cf. Garroway, *Children*, 82–84).

229 Al contrario que en JEN 437: 12 (*ṣuḫartu*, "esclava", "joven"), en HSS 19 89 se empleará el término genérico de "hija" (l. 2: DUMU.⸢SAL⸣).

230 HSS 19 89: 4: *ú-ra-ab-bu-ú*. El uso de la forma D de *rabû*, "criar" (AHw 939a, CAD R 45b 7), está relacionado a lo largo de la documentación acadia con la crianza de niños pequeños. Al respecto véase Justel, "Some Reflections", 144–45.

231 EN 9/2 299: 15-18: ^m^*pa-aš-ši-til-la* ^m^*el-wi-*[*ni la*] *ur-te-eb-bi ki-ma ur-te-bi-šu a+na ma-ar-tù-ti* ^m^*ú-a-an-te a+na* ^m^*pa-aš-ši-til-la-ma id-din*^in^ ("Pašši-Tilla [no] crió a Elwi[ni]. Tras haberla criado, Uante la entregó como hija a Pašši-Tilla"). Sobre este texto véase Brigitte Lion y Diana Stein, *L'Archive de Pašši-Tilla fils de Pula-Ḫali: Une famille de financiers du Royaume d'Arrapḫa au XIV.ᵉ s. Av. J.-C.*, SCCNH 11 (Bethesda: CDL Press, 2001), 40–41, 154–56.

232 Sobre este tema en la Siria de la época véase un reciente estudio en Justel, *La capacidad jurídica*, 35–101.

evaluar la edad de los novios o recién casados, o incluso el momento de sus vidas en que tal cuestión se plantea.

El documento emariota E6 216 es el más claro ejemplo sirio en que se plantea la posibilidad del matrimonio de una mujer cuando todavía es menor. En él, Ku'e entrega su hija Ba'ala-Bea en estatus de *kallatu* a 'Anat-ummī[233]. Si la última no tuviera hijos con su marido Šegal, éste recibiría en matrimonio a Ba'ala-Bea con vistas a tener descendencia. Más adelante veremos la relación existente entre dicho texto y la venta de cuatro niños (entre ellos Ba'ala-Bea) en E6 217, así como las impresiones de sus pies (E6 218–220) (§4.2). Aunque la terminología no aporte información importante a la hora de identificar la edad de Ba'ala-Bea, el tamaño de su pie (E6 218) muestra que tendría alrededor de dos años. Teniendo en cuenta que E6 217 y 218 son posteriores a E6 216, es evidente que Ba'ala-Bea tendría en este último texto dos años de edad a lo sumo. Así pues, su caso constituye el más claro de Siria en el que una niña pequeña es contemplada como futura esposa.

Por su parte, el contrato matrimonial E6 124 presenta el caso de Eza, sacerdotisa *qadištu*, que tiene tres hijas. Entrega la mayor, Ba'ala-ummī, como esposa de Tatu, su nuevo marido (de Eza), por lo que Ba'ala-ummī deberá desposarse con su padre adoptivo[234]. En principio habría que considerar a Ba'ala-ummī como recién entrada en la adultez, caso parecido a otros contratos matrimoniales sirios[235]. Sin embargo, en E6 124 se contempla la posibilidad de que Ba'ala-ummī, presumiblemente joven por ser su primer matrimonio, muriera. En tal caso, su hermana Dagan-nammertī (segunda hija de Eza y obviamente menor que la joven hermana Ba'ala-ummī) debería casarse con Tatu. Así, es muy probable que Dagan-nammertī fuera menor en el momento de creación del acuerdo.

---

[233] Si seguimos la interpretación de J. J. Justel ("L'adoption matrimoniale", 6, n. 27), quien tiene en cuenta colaciones posteriores a la edición de D. Arnaud (véase Jean-Marie Durand y Lionel Marti, "Chroniques du Moyen-Euphrate: Relecture de documents d'Ekalte, Émar et Tuttul", *RA* 97 [2003]: 180).

[234] Probablemente ello se explique por la prohibición a las sacerdotisas *qadištu* de tener descendencia. De esta forma, Ba'ala-ummī sería a efectos legales la esposa de Tatu, mientras que las dos hijas menores de Eza actuarían como su (de él) verdadera progenie. Véanse varios paralelos paleobabilónicos de esta práctica en los documentos CT 4 39a, CT 8 22b, CT 48 48, TIM 4 49 (Raymond Westbrook, "The Female Slave", en Victor H. Matthews y Bernard M. Levinson y Tivka Frymer Kensy [eds.], *Gender and Law in the Hebrew Bible and the Ancient Near East* [Sheffield: T&T Clark, 1998], 228, n. 32). Al respecto véase asimismo Lucile Barberon, "Quand la mère est une religieuse: le cas d'Ilša-hegalli d'après les archives d'Ur-Utu", NABU 2005.98.

[235] Véanse por ejemplo RE 6, RE 61, RE 76, RAI 47/2 (Emar), AlT 87, AlT 91 (Alalaḫ), RS 16.151 (Ugarit) o MBQ-II 37/40 (Ekalte).

A continuación se exponen las fuentes cuneiformes que conocemos para el estudio de este fenómeno durante el Bronce Reciente[236].

Ámbito	**Babilonia**		**Arrapḫe**		**Siria**	
Archivo	Nippur		Nuzi		Emar	
Sexo	Varón	Mujer	Varón	Mujer	Varón	Mujer
Recién nacidos				(2) HSS 19 86, 89		(1) E6 216 (E6 217, 218)
Niños	(1) P 88[237]			(2) JEN 437, EN 9/2 299		(1) E6 124
Pre-adolescentes / adolescentes		(1) MSKH I 9	(7) JEN 572, HSS 5 57, 67, HSS 19 45, HSS 19 51, HSS 19 75, HSS 19 76	(1) HSS 19 75		

Tabla 4. Fuentes del Bronce Reciente para el estudio de la relación entre infancia y matrimonio

Aunque sea complicado generalizar con un elenco textual heterogéneo en su forma literaria y reducido cuantitativamente, la tabla 4 permite realizar algún comentario al respecto. Para empezar, el corpus de Nuzi, debido a su naturaleza privada y familiar, es el único archivo que nos informa sobre el tema para las diversas etapas de la infancia, al menos en el caso de las mujeres. Por su parte, y

236 Con seguridad otros documentos del período harán referencia, directa o indirecta, a esta realidad. Probablemente sea el caso, por ejemplo, de la lista mesoasiria de deportados hurritas VAT 18087+ (VAS 21 6). Al respecto véase §3.4.

237 Debido a su procedencia desconocida, es posible que el documento casita P 88 no provenga de Nippur. Aún así, la probabilidad de que se encuadre en dicho yacimiento es alta, ya que los documentos de Nippur constituyen más del 90% de la documentación mesobabilónica (Justel, "La Babilonia casita", 73–74).

si bien en otros casos precisa la edad de los pequeños[238], la documentación mesobabilónica aporta menos información concreta y clarificadora para la relación entre infancia y matrimonio. En Emar, por último, apreciamos solo casos de mujeres, y siempre en sus primeros años de vida, con el ejemplo paradigmático de E6 216.

Por lo general hay más fuentes cuneiformes que nos hablan del arreglo matrimonial de mujeres que de hombres. De hecho, la mayoría de los ejemplos de varones se corresponden con niños que rondan la adolescencia y son presentados en un formato documental jurídico de Nuzi muy concreto: las adopciones infantiles[239]. Se puede asimismo comprobar una diferencia evidente tomando la edad como criterio: las mujeres eran objeto de previsión del matrimonio antes que los hombres, fenómeno con paralelos próximo-orientales y explicación también a nivel antropológico.

3.3. Cuestiones terminológicas en las fuentes presentadas

Como hemos apuntado, la relación entre infancia y matrimonio se pone normalmente de relieve a partir de evidencias indirectas. Ello hace que la terminología no juegue un papel determinante en muchos de los textos estudiados. Sin embargo, conviene analizar brevemente los términos que sí apuntan de forma directa a una edad temprana de los casaderos.

ṢUḪĀRU Y ṢUḪĀRTU

El adjetivo *ṣeḫru*[240] aparece en el texto mesobabilónico P 88, pudiendo hacer referencia tanto a un niño como a un sirviente mayor de edad. En este ejemplo casita, sin embargo, y aún teniendo en cuenta el deteriorado estado del documento, se plantea el matrimonio del sujeto con el apelativo *ṣeḫru*, por lo que probablemente éste sería un niño.

Por otra parte, y con idéntica raíz que en el caso anterior, en el texto de Nuzi JEN 437 encontramos el sustantivo femenino *ṣuḫārtu*[241]. También en este ejemplo el texto podría referirse a una sirvienta adulta, aunque por la misma razón de plantearse el futuro enlace con un hombre estamos probablemente ante una niña[242].

---

[238] Como en el de los niños esclavos, no solo a nivel terminológico (§5.3) sino también a través de aspectos como la cantidad de raciones alimentarias asignadas, el orden en que aparecen listados, etc. Sobre estos aspectos véase en general §5.

[239] Sobre la cuestión de la previsión de esposas para estos niños en los documentos de adopción nuzitas véase Justel, "Some Reflections", 149, así como §4.6 en este estudio.

[240] Fem. *ṣeḫertu*, CAD Ṣ 179b-ss, AHw 1088b.

[241] Masculino *ṣuḫāru*, CAD Ṣ 213b-ss, AHw 1108b.

[242] El término *ṣuḫārtu* se emplea a lo largo de la documentación cuneiforme mesopotámica independientemente de la labor específica que realice la mujer. Así, resulta un

Ambos términos, por tanto, no excluyen el hecho de que los sujetos así denominados no fueran esclavos. Sin embargo, todo apunta a que se trataría de niños —siervos o no— sin capacidad legal propia.

INA TULÎ

Encontramos esta expresión, con significado literal de "de pecho"[243], en el texto de Nuzi HSS 19 86[244]. Al referirse a una niña pequeña, el sentido no deja lugar a interpretaciones erróneas: se trata de una niña lactante en sus primeros años de vida, y probablemente durante sus primeros meses[245].

KALLATU

Entendemos por *kallatu* (sum. É.GI$_4$.A[246]) a la mujer que se encuentra dentro de un período de la vida con características jurídicas propias, y que abarca desde

---

tanto complicado precisar si estamos ante una sirvienta, una empleada, una esclava, etc. (cf. en general Démare-Lafont, "Women at Work", 311).

243 Construcción formada mediante la preposición *ina* (con el sentido aquí de "de" [inglés "from"]), unida al sustantivo *tulû* ("pecho", CAD T 467b-ss, AHw 1369b).

244 HSS 19 86: 4: [*i+na*] *tù-li-ú*. Restituimos la preposición *ina* a partir del texto nuzita HSS 19 134: 7 (*i+na tù-li-i*! [copia:*mi*]-*šu*), donde la expresión seguramente se refiere a la misma niña, Nūru-mātu (Justel, "New Proposals"). Véase otro paralelo del Bronce Reciente, con la misma preposición *ina*, en el texto acadio de Ugarit sobre conjuras mágicas RS 17.155 (l. 23': *ina tu-le-e-i-šu*).

245 Probablemente la pequeña Nūru-mātu se encontraría en su primer año. La razón que nos lleva a conferirle esta edad tan temprana se basa en la seriación cronológica de los documentos HSS 19 86 y HSS 19 134. Así, en el primeramente redactado HSS 19 86 se entrega a la cría en adopción matrimonial, mientras que en HSS 19 134, escrito posteriormente, la pequeña sigue siendo lactante. Además, el caso del primer texto (HSS 19 86) responde aparentemente a un ejemplo concreto en el que la madre biológica podría haber pactado pronto (¿incluso antes del nacimiento de Nūru-mātu?) el contrato de adopción de su hija. Sea como fuere, y aunque el texto no precise si la niña tiene uno, dos o tres años, estas evidencias hacen que nos inclinemos por una edad realmente temprana de Nūru-mātu, especialmente en HSS 19 86.

246 A la hora de señalar la condición de *kallatu* de una muchacha, la elección de la forma acadia o la sumeria parece haber sido indistinta, y el uso de una u otra podría responder a tradiciones escribales diferentes de cada época y lugar. En Nuzi, por ejemplo, nunca se emplea la forma sumeria, sino siempre las acadias *kál-la-tu*, *kál-la-tù*, *kál-la-tu*$_4$ o *kál-la-ti*. Por otra parte, en los textos del Nippur mesobabilónico alojados actualmente en el University Museum (Filadelfia) predomina la redacción sumeria É.GI$_4$.A o E.GI$_4$.A sobre la versión acadia *kallatu*. Véanse diferentes ocurrencias en la documentación de dicha época casita en MSKH I 9: 7 (*a-na kal-lu-t*[*i*]); BE 14 58: 50 (É.GI$_4$.A); BE 14 126: 6 (É.GI$_4$.A); PBS 2/2 103: 25 (É.GI$_4$.A); PBS 13 64 + MUN 9: 6 (⌜É.GI$_4$⌝.A); CBS 3646 ii' 23' (É.GI$_4$.A); CBS 7752 rev. ii' 6 (⌜E.GI$_4$⌝.A); CBS 11937 i 14' (E.GI$_4$.A) y i 17' (E.GI$_4$.A); CBS 11868 ii' 8 ([É].GI$_4$.A). En este último caso nuestra reconstrucción de É

que pasa de la autoridad de su tutor —generalmente su padre— a la del guardián receptor, hasta que éste la entrega en matrimonio al esposo (en ocasiones el propio guardián receptor). Dicho estatus legal se expresa mediante la forma abstracta *kallūtu*, lo que implica la existencia de una adopción matrimonial[247].

El término acadio *kallatu*, traducible por "nuera", "cuñada" o "novia" (CAD K 79a-ss, AHw 426a), no está relacionado en principio con la edad de la muchacha calificada de tal manera. No obstante, historiográficamente se ha interpretado a la mujer *kallatu* como una joven núbil. Lipiński va más allá, defendiendo que el término *kallatu* se corresponde directamente con el ugarítico *mtrḫt*, "consorte, esposa" (DUL 601), lo que aumentaría la edad de este grupo femenino[248].

Sin embargo, la mayor parte de las mujeres calificadas como *kallatu* a lo largo de la documentación de Babilonia, Arrapḫe y Siria, serían probablemente muchachas jóvenes, muy cercanas a la edad de casarse y poder concebir descendencia. Otras no reciben esta designación, pero sin duda entraban implícitamente en la misma esfera jurídica de *kallūtu*.

Así, tal y como defendemos en el comentario general y conclusiones al respecto, parte del corpus del Bronce Reciente con el que trabajamos en este capítulo demuestra que el concepto *kallatu* no implica una edad mínima. En este sentido destaca el documento emariota E6 216, donde la niña entregada en estatus de *kallatu*[249] tendría unos dos años.

---

en lugar de E se basa en que la parte dañada consta de una pequeña hendidura vertical, y no dos, por lo que se asemeja más a un completamente destruido signo É). Por último, y si bien en CBS 10450 i' 5' encontramos la forma *kal-la-t*[*u*$_4$], se trata realmente de parte de un nombre personal. Así pues, todas las ocurrencias que poseemos para las *kallātu*, exceptuando la fórmula acadia de adopción matrimonial de MSKH I 9: 7, están redactadas en la versión sumeria. Con la excepción del texto BE 14 58, en cuyo teórico emplazamiento del University Museum encontramos una nota que señalaba "CBS 3323: Loan to Mexico" (septiembre de 2010), todas las referencias anteriores se basan en colación personal. Por tanto, en el elenco anterior no se citan las referencias que no hemos tenido oportunidad de colacionar, como la venta de ocho personas Ni. 1574, entre las que se encuentra la *kallatu* (l. 8: É.GI.A) Ina-šamê-rabi'at.

247 Justel, *La capacidad jurídica*, 94.

248 Edward Lipiński, "*mōhar*", en G. Johannes Botterweck y Helmer Ringgren y Heinz-Joseph Fabry (eds.), *Theological Dictionary of the Old Testament* vol. 8 (Grand Rapids: Eerdmans Publishing, 1997), 147.

249 E6 216: 5-7: *a-na* ⸢E⸣.[GI$_4$.A] [...] *at-ta-din-ši* ("he entregado [...] en estatus de *kallatu*").

3.4. Generalidades históricas y contextualización de las fuentes del Bronce Reciente

Como se ha señalado, por regla general la documentación cuneiforme no nos aporta información concreta, en términos de años, al referirse a las edades de la vida. Así, es difícil conocer con exactitud la edad concreta en que hombres y mujeres se casaban.

Las fuentes con las que trabajamos en el presente capítulo se integran en unos parámetros históricos estudiados y definidos por diversos especialistas. En el siguiente subapartado analizaremos este corpus del Bronce Reciente, contextualizándolo en un marco más amplio. Para ello enfocaremos la atención en el fenómeno por el que se contempla el casamiento de un sujeto, pero en el momento justo de dicho planteamiento y no de la boda en sí.

Modelos familiares

Tomando con cautela esta división debido a la hora de ponerla en relación con la época que nos ocupa, es interesante mencionar que en la Europa moderna se pueden extraer tres tipos de modelos de hogares, en conexión directa con la edad del primer matrimonio[250]:

> (1) Modelo occidental. Hombre y mujer se casan a una edad relativamente avanzada, y la diferencia de edad entre ellos es mínima. Hay una baja proporción de gente que se casa, y abundan las familias de tipo nuclear (padres e hijos), en contraposición a las familias extensas (incluidos abuelos, primos, tíos, etc.).
>
> (2) Modelo oriental. Hombre y mujer se casan a una edad temprana, y la diferencia de edad entre ellos es mínima. Hay una alta proporción de gente que se casa, y abundan las familias extensas.
>
> (3) Modelo mediterráneo. Por lo general similar al oriental, pero en este caso, en el primer matrimonio, el hombre se casa a una edad relativamente avanzada y la mujer a una edad temprana[251].

---

[250] Esta clasificación responde a lo expuesto en Roth, "Age at Marriage", 720–22 (bibliografía en 720, n. 12).

[251] Aunque proveniente de un contexto histórico radicalmente distinto al que nos ocupa, sirva como ejemplo el medieval de la reina Petronila de Aragón y del Conde de Barcelona Ramón Berenguer IV. Siendo éste adulto, ella contaba solo con un año cuando se firmaron sus capitulaciones matrimoniales en Barbastro (Huesca, España). El Derecho Canónico por entonces marcaba como límite para casarse los catorce años de edad, por lo que trece años después de las capitulaciones se pudo oficiar la boda.

Este último modelo es el imperante por regla general en el Próximo Oriente antiguo. Martha T. Roth, en su estudio sobre la edad de los primeros matrimonios en las Babilonia y Asiria del 1.er milenio a. C., concluye lo expuesto en el siguiente esquema:

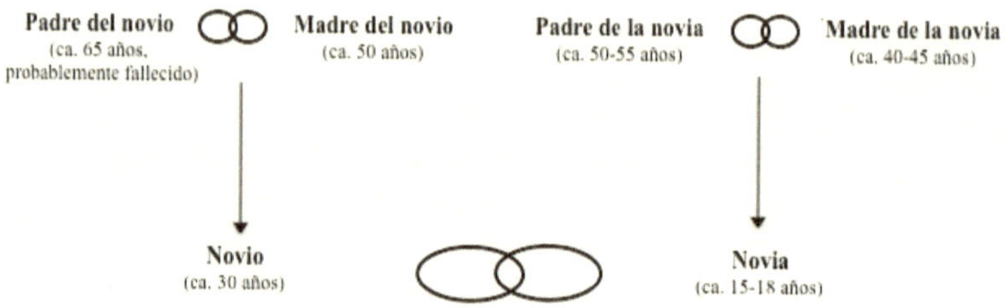

Fig. 2. Edad de los familiares en el primer matrimonio en el 1.er milenio a. C.[252]

Aunque obviamente generalizador y sin contemplar excepciones, ¿podría ser el gráfico anterior extrapolable al desarrollo global de las familias en las sociedades próximo-orientales anteriores al 1.er milenio a. C.? En el momento de su primer matrimonio, la mujer es más joven que su marido en unos diez años. El nuevo esposo, cuyo padre probablemente habría fallecido, crea un nuevo hogar. Para ello cuenta con el apoyo de su suegro, quien a su vez tendría hijos demasiado pequeños para ayudar económicamente en casa, aspecto del que se encargaría el nuevo nuero. En caso de que el recién creado matrimonio no tuviera hijos pronto, podrían adoptar un hijo, normalmente menor mientras los esposos continúan siendo jóvenes[253].

Esta relación de esposo mayor/esposa joven ha sido puesta en evidencia en varios ámbitos del Próximo Oriente antiguo, y cada uno de ellos a partir de corpora con características propias[254]. Ello hace que en los siguientes comenta-

---

252 Esquema basado en Roth, "Age at Marriage", 747. Las dos fuentes para las que la autora cuenta a la hora de llegar a dichas conclusiones son, por una parte, contratos matrimoniales y donaciones de dotes neobabilónicos; por otra, el designado como "Assyrian Doomsday Book", grupo de textos neoasirios de carácter censual (reeditados en Frederick M. Fales, *Censimenti e catasti di epoca neo-assira*, Centro per l'Antichità e la Storia dell'Arte del Vicino Oriente, Studi economici e tecnologici 2 (Roma: Istituto per l'Oriente, 1973).

253 Es la tesis que hemos defendido para Nuzi, y generalizable para el Próximo Oriente antiguo, en Justel, "Some Reflections", 150–53.

254 Aparte del estudio de Roth, varios autores han llegado a idéntica conclusión, en Ugarit e Israel (Hennie J. Marsman, *Women in Ugarit and Israel: Their Social and Religious Position in the Context of the Ancient Near East* [Leiden-Boston: Brill, 2003], 54), Emar (Gary M. Beckman, "Family Values on the Middle Euphrates in the Thirteenth Century B.C.E.", en Mark Williams Chavalas [ed.], *Emar: the History, Religion and Culture of a Syrian Town in the Late Bronze Age* [Bethesda: CDL Press, 1996], 68), el Nippur mesobabilónico

rios nos refiramos tanto a hombres como a mujeres, si bien el caso de estas últimas es más susceptible de relacionarse con sujetos de menor edad.

HOMBRES

En general, los casos en que un varón se podría casar a una edad muy temprana, antes de los quince años, son excepcionales. En las llamadas "Instrucciones de Ankhsheshonq" del Egipto antiguo[255], el sacerdote de Ra Ankhsheshonq recomienda a su hijo: "Toma una esposa cuando tengas veinte años, (para) que puedas tener un hijo mientras eres joven"[256]. En el mismo sentido, los judíos han creído que la edad óptima para casarse un joven sería la de dieciocho años, y un hombre de veinte sin haberse desposado sería considerado incluso como un pecador[257].

Estos ejemplos, exceptuando el caso extremo de LAM 43, comentado más adelante (§3.5), nos informan de que los varones en diversas sociedades próximo-orientales antiguas se casarían por lo general a lo largo de la década de los veinte, algo en consonancia con lo expuesto en la fig. 2. Por su parte, en algunos de nuestros textos, especialmente procedentes del archivo de Nuzi, el planteamiento de los matrimonios de los varones podría comenzar cuando éstos tuvieran apenas unos diez años.

MUJERES

El caso de las esposas es diferente. Teniendo en cuenta que un objetivo fundamental del matrimonio era el de concebir descendencia, la madurez de las mujeres comenzaba biológicamente con su primera menstruación y concluía con la menopausia. Desde una perspectiva jurídica, el inicio de ese período de madu-

---

(Tenney, *Life at the Bottom*, 78 y n. 59), o en las altas esferas de la sociedad mesopotámica (Harris, *Gender and Aging*, 108). En el mismo sentido véase Marten Stol, "Women in Mesopotamia", *JESHO* 38 (1995): 132.

255 Aunque la redacción que conservamos de estas "Instrucciones de Ankhsheshonq" se correspondan con los ss. II–I a. C., la composición podría ser muy anterior. Probablemente basadas en proverbios, son consejos que combinan pragmatismo y humor, persiguiendo actitudes más prácticas que idealistas. Sobre este documento véase Stephen R. K. Glanville, *Catalogue of Demotic Papyri in the British Museum*, vol. 2: *The Instructions of 'Onchsheshonqy (British Museum Papyrus 10508)* (Londres: Trustees of the British Museum, 1955). Sobre los matrimonios en el antiguo Egipto véase Janet H. Johnson, "Sex and Marriage in Ancient Egypt", en Nicolas Grimal y Amr Kamel y Cynthia May-Sheilholeslami (eds.), *Hommages à Fayza Haikal*, Bibliothèque d'étude 138 (El Cairo: Institut français d'archéologie orientale du Caire, 2003), 149–59.

256 Traducción del inglés en Miriam Lichtheim, *Ancient Egyptian Literature*, vol. 3: *The Late Period* (Berkeley: University of California Press, 2006), 68.

257 Driver y Miles, *The Assyrian Laws*, 185.

rez lo constituía el matrimonio, terminando con la viudez[258]. En términos exactos de años, y refiriéndonos a las mujeres, la amplitud cronológica de dicho espacio temporal dependería de cada caso, pero por regla general nos encontraremos entre los doce años y la década de los cuarenta[259].

Así pues, la relación entre los factores biológicos y los jurídicos nos habla, en el caso de las mujeres, de una edad mínima de doce años para contraer matrimonio[260]. Ello no es enteramente definitorio, pero sí constituye al menos el primer punto de partida, en términos cronológicos, para que una mujer pudiera casarse. De todas maneras, no debemos caer en generalizaciones en este sentido, ya que probablemente en determinados ámbitos sociales, como la realeza, la edad de las mujeres para el primer matrimonio podría ser ligeramente mayor[261].

PLANTEAMIENTO DEL MATRIMONIO EN HOMBRES Y MUJERES

Por tanto, y siempre haciendo referencia a la práctica general, las conclusiones de Roth con respecto a la edad del primer matrimonio parecen plausibles (fig. 2). En ese momento las mujeres serían normalmente más jóvenes que sus nuevos esposos, fenómeno característico de cada generación e imperante en el Próximo

---

258 Siempre y cuando la mujer no se volviera a casar (Justel, *La capacidad jurídica*, 279 y n. 98).

259 Al respecto véase Justel, "Some Reflections", 152, n. 50.

260 En India de principios de nuestra Era, sin embargo, y aunque en períodos previos era normal que las mujeres contrajeran matrimonio una vez adultas, la tradición (*Smṛtis*) recomendaba que, mientras que el marido debería tener al menos veinte años de edad para casarse, la chica se tendría que casar justo antes de la pubertad. La ortodoxia hindú, de hecho, declaraba que un padre que no daba a su hija antes de su primera menstruación incurría en una falta comparable a la de amparar un aborto, pecado considerado incluso mayor que el del asesinato. Sobre estas cuestiones en la India antigua véase Arthur L. Basham, *The Wonder that was India* (Noida: Rupa. Co., 1996), 165–70.

261 Es lo que defiende Simo Parpola para las princesas de la corte neoasiria durante el s. VII a. C.: "If it is accepted that Assyrian princes must have been at least 20 years old before they could be introduced into the Succession Palace, and that they married at approximately the same age (cf. ABL 308)..." (*Letters from Assyrian Scholars to the Kings Esarhaddon and Assurbanipal, Part II*, AOAT 5/2 [Kevelaer: Eisenbrauns, 1983], 231, n. 390). Aún así, para argüir que las princesas neoasirias se casaban teniendo unos veinte años, Parpola cita como ejemplo el texto de Nínive ABL 308, donde nada se dice sobre una edad concreta (véase una traducción de dicho documento en A. Leo Oppenheim, *Letters from Mesopotamia: Official, Business, and Private Letters on Clay Tablets from Two Millennia* [Chicago: The University of Chicago Press, 1967], 158). Sobre esta cuestión cf. Roth, "Age at Marriage", 718, n. 6. Sobre la opción de que miembros de las familias reales se casaran incluso antes que la mayoría de la población véase Eckart Frahm, "Observation on the Name and Age of Sargon II and on Some Patterns of Assyrian Royal Onomastics", NABU 2005. 47.

Oriente moderno[262]. Ahora bien, ¿a partir de qué edad se podía plantear el matrimonio? Dentro de estos patrones demográficos de la Mesopotamia antigua encontramos ejemplos en los que, ya desde que sus hijos son menores, los padres se plantean la posibilidad de casarlos en el futuro. Este aspecto se da con mayor asiduidad en el caso de las mujeres[263], consideradas de forma general como un bien reproductivo para el que un pronto arreglo de un matrimonio era sumamente importante[264].

En el Antiguo Testamento, por ejemplo, se diferenciaban los conceptos de "casadero" y "púber". Así, a diferencia de la mujer denominada en hebreo בתולה, "mujer casadera", encontramos el término עלמה, "mujer púber" (y por consiguiente capaz de concebir). Las mujeres hebreas podían ser dadas en matrimonio mucho antes de su pubertad (siendo por tanto בתולה pero no עלמה), según Lipiński incluso desde los cinco años[265]. Hay que señalar asimismo que los veinte años marcan la frontera legal a partir de la cual los hombres entraban en la *plena pubertas*, adquiriendo la madurez plena[266].

En su estudio sobre los contratos matrimoniales nuzitas, Breneman expone lo siguiente: "[...] it may be assumed that the marriage was not arranged until the girl and boy were eligible for married life. This was probably soon after puberty"[267]. Por su parte, autores como J. J. Justel identifican el término acadio *kallatu*, referido a mujeres normalmente jóvenes, con el sentido de "mujer en edad de casar"[268]. Cabe plantearse la cuestión de si ambas explicaciones son

---

[262] John Gulick, *The Middle East: An Anthropological Perspective* (Pacific Palisades: Goodyear Pub. Co., 1976), 183.

[263] Algo similar a lo que ocurre en el mundo clásico, donde encontramos muchachas dadas en matrimonio a una temprana edad. Es el caso de la hermana del griego Demóstenes, a la que su padre lega en testamento una dote, teniendo ella cinco años y entregándola a uno de sus tutores. Para el mundo romano véase en este sentido Aline Rousselle, "La politique des corps. Entre procréation et continence à Rome", en Pauline Schmitt Pantel (dir.), *Histoire des femmes: L'antiquité* (París: Plon, 1991), 319–59.

[264] Se incide de tal manera en un aprovechamiento óptimo de los años fértiles de la mujer, aspecto nada baladí en sociedades con baja edad media de la población y alto índice de mortalidad infantil. A lo largo de este estudio consideraremos como mujeres "jóvenes" las mujeres durante sus primeros años fértiles (esto es, aproximadamente de los doce a los dieciséis años).

[265] Lipiński, "*mōhar*", 145. Este autor aporta tal referencia basándose en el pasaje de Lev 27: 5, donde Yahveh comunica a Moisés el valor monetario de los varones y mujeres de cinco a veinte años (20 y 10 siclos respectivamente). La propuesta de Lipiński es sin duda plausible, pero no creemos que pueda concluirse esa edad a partir de dicha cita bíblica.

[266] Fleishman, "The Age of Legal Maturity in Biblical Law", 48.

[267] Breneman, *Nuzi Marriage Tablets*, 272.

[268] Justel, *La capacidad jurídica*, 70, 96 y n. 329, 260.

correctas para todos los casos del período que nos ocupa, momento para el que no existe ningún estudio, por separado o global, consagrado a dicha cuestión.

La aseveración de Breneman implica equiparar a hombres y mujeres en el mismo plano en cuanto a la edad en la que los adultos planteaban el futuro matrimonio. La tesis defendida por nosotros para el Bronce Reciente, por contra, no se corresponde con su idea. Por nuestra parte, además de creer que por lo general las mujeres se casaban más jóvenes que los hombres[269], pensamos que el planteamiento de su futuro matrimonio tenía lugar asimismo más prematuramente. Los diferentes casos comentados arrojan luz sobre esta cuestión.

3.5. Infancia y matrimonio en el Bronce Reciente. Comentarios y conclusiones

La documentación cuneiforme del Bronce Reciente mesopotámico y sirio nos informa sobre la práctica de algunos padres de reglar y prever el futuro matrimonio de sus hijos cuando éstos todavía eran menores. Tomando como base la institución del matrimonio, y siguiendo a Martha T. Roth, se pueden proponer varios modelos familiares imperantes a lo largo de la Historia. El corpus aquí estudiado, al igual que ocurre en la Mesopotamia de otras épocas[270], responde al modelo mediterráneo, en el que en un primer matrimonio el hombre tiene una edad avanzada, mientras que la mujer es considerablemente más joven. Dejando a un lado causas como trabajos forzados o guerras, esta diferencia de edad explica, por ejemplo, la preponderancia de viudas sobre viudos, fenómeno reflejado a lo largo de la documentación cuneiforme de cualquier época[271].

Sin embargo, el proceso por el cual los padres se planteaban el matrimonio de sus hijos podía comenzar mucho antes del fin de su infancia, la cual jurídicamente concluía a la vez que la soltería. De esta forma, tanto hombres como mujeres podían ser objeto de una planificación previa sobre sus futuros enlaces.

---

269 Este podría ser también el caso del documento mesoasirio VAT 18087+ (VAS 21 6). En esta lista de deportados hurritas a Asiria por el monarca Tukultī-Ninurta encontramos cincuenta y siete niños y treinta y cinco niñas, organizados en familias. En su análisis al respecto, Helmut Freydank interpreta que esta descompensación se explicaría confiriendo a las mujeres una edad más temprana que los hombres a la hora de casarse ("Zur Lage der deportierten Hurriter in Assyrien", *AoF* 7 [1980]: 101). De esta manera las mujeres recién casadas pasarían a ser consignadas en sus nuevas familias, mientras que los niños se desposarían más adelante.

270 Es el caso, por ejemplo, de la zona babilónica en el 1.er milenio a. C. (Roth, "Age at Marriage").

271 Aún así, hay que tener en cuenta la naturaleza de la documentación cuneiforme, que muestra más viudas que viudos. Los hombres solían hacer constar en sus testamentos cláusulas en favor de sus mujeres, para protegerlas en caso de que ellos murieran. Sin embargo, en principio la situación económica de un hombre no cambia cuando enviuda, por lo que no hay razón para hacerlo constar en el testamento de las mujeres.

Son las evidencias indirectas, más que las terminológicas, las que nos ayudan a configurar el elenco textual sobre la cuestión. Esto implica realizar con cada documento un proceso distinto, puesto que, a diferencia de lo que ocurre en documentos como ventas o adopciones infantiles, los textos sobre la relación entre infancia y matrimonio no tienen un formato jurídico propio. Todo lo contrario: la conexión entre ambas ideas puede esconderse de una forma u otra en diversas tipologías documentales: adopciones matrimoniales, textos de ventas de niños, listas de trabajadores forzados, listas de deportados, etc. Así, debido a la variedad de los géneros literarios de estos textos, un minucioso análisis comparativo entre los documentos no resultaría provechoso para nuestro objetivo: el estudio de la relación entre los conceptos de "infancia" y "matrimonio". Por tanto, habiendo profundizando en cada texto por separado a lo largo del presente estudio, podemos extraer varias conclusiones generales al respecto.

Hasta la fecha no conocemos ningún estudio sobre el planteamiento del futuro matrimonio de menores en los ámbitos de Babilonia, Arrapḫe y Siria. Probablemente ello es debido a la dificultad que entraña identificar la edad de los futuros casaderos. En ciertas ocasiones es la propia terminología la que señala una edad temprana de dichos niños. Términos como *ṣeḫru* (P 88) o *ṣuḫārtu* (JEN 437), o expresiones como *ina tulî* (HSS 19 86), indican la franja de edad de los pequeños.

El concepto de *kallatu* no tiene en principio relación directa con una edad temprana. Incluso algunas *kallātu* del Nippur casita son designadas como SAL, "mujer (adulta)"[272]. Sin embargo, de la documentación de Arrapḫe, Siria, e incluso mesobabilónica —esta última en menor medida—, se desprende que las *kallātu* eran generalmente muchachas jóvenes, anteriores a la pubertad o recién entradas en ella.

Tras el examen detenido de los textos de Nuzi se desprende que los matrimonios de las mujeres se planteaban con anterioridad al de los hombres, fenómeno que se encuadra en una constante histórica, incluso hasta la modernidad.

Por lo general, un niño podría tener como mínimo unos diez años cuando sus padres —biológicos o adoptivos— reglaban su matrimonio. En ninguno de los textos de nuestro corpus, especialmente en Nuzi, es evidente que los muchachos fueran tan pequeños ni en el momento de casarse ni a la hora de ser planteado el matrimonio, por lo que una edad adecuada para este hecho, al menos en dicho archivo, rondaría los 15–18 años. Sin embargo, en algunos casos

---

[272] Cf. al respecto Ni. 1574: 8: SAL Ina-šamê-rabi'at É.GI.A.NI.

sí se podría rebajar la edad en tal planteamiento hasta esta edad de diez años, aunque ello no se pueda afirmar con precisión[273].

Las contemporáneas Leyes Asirias Medias aportan en este sentido un interesante paralelo. En LAM 43 se contempla la posibilidad de que un esposo muera o desaparezca[274]. Si el padre del fallecido tuviera más hijos, debería dar en matrimonio a la viuda a cualquiera entre ellos que tuviera al menos diez años. Otra posibilidad es que, en caso de que el fallecido hubiera tenido hijos en un primer matrimonio, uno de ellos, de nuevo de al menos diez años, desposara a la viuda. Por último, y si no se hubiera podido arreglar el matrimonio con las opciones expuestas, el suegro de la viuda podría anular el matrimonio, devolviendo la dote, o incluso también entregarla a un hijo menor de diez años[275]. Sea como fuere, la documentación del Bronce Reciente sigue idéntico patrón a la próximo-oriental en cuanto a la mínima edad casadera de los varones[276].

En cuanto a las mujeres, recordamos que la pequeña Nūru-mātu de HSS 19 86 entregada como *kallatu* no pasaría en ningún caso de los tres años, mientras que Ba'ala-Bea en E6 216 tendría como mucho dos. Aunque no contemos con muchos ejemplos al respecto, parece evidente que los matrimonios de las mujeres se reglaban con anterioridad a los de los hombres, fenómeno asimismo explicable a un nivel antropológico.

Primeramente, en el modelo familiar característico de región y época, las mujeres se casaban antes que los hombres, por lo que el proyecto de desposar a una hija se plantearía asimismo con anterioridad al caso de los hijos varones. Por otra parte, uno de los objetivos básicos de la mujer próximo-oriental antigua, desde el punto de vista de sus contemporáneos, tendría sin duda que ver con la

---

273 Véase una estimación de la edad de estos varones adoptados en Nuzi en Justel, "Some Reflections", 150.

274 Véase una traducción de LAM 43 en Sanmartín, *Códigos legales*, 229.

275 Sanmartín (ibíd., 251, n. 180), por su parte, interpreta que el suegro de la viuda debería esperar a que el hijo menor de diez años llegara a tal edad. Esta práctica de levirato con un hermano del fallecido de al menos nueve años (y un día) está también atestiguada en el Talmud babilónico (*Nidaah* 45a [cf. Roth, "Age at Marriage", 717, n. 2]). Sobre el levirato en el antiguo Oriente, a partir de un documento de Ugarit, cf. Josué Javier Justel, "El levirato en Ugarit según el documento jurídico RS 16.144", *Estudios Bíblicos* 65 (2007), 416–25.

276 El artículo CH 166 del Código de Hammurapi nos informa de la práctica, sin duda habitual, por la cual un padre arreglaría el matrimonio de su descendencia, pero no así de su hijo menor (*ṣeḫru*), demasiado pequeño para que su progenitor se planteara tales cuestiones. Idéntico caso, en cuanto a la no precisión de la edad mínima para poder desposarse, es el que encontramos en las leyes hebreas con respecto al levirato. En un pasaje del Pentateuco, Judá tiene tres hijos. El mayor toma a Tamar como esposa. Tras morir él, Tamar pasa a ser la esposa del segundo hijo. Tras fallecer también éste, Judá le dice a Tamar, su nuera y dos veces viuda: "Mantente viuda en casa de tu padre hasta que crezca mi (tercer) hijo, Šelaḫ" (Gn. 38:11).

procreación. Siendo esta una cuestión capital, los matrimonios de las jóvenes se arreglarían con mayor antelación, frecuentemente antes de la primera menstruación. Los hombres, sin embargo, podrían desempeñar tareas de diversa índole tras su pubertad, sin estar socialmente obligados a desposarse. La respuesta a este fenómeno tiene una relación directa con los ciclos naturales, ya que el período fértil del hombre esta menos limitado que el de la mujer.

A partir de la documentación cuneiforme es imposible conocer cuál es el primer momento en que los padres se plantean casar a sus hijos. El consignarlo por escrito, cualquiera que fuera la razón, responde obviamente a una segunda fase de la cual sí que tenemos constancia. Partiendo de esta base, la edad de los niños en ese momento puede variar, desde recién nacidos hasta núbiles. Los adultos, en un deseo previsor para con sus hijos, no esperarían normalmente a que éstos estuvieran en edad de casarse, sino que atarían diferentes cabos de cara a sus futuros matrimonios. Un paso definitivo sería entregarlos en matrimonio al cónyuge (caso de los núbiles). Otro distinto, y más común en edades tempranas, es el de hacer entrar a las mujeres en un estatus de *kallatu*, mujer casadera en lo legal pero inmersa aún en un paso previo a desposarse. La previsión de los padres, a veces poco después del nacimiento de sus hijos, subraya la importancia de la institución del matrimonio. Los padres se asegurarían de tal manera la continuidad de la saga familiar, con todo lo que ello conlleva económicamente (dote, contradote, herencia, etc.).

¿Hasta qué punto las cuestiones económicas influirían en la previsión de los padres para casar a sus hijos? El documento emariota E6 216 es muy elocuente al respecto. En un período de fuerte crisis una niña es entregada como *kallatu* cuando apenas cuenta con dos años. De esta forma los padres biológicos ganarían una suma importante de dinero —30 siclos de plata—, por lo que el propósito del contrato no solo se refería a la hija y su futuro matrimonio, sino en realidad a toda la familia.

El carácter excepcional del contexto de E6 216 podría indicar que el propio caso de dar a una niña tan pequeña como *kallatu* sería también anormal. Sin embargo, del ejemplo nuzita HSS 19 86 no se desprende una situación económica crítica de los padres, que también entregan a su hija lactante en adopción matrimonial —e implícitamente como *kallatu*.

Sea como fuere, tanto estos dos casos como los demás analizados responden a situaciones familiares, sociales y económicas diversas. No solo familias con suficientes recursos económicos, sino también otras indudablemente necesitadas, preverían lo necesario de cara al futuro matrimonio de sus hijos e hijas. Hemos visto cómo en ocasiones, y conforme requería cada situación concreta, dicha previsión se realizaba con mucha antelación.

4
Adopciones infantiles

4.1. Introducción

En el antiguo Oriente, por regla general las adopciones tienen por objeto básico el proveer de descendencia a aquellos que carecen de la misma[277]. Para ello se crea un vínculo entre el adoptante y el adoptado, en principio idéntico al resultante de una filiación legítima[278]. Este mecanismo se realiza mediante una declaración prefijada (*verba solemnia*), en la que el adoptante reconoce al adoptado generalmente en estatus de hijo[279].

---

277 Martin David, "Adoption", *RlA* 1 (1928): 37b.

278 Émile Szlechter, "Des droits successoraux dérivés de l'adoption en droit babylonien", *RIDA* 14 (1967): 79.

279 Aun así, en el Próximo Oriente antiguo esa relación puede ser también de fraternidad, como en Elam y Ugarit (RS 16.344 y RS 25.134) (Sohpie Démare-Lafont, "Adoption", en Joannès, *Dictionnaire*, 17b). Ello puede ser completado con otros ejemplos de este fenómeno en Nuzi y época neobabilónica. Para Nuzi véanse Ernest R. Lacheman, "Real Estate Adoption by Women in the Tablets from URU Nuzi", en Harry A. Hoffner, (ed.), *Orient and Occident: Essays Presented to Cyrus H. Gordon on the Occasion of His Sixty-Fifth Birthday*, AOAT 22 (Kevelaer: Butzon & Becker, 1973), 99–100; Katarzyna Grosz, "On Some Aspects of the Adoption of Women at Nuzi", SCCNH 2 (Winona Lake: Eisenbrauns, 1987), 131–52; Gudrun Dosch, *Zur Struktur der Gesellschaft des Königreichs Arrapḫe*, HSAO 5 (Heidelberg: Heidelberger Orientverl, 1993), 92–114; Zaccagnini, "Nuzi", 595. Para el período neobabilónico véase Wunsch, "Findelkinder", 203–4. Cf. asimismo, para época paleobabilónica, Sara González Moratinos, *Antropología del parentesco en Babilonia: Estudio de los grupos consanguíneos y residenciales en el periodo paleobabilónico*, Tesis Doctoral inédita (Barcelona: Universidad de Barcelona, 2017), 140–57. Por otra parte, la relación de filiación puede ser no completamente plena, si atendemos a la posibilidad de recibir menor herencia en el caso de que los padres adoptivos tuvieran hijos biológicos tras el acto de adopción. Sobre estas cuestiones véase Daniel Justel, "La Filiación en la Antigua Mesopotamia a partir de las adopciones infantiles", en Andrés Sáez Gutiérrez y Guillermo Cano Gómez y Clara Sanvito (eds.), *Filiación VI: Cultura pagana, religión de Israel, orígenes del cristianismo* (Madrid: Editorial Trotta-Fundación San Justino, 2016), 19–31.

El estudio de referencia sobre las adopciones en el Próximo Oriente antiguo fue publicado por David[280]. En él se trataba el fenómeno de la adopción a través de contratos de época paleobabilónica, la serie lexical *ana ittišu*, el Código de Hammurapi y cinco contratos mesoasirios. A partir de ese momento, la historiografía ha aportado varios trabajos generales sobre las adopciones en el antiguo Oriente, como los de Koschaker[281], Cuq[282], Cassin[283] o, ya en la segunda mitad del siglo XX, Stohlman[284], Stone y Owen[285], Obermark[286] y Bellotto[287].

La mayor parte de las adopciones próximo-orientales conocidas son de adultos. Ello, unido a la dificultad que entraña en ocasiones identificar el rango de edad de un adoptado, hace que hasta el momento no se haya llevado a cabo un estudio global y pormenorizado sobre las adopciones infantiles[288]. En el presente capítulo analizamos las fuentes que nos informan directa o indirectamente sobre este último fenómeno durante el Bronce Reciente. Para ello presentaremos el elenco documental que conocemos sobre adopciones de niños (§4.2), analizando las expresiones más recurrentes (§4.3) y señalando los aspectos que definen a los participantes en los contratos de adopción (§4.4). Tras dedicar un apartado a los aspectos económicos de las adopciones de niños (§4.5), enumeraremos las principales causas y objetivos de estos contratos (§4.6), para pasar a continuación a inscribir la documentación del Bronce Reciente en su constante próximo-oriental antigua (§4.7). Finalmente se presentarán las conclusiones del capítulo (§4.8).

---

280 David, *Die Adoption*. Véanse los principales resultados de la obra en David, "Adoption", 37–39.

281 Paul Koschaker, *Neue keilschriftliche Rechtsurkunde aus der El-Amarna Zeit*, ASAW 39.5 (Leipzig: Hirzel, 1928).

282 Édouard Cuq, *Études sur le droit babylonien: Les lois assyriennes et les lois hittites* (París: Geuthner, 1929).

283 Elena-M. Cassin, *L'adoption à Nuzi* (París: Adrien-Maisonneuve), 1938.

284 Stephen Ch. Stohlman, *Real Adoption at Nuzi*, Tesis Doctoral inédita (Waltham: Brandeis University, 1972).

285 Elizabeth C. Stone y David I. Owen, *Adoption in Old Babylonian Nippur and the Archive of Mannum-mešu-liṣṣur*, MC 3 (Winona Lake: Eisenbrauns, 1991).

286 Peter Raymond Obermark, *Adoption in the Old Babylonian Period*, Tesis Doctoral inédita (Cincinnati: Hebrew Union College-Jewish Institute of Religion, 1992).

287 Bellotto, *Le Adozioni a Emar*.

288 Véanse algunos análisis dedicados exclusivamente a las adopciones infantiles en Justel, "Adopciones infantiles"; Garroway, *Children*, 48–91 (Próximo Oriente antiguo en general); Justel, "Some Reflections" (archivo de Nuzi); Justel, *Mujeres y Derecho*, 75–86 (adopciones de niñas).

4.2. Fuentes del Bronce Reciente

La mayor dificultad que se plantea a la hora de identificar las adopciones infantiles del Bronce Reciente es diferenciarlas de las de adultos[289]. Este problema, inexistente en otras zonas u otros tipos de contratos, es eminentemente terminológico[290]. Así, al joven adoptado se le denomina DUMU, "hijo", al igual que en los casos de adopciones de adultos[291]. Las fórmulas de adopción, también idénticas en su estructura, dificultarán asimismo la clasificación a un nivel textual[292].

Sin embargo, en algunos documentos son los propios padres biológicos —padre, madre o ambos; cf. tabla 5— quienes dan a su hijo en adopción[293], lo que implica que el niño no tiene capacidad jurídica para decidir su suerte. Ello indica que nos encontraríamos ante un adoptado no necesariamente recién nacido, pero sin duda alguna joven[294].

En comparación con otras cuestiones analizadas a lo largo del trabajo, son pocos los archivos que nos informan sobre la práctica de adoptar niños en el Bronce Reciente. De la Babilonia casita apenas poseemos un contrato de Ḫana, en cuyo fragmento superviviente se regla la disolución de una adopción[295], y otra adopción de Nippur (BE 14 40), donde una joven (SAL.TUR) es adoptada por una mujer. De entre todos los corpora sirios, solo Emar suministra documentación

---

289 No así en períodos anteriores, con el empleo de voces como el adjetivo *ṣeḫru*, "joven" (CAD Ṣ 179ss) tanto en códigos legales (p. ej., *ṣe-eḫ-ra-am*, CH 185: 2) como en contratos de adopción (en este caso bajo la forma sustantiva femenina: *ṣu-ḫa-ru-um*, "niña pequeña", MAH 15951: 1). Cf. Garroway, *Children*, 58–68.

290 Véanse en este sentido los textos de ventas de niños de la Babilonia casita, que denominarán a éstos con términos como LÚ.TUR, "hombre pequeño" (p. ej., UET 7 21: 1) o su equivalente acadio *ṣuḫāru* (p. ej., SAL *ṣe-ḫe-er-tu₄*, "mujer pequeña", BE 14 128a: 1), lo que nos indica desde el principio la edad del sujeto (cf. §6.3).

291 P. ej., RE 28: 8: ᵐ*bu-bi-ú* DUMU *ab-bi*.

292 A modo de ejemplo: *a-⌜na⌝ ma-ru-ti i-te-pu-uš* en una adopción infantil (HSS 19 45: 5) y *a-na ma-ru-ti-ša il-qí* (KAJ 3: 4) en una de mujer adulta.

293 Los contratos, por tanto, se inscribirán en el grupo de "entregas en adopción" (cf. §4.2 en el presente capítulo).

294 Como defiende Brigitte Lion ("Les adoptions d'hommes à Nuzi (XIVᵉ s. av. J.-C.)", *RHD* 82 [2004]: 545).

295 Texto RBC 779, editado en Amanda H. Podany y Gary M. Beckman y Gudrun Colbow, "An Adoption and Inheritance Contract from the Reign of Igid-Lim of Ḫana", *JCS* 43–45 (1991/1993): 39–51. Véanse al respecto Dominique Charpin, "Chroniques du Moyen-Euphrate. 1. Le «Royaume de Hana»: Textes et Histoire", *RA* 96 (2002): 61–92, y nn. 112–16; Slanski, "Middle Babylonian Period", 505, 507. Además, y debido al deterioro de la tablilla, es imposible dilucidar si se trata de una adopción de niño o de adulto. Aun tratándose probablemente del segundo caso, pondremos este texto en relación a nivel terminológico con otros textos nuzitas y asirios de adopciones infantiles. Sobre el texto casita MSKH I 9, de otro tipo de adopción, véase §3.2.

Archivo	Texto	Parte que entrega al adoptado[296]	Adoptado/s	Adoptante/s
Nuzi	JEN 571	PB	H	H
Nuzi	JEN 572	PB	H	H
Nuzi	BM 80388	PB y MB	H	H
Nuzi	HSS 5 7	PB	H	H/HerB
Nuzi	HSS 5 57	PB	H	H
Nuzi	HSS 5 67	PB	H	H
Nuzi	HSS 19 22	PB	H	H
Nuzi	HSS 19 43[297]	TL/M[298]	H	M
Nuzi	HSS 19 45	PB	H	H

[296] Aunque los padres biológicos sean *stricto sensu* tutores legales (TL) de su hijo que dan en adopción, en el presente cuadro los diferenciaremos de los TL, que no tienen lazos sangüíneos con los adoptados.

[297] HSS 19 43 presenta cuatro fases y tipos de adopción: (1) Zilipša'u (TL) da a Utẖaya (adoptado) como hijo adoptivo de Kuntuya (adoptante) (entrega en adopción, ll. 3–6); (2) Kuntuya (ahora TL) da a Utẖaya (adoptado) como hijo adoptivo de Ḫanātu (adoptante) (entrega en adopción, ll. 22–24); (3) Kuntuya (adoptante) toma a Utẖaya (adoptado) de Ḫanātu (TL) (a mitad de camino entre entrega en adopción y adopción directa, ya que Kuntuya toma a Utẖaya directamente, aunque sea "de Ḫanātu", *a-šar* ^{m}*ḫa-na-tù*, ll. 25–26); (4) Kuntuya (TL) da a Utẖaya (adoptado) como hijo adoptivo de Šušenna (adoptante) (entrega en adopción, ll. 7–10 y 27). Mientras no se indique lo contrario, nos referiremos a la cuarta fase (d) de esta serie de adopciones, en las que la preponderancia legal y el punto de vista de la redacción es en todo momento de Kuntuya (sea TL o adoptante) y donde Utẖaya es siempre el joven adoptado. Sobre este texto en particular véase Justel, "Some reflections", 148.

[298] Nótese que en la fase a) (ver nota anterior) la parte que entrega al adoptado es Zilipša'u, la madre natural de Utẖaya.

Archivo	Texto	Parte que entrega al adoptado[296]	Adoptado/s	Adoptante/s
Nuzi	HSS 19 51	PB	H	H
Aššur	KAJ 1	PB	H	H
Aššur	KAJ 6	PB	H	H
Emar	E6 91	TL/H	3 H	M
Emar	E6 256	---	1 H y 2 M	H
Emar	TBR 77	MB	1 H y 1 M	M
Emar	RE 82[299]	MB	2 H	H
Ḫana	RBC 779	Desconocido	1 H	H
Nippur	BE 14 40	¿PB?	1 M	M

Tabla 5. Distribución general de los participantes en los contratos de adopción infantil
Claves: PB: padre biológico; MB: madre biológica; TL: tutor legal; H: hombre; M: mujer; HerB: hermano biológico del adoptado

[299] En RE 82 hay dos fases y tipos de adopción: (1) Sînduši adopta a Amzaḫi (ll. 4–5, adopción directa); (2) Sînduši (tutora legal) da a Amzaḫi (su hijo adoptivo en (1) y adoptante en (2), a sus dos hijos, Aḫlati-Dagan y a Tura-Dagan (entrega en adopción, ll. 6–8). Obviamente, por tratarse de jóvenes nos referiremos en todo momento a la fase (2) de la adopción.

al respecto[300]. Aun así, y unidos a este último caso, Aššur y sobre todo Nuzi nos proporcionan información interesante para entender dicho fenómeno en la alta Mesopotamia y en la periferia siria[301].

En Nuzi se tiene constancia de hasta diez contratos en los que un niño es entregado o tomado en adopción, apareciendo siempre al menos uno de los padres biológicos[302]. Para Aššur poseemos dos textos de idénticas características[303], mientras que en Emar habrá al menos cuatro ejemplos[304].

El tipo de adopción empleado en estos documentos es el de "entrega en adopción". En él una persona (NP_1, tutor legal) da otra (NP_2, niño/joven adoptado) en adopción a un tercero (NP_3, adoptante). NP_1, salvo en HSS 19 43 y E6 9, se identificará con uno —o los dos— de los progenitores biológicos (véase tabla 5).

E6 256 constituye en este sentido un caso aislado en cuanto a la tipología formal, ya que se inscribe dentro de lo que podríamos denominar "adopción directa". En ella, el adoptante toma directamente al adoptado, sin mediación de un tutor legal. Este es el método más utilizado en las adopciones de adultos, tanto en época paleobabilónica como en Nuzi[305], Asiria[306] y Siria del Bronce Reciente[307].

---

300 Sobre el fenómeno de la adopción en Emar véanse Nicoletta Bellotto. "Adoptions at Emar: An Outline", en d'Alfonso y Cohen y Sürenhagen, *The City of Emar*, 179–94; *Le Adozioni a Emar*, 2009; Justel, "La adopción en Emar".

301 No conocemos ningún estudio global sobre la adopción en el Aššur mesoasirio, excepto lo mencionado escuetamente por Démare-Lafont ("Middle Assyrian Period", 539–41) o el análisis de documentos concretos por parte de otros autores (véase por ejemplo Hillel A. Fine, "Two Middle Assyrian Adoption Documents", *RA* 46 [1952]: 205–11). Por otra parte, para Nuzi contamos con más bibliografía al respecto, puesto que la cantidad de textos sobre adopción es también mayor. Véanse en general Cassin, *L'adoption à Nuzi*; Stohlman, *Real Adoption at Nuzi*; Lion, "Les adoptions d'hommes à Nuzi", 537–76.

302 JEN 571, JEN 572; BM 80388; HSS 5 7, HSS 5 57, HSS 5 67; HSS 19 22, HSS 19 43, HSS 19 45, HSS 19 51. Aparte de estos textos, se debe señalar el archivo privado nuzita de una mujer, Tulpun-naya, que adopta niñas menores para entregarlas en matrimonio a sus esclavos, aparentemente de cara a que nazcan más esclavos y por tanto contar con mayor personal servil en el hogar (véase por ejemplo AASOR 16 33, en el que tras un proceso Tulpun-naya obtiene el derecho de casar a Kisaya, la joven que adoptó [cf. Brigitte Lion y Philippe Abrahami, "L'archive de Tulpun-naya", en Lion y Abrahami, *The Nuzi Workshop*, 34–36]). En este archivo encontramos asimismo personas que entran al servicio de Tulpun-naya junto con sus hijos, contratos *tidennūtu*, procesos legales varios, etc. Sobre este archivo véase especialmente Lion y Abrahami, "L'archive de Tulpun-naya", 3–86.

303 KAJ 1, KAJ 6.

304 E6 91, E6 256; TBR 77; RE 82.

305 P. ej., HSS 5 56: 1–4: "Tablilla de adopción por la que Šukri-Tešup, hijo de Arrumti, ha establecido en estatus de hijo a Kunnu, hijo de Tarmiya" (*ṭup-pí ma-ru-ti ša* ^{m}*šuk-ri-te-šup* DUMU *ar-ru-um-ti ù* ^{m}*ku-un-nu* DUMU *tar-mi-ia a-na ma-ru-ti i-te-pu-uš*).

Sin embargo, en el documento emariota E6 256 tres recientes huérfanos —al menos de padre— son adoptados sin mediación alguna de tutor legal por Abī-kāpī (ll. 23–32). Éste tiene potestad para tomarlos, ya que se habría encargado de ellos tras la muerte de su padre, en período de dificultades[308]. Por tanto, y aun siendo de niños, la adopción es considerada como "directa".

La primera gran diferencia que apreciamos al comparar a un nivel general los documentos de adopciones infantiles de los tres archivos es la naturaleza misma del texto. Tanto los ejemplos nuzitas como los mesoasirios corresponden a contratos de adopción, e incluso algunos están introducidos por la fórmula *ṭuppi mārūti*, "tablilla de adopción"[309]. El objetivo de estos documentos es únicamente el de reglar la adopción del joven en relación con todos los participantes del acto legal.

Los emariotas, empero, se corresponden con testamentos[310]. Este tipo de textos jurídicos puede tratar más puntos que el de la adopción[311], y el propósito básico es disponer los bienes y asuntos que atañen al adoptado para después de la muerte del adoptante.

Es asimismo interesante analizar los puntos de vista desde los cuales están redactados estos documentos. Al no poseer el joven adoptado capacidad legal propia, en ninguno de los textos aparece como ente jurídico que interviene con

---

306 P. ej., KAJ 3: 1–4: "Am⸢mi⸣nišina, hija de Arad-Šerua […] ha tomado en estatus de hijo a Aḫat-uqrat, hija de Belassunu" (^{f}*am-⸢mi⸣-ni-ši-na* DUMU.SAL ÌR^{d}-*še-ru-a* […] ^{f}*a-ḫa-at-uq-ra-at* DUMU.SAL *be-la-sú-nu a-na ma-ru-ti-ša il-qí*).

307 P. ej., RE 26: 1–2: "Ipḫur-Dagan, hijo de Ilī-dudu, así dice: «He aquí que he tomado ahora <en estatus de hijo> a Duppli-linna»" (^{m}*ip-ḫur-*^{d}KUR DUMU DINGIR-*lì-du-du a-kán-na iq-bi ma-a a-nu-ma* ^{m}*dup-pí-li-in-na* <*a-na* DUMU-*ut-ti-ia*>). Para comprobar la abrumadora preponderancia de las "adopciones directas" en Siria véase Justel, *La capacidad jurídica*, 92, nn. 22–24. Obsérvese en el mismo estudio que ninguna adopción infantil corresponde al Tipo 3 (p. 92), en el que "una persona declaró una relación de filiación respecto a otra".

308 Lit., "en el año de los enemi⸢gos⸣" (E6 256: 10: *a-na* MU.KÁM *ša* KÚR.MEŠ *nu-ku-ur-⸢ti⸣*).

309 Todos procedentes del archivo de Nuzi, se corresponden con HSS 5 57, HSS 5 67; HSS 19 22, HSS 19 45, HSS 19 51. Hay que señalar que contamos con una ingente cantidad de contratos *ṭuppi mārūti* en Nuzi que no son adopciones reales, sino ventas enmascaradas en un formato adoptivo.

310 De nuevo la excepción la constituye E6 256, documento difícilmente clasificable en un tipo concreto, ya que no es ni un testamento ni un contrato de adopción normal, aunque posee características de lo último. Aun así, el objetivo primero del texto es constatar que Abī-kāpī establece como sus hijos a Aḫiu, Ištarte y Aḫa-mi (ll. 23–32).

311 Cf. E6 91. Lo mismo ocurre en época paleobabilónica, donde las adopciones conviven en la misma tablilla con otro tipo de operaciones, como matrimonios, ventas, etc. (cf. en general Stone y Owen, *Adoption in Old Babylonian Nippur*).

Archivo	Texto	Fórmula	Traducción
Nuzi	JEN 571	*a-na ma-ru-*⸢*ti*⸣ *in-din*	"Ha entregado en estatus de hijo"
Nuzi	JEN 572	*a-na ma-*⸢*ru*⸣*-ti it-ta-din*	"Entregó en estatus de hijo"
Nuzi	BM 80388	*a-na ma-ru-ti i-*⸢*id*⸣*-din-na-aš-šu*	"Lo entregaron en estatus de hijo"
Nuzi	HSS 5 7	*a-na ma-ru-ti* SUM-*nu*	"He entregado en estatus de hijo"
Nuzi	HSS 5 57	*a-na ma-ru-ti* SUM-*nu*	"Ha entregado en estatus de hijo"
Nuzi	HSS 5 67	*a-na ma-ru-ti* [SUM-*nu*]	"[Ha entregado] en estatus de hijo"
Nuzi	HSS 19 22	*a-na* DUMU-*ti* [SUM-*nu*] // *a-na ma-ru-ti* ⸢*i*⸣-[*te-pu-uš*]	"[Ha entregado] en estatus de hijo" // "Le constituyó en estatus de hijo"
Nuzi	HSS 19 43	*a-*⸢*na ma*⸣*-ru-*⸢*ti*⸣ *at-ta-dì-in*	"He entregado en estatus de hijo"
Nuzi	HSS 19 45	*a-na ma-ru-ti* SUM-*nu* // *a-*⸢*na*⸣ *ma-ru-ti i-te-pu-uš*	"Ha entregado en estatus de hijo" // "He hecho en estatus de hijo"
Nuzi	HSS 19 51[312]	*a-na ma-ru-ti* ⸢*it*⸣*-ta-din* //	"Entregó en estatus de hijo" //

[312] En cada uno de los textos HSS 19 22, HSS 19 45 y HSS 19 51 encontramos dos fórmulas de adopción. En la primera, un hombre entrega a su hijo Kinnuya en adopción a Aripšelli (HSS 19 22: 2–3), Ipšaḫalu entrega a su hijo Utḫaptae en adopción a Eḫli-Tešup (HSS 19 45: 1–4) y Kai-Tilla entrega a su hijo Arim-matka en adopción a Kelipukur (HSS 19 51: 1–3). Por tanto, en esta primera fase es el tutor legal (Suj.) quien da al adoptante (O. I.) el adoptado (O. D.). La peculiaridad de estos tres documentos es que tras esas expresiones se añade otra fórmula en la que el adoptante (Suj.) toma al adoptado (O. D.). Así, Aripšelli adopta a Kinnuya (HSS 19 22: 4–5), Eḫli-Tešup adopta a Utḫaptae (HSS 19 45: 4–5) y Kelipukur adopta a Arim-matka (HSS 19 51: 6–7). Además, en este último caso el adoptante hablaría en estilo directo, por lo que en principio se podría interpretar como una "adopción directa". Aun así, no la consideraremos como tal, ya que para que fuera de este modo no debería mediar

		a-na ⸢*ma*⸣*-ru-ti* <<*e*>>*-te-pu-uš*[313]	"<<He>> constituido en estatus de hijo"
Aššur	KAJ 1	*a-na mar-ú-ti* ⸢*id*⸣*-din-šu*	"Lo entregó en estatus de hijo"
Aššur	KAJ 6	*a-na* DUMU*-ú-ti ša-aṭ-ru*	"Le he establecido en estatus de hijo"
Emar	E6 91	*a-na* ⸢DUMU⸣.MEŠ ⸢*at*⸣*-ta-din-šú-nu*	"Los he entregado como hijos"
Emar	E6 256	*a-na* DUMU.NITÁ*-ia ù* 2 DUMU.SAL*-ia aš-ku-nu-šu-nu*	"Los he establecido como mi hijo y (como) mis dos hijas"
Emar	TBR 77	*a-*⸢*na*⸣ DUMU-⸢*ut-ti*⸣ *at-ta-din*	"(Le) he entregado en adopción"
Emar	RE 82	*a-na* DUMU*-ut-ti* ⸢*at*⸣*-ta-din-šu-nu*	"Los he entregado en estatus de hijo"

Tabla 6. Fórmulas básicas empleadas de adopciones infantiles en el Bronce Reciente (todas con el sentido de "adoptar")

en ningún momento el tutor legal, y no es el caso (ll. 1–3). Nótese que en la segunda fase este fenómeno coincide con el empleo del verbo *epēšu* (HSS 19 22: 5, 45: 5 y 51: 7) en vez de *nadānu*, como sería habitual en todo este corpus nuzita.

313 La forma del verbo *epēšu*, "hacer" (CAD E 191b) de HSS 19 51: 7 se redacta, al igual que en HSS 19 45: 5, *i-te-pu-uš*, en 3.ª p. m. s. Aunque gramaticalmente sea correcto, abogamos por la corrección a <<*e*>>*-te-pu-uš*, en 1.ª p. m. s., ya que el contexto lo requiere, siendo Kelupukur quien, en estilo directo, dice que "A Ari⸢m⸣-mar⸢t⸣[ka] en estatus de ⸢hi⸣jo he adoptado" (HSS 19 51: 6–7). Partiendo de la base de que la edición de la copia cuneiforme sea correcta, dicho error escribal no es señalado ni en la transcripción de Stohlman (*Real Adoption at Nuzi*, 165) ni en la de Jonathan S. Paradise (*Nuzi Inheritance Practices*, Tesis Doctoral inédita [Filadelfia: University of Pennsylvania, 1972], 49).

decisión en el acuerdo. Todo lo contrario: su no participación en este sentido hace que sea en todo momento un sujeto pasivo, condicionado por las decisiones de las otras partes.

Lo habitual en las entregas en adopción dentro de las adopciones infantiles es que el texto se redacte desde la óptica del tutor legal, casi siempre en tercera persona[314]. Es éste quien lleva la iniciativa legal del acuerdo, mientras el adoptante cuenta en todo momento con menor capacidad de decisión[315].

Ello nos indica que el contrato emana de los padres biológicos del adoptado, quienes velan en todo momento para que el acuerdo beneficie en la mayor medida posible a su hijo. También este hecho refuerza la inmadurez e ínfima capacidad jurídica de estos jóvenes, supeditados aún a las decisiones legales de sus padres.

4.3. TÉRMINOS Y EXPRESIONES

Los términos empleados para referirse a los participantes en actos de adopción infantil procedentes del Bronce Reciente son los mismos que en sus homólogos de adultos. El sustantivo que se utiliza para el niño adoptado es siempre el ideograma sumerio DUMU, "hijo"[316], mientras que los padres, tanto biológicos como adoptivos, serán denominados mediante el acadio *abu*, "padre"[317].

---

314 En Emar, sin embargo, las cláusulas de adopción son frecuentemente formuladas como una declaración en primera persona en boca del adoptante (Bellotto, *Le Adozioni a Emar*, 21).

315 Casos excepcionales serían las adopciones de huérfanos, como E6 256, donde el tutor legal es el abuelo de los tres niños adoptados. Además, el adoptante declara en primera persona que ha tomado a los jóvenes bajo su protección (ll. 23–32).

316 Siempre en contexto de filiación: JEN 571: 2, JEN 572: 2, BM 80388: 4, HSS 5 7: 2, HSS 5 57: 2, HSS 5 67: 2, HSS 19 22: 3, HSS 19 43: 3, HSS 19 45: 2, HSS 19 51: 2, KAJ 1: 4, KAJ 6: 3, E6 91: 4, E6 256: 8 (SAL.NITÁ.MEŠ), TBR 77: 6–7, RE 82: 7.

317 CAD A/1 67ss. Padre biológico: KAJ 1: 5: [*a-bi-šu*] y KAJ 6: 5: *a-bi-šu-ma*. Padre adoptivo: KAJ 1: 7: *a-bu-šú*, KAJ 6: 10: *a-bu-šu*; RE 82: 14: *a-bu-šu-nu*. Nótese que en los textos KAJ 1 y KAJ 6 se nombran, con el mismo nombre, los padres biológicos y los adoptivos. Sobre el término *ummu*, "madre", lo restituimos en KAJ 1: 7 (⸢*um*⸣-[*mu-šu*]). Aun así, ¿se podría considerar esa madre, al contrario que hace David (*Die Adoption*, 101), primero solo y luego con Ebeling (Martin David y Erich Ebeling, *Assyrische Rechtsurkunden* [Stuttgart: Ferdinand Enke, 1929], 4), como parte de una fórmula establecida, y que se estuviera refiriendo al mismo sujeto, varón y padre adoptivo (Azukiya, hijo de Šamaš-ameri)? Nos encontraríamos entonces ante otra fórmula, "ser padre y madre", algo aun con todo diferente a lo que constatamos con frecuencia en la concesión de estatus legal masculino a las mujeres en la Siria de la época (véase, p. ej., E6 181: 9; Justel, *La capacidad jurídica*, 143ss). De todas maneras, no la trataremos como una expresión aparte, ya que parece haber un signo ⸢*nu*⸣ en KAJ 1: 8 tras la forma del verbo *palāḫu*, "honrar". Ello hace que traduzcamos como "les honrará" (a sus padres) y no "le honrará" (a su padre como "padre y madre").

Las expresiones básicas de adopción infantil durante el Bronce Reciente tienen su origen filológico en las tradiciones formulísticas paleobabilónicas[318], siguiendo el mismo esquema: preposición *ana* + sustantivo en forma abstracta + verbo.

El sustantivo en forma abstracta, al contrario que en épocas anteriores[319], deriva siempre de *māru*, "hijo"[320] (así pues, *mārūtu*). En la mayoría de las ocasiones el término se redacta silábicamente[321], aunque en otras se emplea el ideograma DUMU[322]. Además, en dos textos de Emar no se redacta la forma abstracta, aunque el sentido de fondo es sin duda el mismo[323].

Respecto a los verbos, el más utilizado es *nadānu*, "dar", "entregar"[324], seguido por *epēšu*, "hacer"[325], *šaṭāru*, "escribir", "establecer"[326] y *šakānu*, "establecer"[327]. Los tiempos verbales empleados suelen ser tanto el perfecto[328] como el acabado[329], resaltando que la acción del contrato ya ha tenido lugar[330].

---

318 Sobre el empleo de distintas fórmulas de adopción en la literatura cuneiforme y bíblica véase Shalom M. Paul, "Adoption Formulae: A Study of Cuneiform and Biblical Legal Clauses", *MAARAV* 2.2 (1979/1980): 173–85.

319 Donde, además de *marūtu*, encontraremos *aplūtu* (*ana ittišu*, MSL I, III, iii, l. 65), *eṭlūtu* (ḪAR.RA=*ḫubullum*, MSL V, II, 52), *šunūqu* (CE 32, en forma no abstracta), o *tarbītu* (CH 188).

320 CAD M/1, 308a–ss.

321 En Nuzi (90%: JEN 571, JEN 572, BM 80388, HSS 5 7, HSS 5 57, HSS 5 67, HSS 19 22: 3, HSS 19 43, HSS 19 45 [ambas veces], HSS 19 51 [ambas veces]) y en Asiria (50%: KAJ 1).

322 En Nuzi (10%: HSS 19 22: 3), Asiria (50%: KAJ 6) y Emar (50%: TBR 77, RE 82). Nótese que el ejemplo nuzita marca la forma abstracta con un sufijo *-ti*, mientras que tanto el asirio como los emariotas alargan la terminación: *ú-ti* y *ut-ti* respectivamente.

323 Estos son E6 91 y E6 256.

324 CAD N 42a–ss. Este verbo se emplea en Nuzi (100%: JEN 571: 4, JEN 572: 5; BM 80388: 6; HSS 5 7: 4, HSS 5 57: 4; HSS 19 43: 10, HSS 19 45: 4, HSS 19 51: 3 [sin duda alguna habría que restituir también *nadānu* en HSS 5 67: 3 y HSS 19 22: 3]), Asiria (50%: KAJ 1: 6) y Emar (75%: E6 91: 5, TBR 77: 9, RE 82: 8).

325 CAD E 191a–ss. En contexto de adopciones infantiles, solo vemos este verbo en Nuzi (30%: HSS 19 22: 5, 45: 5, 51: 7), cuando el adoptante toma al adoptado sin que se mencione el tutor legal.

326 CAD Š/2 225a–ss. Ejemplo asirio (50%) en KAJ 6: 7. Dicho verbo ya se utiliza en contexto de fórmulas de adopción en la serie *ana ittišu*, mediante la expresión *a-na ap-lu-ti-šú iš-ṭur-šú* (MSL I, III, iii, l. 65).

327 CAD Š/1 116b–ss. El único caso que encontramos con este verbo es E6 256: 32, que además se encuentra en estilo directo, algo asimismo anormal (25% del corpus emariota).

328 JEN 572, HSS 19 43, HSS 19 45, HSS 19 51 (en las dos ocasiones); E6 91, TBR 77, RE 82.

329 JEN 571, BM 80388, KAJ 1, E6 256.

Así, el verbo por antonomasia en las adopciones infantiles antes del Bronce Reciente, *leqû*, "tomar, coger", no se utilizará ya en esta época para las adopciones de niños. Este hecho es fácilmente explicable, ya que la inmensa mayoría de los contratos en dicho período son entregas en adopción, y *leqû* se empleará más bien en adopciones directas[331].

En cuatro de estos documentos aparecen fórmulas indicando que, si tras la adopción del niño el padre adoptivo tuviera hijos biológicos, éstos heredarían como si fueran primogénitos, y el joven adoptado sería considerado menor[332]. Lo que le corresponderá en ese caso al descendiente natural será normalmente la doble parte de la herencia. Esta expresión la encontraremos en otras adopciones de adultos de la época[333], pero cuantitativamente será más común en las infantiles.

Aunque no se indique la cláusula tipo "si tras la adopción se engendrara un hijo ...", otro texto de adopción de joven dice asimismo que el adoptado es considerado menor, por lo que el hijo biológico del adoptante "tomará dos partes (de herencia)"[334]. En la misma línea se encuentra el mencionado documento mesobabilónico de Ḫana RBC 779, aunque no se pueda asegurar con certitud que se refiera a una adopción de un niño, debido a su mal estado de conservación[335]. Por tanto, en estos dos últimos casos la pareja que adopta ya tendría sin duda descendencia natural[336].

---

330 También indicando tiempo pasado, otros ejemplos utilizan el sumerograma SUM (*nadānu*) con el complemento fonético *–nu* (HSS 5 7, HSS 5 57, también restituido por nosotros en HSS 5 67 y HSS 19 22). Además, el caso de KAJ 6 es único, ya que emplea una forma permansiva con la vocalización asiria *a-u*.

331 De hecho, encontraremos con facilidad adopciones de adultos del Bronce Reciente donde se emplee este verbo (véase p. ej., KAJ 3: 4: *a-na ma-ru-ti-ša il-qí*).

332 Textos de Nuzi (HSS 5 7: 10–15, HSS 5 67: 8–11, HSS 19 51: 10–12) y Asiria (KAJ 1: 20–24). Al respecto cf. Justel, "Some Reflections", 150–53.

333 P. ej., HSS 5 60: 8–13.

334 Se trata de HSS 19 22: 6–11, donde Aripšelli, joven adoptado, es considerado menor (l. 10: ^{m}*te-er-te-nu*). Resáltese el determinativo personal antes del adjetivo, lo que confiere a Aripšelli categoría plena de hijo pequeño: "el Menor".

335 Este texto ha sido estudiado por Brigitte Lion ("Adoptions médio-babyloniennes et médio-assyriennes dans les royaumes de Hana, d'Arraphe et d'Aššur", NABU 2004.35 [sobre el título cf. Brigitte Lion, NABU 2004.62]), quien a nuestro parecer realiza una correcta interpretación del mismo. Basándose en los paralelos nuzitas y el asirio KAJ 1, propone que Igmil-Dagan, del que solo tenemos la información de que "es el hijo mayor y recibirá dos partes (de herencia)", es el hijo biológico de Išme-Dagan; por otra parte, Ṣilli-Dagan, el hijo que "vendrá tras Igmil-Dagan" es el adoptado del mismo padre.

336 En este sentido, un nuevo paralelo contemporáneo de adopción de adultos lo constituye el texto HSS 19 37. Para el período paleobabilónico véase BE 6 57. En él una pareja adoptan a un adulto, que recibirá lo mismo que el resto de sus hijos con excepción

Encontramos esta expresión acadia, referida a que si se tuviera un nuevo hijo biológico éste se haría con el doble de los bienes heredables, tanto en sentencia propia del contrato[337] como en estilo directo[338]. Para ambos casos se empleará el término sumerio ḪA.LA (ac. *zittu*, "porción de herencia") en Nuzi[339] y el acadio *qātu* ("una de varias partes iguales") en Asiria[340]. Por otra parte, el verbo empleado es en todos los casos *leqû*, resaltándose que es el posible futuro hijo natural el que deberá "tomar" esas dos partes de herencia, en un sentido más activo que pasivo[341].

Tras las fórmulas básicas de adopción y de herencia encontramos expresiones en las que se regulan las obligaciones de las partes del contrato. Destaca en este sentido el deber de los adoptados de honrar a sus padres adoptivos, con expresiones tipo "NP_1 honrará a NP_2"[342]. Ello se plasma por medio del verbo *palāḫu*, "cuidar, servir"[343], tanto en Nuzi[344] como en Asiria[345]. En Emar, aunque

---

del primogénito, quien tomará una parte preferencial de la herencia (Stone y Owen, *Adoption in Old Babylonian Nippur*, 47–48).

337 HSS 5 67: 8–9, HSS 19 22: 6–14, HSS 19 51: 10–12, KAJ 1: 20–24.

338 HSS 5 7: 10–12.

339 CAD Z, 139a–ss (HSS 5 7: 12, HSS 5 67: 9; HSS 19 22: 9, HSS 19 51: 11). Sobre esta expresión véase Dosch, *Zur Struktur*, 134–39.

340 CAD Q 194 11 (KAJ 1: 21). Veremos el empleo del sustantivo *qātu* con dicho sentido, aunque menos generalizadamente que el de *zittu*, desde época paleoasiria en Asiria, Mari e incluso como acadograma hitita (véase CAD).

341 Resaltamos el valor activo del verbo *leqû* en HSS 5 7: 12, ya que el matiz nos parece importante: sería el futuro niño natural, en edad adulta, el que debería hacerse con su parte de la herencia, puesto que el contrato le confiere esa prerrogativa legal. Así pues, preferimos esta interpretación a otras traducciones como la de Cassin: "Si un fils à moi vient à naître, il sera l'aîné et recevra deux parts (d'héritage)" (*L'adoption à Nuzi*, 293). Como es obvio, la forma verbal de *leqû* que encontraremos será el inacabado, ya que en el momento de la redacción del contrato no habría nacido ningún hijo natural (HSS 5 7: 12, HSS 5 67: 11, HSS 19 22: 9, HSS 19 51: 12, KAJ 1: 22).

Cabe señalar también que esta fórmula contradice la expresión que vemos en la serie *ana ittišu*, anterior cronológicamente, sobre que "(incluso) si el adoptante tuviera diez hijos, el adoptado será el hermano mayor", lo que se puede interpretar en clave de preponderancia hereditaria (*li-qu-šu* DUMU.MEŠ *e-še-ri-it li-ir-ši li-qu-šu-ma a-ḫu* GAL-*ú* (MSL I III, iv, ll. 3–7).

342 Para el tema, y de manera general en el Próximo Oriente antiguo, véanse Jonas C. Greenfield, "*Adi balṭu*: Care for the Elderly and its Rewards", *AfO Beih.* 19 (1982): 309–16; Marten Stol y Sven P. Vleeming (eds.), *The Care of the Elderly in the Ancient Near East* (Leiden-Boston-Colonia: Brill, 1998). Cf. uno de los muchos ejemplos paleobabilónicos, esta vez procedente del archivo de Šaduppum, en BM 63303: "Mientras Tarām-Kūbi tenga salud, su hija la mantendrá y nadie le reclamará nada" (cf. Justel, *Mujeres y Derecho*, 78–79).

343 CAD P 45b–ss.

el empleo de dicho término sea normal[346], no se encuentra en el contexto de adopciones infantiles. Sin embargo, sí que vemos el verbo *wabālu*, "mantener"[347] en el documento emariota TBR 77: 5[348] y en el asirio KAJ 1: 9, mientras que en Nuzi no es utilizado[349].

Cabe subrayar asimismo la ausencia casi total de la fórmula ampliamente utilizada en Mesopotamia para las rupturas de contratos de adopciones: "tú no eres mi hijo/padre". Corresponden a expresiones prefijadas[350] que en el contexto de adopciones infantiles solo aparecen en el texto emariota RE 82: 10–19.

4.4. Los actores del contrato

Podemos distinguir de modo general tres tipos de participantes en los contratos de adopciones infantiles. En primer lugar encontramos al joven adoptado y al adoptante, partes básicas que encontramos en todos los textos estudiados. Por otro lado, en la práctica totalidad de ellos aparece el tutor legal o guardián, responsable de dar el niño (O. D.) al adoptante (O. I.), por lo que se convierte en el sujeto de la acción y el contrato se suele redactar desde su punto de vista. Por último, una parte común a dichos contratos la constituyen los testigos, que corroboran y dar validez legal al acuerdo tomado. A lo largo del siguiente subapartado realizamos una prosopografía general de estos miembros que interactúan en los acuerdos, señalando cuestiones como la edad, condición social u obligaciones contractuales.

El adoptado

En los textos de nuestro corpus el adoptado se corresponde por lo general con un joven varón[351]. Como ya hemos apuntado, no existe ningún indicio filológico

---

344 80% de los textos: JEN 571: 12, JEN 572: 10, HSS 5 7: 20, HSS 5 57: 7, HSS 5 67: 13, HSS 19 22: 17, HSS 19 43: 12, HSS 19 45: 9.

345 En los dos documentos: KAJ 1: 8 y KAJ 4: 12.

346 Siempre en documentación de tradición siro-hitita (Klaas R. Veenhof, "Old Assyrian and Anatolian evidence for the Care of the Elderly", en Stol y Vleeming, *The Care of the Elderly*, 128).

347 CAD A1 23b, 7c.

348 Pero refiriéndose a la obligación de la adoptante de servir a la tutora legal y hermana.

349 La aparición de esta forma verbal en el texto de Emar TBR 77 es singular junto a E6 181, ya que son los únicos documentos emariotas de estilo siro-hitita en los que vemos dicho término (Veenhof, "Old Assyrian and Anatolian evidence", 128).

350 O *verba solemnia*, como denomina a este tipo de fórmulas Marcel Sigrist, "Gestes symboliques et rituels à Emar", en Jan Quaegebeur (ed.), *Ritual and Sacrifice in the Ancient Near East*, OLA 55 (Lovaina: Uitgeverij Peeters en Departement Oriëntalistiek, 1993), 386–87. Al respecto véase Justel, "Adopciones infantiles", 106–7.

351 Véase tabla 5. Sobre la diferenciación por sexos en las adopciones infantiles paleobabilónicas véase Gonelle, *La condition juridique*, 64, n. 1.

para estimar la edad del adoptado, que siempre portará un nombre propio y al que se denominará en contextos de filiación con el término sumerio DUMU, "hijo". Sin embargo, su condición de no adulto viene dada por su escasa capacidad jurídica en los contratos, en los que juega un papel totalmente pasivo. ¿Hasta qué punto serían jóvenes estas personas adoptadas? ¿Podríamos hablar de niños adoptados, o más bien muchachos en una temprana adolescencia? Realmente es difícil responder a tales cuestiones con precisión, ya que nunca se nos informa de los años del sujeto en cuestión. Aun así, hay ciertas claves que deberemos analizar para conferir una edad u otra a los adoptados[352].

En primer lugar, la forma *mu-⌜re-eb-bi⌝-šu* de JEN 571: 6 implica que el joven Mušapu está en período de formación como aprendiz[353]. Lo mismo ocurre en JEN 572, donde Tirwaya, padre adoptivo y a su vez de condición servil, es el encargado de instruir en el oficio de tejedor al joven adoptado Naniya[354].

Por otra parte, el término hurrita *teḫambašḫu* es también un indicador de la edad del niño. Esta palabra, según Fincke, se identifica con el pago de la crianza de un niño de pecho[355], cantidad variable que se daría a la nodriza para que le amamantara[356]. Esta cuantía, en especie y no en dinero, se refiere explícitamente

352 Aunque no se explicite en ningún momento, parece lógico pensar que los adoptados fueran los segundos hijos de sus padres naturales, o al menos no los primogénitos. De esta manera pasarían a heredar, mediante el derecho de primogenitura, de su nueva familia adoptiva.

353 Se trata del verbo *rabû*, con el sentido de "hacer ser grande" o "educar" (véase al respecto Lion, "Les adoptions d'hommes à Nuzi", 546).

354 Estos dos contratos de adopción recuerdan a CH 188 (fórmula *ana tarbitim leqûm*), disposición referida a un aprendiz sin duda joven (*šum-ma* DUMU UM.MI.A DUMU *a-na tar-bi-tim il-qé-ma ši-pí-ir qá-ti-šu uš-ta-ḫi-sú ú-ul ib-ba-qar*, "Si un artesano adopta a un niño para criarlo y le enseña su oficio, (este niño) no podrá ser reclamado"). El caso de JEN 572, además, está relacionado con CH 189, ya que se presenta la posibilidad de que el adoptante no le enseñara al joven adoptado el oficio convenido (CH 189: *šum-ma ši-pí-ir qá-ti-šu la uš-ta-ḫi-sú tar-bi-tum ši-i a-na* É *a-bi-šu i-ta-ar*, "Si no se le enseña su oficio, ese niño podrá volver a casa de su padre"). Sobre estas cuestiones véase Justel, "Some Reflections", 146–47.

355 Jeanette Fincke, "Beiträge zum Lexikon des Hurritischen von Nuzi", SCCNH 7 (Bethesda: CDL Press, 1995), 6. Antes del trabajo de Fincke, el significado era incierto (véase al respecto Maynard P. Maidman, "The Nuzi Texts of the British Museum", *ZA* 76 [1986]: 271). Incluso CAD T 324b, posterior al artículo de Finke, habla de "significado desconocido" ("mng. uncert.") para dicho término. Sobre este término véase Justel, "Some Reflections", 144 y n. 11 (con bibliografía).

356 Sobre otro tipo de pagos a nodrizas véase §5.2 (bajo "Raciones alimentarias").

en el caso de BM 80388[357]: 9 a los padres naturales de Artiwe, al que por tanto podremos considerar lactante, en principio de no más de tres años.

Del texto emariota E6 256 se deduce también la corta edad de los tres adoptados. Una de las claves es aportada por la expresión *ana ribīti ṣālu* (l. 9), lit. "arrojados a la calle" tras la muerte de su padre, refiriéndose a los tres niños. Esta fórmula, normalizada dentro de los documentos de abandonos infantiles (§2.2), nos indica la indefensión de los huérfanos, que se mantienen en una situación pasiva a lo largo del contrato, tanto cuando el punto de vista es el de su abuelo paterno Addu (ll. 1–22) como cuando Abī-kāpī los toma en adopción directa (ll. 23–32).

De otros textos se puede asimismo concluir que estos adoptados se encontraban en una etapa cuando menos preadolescente[358]. La existencia de un tutor legal en adopciones de varones es un indicador normalmente definitivo para interpretar la capacidad jurídica de los adoptados, lo que está relacionado con la edad[359]: cuanto menor sea la primera, menor será la segunda.

Un segundo punto sobre los adoptados se refiere a su condición general (libre/esclavo, heredero/no heredero, etc.). Hemos visto cómo en todos los contratos analizados se toma al joven *ana mārūti*, "en estatus de hijo". ¿Qué significa realmente esa expresión? Normalmente para el adoptado supone una recepción de derechos hereditarios, por lo que cambia de una esfera jurídica a otra a partir de esos *verba solemnia*. Sin embargo, no siempre ocurre así en los textos tratados[360].

---

[357] La colación personal de este documento de Nuzi (marzo de 2015) confirma, como trazaba Müller en la *editio princeps* del texto de manera sobre-rayada y por tanto dañada, la existencia del último signo *nu* dentro del posesivo plural —*šu-nu*. Este último signo se halla dañado en su parte derecha, pero conserva la cuña de ambos trazos. De esta manera, parece claro que el concepto de *teḫambašḫu* se refiere a los padres naturales y no al niño. Por tanto, Ila-nīšu entrega el *teḫambašḫu* de Bēlīya y Šapikurti, no el del pequeño Artiwe. Así lo entienden también las otras tres traducciones disponibles (cf. Fincke, "Beiträge", 5; Gerfrid G. W. Müller, *Londoner Nuzi-Texte*, SANTAG 4 [Wiesbaden: Otto Harrassowitz Verlag, 1998], 126). En JEN 139: 7, sin embargo, el *teḫambašḫu* se podría referir al niño, a partir del análisis de Fincke, "Beiträge", 7: *te-ḫa-am-⌜pa⌝-aš-ḫu ša! ṣú-ḫa-ru*, "*teḫambašḫu* des Knaben". Al respecto véase Fincke, "Beiträge", 9. Sobre el concepto general de *teḫambašḫu* véanse Schneider-Ludorff, "Die Amme"; Justel, "Some Reflections", 143–44.

[358] Por ejemplo, sobre RE 82 Beckman apunta que "presumably all of the offspring of Šaggar-duši were still rather young and far from social maturity for such an arrangement to have been necessary" (Gary M. Beckman, *Texts from the Vicinity of Emar in the collection of Jonathan Rosen*, HANEM 2 [Padua: Sargon, 1996], 105).

[359] No será así siempre, ya que, por ejemplo, en E6 256 no aparece ningún tutor legal, y los tres adoptados son niños.

[360] Para adopciones de adultos en Nuzi en las que el adoptado sea un esclavo véase Lion, "Les adoptions d'hommes à Nuzi", 544–45.

JEN 571 nos presenta a Mušapu, un joven adoptado *ana mārūti* que entra en la familia de Teḫip-Tilla, su padre adoptivo. Mušapu deberá servir a Teḫip-Tilla[361] hasta la muerte de éste, tras lo cual el joven pasaría a servir a Enna-mati, hijo de Teḫip-Tilla (ll. 10–12). Cuando también Enna-mati muriera, Mušapu serviría a la descendencia[362] de Enna-mati. Por tanto, este documento se puede identificar con una entrada del adoptado a una condición no explícita de semi-servidumbre[363], ya que no es considerado heredero en ningún momento, y lo único que obtiene es alimento y vestido[364]. Otro hecho que ayuda a resaltar la posición servil del niño es que ya existen herederos —hijos biológicos o no— en el momento de su adopción, en este caso Enna-mati. Además, que se contemple la posibilidad de que Mušapu pudiera servir al nieto de su padre adoptivo refuerza la edad temprana del adoptado.

Por otra parte, en JEN 572 el joven Naniya es adoptado por el esclavo y tejedor Tirwaya para que éste le enseñe su oficio. Tirwaya se encargará de encontrarle una esposa a Naniya, por lo que la edad del adoptado no será tan prematura como la de otros contratos[365]. Sin embargo, en ninguna cláusula se habla de cuestiones hereditarias, y lo único que tendría que hacer en el futuro Naniya es, junto a su mujer, servir y mantener a Tirwaya hasta la muerte de éste. En ese momento se rompería cualquier vínculo entre ambas partes sin darse ningún tipo de transmisión de bienes[366], por lo que, en palabras de Lion, "leur dépendance n'est donc que temporaire"[367], y se presupondría aún una relación entre el adoptado y su familia biológica.

---

361 JEN 571: 10: *⌜i⌝-pá-⌜al⌝-la-⌜aḫ⌝-šu.*

362 Preferimos traducir como "descendencia" en este caso porque no queda claro si el texto se refiere a "hijo" o "hijos" de Enna-mati. El logograma MEŠ acompañando a DUMU se aprecia en la copia (JEN 571: 14), pero el verbo "honrar" se encuentra en forma singular y sin que se aprecie una terminación de persona tipo *-šu* ni *-šunu* (l. 15: *i-pá-⌜al⌝-la-aḫ*), por lo que una posibilidad de interpretación es que Enna-mati, en el momento de redacción del contrato, no tuviera aún hijos.

363 Como lo entiende Cassin (*L'adoption à Nuzi*, 41–42), que denomina a este tipo de adopciones *adoptio servi loco*, por "la servitude jusqu'à la mort de l'adoptant" y por "le fait aussi d'avoir un héritage conditionnel".

364 Lion, "Les adoptions d'hommes à Nuzi", 546.

365 Aun así, en ningún caso Naniya sería un hombre adulto, ya que se trata de una entrega en adopción de un sujeto libre y estaría en la primera fase de la fase de aprendiz de tejedor.

366 Las dos partes salen ganando: Naniya aprende un oficio y recibe una esposa mientras que Tirwaya es mantenido es su vejez. En todo caso, Tirwaya, en su condición de esclavo de Enna-mati (JEN 572: 4), no poseería en principio capacidad jurídica para adoptar con el objetivo de tener herederos.

367 Lion, "Les adoptions d'hommes à Nuzi", 546.

También HSS 5 57 es una adopción con peculiaridades propias. En ella el joven adoptado Baltešup, al que su padre adoptivo Belaya le ha entregado una esposa, tiene la posibilidad de elegir tras la muerte de Belaya entre hacerse o no cargo de parte del *ilku*[368] de éste. Si eligiera la segunda opción, tomaría a su mujer y posibles hijos y dejaría las tierras que le correspondían. Por tanto, estamos ante una "herencia condicional", como define Cassin una de las características de las *adoptio servi loco*[369].

En el resto de contratos de Nuzi y Aššur el joven adoptado parece ser de condición libre y tiene el derecho a heredar todo el patrimonio del adoptante o al menos una parte de él[370]. Sin embargo, en los documentos emariotas no se subraya la parte de herencia que le corresponde al adoptado. Ello se debe sin duda a la distinta tradición escribal entre Siria y Asiria, ya que también los adoptados de Emar recibirían su porción hereditaria a la muerte de su padre adoptivo.

Podremos concluir en este aspecto que el que un joven sea tomado *ana mārūti* no es sinónimo, al menos en Nuzi, de que sea adoptado en estatus de hijo a todos los efectos, si por ello entendemos entre otras cosas la recepción de derechos plenos a nivel jurídico[371]. En el antiguo Oriente probablemente estos casos para nosotros anómalos se entenderían como adopciones cotidianas y normales, y un niño como el Mušapu de JEN 571 sería un adoptado más, pero jugando distinto rol que sus homólogos de otros contratos[372].

Por otra parte, los contratos de adopciones infantiles, al igual que los de adultos, expresan los derechos y obligaciones de cada parte del acuerdo. El principal deber del adoptado es el de servir a sus padres adoptivos en su adultez y senectud[373]. Ello se señala con la fórmula tipo "NP_1 honrará a NP_2" mediante el

---

368 Sobre el concepto de *ilku*, las obligaciones fiscales, véanse Ignacio Márquez Rowe, "Royal Land Grants and *ilku*-Service in Ugarit. The Legal Mechanism", en Horst Klengel y Johannes Renger (eds.), *Landwirtschaft im Alten Orient*, BBVO 18 (Berlín: Reimer Verlag, 1999), 171–78; Sophie Démare-Lafont, "*ilku*", en Joannès, *Dictionnaire*, 407–8.

369 Cassin, *L'adoption à Nuzi*, 42.

370 En la línea de los contratos paleobabilónicos de adopciones de niños, como apunta Garroway: "the social status of the adopted child in the OB period appears almost equal to that of a free child" (*Children*, 85).

371 En este sentido véase ibíd., 91.

372 Aun así, para los contratos de Nuzi no se debe caer en el error de comparar las diez adopciones infantiles con todas en la que la expresión *ana mārūti* aparezca, ya que también en las "falsas adopciones", cuya objetivo principal es la transferencia de bienes, encontramos idénticas expresiones.

373 Se indica en textos de Nuzi (JEN 571: 12, JEN 572: 10, HSS 5 7: 20, HSS 5 57: 7, HSS 5 67: 13, HSS 19 22: 17, HSS 19 43: 12, HSS 19 45: 9) y de Aššur (KAJ 1: 8, KAJ 4: 12). En este sentido, un paralelo posterior interesante se plasma en la epopeya ugarítica de Aqhatu, en el apartado denominado por del Olmo como "el hijo ideal" (KTU 1.17: 16–23). En él se expone un "catálogo de virtudes" que un hijo debía tener

empleo de los verbos *palāḫu* o *wabālu*. Vemos así que también a la hora de redactar el contrato de adopciones infantiles se regla esta obligación futura y no solamente en los casos en los que los adoptados son adultos[374].

Además, en tres textos nuzitas el joven adoptado se debería hacer cargo de las obligaciones fiscales[375]. Ciertas propiedades pasaban a pertenecer parcialmente al adoptado, que compartía su usufructo con descendientes directos del adoptante[376]. En todos los casos el verbo utilizado para referirse a trabajar y mantener el *ilku* es *našû*[377], que ya en época paleobabilónica se emplea en contextos parecidos[378].

Por tanto, el adoptado en estos tres documentos de Nuzi no poseerá jurisdicción suficiente para reglar por él mismo el contrato de adopción, ya que su posición es pasiva, pero sí que tendrá la capacidad para trabajar el *ilku* de su padre adoptivo. Esta obligación y responsabilidad indicaría que Baltešup (HSS 5 57), Kinnuya (HSS 19 22) y Arim-matka (HSS 19 51) no pueden ser considerados como adoptados excesivamente jóvenes, y probablemente se encontrarían a las puertas de la adolescencia, estando en edad potencialmente casadera.

El adoptante

En la mayoría de los contratos de adopciones infantiles estudiados la parte adoptiva se corresponde con un varón[379]. HSS 19 43 es el único texto de Nuzi en el

---

con relación a su padre, como por ejemplo recogerle cuando se emborrachara. Al respecto véase Gregorio del Olmo, *Mitos y Leyendas de Canaán según la tradición de Ugarit*, Fuentes de la ciencia bíblica 1 (Madrid: Ediciones Cristiandad, 1981), 372 y 336.

374 Van Driel, sin embargo, defiende que solo aquellos padres necesitados de cuidados adoptarían a hijos adultos para que éstos les mantuvieran (Govert van Driel, "Care of the Elderly: The Neo-Babylonian Period", en Stol y Vleeming, *The Care of the Elderly*, 189). En varios documentos de adopción de Nuzi el adoptante es el que debe encargarse de la alimentación y el vestido del adoptante, como en Gadd 51, HSS 5 60, HSS 13 490, HSS 19 56, JEN 18/JEN 405, JEN 59 y JEN 595. Sin embargo, como apunta Lion, "il s'agit dans tous ces cas d'adoptions que l'on peut assimiler à des ventes en viager, dans lesquelles l'adopté n'a pas de fils biologiques" (Brigitte Lion y Diana Stein, *The Tablets from the Temple Precinct at Nuzi*, HSS 65 [Bethesda: CDL Press, 2016], 172, ll. 23–26).

375 HSS 5 57, HSS 19 22 y HSS 19 51.

376 Al menos con dos hijos naturales en HSS 5 57 (l. 11: *it-ti* DUMU.MEŠ [m]*til-la-a-a*) y HSS 19 22 (l. 26: *it-ti* DUMU.MEŠ <m>*a-rip-*⸢*še*⸣-[*el-li*], y con la hija —y mujer del adoptado— en HSS 19 51 (l. 9: ⸢*it-ti*⸣ [DUMU]-*ti-ia*).

377 CAD N/2 97a, 2'. Restituimos en HSS 19 22: 26 dicho verbo por comparación con HSS 5 57 y HSS 19 22.

378 Véase al respecto "The Care of the Elderly in Mesopotamia in the Old Babylonian Period", en Stol y Vleeming, *The Care of the Elderly*, 62.

379 Además, en todos los casos del Bronce Reciente solo es uno el adoptante, al contrario que en la mayoría de textos paleobabilónicos, donde una pareja es quien adopta

que la adoptante es una mujer[380], mientras que en Emar encontramos otros dos casos similares, E6 91 y TBR 77. Aun así, es lógico pensar que si el padre adoptivo aparece en los documentos como titular del acto, detrás podría haber una mujer —su esposa y madre adoptiva—, como realmente algunos casos muestran[381].

Con una sola excepción reciente[382], la bibliografía disponible referente a las adopciones en el Próximo Oriente antiguo no nos informa en ningún momento sobre la edad de los padres adoptivos. Sin embargo, ciertas evidencias indirectas en los textos cuneiformes pueden encaminarnos a conferir una edad u otra a este grupo de individuos con rol compartido dentro de las adopciones infantiles[383].

En un corpus documental reducido del Bronce Reciente mesopotámico aparece, en contexto de derechos hereditarios —testamentos y adopciones— la fórmula tipo "el hijo mayor recibirá doble parte de herencia, mientras que el menor (o el resto de hijos) recibirá según su rango"[384]. Ya atestiguada en el período paleobabilónico[385], encontramos esta expresión principalmente en el archivo de Nuzi[386], aunque también en Aššur[387] y Ḫana[388]. Los documentos de

---

(Gonelle, *La condition juridique*, 65). A modo de ejemplos en este sentido, véanse los documentos BE 6/2 24, BE 6/2 57 y PBS 8/2 107 (Stone y Owen, *Adoption in Old Babylonian Nippur*, n.os 9, 11 y 13 respectivamente). Aun así, habrá ocasiones contemporáneas a Hammurapi en las que un solo adoptante (hombre o mujer, esta última más frecuente a la luz de la documentación) adopte un niño (Gonelle, *La condition juridique*, 66–68).

[380] Entre las "adopciones reales" de hombres adultos en Nuzi poseemos pocos casos en los que el adoptante es una mujer. Al respecto véase Lion, "Les adoptions d'hommes à Nuzi", 544.

[381] Por ejemplo, HSS 5 7, donde Bekušḫe es la mujer del padre adoptivo y solamente aparecerá nombrada cuando se trate una posible futura ruptura del contrato, y no al principio del mismo. Algo parecido en HSS 19 51 con Ušeli. En HSS 19 22 el padre adoptivo tiene al menos dos hijos biológicos, Ilušemi y Utḫapae, por lo que es más que probable que contara con una mujer. Para Aššur, en KAJ 1 (si seguimos la interpretación de David [*Die Adoption*, 101] y David y Ebeling [*Assyrische Rechtsurkunden*, 4]), también se nombraría a la madre, aunque el texto está fragmentado (l. 7). En un texto emariota la parte adoptiva, Amḫazi, tiene a Dagan-nawārī como esposa (RE 82: 21: ⌜DAM⌝-*ti*-⌜*šu*⌝).

[382] Justel, "Some Reflections".

[383] Los aspectos tratados en este subapartado se encuentran explicados con mayor detalle en ibíd., 150–53.

[384] Esto es, menor cantidad para heredar.

[385] En el texto sumerio de Nippur BE 6/2 57 Ṭāb-balāṭu y su esposa Beltiya adoptan a Ḫabil-aḫi. Empero, su hijo primogénito (l. 5: ŠEŠ.GAL), Ninurta-gamil, deberá tomar primero una parte preferente en la herencia (l. 5: SÍB.TA; Stone y Owen, *Adoption in Old Babylonian Nippur*, 47–48).

[386] JEN 166, HSS 5 7, HSS 5 21, HSS 5 46, HSS 5 60, HSS 5 67, HSS 5 71, HSS 5 72, HSS 5 77, HSS 5 99, HSS 9 24, HSS 19 5, HSS 19 6, HSS 19 22, HSS 19 37, HSS 19 46, HSS 19 50, HSS 19 51.

[387] KAJ 1.

adopción nos hablan de que es el hijo biológico el que se hará con el doble de la herencia, y el adoptivo se quedará con el resto del patrimonio[389].

Una parte de dichos textos plantea la posibilidad de que los padres adoptivos tengan una descendencia natural tras el acuerdo de adopción[390], pudiéndose referir estos contratos tanto a adultos como a menores adoptados[391]. Aun así, entre estos tres documentos de adopciones de adultos hay dos que presentan peculiaridades que los diferencian: HSS 19 50 es una "falsa adopción" y en C-8 la herencia se reparte equitativamente entre el hijo biológico y el adoptado[392].

Por tanto, solamente una adopción de adulto muestra las cláusulas "Si NP_1 tuviera un hijo ..." y "(Ese hijo) será el primogénito, y recibirá doble parte en la herencia" (HSS 5 60[393]). Mientras tanto, son cuatro los textos de adopciones infantiles donde vemos ambas fórmulas (HSS 5 7, HSS 5 67, HSS 19 51, KAJ 1), cuando proporcionalmente esos casos deberían ser mucho menos numerosos[394].

---

388 RBC 779 (cf. Podany y Beckman y Colbow, "An Adoption and Inheritance Contract", 39–51).

389 Tales adopciones son HSS 5 7, HSS 5 60, HSS 5 67, HSS 19 22, HSS 19 37, KAJ 1, RBC 779. Para un reciente análisis comparativo entre ellas, véase Lion, "Adoptions médio-babyloniennes".

390 Mediante la introducción condicional *šumma* (prótasis tipo "si NP_1 tuviera un hijo..."). Speiser habla de este tipo de fórmula, aunque no llega a una conclusión sobre la edad de adoptados y adoptantes (Ephraim Avigdor Speiser, "New Kirkuk Documents Relating to Family Laws", *AASOR* 10 [1928/1929]: 1–71, 7–8, punto 3). Para la Siria del Bronce Reciente posemos tres textos de adopción de adultos en los que se prevé que la pareja adoptante pueda tener descendencia natural: TBR 43, TBR 72 y RAI 47/1. Aun así, en ninguno de los tres casos aparece la fórmula referente a heredar el doble, por lo que centraremos dicha línea de trabajo en la zona mesopotámica septentrional, especialmente en Nuzi.

391 Adultos: HSS 5 60, HSS 19 50, C-8 (Paradise, *Nuzi Inheritance Practices*, 52ss). Niños: HSS 5 7, HSS 5 67, HSS 19 51, KAJ 1 (este último ejemplo según nuestra restitución en Justel, "Some Reflections", 152, n. 48: [*šum-ma* (*i-na* EGIR) DUMU.MEŠ] *⸢i-ra⸣-šu-ú-ni*, "[Si (en el futuro) hijos (O. D.)] ⸢tu⸣vieran").

392 La única diferencia entre los hijos es que el natural se hará cargo de los "dioses" del padre, a un nivel más simbólico que propietario.

393 Cf. Garroway, *Children*, 69–72.

394 Además, es difícil pensar que ambas expresiones se dieran en cada uno de los diez textos con el que cuenta nuestro corpus de adopciones infantiles en el Bronce Reciente. Así, por ejemplo, hemos visto cómo en JEN 571 el joven Mušapu entra en un estatus no explícito de semi-servidumbre, así como Baltešup en HSS 5 57, cuya futura herencia es aún de carácter condicional. También en JEN 572 la dependencia del muchacho aprendiz para con su padre adoptivo es temporal, y lo único que heredaría de él sería su saber profesional (véase Lion, "Les adoptions d'hommes à Nuzi", 547; sobre CH 188, en la misma línea, cf. Raymond Westbrook, "The Adoption Laws of Codex Hammurabi", en

En nuestra opinión, dicho fenómeno no se trata de una coincidencia, y puede ser explicado desde una perspectiva antropológica. Así como van Driel defiende que solo aquellos padres necesitados de cuidados adoptarían a hijos adultos para que éstos les mantuvieran[395], nosotros creemos, basándonos en estos textos, que los padres adoptivos más jóvenes serían más proclives que los ancianos a la hora de adoptar niños pequeños. Las causas para adoptar tan tempranamente podrían ser varias: pronta provisión de un heredero por parte del joven matrimonio, creerse estéril por no haber tenido descendencia durante los primeros años de convivencia en pareja, etc. Además, es ciertamente difícil imaginar dos ancianos adoptando un niño pequeño, ya que los primeros necesitarían cuidados en el mismo momento de la adopción, y el segundo no tendría capacidad física suficiente para satisfacer tal urgencia.

El hecho de que en estos documentos de adopciones infantiles se plantee la posibilidad de que los padres adoptivos puedan tener hijos biológicos después del contrato nos ayuda a comprender dicha cuestión. La mujer y madre adoptiva se encuentra en período fértil, inscribiéndose en una franja de edad variable pero a su vez concreta: desde la pubertad hasta la menopausia.

Así, y aunque de manera no completamente generalizada, estos textos de adopciones de niños nos informan indirectamente de la temprana edad de sus padres adoptivos. Éstos, en plena madurez pero no senectud, tienen por una parte energía vital suficiente como para hacerse cargo de un preadolescente. Por otra parte, son plenamente conscientes de que aún pueden tener un hijo biológico, causa por la que en los contratos encontraríamos la fórmula "Si NP_1 tuviera un hijo…".

Respecto al estatus social de los adoptantes, podemos generalizar que serían de condición libre[396]. Algunos de ellos no están atestiguados en ningún otro texto[397], mientras que en ciertos casos sus actividades son bien conocidas[398].

Anson F. Rainey [ed.], kinattūtu ša dārâti*: Raphael Kutscher Memorial Volume* [Tel Aviv: Institute of Archaeology of Tel Aviv University, 1993], 198–99). Ello hace lógico el no encontrar ambas fórmulas en todos los textos de adopciones infantiles de Nuzi, ya que las cuestiones hereditarias quedan relegadas en estos casos a un segundo plano.

395 Van Driel, "Care of the Elderly", 189. Este estudio de van Driel se centra en la época neobabilónica, pero su tesis podría generalizarse para todo el Próximo Oriente antiguo. Aunque en cierta manera nos mostremos de acuerdo con su propuesta, dicha relación causa-efecto no se dará en todos los casos.

396 Aun así, y respecto al caso nuzita de los archivos del príncipe Šilwa-Teššup, Stein defiende que "little can be said about the status of the adopters" (Diana Stein, *The Seal Impressions (Text)*, en Gernot Wilhelm [ed.], *Das Archiv des Šilwa-Teššup* [vol. 8] [Wiesbaden: Harrasowitz Verlag, 1993], 63).

397 No está claro, por ejemplo, que el Šuriḫilu de HSS 5 67 sea el mismo que vemos en otros textos (HSS 5 2, HSS 5 30, HSS 5 47, HSS 5 48, HSS 5 49, HSS 5 59, HSS 5 62, HSS 5 72, HSS 5 96).

Una excepción al respecto la constituye el documento nuzita JEN 572. En él, Naniya es entregado por su padre a Tirwaya[399]. Éste último es el esclavo de Enna-mati[400], por lo que estamos ante el único ejemplo de adopción infantil del Bronce Reciente en el que el adoptante es un sirviente[401]. Ello se deberá explicar desde una óptica profesional: aunque Tirwaya adopte a Naniya "en estatus de hijo" (l. 3), la dependencia entre ellos podría ser temporal, ya que el objetivo del contrato es que Naniya aprenda un oficio. Así, en este caso el adoptante sería el maestro tejedor de la casa de Enna-mati, cargo quizás importante solo hasta cierto punto, ya que no se traduce en su aparición en más textos de Nuzi[402].

En ciertas ocasiones los adoptados adoptan a un niño o joven de su propia familia. En HSS 5 7 Zike entrega su hijo Šelluni (O. D.) a otro de sus hijos, Akap-šenni (O. I.)[403]. En este caso Akap-šenni no cuenta con descendencia, aunque el tenerla es una posibilidad que se contempla para el futuro[404]. Adop-

---

[398] Ejemplo de Teḫip-Tilla de JEN 571, que aunque carezca de filiación, probablemente se corresponda con el bien atestiguado hijo de Puḫišenni (interpretado así por Lion, "Les adoptions d'hommes à Nuzi", 567). Otros sujetos conocidos son Eḫli-Tešup (HSS 19 45, también en HSS 5 74, AASOR 16 95, AASOR 16 96) o Kelipukur (HSS 19 51, también en HSS 19 12).

[399] Ll. 1-5: ^{m}*ḫu-i-til-la* DUMU *wa-ar-de₄-e-a / ù* ^{m}*na-ni-ia* DUMU-*šu / a-na ma-⸢ru⸣-ti / a-na* ^{m}*ti-[ir]-⸢wa⸣-ia* ÌR *ša* ^{m}*en-na-ma-ti / it-ta-din*, "Ḫui-Tilla, hijo de Warteya, ha entregado su hijo Naniya en adop⸢ción⸣ a T[ir]⸢wa⸣ya, esclavo de Enna-mati".

[400] JEN 572: 4: ÌR *ša* ^{m}*en-na-ma-ti*, "esclavo de Enna-mati". Probablemente este es el Enna-mati hijo de Teḫip-Tilla que encontramos en varios documentos de Nuzi, como precisamente en JEN 571. Esto hace que ambos textos estén íntimamente relacionados, tanto por el trasfondo legal —adopciones infantiles— como por pertenecer a los archivos de la misma familia, la de Teḫip-Tilla, que nos ha legado el mayor corpus privado nuzita.

[401] Podríamos considerar HSS 19 43 como otro ejemplo en el que el adoptante es un esclavo, en este caso mujer. En la primera fase de la adopción de dicho texto (ll. 3–6), complejo como hemos visto (§4.3), Kuntuya, esclava de Arip-šerri (l. 2: GEMÉ *ša* ^{m}*a-ri-ip-⸢še-ri⸣*) había recibido a Utḫaya para criarle (l. 6: *a-na ru-ub-bi-i it-ta-di-in*). Aun así, la adopción en cuestión que se regla en dicho documento es la correspondiente a las ll. 7-10 y 27, y la primera fase no correspondería por otra parte a una adopción normal, o al menos eso se desprende del hecho de que no encontremos en esa cláusula la forma *ana mārūti* + verbo (única expresión en Nuzi, cf. tabla 6). Para adopciones de adultos en las que el adoptante es un esclavo —en este caso esclava— véase Katarzyna Grosz, *The Archive of the Wullu Family*, CNIP 5 (Copenague: Museum Tusculanum Press, 1988), 57, texto 9.

[402] Ya que el Tirwaya que aparece en JEN 572 no es el mismo que el de JEN 482 ni JEN 677.

[403] Ll. 1–4: *um-ma* ^{m}*zi-gi-ma* DUMU *ak-ku-ia /* DUMU-*ia* ^{m}*še-el-lu-ni a-na / ma-ru-ti a-na* ^{m}*a-kap-še-en-ni /* DUMU *zi-gi* SUM-*nu*, "Así (dice) Zike, hijo de Akkuya: «He entregado mi hijo Šelluni en adopción a Akap-šenni, hijo de Zike»".

[404] Mediante la fórmula "Si un hijo mío naciera, será el mayor, y tomará dos partes en la herencia" (ll. 10–12). En esta ocasión se quiere resaltar que Šelluni, si tiene un nue-

tando a su hermano menor, Akap-šenni se hace con un heredero principal conocido en caso de no tener sucesores biológicos.

Otros ejemplos lo constituyen los textos asirios KAJ 1 y KAJ 6, donde es de nuevo un hombre el que adopta a sus sobrinos[405]. En ambos casos el acuerdo está redactado desde el punto de vista del padre natural y hermano del adoptado, que entrega a su hijo biológico en adopción[406].

Por último, en el documento emariota TBR 77 Gugatu da sus hijos Ilī-abī y Bitti-Dagan a su hermana Ummī-namī[407]. Probablemente Gugatu fuera viuda, ya que no se alude a su esposo, y necesitaría una mujer que se pudiera encargar convenientemente de sus dos hijos[408]. Constituye éste el único ejemplo del Bronce Reciente sirio en el que una mujer adoptante es la tía de los adoptados[409].

Por tanto, y aunque no poseamos muchos ejemplos en los que un joven es adoptado dentro de su entorno familiar, podemos pensar, debido al alto porcentaje dentro de la documentación, que los parientes directos intervenían frecuentemente en estos contratos en calidad de adoptantes. Mediante este fe-

---

vo sobrino, no recibirá tanta herencia. Para ello el texto explicita: "La mujer de Akap-šenni que tenga un hijo, (éste será) el primogénito, (mientras que) Šelluni será el menor" (ll. 13–15). ¿Por qué tal reiteración? Probablemente ello guarde relación con el hecho de que Šelluni es de la misma familia que Akap-šenni, con lazos fuertes en lo personal y en lo económico, y solamente la repetición de una cláusula de este tipo podría resolver una posible futura disputa.

405 En KAJ 1 Aniya entrega su hijo Gimillu (O. D.) a su hermano (de Aniya) Azukiya (O. I.): ll. 2, 4–6: ^{m}*a-ni-ia* DUMU ^{d}UTU-*a-me-ri* / […] / ^{m}*gi-mil-la* DUMU-*šu* / *a-na* ^{m}*a-zu-ki-ia* DUMU ^{d}UTU-*a-me-*[*ri a-bi-šu*] / *a-na mar-ú-ut-ti* ⸢*id*⸣*-din-šu* ("Aniya [Suj.], hijo de Šamaš-ameri, Gimillu [O. D.] su hijo, a Azukiya, hijo de Šamaš-ame[ri, su padre] [O. I.], en estatus de hijo lo ⸢en⸣tregó"). En KAJ 6 será Eriš-ilu el que haga lo mismo con su hijo Nakidu (O. D.) con respecto a Kiniya (O. I.): ll. 2–7: ^{m}*na-ki-i-du* / DUMU KAM-DINGIR / *a-na pa-i ṭup-pí-e* / *ša-a a-bi-i-šu-ma* / ^{m}KAM-DINGIR *ša a-na* DUMU-*ú-ti* / *a-na ki-ni-ia ša-aṭ-ru*. Obsérvese que en ambos ejemplos se nombra la misma filiación de los dos adultos. Aunque adopción de adulto, obsérvese que en el mismo archivo de Aššur encontramos una *adoptio in fratris loco*, en la que Bēlum-karad es adoptado en estatus de hijo por su hermano (nombre perdido) (KAJ 4).

406 Sobre tales cuestiones de KAJ 1 y en especial de la familia de Eriš-ilu de KAJ 6 véase Fine, "Two Middle Assyrian Documents".

407 TBR 77: 6–9: ⸢*a*⸣*-nu-um-ma* ^{m}DINGIR-*lì-*⸢*a*⸣*-bi* DUMU-*ia* / ⸢*ù* ^{f}⸣*bi-it-ti-*^{d}KUR DUMU.SAL-⸢*ia*⸣ / *a-*⸢*na*⸣ DUMU-⸢*ut-ti*⸣ *ša* ⸢^{f}*um*⸣*-mi-na-*⸢*mi*⸣ / ⸢NIN-*ia*-⸣ *at-ta-din* ⸢*šu*⸣*-nu-ti* ("y ⸢he⸣ aquí que [yo, Suj.] a Ilī-⸢a⸣bī, mi hijo, ⸢y a⸣ Bitti-Dagan, ⸢mi⸣ hija [2 O. D.], e⸢n estatus⸣ de hijos de ⸢Um⸣mī-namī [O. I.], ⸢mi hermana⸣, ⸢l⸣es he entregado).

408 Así pues, ¿qué mejor mujer que su propia hermana para hacerse cargo de unos niños quizás huérfanos de padre? Sobre la posibilidad de la muerte del padre en el caso de TBR 77 y otros ejemplos véase Justel, *La capacidad jurídica*, 115.

409 Otras relaciones, y siempre en adopciones de adultos, podrían ser de madrastra (TBR 42) o de hijastra (TBR 21, Hir 29, MBQ-II 37) (al respecto véase Justel, *La capacidad jurídica*, 117).

nómeno legal saldrían ganando los familiares más cercanos, que probablemente no tendrían descendencia o que en todo caso necesitarían de ella. También los pequeños heredarán de sus padres adoptivos, y sus progenitores naturales dejarían de encargarse de sus hijos, fuera por posible viudedad —TBR 77— o por otros casos desconocidos pero posiblemente con causas de índole económico: asegurar la herencia de los hijos.

Por otra parte, y al igual que para el caso de los adoptados adultos, los contratos de adopciones infantiles regulan las obligaciones futuras de los adoptantes.

En JEN 572 el acuerdo explicita que Tirwaya debía instruir a su recién hijo adoptivo, Naniya, en el oficio de tejedor[410], conteniendo dicho texto una cláusula en el caso de que el adoptante no cumpliera con tal obligación en el futuro[411].

Sin embargo, lo más generalizado es la responsabilidad del adoptante de suministrar determinados tipos de bienes al adoptado. Primeramente, en ciertos documentos el primero da al segundo sus campos y las pertenencias, a modo de compromiso hereditario[412]. En segundo lugar, en ocasiones es deber del padre adoptivo proporcionar una esposa al joven adoptado, fenómeno frecuentemente atestiguado en Nuzi[413]. Ello pone de relieve sin duda una mayor edad de los

---

410 JEN 572: 5–7: <^{m}>*ti-ir-wa-ia* / ^{m}*na-ni-ia* […] / *ù a-na* [*iš*]*-pa-ru-ti ú-la-am-ma-as-sú* ("Tirwiya (a) Naniya […] el oficio de [te]jedor le enseñará").

411 JEN 572: 15–18: *šum-ma* ^{m}*ti-ir-⸢wa⸣-ia* ^{m}*na-ni-ia* / *a-na iš-pa-ru-ti la ú-la-⸢am⸣-ma-⸢as⸣-sú* / *ù* ^{m}*ḫu-i-til-la i-ma-aq-qú-ut-ma* / *⸢ù* ^{m}*na⸣-ni-ia* DUMU-*šu i-le-eq-⸢qè⸣* ("Si Tir⸢wa⸣ya el oficio de tejedor no le ⸢ense⸣ñara, entonces Ḫui-Tilla llegará ⸢y a Na⸣niya, su hijo, se lleva⸢rá⸣ [consigo]").

412 Tres textos nuzitas: HSS 5 67: 4-7: ^{m}*šu-ri-ḫi*-DINGIR ^{m}*še-en-ni-*[*ma*] / *mi-nu-um-me-e* A.ŠÀ.MEŠ-*ti an-*[*nu-ti*] / *ma-na-ḫa-ti-šú mi-im-ma šum-šú* / 1-*en* NÍG-*šú a-na* ^{m}*še-en-ni-ma* SUM-*din* ("Šuriḫilu [Suj.] a Šenni[ma] [O. I.] de cada uno de es[tos] campos, de todas sus pertenencias, de cualquier (cosa), (de todo eso) una parte a Šennima dio"); HSS 19 22: 6-9: *i+na* A.ŠÀ.MEŠ-*šu i+na* [É.ḪI.A.MEŠ-*šu*] / *⸢i+na mi⸣-im-mu-šu* [*ša* ^{m}*a-ri-ip-še-el-li*] / ⸢DUMU⸣-*šu ša* ^{m}*a-ri-⸢ip⸣-*[*še-el-li*] / 2-*šu* ḪA.LA *i-leq-⸢qè⸣* ("En sus campos (y) en [sus terrenos], ⸢en to⸣das las propiedades [de Aripšelli], el ⸢hijo⸣ de Ari⸢p⸣[šelli (Kinnuya)] 2 partes toma⸢rá⸣"); HSS 19 51: 7–8: [A].⸢ŠA⸣.GA-*ia* / É.ḪÁ.[MEŠ] *ma-na-ḫa-ti-ia ⸢ù⸣ šá-a-ši ⸢i-zi⸣-im-me-ḫu* ("Mis [ca]⸢mp⸣os (mis) casa[s] (y) mis pertenencias, por tanto él (mi hijo Arim-matka) recibirá").

413 Cinco textos nuzitas: JEN 572: 5–6: <^{m}>*ti-ir-wa-ia* / ^{m}*na-ni-ia aš-ša-ta ú-ša-aḫ-ḫa-az-zu* ("Tirwaya (a) Naniya una esposa le proporcionará"); HSS 5 57: 4–5: ^{m}*be-la-a-a* / ^{m}*bal-te-šup* DAM *ú-ša-aḫ-az-zu* ("Belaya a Baltešup una esposa le proporcionará"); HSS 5 67: 16–17: ^{f}*gi-li-im-ni-nu a-na aš-šu-*[*ti*] / *a-na* ^{m}*še-en-ni-ma* SUM-*din* ("Gilimninu en (estatus) de esposa a Šennima ha sido dada (por Šuriḫilu, el adoptante)"; HSS 19 45: 6: *aš-⸢ša-ta⸣ ú-ša-ḫa-az-zu* ("Una mujer [O. D.] proporcionará (Eḫli-Tešup a Utḫaptae)"; HSS 19 51: 4-5: *ké-li-pu-kùr* DUMU.SAL-*⸢šu⸣* ^{f}*⸢ta⸣-*[*du*]*-⸢ni⸣* / *a-na aš-šu-ti a-na* ^{m}*a-ri-im-⸢ma-at⸣-*[ka_4] *⸢id⸣-din* ("Kelipukur [Suj.], a ⸢su⸣ hija ⸢Ta⸣[du]⸢ni⸣ [O. D.] en estatus de esposa, a Arim⸢mat⸣[ka] [O. I.] ⸢di⸣o"). Nótese que en HSS 19 51 y probablemente en HSS 5 67 (según

sujetos adoptados de tales textos, en el período de la adolescencia y con edad suficiente para desposarse.

En algún documento nuzita se expresa también la obligación de los adoptantes de pagar algo a los padres naturales del joven adoptado. En JEN 571 Teḫip-Tilla paga 1 talento de cobre a Ḫutiya por la educación de Mušapu[414]. Algo parecido acontece en JEN 572[415], aunque esta vez el precio abonado será en especie: cinco ovejas[416]. Asimismo, en el documento BM 80388 el adoptante pagará un buey y un asno a los padres naturales del niño recién nacido, en concepto de la crianza del pequeño adoptado (*teḫambašḫu*)[417].

Vemos, por tanto, que solo en el archivo de Nuzi se explicitan las obligaciones de los padres adoptivos. Aun existiendo cláusulas tipificadas en los textos de Aššur y Emar, ninguna de ellas se referirá a este fenómeno, sin duda alguna debiéndose a estar inmersas en otra tradición escribal que no notaría dichas exigencias para cumplir.

El tutor legal

En las adopciones denominadas "entregas en adopción"[418] entendemos por tutor legal el sujeto con potestad sobre el adoptado antes de la creación del contra-

---

Lion, "Les adoptions d'hommes à Nuzi", 559, 565) el adoptante entrega a su propia hija como esposa de su recién hijo adoptivo.

414 JEN 571: 6: 1 ⸢GUN⸣ URUDU ⸢*ki*⸣*-ma mu-*⸢*re-eb-bi*⸣*-šu* (lectura basada en colación personal de noviembre de 2009; corríjase la lectura de CAD R 46 a en lo referido a la conservación de signos: 1 GÚ.UN URUDU *mu-*⸢*re-eb*⸣*-bi-šu*).

415 Según la interpretación de Lion ("Les adoptions d'hommes à Nuzi", 546, n. 27), que aporta la idea de restituir [*mu-re-eb-bi*]*-šu* ("por su educación") en la l. 20 de JEN 572, por comparación con el *mu-*⸢*re-eb-bi*⸣*-šu* de JEN 571: 6, algo que no hacen otros autores (como Stohlman, *Real Adoption at Nuzi*, 158). La colación del molde de JEN 572 (JENu 1160) en la Tablet Room del Oriental Institute, hace que nos inclinemos por la restitución [NÍG.BA]*-šu*, "(como) su regalo", en lugar de [*mu-re-eb-bi*]*-šu*, debido principalmente a la extensión del espacio dañado. Para profundizar en esta cuestión véase Justel, "Adopciones infantiles", 114, n. 49.

416 JEN 572: 19–25: [*ù* ^{m}*ti*]*-ir-wa-ia* 5 UDU.MEŠ *ki-*⸢*ma*⸣ / [*mu-re-eb-bi*]*-šu a-na* ^{m}*ḫu-i-til-la* / [*i-na*]*-*⸢*an-din*⸣ *ù* EME*-šu* / [*ša* ^{m}*ḫu*]*-i-til-la* ⸢*iq*⸣*-ta-*⸢*bi*⸣*-*[*ma*] / [*a-an*]*-*⸢*ni*⸣*-mi* 5 UDU.MEŠ / [*a-šar* ^{m}]*ti-ir-wa-ia* / [*el-te*]*-qè-e-mi* ("[Y Ti]rwaya cinco ovejas por su [educación] a Ḫui-Tilla [da]⸢rá⸣, y (como) su declaración, de Ḫui-Tilla, él ⸢d⸣i[jo]: "[Efec]⸢tiva⸣mente, cinco ovejas [de] Tirwaya [he re]cibido").

417 BM 80388: 7–10: *ù* ^{m}DINGIR*-ni-*TUK 1 GU$_4$ *ù* 1 ⸢ANŠE⸣ / *a-na* ^{m}*be-li-ia ù a-na* ^{f}⸢*ša*⸣*-*[*bi-ku-ur-ti*] / *ki-ma te-ḫa-am-ba-aš-ḫé-šu-n*[*u*] / *it-ta-din-šu-nu-ti* ("E Ila-nīšu les dio un buey y un ⸢asno⸣ a Bēlīya y a ⸢Ša⸣[bikurti] en concepto de s[u] (de ellos) *teḫambašḫu*").

418 Por tanto, no podrá existir un tutor legal en las "adopciones directas" como E6 256, ya que Abī-kāpī establece sin intermediarios (aspecto este interpretable solo a partir de la redacción, ya que realmente Addu, abuelo de los adoptados, se podría considerar como tutor de los niños) a tres huérfanos (ll. 23–32).

to[419]. Una vez concluido el acuerdo, dicha jurisdicción pasará directamente al padre adoptivo.

Aunque no se explicite en la documentación, el tutor legal en las adopciones infantiles se corresponde con los padres naturales de los niños, y actuará como el Complemento Circunstancial de Procedencia (C. C. P.) de la acción: NP_1 (Suj./adoptante) adopta a NP_2 (O. D./adoptado) de NP_3 (C. C. P./tutor legal). Esta situación se marcará en textos similares del período paleobabilónico mediante la preposición sumeria KI, acadio *itti*, "con", aunque aquí con el sentido de procedencia "de", en el que el sujeto de la acción suele ser el adoptante[420]. Aun así, en casi todos los textos de nuestro corpus de adopciones infantiles —a excepción obviamente de la adopción directa E6 256— el contrato se redacta desde el punto de vista del tutor legal, que es por tanto quien generalmente emprende la acción de hacer adoptar a su hijo[421].

El tutor legal es en la mayoría de los textos de adopciones de jóvenes el padre natural de los mismos[422], aunque este papel también lo puede desempeñar la madre[423], ambos progenitores[424] o incluso sujetos biológicamente ajenos a la familia del niño[425].

Al no encontrar apenas información sobre esta parte del contrato, la edad de los tutores legales es difícilmente rastreable. Podremos pensar, sin embargo, que al tener hijos de edad temprana estos padres no serían ancianos en todo caso, aunque el tutor legal, normalmente varón a partir de la documentación, podría tener descendencia natural hasta ya entrado en la vejez. En todo caso estos sujetos tampoco serían excesivamente jóvenes, ya que en algunos textos comprobamos que poseían más hijos naturales que el entregado en adopción.

---

419 Este individuo se definirá en la terminología anglosajona como *guardian*, por lo que en la historiografía española el tutor legal será denominado asimismo como "guardián".

420 En relación con los padres naturales, el empleo de esta preposición implica "qu'ils donnent eux-mêmes l'enfant en adoption" (Gonelle, *La condition juridique*, 64). También encontramos la utilización de dicho término en este sentido en los contratos casitas de ventas de niños (§6.4), algo frecuente en la época y zona mesobabilónica (Jussi Aro, *Studien zur Mittelbabylonischen Grammatik*, Studia Orientalia 20 [Helsinki: Societas Orientalis Fennica, 1995], 99 b1).

421 Así, el tutor legal sigue siendo el C. C. P. del acto, pero no como mero sujeto de procedencia, sino que de él emana el contrato, poniéndose de relieve su preponderancia en el acuerdo.

422 Generalizado en Nuzi y Aššur: JEN 571, JEN 572, HSS 5 7, HSS 5 57, HSS 5 67, HSS 19 22, HSS 19 45, HSS 19 51, KAJ 1, KAJ 6.

423 Solo en Emar: TBR 77, RE 82.

424 BM 80388.

425 HSS 19 43, E6 91.

Por otra parte, la condición social del tutor legal parece corresponderse de manera general con la de un hombre libre. Ello se puede defender debido a que: (1) el sujeto tiene capacidad jurídica suficiente como para crear un contrato, ya que se redacta desde su punto de vista; y (2) conocemos algunas de estas personas por otros textos, en los que se desenvuelven en otros contratos legales como gente con plena jurisdicción[426].

Un caso especial en este sentido lo constituye la tutora legal de HSS 19 43, Kuntuya[427], esclava (l. 2: GEMÉ) sin paralelos en otros textos nuzitas. Aun así, la sirvienta debería tener importancia dentro de la familia de su señor, Arip-šerri[428], ya que desde el punto de vista de Kuntuya se plantean los cuatro diferentes niveles de la adopción de dicho contrato (§4.3). Su capacidad jurídica, aun como esclava, sería por tanto significativa[429].

---

426 Ejemplos del Ḫui-Tilla de JEN 572 (también en JEN 218 y JEN 1118), Aniya en KAJ 1 (KAJ 36 y KAJ 54), Eriš-ilu en KAJ 6 (KAJ 155) o del muy bien atestiguado Zike, hijo de Akkuya, de HSS 5 7 y HSS 5 67 (véase Ignace J. Gelb y Pierre M. Purves y Allan A. MacRae, *Nuzi Personal Names*, OIP 62 [Chicago: The University of Chicago Press, 1943], 173a). Otros tutores legales, como el Eteššenni de HSS 5 57: 1, solo estarán atestiguados en estos textos de adopción.

427 Con casi toda seguridad una mujer diferente a las también llamadas Kuntuya que aparecen en JEN 673, JEN 1028 y SMN 347.

428 Encontramos el nombre de Arip-šerri en otros documentos (Gelb y Purves y Mac-Rae, *Nuzi Personal Names*, 29a), aunque es difícil dilucidar si se trata del mismo que en HSS 19 43.

429 Aunque solo conozcamos este ejemplo de tutor legal como esclavo —en este caso tutora legal—, cabe plantearse aquí si en un contexto de adopción los hijos de un esclavo le pertenecerían a él o a su dueño; es decir, si un esclavo podría de manera general actuar como tutor legal de sus hijos en un proceso de adopción. En principio podríamos sugerir que la respuesta es negativa, pero el documento de Nuzi AASOR 16 39, del archivo privado de Tulpun-naya, podría apuntar en otro sentido. Se trata de un proceso legal entre Tulpun-naya y la madre de un bebé, llamada Zamminni. En él Tulpun-naya intenta que se reconozcan sus derechos sobre el niño, puesto que el padre de la criatura, un tal Arrumpa, es uno de sus esclavos (ll. 10–13: "el bebé de Zamminni ha nacido de Arrumpa, mi esclavo"; *še-er-ru-šu ša* ^{f}*za-am-mi-in-*[*ni*] *a-na* ^{m}*ar-ru-u*[*m*]*-pá* ÌR*-ia wal-du-mi*; cf. Lion y Abrahami, "L'archive de Tulpun-naya", 40, n. 135). La sola existencia de este proceso, en el que aparentemente los jueces dictan sentencia favorable a Tulpun-naya (cf. líneas dañadas 18–24), es sumamente interesante a la hora de valorar a quién pertenecía un hijo de un esclavo, ya que la legalidad permitía a Zamminni hacerse reconocer como progenitora del bebé no solo a nivel biológico, sino también legal. Sobre este texto cf. especialmente Lion y Abrahami, "L'archive de Tulpun-naya", 40; Garroway, *Children*, 151–52. Este documento nuzita se puede poner en relación con el mesobabilónico procedente de Nippur, y aún inédito, Ni. 2885. En este texto, a partir del cual proponemos una anterior venta infantil implícita (cf. §6.2), muestra que el dueño de Ātamar-qāssa, quien a instancias de su hermana pugna por su libertad, quería tomarla formalmente como esposa (a Ātamar-qāssa), para que sus futuros hijos fueran reconocidos como libres.

La figura del tutor legal no está ligada a obligaciones contractuales para con el adoptante o el adoptado. Su papel por tanto será el de un sujeto que se limita a entregar su hijo a un tercero. A cambio recibe por parte del adoptante una suma de dinero o bienes de otro tipo (§4.5), lo que no implica necesariamente que se trate de una venta[430].

El tutor legal será en principio un sujeto importante en el contrato, ya que el segundo emana del primero, y la documentación de adopciones de jóvenes se redactarán desde su óptica. En segundo lugar dicho tutor legal suele perder sus derechos jurídicos que antes poseía sobre su hijo biológico[431], ya que éste pasa de una esfera legal a otra mediante la firma del acuerdo.

Los testigos y selladores

Tanto los testigos como las partes que sellan el documento forman también parte del contrato de adopción[432]. En el archivo nuzita de la familia de Paššī-Tilla, por ejemplo, las tablillas están siempre selladas por los testigos[433], y a veces también por una de las partes en el acuerdo[434]. Ello se puede explicar mediante

---

430 Sin embargo, es sospechoso que el único texto de adopción infantil en el que el adoptante da al tutor legal dinero por el niño (1 talento de cobre en JEN 571) es el único ejemplo que poseemos para la adopción "en estatus de hijo" de un semi-siervo sin derecho para heredar. ¿Se trataría, pues, de una venta de niño enmascarada en una formulación prefijada de adopción? No sería una idea descabellada, por lo que en ningún caso consideraremos este ejemplo como una adopción real en el sentido pleno del término.

431 Aun así, a veces aunque la adopción sea *ana mārūti* ("en estatus de hijo") la dependencia del niño con respecto al adoptante podría ser temporal (véase JEN 572).

432 Sobre el empleo de los sellos en la Mesopotamia antigua véanse Cassin, E.-M. "Le sceau: un fait de civilisation dans la Mésopotamie ancienne", *Annales* 15 (1969): 742–51; McGuire Gibson y Robert D. Biggs, *Seals and sealing in the Ancient Near East*, BiMes 6 (Malibú: Undena Publications, 1977); Dominique Charpin, "Des scellés à la signature: l'usage des sceaux dans la Mésopotamie antique", en Anne-Marie Christin (ed.), *Écritures II* (París: Le Sycomore, 1985), 13–23; Nicoletta Bellotto y Simonetta Ponchia (eds.), *Witnessing in the Ancient Near East. I Testimoni nella documentazione del Vicino Oriente Antico*. Acta Sileni 2 (Padua: Sargon, 2009).

433 Como ocurre normalmente en toda Mesopotamia, donde, "souvent, le sceau de quelques-uns des témoins est ajouté comme signe d'authentification supplémentaire: c'est la garantie de leur présence lors de la conclusion du contrat" (Charpin, "Des scellés à la signature", 20).

434 El estudio de referencia sobre los sellos del archivo de Šilwa-Teššup se encuentra en Stein, *The Seal Impressions*.

existencia de una relación —familiar o de amistad— entre el tutor legal y los adoptantes[435].

En algunos textos de adopciones de jóvenes de nuestro corpus de Nuzi es el padre biológico del niño quien, entre otros, sella el contrato[436]. Son los casos de Ḫui-Tilla en JEN 572, Zike en HSS 5 7[437], Kai-Tilla en HSS 19 51, y quizás Bēlīya en BM 80388[438]. Siguiendo a Lion, ello podría significar dos cosas. En primer lugar, que el niño intervenga como objeto de la operación implicará que es demasiado joven para poseer un sello[439]. Otra explicación posible es que el padre biológico abandona su autoridad sobre el pequeño, la cual pasa directamente al padre adoptivo[440].

En el documento asirio KAJ 1 es el padre adoptivo, y no el biológico, quien sella la tablilla[441]. En ese caso el adoptante no perdería los derechos sobre el adoptado, sino precisamente lo contrario. Así, podríamos pensar que el acto de

---

435 Es lo que defiende Stein para el caso del archivo de la familia Pula-Ḫali (Diana Stein, "The Pula-Ḫali family Archive. Seals and Sealing Practice", en Lion y Stein, *L'Archive de Paššī-Tilla*, 259). Para el caso de las adopciones infantiles emariotas, las personas que aparecen en el acto de adopción ni sellan ni son testigos. Sobre la práctica de sellar documentos en Emar, véanse Stefania Mazzoni, "Les sceaux d'Emar", *Syria* 82 (2005): 331–36; Dominique Beyer, *Emar VI: Les sceaux*, Orbis Biblicus et Orientalis Series Archaelogica 20 (Friburgo: Academic Press Fribourg, 2001); Maria Elena Balza, "Les pratiques sigillaires à Emar: quelques donnés préliminaires à propos des documents d'achat et vente", en d'Alfonso y Cohen y Sürenhagen, *The City of Emar*, 153–77; Cohen, "The Scribal Traditions", 120–21.

436 Lion, "Les adoptions d'hommes à Nuzi", 570. En otra ocasión encontramos a Akap-šenni, adoptante de su hermano Šelluni en HSS 5 7, como testigo en el contrato en el que Belaya adopta a Baltešup (HSS 5 57: 25).

437 Aun así, y debido al gran número de veces que el nombre Zike aparece en el archivo de Nuzi, no es seguro que el Zike que encontramos como sellador (HSS 5 7: 50) sea el mismo que el padre del joven Šelluni (l. 1) (Lion, "Les adoptions d'hommes à Nuzi", 570, n. 93).

438 Si reconstruyéramos BM 80388: 25 como [NA$_4$ ^{m}*be-lí*]-*ia*, idea posible pero no segura. Al igual que en el caso de HSS 5 7, necesitaríamos un estudio de los sellos de dichos textos para poder afinar la interpretación.

439 Lion, "Les adoptions d'hommes à Nuzi", 570.

440 En palabras de Charpin, "dans le cas d'une vente, le propriétaire renonce pour toujours à ses droits sur le bien qu'il cède" ("Des scellés à la signature", 20). En este caso, pues, el joven constituirá ese "bien", asemejándose el contrato a una venta. Aun así, y para el ejemplo de JEN 572, la propia Lion ("Les adoptions d'hommes à Nuzi", 546) apunta que la dependencia del joven Naniya solamente sería temporal, por lo que el padre natural, sellando la tablilla, no abandonaría completamente los vínculos con su hijo.

441 KAJ 1: 1: ⸢NA$_4$ $^{m⸣}$*a-zu-⸢ki⸣-[ia]*. Sobre los testigos en las contemportáneas Leyes Asirias Medias véase Nicoletta Bellotto, "The Functions of Witnesses in the Middle Assyrian Laws", en Bellotto y Ponchia, *Witnessing*, 117–29.

sellar implicaría aquí una recepción de la autoridad legal sobre el niño. En este sentido el texto de Aššur KAJ 6 complica una única interpretación al respecto, ya que es el mismo joven adoptado quien sella el documento[442]. ¿A partir de qué edad tendría capacidad una persona de poseer su propio sello? Aunque sea difícil responder a tal cuestión con precisión, podemos pensar que el tener sello podría marcar con frecuencia en la vida de un joven una especie de "rito de paso" hacia la adultez. En todo caso, y sin plantearnos la posibilidad de un error escribal en KAJ 6: 1, probablemente el adoptado Nakidu no sería un niño pequeño[443].

Por tanto, no en todos los documentos los participantes como adoptados, adoptantes o tutores legales actuarán también en el acuerdo como testigos y selladores. Aun así, no deja de ser significativo que en algunos textos de Nuzi y en los dos de Aššur —pero no así en los casos emariotas— sean los padres biológicos, o el adoptado en menor medida, quienes sellen el acuerdo. Hemos visto que no se puede afirmar con total seguridad que los padres sellaran como acto de ruptura de sus lazos con sus hijos naturales —ejemplo de JEN 572, ni que dicho fenómeno sería sinónimo de una edad demasiado temprana del adoptado. Por otra parte, el hecho de que el adoptado en KAJ 6 sellara significará sin duda que éste estará próximo al fin de su adolescencia.

Previsión de rupturas del acuerdo por parte de los actores del contrato

Es posible que en algún momento tras el acuerdo, éste llegue a romperse. Dicha ruptura puede tener como origen a cualquier parte del contrato: tutor legal, adoptado, adoptante, e incluso cualquier sujeto externo[444]. Previendo esta posibilidad encontramos cláusulas que regulan tal fenómeno, por lo que sin duda los quebrantamientos de los contratos se producían habitualmente.

En primer lugar, existen fórmulas fijadas tipo "cualquiera entre ellos que transgrediera (el acuerdo), pagará X"[445]. Vemos esta expresión en Nuzi[446] y Asiria[447], y siempre formulada para el caso nuzita con las mismas palabras[448]. En

442 KAJ 6: 1: ⌜NA$_4$⌝ *na-ki-i-⌜du⌝*.

443 Aunque poseamos sellos de niños, éstos son ejemplos realmente excepcionales, ya que se trata de objetos de príncipes muertos antes de llegar a una edad adulta. De todas formas, no conocemos bien las condiciones concretas en las que una persona obtenía un sello (Charpin, "Des scellés à la signature", 16).

444 Sobre la prevision de rupturas de contratos de adopciones infantiles para todo el Próximo Oriente antiguo véase Justel, "Adopciones infantiles", 119–21.

445 *ma-an-nu-me-e i-na be-ri-šu-nu* KI.BAL-*tu*$_4$ X *ú-ma-al-la*.

446 En un total de cinco textos: JEN 572, HSS 5 7, HSS 5 57, HSS 5 67, HSS 19 22, HSS 19 45.

447 Solamente en un documento: KAJ 1.

KAJ 1, empero, el verbo para referirse al incumplimento del contrato no es *nabalkutu* ("romper un contrato"[449]), sino *pasālu* ("incumplir un contrato"[450]). La cantidad para abonar en caso de ruptura del contrato suele ser siempre la misma: 1 mina de plata y 1 de oro[451]. Solamente en HSS 5 57 y KAJ 1 encontramos otra tipo de multa: seis bueyes en buen estado[452] y 5 minas refinadas[453] respectivamente.

En ocasiones, sin embargo, la ruptura del acuerdo se regula en relación a una parte concreta del mismo. Por ejemplo, en dos textos nuzitas se especifica qué deberá hacer el tutor legal si quebrantara el contrato. En ambos casos deberá pagar una mina de plata y una de oro al adoptante[454]. Así, la cantidad para abonar es la misma que veíamos antes en el mismo ejemplo de HSS 5 7 y que no aparecía en HSS 19 45.

Al contrario que en las ventas de niños (§6.4), en las adopciones infantiles se contempla la posibiliad de que sea el propio adoptado el que acabe con el acuerdo. Dicho ejemplo aparece en más ocasiones, aunque no nos atrevemos a aventurar por ello que el adoptado rompiera el contrato con más frecuencia en la realidad. En todo caso, el joven que en su día fuera adoptado no podría heredar[455], debería pagar al padre adoptivo[456] o simplemente tendría que dar a éste un esclavo de su mismo valor[457].

---

448 El único aspecto diferente entre los textos nuzitas es la indistinta utilización de sumerogramas o signos silábicos. Por ejemplo, el verbo *nabalkutu*, "transgredir un acuerdo" (CAD N/1 11a, 1), se redactará en ideogramas en JEN 572 (l. 38: KI.BAL-*ka*4-*tu*4), HSS 5 7 (l. 32: KI.BAL-*tu*4), HSS 5 57 (l. 16: [KI].BAL-*tù*) o HSS 19 22 (l. 27: KI.BAL-*tu*4); mientras que en HSS 5 67 se desarrolla la forma acadia (l. 33: *ip-pa-*[*la-ka-tu*]). Por otra parte, HSS 19 22 es el único texto de este tipo en el que la introducción habitual *ma-an-nu-me-e i-na be-ri-šu-nu* ("cualquiera entre ellos…") es sustituido por un pronombre relativo con idéntica función (l. 27: *ša*, "el que…"). Igual ocurre el texto de Aššur KAJ 1 (l. 25: *ša i-na be-ri-šu-nu…*). Solamente en HSS 5 57 la preposición *ina* de esta última expresión se redacta en sumerio (l. 15: AŠ).

449 Cf. AHw 694b-ss, CAD N/1 11a.

450 Bajo la forma subjuntiva asiria *i-pa-si-lu-ni* (l. 25). En esta ocasión, y para textos mesoasirios como KAJ 1, el CDA nos da un sentido del verbo *pasālu* que se semeja más que el aportado por el CAD respecto a su empleo en dicho documento: "incumplir un contrato" (CDA 268a).

451 1 *ma-na* KÙ.BABBAR *ù* 1 *ma-na* KÙ.GI (JEN 572: 38–39, HSS 5 7: 32-33, HSS 5 67: 34, HSS 19 22: 27).

452 6 GU4.MEŠ SIG5-*qá* (HSS 5 67: 16).

453 5 *ma-na ṣar-pa* (KAJ 1: 2 6). El adjetivo *ṣarpu*, "refinado", se suele emplear en referencia a la plata (CAD Ṣ 113a 1).

454 HSS 5 7: 8–9, HSS 19 45: 21–23.

455 HSS 5 7: 27–30: "Entonces la porción de herencia de NP (adoptado) 2 NP (adoptantes, sujetos) romperán" (*ù ki-ir-ba-an-šu ša* mNP mNP *ù* fNP *i-ḫé-ip-pe-šu-nu-ti*); HSS 5 57:

El padre adoptivo, como parte del contrato, también podría quebrarlo. A partir de JEN 572, si se diera tal caso, el padre natural se podría hacer de nuevo con su hijo[458]. En el ejemplo emariota RE 82, el adoptante, en el supuesto de que renunciara a los dos hijos adoptados, les debería abonar una determinada cantidad de dinero[459]. En este documento, además, si el adoptante repudiara a su esposa le pagaría a ella 60 siclos de plata, tomando asimismo sus dos hijos recién adoptados[460].

Por último, cabe la posibilidad de que una parte externa a las partes contractuales interfiriera con el objetivo de hacerse con los adoptados. En E6 256, por ejemplo, si el tío de los dos huérfanos quisiera que sus sobrinos pasaran a ser sus hijos, debería pagar al padre adoptivo 1.000 siclos de plata[461]. Incluido pro-

---

13–14: "su mujer y su descendencia tomará, pero los campos dejará y se irá" (DAM-*šú ù še-ir-ra-šu i-li-iq-qì ù* A.ŠÀ.MEŠ *i-iz-zi-bi ù ú-uṣ-ṣí*).

456 RE 82: 12–13: "60 siclos de plata [...] pagará" (60 KÙ.BABBAR.MEŠ [...] *li-din*).

457 HSS 19 45: 14–17: "Un hombre de ⸢Nu⸣ll⸢u⸣ [...] (y) una mujer de Nullu [...] ⸢a NP⸣ (adoptante) [dará] y entonces se irá" (1 LÚ [...] ⸢*nu*⸣-*ul-lu-a*-⸢*i*⸣ 1 SAL *nu-ul-lu-a-i* [...] ⸢*a*⸣-*na* ^{m}⸢NP⸣ [*i-na-an-din*] *ù at-ta-a-ṣí*). Interpretamos la naturaleza de esclavos del reembolso a pagar por el adoptado gracias al gentilicio empleado: *nulluai*, "de Nullu". De este lugar procedía gran parte de los siervos de dichas época y lugar (véase Jeanette Fincke, *Die Orts- und Gewässernamen der Nuzi-Texte*, RGTC 10 [Wiesbaden: Ludwig Reichert, 1993], 190–93, esp. 192). HSS 19 51: 21 y E6 91: 7–8 regulan asimismo el caso de que el adoptado rompiera el contrato, aunque las cláusulas son demasiado fragmentarias para poder estudiarlas.

458 JEN 572: 17–18: "Entonces NP (el padre natural) irá ⸢y a NP⸣, su hijo (el adoptado), se lleva⸢rá consigo⸣" (*ù* ^{m}NP *i-ma-aq-qú-ut-ma* ⸢*ù*⸣ ^{m}NP⸣ DUMU-*šu i-le-eq*-⸢*qè*⸣).

459 RE 82: 18–19: "60 siclos de plata a NP_1 (y) NP_2 (adoptados) pagará" (60 KÙ.BABBAR.MEŠ *a-na* $^{m}NP_1$ $^{m}NP_2$ *li-din*). El hecho de que los hijos adoptivos puedan recibir una (gran) suma de dinero nos lleva a pensar que estos jóvenes estarían cerca de la adolescencia. Aún no tendrían suficiente prerrogativa jurídica para reglar por ellos mismos una adopción, pero sí la capacidad de recibir 60 siclos de plata "e ir donde quieran" (l. 19). La contraposición a JEN 572 en este sentido es, pues, clara: en el texto nuzita el niño está en toda ocasión a expensas de lo que decidan padre natural y adoptivo, y en ningún momento se le ofrece una posibilidad como la del documento emariota RE 82 (ll. 18–19).

460 RE 82: 20–23: "Y si NP_1 (adoptante) a $^{f}NP_2$, ⸢su mu⸣jer, así dijera: "⸢No⸣ (eres) mi esposa", la mano de los niños [to]⸢ma⸣rá, ⸢60 siclo⸣[s] ⸢de plata pa⸣gará y donde quieran irán" (*ù šum-ma* ^{m}NP *a-na* ^{f}NP ⸢DAM⸣-*ti*-⸢*šu*⸣ *a-kán-na i-qa-bi ma-a* ⸢*ul*⸣ DAM-*ti-ia* ⸢*at*⸣-*ti-mi qa-ta* 2 DUMU.MEŠ [*li*]-⸢*iṣ*⸣-*bat* ⸢60 KÙ.BABBAR⸣.[MEŠ] ⸢*li*⸣-*din a-šar* ŠÀ-*bi-šu-nu li-li-ku*).

461 E6 256: 20–22: "1.000 siclos de ⸢plata⸣, su ración, deberá pa⸢gar⸣ [y podrá tomarles]" (1 *li-im* KÙ.⸢BABBAR⸣ *ip-*te_4*-ri-šu*-⸢*nu*⸣ *li-id-dì*-⸢*ín*⸣ [*ù lil-qè-šu-nu*]). Sobre la cantidad para pagar en E6 256 en caso de ruptura de contrato véase Bellotto, *Le Adozioni*

cedente de fuera de la familia de los adoptados podría ser quien, en TBR 77, quisiera romper el acuerdo previamente tomado. En ese caso, tendría la obligación de entregar dos esclavos en el lugar de los adoptados, y podría tomar a éstos[462].

Los verbos utilizados para subrayar la obligación de pagar son tres, y su empleo se corresponde con cada uno de los archivos estudiados. Así, en Nuzi vemos el uso de *malû*, "pagar (completamente)", siempre en forma inacabada[463] y en una ocasión en escritura logográfica[464]. En el texto asirio KAJ 1, y con el mismo significado, encontramos el verbo *ḫâṭu*, "pagar"[465], mientras que en Emar las expresiones emplearán *nadānu*, "dar, entregar"[466].

Por tanto, y en lo que a las expresiones de rupturas de contratos se refiere, vemos una clara diferenciación entre los tres archivos: Nuzi, Aššur y Emar. Esta desigualdad se aprecia tanto en el fondo —cantidades para pagar en caso de quiebra del acuerdo— como en la forma —diversos verbos utilizados. Aun así, el objetivo de tales fórmulas es obviamente el mismo: la multa por transgredir un pacto legal, con el que un día las partes contractuales mostraron su acuerdo.

4.5. Economía en las adopciones infantiles

Al igual que en todo tipo de documento jurídico, aspectos económicos de diversa índole juegan un rol importante en las adopciones infantiles. Fenómenos como

---

a Emar, 148–49. Preferimos restituir la forma propuesta por Arnaud en E6 256: 22, *lil-qì*, como *lil-qè-šu-nu*, por la misma razón que lo hacemos en TBR 77: 16 (véase nota siguiente). Además, podemos añadir una partícula copulativa (*ù*) entre los dos verbos de la apódosis, a modo de conexión de unas acciones relacionadas entre sí.

462 TBR 77: 15–16: "Un esclavo y una esclava en su lugar deberá entregar y podrá tomarlos (a los adoptados)" (ÌR *ù* GEMÉ *ma-li-iš-šu-nu li-id-⸢din ù⸣* [*lil-qè-šu-nu*]). Esta fórmula recuerda a los contratos de ventas de niños de época casita, donde se paga en personas del mismo valor (§6.5). Sobre la forma verbal del verbo *leqû*, en la edición de TBR 77 Arnaud la restituye *lil-qi* (l. 16), al contrario que en E6 256: 22, donde restituye *lil-qì*. Merece la pena realizar dos observaciones al respecto. En primer lugar, la utilización del signo *qi* no es normal en estos casos, y sí *qè*, debido al carácter colorante en *e* del verbo *leqû* en acadio periférico (al menos en Ugarit, cf. Huehnegard, *The Akkadian of Ugarit*, 181–82). Por otro lado, y aún no convencidos totalmente de que dos signos más cupieran en la parte fragmentada (y siempre a partir de su copia), preferimos restituir *lil-qè-šu-nu*, ya que el verbo necesita un objeto (en esta ocasión, personal: los dos niños adoptados).

463 CAD M/1b 6, con un sentido también de "to make restitution". Ejemplos en JEN 572: 39 (*ú-ma-⸢al-la⸣*); HSS 5 7: 9 y HSS 5 33 (*i-ma-al-la* y *ú-ma-al-la*), HSS 5 57: 16 (*ú-ma-al-la*); HSS 19 22: 28 (*ú-ma-al-la*) y HSS 19 45: 23 (*ú-ma-al-⸢la⸣*).

464 Caso de HSS 5 67: 34, mediante el empleo de SA_5 (o SI.A).

465 KAJ 1: 26: *i-ḫi-aṭ* (CAD Ḫ 159a 4).

466 E6 256: 22: *li-id-dì-⸢ín⸣*; TBR 77: 16: *li-id-⸢din⸣* (no dinero, sino un esclavo y una esclava); RE 82: 13 y 19: *li-din* (CAD N/1 56a b').

que los padres naturales reciban de los adoptivos una cantidad de dinero son, aunque atípicos, merecedores de ser estudiados para comprender mejor dichos contratos. Las sanciones por romper el acuerdo son también relevantes a tal efecto, así como las obligaciones de los contractantes y las herencias de los jóvenes adoptados. Aunque estos dos últimos puntos se estudien en otro apartado, indudablemente están relacionados con la economía familiar en la que nos movemos.

En algunos documentos de adopciones infantiles hay una transmisión de dinero entre las partes del contrato. Aunque de manera general el padre adoptivo recibe gratuitamente al joven bajo su jurisdicción —por lo que el fin de este tipo de contratos no es que los padres biológicos obtengan bienes a cambio de su hijo—, hay excepciones en ese sentido.

¿Qué función tendrían los bienes transferidos a los padres naturales? En tres documentos de Nuzi se especifica la función que tiene esta cuantía: 1 talento de cobre (JEN 571), cinco ovejas (JEN 572) y un buey y un asno (BM 80388). Éstas, aunque cantidades para tener en cuenta en un contexto de economía familiar, serán probablemente precios simbólicos[467]. Se tratará, por tanto, de una forma de compensación por perder la prerrogativa legal sobre el hijo, que jurídicamente pasa a pertenecer a la esfera del padre adoptivo.

En estos tres documentos, todos de Nuzi, se especifica la función que tiene esa cuantía. En el caso de JEN 571 y 572, el padre natural la recibirá de manos del padre adoptivo "por su educación" (JEN 571)[468] o "como su regalo" (JEN 572)[469]. Mientras, en BM 80388 el buey y asno convenidos son pagados a los padres biológicos en concepto de crianza del niño lactante (término hurrita *teḫambašḫu*).

Uno de los principales objetivos de las adopciones infantiles se adscribe también dentro del mundo de la economía familiar: la trasferencia de bienes del adoptante al heredero adoptado. Aunque en todos los documentos de adopciones de niños la cuestión se presuponga, solo en una parte de ellos se especifican cuestiones sobre la herencia. Dicha circunstancia se da en la mayoría de los textos, pero solamente en el archivo de Nuzi.

En primer lugar, son tres los contratos en los que se aclara que el joven adoptado tendrá que hacerse con el *ilku*[470]. Ello, aunque obligación, debe ser

---

467 Así, en otro tipo de adopciones el precio normal para estos casos es de 30 siclos de plata, y una oveja tendría un coste aproximado de un siclo (cf. Ephraim Avigdor Speiser, "A Significant New Will from Nuzi", *JCS* 17 [1963]: 68, n. 11).

468 JEN 571: 6. *⌜ki⌝-ma mu-⌜re-eb-bi⌝-šu*.

469 JEN 572: 19–20: *ki-⌜ma⌝* [NÍG.BA]-*šu* (según nuestra restitución; cf. Justel, "Some Reflections", 114, n. 49, y en el presente estudio §6.4).

470 En HSS 5 57 el adoptado, Baltešup, se ocuparía en el futuro del *ilku* del padre junto a los hijos naturales de éste (ll. 11–12); idéntico caso en HSS 19 22 en el caso de

interpretado también en un sentido hereditario, ya que implica que el hijo adoptivo toma algo de su nuevo padre. También de carácter general son las cláusulas en las que se habla de la recepción por parte del adoptado de "porciones de herencia"[471]. En otras ocasiones, sin embargo, se detalla con más precisión cuáles son los bienes que el adoptado obtiene: campos[472], casas[473], pertenencias varias[474] e incluso una esposa[475].

4.6. Causas y objetivos de las adopciones infantiles

Como hemos visto, la causa principal para adoptar un hijo es no tener descendencia natural. Ello no es totalmente definitorio, ya que parejas con uno o varios hijos —frecuentemente una hija única— también adoptaban, tanto a adultos como a niños. La explicación historiográfica del por qué de tal práctica ha sido normalmente la necesidad de transmitir los bienes a los hijos. Nosotros, aunque estando de acuerdo con dicha tesis hasta cierto punto, no encontramos esta definición enteramente satisfactoria, y debe ser revisada a partir de ejemplos concretos. Para ello, y plasmando esta última idea en primer lugar, realizaremos una lista de las posibles causas —relacionadas directamente con los objetivos— para querer adoptar un niño[476].

Tener un heredero

Ya Koschaker incidió en el carácter hereditario de las adopciones del Oriente antiguo[477]. Efectivamente, en varios contratos de adopciones infantiles del Bronce Reciente se explicitan cláusulas que regulan esta cuestión. Mediante dicho mecanismo, de naturaleza económica, todas las partes del contrato obtienen un beneficio evidente.

El padre adoptivo encuentra un recurso humano que se haga cargo de su *ilku*[478], transmitiéndole la hacienda que, desde ese momento o en un futuro no

---

Kinnuya (ll. 25–26); en HSS 19 51 ocurrirá algo parecido, aunque el adoptado Arimmatka se encargaría del *ilku* con su futura esposa e hija del adoptado (ll. 9–10).

471 BM 80388: 12: ḪA.LA (ac. *zittu*, "porción de herencia", CAD Z 139a).

472 HSS 5 57: 10: 2 ANŠE A.ŠÀ.MEŠ; HSS 19 22: 6: A.ŠÀ.MEŠ; HSS 19 51: 7: [A].⌜ŠÀ⌝.GA (A.ŠÀ. *eqlu*, "campo", CAD E 249b-ss).

473 HSS 19 22: 6: É.ḪI.A.MEŠ (según la restitución en Gernot Wilhelm, "Nuzi Note 10", SCCNH 7, 1995, 144); HSS 19 51: 8: É.ḪÁ.[MEŠ].

474 HSS 19 51: 8: *ma-na-ḫa-ti-ia* (*mānaḫtu*, "equipamiento", CAD M/1 203a 3).

475 Veremos este fenómeno más adelante (§6.6). Basten citar aquí los textos en los que el padre adoptivo le entrega una esposa a su recién hijo adoptado: JEN 572, HSS 5 57, HSS 19 45, HSS 19 47.

476 Para ampliar este subapartado en el contexto próximo-oriental de esta y otras épocas véase Justel, "Adopciones infantiles", 122–39.

477 Koschaker, *Neue keilschriftliche Rechtsurkunde*, 56–60.

478 Especialmente en Nuzi: HSS 5 57, HSS 19 22, HSS 19 51. Para cuestiones sobre herencia en Nuzi véase Zaccagnini, "Nuzi", 600–605.

muy lejano, el adoptado administrará. Hay que subrayar la importancia que tendría para el adoptante tener un heredero legítimo[479], bien porque no tuviera hijos, bien porque solo tuviera hijas (éstas con menor capacidad jurídica para heredar[480]).

También el adoptado sale ganando en este sentido mediante la creación del acuerdo. Cabe la posibilidad de que la familia de éste no tuviera un estatus social especialmente prominente, y el joven recién incorporado a la familia adoptiva podría heredar lo que no obtendría de mano de los progenitores naturales. También podría darse el caso de que fuera el segundo hijo de sus padres biológicos, por lo que no tendría nada para heredar en su hogar.

Sea como fuere, y teniendo en cuenta que cada caso llevaría implícitas sus propias causas concretas, parece claro que los padres naturales eran los primeros interesados en realizar el contrato[481]. Mediante éste se aseguran de que su hijo tendría unos recursos económicos que ellos con toda seguridad no le podrían proporcionar.

Así pues, la herencia —hacerse con ella o con un heredero— juega un papel clave en los contratos de adopciones infantiles. Sin embargo, lo que para unos puede ser una única causa para realizar tal acuerdo, para nosotros constituye una de las múltiples interpretaciones y objetivos que llevarían a las distintas partes a formalizar el contrato.

APRENDER UN OFICIO

Otro objetivo en las adopciones de jóvenes puede ser el de procurarse un aprendiz. Ello se atestigua por ejemplo en el texto nuzita JEN 572, donde Tirwaya (adoptante) debería enseñar a Naniya (adoptado) el oficio de tejedor. Aunque la dependencia del niño en este caso sea probablemente temporal, una de la finalidades de esta adopción está relacionada sin duda alguna con este tipo de aprendizaje[482]. Si bien encontramos el propósito de aprender esta profesión en

---

479 Al contrario de los que ocurre en el derecho bíblico, la legitimidad en este caso viene dada no por los lazos sanguíneos, sino por la creación de un contrato con validez legal a todos los efectos.

480 Aun así, las mujeres en ciertas ocasiones podrían actuar como testadoras, tutoras, y herederas/beneficiarias. Sobre las mujeres en el derecho hereditario en el Próximo Oriente antiguo en general y en Siria del Bronce Reciente en particular véase Justel, *La capacidad jurídica*, 121–69.

481 Ello parece obvio teniendo en cuenta el punto de vista desde el que los documentos de adopciones infantiles se suelen redactar, el de los tutores legales.

482 El otro objetivo de JEN 572, como veremos, es el de una adopción con matrimonio, ya que el adoptante tiene el deber de proporcionar una esposa al adoptado (l. 6: *aš-ša-ta ú-ša-aḫ-ḫa-az-zu*, "le proporcionará una esposa").

otra adopción de Nuzi, JEN 572 es el único caso en el que es el joven adoptado el que se formará en dicho oficio[483].

Mediante el mecanismo presente en este documento, tanto el adoptante como el adoptado obtienen un beneficio. Tirwaya se constituye en artesano que, a partir de la creación del acuerdo, cuenta con un sujeto más —sea el único o no— en su taller. Además, en el contrato no se especifica que le tuviera que pagar un salario, y lo único que sale de su casa es su hija, futura esposa del adoptado Naniya. Éste, aparte de una mujer, no recibe una herencia "física" (campos, casas, obligaciones fiscales, etc.), sino el saber como tejedor. El joven Naniya comienza por tanto su formación en calidad de aprendiz, carrera que en un hipotético futuro le llevará a escalar puestos en el oficio. La herencia, por tanto, comienza por su aprendizaje[484].

En la actualidad no entenderíamos este ejemplo como una adopción *stricto sensu*, pero probablemente los mesopotámicos sí lo hacían, o al menos en parte. Aunque el caso de JEN 572 sea diferente a los demás estudiados, incluso de Nuzi, el empleo de fórmulas de adopción, unido a la obligación del adoptante de proporcionar una esposa —amén de ser su propia hija— al adoptado, hace que consideremos el caso como una adopción. Aun así, estamos ante un documento peculiar, ligado a la esfera de la esclavitud, y que sin duda posee una línea clara de los objetivos que se persigue conseguir para ambas partes.

Proveerse de un cónyuge

Aunque se trate en capítulo aparte (§3), debemos mencionar en este apartado las adopciones en las que se regla el futuro matrimonio de los jóvenes adoptados. Se trata de un fenómeno contextualizado en las adopciones infantiles, y no llega a ser un contrato matrimonial en sentido estricto[485].

---

[483] Por contra, en la adopción HSS 19 44 el adoptado (adulto) deberá instruir en el oficio de tejedor al primogénito del adoptante (ll. 19–21), con toda seguridad joven, ya que su barba aún no había crecido (cf. ll. 4'–6'). Sobre este documento véanse especialmente Justel, "Adopciones infantiles", 125, n. 77 y Lio y Stein, *The Tablets*, 169–73. Sobre la condición de imberbe en relación a la juventud, véase Justel, "Some Reflections", 149 y n. 35.

[484] Ya Westbrook ("The Adoption Laws", 199) plantea esta cuestión en relación a CH 188–189, artículo legal del que sin duda bebe el caso concreto de JEN 572 (cf. Justel, "Some Reflections", 146–47; "Adopciones infantiles", 125–26). Para él, "if adoption gives the adoptee the status in law of a son, then all the incidents of that status should apply, including inheritance. The inheritance of a craftsman, however, is not his property, but his craft". Este hecho se refuerza a través del texto palaciego de Nuzi HSS 16 384, donde se consignan dos o tres generaciones de tejedores que pertenecen a la misma familia (cf. Brigitte Lion, "Work and Gender in Nuzi Society", en Lion y Michel, *The Role of Women*, 361).

[485] Los contratos matrimoniales (ac. *ṭuppi riksi* en Nuzi), sin embargo, son documentos jurídicos cuya pretensión fundamental es certificar el matrimonio entre un hombre y

Hasta en cinco ocasiones, todas procedentes de Nuzi, el adoptante se compromete a proporcionar en el futuro una esposa al recién adoptado[486]. Ésta puede ser la hija del primero[487] o una mujer de fuera de la familia[488].

De nuevo el adoptante se hará con un heredero, pero además proporcionará un esposo a su hija en los documentos JEN 572 y HSS 19 51. Es probable que estas jóvenes fueran hijas únicas, por lo que mediante este contrato el padre se asegurará de conformar una familia joven en torno a sí.

Por su parte, el adoptado recibe una herencia y la garantía de recibir una esposa a corto o medio plazo. Ello se debe poner en relación directa con la edad del adoptado: si se plantea su condición de casaderos, nos encontraríamos ante sujetos en época adolescente, y nunca de recién nacidos[489].

Todos estos contratos están redactados desde la perspectiva del padre biológico. Obviamente ello hace que éste sea una parte interesada en el acuerdo, por lo que uno de sus objetivos para la creación del mismo será asegurar una esposa a su hijo.

Sin embargo, y aunque las cláusulas que hablan de este fenómeno sean importantes, no definen este tipo de adopciones. No se trata en ningún caso de contratos de matrimonio, y ese aspecto solo será uno más para reglar, adyacente y complementario al hecho de la adopción. De todas maneras, se puede afirmar que en ocasiones la obligación del adoptante de proporcionar una esposa —a veces su propia hija— al adoptado constituye uno de los objetivos internos de las adopciones infantiles nuzitas.

---

una mujer, habiéndose éste producido de antemano. Para el caso de Nuzi véase Breneman, *Nuzi Marriage Tablets*.

[486] JEN 572, HSS 5 57, HSS 5 67, HSS 19 45, HSS 19 51.

[487] Casos de HSS 5 67 (según Lion ["Les adoptions d'hommes à Nuzi", 559], esta mujer "est très probablement sa fille") y HSS 19 51.

[488] Casos de JEN 572, HSS 5 57 y HSS 19 45. En ninguno de los tres ejemplos se explicita que la mujer tuviera que ser de fuera de la familia, pero tampoco se regla lo contrario. El término para esa futura esposa será el genérico, tanto en acadio (*aššatu* en JEN 572: 6 y HSS 19 45: 6) como en sumerio (DAM en HSS 5 57: 5).

[489] Aun así, hay que tener en cuenta que un niño podría tomar una mujer a partir de los diez años en casos excepcionales (Breneman, *Nuzi Marriage Tablets*, 271, a partir de LAM 43). Dicha edad es muy temprana pero de esta forma se explica, por ejemplo, que un chico casadero pudiera estar a la vez en pleno período de aprendizaje de un oficio (caso de JEN 572).

Cuidar de los padres en el futuro

Otro objetivo por parte de los adoptantes para adoptar a un joven es asegurarse el mantenimiento y cuidado durante su vejez[490]. Aunque las fórmulas sean canónicas y prefijadas[491], creemos que esta expresión respondería en gran parte a la realidad.

Posiblemente joven, o al menos no anciano, el padre adoptivo ve entre otros beneficios de la adopción la posibilidad de ser mantenido y honrado en el futuro. Esta obligación de los adoptados puede ser presupuesta en los textos de Emar, si bien no se expresa en la documentación[492].

En todo caso, y aunque el mantenimiento de los padres adoptivos en el futuro no se perfile como el último objetivo de la adopción, éste es sin duda un propósito más dentro del contrato. La importancia que la sociedad próximo-oriental antigua concedía a este tipo de actividad deviene en una "obligación natural" para con los padres. Aun así, en ocasiones deberá estar debidamente formulizada, como hemos visto a lo largo de los ejemplos anteriores.

Cuestiones sociales, religiosas y sentimentales

Al estudiar las posibles causas y objetivos de las adopciones infantiles los factores planteados normalmente son de naturaleza socio-económica. Los trabajos generales sobre el tema señalan que el principal propósito de las adopciones era conseguir un heredero al que transmitir los bienes familiares. Ya hemos visto que otras razones argumentadas pueden ser perfiladas en este sentido.

Es importante subrayar aquí que las adopciones del Bronce Reciente apenas nos informan sobre los motivos religiosos a la hora de adoptar niños. En otros archivos y épocas, especialmente en los Sippar y Nippur paleobabilónicos, encontramos numerosas religiosas *nadītu*, mujeres consagradas a una deidad, que solían poder casarse pero no concebir descendencia[493]. Estas mujeres podían

---

490 Como hemos visto, esto se comprueba documentalmente en adopciones infantiles de Nuzi (JEN 571: 12, JEN 572: 10, HSS 5 7: 20, HSS 5 57: 7, HSS 5 67: 13, HSS 19 22: 17, HSS 19 43: 12, HSS 19 45: 9) y Asiria (KAJ 1: 8, KAJ 6: 12).

491 Tipo "NP_1 honrará a NP_2"; cf. §4.3.

492 Lo que sí se marca en TBR 77 es la obligación de la adoptante a honrar (*wabālu*) a la Tutora Legal y a su vez hermana (ll. 3–5). De todas formas, en los contratos de adopción emariotas de adultos la cláusula con el verbo *palāḫu* y *wabālu* será común. ¿Quizás al adoptar a un niño no se piense en un futuro tan próximo como es la senectud de los padres adoptivos? Podría ser en el caso de Emar, pero no así en los de Nuzi y Aššur, ya que la fórmula aparece con frecuencia.

493 Sobre la realidad de las *nadiātu* paleobabilónicas, que parecen no haber sido propiamente sacerdotisas, sino un tipo de religiosas dedicadas a una ciudad en concreto, véanse en general Rivkah Harris, "The Naditu Woman", en Robert D. Biggs y John A. Brinkman (eds.), *Studies Presented to A. Leo Oppenheim. June 7, 1964* (Chicago: University of Chicago Press, 1964), 106–35; Stephanie Budin, *The Myth of Sacred Prostitution in Antiquity*

adoptar personas para que las cuidaran en la ancianidad y llevaran a cabo a su muerte los ritos funerarios pertinentes. Si bien contamos con varios textos al respecto, procedentes de otras épocas[494], nuestra única fuente del Bronce Reciente es la adopción mesobabilónica BE 14 40. En ella, la mujer Ina-Uruk-rišat adopta a la joven Ēṭirtu "porque no tenía hija"[495]. Contemplándose la futura muerte de la adoptante, se explicita que la adoptada debería "verter agua para ella"[496] (l. 15: *me-e i-na-aq-qí-ši*). Esta obligación, que sin duda tiene un cariz de ritual funerario[497], puede entenderse asimismo en clave jurídica. La expresión *mê naqû*, "verter agua", fue interpretada por Pognon como sinónimo de "heredar"[498]. Sea como fuere, se contempla la posibilidad de que Ina-Uruk-rišat, sobre la que no conocemos su condición socio-religiosa[499], entregara a Ēṭirtu a un marido o la hiciera *ḫarimtu*[500], pero nunca esclava (§5.2). Por tanto, el documento casita BE 14 40 es único en nuestro corpus, ya que nos podría informar sobre motivos religiosos para adoptar, especialmente la obligación de Ēṭirtu de preparar los ritos funerarios tras la muerte de Ina-Uruk-rišat. Con todo, y si bien las causas religiosas para adoptar estarían presentes sin duda alguna, no pode-

---

(Nueva York: Cambridge University Press, 2008), 22–23; Lucile Barberon, *Les religieuses et le culte de Marduk dans le royaume de Babylone*, Mémoires de NABU 14 (París: Société pour l'étude du Proche-Orient ancien, 2012).

494 Como el caso de la religiosa —*qadištu*— del texto paleobabilónico del archivo de Ur-Utu (Sippar) CT 48 57, llamada Aḫatum, una mujer casada que tiene hijos legítimos pero no biológicos. La interpretación más verosímil es que, o bien estos nacieron de una segunda esposa, o bien fueron adoptados por la pareja (cf. Barberon, "Quand la mère est une religieuse", 13; Michel Tanret, "Learned, Rich, Famous, and Unhappy: Ur-Utu of Sippar", en Karen Radner y Eleanor Robson [eds.], *The Oxford Handbook of Cuneiform Culture* [Nueva York: Oxford University Press, 2011], 273).

495 Cf. Daniel Justel, "Un cas de justification d'adoption à l'époque cassite", NABU 2014.86.

496 Esto es, para la adoptante.

497 Para la libación de agua y otros líquidos a partir de los textos cuneiformes véase CAD N.1 337a (sub *naqû* 1)

498 Para Pognon, en época casita "le droit de faire des libations sur un tombeau appartenait donc à l'héritier du mort, et l'accomplissement de cette formalité lui permettait de jouir légalement de l'héritage" (Henri Pognon, "Lexicographie Assyrienne", *RA* 9 [1912]: 130). Esta hipótesis explicaría en BE 14 40 la ausencia de cláusulas sobre herencias, que sí encontraremos en otras adopciones, contemporáneas o no.

499 Cabría imaginar que Ina-Uruk-rišat podría ser una mujer consagrada, si bien no hay argumentos para sostener en este caso convenientemente esta teoría.

500 Si bien varias obras de referencia traducen este término por "prostituta", es posible que una *ḫarimtu* fuera una mujer jurídicamente independiente, al margen de la tutela de padre o hermanos (cf. Justel, *Mujeres y Derecho*, 130).

mos por el momento acceder a comprenderlas convenientemente a partir de las fuentes del Bronce Reciente.

Por otra parte, la historiografía habla más bien poco o nada sobre un objetivo difícil de rastrear a un nivel puramente filológico y que, en relación con las adopciones de adultos, se acrecienta sobremanera en las infantiles. Las causas sentimentales y más íntimas, que van más allá de lo social, económico o incluso religioso, deben ser estudiadas a la luz de la antropología y sociología histórica, sin olvidar el transfondo presente de la documentación cuneiforme y siempre con cautela.

Al estudiar textos antiguos estamos analizando la expresión directa de gente con preocupaciones y necesidades cotidianas, al menos no anormales. La distancia temporal de esos días a los nuestros no debe hacernos olvidar el carácter humano del pueblo próximo-oriental, en este caso de la época del Bronce Reciente. Es lógico pensar que los matrimonios sin hijos quisieran en dicha sociedad antigua tener descendencia directa para poder cuidar del niño que sus vecinos podían tener y ellos no. El sentimiento paternal/maternal podría en ese caso ir más allá de lo meramente económico, teniendo una fuerza considerable que no alcanzamos a evaluar con certeza. En otras palabras: tener un hijo por la necesidad vital de tenerlo. Para ello, el mecanismo y solución del mundo mesopotámico y sirio de la época sería la adopción de menores.

Hemos visto cómo en ocasiones el dinero o bienes que el adoptante podría recibir del padre natural del joven son de carácter simbólico. De hecho, es obvio que los padres adoptivos no tienen por objetivo en el acuerdo ganar esa suma de dinero. Éste, por otra parte, constituye una ínfima parte de lo que puede suponer la crianza de un niño o el mantenimiento de un joven. Si uno de los propósitos fundamentales de la adopción es hacerse con un heredero, ¿por qué no adoptar a un adulto, que indudablemente requerirá menos atenciones?

Uno de los puntos de partida para esta interpretación nos lo ofrece el texto de Emar E6 256. En él tres huérfanos son adoptados por Abī-kāpī, con el que no tienen lazos familiares. El adoptante no recibe nada a cambio, haciéndose cargo a partir de entonces de los tres niños de forma gratuita. El formulario no deja lugar a dudas de que se trata de una adopción[501], pero en ningún momento se puntualizan temas de herencia, *ilku*, obligaciones de las partes del contrato, etc.

La creación de esta tablilla implica que, por una razón u otra, era necesaria. El punto de vista del comienzo del documento (ll. 1–22) se corresponde con el del abuelo de los huérfanos, aún vivo. Si éste ya hubiera muerto, ¿se habría redactado un contrato? Probablemente no, por lo que pensamos que muchas

---

[501] Ll. 23–32: "A partir de es⌜te⌝ día, Abī-kāpī, hijo de Ḫamsu, así dice: "He aquí que Aḫiu e Ištarte y Aḫa-mi, los hijos de Ḫulāu, como mi hijo y (como) mis dos hijas les he establecido" (*iš-tu* u_4*-mi an-⌜ni-im⌝* ^{m}*a-bi-ka-pí* DUMU *ḫa-am-sí ki-ia-am iq-bi a-nu-um-ma* ^{m}*a-ḫi-ú ù* ^{f}*i-šar-te ù* ^{f}*a-ḫa-mi* DUMU.MEŠ ^{m}*ḫu-la-i a-na* DUMU.NITÁ-*ia ù* 2 DUMU.SAL-*ia aš-ku-nu-šu-nu*).

adopciones de huérfanos —lo que sin duda existiría— no se llegaban a reflejar por escrito.

E6 256 es, pues, paradigmático en este sentido. Una razón posible para que Abī-kāpī adoptara a los tres niños en época de dificultades (l. 10) podría ser precisamente benéfica[502]. Ver que los tres pequeños no tenían garantizadas las necesidades básicas para subsistir puede constituir el único motivo para adoptarles, sin pensar —pues no se explicita en el texto— en elementos como los mencionados y de naturaleza económica.

Aunque quizás sea difícil y arriesgado evaluar este factor caritativo-social de algunas adopciones infantiles, creemos que existiría. Características como las de E6 256 (o como HSS 19 22, donde el padre adoptivo, que tiene al menos dos hijos naturales, adopta a un tercero) deben hacer reflexionar en esta línea desde una perspectiva antropológica pero siempre con una base textual. Es posible que una familia adinerada adoptara a los hijos de una pobre por el mero hecho de llevar a cabo una "obra social", o incluso por el deseo de que esos hijos honraran a los dioses familiares en el futuro. Por tanto, y siempre y cuando haya un reflejo documental, por mínimo que sea, creemos que no hay que dejar de esgrimir argumentos de este tipo para acercarnos a las intimidades humanas, tan poco analizadas, de la sociedad próximo-oriental antigua.

4.7. Las adopciones infantiles del Bronce Reciente en su contexto próximo-oriental antiguo

Analizados los aspectos principales de las adopciones infantiles del Bronce Reciente, en el presente subapartado inscribiremos este fenómeno legal dentro de su contexto próximo-oriental antiguo. La documentación de la época que nos ocupa no debe ser contemplada como un corpus aislado, y presenta una continuidad general, y a veces ruptura y discontinuidad, dentro de las tradiciones jurídicas desde el 3.er milenio a. C. A continuación comentaremos las principales características de las adopciones infantiles a lo largo de la documentación cuneiforme próximo-oriental, haciendo especial hincapié en las semejanzas o disimilitudes de los textos paleobabilónicos con los analizados del Bronce Reciente.

La mayor parte de las adopciones próximo-orientales antiguas atestiguadas son de adultos. Junto con las infantiles, están ya constatadas desde finales del 3.er milenio o principios del 2.º milenio a. C.[503], y en origen poseerían solamente

---

[502] Tomamos los términos "benéfico", "caritativo" u "obra social" con cautela y sin extrapolar completamente su significado actual a lo que el hombre mesopotámico sentiría sobre dichas realidades.

[503] Los primeros textos referentes a adopciones son contratos de Tello y la serie lexical *ana ittišu*, y su datación no está clara. Mientras que David (*Die Adoption*, 5) los inscribe en la época de Ur III, Landsberger (*Die Serie* ana ittišu, II–III) lleva esa fecha más adelan-

cláusulas del tipo "Tú eres mi hijo". Con posterioridad se haría necesario escribir contratos con varias especificaciones[504], adiciones que se harían gracias a la influencia de los contratos de Nippur y a series lexicales. Por ejemplo, *ana ittišu*[505] es una "serie gramatical"[506], redactada en sumerio y en su equivalente acadio, compuesta por cláusulas y fórmulas normalizadas de carácter legal que servirían como ejercicio escribal[507]. Otra lista lexical, de similares características, es la denominada ḪAR-RA=*ḫubullum*[508]. También de finales del 3.er o principios del 2.º milenio a. C., la conocemos gracias a varios fragmentos posteriores[509], inscribiéndose las copias sobre fórmulas de adopción en época neobabilónica[510].

---

te, tras la toma de Nippur por Hammurapi, antes de la promulgación de su Código (esto es, a mediados del s. XVIII a. C. Para las conquistas de Hammurabi véase Dominique Charpin, *Hammu-rabi de Babylone* [París: Presses Universitaires de France, 2003], 83–100). Por su parte, Driver y Miles (*The Babylonian Laws, vol. I*, 25) se mostraron de acuerdo con David, calificando de "conjetural" el datar la lista en el reinado de Hammurapi. Aun así, la mayoría de autores, siguiendo a Landsberger, la sitúan en el s. XVIII a. C. Véanse, por ejemplo, Hildegard Lewy y Julius Lewy, "The Origin of the Week and the Oldest West Asiatic Calendar", *HUCA* 17 (1942/1943): 89 y n. 355; Kilian Butz, "Landwirtschaft", *RlA* 6 (1980): 477a; Joseph Fleishman, "Continuity and Change in Some Provisions of the Code of Hammurabi's Family Law", en Sefati, Yitzhak (ed.), "*An Experienced Scribe who Neglects Nothing*": *Ancient Near Eastern Studies in Honor of Jacob Klein* (Bethseda: CDL Press, 2005), 492; Klein y Sharlach, "A Collection of Model Court Cases", 3 (este último a la luz de CBS 11324 [§2.4], ejercicio escolar con evidente relación con las series *ana ittišu* y ḪAR-RA=*ḫubullum*). Nosotros generalizaremos la datación de la serie *ana ittišu*, contextualizándola en el período paleobabilónico, aunque siendo conscientes de que su tradición textual se remontaría sin duda al 3.er milenio a. C.

[504] David, *Die Adoption*, 8.

[505] Ibíd., 80; Jean Gaudemet, *Institutions de l'Antiquité* (París: Sirey, 1967), 44. Edición (transcripción, traducción y comentarios) de la lista lexical en Landsberger, *Die Serie* ana ittišu. Para el significado literal de la expresión *ana ittišu*, "en su momento", véase Driver y Miles, *The Babylonian Laws, vol. I*, 25, n. 1.

[506] Como la denomina Bruno Meissner ("Studien zur serie *ana ittišu*", *ZA* 7 [1892]: 16) al referirse a los elementos lingüísticos.

[507] Roth, *Law Collections*, 2.

[508] Publicada por Landsberger en tres tomos (*The Series* ḪAR-ra = *ḫubullu*, MSL 5 (tablillas I–IV); *The Series* ḪAR-ra = *ḫubullu*, MSL 6 (tablillas V–VII); *The Series* ḪAR-ra = *ḫubullu*, MSL 7 (tablillas VIII–XII).

[509] Esto es, a lo largo de todo el 2.º milenio a. C., también en regiones periféricas respecto a Mesopotamia (encontraremos copias en Bogazköy, Ugarit o Emar). Sobre la serie ḪAR-RA=*ḫubullu* en particular véase Cavigneaux, "Lexikalische Listen", 626b–28b. Sobre las listas lexicales en general véase Miguel Civil, "Ancient Mesopotamian Lexicography", en Sasson, *Civilizations*, 2305–2314.

[510] Texto EAH 197, estudiado en John A. Maynard, "A Neo-babylonian Grammatical School Text", *JSOR* 3 (1919): 65–69.

El objetivo básico de estas dos listas era eminentemente didáctico a nivel lingüístico: se pretendía no tanto formar a los escribas como verdaderos hombres de leyes como enseñarles las expresiones legales utilizadas en los documentos jurídicos de práctica legal. El carácter escolar queda patente en algunos errores claros del redactor-aprendiz, además de apreciarse rasgos definitorios del lenguaje de la época[511]. Aun así, la terminología que aparece evidencia una influencia obvia en los contratos posteriores —por ejemplo, de adopción—, que la emplearán como fórmulas canónicas[512].

Estas series lexicales y los primeros contratos de adopción tenían como objetivo principal, según David[513], el de perpetuar la saga familiar en los casos de parejas sin hijos, algo extrapolable a todo el Oriente antiguo[514]. Sin embargo, dicha tesis fue rebatida por Koschaker[515] o Mendelsohn[516], quienes subrayan los factores económicos y de fuerza de trabajo del adoptado. Con ello también se continuaría con la línea familiar, pero el eje básico del contrato de adopción sería el recibir mano de obra barata y apoyo en la vejez (caso de los adoptantes) y hacerse con una herencia (caso de los adoptados)[517]. Así, los dos factores que mueven los contratos de adopción en el Próximo Oriente antiguo son las cuestiones de herencia y sucesión. El objetivo de estos acuerdos era conceder al adoptado el derecho de suceder al adoptante, relación en principio análoga a una paternidad legítima. El adoptado dejaría de poseer esa prerrogativa solamente si se producía una ruptura del pacto acordado. Además, por lo general el derecho sucesorial del adoptado estaba determinado por el del adoptante[518].

Por tanto, el fin último de la adopción ha sido analizado historiográficamente por estos y otros autores en clave económica. En este sentido las adopciones

---

511 Driver y Miles, *The Babylonian Laws, vol. I*, 26.

512 George W. Coats, *Exodus 1–18* (vol. 2A de Rolf P. Knierim y Gene M. Tucker (eds.), *The Forms of the Old Testament Literature* (Grand Rapids: Eerdmans Publishing, 1998), 27.

513 David, *Die Adoption*, 1.

514 La única excepción al respecto se encuentra en el derecho hebreo, donde es difícil que hubiera adopciones de este tipo, ya que la idea misma de la adopción de un niño ajeno a la familia es inconcebible entre los israelitas. Éstos, al no existir ningún lazo de sangre, verían el fenómeno como una apropiación del hijo de otro individuo (Lucien-Jean Bord, "L'adoption dans la bible et dans le droit cunéiforme", *ZAR* 3 (1997): 174).

515 Koschaker, *Neue keilschriftliche Rechtsurkunde*, 56–60.

516 Isaac Mendelsohn, *Slavery in the Ancient Near East* (Nueva York: Greenwood Press, 1949), 19.

517 Stone y Owen, *Adoption in Old Babylonian Nippur*, 6. También se querría continuar con los ritos religiosos familiares tras la muerte del adoptante (Driver y Miles, *The Babylonian Laws, vol. I*, 383), incluso en la periferia mesopotámica, como en el caso de Emar (Démare-Lafont, "Adoption", 17b).

518 Szlechter, "Des droits successoraux", 106.

infantiles estudiadas para el Bronce Reciente presentan más variedad en su casuística en relación con las adopciones de adultos. De hecho, una de las principales diferencias que apreciamos entre los dos corpora es precisamente la complejidad de causas, justificadas o no expresamente, que encontramos dentro de las adopciones infantiles, donde lo económico juega un papel fundamental, pero no siempre constituye la causa principal para adoptar.

Si bien las series lexicales pueden ser puestas en relación con nuestro elenco documental del Bronce Reciente por referirse a adopciones infantiles, e incluso presenta semejanzas a un nivel terminológico[519], el género literario de nuestros textos se acerca más a los documentos de práctica legal bien atestiguadas a partir del 2.° milenio a. C. Éstos beben a su vez de códigos legislativos que nos informan entre otras cuestiones de posibles casos de adopciones de niños.

Por ejemplo, tras el Código de Ur-Nammu, las Leyes de Lipit Ištar constituyen el texto legislativo redactado en sumerio más antiguo que conocemos hasta la fecha[520]. Además, es el primero que contiene disposiciones relacionadas con las adopciones infantiles, con un total de cuatro artículos[521]. Por su parte, el llamado Prisma de Filadelfia, compendio de cláusulas contractuales y provisiones legales del período paleobabilónico tardío, contiene asimismo referencias a

---

519 Nos referimos a las fórmulas de adopción. Generalmente a la preposición *ana* le acompaña un sustantivo en forma abstracta (*-ut*; p. ej., *mārum* > *mārūtum*; "hijo" > "estatus de hijo"), y finalmente el verbo correspondiente. Aun así, en la mayoría de los casos el verbo se omite. Sobre fórmulas de adopción en el Próximo Oriente antiguo véase Paul, "Adoption Formulae".

520 La importancia de las Leyes de Lipit Ištar vendrá marcada no solo por el conocimiento de sus leyes a un nivel particular, sino porque nos permite comparar el derecho sumerio con el acadio (Émile Szlechter, "Les anciennes codifications en Mésopotamie", *RIDA* 4 [1957]: 77). Sobre las cláusulas y fórmulas sumerias de adopciones infantiles en período paleobabilónico véase Gonelle, *La condition juridique*, 58–63. El autor concluye que las expresiones redactadas en sumerio se encuadran en los textos de la Mesopotamia septentrional, mientras que en el norte, de forma generalizada, se encontrarían en acadio (Gonelle, *La condition juridique*, 58, n. 2).

521 LLI 20, LLI 20a, LLI 20b y LLI 20c. Al respecto véase Molina, *La ley más antigua*, 88–89.

adopciones de niños[522], al igual que los documento de idéntico género CBS 11324[523] y ZA 101[524].

Tras ellos, y ya en acadio, encontramos menciones de la cuestión en el Código de Ešnunna[525] y el Código de Hammurapi[526]. En el primero, las cláusulas se refieren a la crianza de los niños pequeños, utilizándose la expresión *ana tarbītim* ("para educación/crianza")[527]. Debemos interpretar en esa clave este tipo de adopción, que por tanto podría ser temporal —para tres años en CE 32—, no como se entiende normalmente —de por vida, con finalidad heredita-

---

522 PF iv 25–26, 27–28, 29–30. Edición del Prisma en Martha T. Roth, *Scholastic Tradition and Mesopotamian Law: A Study of FLP 1287, a Prism in the Collection of the Free Library of Philadelphia*, Tesis Doctoral inédita (Filadelfia: University of Pennsylvania, 1979). Sobre la cronología, nótese que este documento es de finales del s. XVIII a. C. o incluso de los albores del s. XVII a. C., por lo que beberá de compendios legales anteriores (Código de Ur-Nammu, Leyes de Lipit-Ištar, Código de Ešnunna, Código de Hammurapi, etc.).

523 La adopción posterior al abandono del niño se plasma en las ll. 1–25 (cf. Klein y Sharlach, "A Collection of Model Court Cases", 4–9). Véanse transcripción y traducción de esta parte de CBS 11324 en §2.4, y traducción completa en Justel, *Mujeres y Derecho*, 83.

524 Publicado por Spada ("A Handbook from the Eduba'a"), véase la adopción de un niño abandonado en §44 (cf. ibíd., 241–42).

525 CE 32–35. El documento, fragmentado en tres partes, está editado en Albrecht Goetze, "The Laws of Eshnunna discovered at Tell Harmal", *Sumer* 4 (1948): 63–102; "Texts and Fragments", *JCS* 2 (1948): 305–308 (dos primeros fragmentos) y en Farouk N. H. al-Rawi, "Assault and Battery", *Sumer* 38 (1982): 117–20 (tercero y último). Para otras traducciones y estudios más recientes, véanse Albrecht Goetze, "The Laws of Eshnunna", ANET (Princeton: Princeton University Press, 1950), 161b–63b; Rykle Borger, "Der Codex Eschnunna", TUAT I/1 (Gütersloh: Gütersloher Verlagshaus, 1982), 32–38; Claudio Saporetti, *Le leggi della Mesopotamia* (Florencia: Le Lettere, 1984), 41–48; Reuven Yaron, *The Laws of Eshnunna* (Jerusalén: Brill, 1988); Roth, *Law Collections*, 57–70; Sanmartín, *Códigos legales*, 55–78.

526 CH 185, CH 186, CH 187, CH 188, CH 189, CH 190, CH 191, CH 191, CH 193. Editado por primera vez por Vincent Scheil ("Code des Lois de Hammurabi, roi de Babylone, vers l'an 2000 avant Jésus-Christ", *MDP* 4 [1902]: 11–162), el CH es sin duda el más completo de los códigos mesopotámicos de la época que han llegado hasta nosotros. Para otras ediciones y estudios del texto véanse Theophile James Meek, "The Code of Hammurabi", ANET (Princeton: Princeton University Press, 1955), 163b–80a; Émile Szlechter, *Codex Hammurapi* (Roma: Pontificia Universitas Lateranensis, 1977); Saporetti, *Le leggi*, 49–92; Roth, *Law Collections*, 71–142; Mervyn Edwin John Richardson, *Hammurabi's Laws: Text, Translation and Glossary* (Sheffield: T&T Clark, 2000); Sanmartín, *Códigos legales*, 79–183; Finet, *Le Code de Hammurabi*; Dieter H. Viel, *The Complete Code of Hammurabi* (2 vols.) (Múnich: Lincom Europa, 2005).

527 Sobre la crianza y mantenimiento de los niños en el CE véase Joseph Fleishman, "Child Maintenance in the Laws of Eshnunna", *ZAR* 7 (2001): 374–83.

ria[528]. En la época se identificaría igualmente este acto como una adopción, ya que en CE 35 se emplea el término *lēqû*, "adoptante"[529]. Respecto al Código de Hammurapi, todas las disposiciones se refieren a adopciones en las que una persona adopta a un niño directamente, sin la mediación de los padres naturales del pequeño[530]. La fórmula normalizada que se empleará en todos los casos, salvo en una excepción[531], será *ana mārūtim leqûm*, "tomar en estatus de hijo", teniendo como resultado el paso del niño de una esfera familiar y social a otra. Debido a la variedad temática de sus artículos —adopción de niños abandonados, crianza, aprendices, ruptura de contratos, etc.—, el Código de Hammurapi constituye una documento sin igual para el estudio de las adopciones infantiles en el Próximo Oriente antiguo, apreciándose tales características en textos cotidianos de adopción, especialmente del Bronce Medio y Reciente. Un ejemplo en este sentido son las disposiciones CH 188–189, que tratan la adopción de un niño en calidad de aprendiz, y que hemos puesto en relación directa con el documento de Nuzi JEN 572 (§4.4).

Para la época anterior al Bronce Reciente los textos legislativos que tratan adopciones infantiles destacan por su número, aunque también contemos con varios casos de práctica legal. Para otros contextos anteriores al Bronce Reciente no conocemos este tipo de documentos de adopción porque aún no se han encontrado archivos de naturaleza privada[532], al contrario que en el Nuzi posterior, en los que proliferen este tipo de prácticas atestiguadas. Otra explicación se refiere a la preponderancia en los corpora paleobabilónicos de adopciones con fines de transacciones de propiedades en comparación con las adopciones verdaderas[533]. Por tanto, a día de hoy podemos afirmar que la documentación del Bronce Reciente nos informa más sobre la práctica legal de las adopciones infantiles que archivos de épocas anteriores. Sea como fuere, dichos contratos podrían ser en la primera mitad del 2.º milenio a. C. cuantitativamente numerosos, dada la importancia —y el período paleobabilónico no es una ex-

---

528 Aun así, para el Bronce Reciente alguna adopción podría ser temporal (caso del documento de Nuzi JEN 572).

529 Participio de presente del verbo *leqû*, "tomar, adoptar" (CAD L, 131a y ss.).

530 En otro tipo de adopciones el adoptante toma al niño de sus padres. En ambos casos el resultado legal es la adquisición de un estatus diferente por parte del adoptado (Westbrook, "The Adoption Laws", 195).

531 CH 188, donde la expresión es *ana tarbūti leqû*, "tomar en estatus de niño para criarlo / como aprendiz".

532 Como apunta Veenhof ("Old Assyrian Period", en Westbrook, *A History*, 455) para el caso de Aššur.

533 Este hecho es evidente en el Ur paleobabilónico, donde son pocos los casos de práctica legal en que se adoptan menores. Para un ejemplo en el que dicho niño es aún lactante véase UET 5 93 (cf. Marc van de Mieroop, *Society and Enterprise in Old Babylonian Ur*, BBVO 12 [Berlín: D. Reimer, 1992], 217).

cepción en el tiempo— de que los padres tuvieran un hijo que heredara sus bienes, o alguien que les mantuviera a lo largo de su senectud[534].

Más que a nivel cuantitativo, las conclusiones al respecto deberán ser valoradas en clave cualitativa. Estos textos, sean leyes o contratos de adopciones infantiles, van a constituir sin duda el origen, a un nivel tanto terminológico como de significado de fondo, de la documentación del Bronce Reciente. Así, en Nuzi y Emar vemos algunas de las fórmulas paleobabilónicas que expresan la adopción de un niño pequeño[535], aunque aún no se emplearán enunciados como *ana mārūti šakānu*, "establecer en estatus de hijo", que se dará con posterioridad en acadio periférico[536], o *ana mārūti leqû*, "tomar en estatus de hijo", tan presente en el Código de Hammurapi y apenas utilizado en el Bronce Reciente. Así, en estas expresiones de adopción se empleará normalmente el verbo *nadānu*, "entregar", término que en rara ocasión constatamos en períodos anteriores.

Lo que se deduce de la documentación conservada sobre las adopciones infantiles de la época anterior a la aquí estudiada es que esta última es por lo general más compleja en su casuística y en la forma de expresar el mecanismo legal. Por una parte, de los textos paleobabilónicos se desprenden dos objetivos básicos en la adopción: la transmisión de la herencia y la formación de un niño como aprendiz (Código de Ešnunna y CH 188–189). Por otra parte, los textos sobre adopciones infantiles del Bronce Reciente no presentan las estructuras prefijadas, canónicas y homogéneas que vemos en la documentación cuneiforme anterior, sino que responden más bien a una amalgama de cuestiones, expresadas muchas veces en el mismo documento. Por último, cabe señalar que los motivos religiosos —explícitos o no en el documento— para adoptar, plenamente atestiguados en época paleobabilónica, apenas aparecen en la documentación del Bronce Reciente.

4.7. CONCLUSIONES

Al contrario que lo que ocurre con las adopciones de adultos, la documentación para el estudio de las adopciones infantiles en el Próximo Oriente antiguo durante el Bronce Reciente es escasa. Apenas dieciocho textos nos aportan información al respecto, especialmente de Nuzi, aunque también de los archivos de Nippur, Aššur y Emar. De esta manera hay que tomar con cautela las generalizaciones que se puedan realizar sobre el tema. No obstante, parte de la

---

[534] Si bien estos herederos podrían ser adultos, por comparación con otras épocas y lugares una parte de estas adopciones corresponderían a niños. Véanse varias referencias a adopciones infantiles paleobabilónicas en Gonelle, *La condition juridique*, 23ss.

[535] Por ejemplo, y respectivamente, HSS 5 7: 2–4: *a-na ma-ru-ti* [...] SUM-*in*; RE 82: 7–8: [2] ⌈DUMU⌉.MEŠ-*ia a-na* DUMU-*ut-ti* [...] ⌈*at*⌉-*ta-din-šu-nu*.

[536] Véase el texto emariota E6 256: 30–32: *a-na* DUMU.NITÁ-*ia ù* 2 DUMU.SAL-*ia aš-ku-nu-šu-nu*.

documentación no se encuentran apenas estudiada, y en ningún momento se ha analizado conjuntamente en dichos archivos con objeto de profundizar en diferencias y semejanzas.

Estos contratos están relacionados indudablemente con sus homólogos paleobabilónicos, los cuales se hallan inscritos en una época para la cual, al contrario que en el Bronce Reciente, también poseemos leyes sobre la cuestión. La conexión entre los textos de los dos períodos es evidente no solo a nivel lingüístico[537], sino en similitudes que se adentran de lleno en el derecho familiar[538].

Ante la dificultad de distinguir con criterios estrictamente filológicos las adopciones de adultos de las de jóvenes[539], la diferenciación debe proceder de un análisis contextual de cada contrato. Así, el hecho de que un padre (Suj.) dé su hijo (O. D.) a un tercero (O. I.) implica que el hijo posee una nula capacidad jurídica, siendo un elemento pasivo en el acuerdo legal. Otras causas para dilucidar si estamos ante una adopción infantil es poseer referencias a aprendices (JEN 572) o a huérfanos indefensos (E6 256).

El adoptante y el tutor legal son quienes reglan los contratos en estas adopciones. Es especialmente de éste último de donde emanan los textos, redactados desde su óptica. Aun así, los grandes beneficiados a un nivel puramente económico serán tanto el padre adoptivo como el adoptado. El primero se hace con un recurso humano que antes no tenía, mientras que el segundo se asegura generalmente la recepción de una herencia en el futuro.

Sin embargo, hemos analizado que no solo la transmisión hereditaria es importante para que estos contratos se realicen. Los textos nos hablan de otros objetivos buscados en las adopciones de jóvenes: aprendizaje de un oficio, provisión de una mujer o hacerse con un hijo que cuide a los padres adoptivos en el futuro .

Finalmente, subrayamos dos causas más que sin duda contribuirían a poner en marcha el mecanismo de estos contratos. En primer lugar señalamos los motivos religiosos, que apenas aparecen referenciados en BE 14 40, texto mesobabilónico donde la adoptada debería a la muerte de la adoptante encargarse de los ritos funerarios, y en el que además se justifica la adopción (la adoptante "no tenía hija"). Por otro lado, y aún más difícilmente rastreables, se hallan los motivos sentimentales o caritativos a la hora de adoptar un niño, independientemente de si tuviera previamente o no descendencia. Aunque resulte difícil vislumbrar estos aspectos a lo largo de la documentación disponible, sin duda éstos existirían en la sociedad donde se inscriben dichos contratos.

---

537 Por ejemplo, en el empleo de idénticas fórmulas (§2.3).

538 A modo de ejemplo, relación existente entre la disposición CH 188 paleobabilónica y los contratos nuzitas JEN 571 y JEN 572 (§4.4).

539 Sí encontramos un indicio terminológico en la adopción casita BE 14 40, donde Ēṭirtu es denominada como SAL.TUR, "adolescente".

Es precisamente esta variedad de causas para adoptar la que diferencia de manera clara las adopciones infantiles de las de adultos. Mientras que las variables son evidentes en el primer caso, en el segundo los objetivos perseguidos son estrictamente de índole económica, teniendo como los dos únicos pilares la transmisión de los bienes patrimoniales y el cuidado inmediato de los adoptantes.

Por último, hemos propuesto que los padres adoptivos de niños fueran por lo general de temprana edad, o al menos no ancianos. Este hecho, visible especialmente en Nuzi, Ḫana o Aššur a partir de fórmulas hereditarias, abre una nueva visión del contexto familiar donde se producíala adopción. La relación entre pareja joven —adoptante y niño— adoptado no debe ser tomada de forma generalizadora para todos los casos, pero la documentación del Bronce Reciente nos informa en ese sentido, siendo la única entre todos los corpora de adopciones infantiles de la Mesopotamia antigua que apunta en esta dirección.

5
INFANCIA Y ESCLAVITUD

5.1. INTRODUCCIÓN

La esclavitud en el Mundo Antiguo es una cuestión analizada especialmente desde el s. XIX, tras las publicaciones de Marx de *El Manifiesto comunista* (1848) y (con Engels) *El Capital* (1864–1894). Desde entonces diversos autores han centrado sus estudios en aspectos relacionados con este fenómeno, desde el Próximo Oriente antiguo hasta la Tardoantigüedad, pasando por Egipto, India, Grecia y Roma clásicas, etc.

La definición que los diccionarios ofrecen para el concepto "esclavo" guarda relación directa con la idea de "libertad": un esclavo es una persona que carece de libertad por estar bajo el dominio de otra[540]. Dicha explicación, sin embargo, no es enteramente definitoria para el caso de la Antigüedad.

Hace más de tres décadas Gelb[541] subrayó que el concepto de "libertad" no constituye un criterio útil a la hora de definir el de "esclavitud" ni en los ámbitos mesopotámico y bíblico ni en las Grecia y Roma clásicas. Comparar análogamente esta realidad en el mundo moderno con la Antigüedad nos conduciría a errar en interpretaciones y en las consiguientes conclusiones. La definición de esclavitud en el Mundo Antiguo es por tanto mucho más ambigua[542].

La historiografía moderna analiza el fenómeno de la esclavitud en el Próximo Oriente antiguo basándose en el criterio de la propiedad. Un esclavo sería de esta manera una persona supeditada a la ley de propiedad, más que a la legisla-

---

540 *Diccionario de la Real Academia Española*, 23.ª edición, 2014.

541 Ignace J. Gelb, "Definition and Discussion of Slavery", *UF* 11 (1979): 284.

542 Philip J. King, "Slavery in Antiquity", en J. David Schloen (ed.), *Exploring the Longe Durée: Essays in Honour of Lawrence E. Stager* (Winona Lake: Eisenbrauns, 2009), 243b. Sobre las definiciones e interpretaciones de la esclavitud a lo largo de la historiografía del s. XX véase Gelb, "Definition". Véase una comparación entre la esclavitud antigua y moderna en Enrico dal Lago y Constantina Katsari, *Slave Systems: Ancient and Modern* (Cambridge: Cambridge University Press, 2008). Por su parte, Robert McC. Adams ("Slavery and Freedom in the Third Dynasty of Ur: Implications of the Garshana Archives", *CDL Journal* 2010:2, 1a) apunta que el concepto de "esclavitud" es una designación retórica del estatus de una persona, mientras que el de "libertad" es esencialmente una aspiración.

ción familiar o contractual[543]. Así, los esclavos, considerados como propiedades, eran adultos o niños comprados, heredados o, en otro plano legal, contratados o entregados en matrimonio. Por tanto, en términos generales entendemos por "esclavitud" la institución de servidumbre involuntaria en la que una persona ejerce derechos de propiedad sobre otra[544].

En el presente capítulos estudiamos las fuentes cuneiformes de la Mesopotamia y Siria del Bronce Reciente que nos informan sobre la esclavitud infantil. Para ello, en primer lugar presentaremos el corpus documental de diferentes ámbitos geográficos: Babilonia, Asiria, mundo mittanio y Siria (§5.2). A continuación analizaremos los términos y expresiones recurrentes en este tipo de textos (§5.3), para luego estudiar a fondo las principales características del fenómeno en la época que nos ocupa (§5.4). Tras ello, inscribiremos esta documentación en su contexto próximo-oriental antiguo, subrayando las diferencias y semejanzas que nuestro corpus tiene en su constante histórica y documental (§5.5), para terminar exponiendo las conclusiones generales sobre el tema (§5.6).

5.2. FUENTES DEL BRONCE RECIENTE

Al igual que para todo el Próximo Orientre Antiguo (§5.5), los documentos con que contamos para estudiar el fenómeno de la esclavitud infantil en el Bronce Reciente son variados. La relación de documentos que exponemos a continuación constituye a nuestro conocimiento el primer elenco detallado sobre el tema. Casi todo el corpus se encuentra publicado, a excepción de decenas de tablillas mesobabilónicas de Nippur[545]. A continuación dividimos los textos cuneiformes por su presentación formal: listas conjuntas de personas y documentos que atañen a sujetos individualmente.

LISTAS DE PERSONAS

En primer lugar nos referimos al sistema de **raciones alimentarias** del Bronce Reciente, que está ampliamente atestiguado en toda Mesopotamia, y muy

---

543 Raymond Westbrook, "The Character of Ancient Near Eastern Law", en Westbrook, *A History*, 40.

544 King, "Slavery", 243a. Para profundizar en estos aspectos desde una perspectiva económica Frederic L. Pryor, *The Origins of the Economy: A Comparative Study of Distribution in Primitive and Peasant Economies* (Nueva York-Londres: Harcourt Brace Jovanovich, 1977), 218–22.

545 Varios de estos documentos han sido colacionados en el *University Museum* de Filadelfia. Asimismo hemos tenido acceso a información sobre textos casitas relativos a la esclavitud infantil, especialmente procedentes del Museo Arqueológico de Estambul, gracias a comunicaciones del Prof. Brinkman y al estudio de Tenney (*Life at the Bottom*). De este último autor es esperada la publicación de tablillas legales y administrativas sobre los trabajadores del Nippur casita (*Middle Babylonian Administrative and Legal Documents Concerning the Public Servile Population of Nippur*).

especialmente en el contexto casita. El período mesobabilónico aporta decenas de textos de raciones[546], si bien tras la caída de los monarcas casitas (1155 a. C.) no se producirán más documentos de este tipo, como resultado de los cambios socio-económicos de la época[547]. Era habitual que las asignaciones de comida fueran mensuales y se organizaran por familias, tanto consignando a cada trabajador una ración determinada —caso de listas mesobabilónicas— como dando una cantidad general a la familia —caso de listas mesoasirias.

Dependiendo del contexto en que nos encontremos, se aprecian diferentes tipos de listas de raciones alimentarias. Generalmente en todas aparecen niños entre los destinatarios de comida. En ciertos textos este aspecto se aprecia claramente, si bien en otros no se especifica. Por ejemplo, la división por edad no se emplea normalmente en las listas mesobabilónicas de cebada (ŠE.BAR) y aceite (Ì.BA) destinadas a personas y familias para períodos de seis meses como máximo, y por lo general solo en los casos que presentan niños esta cuestión se anotará[548]. En otro tipo de listas de raciones se podrá intuir que hay niños por la situación del nombre del pequeño en relación al nombre de los adultos, y especialmente por la cantidad entregada[549]. A los niños se les destinará una cantidad inferior de raciones, siempre medidas en *qû*, y la documentación casita seguirá por regla general el mismo patrón a nivel cuantitativo que los textos de otras épocas, como en Ur III[550].

Respecto al corpus mesoasirio, determinados documentos consignan también raciones a trabajadores junto con sus niños. Los casos de Ḫarbe 92.G.127 y 92.G.172, ligados al sector de la construcción[551], son paradigmáticos en este sentido[552]. Lamentablemente, y si bien se dividen en familias, al igual que los

---

546 Hasta el momento hay documentadas ciento cuarenta y siete documentos casitas de raciones alimentarias (Tenney, *Life at the Bottom*, 24). Gran parte de ellos permanece inédita.

547 La creciente urbanización, con el consiguiente incremento de la clase artesanal y la distribución de tierras, resultado de las invasiones amorritas, crearon una nueva clase de campesinado que se articulaba de manera menos centralizada. Así, las distribuciones de raciones alimentarias por parte del palacio o templo dejan lugar a la producción a nivel local, especialmente en la región babilonia post-casita. Al respecto véase en general Ignace J. Gelb, "The Ancient Mesopotamian Ration System", *JNES* 24 (1965): 230–43 (esp. p. 243).

548 Cf. Tenney, *Life at the Bottom*, 25 y n. 49.

549 Para los diferentes tipos de listas de raciones alimentarias para el Nippur casita véase ibíd., 23–31.

550 Véanse las principales semejanzas y diferencias entre el sistema de raciones de Ur III y el mesobabilónico en la comparativa expuesta en la tabla 13 (§5.5).

551 Todas las familias de estos documentos mesoasirios están encabezadas por un DÍM (ac. *bānû*), "constructor".

552 Ambos documentos se refieren a las mismas familias, pero en momentos diferentes. No podemos conocer con exactitud cuánto tiempo hay entre ambos textos, puesto

ejemplos mesobabilónicos, en estos casos no se puede analizar la cantidad que recibía cada niño[553]. La razón es simple: la asignación de comida no se realiza nominalmente, sino que se confiere a cada familia un determinado número de *qû* que ellos mismos (¿el padre de familia?) se encargarían de repartir. Así, y aunque no podamos hacer un seguimiento pormenorizado de lo que recibiría cada niño, al menos sí que se constata que la terminología diferencia a los pequeños por el grado de edad, como veremos más adelante (§5.3).

También contamos con listas de distribución de raciones de grano en la documentación de Nuzi, especialmente en el archivo de Šilwa-Teššub. Esta documentación, estudiada hace décadas por Wilhelm[554], muestra que los trabajadores de menor categoría de edad —*ṣuḫārū* y *ṣuḫārātu*— recibían menor cantidad de grano que los adultos[555], si bien no conocemos la función laboral que desarrollaban.

En varias **listas de personas vendidas** también se consignan niños entre los sujetos. Debido a las características de esta documentación, susceptible de un análisis más pormenorizado, estudiaremos las ventas de niños en un capítulo aparte (§6). Baste decir aquí que este tipo de textos es característico de la Babilonia casita, aunque en otros lugares periféricos, como en Emar, también encontraremos ventas de niños conjuntamente, si bien con formato textual distinto[556].

Los documentos con los que contamos al respecto son los siguientes:

---

que la datación de 92.G.127 se encuentra dañada (ll. 61–62). Sin embago, el lapso temporal entre los dos documentos no sería muy amplio, puesto que los individuos listados coinciden por regla general en sus denominaciones por edad. Sobre estos textos véanse Cord Kühne, "Mittelassyrisches Verwaltungsarchiv und andere Keilschrifttexte", en Winfried Orthmann (ed.), *Ausgrabungen in Tell Chuēra in Nordost Syrien I: Vorbericht über die Grabungskampagnen 1986 bis 1992*, Vorderasiatische Forschungen der Max Freiherr von Oppenheim-Stiftung 2 (Saarbrücken: Saarbrücker Druckerei und Verlag, 1995), 221–25; Stefan Jakob, *Die mittelassyrischen Texte aus Tell Chuēra in Nordost-Syrien*, Vorderasiatische Forschungen der Max Freiherr von Oppenheim-Stiftung 2, III (Wiesbaden: Harrassowitz, 2009), 99–102.

553 El mismo caso de Ḫarbe lo encontramos en documentos mesobabilónicos de Dūr-Katlimmu sobre distribución de raciones alimentarias, en las que se consigna el total entregado a cada familia. Véase por ejemplo el texto BATSH 18 55, ejemplar en este sentido, ya que presenta hasta ocho unidades familiares en las que aparece algún menor (cf. Salah, *Die Mittelassyrischen*, 233–36).

554 Gernot Wilhelm, *Das Archiv des Šilwa-Teššup. Heft 2: Rationenlisten I* (Wiesbaden: Otto Harrassowitz, 1980); *Das Archiv des Šilwa-Teššup. Heft 3. Rationenlisten II* (Wiesbaden: Otto Harrassowitz, 1985).

555 Sirva como ejemplo el documento HSS 14 638 (cf. Brigitte Lion, "Male and Female Palace Servants in the Kingdom of Arraphe", *Orient* 51 [2016]: 72). Sobre las referencias a niños en las listas de raciones alimentarias de Nuzi, cf. ibíd., 72–73.

556 Lo mismo ocurrirá con el caso del texto casita de Babilonia B.143 + B.227.

Nippur	Babilonia	Emar	Total textos
(8) BE 14 7, PBS 8/2 162, MUN 8, PBS 13 64 + MUN 9, Ni. 1574, 1854, 6192, 6558	(1) B.143 + B.227	(4) E6 118, 217 (216, 218, 219, 220), 212, AuOr 5/11	13

Tabla 7. Fuentes del Bronce Reciente de ventas de niños conjuntamente[557]

Otra fuente del Bronce Reciente en la que aparecen niños esclavos son las **listas de trabajadores forzados**. Esta designación, de carácter general, engloba otro tipo de listas, como de raciones alimentarias o ventas de niños conjuntamente. Sin embargo, determinados documentos, de nuevo característicos del Nippur mesobabilónico[558] y en menor medida de Dūr-Enlilē[559], se limitan a hacer una relación de trabajadores adultos y niños, clasificándolos a través de criterios como el sexo, la edad, actividad profesional[560] o las condiciones físicas[561].

---

557 Para la distinción entre el número de adultos y niños vendidos, cf. tabla 14.

558 El abanico cronológico de las listas mesobabilónicas de trabajadores forzados comprende ochenta y nueve años: desde el año 13.º de Kurigalzu II hasta el 1.º de Kaštiliašu IV (esto es, de 1320 hasta 1232 a. C., ambos años incluidos). Sobre la cronología del corpus véase Tenney, *Life at the Bottom*, 42–43.

559 Cf. van Soldt, *Middle Babylonian Texts*.

560 Sobre las actividades llevadas a cabo por los trabajadores forzados de Nippur, y en menor medida de Dür-Enlilē, véase Daniel Justel, "Middle Babylonian Terminology related to Workforce", en García-Ventura, A. (ed.), *What's in a name? Terminology related to work force and job categories in the ancient Near East*, AOAT 440 (Münster: Ugarit-Verlag, en prensa).

561 Dichos textos rondan el medio millar (Tenney, *Life at the Bottom*, 8). Otros aspectos que se consignan son: nombres personales, relaciones familiares con demás trabajadores, último lugar de residencia conocido, origen geográfico, etc. Tenney ha tratado recientemente la cuestión de las listas mesobabilónicas de trabajadores forzados. Diferencia entre "listas simples", cuando tras los nombres de los trabajadores no se incluye su ración alimentaria, y las "listas de raciones", cuando sí se hace (ibíd., 9). Sobre los trabajos forzados en el Nippur mesobabilónico véase un breve esbozo en John A. Brinkman, "Forced Laborers in the Middle Babylonian Period", *JCS* 32 (1980): 17–22. Para profundizar en las diferentes clasificaciones de trabajadores véase Brinkman, "Sex, Age, and Phisycal Condition Designations". Sobre los artesanos casitas en general, y desde una perspectiva en relación a su itinerancia, véase Danielle Deheselle, "Meuniers et brasseurs kassites, travailleurs itinérants", *Amurru* 3 (2004): 273–85. Por último, hay que señalar que las numerosas listas de trabajadores forzados del Nippur casita provienen de archivos bien definidos. Por ello no debemos caer en una generalización a la hora de interpretar el fenómeno, siendo peligroso conferir a este corpus la cualidad de representativo de toda la

Algunos autores, como Brinkman[562], ponen en duda el grado de esclavitud al que estarían sometidos estos trabajadores forzados[563]. Sin embargo, y como él mismo acepta, al menos la condición de "no libres" es evidente, ya que los textos aluden frecuentemente a casos de huidas, muertes, compra-ventas de personas, gente encadenada, etc.

Estas listas, que consignan individuos controlados por el gobernador de la provincia de Nippur, tienen un formato heterogéneo[564] y siempre están organizadas en grupos con un supervisor a la cabeza. Se encuentran generalmente divididas en familias, y pueden hacer referencia tanto a un pequeño grupo como a grandes entidades familiares, incluso con más de una esposa/madre[565]. En algunos de estos conjuntos aparecen uno o varios niños, cuya edad se puede definir y precisar a través de terminología específica (§5.3) y cuyas relaciones sanguíneas se anotan[566]. Como veremos, los niños conformarían una fuerza de trabajo tan pronto como sus aptitudes físicas les permitieran ser explotados[567], por lo que es esta una de las fuentes más importantes del Bronce Reciente para estudiar el fenómeno de la esclavitud infantil.

En la tabla 8 se exponen los niños consignados en las listas mesobabilónicas de trabajos forzados[568]:

---

región Babilonia e incluso del Nippur de la época. En este sentido véase Brinkman, "Sex, Age, and Phisycal Condition Designations", 8, n. 51.

562 "Forced Laborers", 21.

563 Brinkman habla de la imposibilidad de asignar un término moderno (inglés) a la realidad que vivieron estos antiguos trabajadores.

564 Sobre el formato de dichos documentos, véase en general Tenney, *Life at the Bottom*, 9–12.

565 Es el caso del inédito Ni. 2793, en el que un hombre mayor tiene dos mujeres, asimismo ancianas, que han tenido numerosos hijos (ibíd., 90). Este texto incluye seis familias distintas (ibíd., 148, n. 5), y a pesar de su mal estado de conservación se estima que consignaría a más de doscientos cincuenta trabajadores en total (Brinkman, "Forced Laborers", 17). Sobre otros casos de poliginia a partir de la documentación de trabajadores forzados de Nippur, cf. CBS 7092+, UM 29-15-292. Para el tema en Ugarit, véase la reflexión en Josué Javier Justel, "Is Poliginy Attested in the Administrative Texts from Ugarit?", *UF* 40 (2008): 445–52.

566 Véase por ejemplo el documento inédito CBS 3650 (colación personal): rev. i' 7': [NP] DUMU.GABA DUMU.A.NI ("[NP], niño de pecho, su hijo"); rev. i' 8': [NPF] DUMU.SAL.GABA DUMU.SAL.A.NI ("[NPF], niña de pecho, su hija").

567 Incluso desde su condición de lactantes (cf. Daniel Justel, "Niños lactantes en las listas de trabajadores forzados de Nippur durante la época mesobabilónica", en Bernabé Pajares y Álvarez Pedrosa, *Orientalística*, 233–47).

568 Para precisar su edad con más detalle véase la tabla 10 en §5.3. Con la excepción de BE 14 58, todos los demás documentos de la tabla 8 permanecen inéditos. Cabe señalar la posibilidad de que los textos CBS 3472 y CBS 13455 se refieran a la misma familia, pero consignadas sus características momentos diferentes. Para esta cuestión, difícil de

Texto	Número de niños (recién nacidos-adolescentes)
BE 14 58 y UM 29-15-760	18
BE 14 142	1
CBS 3472	17
CBS 3650	3
CBS 7752	2
CBS 8558	2
CBS 11505	7
CBS 11969	2
CBS 13455	6
Ni. 177	¿1?
Ni. 890	1
Ni. 1066 + 1069	12
Ni. 1574	2
Ni. 2793	10
Ni. 5989	2
Ni. 6192	2
Ni. 6208	1
Ni. 6444	4
Ni. 6816	4
UM 29-15-292	2
UM 29-15-298	1

Tabla 8. Número de niños en las listas mesobabilónicas de trabajadores forzados

Al igual que en otras épocas (cf. §5.5), en el Bronce Reciente encontramos listas de **deportaciones** de prisioneros de guerra en las que, junto con adultos, aparecen niños. Sin duda es la documentación mesoasiria la que para esta época

dilucidar, habida cuenta del desconocido lapso temporal entre ambos documentos y su fragmentario estado de preservación, véase Jonathan S. Tenney, "Additions and Corrections to Jonathan S. Tenney, *Life at the Bottom of Babylonian Society*, CHANE 51. Leiden: Brill, 2011", NABU 2015.43, 63–64.

más nos informa acerca de tal fenómeno. El monarca Tukultī-Ninurta I (1244–1208 a. C.) llevó a cabo una empresa tan importante como la construcción de una nueva ciudad, centro administrativo con su propio nombre (Kār-Tukultī-Ninurta). La mano de obra para tamaña iniciativa debía ser, pues, cuantitativamente ingente. El rey asirio empleó para ello, entre otros, población deportada de origen casita o hurrita, además de esclavos procedentes de Idu, Nairi o ámbitos como Arrapḫe y Kilizu[569]. Ciertos documentos reflejan unas condiciones pésimas de estos deportados, como los *šelenāiu*, procedentes de Šelenu[570]. Freydank habla de una tasa de mortalidad del 17% en un período de un mes para los casi mil deportados *šelenāiu*, trabajadores que sufrirían castigos, falta de alimento y labores forzadas[571].

El documento de deportaciones mesoasirias que más luz arroja sobre los niños es VAT 18087+, procedente de Kār-Tukultī-Ninurta y datado en época de Tukultī-Ninurta I[572]. Se trata de una lista en la que se enumeran doscientos seis hurritas deportados a la nueva capital asiria. Hasta veitisiete familias son consignadas con el padre (o viuda) a la cabeza[573], aportándose, al igual que en las listas de trabajadores forzados mesobabilónicas, una clasificación por edad y sexo, además de otras características como las capacidades profesionales de niños y adultos, la mayoría de los cuales son constructores.

Los niños son designados de distinta manera, según su edad, y con sus setenta y ocho casos representan casi el 40% de todos los deportados hurritas[574]. La proporción de bebés recién nacidos es de un 15,38% respecto a los demás niños y de un 5,83% en relación a todos los deportados[575]. En cuanto al sexo de los

---

569 Sobre estas cuestiones véase en general el estudio de Jaume Llop Raduà (*Aportació a l'estudi de les relacions polítiques i militars entre Assíria i Babilònia durant la segona meitat del segon mil.leni a.C.*, Tesis Doctoral inédita [Barcelona: Universidad de Barcelona, 2001], 245ss), junto con la abundante bibliografía desplegada.

570 Khaled Nashef, *Die Orts- und Gewässernamen der mittelbabylonischen und mittelassyrischen Zeit*, RGTC 5 (Wiesbaden: L. Reichert, 1982), 246.

571 Freydank, "Zur Lage der deportierten Hurriter in Assyrien". De los novecientos ochenta y siete trabajadores, ciento sesenta y siete habrían muerto en las primeras semanas tras la deportación.

572 El texto, publicado asimismo en VAS 21 6, fue estudiado hace más de tres décadas por Freydank (ibíd.).

573 Ibíd., 92–98.

574 Así pues, y en términos proporcionales, el porcentaje de niños con respecto a adultos es similar al que encontramos en las seis ciudades que sufrieron la deportación de sus gentes a manos del rey Zimrî-Lîm de Mari (1763 a. C.) (§5.5). Basándonos en el estudio de Lion ("Les enfants des familles déportées de Mésopotamie du nord à Mari en ZL 11'", *KTEMA* 22, 1997, 113), el porcentaje de pequeños para estos casos son: Ḫurwaš: 36,26%; Širšiphi: 46,60%; Eqlum-bana: 42,96%; Till-abna: 35,33%; Ṣidqan: 33,33%; Till-badi: 42,17%.

575 Lion, "Les enfants", 114.

niños, hay una preponderancia de varones sobre a las mujeres[576], lo que se puede poner en relación con la diferencia de edad al casarse[577]. Un aspecto que merece la pena subrayar es la poligamia que se aprecia en varias de estas familias. La mayoría de los padres de familia tienen una sola esposa, oscilando su descendencia entre ninguno y cinco hijos por mujer[578]. En otras ocasiones estos cabezas de familia aparecen con más mujeres, hasta cinco[579].

Junto a este documento, hay otros textos mesoasirios que nos informan asimismo sobre la práctica de deportar niños. KAJ 180, por ejemplo, habla de varios pequeños deportados, desde aprendices adolescentes hasta niños recién nacidos.

Como analizaremos más adelante, estos documentos mesoasirios arrojan luz de manera considerable sobre el papel de los niños en las listas de deportados del Bronce Reciente. Además, dichos casos apenas han sido puesto en relación en la historiografía moderna con otros textos similares, como las listas mesobabilónicas de trabajadores forzados, por lo que un análisis en el mismo sentido es totalmente novedoso.

Por último, haremos referencia al texto de Ugarit KTU 4.102, escrito en lengua ugarítica por medio del alfabeto cuneiforme, que probablemente haga referencia al fenómeno de las deportaciones. El texto presenta un elenco de mujeres y niños que tienen en común el topónimo chipriota Alašia[580]. Se trata de un documento que ha recibido interpretaciones diversas[581]; recientemente, por ejemplo, van Soldt piensa que estamos ante una lista de asignación de bienes inmuebles[582]. Sin embargo, un texto aún inédito hallado en Ugarit trata de un emisario del rey de Alašia que llega a Ugarit con el fin de obtener la liberación

[576] Cincuenta y siete casos frente a trenta y cinco respectivamente.

[577] Aspecto comentado a partir de este texto en §3.4 (en nota).

[578] Los ejemplos más abundantes son los de una mujer con un hijo, lo que se repite hasta en once familias.

[579] Un caso con un solo hijo. Sobre la relación entre número de esposas y de niños que nacieron de las mismas véase un cuado explicativo en Freydank, "Zur Lage der deportierten Hurriter in Assyrien", 101.

[580] KTU 4.102: 31: [...] [URU]*a-la-ši-ia*[ki]. Para las distintas categorías expuestas en el texto véase Josef Tropper, "Elischa und die 'große' Frau aus Schunem (2 Kön 4,8–37)", *KUSATU* 3 (2001): 77.

[581] Para las distintas interpretaciones del texto en la historiografía moderna véase Kevin M. McGeough y Mark S. Smith, *Ugaritic Economic Tablets. Text, Translation and Notes*, ANES Supp. 32 (Lovaina, Peeters, 2011), 40.

[582] Wilfred H. van Soldt, "The City-Administration of Ugarit", en Leonid Kogan y Natalia Koslova y Sergey Loesov y Sergey Tishchenko (eds.), *City Administration in the Ancient Near East: Proceedings of the 53e Rencontre Assyriologique Internationale*, vol. 2, Babel & Bibel 5 (Winona Lake: Eisenbrauns, 2010), 258.

de chipriotas retenidos en Ugarit[583]. En este contexto, el texto KTU 4.102 podría recoger una lista de mujeres y niños chipriotas que el rey de Ugarit habría recibido como compensación por la ayuda prestada a Ḫatti en su conquista (probablemente parcial) de Chipre[584]. Sin embargo, como señala Malbran-Labat, aunque KTU 4.102 parece ser realmente un censo de familias, conviene permanecer cautos acerca de la posible relación entre la mención de Alašia en la última línea del texto y las personas mencionadas en el documento[585].

Textos que conciernen a niños individualmente

Al igual que haremos con las listas conjuntas de personas vendidas, en el siguiente capítulo (§6) analizaremos el fenómeno de las **ventas de niños** de forma individual a partir del corpus del Bronce Reciente mesopotámico y sirio. Citaremos por ahora, al tratarse de una fuente para el estudio de la esclavitud, las principales fuentes con las que contamos sobre los niños vendidos individualmente. Como en las largas listas de gente vendida, el ámbito mesobabilónico nos proporciona determinante información al respecto. Además, no habrá una preponderancia radical del archivo de Nippur en este tipo de textos, al contrario de lo que ocurre con las ventas conjuntas de niños, sino que el corpus casita de Ur aportará asimismo una documentación valiosa, al igual que Tell Imliḥiye y la propia Babilonia.

Sin embargo, es en el ámbito mittanio y en Siria donde se aprecia un corpus de este tipo cuantitativamente mayor que en la Mesopotamia meridional. Hemos recogido de estas dos realidades más de una decena de ventas de niños vendidos individualmente. Además, las únicas ventas conjuntas de pequeños que conocemos para dichos ámbitos son los contratos emariotas E6 118, E6 212, E6 217 y AuOr 5/11, que realmente poseen el mismo formato que las ventas individuales, sin estar formados por listas de vendidos.

Así pues, las fuentes con las que contamos para el fenómeno de ventas de un solo niño o niña son las siguientes:

---

583 En este sentido véanse Juan Pablo Vita, *El ejército de Ugarit*, Banco de datos filológicos semíticos noroccidentales 1 (Madrid: Consejo Superior de Investigaciones Científicas, 1995), 108 y n. 7; Florence Malbran-Labat, "Nouvelles données épigraphiques sur Chypre et Ougarit", en *Report of the Department of Antiquities* (Nicosia: *Report of the Department of Antiquities*. Nicosia: Department of Antiquities of Cyprus, 1999), 122.

584 Cf. Albrecht Alt. "Bemerkungen zu den Verwaltungs- und Rechtsurkunden von Ugarit und Alalach", *WO* 3, Heft 1/2 (1964): 3–18.

585 Florence Malbran-Labat, "Alašiya et Ougarit", *Res Antiquae* 1 (2004): 369–70.

Babilonia				Archivos mittanios		Siria		
Ur	Nippur	Tell Imlihiye	Babilonia	Nuzi	Alalaḫ	Emar	Tuttul	Total textos
(9) UET 7 1, 2, 21, 22, 23, 24, 25, 26, 27	(4) MRWH 1, 7, BE 14, 1, 128a	(1) BaM 13/1		(5) EN 9/1 409, HSS 19 125, HSS 19 115, YBC 5143, BM 17600	(2) AlT 69, 70	(4) E6 7, E6 83, ASJ 10/E, Hir 20	(1) KTT 382	26

Tabla 9. Fuentes del Bronce Reciente de ventas de niños individualmente

En el Próximo Oriente antiguo un niño esclavo podía ser adoptado, e incluso uno libre también podía entrar en la esfera de la esclavitud tras el contrato de **adopción**. Aunque este fenómeno no constituya la norma general, poseemos ejemplos del Bronce Reciente en este sentido, especialmente en el archivo de Nuzi[586]. Los documentos nuzitas JEN 571, JEN 572 y HSS 5 57 apuntan a que los pequeños adoptados pasarían a considerarse siervos de sus nuevos padres adoptivos, aunque las fórmulas empleadas en la adopción fueran las canónicas: *ana mārūti nadānu*, "entregar en estatus de hijo"[587]. Además, la condición de tejedor del joven Naniya adoptado en JEN 572 podría guardar relación con el

586 Como el comentado AASOR 16 39 (cf. Lion y Abrahami, "L'archive de Tulpunnaya", 40, y en este estudio §4.4). Para la expresión acadia *ana ardūti nadānu*, "entregar en estatus de esclavo", en el archivo de Nuzi, véanse por ejemplo los documentos G 12: 32; HSS 9 24: 21. Sobre terminología específica relacionada con la esclavitud en Nuzi cf. Aapeli Saarisalo, *New Kirkuk Documents relating to Slaves*, StOr 3 (Helsinki: Societas Orientalis Fennica, 1934), 93–94. El corpus emariota también presenta casos en los que los adoptados son esclavos. Véanse dos ejemplos en AuOrSI 41 (esp. ll. 36-37) y E6 91 (Josué Javier Justel, "Remarks on Inheritance and Adoption in the Middle Euphrates during the Late Bronze Age", NABU 2008.2).

587 JEN 571: 3–4: *a-na ma-ru-⌜ti⌝ in-din*, "ha entregado en adopción"; JEN 572: 3, 5: *a-na ma-⌜ru⌝-ti it-ta-din*, "entregó en adopción"; HSS 5 57: 3–4: *a-na ma-ru-ti* SUM-*un*, "ha entregado en adopción". Sobre las fórmulas de adopción en la documentación de adopciones infantiles del Bronce Reciente véase §4.3. Para todo el Próximo Oriente antiguo cf. Justel, "Adopciones infantiles", 105–7.

mundo de la esclavitud infantil. Por su parte, la pequeña Warḫa-zizza, dada en adopción matrimonial en el también documento de Nuzi JEN 437, es entregada *ana kallūti* ("en estatus de *kallatu*") a Teḫip-Tilla[588], y éste debería darla *ana aššūti* ("como esposa") a cualquiera de sus esclavos (de él)[589]. La niña es designada por medio del sustantivo *ṣuḫārtu*, "esclava (joven)"[590].

Sea como fuere, el mecanismo jurídico de la adopción encamina generalmente al propio adoptado hacia un ámbito distinto al de la esclavitud. Un ejemplo paradigmático es el documento casita BE 14 40 (Nippur, 1312 a. C.), adopción de una joven (SAL.TUR), posiblemente con fines religiosos, en la que se expresa que la adoptada no podría en ningún caso pasar a ser esclava en el futuro[591]. El fenómeno por el cual un adoptado pasa a ser esclavo es, por tanto, excepcional.

La **esclavitud por deudas** constituye una fuente cuantitativamente numerosa a la hora de analizar la esclavitud en el Próximo Oriente antiguo (§5.5). Multitud de familias se endeudaban tan gravemente que pasaban a formar parte del patrimonio del prestamista. Así, junto con los adultos deudores entraban en servidumbre —temporal o no— sus hijos[592].

La documentación mesobabilónica no es prolija en textos que nos informen al respecto. Solamente los inéditos CBS 11106 y Ni. 2885 pueden hacer referencia al fenómeno. Si bien sobre el primero la posibilidad de que fuera joven es solo una opción[593], el último tiene aparentemente que ver con una niña. Una mujer, Ātamar-qāssa, fue vendida durante el reinado de Kadašman-Turgu

---

588 JEN 437: 1-5: ^{m}*tu-ul-pí-še-⸢en⸣-ni* / DUMU *el-ḫi-ip*-LUGAL *ù a-ḫa-as-sú* / ^{f}*wa-ar-ḫa-zi-iz-za* / *a+na ka-al-lu-ti a+na* ^{m}*t[e-ḫ]i-ip-til-la* / DUMU *pu-ḫi-še-en-ni* S[U]⸢M⸣-[*i*]⸢*n*⸣ ("Tulpi-šenni, hijo de Elḫip-šarri, ha [entre]gado a su hermana Warḫa-zizza como *kallatu* a T[eḫ]ip-Tilla").

589 JEN 437: 6–7: *ù* ^{m}*te-ḫi-ip-til-l⸢a⸣* (*a-na*) ÌR.MEŠ-*šu* / *ga*$_{14}$*ab-bi-⸢im⸣-ma a+na aš-šu-ti* SUM-*in* ("Y Teḫip-Tilla deberá entregar(la) ⸢a⸣ cualquiera de sus esclavos como esposa").

590 JEN 437: 12: *ṣú-ḫa-ar-tù*. Transcripciones de JEN 437 basadas en colación de J. J. Justel (Oriental Institute, agosto de 2010).

591 BE 14 40: 6–8: "Tanto si (la adoptante) la entrega a un marido, como si le hace ¿prostituta?, no le hará esclava" (*šum-ma a-na mu-⸢tim⸣ i-nam-din-ši* / *šum-ma ḫa-ri-mu-ta ip-pu-us-si* / GEMÉ-*sa ú-ul i-ša-ka-an*). Sobre las causas religiosas para adoptar niños en el Próximo Oriente antiguo véase Justel, "Adopciones infantiles", 135–37. Sobre este documento véase asimismo Justel, "Un cas de justification".

592 Sobre los niños en el contexto de esclavitud por deudas para todo el antiguo Oriente véase Garroway, *Children*, 113–40.

593 Véase §5.4. En CBS 11106 se presenta a Rabâ-ša-ilī, un hombre de edad indeterminada, confinado en una prisión de Nippur tras huir del ambiente donde sufría trabajos forzados y ser posteriormente capturado en Abu, en las proximidades de Nippur. Su padre, Kittatu, lo libera, constituyéndose en su garante. Tenney (*Life at the Bottom*, 128) interpreta como posibilidad que se trate de un caso de esclavitud por deudas, si bien la cuestión no es completamente evidente (cf. n. 202).

cuando era menor[594]. Décadas después, y a instancias de su hermana, fue liberada mediante un decreto *zakûtu* del rey Šagarti-Šuriaš. Dicho decreto liberaba a todas las mujeres nacidas libres en Nippur, como era el caso de Ātamar-qāssa. ¿Entró esta mujer, siendo pequeña, en la esclavitud debido a las deudas de sus padres? Podría ser una opción, como interpreta Tenney[595], si bien no lo podríamos afirmar con total seguridad.

Los ejemplos más claros de esclavitud infantil por deudas de sus padres provienen del ámbito mittanio y la Siria del Bronce Reciente. En el primer caso, y siempre provenientes del archivo de Nuzi, encontramos numerosos ejemplos de *ṭuppi tidennūti*, contratos anticréticos por los cuales el deudor consiente que su acreedor disfrute de los frutos que le entrega hasta que la deuda quede saldada[596]. Dichos frutos podían ser bienes inmuebles o personas, y la producción de la tierra o el trabajo del individuo constituirían el interés de la deuda. Cuando esta era saldada, dicha persona quedaba libre. Así pues, el individuo "entregado en *tidennūtu*"[597] entraba en un estatus de servidumbre, me manera —al menos teóricamente— temporal. En ocasiones los deudores entraban voluntariamente en *tidennūtu*, si bien en otros casos entregaban a tal efecto a sus hijos. Hace décadas Eichler identificó diecinueve de casos de este fenómeno[598]. A ellos hay que añadir algún documento publicado posteriormente[599].

Sobre la documentación de Siria, el texto emariota E6 205, por ejemplo, presenta un caso en el que un hombre, deudor de 25 siclos, fallece, y sus dos hijos pasan automáticamente a ser esclavos del prestamista[600]. Por su parte, J. J.

---

594 Según la hipótesis defendida por nosotros (cf. §6.2).

595 Tenney, *Life at the Bottom*, 128.

596 Sobre los contratos *ṭuppi tidennūti / titennūti* véanse especialmente Barry L. Eichler, *Indenture at Nuzi: The Personal* tidennūtu *Contract and its Mesopotamian Analogues*, Yale Near Eastern Researches 5 (New Haven: Yale University Press, 1973); Gregory D. Jordan, "Usury, Slavery, and Land-Tenure: The Nuzi *tidennūtu* Transaction", *ZA* 80 (1990): 76–92. El término *tidennu* haría referencia a la persona o propiedad que pasaba a ser controlada por el acreedor (Justel, *Mujeres y Derecho*, 203).

597 Esto es, "en estatus de *tidennu*".

598 Junto con estos casos inventoriados por Eichler (*Indenture at Nuzi*, 34–35) se encuentran ejemplos en los que el deudor se entrega a sí mismo o a otra persona que no sean sus hijos (hermanos, hermanas o esclavos).

599 Cf. por ejemplo EN 9 10, EN 9 11. En este sentido es interesante el estudio de BM 102353, documento de anticresis de Nuzi en el que Nai-šeri, esclavo de Zike, entrega una muchacha a Tae e Ipša-ḫalu. En compensación, Tae entra en el hogar de Nai-šeri en calidad de *tidennu* por un período de dos años. Sobre este documento véase Justel y Justel, "An Unpublished Nuzi-Type Antichretic Loan Contract".

600 Este documento, proveniente de Emar, ofrece un caso sumamente gráfico, en el que se litiga sobre la liberación o no de los dos huérfanos. Al respecto véase Raymond Westbrook, "Slave and Master in Ancient Near Eastern Law", en James Lindgren y

Justel enumera hasta cuatro documentos de Emar en los que una mujer pasó a ser esclava por las deudas de sus padres: RE 67, Hir 36, ASJ 10/A y E6 217[601]. Especialmente en este último podemos evaluar la edad de los cuatro niños que entran en una condición de esclavitud tras la incapacidad de sus progenitores para saldar las deudas[602].

Por último, y al igual que señalaremos para el Próximo Oriente antiguo en general (§5.5), la documentación del Bronce Reciente es escasa en referencias a **niños nacidos esclavos**. El hijo de dos siervos era automáticamente considerado esclavo. La documentación mesobabilónica de trabajos forzados permite afirmar que la descendencia de un hombre libre y una mujer esclava se incorporaba asimismo a la población servil[603]. El contexto de cada documento es el que generalmente aporta más pistas para evaluar si un niño nació o no esclavo.

Sin embargo, en otras ocasiones los textos explicitan la condición de siervo de una persona desde su nacimiento. Por ejemplo, los documentos casitas inéditos CBS 11978 y Ni. 2228 listan respectivamente ciento cincuenta y seis y veinte personas nacidas en familias de trabajadores forzados y denominadas *ildu*, "descendencia"[604]. El caso de Ni. 2228 es relevante, ya que estos individuos no solo son recién nacidos[605], sino también niños pequeños[606] e incluso adolescentes[607].

Aunque no poseamos demasiados documentos que lo evidencien, todo apunta a que la esclavitud desde el nacimiento sería cuantitativamente la mayor fuente para estudiar el fenómeno también en el Bronce Reciente. Los textos que hemos tratado hasta aquí constituyen un escaso porcentaje de la totalidad de esclavos, por lo que es tentador imaginar que el resto lo serían desde su nacimiento[608].

Consideraciones en torno a las fuentes

A partir del género documental al que se adscriban, las fuentes que nos informan sobre los niños esclavos en el Bronce Reciente son heterogéneas. Esta amplitud

---

Laurent Mayali y Geoffrey P. Miller (eds.), *Symposium on Ancient Law, Economics & Society. Part II*, CKLR 70 (Chicago: Chicago-Kent Law Review, 1995), 1651.

601 Justel, *La capacidad jurídica*, 236–37.

602 Sobre dicho texto y la cuestión de la edad de los pequeños esclavos cf. §6.4.

603 Tenney, *Life at the Bottom*, 127. Cf. en este sentido el documento legal casita Ni. 2885, en el que el dueño de una mujer que fue esclava pretende casarse con ella y que sus hijos fueran libres, por lo que en principio debían ser esclavos (cf. §4.4).

604 Brinkman, "Forced Laborers", 22 y n. 68; Tenney, *Life at the Bottom*, 115. Además, ninguno de estos dos documentos se halla en perfecto estado de conservación, por lo que faltarían otras personas denominadas *ildu*.

605 Por ejemplo, Ni. 2228: 14: DUMU GABA (caso de ^{m}*dan-nu-mu-u-šu*).

606 GURUŠ.TUR.TUR (ibíd., 114, n. 123).

607 Por ejemplo, Ni. 2228: 13: GURUŠ.TUR (caso de ^{m}*i-na*-É.SU.GAL-*mil-ku*).

608 Es la tesis que plantea Brinkman ("Forced Laborers", 22) para la documentación casita, donde los niños vendidos o los prisioneros de guerra constituyen apenas veinte ejemplos en relación a los más de 12.000 textos conservados para la época.

temática, donde encontramos textos sobre deportaciones, ventas, adopciones, raciones alimentarias, etc., responde sin duda a una práctica común y extensamente generalizada. La complejidad resultante se plasma en una variedad de documentos al respecto.

En todos los ámbitos geográficos analizados encontramos textos que evidencian la relación entre infancia y esclavitud. Si bien acudiremos a todos ellos a la hora de tratar una cuestión u otra, son las listas mesobabilónicas de Nippur de trabajadores forzados las que en términos generales se pueden considerar el hilo conductor del presente capítulo. Dada la cantidad y calidad de estas fuentes casitas, en su inmensa mayoría todavía inéditas, podremos comprobar la realidad de los niños esclavos desde cuestiones como el trabajo, la alimentación, la mortalidad o su condición jurídica. En paralelo a ellas, los textos de Asiria, Mittani y Siria también nos informarán sobre esta cuestión.

5.3. TÉRMINOS Y EXPRESIONES

En el siguiente subapartado nos referiremos a la principal terminología empleada en los textos que nos informan sobre niños esclavos en el Bronce Reciente. Sin embargo, antes de adentrarnos en dicha empresa nos parece conveniente distinguir dos conceptos de fondo que no se plasman con precisión a nivel terminológico ni en sumerio ni en acadio. Se trata de dos realidades sociales, con sus consiguientes implicaciones jurídicas, y relacionadas ambas con el ámbito de dependencia personal: la esclavitud y la servidumbre. Sendos conceptos reciben distinta nomenclatura en varias lengas modernas[609], pero no así en sumerio o acadio, donde el vocabulario para referirse a un esclavo y a un siervo es idéntico. Es nuestra tarea analizar cada caso por separado, atendiendo a criterios en este caso legales para identificar a cual de los dos ámbitos se refiere el ejemplo en cuestión[610].

La diferencia principal entre ambos conceptos tiene una base jurídica: los esclavos se encuentran a nivel legal en una situación inferior a la de los siervos. Estos últimos, aun siendo dependientes como los primeros, están capacitados para activar mecanismos legales, como el matrimonio, la entrada de *kallātu* en determinadas familias, etc. Así pues, poseen ciertas prerrogativas de las que los esclavos carecen por completo, si no es en operaciones en las que el peso legal lo tienen sus dueños, y los esclavos son contemplados siempre como objeto y no sujeto del acto legal.

---

609 Respectivamente "siervo" y "esclavo", véanse algunos ejemplos en inglés (*serf* y *slave*), francés (*serviteur* y *esclave*), italiano (*servo* y *schiavo*), alemán (*Leibeigene* y *Sklave*), etc.

610 Generalmente, y debido precisamente a la dificultad que entraña distinguir niños esclavos de niños siervos, la asiriología analiza ambas realidades conjuntamente. Véase un reciente ejemplo al respecto en Garroway, *Children*, 141–58 ("The Slave and Hired Child").

Esta división es apreciable en numerosos ejemplos del Bronce Reciente mesopotámico y sirio, tanto en adultos como en niños dependientes. En las próximas páginas intentaremos arrojar luz sobre esta cuestión, empleando en término "esclavitud" de forma generalizadora de la situación de dependencia jurídica, pero precisando cuando sea necesario los casos en que se aprecie claramente que un niño puede ser considerado más "siervo" que "esclavo" o viceversa.

Los primeros términos sumerios para designar a los esclavos tienen su origen en los prisioneros de guerra traídos de territorios extranjeros montañosos. Así, el sumerograma ÌR, "esclavo", está compuesto por LÚ y KUR, "hombre de la montaña", al igual que GEMÉ, "esclava", compuesto por SAL y KUR, "mujer de la montaña"[611].

En cuanto a los niños, las fuentes acadias emplean por regla general los términos *ṣuḫāru* (masc.) y *ṣuḫārtu* (fem.) para referirse tanto a niños libres como esclavos. Teniendo presente este problema, en ocasiones solo el contexto de cada documento podrá guiarnos hacia la interpretación conveniente[612]. Aún así, hay que tener en cuenta determinadas expresiones o terminología específica relacionada con la esclavitud. En el presente subapartado enumeraremos estos aspectos, comentando las peculiaridades más relevantes de cada uno de ellos.

En los textos mesobabilónicos de ventas de niños, además de en casi todos sus homólogos emariotas, se expresa el nombre propio de los pequeños vendidos (§6.4). La documentación casita sigue siempre el mismo patrón: tras el nombre personal se añade la expresión MU.NI(.IM), ac. *šumšu*, "(NP es) su nombre"[613].

---

611 La cuestión de la terminología relacionada con la esclavitud en el Próximo Oriente antiguo fue analizada por Ignace J. Gelb ("Terms for Slaves in Ancient Mesopotamia", en Muhammad A. Dandamaev [ed.], *Societies and Languages of the Ancient Near East: Studies in Honour of M. Diakonoff* [Warmister: Aris & Phillips Ltd, 1982], 81–98). Véanse otras referencias al respecto en Mendelsohn, *Slavery*, 1, 137, n. 4; Westbrook, "Slave and Master", 1634; Robert K. Englund, "The Smell of the Cage", *CDL Journal* 2009:4, 1–27; Wu Yuhong, "The Earliest Slavery Documents from Mesopotamia", *Journal of Ancient Civilizations* 24 (2009): 2; Manuel Molina, "Sklave, Sklaverei A. Im 3. Jahrtausend", *RlA* 12 (2011): 562–64; Gebhard J. Selz, "Zu einer frühdynastischen Bezeichnung von "Unfreien": Ur(a)du(-d), eine Bemerkung zum "Haus-geborenen Sklaven", NABU 2011.70.

612 Westbrook, "Slave and Master", 1634–35. En muchas ocasiones, además, los términos para designar a un niño esclavo son simplemente los sumerios DUMU y DUMU.SAL o sus equivalentes acadios *māru* y *mārtu*, "hijo" e "hija" respectivamente. De nuevo será el contexto del documento el que nos dé la clave para interpretar la condición jurídica de estos niños.

613 Teniendo en cuenta que la expresión MU.NE es una versión de la fórmula MU.BI.IM, y es característica del período mesobabilónico tardío (John A. Brinkman, "Assyrian Merchants at Dūr-Kurigalzu", NABU 2001.73), sirvan como ejemplo los textos casitas de Ur UET 7 2: 1–2: 1 LÚ.TUR Ù.TU ^{kur}*kar-du-ni-ia-aš* / ^{m}*bu-un-ni-*^{d}30 MU.NE ("Un joven muchacho, natural de Babilonia, de nombre Bunni-Sîn…"); y de Nippur BE 14 128a: 1–2: 1 SAL *ṣe-ḫe-er-tu*$_4$ Ù.TU ^{kur}*ka-r[a-a]n-du-ni-ia-aš* / ½ KÙŠ *la-an-ša*

La relación entre esta fórmula sumeria y la esfera de la esclavitud ya fue puesta de relieve por Schorr, quien defendió que la combinación entre la expresión y el hecho de no mencionar la filiación serviría para designar a un esclavo[614]. Por su parte, Szlechter cree que se trataría de una persona sin origen servil, sino esclavizada[615]. Otros autores, aportando distintos matices pero en una misma línea de interpretación, dan por buena la relación directa entre la expresión y el fenómeno de la servidumbre[616]. Sin embargo, determinadas opiniones niegan la existencia de una conexión entre ambos aspectos[617].

Sea como fuere, parece evidente el estatus servil de los niños vendidos individualmente en la documentación mesobabilónica. La expresión MU.NI(.IM) solo aparece en este tipo de contratos de ventas. Si a ello unimos características relacionadas con textos sobre esclavos, como la habitual mención de su origen geográfico, podemos afirmar, como hace la mayoría de autores, que el corpus mesobabilónico de ventas de niños continúa la tradición mesopotámica ya conocida en Ur III[618]: relacionar la expresión MU.NI(.IM) con el ámbito de la esclavitud.

La terminología empleada en el Bronce Reciente para hacer referencia a los niños esclavos sigue el mismo patrón que en otras épocas. Si bien se analizarán los términos utilizados para designar a los pequeños en las ventas mesopotámicas y sirias durante este período (§6.3), cabe señalar aquí la posibilidad de graduar la edad de los niños a partir de las bien estructuradas listas de raciones y de trabajadores forzados[619]. Estas últimas, analizadas hace décadas por Brinkman[620], dividen a los trabajadores tomando dos criterios básicos: la edad y las condiciones físicas (muertos, ciegos, enfermos, etc.). Es el primer criterio el que nos da la clave para

---

$^{f.d}$LAMMA-⌜*rú*⌝-*a* MU.UN.NE ("Una joven muchacha, natural de Ba[bi]lonia, ½ codo es su estatura, Lammas⌜ū⌝'a es su nombre…". Lectura basada en colación personal.

614 Moses Schorr, *Urkunden des altbabylonischen Zivil-und Prozess-rechts* (Leipzig: J. C. Hinrichs'sche Buchhandlung, 1913), 47.

615 Szlechter, *Tablettes juridiques*.

616 Véanse por ejemplo David, *Die Adoption*, 68–69; Obermark, *Adoption*, 92, n. 2; Englund, "The Smell of the Cage", 19–20 y 19, n. 52.

617 Es el caso de Ellis, quien apunta que "there is in fact no evidence that the term MU.NI.IM need at any time be taken as a certain indication of slave status or descent" (Maria deJ. Ellis, "An Old Babylonian Adoption Contract from Tell Harmal", *JCS* 27 [1975]: 139). Para este aspecto véase en general ibíd., 139–40. Sobre los nombres de los niños esclavos en el antiguo Oriente véase en general, con bibliografía, Garroway, *Children*, 148–49.

618 En archivos como Nippur, Ur, Wilayah, Umma o Girsu (cf. ejemplos concretos en Englund, "The Smell of the Cage", 20a).

619 Sobre la clasificación general, en términos de edad, que se realizó en los documentos de raciones alimentarias en la antigua Mesopotamia, véase Stol, "Private Life", 487a.

620 "Sex, Age, and Phisycal Condition Designations", 2–4.

encuadrar a los niños, separándolos de los adultos e incluso precisando una franja de edad u otra dentro del mismo grupo infantil. Los términos, generalmente redactados en sumerio, excepto los casos de *pirsu* y *pirsatu*, son los siguientes[621]:

VARONES

(1) ŠU.GI, "anciano" (ac. *šību*). Está raramente atestiguado en estas listas, quizás porque pocos sobrevivían a las duras condiciones impuestas por los responsables de cada grupo.

(2) GURUŠ, "adulto" (ac. *eṭlu*). Normalmente es consignado como la cabeza de familia.

(3) GURUŠ.TUR, "adolescente" (ac. *batūlu*). En ocasiones se les confieren las mismas características que a los adultos (actividadaes, cantidad de raciones, etc.), estando próximos a la adultez.

(4) GURUŠ.TUR.TUR, "niño". Se desconoce su equivalente acadio, y no son muy frecuentes en las listas mesobabilónicas de trabajadores forzados[622]. Según Brinkman[623], se refiere a un joven entre el destete y la adolescencia (esto, es, un período muy laxo), si bien se podría solapar en el tiempo con los denominados *pirsu*.

(5) *pirsu*, "bebé destetado". Siempre saparece redactado de forma silábica (*pir-su*), y se correspondería a un niño de unos tres o cinco años aproximadamente[624].

(6) DUMU.GABA, "niño lactante" (ac. *mār irti*, lit. "hijo de[l] seno"). Se trata de recién nacidos, aunque en ocasiones incluso a ellos se les otorgará una función laboral[625].

---

621 Para ampliar la siguiente enumeración, con ejemplos y peculiaridades, véase ibíd.

622 El largo texto BE 14 58, sin embargo, consigna hasta cuatro muchachos con esta denominación: Nuska-kīna-uṣur (l. 9), Duqqin-ilī (l. 14), Lultamar-Nusku (l. 3') y Rabi-Nergal (l. 4').

623 Brinkman, "Sex, Age, and Phisycal Condition Designations", 3.

624 Coincidimos, por tanto, con la asignación aproximada de edad que propone Freydank ("Zur Lage der deportierten Hurriter in Assyrien", 103) para las ocurrencias de *pirsu* en la larga lista mesoasiria VAT 18087+: "Junge oder Mädchen einer Altersklasse zwischen 3 und 5/6 Jahren (?)". Por su parte, Joannès ("La mention des enfants", 121) presenta para los casos del Harrân neoasirio una edad aproximada de dos a tres años para *pirsu* (basándose en Fales, *Censimenti*, y Roth, "Age at Marriage"), si bien para época neobabilónica encuadra en esa misma franja de edad a los lactantes (*ša šizbi*; Joannès, "La mention des enfants", 123). La denominación de *pirsu* está atestiguada desde el Bronce Reciente mesopotámico, como los 4 LÚ.MEŠ *pir-su* del documento mesoasirio KAJ 180: 5. Véase un ejemplo posterior en la adopción neoasiria de un niño TCL 9 57 (l. 3: *pi-ir-su*). Sobre este texto véase J. Nicholas Postgate, *Fifty Neo-Assyrian Legal Documents* (Warminster: Aris & Phillips Ltd., 1976), 112–14.

MUJERES

(1) (SAL.)ŠU.GI, "anciana" (ac. *šībtu*). Aunque estas referencias no sean muy comunes, y debido a la alta mortalidad de ancianos hombres, la presente categoría se repite mucho más que su equivalente varón.

(2) SAL, "adulta" (ac. *šinništu* o *sinniltu*). Por idéntica razón, también este grupo sería cuantitativamente mayor que el de GURUŠ.

(3) SAL.TUR, "muchacha adolescente" (ac. SAL *ṣeḫertu*). Basándonos en la venta de una niña BE 14 128a, interpretamos que la equivalencia acadia de SAL.TUR, al menos en período casita[626], es *ṣuḫārtu* (§6.3). Nótese, como apunta Brinkman[627], que en este sentido no está atestiguada la forma femenina de *batūlu* (GURUŠ.TUR), *batūltu*, a lo largo de dicha documentación.

(4) SAL.TUR.TUR, "niña". Al igual que GURUŠ.TUR.TUR, equivaldría a una niña entre el destete y la adolescencia, y tampoco aquí contamos con muchos ejemplos a lo largo de las listas[628].

(5) *pirsatu*, "bebé destetada". Al igual que *pirsu*, se redacta siempre silábicamente (*pir-sa-tu*[*m*]), y no tiene equivalencia sumeria conocida[629].

(6) DUMU.SAL.GABA, "niña lactante" (ac. *mārat irti*, lit. "hija de[l] seno")[630].

---

[625] Encontramos ocurrencias de DUMU.GABA en multitud de textos. Sirvan como ejemplos los cinco pequeños designados como tales en el inédito CBS 3472: Taklāku-ana-Šuqamuna (anv. i' 15'), Iddin-Adad (anv. i' 16'), Kidin-Šuqamuna (anv. ii 8'), Kidin-dNIN-x (rev. i' 6') y mx-x-[...] (rev. i' 7').

[626] Véase la misma interpretación para el período neobabilónico en Radner, *Die Neuassyrischen Privatrechtsurkunden*, 149–52.

[627] Brinkman, "Sex, Age, and Phisycal Condition Designations", 4, n. 18.

[628] El único claro lo constituye el caso de la pequeña Šarrat-ālīša, denominada SAL.TUR.TUR en el texto inédito CBS 8558: 5'.

[629] Si bien el término *pirsu* sirve generalmente para hacer referencia a los dos sexos, como en los casos mesoasirios de deportaciones KAJ 180 (l. 9: SAL.MEŠ *pir-*⌜*su*⌝) y KAJ 251 (l. 5: SAL *pi-ir-si*), o de raciones 92.G.127 (l. 19: m*na-al-ka-me-en-na* DUMU-*šu* [*p*]*ír-su* [varón]; l. 13: f*nap-še-ri-um—mi* [...] *pír-su* [mujer]) y 92.G.172 (l. 45: mmuKAR-d*a-šur* DUMU-*šu pír-su* [varón]; l. 6: f*im-*[*ma-te*]*-a-mar* [...] *pír-su* [mujer]) (véase asimismo la explicación de Freydank ["Zur Lage der deportierten Hurriter in Assyrien", 103] sobre el término para dicha época: "Junge oder Mädchen"), en las listas mesobabilónicas también encontramos el femenino que esperamos gramaticalmente, mediante el infijo *–at*, bajo la forma *pirsatu* (cf. CAD P 412b). Apenas hay ejemplos de este sustantivo en los textos casitas. Junto con algún caso de una sola ocurrencia (Ni. 6444, 6816, UM 29-15-292), sirvan como ejemplos dos documentos inéditos: (1) Ni. 2793, con dos casos: Šallī-lūmur (iv' 9') y f⌜x-x⌝-tum (iv' 29'); (2) Ni. 1066 + 1069, donde encontramos cuatro pequeñas denominadas de tal manera: Bēlet-sinnišāti (rev. i' 13'), Šunuḫtu (rev. ii' 11'), Dipārītu (rev. ii' 16') y ⌜x⌝-*pa-ni*?-⌜x⌝-[...] (rev. ii' 37').

A continuación se expone el número de menciones a niños (desde el nacimiento hasta la adolescencia) que encontramos en las listas casitas de trabajadores forzados:

	GURUŠ.TUR	SAL.TUR	GURUŠ.TUR.TUR	SAL.TUR.TUR	*pirsu*	*pirsatu*	DUMU.GABA	DUMU.SAL.GABA
BE 14 58 (+UM 29-15-760)	3	3	4				2	6
BE 14 142							1	
CBS 3472	5	3					5	4
CBS 3650							1	2
CBS 7752	1						1	
CBS 8558	1			1				
CBS 11505	2	2	2				1	
CBS 11969								2
CBS 13455	3						1	2
Ni. 177							1?	
Ni. 890								1
Ni. 1066 + 1069	2	1			3	4	1	1
Ni. 1574							2	
Ni. 2793	5	1			1	2	1	
Ni. 5989							1	
Ni. 6192								2
Ni. 6208							1	
Ni. 6444						1	2	
Ni. 6816	1	1				1	1	
UM 29-15-292	1					1		
UM 29-15-298	1							

Tabla 10. Ocurrencias de niños, divididos por edades, en listas mesobabilónicas de trabajadores forzados

630 Al igual que las ocurrencias de DUMU.GABA en CBS 3472 (cinco casos), encontramos en dicho texto cuatro ejemplos de DUMU.SAL.GABA: Rabât-bēlet-Akkade (anv. i' 17'), Akītu-rīšat (rev. i' 9'), Iriššа-pān-māti (rev. ii' 18') y Bāltī-Nergal (rev. ii' 19'). Sobre las dos últimas referencias en este documento, así como sobre la posible relación con el hogar de CBS 13455, cf. Tenney, "Additions", 63.

Respecto a la estructuración de las listas mesobabilónicas de racionamiento, éstas presentan asimismo una división por edades. Por lo general, sin embargo, no son tan precisas como las de trabajadores forzados, al menos en lo que concierne a los niños. En estas ocasiones solo se consignan los varones adultos (GURUŠ), adolescentes (GURUŠ.TUR.GAL) y menores (GURUŠ.TUR.TUR), además de las mujeres (SAL). Los demás grupos, como los bebés *pirsu(-atu)* y DUMU(.SAL).GABA, serán englobados bajo la categoría de *tenēštu*, término que genéricamente se emplea para "gente", "población"[631], pero que en estos textos mesobabilónicos hace referencia al personal que no pertenece a las categorías más adultas[632].

Hay que señalar que ciertas listas mesoasirias de prisioneros de guerra y de asignación de raciones computan entre el personal deportado individuos calificados con criterios y términos similares a los que encontramos en la zona babilonia.

VAT 18087+, por ejemplo, divide a los niños en categorías de edad mediante calificativos para los que a veces no contamos con una traducción satisfactoria[633]:

Términos	**Traducción**	**Ocurrencias**
ša UŠ-*pi*	(desconocida)	6
ša kukulli	(desconocida)	12
talmettu	aprendiz	5
tariu, tarītu	niño[634]	26
pirsu	niño destetado	17
ša irti	lactante	12

Tabla 11. Términos para designar niños en la lista mesoasiria de deportados VAT 18087+

631 CAD T 340a.

632 CAD T 341a b) 1'. Véase un caso claro en la larga lista MUN 93, donde hay hasta setenta y cuatro personas perteneciendo a esta categoría de *teneštu* (l. 1: *te-nes-tu*$_4$).

633 Tabla basada en las categorías infantiles de lo expuesto en Freydank, "Zur Lage der deportierten Hurriter in Assyrien", 102–103. Las categorías de adultos consignadas en VAT 18087+ son: DÍM (ac. *bānû*, "constructor"), *ša* KIN (*ša* + ac. *šipru*, "trabajador"), *šēbu* ("anciano") y *šēbtu* ("anciana").

634 Aunque este adjetivo califique a un niño pequeño (CAD T 245a), Freydank (ibíd., 103) pone una marca de interrogación en el espacio reservado a la traducción del término. Para CAD (T 245b) *tariu* designa a un niño destetado pero que aún no es apto para trabajar.

Otro caso mesoasirio, KAJ 180, gradúa asimismo a los deportados según la edad y el sexo. Tras la mención a los adultos encontramos un aprendiz[635], cuatro niños[636], cuatro recién destetados[637] y tres pequeños lactantes[638]. Entre las mujeres se consignan tres niñas[639], tres recién destetadas[640] y otras tres aún lactantes[641].

En cuanto a las listas mesoasirias de raciones, dos ejemplos interesantes de terminología similar son los procedentes de Ḫarbe 92.G.127 y 92.G.172, que consignan las mismas familias. Teniendo en cuenta que esta vez no se agrupan por edades, como el anterior KAJ 180, sino que se ordenan por familias[642], baste citar los casos de 92.G.127: dos varones *ša kukulli*, dos mujeres aprendices (*talmidātu*), un niño[643] y una niña[644], tres recién destetados varones y cuatro mujeres[645] y dos niños de pecho[646].

Aunque encontremos términos diferentes[647], la nomenclatura empleada en estas y otras listas mesoasirias de deportados[648] o de raciones siguen idéntico patrón al de las mesobabilónicas de trabajadores forzados[649].

Dada la menor diversidad de géneros textuales en las fuentes mittanias y sirias para el estudio de la esclavitud infantil en el Bronce Reciente próximo-

---

635 KAJ 180: 3: 1 LÚ *tal-mi-du*.

636 KAJ 180: 4: 4 LÚ.MEŠ *⸢ta⸣-ri-ú*.

637 KAJ 180: 4: 4 LÚ.MEŠ *pir-su*.

638 KAJ 180: 6: 3 LÚ.MEŠ *ša* GABA.

639 KAJ 180: 8: 3 SAL.MEŠ *ta-ri-[a-t]ú*.

640 KAJ 180: 9: 4 SAL.MEŠ *pir-⸢su⸣*.

641 KAJ 180: 10: 1 SAL *ša* GABA.

642 Con la excepción del recuento final, en ll. 54–58.

643 92.G.127: 44: *ta-ri-ú*.

644 92.G.127: 36: *ta-r[i-tu]*.

645 *pirsu*.

646 92.G.127: 4: DUMU-*šu ša* [G]ABA. Editado por Jakob (*Die mittelassyrischen Texte*, 97–99), otros caso de lista mesoasiria de raciones procedente de Ḫarbe en la que se consignan niños entre las familias es VF 2/3 69. Pese a su estado fragmentario, se aprecian términos relativos a pequeños como *pirsu* (l. 6) o *ša* GABA (l. 7). Cf. asimismo varias referencias a lactantes en textos mesoasirios de raciones, procedentes de Dūr-Katlimmu (cf. índice en Salah, *Die Mittelassyrischen*, 335, sub *irtu*, "Brustkind").

647 Por ejemplo, *tarû* (mesoasirio) y no GURUŠ.TUR(.TUR) (mesobabilónico).

648 Véase otro ejemplo mesoasirio de deportaciones de niños en VAS 19 57.

649 Pocos autores han comparado estas dos realidades desde un punto de vista terminológico. Una de las pocas referencias al respecto es la de Llop (*Aportació*, 248, n. 1050), cuando dice que "aquesta classificació [la de las listas mesoasirias] és, en part, paral.lela a la mesobabilònica". Amplíese considerablemente la cuestión de las listas de raciones mesoasirias con los textos provenientes de Dūr-Katlummu, en varias ocasiones con referencias a niños *ša* GABA (lactantes) o *pirsu* (destetados) en Salah, *Die Mittelassyrischen*. Para el período neoasirio véase en este sentido Radner, *Die Neuassyrischen Privatrechtsurkunden*, 125–73.

oriental, la terminología en estos dos ámbitos se ve restrinjida y no es tan amplia. Sin embargo, resulta significativo constatar que los términos comunes para referirse a los niños esclavos en Nuzi siguen la constante general de Mesopotamia. Así, en HSS 19 115 (l. 6) se designa a un joven esclavo como ⌜ÌR⌝-*du*₄, mientras que en HSS 19 125 (ll. 4, 6, 10 y probablemente 12) a una niña se le describe como GEMÉ[650]. Por su parte, en Alalaḫ sí se precisa el término correspondiente a un esclavo joven: *ṣuḫāru*[651] o SAL-*tum*[652]. En Emar es menos común el empleo de terminología relacionada con la esclavitud infantil. De hecho, como hemos visto en las ventas emariotas de menores, los sustantivos para referirse al vendido suelen ser DUMU, "hijo", o DUMU.SAL, "hija", pero nunca "esclavo/a". Por último, en el documento ugarítico KTU 4.102 las personas mencionadas —posibles deportados de Chipre—, en su mayoría mujeres, también son nombradas atendiendo a su edad: mujeres mayores (*aṯt adrt*), mujeres (*aṯt*), mujeres jóvenes (*pġt*), muchachas (*nʿrt*) o muchachos (*ġzr*)[653].

Así pues, diferentes términos y expresiones nos informan sobre la edad o condición de los niños esclavos del Bronce Reciente mesopotámico. En ocasiones somos capaces de evaluar la condición del niño gracias a dicho vocabulario (*ṣuḫāru*, *ṣuḫārtu*, MU.NI[.IM], etc.). En otras ocasiones conocemos la esfera legal de los pequeños por el contexto. Especialmente significativas en este sentido son las listas mesobabilónicas de trabajadores forzados, con numerosas ocurrencias de niños entre los individuos consignados. Proporcionalmente menores, encontramos las listas mesoasirias de deportados y raciones, si bien su información es crucial para diferenciar la manera de designar a los esclavos menores de edad entre la documentación mesopotámica septentrional (Asiria) y meridional (Babilonia). Teniendo en cuenta todos estos aspectos terminológicos podremos analizar los principales aspectos legales de la infancia en la época que nos ocupa.

---

650 El texto nuzita HSS 15 247, si bien no refleja la realidad de la esclavitud infantil, presenta una denominación anómala en referencia a los niños: TUR.TUR.MEŠ (l. 3). Es evidente que se trata de niños pequeños, puesto que el contexto es el del pago del *tēniqu* por el amamantamiento de nodrizas. Aún así, en tal caso esperaríamos una forma DUMU.(GABA.)MEŠ o parecida. De hecho, este es el único ejemplo de nuestro corpus en el que este sintagma, teóricamente con equivalencia adjetival (*ṣiḫḫirūtu*; cf. CAD Ṣ 174b), actuaría como un sustantivo, sin presentar otro sumerograma antes de dicha construcción (como por ejemplo serían en los casos de GURUŠ.TUR.TUR o SAL.TUR.TUR).

651 AlT 69: 4: *ṣú-ḫa-ru*.

652 AlT 70: 2: SAL-*tum* (cf. Juan Carlos Oliva, "Collations of Middle Babylonian Alalakh Tablets in the British Museum", en del Olmo, Gregorio y Feliú, Lluis y Millet, Adelina [eds.], *Šapal tibnim mû illakū: Studies Presented to Joaquín Sanmartín on the Occasion of His Sixty-Fifth Birthday*, AuOr Supp. 22 [Barcelona: AUSA, 2006], 327).

653 Sobre esta terminología véase especialmente Josef Tropper y Juan Pablo Vita, "Texte aus Ugarit", TUAT NF 1 (Gütersloh: Gütersloher Verlagshaus, 2004), 123.

5.4. La esclavitud infantil en el Oriente Próximo durante el Bronce Reciente

El concepto de "esclavo"

Siguiendo los estudios de Gelb sobre las definiciones de esclavitud, podemos dividir el grupo poblacional de trabajadores dependientes en dos subdivisiones diferenciadas para toda la Antigüedad oriental[654]:

> (1) Esclavos en sentido estricto (inglés *chattel slaves*). Se trata de los esclavos típicos del sector privado, considerados como bienes muebles y propiedad directa de sus dueños.
>
> (2) Siervos semi-libres. Siervos desde el nacimiento, empleados a tiempo parcial o completo en labores de producción, generalmente en el sector público.

A este segundo grupo Gelb le confiere una autonomía relativa con respecto a los esclavos en sentido estricto. Sin embargo, la documentación con la que trabajamos para el Bronce Reciente desmiente en cierta medida este aspecto, ya que las condiciones de trabajo, fenómeno apreciable incluso a nivel legal, son a veces peores entre los siervos semi-libres que entre los esclavos del sector privado. Esta diferenciación se aprecia también

Antes de analizar las principales características de la esclavitud infantil en las Mesopotamia y Siria del Bronce Reciente, hemos puesto de relieve la diversidad de fuentes en cuanto a su naturaleza: adopciones, ventas, listas de raciones, de trabajadores forzados, etc. Dicha amalgama de diferentes tipos de textos hace que no podamos comparar en la forma todo el corpus[655], pero sí extraer conclusiones de fondo a partir del elenco documental.

Esta diversidad no solo se aprecia en un nivel de naturaleza textual —contratos, cartas, documentos administrativos, etc.—, sino también en cuanto a las fuentes mismas de la esclavitud. Hemos analizado estas cuestiones separando dichas fuentes, y si bien todas ellas nos proporcionan ingente material al respecto, todo hace pensar que la esclavitud desde el nacimiento constituiría, para el Bronce Reciente y otras épocas, la mayor fuente de esclavitud a un nivel cuantitativo.

El concepto de "esclavo", incluso más que el de "siervo", está ligado intrínsicamente al de "dependencia". En este fenómeno una persona ejerce derechos

---

[654] Ignace J. Gelb, "Quantitative Evaluation of Slavery and Serfdom", en Barry L. Eichler (ed.), *Kramer Anniversary Volume: Cuneiform Studies in Honor of Samuel Noah Kramer*, AOAT 25 (Kevelaer: Verlag Butzon & Bercker, 1976), 204; "Definition", 294. En sus análisis Gelb toma en consideración las realidades de las antiguas Grecia (micénica y homérica), Mesopotamia, India y China.

[655] Como sí es posible hacerlo en los contratos adopciones infantiles (§4) o de ventas de niños (§6).

de propiedad sobre otra, algo que se acentúa si el sujeto dependiente es un niño. Los individuos que estudiamos en el presente capítulo son, por tanto, determinantemente dependientes, formando parte de dos círculos como puede ser el institucional (Templo, Estado, etc.) y familiar (padres naturales o adoptivos, institución "de acogida", etc.).

TRABAJOS INFANTILES

La documentación del Bronce Reciente mesopotámico nos informa considerablemente sobre el trabajo de los niños esclavos. Aunque no nos centraremos solo en ellas, especialmente reveladoras en este sentido son las listas mesobabilónicas de trabajadores forzados procedentes de Nippur, base de este apartado y que generalmente consignan la labor desempeñada por cada niño, e incluso la que cada recién nacido estaba llamado a desempeñar[656].

La mayor parte de las ocupaciones mencionadas en estas listas casitas se corresponden con el cuidado de ganado y aves, seguido de trabajadores de textiles e individuos relacionados con la producción alimentaria. En los últimos lugares en cuanto a referencias se encuentran los inspectores, oficiales, escribas, albañiles o nodrizas. Si apenas un 15% de estos casos se corresponde con mujeres, hay que destacar que una buena parte de los ejemplos listados se refieren a adultos varones (GURUŠ)[657], únicos que desarrollan labores como la de guardianes de la ciudad[658].

---

656 Al respecto cf. Justel, "Niños lactantes". Las referencias del presente subapartado han sido obtenidas a partir de tablillas editadas, de comunicaciones personales del Prof. Brinkman, de colaciones personales en el UM (Filadelfia) y del estudio de Tenney (*Life at the Bottom*). El número de entradas y referencias a esta documentación mesobabilónica crece continuamente, especialmente desde la constitución del *Middle Babylonian Research Group* (enero de 2015), dirijido por Brinkman y Tenney, por lo que los datos y estadísticas presentados aquí podrían pronto variar. Debido a que BE 14 58 es el único texto publicado de la lista de trabajadores forzados, incluiremos habitualmente más referencias a este que a otros documentos, especialmente en lo que se refiere a antropónimos y casos concretos de individuos.

657 Un total de ciento ochenta y cinco respecto a los cuatrocientos setenta y ocho ejemplos totales de individuos en listas casitas de trabajos forzados (ibíd., 232).

658 Parece obvio que sea un hombre adulto el encargado de realizar este tipo de actividad militar. Las listas casitas consignan este trabajo a través de diferentes términos (todos referentes a GURUŠ): un caso de EN.NU.UN KÁ.GAL (ac. *maṣṣar abulli*, como Šadmezi en BE 14 58: 27), otro de *maṣṣaru* (término general), nueve de *āpil* KÁ (ac. *āpil bābi*, como Qaqqadānu en BE 14 58: 31; otras nueve entradas sin indicación de edad conocida) u otros cinco de Ì.DU$_8$ (ac. *atû*). Véase un ejemplo de este último (Ì.DU$_8$) en el documento publicado BE 14 58 con el caso de Dayyānī-Šamaš (l. 5).

En estos y otros textos comprobamos fehacientemente cómo los niños participan, de una forma u otra, forzados o no, en trabajos de diversa índole[659]. De los doscientos sesenta y tres trabajadores sobre los que conocemos la edad, noventa y dos casos corresponden a pequeños, desde el nacimiento (DUMU/SAL.GABA) hasta la adolescencia (GURUŠ/SAL.TUR). En las listas casitas tenemos constancia de niños desempeñando diversas labores[660]: constructores albañiles[661], pastores[662], trabajadores de juncos[663], artesanos especializados[664], cocineros[665], cerveceros[666], carniceros[667], jardineros[668], alfareros[669], grabadores[670], ganaderos[671], cuidadores de caballos[672], de pájaros[673], pastores de cabras y ovejas[674], escribas[675] e incluso artistas[676].

Sin embargo, la actividad más desarrollada por niños a partir de estos documentos de Nippur es la relacionada con la industria textil, ampliamente desarrollada y sumamente floreciente en la Babilonia casita[677]. Diferentes térmi-

---

659 Véase un reciente análisis estadístico para la relación entre infancia y trabajo en el 1.er milenio a. C. próximo-oriental en Gehlken, "Childhood and Youth".

660 Véanse diversas referencias a las siguientes y otras labores desempeñadas por adultos y niños en listas mesobabilónicas de trabajadores forzados y de raciones, casi todas inéditas, en Brinkman, "Forced Laborers", 19, nn. 10–43.

661 DÙ (ac. *bānû*): un GURUŠ.TUR.TUR con nombre Duqqin-ilī (BE 14 58: 14).

662 SIPA (ac. *rē'û*): un GURUŠ.TUR.

663 AD.KID (ac. *atkuppu*): un GURUŠ.TUR.

664 UM.MI.A (ac. *ummânu*): un DUMU.GABA, quizás una *pirsatu* en CBS 3523 rev. ii' 11. Este término está atestiguado desde época paleobabilónica (cf. CH 188: 54: UM.MI.A) hasta época neobabilónica (cf. YOS 6 216: 17: LÚ.*um-ma-nu*). Véase un ejemplo silábico casita en PBS 2/2 92: 10: *um-ma-a-nu*.

665 MUḪALDIM (ac. *nuḫatimmu*): un GURUŠ.TUR y una DUMU.SAL.GABA.

666 LÙNGA (ac. *sirašû*): dos GURUŠ.TUR.

667 GÍR (ac. *ṭābiḫu*): un GURUŠ.TUR.

668 NU.^{giš}KIRI$_6$ (ac. *nukarribu*): tres GURUŠ.TUR y tres GURUŠ.TUR.TUR. La mayoría de los jardineros, al menos veintiséis, se corresponden con adultos varones (GURUŠ) (véanse Ni. 614, Ni. 1624, Ni. 8199).

669 BÁḪAR (ac. *paḫāru*): un GURUŠ.TUR y un DUMU.GABA.

670 BUR.GUL (ac. *purkullu*). Junto con dos casos de adultos varones (GURUŠ) y otros dos de mujeres (SAL), encontramos un ejemplo de niña recién nacida (DUMU.SAL.GABA) con la función de "grabadora".

671 ÁB.GU$_4$.ḪI.A (ac. *rē'i lâti* o *sugulli*): cinco GURUŠ.TUR.

672 SIPA ANŠE.KUR.RA (ac. *rē'i sisê*): tres GURUŠ.TUR, tres SAL.TUR, un DUMU.GABA y cuatro DUMU.SAL.GABA.

673 MUŠEN.DÙ (ac. *usandû*): cuatro GURUŠ.TUR.

674 Ac. *rē'i ṣēni*: un GURUŠ.TUR.

675 DUB.SAR (ac. *ṭupšarru*): dos GURUŠ.TUR.

676 KUR.GAR.RA (ac. *kurgarrû*): dos GURUŠ.TUR.

677 Como atestiguan centenares de textos, publicados e inéditos, sobre compra-venta de tejidos (a nivel local o internacional), listas administrativas de diferentes paños, etc. Al

nos hacen alusión a dicha labor, precisando un tipo u otro de manufactura[678]. Así, encontramos referencias de ÁZLAG (ac. *ašlāku*)[679], AŠGAB (ac. *aškāpu*)[680], ḪÚB.BI (ac. *ḫuppu*)[681], UŠ.BAR (ac. *išparu*)[682], TÚG.KA.KEŠDA (ac. *kāṣiru*)[683] y

---

respecto, a los seis documentos publicados por Jussi Aro (*Mittelbabylonische Kleidertexte der Hilprecht-Sammlung Jena* [Berlín: Akademie Verlag Berlin, 1970], 12–21, con copias en Inez Bernhardt, *Sozialökonomische Texte und Rechtsurkunden aus Nippur zur Kassitenzeit*, TMH NF 5 [Berlín: Akademie-Verlag, 1976], hay que añadir otros textos de Nippur [BE 14 3, BE 14 46, MRWH 69, MSKH I 7, OIC 22 17, TBER lám. 24, TCL 9 55, MUN 363, MUN 364, MUN 365, MUN 366, MUN 367, MUN 368, MUN 369, MUN 370, MUN 371, MUN 372, MUN 373], Ur [UET 7 79] y Dūr-Kurigalzu [DK_3-9 [cf. Betina I. Faist, *Der Fernhandel des assyrischen Reiches zwischen dem 14. Und 11. Jh. V. Chr.*, AOAT 265 [Münster: Ugarit-Verlag 2001], 167]; Brinkman, "Assyrian Merchants at Dūr-Kurigalzu"], DK_3-11, DK_4-28, Oliver R. Gurney, "Texts from Dur-Kurigalzu", *Iraq* 11 [1949]: n.º 7). Véase un elenco de algunos de los textos casitas inéditos sobre tejidos en Sassmannshausen, *Beiträge*, 405, n. 3513.

678 Nótese una similitud en este sentido con la documentación contemporánea proveniente de la Grecia micénica (ca. 1200 a. C.). Unas doscientas listas consignan, en Lineal B, niños como miembros de unidades familiares, receptores de raciones y ayudantes de adultos en labores especializadas. De estos textos se desprende que los niños contribuyeron activamente en la industria textil micénica. Así, varios documentos consignan niños desempeñando labores de hiladores, tratadores de lino, tejedores, etc. (Chrysanthi Gallou, "Children at Work in Mycenaean Greece [*c.* 1680–1050 BCE]: A Brief Survey", en Brockliss y Montgomery, *Childhood and Violence*, 165). Hasta la fecha no se ha realizado un análisis comparativo entre estos aspectos de ambas realidades, alejadas geográficamente pero cercanas en el tiempo, por lo que podrá constituir un interesante futuro objeto de estudio.

679 Dos ejemplos de DUMU.GABA, como el pequeño Nusku-ibni de BE 15 96: 17 o BE 15 111: 17 (Monika Hölscher, *Die Personennamen der Kassitenzeitlichen Texte aus Nippur*, IMGULA 1 [Münster: Rhema, 1996], 163b). El término ÁZLAG (CAD A2 445b-ss, sub. *ašlāku*) está atestiguado en varios textos mesobabilónicos procedentes de Nippur (aparte de los citados, véanse PBS 2/2 118: 50 y BE 14 73: 50). Podría hacer referencia, en la fase final de la producción de tejidos de lana, a la persona que lava y espesa la ropa (cf. Tenney, *Life at the Bottom*, 229, n. 4).

680 Tres ejemplos de GURUŠ.TUR, uno de DUMU.GABA y cuatro de DUMU.SAL.GABA. Estos trabajadores se dedicarían a la industria del cuero.

681 Cuatro ejemplos de SAL.TUR y uno de DUMU.GABA. Aunque ḪÚB.BI se vincule en el período paleobabilónico a un acróbata (CAD Ḫ 240a 1), en la documentación casita de Nippur este término hace referencia a un tipo de tejedor, como en PBS 2/2 92: 5, BE 15 97: 8 o BE 15 190 ii 31. Además, algunos nombres personales mesobabilónicos muestran que el sujeto en cuestión podría ser un tejedor (véase al respecto el antropónimo ^{m}*ḫu-up-pi-i* en BE 17 58: 6, así como Hölscher, *Die Personennamen*, 85b).

682 Dos ejemplos de GURUŠ.TUR y uno de GURUŠ.TUR.TUR. Véase este último caso, el del joven Lultamar-Nusku de BE 14 58: 19.

kunšillu[684]. En suma, casi un 30% de los niños relacionados con una actividad se corresponde con este ámbito de producción[685].

La industria textil tuvo en Mesopotamia, en distintos períodos, una relación intrínseca con el ámbito de la esclavitud y trabajos forzados. Los tejedores esclavos podían estar altamente valorados en la sociedad, participando activamente en la producción de sus dueños e incluso estando ligados a la producción de diversas instituciones[686]. Las mujeres, adultas o menores, y siguiendo los patrones que vemos en otras épocas[687], tuvieron una importancia crucial en dicho

---

683 Un ejemplo de DUMU.GABA y otro de DUMU.SAL.GABA. Este sustantivo, derivado del verbo *kaṣāru*, "atar", podría hacer referencia a la persona que confeccionaba paños mediante alguna técnica basada en nudos (CAD K 264a habla simplemente de "a craftsman producing textiles by a special technique"). Véanse diversos ejemplos mesobabilónicos en CAD K 264a–b, nuzitas en Lion, "Work and Gender", 356–57, así como un caso neobabilónico de un tejedor-*kāṣiru* en Camb 245. Por su parte, J. Nicholas Postgate ("Wool, Hair and Textiles in Assyria", en Catherine Brequinet y Cécile Michel [eds.], *Wool Economy in the Ancient Near East and the Aegean: from the Beginnings of Sheep Husbandry to Institutional Textile Industry*, Ancient Textile Series 17 [Oxford: Oxbow Books, 2014], 408) considera al *kāširu* un artesano que trabaja con lana y nudos, algo opuesto al clásico tejedor (esto es, el UŠ.BAR/*išpāru*), quien produciría sobre todo tejidos y tapices no compuestos de nudos. En la documentación de Nuzi (Lion, "Work and Gender", 358) y en la mesoasiria (Postgate, "Wool, Hair and Textiles", 408) todos los *kāṣīru* son varones, no así en la casita (cf. en esta misma nota el caso de una niña lactante).

684 Dos ejemplos de GURUŠ.TUR, tres de SAL.TUR, uno de DUMU.GABA y otro de DUMU.SAL.GABA. Véanse a modo de ejemplo los casos de las adolescentes Dalīlūša y Basundu (ambas SAL.TUR) en BE 14 58 (ll. 7 y 15 respectivamente). El empleo de este término acadio para referirse a trabajadores dedicados a cardar paños está solo atestiguado en la documentación mesobabilónica (CAD K 542b 2). Aparece también en listas de raciones provenientes de Nippur como BE 14 19: 69, BE 14 62: 14, BE 15 152: 9, BE 15 171: 13, BE 15 200 iv 29, PBS 2/2 95: 27, etc. En ocasiones, además, se abrevia mediante la sílaba *kun*$_8$ (BE 14 58: 15, BE 15 69: 4, BE 15 190 i 23s., etc.).

685 Algún ejemplo en BE 15 96: 17, BE 15 111: 17 o en el inédito Ni. 1860: 3' (cf. Brinkman, "Forced Laborers", 18, n. 5).

686 Es por ejemplo el caso de Bakua, esclavo tejedor que trabajó junto a su amo Nabu-naṣir-apli para el templo de Ebabbar en Sippar durante al menos veintiún años (552–31 a. C.). Si bien se dedicaba habitualmente a la manufactura textil en general (se denomina LÚ *išparu* en documentos como Nbn 349: 5, Nbn 544: 2 y Cyr 352: 8), en ocasiones su producción estaba ligada al tintado de paños, actividad para la que se necesitaba mayor especialización (Isaac Mendelsohn, "Free Artisans and Slaves in Mesopotamia", *BASOR* 89 [1943]: 26). Sobre este individuo véase en general Dandamaev, *Slavery in Babylonia*, 290–94.

687 Por ejemplo, y tomando como fuente el texto HSS 4 3, en el distrito de Gu$_2$-ab-ba^{ki} del período de Ur III, de los 6.200 individuos consignados, 4.272 eran mujeres y 1.800 eran niños, todos ellos dedicados a la industria textil (Benjamin Studevent-Hickman, *The Organization of Manual Labor in Ur III Babylonia*, Tesis Doctoral inédita [Har-

sector de producción[688]. La manufactura de tejidos requería un aprendizaje de al menos dos años, que se podría alargar hasta seis en algunos casos[689]. En este sentido, varios textos muestran que los centros productores de tejidos compraban niños nacidos esclavos (*wilid bītim*), ya que habrían aprendido el oficio desde pequeños en su propia casa, generalmente instruidos por sus madres[690].

---

vard: Harvard University, 2006], 312). Los niños trabajarían junto a sus madres, como muestra la documentación del distrito de GIR$_2$-SU^{ki} (véase la tabla 3.7 en p. 137). En época paleobabilónica también las mujeres controlan la manufactura textil (Mendelsohn, "Free Artisans", 26).

688 Brinkman, "Sex, Age, and Phisycal Condition Designations", 4. Otros sectores en los que se aprecia una preponderancia de mujeres, o al menos una importancia especial, son los alimentarios y de cuidado de caballos. Aparte de las listas casitas de trabajadores forzados, y como ejemplo mesobabilónico de una joven esclava tejedora, véase el documento de Ur UET 7 1. En él, la SAL.TUR Inbūša es entregada por el Gobernador del País (*šakin māti*) Sîn-ašarēd a Iddin-Nergal, a su vez maestro tejedor (UŠ.BAR). La especialidad que debería aprender y desarrollar Inbūša sería la del hilado: "Sîn-ašarēd la tomó (a Inbūša) procedente de Aḫa-iddina-Marduk, el *šaknu*, y la entregó a Iddin-Nergal, el tejedor, para ser formada como hiladora (UET 7 1: 4–6: *i-na* ŠU ^{m}ŠEŠ.SUM-*na*-^{d}AMAR.UTU ^{lú}GAR-*ni* / $^{m.d}$30-SAG.KAL *il-qí-ši-ma a-na* ^{m}SUM-^{d}U.GUR / UŠ.BAR *a-na ta-mu-ti id-din-ši-ma*). Sobre este texto véase Gurney, *The Middle Babylonian Legal and Economic Texs from Ur*, 17–22. Sobre las actividades de mujeres en el context servil de Nippur y Dūr-Enlilē, cf. Daniel Justel, "Labores femeninas en época mesobabilónica", en Josué Javier Justel y Agnès García-Ventura (eds.), *Las mujeres en el Oriente cuneiforme* (Alcalá de Henares: Servicio de Publicaciones de la Universidad de Alcalá, en prensa).

689 Ello se aprecia bien en la documentación neobabilónica del s. VI a. C. Por ejemplo, el documento Cyr 64 puntualiza que un joven aprendiz debía permanecer en la casa de su maestro durante cinco años. Éste debería instruirle en "todo el oficio de tejedor" (*iš-pa-ru-tu gab-bi ú-lam-mad-su*) (Mariano san Nicolò, *Der neubabylonische Lehrvertrag in rechtsvergleichender Betrachtung*, SBAW 1950/III [Múnich: Verlag der Bayerischen Akademie der Wissenschaften, 1950], 8). En Cyr 313 un esclavo es entregado a un maestro para un período de seis años para "completar el aprendizaje de tintorero" (LÚ *pu-ṣa-am-mu-ú-tu qa-tu-ú ú-la-mad-su*) (Ludwig Demuth, "Fünfzig Rechts- und Verwaltungsurkunden aus der Zeit des Königs Kyros (538-529 v.Chr.)", *BA* 25 [1898]: 422). Por otra parte, el texto posterior Camb 245 habla de un lapso de dos años y tres meses para aprender "completamente el oficio de manufacturero textil" (*qà-ṣi-ru-tu qa-ti-ti ú-lam-mad-su*) (Dandamaev, *Slavery in Babylonia*, 286). Complétense estos ejemplos con otros en Mendelsohn, "Free Artisans"; Dandamaev, *Slavery in Babylonia*, 282ss. Por su parte, en su estudio de trabajadores del 1.er milenio en Mesopotamia, Gehlken ("Childhood and Youth", 107) dice que tras un período de aprendizaje de tres a cinco años, un muchacho comenzaría a trabajar a la edad de dieciséis o diecisiete años.

690 Mendelsohn, *Slavery*, 57. Véase a modo de ejemplo un documento expuesto en Driver y Miles, *The Assyrian Laws*, 272ss, en el que un mercador ordena a su agente comprar una esclava, especificando que ésta debía ser esclava desde su nacimiento, además de

Este es probablemente el caso de los niños trabajadores de las listas mesobabilónicas de Nippur. En ocasiones se aprecia dicha tradición familiar a nivel laboral, como en la relación de textos BE 14 58 y BE 14 91a. En el primer documento (ll. 18–21) la mujer Bēlta-balāṭa-īriš, cabeza de familia (l. 18), aparece ligada a su joven hijo Lultamar-Nusku, tejedor[691], y a sus —de ella— dos hijas recién nacidas Rabâ-ša-Išḫara (l. 20) y Dīni-ilī-lūmur (l. 21)[692]. Si BE 14 58 está datada en 1295 a. C.[693], BE 14 91a, tablilla administrativa sobre pago de sueldos y raciones, se fecha dieciséis años más tarde (1279 a. C.)[694]. En este último texto la joven Dīni-ilī-lūmur[695], ya de unos diecisiete años de edad, no se consigna

---

tejedora. Por otra parte, la formación de niños esclavos por parte de sus padres, en diversas actividades productivas, está bien atestiguada a lo largo de la Antigüedad. Para Roma, por ejemplo, véase Christian Laes, "Child Slaves at Work in Roman Antiquity", *Ancient Society* 38 (2008): 260.

691 BE 14 58: 19: GURUŠ.TUR.TUR ^{m}Lultamar-Nusku DUMU.A.NI UŠ.BAR ("Un niño, de nombre Lultamar-Nusku, su hijo [de Bēlta-balāṭa-īriš, l. 18], tejedor"). Por otra parte, apréciese la inclusión de otro GURUŠ.TUR.TUR, con nombre Rabi-Nergal, en el documento inédito UM 29-15-760, de idéntico formato, posterior a BE 14 58 (el nombre de la cabeza de familia, Bēlta-balāṭa-īriš, se encuentra borrado en UM 29-15-760 por una línea incisa, indicando quizás que ésta habría muerto) y que consigna el mismo hogar. La colación del documento muestra que este individuo (UM 29-15-760: 2': [GURUŠ].TUR.TUR ^{m}GAL-^{d}IGI.DU), si bien no se incluye en BE 14 58, aparece aquí justo antes de las recién nacidas Rabâ-ša-Išḫara y Dīni-ilī-lūmur (ll. 3' y 4' [BE 14 58: 20 y 21, véase nota siguiente]). Tenney (*Life at the Bottom*, 152–53) interpreta que el pequeño Rabi-Nergal sería consignado en UM 29-15-760 tras Lultamar-Nusku (así, entre las correspondientes ll. 19 y 20 de BE 14 58). Aún así, la l. 1' de UM 29-15-760 se encuentra casi completamente perdida, pudiéndose apenas vislumbrar los trazos inferiores. Además, no se identifican los logogramas UŠ.BAR, "tejedor", que nos darían la clave para relacionar este sujeto desconocido con el tejedor Lultamar-Nusku de BE 14 58: 19. Sobre lo que le depararía el futuro a Rabi-Nergal véase en nota más adelante.

692 No podemos asegurar que las pequeñas Rabâ-ša-Išḫara y Dīni-ilī-lūmur, ambas con el apelativo de DUMU.SAL.GABA ("niña lactante"), fueran gemelas. Si no fuera así, apenas habría dos años de diferencia entre ellas.

693 BE 14 58: 51: 13 MU *na-zi-mu-ru-ut-ta-aš*, "Año 13.° de Nazi-Maruttaš" (ref. U.2.24.164 en MSKH I 273).

694 BE 14 91a: 2: 3 MU *ka-dáš-man-tur*$_7$*-gu*, "Año 3.° de Kadašman-Turgu" (ref. L.2.13.17 en MSKH I 156). Entre ambos textos (BE 14 58 y BE 14 91a) la misma familia aparece listada en BE 14 60: 14, BE 14 62: 8, en el año 14.° de Nazi-Maruttaš (1294 a. C.) (refs. respectivas U.2.24.180 [MSKH I 273] y U.2.24.188 [MSKH I 274]) y en el inédito Ni. 12412: 4' ([…]⸢^{f}GAŠGAN$^{?}$⸣-TI.LA-UR[U$_4$-*iš*], cf. Tenney, *Life at the Bottom*, 66–67, n. 5, 69, n. 23).

695 BE 14 91a: 12: ^{m}*di-in*-DINGIR-*lu-mu*. Corríjase Hölscher, *Die Personennamen*, 61a, que incluye el determinativo personal femenino para la joven. Sobre el distinto empleo de determinativos masculinos o femeninos en la documentación mesobabilónica véase John A. Brinkman, "Masculine or Feminine? The Case of Conflicting Gender Determinatives

como casada, y además ha seguido los pasos de su hermano Lultamar en la industria textil, pasando a ser una hiladora (ac. *ṭāmītu*)[696]. Este ejemplo constituye posiblemente la normalidad en las listas casitas de trabajadores forzados, donde el aprendizaje de un oficio tendría lugar en el seno mismo de la familia[697]. Aún así, entre el material publicado y el inédito al que hemos tenido acceso no son muchos los casos evidentes de este fenómeno[698].

Otros ejemplos del Bronce Reciente muestran cómo los niños esclavos podían aprender el oficio de tejedor de distinta manera. Como se ha señalado

---

for Middle Babylonian Personal Names", en Martha T. Roth y Walter Farber y Matthew W. Stolper y Paula von Bechtolsheim (eds.), *Studies Presented to Robert D. Biggs: June 4, 2004: From the Workshop of the Chicago Assyrian Dictionary*, Volume 2 (Chicago: The Oriental Institute Publications, 2007), 1–10. Por su parte, Rabâ-ša-Išḫara aparece como cabeza de familia, pero no casada. Sobre este hecho véase Tenney, *Life at the Bottom*, 70, n. 24. Para otro caso en el que Rabâ-ša-Išḫara es cabeza de familia cf. CT 51 19: 5, tablilla perdida en su mitad pero con una datación aproximada entre los reinados de Nazi-Maruttaš y Kadašman-Turgu (cf. por ejemplo Hölscher, *Die Personennamen*, 43b).

[696] BE 14 91a: 12: *ṭa-mi-tu*$_4$. Es muy interesante comparar en este sentido a Rabi-Nergal, el hermano de Rabâ-ša-Išḫara y Dīni-ilī-lūmur consignado en UM 29-15-760: 2' pero no en BE 14 58, con el Rabi-Nergal de BE 14 91a: 25 (^{m}⌜GAL⌝-^{d}IGI.DU). Debido a que aparece en el mismo contexto que las anteriores personas, y a que no es un nombre común en la documentación casita (BE 14 91a es la única referencia en Hölscher, *Die Personennamen*, a la que habrá que añadir la del inédito UM 29-15-760: 2'), es más que probable que estemos ante el mismo individuo. La tesis que defendemos aquí es que el Rabi-Nergal de UM 29-15-760, texto del que lamentablemente no podemos conocer la datación debido a conservación de la tablilla, pasaría más adelante, al igual que su hermana menor Dīni-ilī-lūmur, a trabajar en la industria textil. Este hecho se evidencia a partir de BE 14 91a: 25, que expresa la condición de UŠ.BAR, "tejedor", tras el nombre de Rabi-Nergal. Este será, por tanto, un apoyo fehaciente a la tesis que presentamos en el cuerpo del texto (véase arriba), por la cual en un contexto familiar de trabajadores forzados, los menores heredarían el saber de los mayores, y muy especialmente en el sector textil.

[697] Para otra comparación entre BE 14 58 y BE 14 91a, tomando el lapso de dieciséis años entre ellos como criterio pero esta vez en relación a las raciones recibidas por los trabajadores, véase el subapartado dedicado a la alimentación de los niños esclavos (§5.4).

[698] Otro ejemplo que mostraría el aprendizaje de un oficio en el seno familiar podría ser la lista BE 15 190, ordenada según la labor de cada grupo. Aún así, la categoría generalizadora de *tenēštu*, unida a la pésima conservación de la tablilla en las zonas que podrían aportar información al respecto, hace que no podamos estudiar pormenorizadamente el texto en relación al trabajo infantil. Más claro parece el documento de Ur UET 7 1, contrato de redención de una niña esclava. En él la joven (SAL.TUR) Inbūša fue entregada *ana ṭamūdi* a Iddin-Nergal, el tejedor (UŠ.BAR); es decir, para ser formada como hiladora. Sobre este documento casita véase Gurney, *The Middle Babylonian Legal and Economic Texs from Ur*, 17–22.

(§4.6), uno de los objetivos perseguidos a la hora de adoptar un niño era que éste se formara en esta u otra disciplina laboral[699]. De esta manera, los padres biológicos sin posibilidad de ofrecerle algo mejor a su hijo se asegurarían de que el pequeño aprendiera un oficio. El maestro se haría con un aprendiz que le ayudaría en el taller, mientras que el niño adquiriría el conocimiento suficiente para dedicarse a ello profesionalmente.

El documento nuzita JEN 572 (s. XV a. C.) es un buen ejemplo en este sentido. En él, el pequeño Naniya es adoptado por Tirwaya, quien a su vez es esclavo de Enna-mati[700]. El esclavo Tirwaya deberá instruir a su nuevo hijo adoptivo, Naniya, en el oficio de tejedor[701]. El hecho de ser adoptado por un esclavo y de que no recibiera una herencia en términos de propiedad[702] hace que la condición de Naniya se pudiera acercar más a la de un esclavo que a la de un niño libre. Aún así, el formato de adopción del documento, unido a que la dependencia entre maestro y aprendiz era temporal[703], infiere a este caso unas peculiaridades propias, por lo que será difícil evaluar con precisión la condición legal del joven Naniya[704]. Por otro lado, el mismo archivo de Nuzi provee ciertos textos de trabajadores o raciones en los que ocasionalmente aparecen menores dedicados a la industria textil[705].

El documento emariota E6 217 constituye un caso singular en cuanto al trabajo infantil. Como veremos (§6.2), en él se expone la venta de cuatro niños pequeños por sus padres a Ba'al-mālik, hijo de Ba'al-qarrād, prominente personaje de la sociedad de Emar (§6.4). La interpretación tradicional de dicha venta, en un contexto de fuerte crisis en la zona, ha apuntado a una entrada en servidumbre de los hermanos, desde Ba'la-bia, de unos dos años, hasta la lactante

---

699 Sobre este tema para las adopciones infantiles en el Próximo Oriente antiguo véase Justel, "Adopciones infantiles", 125–26.

700 JEN 572: 4: ÌR *ša* ^m^*en-na-ma-ti*.

701 JEN 572: 7: *a-na* [*iš*]-*pa-ru-ti ú-la-am-ma-as-sú*.

702 Otros autores, como Westbrook ("The Adoption Laws", 199), piensan que la herencia que daría un artesano no es su propiedad, sino el saber y conocimientos mismos de su oficio.

703 Ya que tras la muerte de Tirwaya el joven Naniya quedaría libre y podría ir donde quisiera (ll. 32-36). Este fenómeno por el cual el adoptado pasa a ser libre tras la muerte del adoptante es susceptible de ser analizado en el futuro. Especialmente interesante será el estudio de la relación entre la documentación de Nuzi y de la Siria del Bronce Reciente. Para un caso emariota véase E6 91 (cf. Justel, "Remarks on Inheritance").

704 Sobre este documento de Nuzi, cuyo molde (JENu 1160) hemos colacionado, véanse Justel, "Some Reflections", 146–47; Daniel Justel, "A Small Fragment Joined to JEN 572 (Lines 26–28)", en Lion y Abrahami, *The Nuzi Workshop*, 262–62; "Adopciones infantiles", 125–26.

705 Por ejemplo, el texto HSS 13 46, en el que encontramos seis jóvenes tejedores (*ṣuḫārū* UŠ.BAR). Cf. Lion, "Work and Gender", 356–57.

Ba'ala-ummī, pasando por los probablemente gemelos de un año Ba'al-bēlu e Išma-Dagan[706].

Un estudio de Cohen planteaba la hipótesis por la cual estos dos últimos niños, lejos de realizar labores pesadas dirigidas a esclavos convencionales, habrían sido formados como escribas en la escuela de su nuevo dueño, Ba'al-malik[707]. La educación en una escuela escribal comenzaba a muy temprana edad, y si bien los gemelos aún deberían esperar cierto tiempo para empezar a formarse, pronto serían susceptibles de iniciar sus estudios[708]. Si la hipótesis de Cohen es acertada, algo que el mismo autor pone en duda en otro comentario más reciente[709], la condición de esclavos de estos dos niños podría por tanto relativizarse. De cualquier manera, conocemos otros ejemplos a lo largo de la documentación mesopotámica en los que tanto población servil como niños adoptados se formarían desde edades tempranas como escribas[710].

Sea como fuere, la documentación cuneiforme del Bronce Reciente pone en evidencia que los niños esclavos trabajarían o al menos comenzarían a formarse ya a una edad muy temprana[711]. Si bien en los casos expuestos de Nuzi y Emar

---

706 Sobre la edad de los niños vendidos en E6 217 véase §6.4.

707 Yoram Cohen, "Feet of Clay at Emar: A Happy End?", *OrNS* 12 (2005): 165–70.

708 Para el curriculum que deberían seguir los escribas en Emar véanse en general Miguel Civil, "The Texts from Meskene-Emar", *AuOr* 7 (1989): 5–25; Yoram Cohen, *The Transmission and Reception of Mesopotamian Scholary Texts at the City of Emar*, Tesis doctoral inédita (Harvard: Harvard University, 2003), 28–40. Sobre los escribas en el mismo archivo véase Faist y Justel y Sakal y Vita, "Bibliografía", 102–3.

709 Yoram Cohen, *The Scribes and Scholars of the City of Emar in the Late Bronze Age*, HSS 59 (Winona Lake: Eisenbrauns, 2009), 132.

710 Véanse al respecto la carta encontrada en Nippur OIC 114 83 (s. VIII a. C.), sobre el aprendizaje de la labor de un escriba por parte de un esclavo (Steven W. Cole, *Nippur IV: The Early Neo-Babylonian Governor's Archive from Nippur*, OIP 114 [Chicago: The University of Chicago Oriental Institute Publications, 1996], 177–79; Manfried Dietrich, "Babylonische Sklaven auf der Schreiberschule", en Wilfred H. van Soldt y Jan Gerrit Dercksen y Bert N. J. C. Kouwenberg y Theo J. H. Krispijn [eds.], *Veenhof Anniversary Volume: Studies Presented to Klaas R. Veenhof on the Occasion of His Sixty-Fifth Birthday*, PIHANS 89 [Leiden: Nederlands Instituut voor het Nabije Oosten, 2001], 73; Cohen, "Feet of Clay", 169, n. 21), así como la adopción neobabilónica CTMMA III 53, por la que Nabû-aḫḫē-iddin forma al pequeño Kalbaya como escriba y luego le adopta (Paul-Alain Beaulieu, "New Light on Secret Knowledge in Late Babylonian Culture", *ZA* 82 [1992]: 104; Cohen, "Feet of Clay", 169, n. 22).

711 Lo mismo ocurrirá en otras épocas en el Próximo Oriente. Sobre este aspecto en época pre-sargónida véase Henri Limet, "La condition de l'enfant en Mésopotamie autour de l'an 2000 av. J.-C.", en Théodoridès y Naster y Ries, *L'enfant*, 10. Por otra parte, la documentación del Bronce Reciente proveniente de la Grecia micénica evidencia que algunos niños, como los recolectores de moluscos, desempeñarían estas actividades sin

no se puede afirmar con total seguridad la edad a la que los niños empezarían su período formativo[712], las listas casitas de trabajadores forzados sí lo especifican con mayor claridad. La mayor parte de los noventa y dos niños referenciados en estos documentos mesobabilónicos de Nippur son adolescentes, preparados ya para entar en la vida adulta. De ellos solo cinco casos de varones son denominados GURUŠ.TUR.TUR, mientras que no poseemos ningún ejemplo de su variante femenina (SAL.TUR.TUR). Tampoco hallamos referencias claras a trabajadores *pirsu* o *pirsatu*[713]. Interesante es la presencia de recién nacidos entre los indidivuos relacionados con un trabajo, hasta nueve varones (DUMU.GABA) y doce mujeres (DUMU.SAL.GABA)[714]:

haber cumplido siquiera los tres años de edad (Gallou, "Children at Work", 165–66). Numerosas referencias en monografías y artículos especializados constatan la capacidad a lo largo de la historia de los más pequeños para producir objetos de diverso tipo. Desde una óptica arqueológica, véase un ejemplo de menores productores de cerámica en la cultura pre-colombina de Sinagua (Arizona) (cf. Kathryn A. Kamp, "Prehistoric Children Working and Playing: A Southwestern Case Study in Learning Ceramics", *Journal of Anthropological Research* 57.4 [2001]: 427–50).

712 Sí que se puede estimar una edad para el joven Mušapu de JEN 572, que empezaría a formarse como tejedor a partir aproximadamente de los cuatro o cinco años (Justel, "Some Reflections", 150). Los Ba'al-bēlu e Išma-Dagan de E6 217 comenzarían su formación escribal a una edad más temprana, probablemente ya hacia los tres años. Sin embargo, estas son conjeturas a partir de informaciones indirectas, y nunca de evidencias terminológicas o expresamente consignadas.

713 Tenney apunta que "there are no children in the second-youngest age categories (*pirsu*, *pirsatu*) who are listed with occupations" (Tenney, *Life at the Bottom*, 101). Años atrás, sin embargo, Brinkman afirmaba que "it is worth noting that even persons in the very youngest categories [= *pir-su*, DUMU.GABA, *pir-sa-tu(m)*, DUMU.SAL.GABA] are occasionally listed as having occupations" ("Sex, Age, and Phisycal Condition Designations", 3). Al menos un texto apunta en este sentido. Se trata del inédito CBS 3523 rev. ii' 11, que podría consignar una artesana especializada (UM.MI.A, ac. *ummânu*) (Tenney, *Life at the Bottom*, 232, n. 43). Sea como fuere, no hay razón para pensar que los *pirsu* y *pirsatu* no pudieran estar relacionados con una actividad laboral concreta.

714 Sobre el trabajo de estos niños lactantes en el Nippur mesobabilónico véase especialmente Justel, "Niños lactantes".

	Producción textil[715]					Otras producciones				
	ÁZLAG (*ašlāku*)	AŠGAB (*aškāpu*)	ḪÚB.BI (*ḫuppu*)	TÚG.KA.KEŠDA (*kāṣiru*)	*kunšillu*	Grabador (BUR.GUL, *purkullu*)	Cuidador de caballos (SIPA ANŠE.KUR.RA, *rē'i sīsê*)	Alfarero (BÁḪAR, *paḫaru*)	Artesano especializado (UM.MI.A, *ummânu*)	Cocinero (*nuḫatimmu*)
DUMU.GABA	2	1	1	1	1		1	1	1[716]	
DUMU.SAL.GABA		4		1	1	1	4			1

Tabla 12. Distribución de niños lactantes por labores en listas mesobabilónicas de trabajos forzados

Si encuadramos a estos niños en una edad siempre anterior a los tres años, debido a su condición de lactantes, es difícil imaginarlos en el desempeño de ciertas tareas. Una posibilidad es interpretar que los pequeños serían consignados de tal manera nada más nacer, confiriéndoles a tan temprana edad la función que desarrollarían en un futuro próximo. El tipo de trabajo sería fácil de elegir, y podría generalmente coincidir con el desempeñado por sus padres. Incluso a un nivel administrativo y funcional este procedimiento sería conveniente y provechoso, ya que las autoridades encargadas de regular y evaluar los trabajadores sabrían el personal con que contaban en ese momento y con el que pronto contarían.

Ahora bien, esta explicación podría no ser enteramente satisfactoria. Si se diera el caso anterior, se debería haber explicitado de alguna manera el hecho de que en el instante de la creación de la lista ciertos individuos no constituían una fuerza real de trabajo. Nuestra interpretación sigue, pues, esta segunda posibilidad. Si un sujeto es presentado como trabajador es realmente porque estaría capacitado para llevar a cabo dicha labor. Como hemos visto, el período de aprendizaje de un oficio podría comportar más de un lustro de dura preparación, por lo que sería conveniente iniciar lo antes posible esta etapa formativa.

715 A modo de ejemplos véanse BE 14 58: 38, CBS 3484, Ni. 1860, etc. (cf. Brinkman, "Sex, Age, and Phisycal Condition Designations", 4, n. 15).

716 Este DUMU.GABA artesano (UM.MI.A) se corresponde con el lactante que encontramos en el inédito CBS 3523 rev. ii' 12. Quizás sería el ayudante de otro artesano, mayor que él aunque aún menor, listado justo antes de él (Tenney, *Life at the Bottom*, 101, n. 54).

Además, y si bien un pequeño de un año a duras penas podría ser provechoso a un nivel productivo, hay que admitir que un caso totalmente distinto sería un niño en su última etapa de lactante, alrededor de los tres años. Con esta edad ya se presenta cierta destreza manual para actividades básicas, y más aún a fuerza de repetirlas, como pueden ser cortar, cordar, atar, raspar, etc. Incluso en una labor aparentemente tan complicada como la de los cuidadores de caballos[717], donde encontramos cinco casos de niños lactantes[718], éstos podrían sin duda ser provechosos en alguna actividad menor, como limpiar herrajes, establos o amontonar paja[719].

Por último, hay que tener en cuenta las condiciones pésimas en las que vivirían estas familias con niños siervos y esclavos, tanto en la Babilonia casita como en otras regiones mesopotámicas y sirias del Bronce Reciente. La pobreza y la necesidad avivarían el ingenio y desarrollo laboral, también a base de experiencias infantiles física y psicológicamente duras. De esta manera algunos de estos niños sobrevivirían[720], constituyendo pronto una fuerza de trabajo con que sostener las instituciones y administración de turno[721].

ALIMENTACIÓN DE NIÑOS ESCLAVOS

La alimentación de los niños esclavos del Bronce Reciente mesopotámico y sirio no ha sido historiográficamente objeto preferente de estudio. Ello se debe en ocasiones a las limitadas referencias al respecto de determinados corpora textua-

---

717 SIPA ANŠE.KUR.RA.

718 Un DUMU.GABA y cuatro DUMU.SAL.GABA.

719 Aún desde nuestra perspectiva occidental moderna, donde es difícil concebir la idea de un lactante trabajando, hay que poner de relieve que en la Antigüedad (e incluso en el s. XX de nuestra civilización) el período de lactancia rondaría los tres años, e incluso en ocasiones mucho más tiempo (el destete natural se puede posponer hasta los siete años; cf. Katherine A. Dettwyler, "Time to Wean: The Hominid Blueprint for the Natural Age of Weaning in Modern Human Populations", en Patricia Stuart Macadam y Katherine A. Dettwyler [eds.], *Breastfeeding Perspectives* [Nueva York: Transaction Publishers, 1995], 39–73; José María Paricio Talayero y María Teresa Hernández Aguilar, "Aspectos históricos de la alimentación al pecho", en AA. VV. *Manual de lactancia materna: De la teoría a la práctica*, Asociación Española de Pediatría [Madrid: Editorial Médica Panamericana, 2008], 16). Así, la falta de recursos alimentarios podría ser una de las razones para que el niño siguiera lactando hasta que su madre no produjera leche suficiente para nutrirle. Por tanto, la capacidad física de un pequeño de tres o cuatro años, aún lactante, será indudable. Sobre estas cuestiones y las prácticas de lactancia en el Próximo Oriente antiguo véase Justel, "Some Reflections", 144, n. 10.

720 Si bien otros no tendrían la misma suerte (cf. en el presente §5.4 el subapartado "Natalidad y mortalidad de niños esclavos").

721 Dicha importancia de los niños de la época, también a un nivel productivo, echan por tierra aseveraciones como la de Harris, quien afirma que "in death, as in life, infants had little impact on the community" (*Gender and Aging*, 15).

les. En el caso de las listas casitas de racionamiento, sin embargo, la causa principal se corresponde con que la mayor parte de la documentación permanece aún inédita[722]. Aún así, evidencias directas o indirectas nos informan en ocasiones sobre el grado de importancia con que los adultos enfocarían el tema. Evidentemente los niños más pequeños no podrían hacerse por sí mismos con alimentos, pero documentación de diversa naturaleza nos dará la clave para interpretar cada caso y extraer conclusiones al respecto.

Antes de analizar la alimentación de los niños ligados a la esclavitud, nos parece conveniente hacer una breve referencia a la cuestión de la provisión de alimentos y cuidados en general en relación a otro tipo de realidades sociales: los menores procedentes de familias de clase media-alta —incluso real, en el caso de Nuzi—, o al menos cuyo estatus no entraría dentro del ámbito servil.

Debido a su complicada interpretación sobre la condición social de algunos de estos niños, una mención especial merecen las asignaciones (ac. *tēniqu* o *tarbītu*) que recibían algunas nodrizas (ac. *mušēniqtu*). Para el Bronce Reciente conocemos el fenómeno del pago a las nodrizas principalmente a través de documentos administrativos mesobabilónicos y nuzitas, que consignaban lo recibido por estas profesionales del amamantamiento[723]. A la hora de estudiar la alimentación y cuidado de los menores, hay que añadir, para el caso del archivo del Palacio de Nuzi, las raciones distribuidas a las mujeres e hijos del rey[724]. Muchos de estos textos presentan una distribución de alimentos, como cebada[725], pero también

---

722 Como apunta Tenney (*Life at the Bottom*, 145), hay suficiente material para estudiar la relación entre edad y cantidad de comida recibida. Por otra parte, no contamos con suficientes fuentes sobre las raciones de aceite o lana destinados a trabajadores forzados.

723 Véase la bibliografía principal sobre las nodrizas en el Próximo Oriente antiguo en Maria Giovanna Biga, "Enfants et nourrices à Ebla", *KTEMA* 22, 1997, 36, n. 4, así como en Stol, *Birth in Babylonia and the Bible*, 181–92; Schneider-Ludorff, "Die Amme". Para la historia de la lactancia desde una perspectiva médica véase Paricio Talayero — Hernández Aguilar, "Aspectos históricos".

724 Provenientes casi todos estos documentos de la habitación R 76 de los archivos palaciegos, los textos aparecen referenciados en Walter Mayer, *Nuzi Studien I: Die Archive des Palastes und die Prosopographie der Berufe*, AOAT 205/1 (Neukirchen-Vluyn: Butzon & Becker, 1978) (habiendo que añadir varias tablillas, en Brigitte Lion y Philippe Abrahami, "Remarks to W. Mayer's Catalogue of the Nuzi Palace Texts", *Cuneiform Digital Library Bulletin* 2012:1, 5 sub §4.3). Véase al respecto Brigitte Lion, "Les femmes comme signe de puissance royale: la maison du roi d'Arrapha", en Gernot Wilhelm (ed.), *Organization, Representation, and Symbols of Power in the Ancient Near East: Proceedings of the Fifty-Fourth Rencontre Assyriologique Internationale at Würzburg, 20–25 July 2008* (Winona Lake: Eisenbrauns, 2012), 531–42 (para las referencias a niños cf. esp. p. 539).

725 Véase al respecto el texto de Nippur BE 15 184: 15, o los documentos de Nuzi provenientes del archivo del Palacio HSS 14 212 (cebada recibida por la nodriza Nuḫu-nazi, que sella el documento), HSS 13 77 (cebada para cinco "hijas del rey" para un

prendas de vestir, en general[726], y lana en particular[727]. Sin embargo, el aceite constituye el elemento que encontramos en más ocasiones en estos textos, aspecto relacionado con las raciones de amamantamiento mesopotámicas, ya tipificadas en la tradición legal paleobabilónica[728]. El aceite (sum. Ì, ac. *šamnu*) era un elemento vegetal que no solo servía a las nodrizas en tareas culinarias, sino especialmente para el cuidado de su cuerpo y del bebé al que amamantaba[729]. En este sentido, con más frecuencia está atestiguada la variante del aceite de sésamo (sum. ŠE.Ì.GIŠ, ac. *šamaššammū*), elemento abundantemente presente en los textos cuneiformes del 2.º y 1.er milenio a. C.[730].

Estos documentos guardan relación con los pagos del *teḫambašḫu* nuzita, si bien las referencias a este último término se encuadran en textos de adopciones infantiles (§4.3). De hecho, resulta difícil conocer el estrato social en el que deben inscribirse estos lactantes, y aunque las nodrizas pertenecerían en otras épocas a una clase social baja[731], es indudable que las asignaciones mencionadas de cebada u otros productos en el archivo del Palacio de Nuzi están destinadas a mujeres cercanas al rey[732]. Para otros archivos del Bronce Reciente, poco o nada sabemos sobre este aspecto.

---

período de dos meses) y HSS 14 216 (cebada recibida por tres mujeres, para el período de un mes y destinada a cinco mujeres). Para otros casos de niños receptors de grano, cf. HSS 16 7, HSS 16 333 o HSS 16 408. Proveniente del mismo archivo palaciego, véase el documento HSS 14 90, que muestra la entrega de una planta-*salḫu* para cuatro hijas del rey.

726 El pago a nodrizas mediante prendas está atestiguado tanto en Nippur (p. ej., BE 14 46: 2) como en Nuzi (p. ej., la prenda-*ziyanatu* en HSS 13 165: 5).

727 Sirva como ejemplo el documento de Nuzi HSS 13 227: 14.

728 Como muestran incluso textos legislativos, como el Código de Ešnunna (CE 32): "Si un hombre entrega a su hijo para que lo amamanten, para que lo críen, y no da las raciones de grano, aceite ni lana durante tres años, que pague 10 siclos de plata por la cría de su hijo y podrá llevarse consigo a su hijo" (traducción en Sanmartín, *Códigos legales*, 68). Complétese este aspecto en Stol, *Birth in Babylonia and the Bible*, 182, n. 67.

729 Sobre los usos del aceite en la Mesopotamia antigua véase Cécile Michel, "Huile", en Joannès, *Dictionnaire*, 395 (con bibliografía en p. 396).

730 Sirva como ejemplo el texto de Nuzi procedente del archivo palaciego HSS 15 247, que reza así (ll. 1-6): "La nodriza ha tomado 5 *qû* de aceite de sésamo para los niños, en el mes de Arkapinni" (sobre HSS 15 247 véase CAD Š/1 304b, sub *šamaššammū*, así como Schneider-Ludorff, "Die Amme", 485 y n. 44). Este documento, mediante el sintagma *ana* TUR.TUR.MEŠ, "para los niños", muestra que el empleo del aceite de sésamo estaba también destinado al cuidado corporal de los pequeños. Sobre las características y funciones de este tipo de aceite en Mesopotamia véanse en particular Fritz Rudolf Kraus, "Sesam im alten Mesopotamien", *JAOS* 88 (1968): 112–19; Maynard P. Maidman, *JAOS* 102 (1992): 391–92; Brigitte Lion, "Sésame", en Joannès, *Dictionnaire*, 778.

731 Al respecto véase Stol, *Birth in Babylonia and the Bible*, 182.

732 Como en Nuzi, el pago a nodrizas está ampliamente atestiguado en el Mari paleobabilónico, donde encontramos varios casos en los que estas mujeres reciben aceite y vestimentas por amamantar niños. Éstos pertenecen a un estrato social elevado, puesto

Por último, y aunque no sea una práctica generalizada, los documentos de Nuzi HSS 14 212 y HSS 15 247 plantean un aspecto novedoso. Aunque normalmente el *tēniqu* es entregado directamente a las nodrizas[733], quienes en teoría disfrutarían de los beneficios del pago, en estos documentos son explícitamente destinados a los niños[734]. Por tanto, y si bien los bebés no tendrían capacidad de recibir por ellos mismos este pago, podrían ser destinatarios del mismo de alguna forma: cereales para complementar su alimentación de leche de la nodriza, vestimentas, aceite para ingerir o para recibir tratamientos corporales, etc.

Centrándonos en el corpus del Bronce Reciente que nos informa sobre la alimentación de niños esclavos, debemos hacer primeramente referencia a las listas mesobabilónicas de racionamientos. Estas no aportan por regla general información alguna sobre la duración de los trabajos, y por lo tanto resulta complicado estimar las necesidades alimentarias de los individuos, así como la adecuación de las raciones[735]. Lo que sí se evidencia es que los niños recibían menor cantidad de raciones que los adultos, fenómeno obvio y constante en la documentación cuneiforme de esta y otras épocas[736].

Por otra parte, podemos observar la evolución de las raciones en la documentación casita atendiendo a casos concretos de individuos. Este análisis es posible debido a que poseemos diversas listas mesobabilónicas de raciones que consignan los mismos individuos en un lapso temporal determinado[737]. Como

---

que son herederos potenciales del trono de Mari o niñas destinadas a ser sacerdotisas o a un enlace matrimonial de carácter político. Sobre esta cuestión, y mentando algunos ejemplos concretos, véase Nele Ziegler, "Les enfants du palais", *KTEMA* 22, 1997, 45–57 (esp. pp. 46–47).

733 Como muestran por ejemplo los textos de Nuzi HSS 13 165: 5 (*a-na mu-še-ni-iq-tu*$_4$), HSS 14 102: 6 (*a-na* SAL.MEŠ *mu-še-ni-qa-ti*) y HSS 16 234: 19 (*a-na mu-še-ni-iq-ti*). Para otros corpora en que se señala que el pago irá destinado a las nodrizas, en este caso designando el nombre personal de las nodrizas, véanse por ejemplo los textos de Mari MARI 3 71, ARM 7 50, ARM 7 55, ARM 7 61, ARM 7 32, M.18121, T.108 (al respecto cf. Ziegler, "Les enfants", 47).

734 HSS 15 247: *a-na* TUR.TUR.MEŠ (5 *qû* de aceite de sésamo).

735 Es la conclusión a la que llega Brinkman ("Forced Laborers", 20) tras una primera evaluación de las fuentes (la inmensa mayoría aún inéditas).

736 Como aparece en las listas de raciones de Nuzi procedentes del archivo de Šilwa-Teššup, o como mostramos en una comparativa entre los datos casitas y la información de las listas de raciones de época de Ur III (§5.5).

737 Véase al respecto la tabla presentada por del Giuseppe F. del Monte ("Razioni e classi d'età in Nippur medio-babilonese", en Aldo Zanardo [ed.], *Stato, Economia, Lavoro nel Vicino Oriente antico* [Milán: Francoangeli, 1988], 28), que compara diferentes individuos a lo largo de varios documentos mesobabilónicos ordenados cronológicamente. Para la terminología y otras cuestiones específicas de las listas de raciones mesobabilónicas véanse especialmente Giuseppe F. del Monte, "Su alcune tecniche contabili delle amministrazio-

hemos visto para las actividades laborales de los tejedores, los documentos BE 14 58 y BE 14 91a —en orden temporal respectivo— están separados por dieciséis años. En esta relación se aprecian bien los matices de edad que consignan los casitas a través de terminología específica (§5.3)[738]. Así, y a modo de ejemplo, el aún lactante (DUMU.GABA) y tejedor (UŠ.BAR) Ina-pī-Marduk-dīnu recibe 5 *qû* en BE 14 58, mientras que en BE 14 91a se hará con 15 *qû*[739]. Otros casos muestran lo contrario —es decir, un descenso en la cantidad de ración percibida—, si bien son ejemplos que también se explican tomando como criterio principal la edad de los individuos. Aunque no se refiera a niños, sirva como paradigma en este sentido el molinero (lúÀR.ÀR, ac. *arraru*) Ugišiya-Saḫ, adulto (GURUŠ) que en BE 14 58: 32 recibe 60 *qû*[740], y dieciséis años más tarde su ración se reduce a 40 *qû* (BE 14 91a: 17). Este hecho se puede explicar teniendo en cuenta que un anciano (ŠU.GI) como el Ugišiya-Saḫ de BE 14 91a no necesitaría tanto alimento como cuando era más joven, amén de que no desempeñaría la labor de molinero con la misma destreza que antes[741].

---

ni di Nippur medio-babilonese", en Maria Giovanna Biga y Mario Liverani (eds.), *Ana turri gimilli: Studi dedicati al Padre Werner Mayer, S. J. da amici e allievi* (Roma: Universitá di Roma La Sapienza, 2010), 85–104; "Finanza creativa in Nippur medio-babilonese", en Giovanni B. Lafranchi y Daniele Morandi Bonacossi y Cinzia Pappi y Simonetta Ponchia (eds.), *Leggo! Studies Presented to Frederick Mario Fales on the Occasion of His Sixty-Fifth Birthday* (Wiesbaden: Harrassowitz Verlag, 2012), 223–28; "Tre set di registry da Nippur medio-babilonese dell'amministrazione del tempio di Ninlil", en Paola Corò y Elena Devecchi y Nicla De Zorzi y Massimo Maiocchi (eds.), *Libiamo ne' lieti calici: Ancient Near Eastern Studies Presented to Lucio Milano on the Occasion of His Sixty-Fifth Birthday by Pupils, Colleagues and Friends*, AOAT 436 (Münster: Ugarit-Verlag, 2016), 257–67.

738 Véase una comparación entre ambos documentos en Harry Torczyner, *Altbabylonische Tempelrechnungen* (Viena: A. Holder, 1913), 66.

739 Ina-pī-Marduk-dīnu no es clasificado por edad en BE 14 91a. La designación que esperaríamos, según del Monte ("Razioni", 20), es la de GURUŠ.TUR.TUR. En nuestra opinión, sin embargo, una posibilidad más acertada sería su adecuación con un GURUŠ.TUR. Si en BE 14 58 el pequeño Ina-pī-Marduk-dīnu contaría con al menos dos años, en BE 14 91a el mismo individuo sería un joven de unos dieciocho (por tanto, mucho más cercano a la franja de adolescente [incluso habiéndola superado] que a la de niño). Además, poseemos un paralelo de un GURUŠ.TUR que recibe 15 *qû*, con el caso de Arad-Nusku (BE 14 58: 8). Véase otro ejemplo de niño tejedor (UŠ.BAR) que recibe menor ración siendo niño (BE 14 58: 19: GURUŠ.TUR.TUR) que siendo adulto (BE 14 91a: 10: GURUŠ) en el caso de Lultamar-Nusku. Al respecto véase del Monte, "Razioni", 29, n. 11.

740 Misma cantidad de la que el mismo individuo recibe en las listas (posteriores pero próximas en el tiempo a BE 14 58) BE 14 60: 5, 12 y BE 14 62: 12, 19.

741 El caso de Ugišiya-Saḫ de BE 14 91a es uno de los pocos ejemplos en los que se da una cantidad de ración a un anciano, aunque su condición de edad no se especifique terminológicamente. Así, hay que matizar las palabras de Snell, cuando para el período mesobabilónico afirma que "Such 'men' and 'women' could get rations for an entire year,

De las listas mesobabilónicas de raciones se desprende una idea fidedigna de lo que suponía la alimentación de los siervos de la época. Se premiarían de esta manera las aptitudes de un trabajo y el nivel de especialización, además de destinarse más comida a los individuos mayores —exceptuando los ancianos— y con más necesidades calóricas[742]. A los niños lactantes se les asignaba asimismo una cantidad determinada de grano, algo que podría sorprendernos si tomamos en cuenta que su base alimentaria sería la leche de su madre o nodriza. Ello se puede explicar por dos vías. En primer lugar, la asignación de grano a un lactante pone en evidencia que éste no se encuentra en sus primeros meses de vida, ya que a partir de determinada edad, incluso siendo aún lactante, los niños comenzarían a ingerir alimentos sólidos[743]. La segunda reflexión se refiere a la adecuación de lo recibido por un lactante en comparación con lo recibido por su madre. Documentos cuneiformes sobre raciones de otras épocas muestran claramente cómo a veces las mujeres reciben una cantidad suplementaria de grano por tener hijos[744]. No es el caso de los textos mesobabilónicos analizados, donde el hecho de tener descendencia infantil no implica recibir mayor cantidad de

---

and their ranks included all age groups except the old" (Daniel C. Snell, "Slavery in the Ancient Near East", en Keith R. Bradley y Paul Cartledge [eds.], *The Cambridge World History of Slavery. Volume I: The Ancient Mediterranean World* [Cambridge: Cambridge University Press, 2011], 13).

742 En la línea de lo expuesto en Daniel C. Snell, *Fligth and Freedom in the Ancient Near East* (Leiden-Boston-Colonia: Brill, 2001), 35, n. 8.

743 El hecho de que se distribuyan cereales obviamente no quiere decir que estos trabajadores, lactantes incluídos, solo se alimentaran de ellos. Este producto será no obstante la base de la alimentación, que sería compensada en la medida de lo posible con frutas, carnes y verduras.

744 Michel ("Les enfants") ha estudiado este aspecto a partir de la documentación paleoasiria de Kaniš. La autora ofrece un ejemplo claro con BIN 4 22, en el que la mujer Šāt-Aššur, de condición libre, se queja por no recibir más cantidad de raciones que las sirvientas (ibíd., 101 y n. 69). La explicación a dicha aparente anomalía se evidencia al constatar cómo tales sirvientas reciben un suplemento por sus hijos, ascendiendo su ración mensual a 20 litros de grano (ibíd., 104). Algo parecido ocurre con los recientemente publicados archivos de la princesa Iltani (s. XVIII a. C.). En ellos apreciamos que las mujeres que pertenecen a la casa real reciben raciones extras por sus hijos (15 litros de grano, con la excepción de uno, que se hace con 30 litros). Al respecto, véase Anne-Isabelle Langloise, *Les archives de la princesse Iltani découvertes à Tell al-Rimah (XVIIIe siècle av. J.-C) et l'histoire du royaume de Karana/Qaṭṭara*, Volumen 1, Mémoires de NABU 18 (París: Société pour l'étude du Proche-orient ancien, 2017), 215.

ración alimentaria. Por tanto, quizás se consignara confiriéndole una suma determinada directamente al pequeño[745].

Aparte de la documentación mesobabilónica de listas de raciones, son pocos los textos que arrojan luz sobre la alimentación de los niños esclavos en el Bronce Reciente. Determinadas listas mesoasirias, especialmente procedentes de Ḫarbe y Dūr-Katlimmu (§5.2), hacen referencia a la cuestión. Sin embargo, estos documentos no consignan la cantidad recibida por los niños, sino que el total de grano se suma para toda la unidad familiar conjuntamente. Hay que señalar asimismo los textos relativos a raciones del archivo nuzita de Šilwa-Teššub[746]. También aquí varias categorías de edad son diferenciadas, y los más pequeños recibían menor cantidad de raciones. Aún así, los destinatarios de dichas raciones eran los sirvientes del príncipe, empleados de su hogar, y no conocemos exactamente las labores que desempeñaban.

Por su parte, en la Siria de la época la realidad de la intensa crisis reinante se traduce en evidencias textuales directas de falta de alimentos y alza de los precios[747]. Esta es sin duda la causa principal por la que Zadamma y su esposa Ku'e venden sus cuatro hijos en E6 217[748]. Las dificultades de abastecimiento de alimentos serán, en esta y otras épocas[749], una de las principales razones por las que los padres se veían obligados a vender sus hijos[750]. En otros casos —y muchos que no quedan consignados por escrito— esta falta de comida se traducirá directamente en la muerte de los niños (véase siguiente subapartado).

NATALIDAD Y MORTALIDAD DE NIÑOS ESCLAVOS

Aunque resulte ciertamente complicado evaluarlo con precisión, el índice de natalidad entre la población servil del Bronce Reciente parece seguir las mismas pautas que en otros contextos sociales, por lo que podríamos situarla en torno a tres hijos por pareja.

---

[745] Es lógico pensar que las cantidades destinadas a los niños, especialmente los DUMU(.SAL).TUR, *pirsu* / *pirsatu* e incluso GURUŠ/SAL.TUR.TUR serían gestionadas por sus progenitores.

[746] Cf. Wilhelm, *Das Archiv des Šilwa-Teššup. Heft 2*: *Das Archiv des Šilwa-Teššup. Heft 3*.

[747] Sobre esta crisis véase en general Adamthwaite, *Late Hittite Emar*, 133–75. Sobre la consecuencias de la misma, traducidas en hambrunas, véase especialmente Carlo Zaccagnini, "War and Famine at Emar", *OrNS* 64 (1995): 92–109 (para el alza de precios en Emar, en comparación con la documentación neoasiria y neobabilónica, véanse pp. 104–105).

[748] Aunque no se explicite en este documento, esta razón de crisis se expone en el anterior E6 216 (ll. 7–8). Sobre la relación entre ambos textos véase §6.2.

[749] Para el período neobabilónico véase A. Leo Oppenheim, "Siege Documents from Nippur", *Iraq* 17 (1955): 69–89.

[750] Sobre estas cuestiones véase con mayor detalle el capítulo sobre ventas infantiles (§6).

Así, a lo largo de la documentación mesobabilónica de trabajadores forzados encontramos una proporción elevada de niños, desde el nacimiento hasta la adolescencia, que situaría el índice de natalidad en torno a 2–3 hijos por mujer[751]. Una media similar es la imperante en la lista mesoasiria de deportados hurritas VAT 18087+ (§5.2). Si bien presenta casos de poligamia —hasta cinco esposas[752], los ejemplos de matrimonios monógamos arrojan una cifra de 2,2 hijos por mujer con descendencia[753]. En Siria es más difícil evaluar este aspecto, ya que no poseemos textos que consignen muchos niños siervos, como listas de trabajadores forzados, raciones, deportados, etc. Sin embargo, ciertos documentos precisan el número de menores esclavos, como los cuatro de la venta emariota E6 217[754].

Aunque la falta de estudios sobre la natalidad infantil en un contexto servil sea manifiesta, podemos plantear de forma provisional esta ratio de 2–3 hijos por matrimonio (monógamo). Aún así, las informaciones textuales en las que nos basamos no contemplan por regla general los casos previos de mortalidad infantil. Como ésta sería sin duda elevada, la media propuesta deberá entonces ser más alta, llegando quizás a duplicarse.

Por otra parte, y como para cualquier otro período, las condiciones de los niños esclavos del Bronce Reciente no serían las óptimas, por lo que la mortalidad infantil sería asimismo elevada. La alimentación, si no insuficiente, era como mucho altamente racionada. Las listas mesobabilónicas muestran en ocasiones las características físicas de los trabajadores, desde enfermos (GIG) hasta ciegos (IGI NU GÁL[755]) e incluso muertos (ÚŠ, IM.ÚŠ, BA.ÚŠ)[756]. Si bien a partir de la documentación disponible no se puede hacer una valoración de los niños

---

751 Este dato es aproximado y responde a una evaluación personal de los textos publicados e inéditos a los que hemos tenido acceso. En la misma línea véase Tenney, *Life at the Bottom*, 136, donde el autor realiza un cálculo de 4,36 personas por cada unidad familiar (contando al menos un progenitor), señalando que "the parent(s) rarely cared for more than two or three children".

752 En el ejemplo en el que más niños hay por varón encontramos a un hombre con tres mujeres, sumando entre ellas siete hijos (Freydank, "Zur Lage der deportierten Hurriter in Assyrien", 101).

753 Esta cifra ha sido calculada a partir de la información ofrecida por Freydank (ibíd.). Hay que precisar que otras seis mujeres no engendraron descendencia.

754 Sobre la posibilidad de que fueran más de cuatro los hijos de este matrimonio en E6 217 véase §6.2.

755 O mediante la abreviatura NU.

756 Otras formas de calificar a los trabajadores se refieren a su condición general, anotando que son desertores o escapados (ZÁḪ, ZÁḪ GIBIL o ZÁḪ LIBIR.RA), confinados (*ka-mu*, *ki-lum*), etc. Las referencias inéditas a los textos sobre ciegos y fallecidos se basa principalmente en la incluida en Brinkman, "Sex, Age, and Phisycal Condition Designations", 5–6.

catalogados como "enfermos", sí que encontramos ejemplos en los que los pequeños son ciegos[757]. Así, dentro del corpus en el que se consignan tanto las franjas de edad de los trabajadores como sus condiciones físicas, apreciamos un adolescente varón (GURUŠ.TUR) por ocho adultos (GURUŠ) y un anciano (ŠU.GI), y en el caso de las mujeres vemos dos niñas recién destetadas (*pirsatu*) y tres adolescentes (SAL.TUR) por doce adultas (SAL.TUR)[758]. La proporción de niños ciegos, por tanto, es mayor en el caso de las mujeres, fenómeno incluso característico del mundo moderno[759]. Por otra parte, el hecho de que no se listen ciegos entre los niños recién nacidos (DUMU/SAL.GABA) podría responder a la dificultad de identificar la malformación a una edad tan temprana[760]. Sea como fuere, nada se dice en estos documentos acerca de la causa de la ceguera de tales individuos. A la posibilidad de malformaciones congénitas habría que añadir enfermedades de otro tipo, falta de alimentación o incluso ceguera deliberada, fenómeno ampliamente atestiguado en la literatura próximo-oriental antigua (§5.5).

Este tipo de características, resultados obvios de una precaria condición de vida, explica la alta mortalidad de niños esclavos que se aprecia en la documentación del Bronce Reciente, especialmente en el corpus mesobabilónico[761]. Al

---

757 Para la información sobre los trabajadores ciegos en el Nippur mesobabilónico hemos consultado lo aportado por Tenney (*Life at the Bottom*, 61–62), si bien él sólo ha trabajado con diecinueve de los cuarenta y seis textos en los que se consigna este tipo de individuos. El resto de documentos se halla mayoritariamente en el Museo Arqueológico de Estambul, a la espera de una futura publicación.

758 Ninguna mujer anciana (SAL.ŠU.GI) está atestiguada como ciega, algo estadísticamente esperable habida cuenta de que en todo el corpus solo contamos con cuatro ancianas (ibíd., 61, n. 70).

759 Al respecto véase ibíd., 61.

760 En la línea de lo defendido por Tenney (ibíd., 61, n. 70). Aún así, las series *Šumma izbu* sí plantean la opción de vislumbrar una malformación en los ojos justo tras el parto (cf. Nicla De Zorzi, "The Omen Series *Šumma izbu*: Internal Structure and Hermeneutic Strategies", *KASKAL* 8 [2011]: 56).

761 De los doscientos treinta y seis individuos listados individualmente (niños, adultos y ancianos) catalogados como "muertos", el 53,4% corresponde a varones, el 35,6% a mujeres y el 11% son casos dudosos (Tenney, *Life at the Bottom*, 59). La tasa de mortalidad masculina sería por tanto mayor que la femenina. Las condiciones laborales y el tipo de trabajo serán las causas principales de este hecho, característico también de las sociedades modernas. Por otra parte, encontramos el mayor porcentaje de muertos —varones y mujeres de cualquier edad— en un grupo de trabajadores que aún desarrollan su labor en el texto UM 29-13-441, con un total del 72,7% fallecidos (ibíd., 105, n. 83). La alta mortalidad en unidades de trabajadores forzados también está atestiguada en otros documentos, como Ni. 5989 (46%), CBS 3225 + 3291 (41%), CBS 10700 (31%) o Ni. 373 (23,5%). Sobre estos aspectos véase ibíd., 60, n. 62. Como comparación con otro corpus anterior, y respecto a la documentación pre-sargónica de listas de trabajadores, Limet ("La condition de l'enfant", 13) constata una alta mortalidad infantil, concluyendo

igual que para el caso de los catalogados mediante características físicas, poseemos contados ejemplos de individuos listados como "fallecidos" en relación con la edad[762]. Entre los varones de este grupo, el 33% corresponde a adolescentes (GURUŠ.TUR) y el 8% a recién nacidos (DUMU.GABA)[763]. En cuanto a las mujeres, el 13% serán adolescentes (SAL.TUR)[764], mientras que la proporción de recién nacidas muertas (DUMU.SAL.GABA) ascenderá a 18%[765]. En determinados documentos la proporción de niños muertos entre los individuos listados es abrumadoramente grande. Quizás el mejor ejemplo lo constituya el inédito Ni. 1066 + 1069, con un 75% de menores fallecidos[766].

Aunque estas proporciones sean tomadas de un reducido elenco textual, constituyendo solo un 5% de todos los individuos clasificados por la edad[767], creemos que los datos expuestos aportan una idea fidedigna de la magnitud de

---

que ésta no se debería tanto a la falta de alimento como a la vida precaria de los niños. Nuestra interpretación de la documentación del Bronce Reciente, por tanto, sigue idénticos parámetros.

[762] La explicación a este hecho es simple. Generalmente en las listas mesobabilónics de trabajadores forzados solo existe un espacio (cuadrante) para consignar una característica de la persona en cuestión, por lo que se opta por hacer constar bien la edad, bien la condición física. Si bien hay excepciones al respecto en las que se listan ambas cualidades (información ésta en la que nos basamos), el caso de los ya fallecidos es quizás más radical en este sentido, ya que la designación de "muerto" deja normalmente sin validez la edad que pudiera tener el malogrado individuo. Los ejemplos que contemplamos en el cuerpo del texto, por tanto, pueden ser proporcionalmente representativos, pero no constituyen la normalidad de la documentación. Sirva de ejemplo un dato: de los ciento diecisiete varones consignados como "muertos", solo conocemos la edad de doce entre ellos. Según Tenney (*Life at the Bottom*, 58), esta es una pista para pensar que muchos de esos muertos sin edad catalogada habrían muerto en los primeros años de su vida, sin llegar siquiera a la adolescencia. Sobre la mortalidad infantil en períodos anteriores véase en general Limet, "La condition de l'enfant", 13–14.

[763] Como los tres lactantes de Ni. 2228: ^{m}*ba-šá*-^{d}MAŠ, $^{m.d}$*la-ta-ra-ak-še-mi* y ^{m}*ki-din*-^{d}*gu-la*, catalogados como ÚŠ.

[764] Como los cuatro casos de CBS 13311 (PAB 4 SAL.TUR BA.ÚŠ.MEŠ).

[765] Como la pequeña Amat-Nuska de BE 14 58: 25 y UM 29-15-760: 8', probablemente gemela de Innamar, la cual sobrevive a la primera.

[766] En este y otros casos similares, sin embargo, es complicado conocer con precisión el lapso temporal en que todas estas muertes prematuras se produjeron (Jonathan S. Tenney, "Household Structure and Population Dynamics in the Middle Babylonian Provincial "Slave" Population", en Culbertson, *Slaves and Households*, 139, n. 12).

[767] De un total de 2.100 trabajadores con información de edad disponible (1.092 varones y 1.008 mujeres), las proporciones comentadas se basan en cincuenta ejemplos de personas para las que se expresa su condición de fallecidos junto con sus edades (doce varones y treinta y ocho mujeres).

los índices de mortalidad en general[768], e infantil en particular, de la sociedad servil mesobabilónica en estas listas de trabajadores forzados. Sin duda en otros contextos de trabajos forzados, como las Asiria y Siria de la época, poseerían unas ratios parecidas de niños fallecidos. Dicha documentación, sin embargo, no se presta a ser analizada en este sentido, por lo que para llevar un estudio paralelo y comparativo con el corpus casita, la aparición de nueva documentación es totalmente necesaria.

NIÑOS ESCLAVOS FUGITIVOS

El fenómeno por el cual los esclavos huían de de su ámbito habitual de trabajo está bien documentado en la literatura cuneiforme próximo-oriental[769]. La falta de alimento, los maltratos físicos y psicológicos o la explotación desmedida por parte de los dueños y patrones serían las causas principales de estos actos, que a veces terminaban con un fin no tan feliz como el deseado por el fugado. El que un siervo escapara era tan común en las antigua Mesopotamia y Siria[770] que por lo general, y muy especialmente en los períodos neobabilónico[771], aqueménida[772] y helenístico[773], en los contratos de compras de esclavos el vendedor garantizaba que el vendido no se escapara[774]. El primero, tras una posible fuga del segundo,

---

[768] Apréciese, por ejemplo, la ínfima proporción de ancianos en las listas casitas: siete varones sobre 1.092 y cuatro ancianas sobre 1.008.

[769] Diversos autores han analizado esta cuestión en la historiografía moderna. Pueden encontrarse estudios generales al respecto en Mendelsohn, *Slavery*, 58–64; Aleksandr Il'ich Tiumenev, *Gosudarstvennoe Khoziaistvo Drevnego Shumera* (*Economía estatal de la antigua Sumer*), Moscú, 1956; Snell, *Fligth and Freedom*. Para la documentación casita véanse Brinkman, "Sex, Age, and Phisycal Condition Designations", 5; Snell, *Fligth and Freedom*, 58–59; Tenney, *Life at the Bottom*, 104–21. Para la mesoasiria véase Llop, *Aportació*, 174, n. 732. Sobre los textos neobabilónicos en particular véase Dandamaev, *Slavery in Babylonia*, 220–28.

[770] Para el caso de Emar véase Démare-Lafont, "Éléments pour une diplomatique juridique", 52 c). En este sentido es interesante el documento de Mari A.1945. Se trata de una carta de Mari en la que un siervo de Ḫardûm escapa a Šubartu y luego es capturado. A partir de este texto vemos cómo, al menos en Mari, la capacidad condenatoria del escapado no depende de su dueño inmediatamente superior, en el ámbito familiar, sino de un responsable de mayor importancia: el mismo rey. Sobre este texto véanse especialmente Sohpie Démare-Lafont, "Un «cas royal» a l'époque de Mari", *RA* 91 (1997): 109–19; Juan Pablo Vita, "La pena de muerte en la Siria-Palestina del Bronce Final", en Oliva y Belmonte, *Esta Toledo*, 305.

[771] Cf. Nbk 346.

[772] Cf. NRVU 96.

[773] Cf. TCL 13 248.

[774] Generalmente esta obligación se estipulaba para un período de cien días a partir de la venta del esclavo (Dandamaev, *Slavery in Babylonia*, 184, 220). Para la figura del garante en la documentación mesobabilónica de ventas infantiles véase §6.4.

estaba obligado a encontrarlo y devolverlo al comprador, o bien reemplazarlo con otro esclavo de características similares. Si no pudiera satisfacerle con una de las dos opciones, el contrato quedaría cancelado y el vendedor debería devolverle al comprador el dinero invertido por éste.

Parece lógico pensar que la mayor parte de los fugados serían esclavos adultos varones. Este sector sufriría peores condiciones que las mujeres y niños, ya que desempeñaban labores físicamente más duras y quizás recibían un peor trato. Además, las mujeres poseen una relación más próxima e íntima con los hijos pequeños, lactantes o no, por lo que serían reacias a huir y por tanto abandonar a sus hijos[775]. Estos hechos son confirmados en la documentación mesobabilónica de trabajadores forzados, donde el 92% de los escapados (sum. ZÁḪ, ac. *ḫalāqu*) son hombres adultos[776]. Lamentablemente, y al menos para el caso de dicho curpus textual, es difícil evaluar la cantidad de niños esclavos que escaparían. Ello se debe a que, al igual que ocurre generalmente con la incompatibilidad de información de edad y sexo en relación a la de características físicas, cuando se consigna la condición de fugitivo no se suele indicar su sexo y edad[777]. La excepción la constituyen ciertos textos que computan todas estas cualidades, aunque solamente aportan información sobre treinta y cinco personas. Con esta cifra tan reducida será arriesgado caer en generalizaciones, pero sí es importante señalar que, si bien entre las ocho mujeres escapadas todas son adultas (SAL), entre los veinticinco varones, además de veintitrés adultos (GURUŠ), encontramos dos adolescentes (GURUŠ.TUR) y dos recién nacidos (DUMU.GABA)[778]. Estos dos últimos casos son significativos, pues constatan que muchos fugitivos huirían llevándose consigo sus hijos menores. Por otra parte, el 99% de los escapados varones carece de esposa o descendencia, por lo que probablemente buena parte entre ellos no habría llegado aún a la adultez[779].

---

775 En la línea de lo defendido por Snell (*Fligth and Freedom*, 54) cuando analiza la documentación de Ur III, que sigue idénticos parámetros que la mesobabilónica de trabajos forzados. En otras ocasiones (véase más adelante), sin embargo, el hecho de que recién nacidos, aún lactantes, aparezcan entre los fugitivos indicará probablemente que sus madres los han tomado con ellas en su huída.

776 Tenney, "Household Structure", 141. Por otra parte, de los ciento setenta y un esclavos escapados con sexo conocido (de otros dieciocho casos se desconoce este aspecto) ciento cincuenta y seis serán varones y quince (Tenney, *Life at the Bottom*, 109).

777 Así, el cuadrante destinado en principio para las características de sexo-edad podrían ser ocupadas bien por las condiciones físicas, bien por la condición de fugitivo.

778 Véase esta información en la tabla 20 en ibíd., 109.

779 Nótense los ejemplos CBS 11051 y CBS 3736, en los que varios hermanos (tres en CBS 11051 y tres pares [2+2+2] en CBS 3736) son consignados entre los escapados. Estos individuos serían probablemente menores.

Los fugitivos capturados eran confinados en prisión (*kīlu*)[780] o asignados a un nuevo dueño. Un reducido elenco de documentos casitas, sin equivalente legal conocido para otras épocas, presenta un formato homogéneo al tratar el tema de la captura de fugitivos y su posterior reinserción en el trabajo[781]. Dicha vuelta a su antiguo trabajo estaba mediada por un garante, que se comprometía a que el esclavo siguiera trabajando como antes. El hecho de que en ningún caso (excepto en CBS 11106, véase a continuación) el capturado tenga relación aparente con el garante indicará que, de una forma u otra, éste obtiene algún beneficio. Probablemente la compensación estaría destinada a que el garante se hiciera con una fuerza de trabajo en su propio hogar: sacando a un esclavo de la cárcel contaría con una fuerza más en los servicios domésticos.

El documento inédito CBS 11106 es en este sentido excepcional. Constituye el único caso en el que garante y fugitivo encarcelado tienen relación evidente. Rabâ-ša-ilī huyó a la ciudad de Abu[782], donde fue capturado por el hijo de Šindi-Enlil, que lo devolvió a Nippur y lo confinó en prisión. Posteriormente Rabâ-ša-ilī cayó enfermo, y fue su propio padre, Kittatu, quien se constituyó en su garante, liberándolo[783]. Podemos hacer dos comentarios e interpretaciones al

---

[780] Ciertos textos incluso especifican que los prisioneros estaban encadenados, si bien no hay indicación explícita del lugar donde se ajustaban los hierros (cuello, brazos, piernas, pies, etc.). Véanse algunos ejemplos en CBS 3493, CBS 10713, CBS 11103, Ni. 1066 + 1069, Ni. 1075, Ni. 5993, Ni. 6033, Ni. 6068, Ni. 6237, Ni. 6244, Ni. 6468, Ni. 6470, Ni. 11055.

[781] Algunos de estos textos son BM 17626, BE 14 11, BE 14 127, BE 14 135, CBS 8600A, CBS 11106, CBS 11453, MRWH 10, Ni. 1333, Ni. 1390, Ni. 2204, Ni. 7195, PBS 2/2 161, UM 29-13-984. Tales documentos pueden ser identificados por una terminología característicamente similar en las primeras líneas. En ellas se especifica quién huyó (NP_1 [DUMU NP_2] + ZÁḪ-*ma*: "NP_1 [hijo de NP_2] se fugó"), quién le custodió en prisión tras la captura (NP_3 [DUMU NP_4] [*ištu* + lugar + *šūlu* o *lequ͂*] *ina kīli kalû*: "NP_3 [hijo de NP_4] [lo tomó de x lugar] (y) le confinó en prisión") y quién garantizó su posterior reinserción (NP_5 [DUMU NP_6] *pūta* + *maḫāṣu* + *šūṣû*: "NP_5 [hijo de NP_5] asumió la garantía, efectuando su liberación"). Nótese que no en todos los textos se consignan las tres partes indicadas. Véanse comentarios al respecto en Herbert P. H. Petschow, *Mittelbabylonische Rechts- und Wirtschaftsurkunden der Hilprecht-Sammlung Jena: Mit beiträgen zum mittelbabylonischen Recht*, ASAW 64.4 (Berlín: Akademie-Verlag, 1974), 31–36; Sassmannshausen, *Beiträge*, 194, 218–19; Tenney, *Life at the Bottom*, 34–35, 115–18.

[782] CBS 11106: 2: ^{uru}AD^{ki} (cf. Tenney, "Additions", 63).

[783] CBS 11106: 1–7 (colacionado): ^{m}GAL-*šá*-DINGIR DUMU ^{m}*kit-ta-ti* / ZÁḪ-*ma* TA URU.UNUG.KI / DUMU ^{m}*ši-⸢in⸣-*[*d*]*i-*^{d}*en-líl ú-še-la-šu-ma* / *i-na ⸢ki-li⸣ ik-lu*-šu-ma* / GIG-*ma* ^{m}*kit-ta-tum a-bu-šu* / *pu-us-su im-ḫa-aṣ-ma* / *ú-še-ṣi-šu* ("Rabâ-ša-ilī, hijo de Kittatu, se fugó, y el hijo de Šindi-Enlil lo trajo desde Uruk y lo confinó en prisión. Entonces [Rabâ-ša-ilī] enfermó y Kittatu, su padre, se constituyó en su garante y procedió a su liberación"). Nótese que la forma verbal esperada para la voz G del acabado de 3.ª persona singular masculino del verbo *kalû* ("arrestar", "confinar") es *ikla* (verbo en *a*), y no *iklu*, como consigna el texto (l. 4). Podemos atender a dos interpretaciones posibles: (1)

respecto. En primer lugar, cabe la posibilidad de que, puesto que el padre es libre y está legalmente autorizado a liberar a su hijo, éste hubiera entrado en la esfera de la esclavitud a través de sus deudas[784]. Una segunda opción se refiere a la edad de Rabâ-ša-ilī. En ningún caso contemplamos que se tratara de un recién nacido (DUMU.GABA) o niño pequeño (*pirsu*), por su incapacidad física para huir. Sin embargo, la posibilidad de que fuera un adolescente (GURUŠ.TUR), o incluso más pequeño (GURUŠ.TUR.TUR), parece coherente e incluso muy probable. Como hemos visto, no es habitual que el padre del escapado asuma garantías por su hijo en casos de fugas. Mediante este mecanismo el niño regresaría a estar jurídicamente bajo la potestad paterna, circunstancia que no se daría si fuera un adulto con capacidad legal plena. Aún así, lamentablemente no podemos asegurar completamente esta hipótesis, ya que en el reducido corpus al que pertenece CBS 11106 no se consignan las edades de los reinsertados tras la fuga. Quizás un futuro estudio comparativo, cuando todos estos textos sean publicados, podrá arrojar luz sobre las edades de estos individuos.

La condición legal de los niños esclavos en el Bronce Reciente

Los documentos sobre esclavitud infantil en el Bronce Reciente no precisan con claridad la condición legal de los niños siervos o esclavos. Además, la gran diversidad de fuentes para estudiar el fenómeno amplía la gama de posibles interpretaciones, obligando a atender a cada documento o grupo textual por separado y dificultando las generalizaciones. El punto de partida, no obstante, es común: los niños de los documentos analizados se encuentran en un contexto legalmente de esclavitud, o al menos de no libertad.

Al estudiar las ventas infantiles de la época veremos cómo los niños vendidos de forma individualizada son designados con mayor detalle, apreciándose hacia ellos un tratamiento con mayor atención con respecto a los vendidos entre su familia. Quizás por ello los primeros estarían más cerca del concepto de "siervo" que del de "esclavo". Por tanto, si bien carecerían de libertad, disfrutarían a su vez de cierta autonomía dentro de sus hogares. Los vendidos de manera conjunta, por su parte, podrían inscribirse en una esfera legal ligeramente inferior. Sin embargo, dichos documentos de ventas no aportan información suficiente para valorar aspectos como los trabajos desempeñados por los niños, su alimentación o las tasas de natalidad o mortalidad infantil. En ese sentido las listas del

---

Presencia de un error escribal, puesto que en otros documentos del mismo tipo sí se redacta como se espera gramaticalmente (BM 17626: 4: *ik-la-šu-ma*; Ni. 1333: 6: *ik-la-šu*); (2) La escritura del verbo *ik-lu-šu-ma* es correcta, y responde a cuestiones fonéticas: el signo *la* antepuesto a *šu* queda mimetizado con este último, coloreándose y adquiriendo el mismo valor vocálico.

[784] La esclavitud por deudas para el caso de CBS 11106 es una posibilidad de interpretación según Tenney (*Life at the Bottom*, 128).

Nippur mesobabilónico de trabajadores forzados analizadas en el presente capítulo arrojan más luz sobre estas y otras cuestiones. Tales aspectos prácticos nos ayudarán para dichos casos a evaluar con mayor precisión la condición legal de los niños de esta amalgama documental.

Varios autores han tratado parcialmente la condición legal de los individuos consignados en las listas casitas de trabajadores que reciben raciones[785]. Clay[786], por ejemplo, ya interpretaba que las designaciones basadas en edad y sexo hacían referencia a esclavos, empleados del templo (É.GAL). Más adelante Torczyner constató que la mayoría de los individuos no tenían nombres semíticos, por lo que se corresponderían con trabajadores de origen extranjero[787]. Por su parte, Petschow interpretó dos documentos por él publicados, del mismo tipo, como listas de personal esclavo[788]. Brinkman, en dos breves trabajos consagrados a estos textos[789], recalcó las duras condiciones bajo las cuales se hallaban los trabajadores. Subrayó asimismo la relativa normalidad en las distintas estructuras familiares presentes, aunque puso en duda el grado de esclavitud al que estarían sometidos[790]. Poco después de nuevo Petschow, al analizar las actividades comerciales de compra-venta de esclavos del gobernador Enlil-kidinnī, mantuvo que el término *qinnu* ("familia"), frecuente en las listas casitas de raciones, haría referencia a gente carente de libertad[791]. Posteriormente, Sassmannshausen afirmó que el fenómeno de la esclavitud estaba ampliamente atestiguado en la Babilonia casita, si bien no analizó con detalle el fenómeno[792]. En su recensión de la obra de Sassmannshausen, Brinkman apuntó que la mayor parte de los extranjeros consignados en los textos casitas de Nippur eran de condición social baja y controlados por instituciones económicamente podero-

---

785 Véase un análisis más exhaustivo del tratamiento de estos textos en la historiografía moderna en Tenney, *Life at the Bottom*, 2–4.

786 Albert T. Clay, *Documents from the Temple Archives of Nippur dated in the Reigns of Cassite Rulers (complete dates)*, BE 14 (Filadelfia: Department of Archaeology, University of Pennsylvania, 1906); *Documents from the Temple Archives of Nippur dated in the Reigns of Cassite Rulers (incomplete dates)*, BE 15 (Filadelfia, Department of Archaeology, University of Pennsylvania, 1906).

787 Torczyner, *Altbabylonische Tempelrechnungen*.

788 Petschow, *Mittelbabylonische Rechts*, 97–101 (MRWH 50 y MRWH 51). Sin embargo, nótese que los términos que Petschow interpreta como ARAD *ša* ("esclavo de") en MRWH 51: 3 y 3' deberán leerse más bien como NIM.MA ("elamita") (al respecto véase Tenney, *Life at the Bottom*, 3, n. 8). Si esta interpretación es la correcta, no obstante, estaríamos ante otro caso de un trabajador forzado con origen extranjero.

789 Brinkman, "Forced Laborers"; "Sex, Age, and Phisycal Condition Designations".

790 Brinkman, "Forced Laborers", 21.

791 Petschow, "Die Sklavenkaufverträge", 154.

792 Sassmannshausen, *Beiträge*.

sas[793]. Por su parte, Roche asignó a los trabajadores forzados casitas una condición jurídicamente libre, siendo aún así dependientes económicamente, lo cual limitaría su libertad de movimiento[794]. Por último, Tenney puso de relieve las pésimas condiciones de los trabajadores de estas listas, argumentándolo mediante cuestiones como la alta mortalidad, la más que común opción de fuga o la alta proporción de extranjeros entre el personal[795]. Todos estos autores evidencian, implícita o explícitamente, la dificultad de valorar la condición legal de los trabajadores a partir de la información mostrada en los documentos. Con el caso de los niños de estas familias ocurre algo similar, si bien se pueden extraer consideraciones provisionales al respecto.

En primer lugar, es obvio que los pequeños nacidos de familias de trabajadores en el Nippur mesobabilónico eran incorporados automáticamente al sistema servil. Desde pequeños se les asignan labores, tanto aparentemente duras (tejedores, albañiles, constructores de caminos, etc.) como en teoría más llevaderas físicamente (cuidadores de pájaros, grabadores, artistas, etc.). El que dos adolescentes (GURUŠ.TUR) sean calificados de DUB.SAR, escribas, evidencia que en determinados casos la formación de los jóvenes no sería tan agresiva a nivel físico. Los responsables de los grupos podrían elegir a los niños más aptos para desempeñar tareas especializadas en las que se requiriera cierta destreza. Otros niños sin tales aptitudes se dedicarían a menesteres que no implicaran tanta especialización, sino más bien fuerza física.

Sin embargo, en ambos casos los niños tienen dos características en común: por una parte están supeditados laboralmente a la institución (templo, palacio, etc.), pero por otra también se hallan dentro de un contexto familiar. En nuestra

793 John A. Brinkman, "Administration and Society in Kassite Babylonia", *JAOS* 124 (2004): 284–85.

794 Carole Roche, "Serviteurs ou esclaves?", en Pierre Bordreuil Françoise Briquel-Chatonnet y Cécile Michel (eds.), *Les débuts de l'Histoire: Le Proche-Orient, de l'invention de l'écriture à la naissance du monothéisme* (París: Éditions de La Martinière Jeunesse, 2008), 268.

795 Tenney, *Life at the Bottom*. Nótese que en las ventas de niños de forma individualizada se expresa el origen del pequeño vendido (cf. §6.4); véanse dos excepciones en los documentos MRWH 1 [un GURUŠ.TUR y un GURUŠ.TUR.TUR procedentes "del país de Amurru", MAR.TU[ki]] y el babilónico B.143 + B.227 (un GURUŠ.TUR y una SAL.TUR "del país de Aššur", KUR *aš-šur*). En el caso de las listas mesobabilónicas de trabajadores forzados lo normal es no encontrar el origen de los esclavos. Sin embargo, en los casos en que éste se apunta, la normalidad es que se haga referencia a un país extranjero, al contrario que en las ventas de niño, donde los únicos ejemplos en que los niños no proceden de Babilonia (Karduniaš) son los anteriormente mencionados MRWH 1 y B.143 + B.227. Así, y tomando como excepción el texto inédito Ni. 1627, donde se consignan seis individuos calificados de "acadios" (esto es, babilónicos: i 8: PAP 6 *ak-ka-du-ú*), el resto de trabajadores con origen explícito provienen de Asiria, Arrapḫe, Lullubu, Ḫanigalbat o, especialmente, Elam. Al respecto véase Tenney, *Life at the Bottom*, 121, n. 159.

opinión, este último punto es la clave para conferir una condición legal u otra a los niños de las listas mesobabilónicas de trabajadores. Los pequeños de estos documentos, al contrario que los de las ventas de niños, no se contemplan como propiedad susceptible de ser comprada o vendida[796]. Constituyen, por el contrario, un elemento activo en la economía no solo estatal, sino también familiar. Es evidente que no poseen un amplio margen de libertad, puesto que se deben a los responsables de la organización laboral (jefes, capataces, maestros, etc.), pero en otra esfera distinta, aunque perfectamente compatible con la primera, se encuentran bajo la *patria potestas* de sus progenitores. Este cierto grado de libertad en este segundo ámbito permitirá a los niños crecer dentro de un contexto familiar, en cierto modo similar a nivel jurídico al de otros niños completamente libres. Así, podrán hacer libre uso del derecho familiar mesopotámico, siendo objetos de activación de mecanismos legales —especialmente en el caso de los adolescentes— como la entrada de las *kallātu* en un régimen especial anterior al matrimonio[797].

De esta manera podemos identificar a los trabajadores forzados de las listas de Nippur, y a sus niños entre ellos, con individuos carentes de libertad total, pero con cierta autonomía para tomar iniciativas legales. No son esclavos en el sentido más crudo del término, sino más bien siervos. En dicha esfera servil estarán condenados a vivir perpetuamente[798], si bien el sistema legal sí que les permite determinadas licencias jurídicas. Este grupo del Nippur mesobabilónico se correspondería por tanto con los "siervos" mencionados por Gelb[799], individuos que representaban en la antigua Mesopotamia la gran parte del sector laboral dependiente, empleados en la producción y con permisividad para disfrutar de una

---

[796] Nótese que, aunque coincidan en el tiempo (ss. XIV–XIII a. C.), espacio (Nippur) y ambiente social (servidumbre–esclavitud), no hay ninguna coincidencia ni ocurrencia paralela entre los niños vendidos y los pequeños trabajadores. Los fenómenos son completamente diferentes, por lo que se justifica el distinto trato que hemos hecho para ambos, estudiándolos en capítulos separados.

[797] Fuera de las listas de trabajadores forzados de Nippur, donde encontramos dos *kallātu* menores (dos SAL.TUR, cf. Tenney, *Life at the Bottom*, 74, n. 45), el único ejemplo mesobabilónico claro de identificación entre *kallatu* y menor de edad es la adopción matrimonial MSKH I 9 (§3.2). A partir de las primeras listas se desprende por tanto la idea de que también niñas pequeñas podrían ser consideradas como *kallātu*. En varias ocurrencias de *kallatu* la designación de edad se encuentra dañada, pero por su posición en las listas (generalmente las últimas) queda claro que se encuentran bajo la potestad de sus tutores legales.

[798] La salida del ámbito servil solo se podrá conseguir por medio de edictos-*zakûtu*, la huída o la muerte. Al respecto véase §6.2

[799] Gelb, "Quantitative Evaluation", 204.

actividad familiar plena[800]. Nuestro único punto discordante con la tesis de Gelb es que en el ejemplo casita los siervos no tendrían normalmente origen nativo, como él generaliza para el antiguo Oriente, sino más bien extranjero.

Por último, la cuestión de las diferencias sociales e incluso legales entre las numerosas familias de trabajadores forzados en el Nippur mesobabilónico ha de ser estudiada en el futuro, puesto que podría poner de relieve una posible relación entre siervos mejor tratados que otros y por tanto desempeñando labores menos pesadas. Lamentablemente, la documentación con que a día de hoy contamos no nos permite adentrarnos en este tipo de análisis[801].

Debido a un determinado género documental y a un contexto geográfico y conológico concreto (Nippur, finales s. XIV–s. XIII a. C.), el corpus casita de trabajadores forzados constituye un corpus cerrado. Ello, unido a que dichos textos constituyen cuantitativamente la mayor parte de las fuentes sobre esclavitud infantil de la época, dificulta sobremanera la comparación directa con otros elencos documentales mesopotámicos y sirios contemporáneos. Sin embargo, también respecto a éstos se pueden realizar comentarios acerca de la condición legal de los niños esclavos.

Poco sabemos del tratamiento al que eran sometidos los niños esclavos de las listas mesoasirias de deportados. Para ellos no poseemos tanta información como en el caso de los jóvenes trabajadores de Nippur, ya que solo se consignan por sexo y edad. Aún así, su condición —esta vez sí[802]— de esclavos de guerra, elimina posiblemente determinadas prerrogativas jurídicas. Hay que señalar, no obstante, que los pequeños podrían, al igual que sus padres, disfrutar de instituciones como el matrimonio. No hay duda de que los supervisores y responsables de los grupos de deportados concederían estas licencias a los deportados esclavos y muy especialmente a los niños, puesto que éstos constituían la gran parte del grueso de individuos[803]. Teniendo en cuenta que la institución de poder mesoasi-

---

800 En contraposición a los esclavos en sentido estricto (inglés *chattle-slaves*), quienes eran comprados por un precio, y una vez en las casas de sus dueños vivían sin vínculos familiares.

801 La única graduación posible dentro del personal laboral del Nippur mesobabilónico son las escasas ocurrencias en las listas de los términos ÌR ("esclavo") y GEMÉ ("esclava"). Al respecto véase Tenney, *Life at the Bottom*, 131–32.

802 Las referencias a prisioneros de guerra en las listas mesobabilónicas de trabajadores forzados son ambiguas. Tres documentos hablan de determinados grupos de trabajadores calificados como *ḫubbutānu*, término acadio desconocido relacionado con *ḫubtu* ("prisionero de guerra") o el verbo *ḫabātu* ("robar", "saquear") (Tenney, *Life at the Bottom*, 124, n. 171). No hay constancia del lugar de origen de tales trabajadores, aunque sus nombres se listan junto a otros para los cuales sí se consigna su procedencia. Sobre estas y otras cuestiones relacionadas, véase ibíd., 125.

803 Hasta un 40% en VAT 18087+ y una proporción similar en KAJ 180.

ria necesitaba recursos humanos para trabajar en el futuro, no es de extrañar que se permitiera (¿incluso alentara?) a estos deportados a practicar la poligamia. Las mujeres se casarían jóvenes (§3.4), y su principal objetivo sería el de procurar descendencia que pronto se convertiría en mano de obra al servicio del monarca de Aššur. Por tanto, todo apunta a que la capacidad legal de estos niños deportados, y eventuales hijos de deportados, era nula, y los únicos mecanismos jurídicos que podían disfrutar estaban encaminados a satisfacer las necesidades de la institución a la que pertenecían legalmente.

Otro caso es el de las familias mesoasirias de constructores que conocemos gracias a las listas de raciones. Al igual que en los documentos casitas de trabajadores forzados o de racionamiento, en estos ejemplos se aprecian unidades familiares perfectamente estructuradas e incluso consolidadas. Su autonomía a ese nivel es, por tanto, total, si bien estarán supeditadas a sus respectivos responsables.

Es arriesgado proceder a generalizaciones sobre la condición legal de los niños esclavos de forma individualizada. Tras analizar los principales aspectos en este sentido acerca de los niños vendidos, es evidente que cada caso sería particular[804], pero su condición de siervos, más que de esclavos[805], es por lo general extrapolable a las escasamente atestiguadas adopciones infantiles y adopciones matrimoniales de menores en las que un niño pasa a una condición legal inferior. En dichos documentos de adopción, característicos especialmente del archivo de Nuzi, no se estipula que los pequeños reciban una herencia por parte de sus padres adoptivos. Esta es una diferencia determinante con el fin mismo de las adopciones reales de este u otro archivo próximo-oriental[806].

Por otro lado, en estos ejemplos el propio formato de adopción indica que jurídicamente el individuo adoptado no podrá ser considerado esclavo. Probablemente este hecho resultaría tan evidente para los contratantes mesopotámicos y sirios que no se veían en la necesidad de contemplarlo por escrito. En ámbitos con posible mayor proporción de esclavos entre la población, como el Nippur

---

[804] Por ejemplo, compárese cualquier venta mesobabilónica de un niño, en la que todo apunta a que el pequeño servirá a su amo con labores domésticas, con el documento emariota E6 217, en el que los dos varones vendidos, de un año cada uno, podrían haber recibido una formación literaria, pasando a ser escribas (§6.6).

[805] Así, como veremos para el caso de E6 217, y al igual que ocurre con otros ejemplos de ventas de niños de Nuzi, Emar y Tuttul (§6.2), tendemos a relativizar la expresión tipo *ana ardūti / amūti nadānu*, "entregar en estatus de esclavo / esclava". Más bien la entendemos con el sentido de "entregar en estatus de siervo / sierva" (los acadios no harían distinción terminológica entre ambas acepciones).

[806] Sobre la recepción de la herencia por parte de niños adoptados en el Bronce Reciente, como uno de los objetivos básicos perseguidos en las adopciones infantiles, véase §4.6. Para todo el Próximo Oriente antiguo amplíese la cuestión en Justel, "Adopciones infantiles", 123–24.

mesobabilónico, encontramos ejemplos en los que sí se considera necesario regular la prohibición de devenir esclavo en un futuro[807]. En cualquier caso, los niños adoptados relacionados con el ámbito de la esclavitud se encontrarán en una situación legal inferior a la de los adoptados con plenos derechos —como heredar—, pero en ningún caso serán esclavos en sentido estricto.

Generalmente resulta complicado evaluar la condición jurídica de los niños que entraron en la esfera de la esclavitud por vía de deudas de sus progenitores. Con la única excepción de los gemelos Ba'al-bēlu e Išma-Dagan del texto de Emar E6 217, cuyo final podría haber sido la manumisión por parte de su dueño[808], los demás ejemplos no aportan información al respecto[809].

Por último, tampoco podemos rastrear con detalle los pasos de los niños esclavos desde el nacimiento. Las menciones en listas casitas de trabajadores a individuos denominados *ildu* ("descendencia") supondrá en principio que estos bebés, niños y adolescentes, poseían idéntica jurisdicción que sus progenitores.

A modo de conclusión acerca de la condición legal de los niños esclavos del Bronce Reciente, e insistiendo en la imposibilidad total de generalizar, podemos afirmar que la documentación se presta a una interpretación ambivalente. Por una parte es obvio que los niños estudiados en este capítulo carecen de la libertad que se aprecia en los niños adoptados. Su condición de siervos no solo responde a cuestiones terminológicas (§5.3), sino también a la práctica cotidiana de labores. En ocasiones el gran número de fugas o intentos de huídas, con niños implicados en ellas —corpus mesobabilónico de trabajos forzados— o las hambrunas existentes —corpus sirio—, evidencian que las condiciones de vida serían extremadamente duras no solo para los adultos.

Sin embargo, también se aprecian algunas características que apuntan a una interpretación menos radical que la anterior. Los niños esclavos poseen determinadas prerrogativas legales. En nuestra opinión, la única manera de comprobar documentalmente dicha afirmación es acudir al derecho familiar,

---

807 Como se ha visto, un buen ejemplo en este sentido es la adopción casita BE 14 40, en la que se explicita que la adoptada no podrá nunca considerarse esclava.

808 Aún así, este hecho no es seguro para los gemelos que podrían haber sido finalmente escribas (§6.6). Una segunda posibilidad es que ellos mismos saldaran las cuentas de sus padres (si consideramos, como otros autores [cf. por ejemplo Justel, *La capacidad jurídica*, 236–37], que esta es la razón de su esclavitud), por lo que el mecanismo que se activaría sería en de la redención. La última opción es que estos jóvenes escribas continuaran en un ámbito servil, aún desempeñando una labor sumamente especializada (para otro ejemplo del Bronce Reciente de escriba esclavo véase el texto de Nuzi JEN 613.

809 Aún así, es lógico pensar que la única opción del niño sería la de obedecer a su padre, ya que se encontraba en una situación de dependencia legal. Las leyes 168 y 169 del Código de Hammurapi, sin embargo, plantea la posibilidad de que un hijo desobedeciera a su padre. Sobre estas y otras cuestiones al respecto, cf. Garroway, *Children*, 137–40.

especialmente en lo relativo al matrimonio. Así, los niños pequeños son objeto de arreglos matrimoniales, mientras que los adolescentes pueden tomar ellos mismos la iniciativa. Incluso en un contexto de explotación laboral como la que vive Nippur durante los siglos XIV y XIII a. C. se comprueba que la institución de la familia, intacta en mecanismos y desarrollo legal, salvaguarda y protege a cada niño, amparándolo en cierta medida e impidiendo que cayera en una esclavitud en sentido estricto. Como atestiguan documentos de género literario heterogéneo, ambas esferas legales son perfectamente compatibles, constituyendo una dualidad incluso coherente a nivel jurídico. Así, nuestra interpretación tiende a suavizar, al menos en la generalidad de los casos y siempre en lo que se refiere a la legalidad[810], el concepto de "esclavo" para los niños del Bronce Reciente mesopotámico y sirio.

5.5. La esclavitud infantil del Bronce Reciente en su contexto próximo-oriental antiguo

Tras analizar las principales características de la esclavitud infantil en las culturas del Bronce Reciente mesopotámico y sirio, nos parece conveniente inscribir el fenómeno en su contexto próximo-oriental antiguo, refiriéndonos especialmente a niños pero contemplando asimismo, en primer lugar, la realidad de la condición servil de adultos[811].

De entrada, se puede afirmar que la esclavitud tuvo una profunda influencia en la estructura social, ideología, legislación y psicología social de las culturas del Próximo Oriente antiguo[812]. Los principales factores causales para el estudio del fenómeno en Mesopotamia y Siria–Palestina fueron expuestas hace décadas por Isaac Mendelsohn[813]:

---

810 Por supuesto, no se debe confundir la tesis que defendemos a nivel legal, por la que los niños esclavos disfrutarían de ciertos beneficios jurídicos, con el hecho obvio de que muchos sufrirían maltratos físicos, hambre, enfermedades debido a un hábitat insalubre, etc. Ambas realidades son compatibles aunque su naturaleza y campo de actuación sean completamente diferentes.

811 Subrayamos aquí la falta de referencias al fenómeno de la esclavitud en el Bronce Reciente en la entrada "Sklave, Sklaverei" del *Reallexikon der Assyriologie* (vol. 12, 2011), donde se pasa del apartado "Altbabylonisch" (pp. 564ss) al "Neuassyrisch" (pp. 571ss).

812 Muhammad A. Dandamaev, "Slavery (Old Testament)", en Freedman, *The Anchor Bible Dictionary*, 65. Por su parte, Chester G. Starr ("An Overdose of Slavery", *Journal of Economic History* 18.1 [1958], 17–32) defiende a lo largo de su trabajo que la esclavitud en las sociedades antiguas no solo fue una realidad, sino incluso una norma. Véase un reciente análisis del fenómeno para el antiguo Oriente en Snell, "Slavery"; Molina, "Sklave, Sklaverei"; Selz, "Zu einer frühdynastischen Bezeichnung von "Unfreien".

813 Mendelsohn, *Slavery*, 1–33. El autor incluye aquí tipologías no expuestas por él mismo en Isaac Mendelsohn, "Slavery in the Ancient Near East", *BiAr* 9 (1946): 74–80, y especialmente en *Legal Aspects of Slavery in Babylonia, Assyria and Palestine: A Comparative Study (3000–500 B.C.)* (Williamsport: Bayard Press, 1932), 2–27 (donde añade los apartados

(1) Prisioneros de guerra
(2) Esclavos extranjeros[814]
(3) Exposición y secuestro de niños
(4) Venta de niños
(5) Venta de uno mismo
(6) Adopción de niños nacidos libres
(7) Insolvencia

Al igual que los primeros documentos sobre compra-venta de personas[815], los textos conocidos más antiguos sobre esclavitud datan del 4.º milenio a. C. Una de las primeras discusiones sistemáticas en torno a términos sumerios sobre esclavos de esa época[816] fue la ofrecida por Vaiman[817]. Tras él, Damerow y Englund estudiaron textos proto-elamitas de Tepe Yahya[818]. Otros análisis al respecto son los ofrecidos en Englund (períodos de Uruk III y Jemdet Nasr, ca. 3100–2900 a. C.)[819], Yuhong[820], Molina[821] y Selz[822]. Estas aproximaciones apuntan a que la civilización mesopotámica pudo nacer como una sociedad esclavista.

Los términos sumerios atestiguados más antiguos para hacer referencia a una persona de condición servil son ARÁD o ÌR (esclavo) y GEMÉ (esclava)[823]. Estos signos se componen de dos partes diferenciadas: el signo que indica el sexo del esclavo (NITÁ para varón y SAL para mujer) más el logograma KUR, "montaña". Así pues, el término sumerio para un esclavo varón (ARÁD e ÌR) se

---

arriba expuestos [a], [b] y [c], aunque excluye el apartado de "venta de esposas" [ibíd., 25–26]). Véase una breve pero dura crítica al trabajo de Mendelsohn, *Legal Aspects*, en Theophile James Meek, *JAOS* 53 (1933): 72–73. A lo largo del presente trabajo utilizaremos la versión revisada y considerablemente mejorada de 1949, uno de los estudios más importantes sobre estas cuestiones para el Próximo Oriente antiguo.

814 Esta segunda categoría categoría expuesta por Mendelsohn quizás debería incorporarse a la primera, "prisioneros de guerra".

815 Véase al respecto Stephen Langdon, "Some Sumerian Contracts", *ZA* 25 (1911): 206, así como §6.7 en el presente estudio.

816 Desde los documentos de Uruk IV, ca. 3400 a. C.

817 Aizik A. Vaiman, "Die Bezeichnung von Sklaven und Sklavinnen in der protosumerischen Schrift", *BaM* 20 (1989): 121–33.

818 Peter Damerow y Robert K. Englund, *The Proto-Elamite Texts from Tepe Yahya*, The American School of Prehistoric Research Bulletin 39, 3.ª edición (1.ª edición de 1989) (Bethesda: Peabody Museum of Natural History, 2003), 24, 53–57.

819 Englund, "The Smell of the Cage".

820 Yuhong, "The Earliest Slavery Documents".

821 Molina, "Sklave, Sklaverei".

822 Selz, "Zu einer frühdynastischen Bezeichnung von "Unfreien".

823 Gelb, "Terms for Slaves", 81. El documento más antiguo conocido que consigna claramente los sumerogramas ARÁD y GEMÉ es el proveniente de Ur UET 2 259, datado hacia el 2800 a. C. (Englund, "The Smell of the Cage", 6, n. 13).

forma mediante los signos NITÁ + KUR, mientras que su femenino GEMÉ está compuesto de SAL + KUR[824]. Por tanto, a través de estas atestaciones de esclavos en la Mesopotamia meridional, con el significado literal y metafórico de "hombres y mujeres de los territorios de montañas", comprobamos cómo los primeros siervos provendrían de países extranjeros montañosos, especialmente de los orientales montes Zagros[825]. Estos grupos fueron traídos a modo de botín a lo largo de diversas expediciones militares llevadas a cabo por los monarcas mesopotámicos. Tras su captura, los prisioneros de guerra pasarían de forma automática de la condición libre a la servil[826]. Ampliamente documentados desde el 3.er milenio a. C.[827], estos cautivos constituyen los primeros esclavos atestiguados en el Próximo Oriente antiguo.

Si bien este tipo de siervos eran en su origen extranjeros, había otras vías por las que se accedía a la esfera de la esclavitud. En conexión con el mundo de la infancia, tema que analizamos en el presente capítulo, encontramos otros puntos expuestos por Mendelsohn: exposiciones, secuestros (3) y ventas de niños (4), además de las adopciones de pequeños nacidos libres (6). Como veremos, todos estos casos guardan relación con la condición servil.

Donde solo intervienen adultos en la forma, aunque teniendo claras repercusiones para los niños en el fondo, es en las ventas de uno mismo (5) y en los casos de insolvencia (7). Ambos fenómenos están íntimamente relacionados, parcialmente en las causas y especialmente en las consecuencias. La venta voluntaria de uno mismo fue una práctica habitual en la Mesopotamia antigua, sobre todo entre aquellos extranjeros que no contaban con familiares junto a ellos que pudieran ayudarles en tiempos de dificultades. Aún así, también personas nativas tenían que recurrir a esta solución[828]. Una causa fundamental para venderse a sí mismo era la falta de trabajo. Otra, común con los insolventes, era la incapacidad de abonar las deudas contraídas. La consecuencia más inmediata para ambos era la entrada en la esclavitud.

---

[824] Amplíese esta cuestión con las distintas combinaciones de signos presentadas en Yuhong, "The Earliest Slavery Documents", 2–3.

[825] Otros autores piensan que el concepto de "esclavo" fue representado originalmente por hijos de individuos endeudados que fueron tomados como avales o garantías. Para ello se basan en el término sumerio AMA.AR.GI$_4$, cuya traducción general es la de "manumitir", "liberar a un esclavo", pero cuyo significado literal es el de "volver a la madre". Al respecto véase Ignace J. Gelb, "Prisioners of War in Early Mesopotamia", *JNES* 32 (1973): 88.

[826] Ibíd., 95.

[827] El trabajo de referencia para los prisioneros de guerra en la Mesopotamia arcaica (ca. 2500–2000 a. C.) sigue siendo el de Gelb ("Prisioners of War"). En él, el autor analiza diacrónicamente parte de la documentación de la época, amén de exponer interesantes consideraciones sobre las principales características de la conocida realidad de dicho grupo social.

[828] Mendelsohn, *Slavery*, 14.

La llamada "esclavitud por deudas" es probablemente, en términos cuantitativos, la mayor fuente con que contamos para estudiar el fenómeno de la esclavitud en el Oriente antiguo[829]. Un hombre de clase baja, al no tener suficientes recursos económicos, podría recurrir a un préstamo, normalmente proporcionado por otra persona de clase social más elevada. Las causas para pedir estos préstamos podrían ser varias: guerra, hambre, malas cosechas, enfermedad, etc. El problema residía en los exorbitantes intereses que los prestamistas fijaban: alrededor de un 25% en plata y un 33% en grano en época paleobabilónica[830]. Al encontrarse incapacitados los deudores para abonar tales intereses, el sistema legal y financiero próximo-oriental proponía una segunda solución: el préstamo con garantía en la persona del deudor, y no solamente de él, sino por extensión de toda su familia. Así, en caso de no poder pagar, el deudor pasaría, junto a su familia, a servir a su prestamista[831].

Si bien la forma normal de que un esclavo obtuviera su libertad era la manumisión por parte de su propietario[832], en la esclavitud por deudas, al igual que en la esclavitud por hambre, el mecanismo debería ser el de la redención. Por medio de ésta el mismo esclavo u otro individuo pagaba la cantidad estipulada en el contrato[833]. En otros ámbitos, como las aquí estudiadas listas mesobabilónicas de trabajadores forzados, las únicas opciones de salir del sistema servil serían los raramente promulgados edictos de libertad por parte del monarca[834], la huída o la muerte.

---

829 Véase por ejemplo este aspecto a partir de la documentación de Ur III (Hans Neumann, "Slavery in Private Households Toward the End of the Third Millennium B.C.", en Culbertson, *Slaves and Households*, 24).

830 El Código de Hammurapi mantendrá esta proporción, aunque amenaza con la pérdida del crédito a aquellos prestamistas que carguen un interés mayor (Mendelsohn, *Slavery*, 23).

831 Aparte de en Mesopotamia e Israel (Gregory C. Chirichigno, *Debt-Slavery in Israel and the Ancient Near East*, JSOT supp. 141 [Sheffield, A&C Black, 1993]), la esclavitud por deudas fue también característica del período helenístico posterior, especialmente en Asia menor. En Grecia y Roma, por su parte, este fenómeno existió, pero su importancia disminuyó considerablemente (Lozano Velilla, *Importancia Social*, 15).

832 Para las diferentes formas de manumisión en el Próximo Oriente antiguo véase especialmente Westbrook, "Slave and Master", 1648–1651.

833 Sobre el fenómeno de la redención cf. ibíd., 1651–1660. La documentación mesobabilónica, como hemos visto, ofrece asimismo un reducido elenco textual, exclusivo del ambiente casita, por el que un esclavo huído, tras ser capturado y confinado en prisión, podía ser liberado por mediación de un garante. Para un reciente análisis de los garantes y su relación con la prisión en esta época casita véase el reciente trabajo de Yuval Levavi, "Four Middle-Babylonian Legal Documents concerning prison", *RA* 111 (2017), 87–108.

834 Esto es, los edictos-*zakûtu*.

Todo este elenco de fuentes cuneiformes arrojan luz sobre el fenómeno de la esclavitud en el Próximo Oriente antiguo. Esta realidad no es, por tanto, uniforme en cuanto a causas, naturaleza y propias consecuencias. Sin ahondar pormenorizadamente en la cuestión, baste señalar aquí la diferencia entre los esclavos en los ámbitos público y privado, dicotomía asimismo presente en relación a la esclavitud infantil.

Generalmente, la historiografía se ha centrado con mayor interés en la relación entre los esclavos e instituciones como estado, templo u otras unidades administrativas mayores que los hogares domésticos. Los estudios tradicionales, de corte marxista, incidían en la idea de que tal relación tendía a la opresión, trabajos forzados o gestión de cautivos extranjeros. Sin embargo, a mediados del siglo XX varios trabajos comenzaron a evidenciar que determinados esclavos disfrutaron de cierta movilidad en las casas reales, ascendieron socialmente y adquirieron acceso a nuevas parcelas de poder[835].

Por su parte, la investigación moderna hace cada vez más hincapié en la relación entre esclavitud y ámbito doméstico, contexto más común e inmediato de esta realidad en las sociedades antiguas[836]. El concepto de "hogar" sería entendido así como una unidad económica, legal o social, a la que pertenecen los esclavos y a la que contribuyen con su fuerza de trabajo[837]. Si bien estos esclavos suelen ser definidos en contraposición a los esclavos en sentido estricto (inglés *chattel slaves*), el Próximo Oriente antiguo muestra que habría más de estas dos formas de esclavitud, e incluso diferentes tipos de esclavos domésticos tendrían

---

835 Véanse al respecto los trabajos de Starr ("An Overdose of Slavery") y Carl N. Degler ("Starr on Slavery", *Journal of Economic History* 19.2 [1959]: 271–77). Sobre la evolución historiográfica del concepto de "esclavitud" para los orientalistas, desde las ideas de Marx en adelante, véase especialmente Dandamaev, *Slavery in Babylonia*, 67–80.

836 Cabe señalar cómo la historiografía de hace décadas relegaba a un segundo plano la importancia económica de la esclavitud doméstica. Las primeras palabras de Jones en su artículo "Slavery in the Ancient World" de 1956 son muy elocuentes en este sentido: "As the subject of this paper is the economic importance of slavery, little need be said of domestic servants" (Arnold Hugh Martin Jones, "Slavery in the Ancient World", en Moses I. Finley [ed.], *Slavery in Classical Antiquity* [Londres: Heffer, 1960], 1). Acerca de este fenómeno de la esclavitud en el hogar, tuvimos la oportunidad de asistir a un simposio sobre el tema, organizado por la Dra. Laura Culbertson en el Oriental Institute of the University of Chicago (5–6 de marzo de 2010), con título "Slaves and Households in the Near East". Algunas consideraciones a lo largo del presente capítulo responden a ideas y comentarios de estas jornadas. La edición del volumen con los resultados de las mismas fue publicada en Culbertson, *Slaves and Households*. Agradecemos a la asistente administrativa Mariana Perlinac la posibilidad que nos brindó de convivir con los ponentes y otros investigadores a lo largo de los dos días de seminario.

837 En esta línea véase Pryor, *The Origins of the Economy*, especialmente pp. 234–35.

cabida dentro de una sola familia[838]. Es más, en ocasiones resulta verdaderamente difícil identificar la frontera entre esclavo y familiar dentro del mismo hogar, puesto que el primero también puede participar activamente en el desarrollo biológico de la casa —concubinas, segundas esposas, etc—, además de ser capaz de pasar a pertenecer a dicha familia a través de determinados mecanismos legales como el aprendizaje, la adopción o el matrimonio.

Así pues, la esclavitud en el Próximo Oriente antiguo se presenta como una institución sumamente compleja, en la que se aúnan varios tipos de esclavos, con prerrogativas y características marcadamente diferenciadas pero muchas veces oscuras para el estudioso que se acerca a esta realidad. Quizás la definición que más se acerque a dicho fenómeno es la aportada por la historiografía moderna, que subraya la condición de involuntariedad de pertenecer a esta institución, y de estar supeditado, en términos de propiedad, a otra persona o institución.

La imposibilidad de definir con precisión el concepto de "esclavo" en las Mesopotamia y Siria antiguas hace que las fuentes para el estudio de la esclavitud sean diversas. Cada una, con sus subdivisiones propias, englobará varios tipos de servidumbre, que deberán ser contemplados como un todo pero teniendo siempre en consideración las diferencias evidentes entre ellas.

Por su parte, la relación entre infancia y esclavitud en el Próximo Oriente antiguo es un tema que no ha sido sistemáticamente tratado en la historiografía moderna[839]. Los estudios que analizan el fenómeno en esta época y lugar tienen vocación generalizadora, sin centrarse concretamente en la figura de los niños. Sin embargo, hay cientos de textos cuneiformes que nos informan, de una manera u otra, acerca de esta realidad.

En varias culturas del mundo antiguo el concepto de "niño" guarda relación con el de "esclavo", sin ser éste necesariamente menor. En la Grecia clásica, por ejemplo, el término παῖς, literalmente "niño", hace referencia a un joven del hogar —siervo— e incluso a un esclavo adulto[840]. El hebreo *na'ar* sirve para designar tanto al joven libre (LVTL 623a 2) como al esclavo (LVTL 623a 3)[841].

838 Véanse al respecto los trabajos de Bernard J. Siegel (*Slavery during the Third Dynasty of Ur*, Memoirs Series 66, American Anthropological Association 49 [Whitefish: Literary Licensing, 1943]) y Dandamaev (*Slavery in Babylonia*).

839 Véase el reciente trabajo de John Nicholas Reid ("The Children of Slaves in Early Mesopotamian Laws and Edicts", *RA* 111 [2017], 9–23), quien analiza el papel de los niños esclavos en época paleobabilónica a partir de dos fuentes legales específicas: códigos legales y edictos reales.

840 Paul Cartledge, *Spartan Reflections* (Berkeley: University of California Press, 2003), 137.

841 Probablemente el término נער tuvo como sentido original el de "joven libre", y luego evolucionó hacia el de "esclavo". Lo contrario ocurre con עבד, אמה y שפחה, que en un principio se referirían a esclavos, pasando posteriormente a designar a mujeres y

Como hemos visto, en acadio sucede lo mismo con las voces *ṣeḫru*/*ṣuḫāru*, que no solo se refieren a menores (CAD Ṣ 182b-ss), sino también a esclavos adultos (CAD Ṣ 184b)[842]. Por tanto, cabe plantearse el por qué de esta conexión tan clara entre ambas realidades, compatibles pero no necesariamente equivalentes. Esta relación tan estrecha entre los conceptos de "infancia" y "esclavitud" dificulta en ocasiones la interpretación de casos concretos, en los que no podemos asegurar si ciertos individuos son niños, esclavos o ambas cosas. En muchos casos solo el contexto del documento puede arrojar luz sobre dicha cuestión.

Hemos visto cómo las vías por las que un niño o niña podían acceder a la esfera de la esclavitud eran varias: exposiciones, secuestros, deportaciones, ventas, adopciones, etc. Así pues, las fuentes cuneiformes con que contamos para evaluar el fenómeno de la esclavitud infantil en la generalidad del Próximo Oriente antiguo, siguiendo lo expuesto para el Bronce Reciente, son variadas. A la hora de clasificar ordenadamente estos documentos, con el objetivo de inscribir nuestro corpus en un comentario más general, dividimos la documentación en dos partes, atendiendo a características de forma y no de fondo, manera a nuestro juicio más clara de exponer este elenco: listas de personas y textos que conciernen a un solo individuo.

Un tipo de documentos que permite estudiar la cuestión son las listas de individuos no libres, como trabajadores forzados, deportados, vendidos, etc. Se trata de textos, algunos realmente largos y de carácter por lo general administrativo, en los que se enumeran las personas de forma individualizada, añadiendo de forma habitual una cualidad de cada una: sexo, edad, estado civil, profesión, condición física, etc. Estas listas se conocen bien desde el 3.er milenio a. C., y permiten trazar un análisis prosopográfico de los sujetos implicados.

Por ejemplo, el sistema de raciones alimentarias que vemos en nuestro corpus está ampliamente atestiguado en la documentación próximo-oriental antigua. Diferentes tipos de esclavos, como prisioneros de guerra o siervos sin salario que trabajaban generalmente para el templo recibían determinadas cantidades de grano (casi siempre cebada, sum. ŠE.BAR), aceite (sum. Ì.BA), lana (sum. SÍG.BA) u otras materias primas. En ocasiones especiales algunos esclavos se hacían con raciones de cerveza, carne[843], sal e incluso dinero en vez de comi-

---

hombres (no niños) libres. Sobre estos aspectos véase en general Alonso Fontela, *La esclavitud*, 11–17.

842 Este mismo fenómeno de *ṣeḫru* se da con el sumerio TUR. Sobre esta cuestión véanse Westbrook, "Slave and Master", 1634–1635; Finet, "Le *ṣuḫarum* à Mari".

843 Como apunta Gelb ("Prisioners of War", 83) al analizar las raciones alimentarias de los prisioneros de guerra en la Mesopotamia arcaica, es posible que el alto porcentaje de carne en estas clases bajas se debiera a que no se trataba de carne fresca, sino que se emplearía carne de animales viejos o enfermos. Solamente así se pueden entender casos como el que presenta el texto de Ur III TRU 326, donde se indica que "dos vacas [son]

da[844]. Basándonos en la documentación cuneiforme disponible, parece que los grupos de trabajadores compuestos por prisioneros de guerra recibían ínfimas cantidades de alimentos, o incluso nada, nada más ser capturados. Tras la muerte de los más débiles, especialmente mujeres y niños, sí que se asignaría a cada uno de los supervivientes una ración parecida a la que recibirían los demás tipos de siervos[845].

A modo de ejemplo, entre la época de Fara y Ur III (ss. XXV–XXI) encontramos los llamados "Textos GEMÉ-DUMU" ("mujer/esclava-hijo/niño"), listas generalmente de raciones de comida que consignan mujeres y niños relacionados con los trabajos del templo[846]. En cuanto a los pequeños, estos documentos presentan grupos desde niños lactantes hasta adolescentes próximos a la madurez[847]. De hecho, y aun teniendo en cuenta la distancia temporal entre sendos corpora, es significativa la comparación de la documentación de Ur III con la mesobabilónica. El siguiente cuadro responde al análisis de raciones del 3.er milenio a. C. de Gelb[848] y de época casita de del Monte[849]:

---

comidas por esclavos prisioneros de guerra" (2 ÁB SAG *nam-ra-ag ba-ab-kú*), algo totalmente desproporcionado.

844 Véase algún ejemplo de recepción de dinero en los textos neobabilónicos Cyr 287, Nbn 33, CT 22 144 y VAS 20 42. Sobre las raciones de alimentos a esclavos véanse especialmente Ignace J. Gelb, "The Ancient Mesopotamian Ration System", *JNES* 24 (1965): 230–43; Dandamaev, *Slavery in Babylonia*, 500–505.

845 Por ejemplo, el texto sargónico MDP 14 71 consigna 11580 *qû* de cebada para 1034 "esclavos del hogar" (ARÁD É). Tomando en cuenta que la cantidad media que recibirían los esclavos rondaba los 40 *qû* por persona mensualmente , esta cantidad sería la adecuada para trescientos esclavos, y no para el más de un millar existentes aquí. Este texto, que proviene de la casa real de Susa, en Elam, establecimiento militar de los conquistadores de Acad, documenta unos tiempos de guerra en los que los 1.034 esclavos serían probablemente prisioneros de guerra recientemente capturados. La cantidad de cebada destinada para ellos sería, por tanto, realmente ínfima. En otros documentos, como los administrativos TCL 5 6039, Dok. 2 329 y YBC 3666 (Ur III, 2052–2043 a. C.), aparecen mujeres y niños recibiendo una cantidad adecuada de raciones alimentarias (cebada, harina y carne). Sin embargo, el gran número de muertos y enfermos que se consignan paralelamente hace pensar que en un momento previo los supervivientes no habrían tenido la suerte de hacerse con tal cantidad de comida. Sobre estas cuestiones véase en general Gelb, "Prisioners of War".

846 Véase un estudio de estos documentos en Ignace J. Gelb, "The Arua Institution", *RA* 66 (1972): 1–32.

847 Sobre la designación filológica de los niños y adolescentes que reciben raciones de comida en estos textos véase Gelb, "The Ancient Mesopotamian Ration System", 238.

848 Ibíd., 232.

849 "Razioni", 19. Hay que subrayar que del Monte no diferencia las referencias a DUMU.GABA con las de *pirsu* (p. 25), ni las de DUMU.SAL.GABA con las de *pirsatu* (p.

	3.er milenio a. C.	**Nippur casita (ss. XIV–XIII a. C.)**
Adulto (GURUŠ)	60	60
Adulta (SAL)	30	40
Niño / Adolescente varón (DUMU.NITA / GURUŠ.TUR)	30	30
Niña / Adolescente mujer (DUMU.SAL / SAL.TUR)	20	15/25
Niño (GURUŠ.TUR.TUR)		10/20
Niña (SAL.TUR.TUR)		20
Niño / niña (*pirsu*, *pirsatu*)		10
Niño/a de pecho (DUMU.GABA, DUMU.SAL.GABA)	10	5/10

Tabla 13. Comparativa entre raciones alimentarias mensuales del 3.er milenio a. C. y época mesobabilónica (en *qû*)

Tomando en cuenta los datos arriba expuestos, y aunque su información se extraiga apenas de una veintena de textos, podemos concluir provisionalmente ciertas ideas, siempre basándonos en la unidad de ración: el *qû* o *sūtu*[850]. En primer lugar, parece que por regla general la cantidad dada a los adultos y adolescentes sigue idéntico patrón entre los textos de Ur III y los casitas. La primera disimilitud entre ambas realidades comienza a la hora de designar los niños de una edad anterior a la adolescencia (esto es, por debajo de las acepciones mesobabilónicas de GURUŠ.TUR y DUMU.SAL; cf. §5.3). Los textos de

27). Nosotros, siguiendo otros trabajos de Brinkman (por ejemplo, "Forced Laborers", o "Sex, Age, and Phisycal Condition Designations"), preferimos dividir ambas acepciones, ya que sin duda los redactores de estas tablillas sí que diferenciaban los recién destetados de los aún lactantes. Ello se ve incluso en la cantidad de raciones recibidas por cada grupo, que difieren entre sí. Los demás datos concretos aportados por del Monte corresponden a la media trazada por él. Aunque el autor solo se basara en documentación publicada (BE 14 58, BE 14 60, BE 14 62, BE 14 105, BE 15 84, BE 15 91a, BE 15 96, BE 15 111, PBS 2/2 53), parece que la inédita a la que hemos tenido acceso sigue idéntico patrón. Aún así, esta cuestión debería ser estudiada en profundidad cuando el corpus casita sin publicar vea la luz, puesto que la comparativa entre los textos mesobabilónicos y sus homólogos anteriores será sin duda interesante.

850 1 *qû* (sum. SÌLA) equivalía aproximadamente al actual litro, y tenía un valor estimado de 60 siclos de plata. Por su parte, el *sūtu* (sum. BÁN) eran unos 10 litros (esto es, 10 *qû*). Sobre estas cuestiones véase en general Marvin A. Powell, "Masse und Gewichte", *RlA* 7 (1990): 457–517, así como una tabla de equivalencias de dichas medidas en Roth, *Law Collections*, xvi.

Ur III no diferencian las distintas etapas de la niñez, al contrario que los casitas, que sí lo hacen, sino que engloban todo ese laxo período infantil bajo las denominaciones de DUMU.NITA ("niño") y DUMU.SAL ("niña") por un lado, y de DUMU.GABA ("niño lactante") y DUMU.SAL.GABA ("niña lactante") por otro. La documentación mesobabilónica es más precisa en este sentido, aportando también aquí, como en las listas de trabajadores forzados, el matiz de un orden de edad dentro mismo de la infancia: GURUŠ.TUR.TUR / SAL.TUR.TUR, *pirsu* / *pirsatum* y DUMU.GABA / DUMU.SAL.GABA. En estas listas de raciones un adolescente podría recibir hasta 30 *qû*[851], un niño hasta 20 *qû*[852], un recién destetado 10 *qû*[853] y un lactante 10 *qû*[854]. En cuanto a las mujeres, la asignación de raciones es parecida, aunque en ocasiones reciben menos cantidad que los varones: las adolescentes recibirían en torno a 20 *qû*[855], al igual que las niñas[856], mientras que las recién destetadas se harían con 10 *qû*[857] y las aún lactantes entre 5 y 10 *qû*[858].

---

851 Como el GURUŠ.TUR Talziya-enni en BE 14 58: 36.

852 Caso del GURUŠ.TUR.TUR Duqqin-ilī en BE 14 58: 14, quien a su vez aparece catalogado como constructor (DÙ).

853 Véase un ejemplo en el *pirsu* Arad-Ninsar de PBS 2/2 53: 21.

854 Sirvan como ejemplos los pequeños DUMU.GABA Gab-Martaš (BE 14 58: 10) e Ina-pī-Marduk-dīnu (BE 14 58: 17).

855 Aunque encontremos casos como el de la SAL.TUR Ūrī en BE 14 58: 37, que reciben 20 *qû*, la mayor parte de los ejemplos para las SAL.TUR son de 15 *qû*, como Minde-iballuṭ (PBS 2/2 53: 17). La SAL.TUR que más cantidad recibe es Basundu (BE 14 58: 15), hasta un total de 25 *qû*. Quizás esta última se haga con mayor cantidad que las demás adolescentes debido a que se trata de una tejedora *kunšillu*, premiándose la especialización de cada cual. Sea como fuere, parece que al menos en el ejemplo de las SAL.TUR la cantidad recibida es diferente en cada texto, fenómeno distinto al de otros casos, como el de las DUMU.SAL.GABA, donde la documentación sigue idéntico patrón para todos los individuos (véase más abajo).

856 Del Monte ("Razioni", 27), basándose en la copia cuneiforme de Clay (*Documents from the Temple Archives of Nippur*, BE 14, lám. 40), consigna un ejemplo de SAL.TUR.TUR en BE 14 105: 6, una niña con nombre GABA.LU[...] que recibiría 20 *qû*. Hölscher (*Die Personennamen*, 133a), sin embargo, interpreta este antropónimo como Lu-[ ]. El otro ejemplo que pone es el también dañado PBS 2/2 5: 9, que se refiere al padre de un tal Sîn-ēriš (por tanto, ejemplo de un varón: ^{m}*lu*[...]). ¿Por qué no consigna Hölscher el logograma GABA dentro del nombre? Ello solo sería debido si contempláramos la posibilidad de leer la construcción SAL.TUR.TUR.GABA, pero no hay ninguna razón para hacerlo, puesto que sobraría al menos un signo. Así pues, nos mostramos de acuerdo con del Monte en la separación entre SAL.TUR.TUR y GABA. Este último logograma, por tanto, será el principio del nombre personal de la niña, perdido en su segunda parte. Otro argumento a favor de que se tratara de una SAL.TUR.TUR es el hecho de que a la pequeña se le asignen 20 *qû*, puesto que en la línea siguiente (l. 7) encontramos una niña lactante (DUMU.SAL.GABA), por nombre KASKAL.KASKAL-[...], a la que se le da

Se constata de esta manera que la cantidad recibida por cada franja de edad es por regla general similar entre los textos de Ur III y los mesobabilónicos de Nippur. Sin embargo, dos diferencias llaman nuestra atención. La primera se refiere a las mujeres (SAL), quienes en UR III reciben siempre 30 *qû*[859], mientras que en la documentación casita se hacen con 40 e incluso 60 *qû*[860]. Todo apunta a que estas mujeres tendrían una actividad prominente en el contexto servil en que vivían, como evidencia su predominio en producciones como la industria textil (§5.4). En este sentido es importante diferenciar estas mujeres, cabezas de familia, de las designadas como DAM ("esposa"), ya que estas últimas, en todos los ejemplos casitas, solo recibirán 25 *qû*. La posición independiente de las primeras tiene sin duda que ver con la cantidad recibida por las segundas.

En segundo lugar, y contrariamente al caso de las mujeres, la documentación mesobabilónica sobre raciones a trabajadores forzados muestra que los recién nacidos podrían recibir menor cantidad en dicha época casita que en la de Ur III. En la documentación de este último período todos los ejemplos consignan 10 *qû* para los lactantes[861], mientras que en la documentación casita se nos presentan casos de 10, pero también de 5 *qû*. Aún así, hay que reseñar el

---

solo 10 *qû*, respetando por tanto la normalidad al dar mayor cantidad de ración al que es realmente mayor.

857 Al igual que hace con los *pirsu*, del Monte ("Razioni", 27) incluye a las *pirsatu* junto con las DUMU.SAL.GABA. Si bien estas últimas oscilan entre los 5 y 10 *qû* recibidos (véase nota siguiente), las *pirsatu* consignadas siempre recibirán 10 *qû*. Sirvan como ejemplo los casos de las *pirsatu* Šīma-ilat (PBS 2/2 53: 7) y Ninlil-ilatni (PBS 2/2 53: 14). En este texto PBS 2/2 53, además, se aprecia la diferencia entre lo que reciben las *pirsatu* (10 *qû*) y lo que reciben las DUMU.SAL.GABA (5 *qû*).

858 Es interesante apreciar cómo incluso dentro del mismo texto las diferentes DUMU.SAL.GABA pueden recibir distinta cantidad de ración. EL mejor ejemplo en este sentido lo constituye de nuevo BE 14 58, donde mientras las DUMU.SAL.GABA Ḫulālatu (l. 16), Rabâ-ša-Išḫara (l. 20; cf. también UM 29-15-760 anv. 3'), Adad-nada (l. 38) y Eṭirtu (l. 42) reciben 10 *qû*, las demás DUMU.SAL.GABA Innamar (l. 24) y Dīni-ilī-lūmur (l. 21; cf. también UM 29-15-760 anv. 4') solo se harán con 5 *qû*. La creación de una base de datos con las informaciones de lo recibido por los pequeños a lo largo de la documentación casita —especialmente la inédita, debido a su gran magnitude— nos ayudaría quizás a comprender el hecho de que unas personas reciban más que otras, para lo cual a día de hoy no encontramos explicación alguna.

859 Ejemplos en HSS 10 193, HSS 10 187, HSS 10 188, HSS 10 190, MDP 14 11, MDP 51, MDP 61 y MDP 71.

860 Este último caso corresponde a Dīni-ilī-lūmur (BE 14 91a: 12), que recibirá 60 *qû*. Por otro lado, no se entiende que la mujer Bittinnatu (BE 14 91a: 20) reciba hasta 160 *qû*, cantidad desproporcionada en comparación con las demás, y no superada por ningún varón (problema, por otra parte, obviado por del Monte, "Razioni", 20–21). Ante nuestra falta de comprensión al respecto, no nombraremos este ejemplo como caso paradigmático de un mayor abastecimiento de las mujeres casitas en comparación a las de Ur III.

861 Casos de HSS 10 187, HSS 10 188, MDP 14 11, MDP 51, MDP 61 y MDP 71.

caso de Nusku-ibni, DUMU.GABA en BE 15 96: 17 y BE 15 111: 17, constituye la excepción que confirma la regla. Este lactante recibe hasta 30 *qû*, algo totalmente anormal para su edad. La explicación que proponemos al respecto responde a su relación con la actividad por él desempeñada. Se trata de un ÁZ-LAG (ac. *ašlāku*), muchacho que se dedicaría a trabajar con lana en la fase final de la producción. Esta labor requeriría probablemente mayor esfuerzo físico que las demás, o incluso se valoraría como un trabajo de mayor especialización. Sea como fuere, apreciamos dicha amplitud de asignación de raciones (de 5 a 30 *qû*) entre un mismo rango de edad tan reducido (de uno a tres años).

Las listas de trabajadores forzados, entre las que se incluyen niños, son asimismo comunes a lo largo de la documentación mesopotámica. Para su estudio no solo contamos con textos administrativos, sino también legales o epistolares. Quizás el mejor exponente de este corpus es el más de medio millar de tablillas procedentes de la Nippur mesobabilónico, elenco analizado que constituye cuantitativa y cualitativamente una fuente básica analizada en las páginas anteriores.

Otro tipo de listas que incluyen infantes, como hemos visto también para el Bronce Reciente, son las de deportaciones de prisioneros[862]. A lo largo de toda la Antigüedad la guerra fue una de las principales —amén de más antiguamente atestiguadas— fuentes de esclavitud. Este fenómeno es bien conocido en el mundo próximo-oriental antiguo, y se refiere de forma concreta a esclavos extranjeros[863]. Por lo general, los hombres vencidos eran matados, y sus mujeres y niños pasaban a ser el botín de guerra, algo común con otros contextos históricos de la Antigüedad, como la Grecia homérica. Posteriormente, en los períodos helenístico y clásico, todo tipo de prisioneros de guerra, incluídos los adultos varones, serían tomados como cautivos, permaneciendo esclavos el resto de sus vidas[864].

El trato dispensado hacia estos adultos, junto con los niños, era en un principio pésimo, como evidencia el hecho de que apenas recibieran raciones de alimentos durante las primeras semanas tras la captura (§5.2). Otro ejemplo para reseñar sería la práctica de cegar a prisioneros de guerra, especialmente hombres adultos, fenómeno común en la antigua Mesopotamia[865]. Esta cruenta actividad,

---

862 Para esta cuestión véase en general el estudio de Volk, "Von Findel".

863 Sobre los prisioneros de guerra en la Mesopotamia arcaica (ca. 2500–2000 a. C.) véase Gelb, "Prisioners of War". Para la misma realidad en el mundo bíblico (AT), desde la perspectiva israelita, véase Ronald de Vaux, *Instituciones del Antiguo Testamento* (Barcelona: Herder, 1985), 125–27.

864 Gelb, "Prisioners of War", 72.

865 Sobre la práctica de cegar esclavos véanse Gelb, "Prisioners of War", 87; Llop, *Aportació*, 248, n. 1050.

especialmente atestiguada en Mari[866], en el período neoasirio y en el mundo bíblico[867], podría asimismo complementarse con la mutilación de miembros como manos, nariz u orejas[868]. Teóricamente solo se cegarían adultos varones, infringiéndoles el severo castigo por sus capacidades guerreras[869]. Aún así, cabe imaginar que los niños, listados junto con esos adultos mutilados, recibirían maltratos físicos constantes[870].

A la hora de contextualizar nuestro corpus del Bronce Reciente en la constante próximo-oriental antigua, sirva como paralelo —especialmente de los documentos mesoasirios (§5.2)— un caso anterior. Se trata de un pequeño elenco textual proveniente de Mari, fechado durante el año 11.° del rey Zimrî-Lîm (1763 a. C.), que ofrece información sobre la deportación de la población de seis ciudades septentrionales por parte del monarca mariota. Una buena parte de los aproximadamente 1500 extranjeros deportados se corresponden con niños. Al igual que los textos GEMÉ-DUMU, estas listas de Mari presentan clasificaciones por edad, pero los jefes de grupo aparecen raramente registrados y las familias no se encuentran unidas, sino dispersadas[871]. Aparte, en estos casos también aparecen hombres, y la distribución principal tendrá como base el nombre de las ciudades conquistadas[872]. El estudio de los niños de estos documentos, llevado a

---

866 Véanse al respecto los casos de músicos ciegos de Mari, entre los cuales podría haber niños que son cegados deliberadamente (cf. Nele Ziegler, *Les Musiciens et la musique d'après les archives de Mari*, Mémoires de NABU 10, Floriegium marianum IX [París: Société pour l'étude du Proche-orient ancien, 2007], 21–23).

867 Véanse a modo de ejemplo los casos de Sansón, al que sus enemigos filisteos "le sacaron los ojos, le bajaron a Gaza, le aherrojaron con doble cadena de bronce y se vio reducido a dar vueltas a una muela en la cárcel" (Jc 16, 21); y de Sedecías, a quien el rey de Babilonia "mandó sacar los ojos, le hizo aherrojar con cadenas y le condujo a Babilonia" (2 R 25, 7).

868 Aunque no se refiera específicamente a prisioneros de guerra, véase por ejemplo el artículo 4 de las Leyes Asirias Medias: "Si un esclavo o una esclava aceptan algo de manos de la esposa de un hombre, al esclavo o a la esclava les cortarán las narices y las orejas, y tendrán que restituir lo robado; el marido le cortará las orejas a su esposa" (traducción en Sanmartín, *Códigos legales*, 218). Para otros casos en el mismo sentido véase CAD A2 185b 1a, sub *appu* A, "nariz".

869 Acerca del documento mesoasirio KAJ 180, entre los cuarenta y seis (no cuarenta y siete, como apunta Gelb ["Prisioners of War", 87]) prisioneros tomados como botín (l. 11: 46 ERÍN.MEŠ *šal-lu-tu*), hay nueve hombres ciegos (l. 2: 9 LÚ.MEŠ IGI.NU.TU[KU].MEŠ), especificándose los tres que sí podían ver (l. 1: 3 LÚ.MEŠ *da-gi-lu*).

870 De hecho, poseemos casos atestiguados en listas mesobabilónicas de trabajos forzados en los que hay niños catalogados con el apelativo de "ciegos".

871 Al respecto véase Brigitte Lion, "Les familles royales et les artisans déportés à Mari en ZL 12'", en Christophe Nicolle (ed.), *Nomades et sédentaires dans le Proche-Orient ancien*. CRRAI 46, Amurru 3 (París: Études et Recherches sur les Civilisations, 2004), 217–24, esp. 221–24.

872 Ḫurwaš, Širšiphi, Eqlum-bana, Till-abna, Ṣidqan y Till-badi.

cabo por Lion, muestra que el porcentaje de pequeños deportados en relación al resto de la población rondaba el 40%[873], mientras que los lactantes constituían el 12–28% en relación a los demás niños[874]. Por tanto, y al igual que ocurre con otras listas de individuos en las que se consignan niños, se pone de relieve la importancia de precisar mediante términos concretos la edad aproximada de los pequeños[875].

Por su parte, otras listas de siervos o esclavos en las que aparecen niños son las que presentan personas vendidas[876]. A diferencia del caso anterior, estos sujetos no serían necesariamente extranjeros, y en algunos casos no se podría hablar aquí de esclavos en sentido estricto —como los deportados—, si bien la proximidad a la esfera de la esclavitud podría ser mayor que en los pequeños vendidos individualmente.

Aparte de los diferentes tipos de listas, la documentación próximo-oriental antiguo ofrece otro tipo de fuentes y mecanismos para analizar e interpretar la esclavitud infantil. Este corpus es más heterogéneo en su naturaleza que el anterior, no siendo solo textos de carácter administrativo, sino también textos legales, cartas, etc.

Los previamente mencionados niños vendidos por separado constituyen otra fuente para estudiar la servidumbre infantil. Constituyen una de las soluciones más empleadas por familias en períodos de crisis y hambrunas, que se veían obligadas a vender a los hijos para suavizar las penurias económicas. En el siguiente capítulo (§6) veremos que las ventas de niños con una constante en las antiguas Mesopotamia y Siria, por lo que se darán con frecuencia a lo largo de estas realidades históricas.

Otra manera de que un niño, normalmente oriundo del lugar, entrara en la esclavitud era mediante su rapto, fenómeno que hasta el momento no está atestiguado para el Bronce Reciente[877]. Los códigos legales próximo-orientales prohíben explícitamente la práctica de los secuestros de personas. Los ejemplos

---

873 Lion, "Les enfants des familles déportées", 113.

874 Ibíd., 114.

875 Para estos textos mariotas concretos véase Lion, "Les enfants des familles déportées", 117, sub §2.5.

876 Para las ventas de personas en listas mesobabilónicas véase §6.2.

877 Sobre esta realidad en el Próximo Oriente antiguo véanse por ejemplo Mendelsohn, *Slavery*, 5; Westbrook, "Slave and Master", 1642; Sophie Démare-Lafont, "Enlèvement et sequestration à l'époque paléo-babylonienne", en Dominique Charpin y Jean-Marie Durand (eds.), *Recueil d'études à la mémoire d'André Parrot*, Florilegium marianum VI, Mémoires de NABU 7 (París: Société pour l'étude du Proche-orient ancien, 2002), 69–88; "Réflexions juridiques autour de l'enfance en Mésopotamie", en Bouineau, *Enfant et romanité*, 76–78.

del Código de Hammurapi y del Código de la Alianza bíblico son paradigmáticos en este sentido[878]:

> CH 14: Si un hombre rapta a un hijo menor de edad de otro hombre, será ejecutado.
>
> Éx 21, 16: Quien rapte a un hombre, ya lo haya vendido, ya se halle en su poder, deberá ser muerto.

Aunque tanto un hombre como un niño pudieran ser objeto de un rapto, como se entreve en el versículo del Éxodo, el Código de Hammurapi especifica a estos últimos entre los aludidos en la cláusula[879]. Parece evidente que un menor de edad es físicamente más propenso a ser raptado que un adulto, además de tener menor discernimiento que este último[880]. De hecho, aparte de los códigos legislativos, los documentos de práctica próximo-orientales nos informan más frecuentemente sobre raptos de niños. Sirvan como ejemplos los siguientes casos: el del José bíblico, hijo de Jacob, raptado por sus hermanos, los cuales se cubren las espaldas vendiéndolo a unos mercaderes en su ruta a Egipto[881]; y el texto paleobabilónico procedente de Larsa CHJ 70-74 (1762 a. C.), en el que la pequeña Aḫassunu, entregada por su padre Ṣilli-Eštar a la nodriza Kullupat, es luego raptada por un pastor llamado Dadâ. Tras una larga búsqueda de su hija, Ṣilli-Eštar logra encontrarla en casa de Dadâ, y tras un juicio el inocente padre gana la causa, por lo que su hija Aḫassunu vuelve junto a él[882].

Probablemente el primer objetivo perseguido al raptar a un niño era esclavizarlo[883]. Por tanto, este tipo de textos constituye una fuente más para estudiar el fenómeno de la esclavitud infantil en el Próximo Oriente antiguo.

---

878 Traducciones respectivas en Sanmartín, *Códigos legales*, 104; Francisco Cantera y Manuel Iglesias, *Sagrada Biblia: Versión crítica sobre los textos hebreo, arameo y griego* (Madrid: Biblioteca de Autores Cristianos, 2003), 77.

879 CH 14: DUMU *awīlim ṣiḫram ištariq* ("… raptara al hijo [menor de edad] de otro hombre [libre]").

880 En la línea de los expuesto en Démare-Lafont, "Enlèvement et sequestration", 76.

881 Gn 37, 25–28. Como muestra este caso bíblico, y siguiendo la reflexión de Westbrook ("Slave and Master", 1643), es interesante comprobar cómo la forma más segura para deshacerse de un raptado era venderlo a una región extranjera. En este sentido véase también el documento paleobabilónico AbB 6 80, en el que una nodriza rapta presumiblemente a la pequeña a su cargo y la vende a los elamitas, siendo la niña deportada de tal manera. Sobre este texto véase Siegel, *Slavery*, 44, 46.

882 Sobre este texto de Larsa véase Dominique Charpin, "Lettres et procès paléo-babyloniens", en Francis Joannès (dir.), *Rendre la justice en Mésopotamie: Archives judiciaires du Proche-Orient ancien (IIIe-Ier millénaires avant J.-C.)* (París: Presses Universitaires de Vincennes, 2000), 100–101.

883 En la línea de Sanmartín (*Códigos legales*, 161, n. 72), quien no pone en duda dicha relación entre rapto y posterior esclavitud.

La exposición de niños es considerada en ocasiones como otra fuente de esclavitud infantil[884]. Se trata de otra realidad conocida en el Próximo Oriente antiguo y tratada en este estudio (§2). Recordemos que, al igual que los raptos de pequeños, es una cuestión contemplada en códigos legislativos y textos de práctica legal, por lo que probablemente se recurriría a tal solución con relativa frecuencia.

Mediante los contratos de adopciones infantiles era posible que un joven esclavo fuera adoptado o incluso que el niño adoptado pasara a ser esclavo a partir de entonces[885]. La serie lexical ḪAR.RA=*ḫubullum*, entre el ocaso del 3.er y los albores del 2.° milenio a. C., nos aporta diferentes expresiones empleadas para marcar el acto de la adopción: adoptar "en estatus de hijo", "en estatus de heredero", "en estatus de padre", etc. Se presenta asimismo la forma sumeria NAM.ARAD.A.NI.ŠÈ, con su equivalente acadio *ana àr-du-ti-šú* y con el sentido de "(adoptar) en estatus de esclavo".

De entre los al menos treinta contratos de adopción paleobabilónicos en los que se adopta esclavos[886], algunos se refieren sin duda a niños. Es el caso, por ejemplo, de MAH 15954, donde se denomina a la adoptada como "joven esclava"[887]. En otras ocasiones se añade una cláusula por la que si el adoptado rompiera el contrato de adopción, pasaría a ser esclavo[888]. La documentación del Bronce Reciente nos permite analizar el fenómeno, mientras que en época neobabilónica la adopción de esclavos apenas está atestiguada[889]. Sea como

---

884 Sobre la relación entre exposiciones de niños y esclavitud véase Mendelsohn, *Slavery*, 5. Sin embargo, en otros casos los abandonos de niños no desembocaban en la entrada de éste en la esfera de la esclavitud, sino que eran adoptados, pasando a contar con mayor libertad, aún estando supeditados a sus nuevos padres. Sobre esta cuestión a lo largo del Próximo Oriente antiguo véase Justel, "Adopciones infantiles", 132–35 (para el Bronce Reciente cf. §2).

885 Sobre las adopciones de niños libres como una fuente para la esclavitud en el Próximo Oriente antiguo véanse en general Mendelsohn, *Legal Aspects*, 2–7; *Slavery*, 19–23.

886 Véase el elenco de estos textos en Obermark, *Adoption*, 92, n. 1.

887 MAH 15954: 1: SAL.LÚ.TUR.RA. Sobre este documento en este contexto véanse Justel, "Adopciones infantiles", 116; Justel, *Mujeres y Derecho*, 78.

888 Sirva como ejemplo el texto paleobabilónico de Kiš Ki 618/607: "Y si Malgumlibluṭ dijera a Gimillum, su padre, o a Ištaribbi, su madre: "No eres mi padre, no eres mi madre", entonces le venderán (como esclavo)" ((20')*ù* šu-gar-tur-l[á-bi *ma-al-gu-um-li-ib-lu-uṭ*] (21')*a-na gi-mil-*[*lum* ad.da.a.ni] (22')*ù* [eš$_4$-dar-*i-bi* ama.a.ni] (Ki 607) (4')ad-da-mu nu-me-en ama-mu nu-me-en (5')ba-na-an-du$_{11}$-meš (6')kù-babbar in-na-ab-sum-meš. Sobre este documento véase Veysel Donbaz y Norman Yoffee, *Old Babylonian Texts from Kish Conserved in the Istanbul Archaeological Museums*, BiMes 17 (Undena Publications, Malibú, 1986), 45–47 (copias cuneiformes en pp. 71–73).

889 Solamente conocemos un texto neobabilónico que alude de forma clara a dicha práctica. Se trata del contrato Nbn 626, estudiado entre otros por Herbert P. H.

fuere, e independientemente de la información directa, la condición de esclavo o libre del niño adoptado deberá ser por regla general interpretada a partir del contexto de cada documento[890].

Sobre la relación entre infancia y matrimonio, también podemos extraer información acerca de niños esclavos a través de leyes, disposiciones, contratos y cartas. En el Próximo Oriente antiguo está atestiguada la práctica de que un hombre o mujer libre se casaran con una esclava o esclavo[891]. ¿Cuál sería la condición legal de la posible progenie? CH 170, por ejemplo, trata el caso modelo en que los hijos de un hombre libre con una concubina esclava, siempre que el primero los reconociera, serían tomados por igual en derechos hereditarios con respecto a los nacidos de la esposa principal[892]. En época paleobabilónica se asume que el dueño de una esclava o esclavo que habían tenido descendencia con un hombre o mujer libre no podría reclamar ese hijo, por lo que éste pasa a ser automáticamente libre[893]. En el período neobabilónico, sin embargo, parece que esta constante cambia, y los hijos de una esclava que no fue adoptada por su dueño permanecerán por lo general en una condición servil[894].

Como hemos visto, también en ciertos textos del Bronce Reciente, como la adopción matrimonial de Nuzi JEN 437 (§3.2) o el litigio legal AASOR 16 39 (§4.4), procedente del mismo archivo, se puede asimismo valorar la naturaleza jurídica de los niños en relación con la esclavitud de sus padres.

La esclavitud por deudas, fenómeno ampliamente atestiguado en Mesopotamia desde finales del 3.er milenio a. C.[895] y también presente en nuestro corpus, no solo competía a los adultos, ya que la insolvencia de éstos repercutía directamente en sus hijos. Así, encontramos numerosos documentos en los que aparecen niños esclavos que entraron junto con sus padres en dicha condición porque éstos no pudieron abonar el crédito al prestamista[896]. En otras ocasiones

---

Petschow (*Neubabylonisches Pfandrecht*, ASAW 48.1 [Berlín: Akademie-Verlag, 1956], 138) y Dandamaev (*Slavery in Babylonia*, 439–40).

[890] En la línea de lo expuesto en Obermark, *Adoption*, 83.

[891] Al respecto véase por ejemplo Mendelsohn, *Slavery*, 55–57; Dandamaev, *Slavery in Babylonia*, 411–14.

[892] Raymond Westbrook, *Old Babylonian Marriage Law*, Tesis Doctoral inédita (New Haven: Yale University, 1982), 5–6.

[893] Véase en este sentido CH 175 (Mendelsohn, *Slavery*, 55–56).

[894] Dandamaev, *Slavery in Babylonia*, 411.

[895] Al respecto véase Chirichigno, *Debt-Slavery*, 54, así como las cuestiones sobre esclavitud por deudas de adultos al inicio del presente subapartado (§5.5).

[896] El documento mesobabilónico BE 14 135 (1239 a. C.), por ejemplo, nos informa de la entrada de un deudor en la cárcel, incapaz de abonar a su acreedor una determinada suma. Su familia (en este caso se especifica su mujer, l. 13) pasará a ser propiedad del prestamista, y por tanto devendrán esclavos. Al respecto véase Mendelsohn, *Legal Aspects*, 12–13.

los padres se verían obligados a vender a sus hijos, lo que constituiría para estos últimos una entrada en principio definitiva en la esfera servil.

Al elenco de listas de esclavos entre los que se consignan niños y a los principales mecanismos por los que un pequeño entraba individualmente en la esclavitud habrá que añadir una realidad sin duda importante pero en realidad muy poco documentada: los niños nacidos esclavos. Aunque sea arriesgado aventurarlo, debido a los escasos textos conservados, estos pequeños constituirían probablemente, en términos cuantitativos, la mayor masa de esclavitud infantil del Próximo Oriente antiguo. El problema reside en que, exceptuando los documentos administrativos relacionados con fuerza de trabajo servil, de una familia de esclavos, con hijos igualmente esclavos, no emanaría apenas documentación escrita. Por tanto, al no producir material textual solamente las evidencias indirectas nos ayudarán a confirmar esta realidad, si bien en otras ocasiones sí que se afirma que una persona nació esclava[897]. Donde quizás esta cuestión se aprecie con mayor claridad es en los textos hebreos del Antiguo Testamento. En ellos la terminología es indicadora directa de la distinción entre los nacidos esclavos (ילד בית: "esclavo de la casa") y los que en un determinado momento de su vida pasan al ámbito servil (מקנת כסף ["esclavo comprado"], בן בית ["hijo de la casa"] o אנשי בית ["personal del hogar", "personal doméstico"][898]).

Sean cuales fueren la manera por la que un niño accede a la esclavitud y la reproducción documental que nos informa de ello, la amalgama y variedad de todos estos casos hacen que la esclavitud infantil se contemple desde el principio como algo socialmente natural, e incluso lógico, por sus contemporáneos, tanto en la generalidad próximo-oriental como en nuestro corpus del Bronce Reciente. Se trata de un fenómeno cotidiano y aceptado por los antiguos mesopotámicos y sirios, quienes aun siendo conscientes de la diferencia de edad entre diferentes esclavos, valoraban funcionalmente a los siervos más jóvenes para ubicarlos en determinadas tareas. La relación entre los conceptos de "infancia" y "esclavitud" es por consiguiente estrecha, y el Bronce Reciente no será en ese sentido una excepción.

---

[897] Sirva de ejemplo el documento paleobabilónico YOS 13 248, en el que se dice que un esclavo era un "nacido en casa" (l. 2: *wilid bītim*). Sobre la posibilidad de que la expresión *mār bītim* ("hijo de casa") sea interpretada como la de *wilid bītim* ("nacido en casa") véase Mendelsohn, *Slavery*, 143, n. 129 (ejemplo de BE 9 68). Sobre la esclavitud desde el nacimiento véanse ibíd., 57–58; Westbrook, "Slave and Master", 1643. Por su parte, las fuentes cuneiformes de Ur III sí que hace una distinción terminológica entre los esclavos desde el nacimiento y los comprados, pero raramente en textos sobre ventas de esclavos o actas de litigio (Culbertson, "A Life-Course Approach", 37).

[898] Esta última expresión (אנשי בית) incluye también a los nacidos esclavos, como muestra Gn 17, 27: "También todos los hombres de su casa, los nacidos en ésta y los adquiridos de un extranjero por dinero, fueron circuncidados con él".

5.6. Conclusiones

La documentación cuneiforme muestra que la esclavitud infantil fue un fenómeno común en las culturas próximo-orientales del Bronce Reciente. Este hecho se confirma al comprobar cómo determinados términos —no solo en sumerio o acadio— hacen referencia común a las realidades de "infancia" y "esclavitud". Los textos analizados en el presente capítulo atestiguan ampliamente esta realidad, concebida por sus contemporáneos como un paso previo a la esclavitud de adultos. Por tanto, el principal criterio de distinción entre ambos grupos humanos es la edad, y lo que ello conlleva por naturaleza: capacidades físicas, posibilidad de formar una familia, etc. A un adulto se le otorgaría una labor adecuada a su edad, formación, destreza y aptitudes físicas. Con idénticos criterios a un niño se le conferiría otro trabajo. Sin embargo, y al menos a partir de la información de los documentos, no se aprecia una diferenciación jurídica por razones de edad entre los adultos y los niños esclavos. Así como los códigos legislativos anteriores y posteriores al Bronce Reciente presentan cuestiones para defender a los más pequeños[899], las escasas referencias a este tipo de textos en nuestra época parecen seguir el mismo patrón.

Tal concepción, conjunta a un nivel legal, que los mesopotámicos de la época tendrían para los esclavos adultos y niños, dificulta nuestro análisis del fenómeno. Así, es complicado definir convenientemente el concepto de "esclavo", y más aún explicar con fidelidad la idea de "niño esclavo", ya que el estatus de estos menores no era ni uniforme ni estático. En determinados textos la terminología apunta a una condición servil de algunos niños[900], pero las menciones a dicha realidad son escasas[901]. Teniendo en cuenta las cuestiones terminológicas, las evidencias para estudiar la esclavitud infantil en el Bronce Reciente son eminentemente indirectas, extraídas del contexto de cada documento. Gracias a ambas vías hemos podido identificar un elenco con varios textos de distintos ámbitos: Babilonia, Asiria, Mittani y Siria. Sin el objetivo de generalizar, puesto

899 Véanse a modo de ejemplo determinadas disposiciones del Cógido de Hammurapi (s. XVIII a. C.), como CH 185, CH 186, CH 187, CH 188, CH 189, en la que se regulan diversas cuestiones sobre niños adoptados y aprendices.

900 En determinadas adopciones de Nuzi encontramos la expresión *ana ardūti nadānu*, "entregar en estatus de esclavo" (cf. §5.2, en nota bajo "Textos que conciernen a niños individualmente/ventas de niños).

901 Es el caso de las listas mesobabilónicas de trabajos forzados. En ellas encontramos raramente los términos ÌR (ac. *ardu*, "esclavo") y GEMÉ (ac. *amtu / andu*, "esclava"). Además, no está claro que este tipo de sustantivos implique, al menos para estas listas, una determinada clase social, como sí ocurre con el *wardum* del Código de Hammurapi. Encontramos el mismo problema con otros términos relacionados, presentes en la documentación casita, como *arad*, *amat ekalli*, *ḫurādu*, *qinnu*, *tenēštu*, etc. Al respecto véase Brinkman, "Sex, Age, and Phisycal Condition Designations", 7–9, n. 49.

que la diversidad de las fuentes es amplia —al igual que el marco geográfico—, podemos realizar con varios comentarios al respecto.

Como en otras sociedades antiguas, la esclavitud infantil para la época y lugar que nos ocupan estaba aceptada socialmente y constituía una práctica cotidiana. Esto, a pesar de la ingente cantidad de niños esclavos que muestra la documentación cuneiforme, no implica obviamente que estuviera bien contemplada por sus contemporáneos[902]. Los menores podrían estar a duras condiciones, desde prácticamente su nacimiento hasta la adolescencia. Las listas de trabajos forzados, deportaciones o raciones nos informan de multitud de fugas, con niños y jóvenes entre los protagonistas. Los pequeños comenzaban a trabajar a una edad muy temprana, empezándose a formar incluso en sus primeros tres años de vida. La alimentación era por lo general deficiente, tanto debido a factores externos —época de carestía en Siria— como internos —propia condición de esclavos—, algo apreciable en las listas de raciones mesobabilónicas[903]. La alta tasa de mortalidad de los esclavos, especialmente entre la población de varones adultos, multiplicó el número de huérfanos que quedarían junto con sus madres[904].

Un futuro análisis de las cantidades recibidas por los niños en las fuentes mesobabilónicas de raciones, cuando éstas sean publicadas en su totalidad, podrá arrojar significante luz para comprender mejor estos aspectos. Con los documentos con que hemos contado para estudiar el fenómeno apreciamos que la cantidad de alimentos destinada a los niños sigue el mismo patrón que en textos similares de otras épocas[905]. Aunque dichas cantidades fueran en ocasiones insuficientes, con el aparente y único objetivo de mantener en vida al trabajador, en otros casos determinados individuos reciben una proporción considerablemente superior a la media. Este fenómeno, interpretado a veces

---

902 Paradigmática en este sentido es la adopción mesobabilónica BE 14 40, en la que se especifica que la adoptada podría ser desposada o pasar a ser prostituta sagrada (*ḫarimtu*), pero nunca debería entrar en la esfera de la esclavitud.

903 Como hemos visto (§5.2), los documentos mesoasirios de raciones no especifican lo que se destinaba a los pequeños, sino solamente la cantidad para toda la familia.

904 Este fenómeno es apreciable claramente en la documentación mesobabilónica de trabajos forzados y raciones. En numerosas ocasiones (en torno al 35%; cf. Tenney, *Life at the Bottom*, 86–87) es una mujer, y no su marido, quien aparece como cabeza de familia. Véase un posible ejemplo de huérfano de padre en el documento inédito Ni. 5989. En él encontramos un recién nacido (DUMU.GABA) con nombre Aba-lā-īdi (rev. ii' 9'), literalmente "(el que) no conoce al padre". Así, probablemente se trataría de un hijo póstumo (cf. §2.4).

905 Esta afirmación, si bien responde a la comparación realizada en la tabla 13 con la documentación de Ur III, se deberá matizar teniendo en cuenta que este último corpus, al contrario de lo que ocurre con el casita, no diferencia terminológicamente a los niños a lo largo de las distintas etapas de la infancia.

como premio por la situación en una familia o el desempeño de actividades especializadas[906], podría corresponderse incluso, en palabras de del Monte, con "un verdadero salario" sin que mediara un contrato de por medio[907].

La conclusión general y tesis que planteamos en lo que concierne a las listas mesobabilónicas y mesoasirias se refiere a la condición legal de los niños trabajadores. Aunque fueran dependientes a un nivel administrativo de instituciones como estado o templo, estos niños trabajadores se encuadran en un contexto jurídicamente libre. Así, las estructuras familiares son las establecidas por el derecho común, tanto escrito como consuetudinario. Es verdad que estas estructuras podrían tambalearse en cierta medida, puesto que las circunstancias económicas y sociales de su ambiente servil no dejaban otra opción. Estos niños no recibían una educación aparte de la estrictamente formativa a nivel productivo; tampoco poseían una movilidad social que les permitiera ascender a puestos de relevancia, ni emprender proyectos a gran escala a partir al menos de su adolescencia.

Sin embargo, y a pesar de las muchas contrariedades y elementos negativos (explotación laboral, alta mortalidad, etc.), los pequeños trabajadores de la Mesopotamia del Bronce Reciente disfrutaban desde su nacimiento de cierta autonomía jurídica, y por tanto eran capaces de activar —o de que sus padres activaran en ellos— mecanismos legales a un nivel familiar. La identificación de estos niños con el término castellano de "siervos", más que con el de "esclavos", queda así justificada.

Aunque las fuentes con que contamos para analizar la esclavitud infantil en Mesopotamia y Siria durante la época son variadas, no hemos encontrado ningún documento en el que se describan explícitamente los abusos sufridos por estos pequeños. Dichos corpora tampoco ofrecen referencias a maltratos de niños esclavos o a cuestiones como abusos sexuales. Los únicos ejemplos en los que se consignan expresamente aspectos negativos en relación a niños esclavos responden a casos de extrema necesidad o de pragmatismo administrativo. Los paradigmas de la primera parte los encontramos en la documentación de Emar. En E6 216, contrato anterior a la venta de cuatro niños en E6 217 y con el que forma un conjunto sobre el mismo caso (§4.2), se expresa que la adoptante de la hija mayor debería mantener a los niños menores "en el año de la dificultad"[908]. Nótese que en ningún momento se mencionan cualidades negativas de los niños, sino de la situación general. En segundo lugar, en las listas mesobabilónicas de trabajadores hay niños que consignados como "muertos" (§5.4). Este hecho responde a un criterio objetivo con el único fin de constar administrativamente la pérdida de una fuerza de trabajo.

---

[906] Véase al respecto el caso del pequeño Nusku-ibni, que siendo lactante (DUMU.GABA) recibe hasta 30 *qû* mensuales (cf. §5.5).

[907] Del Monte, "Razioni", 21.

[908] E6 216: 7: *i-na* MU *dan-na-ti*.

Si bien la explotación de niños esclavos, en el sentido más crudo del término —violaciones, abusos, etc.—, podría haberse dado con frecuencia una en el Oriente antiguo durante el Bronce Reciente, no hay manera de constatarla a lo largo del heterogéneo corpus cuneiforme. Aún así, las fuentes expresan la realidad servil de miles de estos jóvenes, que comenzarán a ser explotados laboralmente desde pequeños, pasando a constituir una fuerza de trabajo en instituciones públicas u hogares. La importancia de su labor queda patente desde el mismo momento en que son consignados en diversos documentos. Este tipo de niños fueron por tanto un motor básico y completamente necesario para el desarrollo económico de la sociedad próximo-oriental antigua. La rapidez de aprendizaje, unida a la capacidad de sometimiento a los mandatos de los adultos, facilitarán su entrada en esta esfera de servidumbre. Desde ella, y al menos a partir de los textos existentes, estos niños disfrutarán de ciertas prerrogativas legales, pero estarán siempre carentes de una libertad total.

6
VENTAS DE NIÑOS

6.1. INTRODUCCIÓN

Una venta es un contrato por el cual se transfiere a dominio ajeno una cosa propia por el precio pactado. Por tanto, cualquier acuerdo de este tipo presenta al menos tres elementos: vendedor, comprador y producto transferido. Este bien vendido puede ser tanto un bien inmueble como una prebenda, un animal o una persona[909]. A lo largo del Mundo Antiguo encontramos numerosos contratos de ventas, especialmente de casas y tierras. Sin embargo, la práctica de vender gente como esclavos también es conocida a lo largo de la Historia Antigua. El Próximo Oriente no es una excepción, y en él encontramos centenares de documentos cuneiformes reflejando este fenómeno de ventas de personas, entre ellas menores.

En el presente capítulo abordamos la cuestión de las ventas de niños en el Bronce Reciente mesopotámico y sirio. Este fenómeno constituye una fuente más para el estudio de la esclavitud infantil (§5), en cuyo capítulo hemos hecho alguna referencia a la cuestión. Sin embargo, las ventas de menores son estudiadas por separado y en profundidad por varias razones. En primer lugar, constituyen una fuente cuantitativamente importante, con prácticamente todos los casos conocidos publicados. Además, están presente en varios corpora textuales con que trabajamos para el Bronce Reciente, lo que facilitará la comparación entre distintas realidades contemporáneas. Por último, los documentos de ventas de niños —individuales o conjuntas— poseen en ocasiones un formato tipificado, lo que le confieren entidad documental propia y especial. Así, tras exponer las fuentes que conocemos para analizar esta realidad (§6.2) y examinar la terminología principal relacionada sobre el tema (§6.3), estudiaremos en profundidad las principales características de los documentos, desde los actores que intervienen en los contratos de compra-venta (§6.4) y los aspectos económicos esenciales de los acuerdos (§6.5) hasta profundizar en las causas y consecuencias de las ventas para los intervinientes en las operaciones (§6.6). Por último, inscribiremos el fenómeno

---

909 Sobre estas cuestiones véase Démare-Lafont, "Vente", en Joannès, *Dictionnaire*, 907a.

de las ventas de niños del Bronce Reciente dentro del contexto próximo-oriental antiguo (§6.7) para finalmente presentar las conclusiones (§6.8).

6.2. Fuentes del Bronce Reciente

La documentación próximo-oriental del Bronce Reciente sobre ventas de niños proviene de tres ámbitos diferenciados: Babilonia, Mittani y Siria. Cada una de estas tres realidades posee sus propias características sociales, culturales, lingüísticas o políticas, aspectos que se reflejan a lo largo de dichos textos. Éstos son de naturaleza literaria diversa, si bien la mayor parte de ellos son contratos cuyo principal objetivo es hacer constar la transacción realizada, siendo el niño el objeto un niño.

En el ámbito babilónico encontramos la práctica generalizada de ventas de niños en diferentes archivos: Nippur, Babilonia, Ur y Tell Imliḫiye. Las similitudes entre estos diferentes corpora son evidentes no solo a nivel terminológico, sino también en aspectos como causas y objetivos de los contratos, precio de los vendidos, orden de cláusulas, etc. Aunque en menor medida cuantitativa y con distintas características, también poseemos textos sobre ventas de niños en Mittani (archivos de Nuzi y Alalaḫ) y Siria (archivos de Emar y Tuttul). Estudiaremos de esta manera las tres realidades mencionadas, cuyo conjunto no ha recibido hasta la fecha un análisis comparativo. El objetivo de las siguientes páginas es, por tanto, realizar una actualización de la documentación conocida referente a ventas de niños, tanto publicada como inédita.

Babilonia

El mayor corpus textual sobre ventas de niños en la Mesopotamia y Siria del Bronce Reciente se corresponde con el de la Babilonia casita. La cronología de estos documentos se encuadra entre 1370 (Kadašman-Enlil I) y 1186 a. C. (Meli-Šipak). La mayor amplitud cronológica la tendrá el archivo de Nippur (1370–1297 a. C.), seguido de Ur (1261–1224 a. C.)[910]. Los documentos de Tell Imliḫiye (BaM 13/1) y Babilonia (B.143 + B.227) están datados respectivamente en 1231 y 1186 a. C.[911].

Poseemos hasta diecinueve textos publicados que nos informan al respecto[912], además de al menos seis inéditos[913]. La tipología de todos ellos no es

---

910 Para la cronología de los documentos mesobabilónicos de Ur véase Gurney, *The Middle Babylonian Legal and Economic Texs from Ur*, 13–14.

911 Para estudios sobre cronología de época casita véase Justel, "La Babilonia casita", 81–82.

912 Distribuidos por archivos: Ur (9: UET 7 1, UET 7 2, UET 7 21, UET 7 22, UET 7 23, UET 7 24, UET 7 25, UET 7 26, UET 7 27), Nippur (8: MRWH 1, MRWH 7, BE 14 1, BE 14 7, BE 14 128a, PBS 8/2 162, MUN 8, PBS 13 64 + MUN 9), Tell Imliḫiye (BaM 13/1). No conocemos ninguna edición completa de los textos de Nippur BE 14 1,

idéntica, pudiéndose distinguir dos tipos formales: ventas infantiles individuales y conjuntas.

VENTAS INFANTILES INDIVIDUALES. En primer lugar encontramos los contratos de venta de un solo niño o una sola niña[914]. Estos documentos, presentes al menos en los archivos de Ur, Nippur y Tell Imliḫiye, poseen una disposición y orden de las cláusulas perfectamente establecidos, estando redactados normalmente desde el punto de vista del comprador[915]. De manera general podemos dividir las distintas partes en el siguiente esquema[916]:

BE 14 7, BE 14 128a, sino solamente la copia cuneiforme en Clay *Documents from the Temple Archives of Nippur*, BE 14, y algunas transcripciones y traducciones parciales.

Otro documento que nos podría informar indirectamente de la compra de una niña es el inédito Ni. 2885. En él la mujer esclava Ātamar-qāssa pretende adquirir, por medio de su hermana, la condición de libre tras el decreto real (*zakûtu*, CAD 32b 3) del rey Šagarti-Šuriaš, por el que se concedía la libertad a todas las mujeres de Nippur que hubieran nacido libres (*ultu šarru Šagarakti-Šuriaš zakût Nippurêti iškunu*; "después de que el rey Šagarakti-Šuriaš estableciera la libertad de las mujeres de Nippur"). La escena se desarrolla durante el reinado de dicho monarca, pero en el texto se menciona que esta mujer fue vendida como esclava en el año 16.° de Kadašman-Turgu, décadas antes. Aunque no poseamos el contrato de esa primera venta de carácter privado, es más que probable que Ātamar-qāssa fuera vendida siendo tan solo una niña (al respecto véanse John A. Brinkman, *JNES* 32 (1973): 259; Tenney, *Life at the Bottom*, 127, n. 200, así como §5.2 en este estudio). Información sobre Ni. 2885 cortesía del Prof. Brinkman.

913 Distribuidos por archivos: Nippur (5: CBS 10733, Ni. 1574, Ni. 1854, Ni. 6192, Ni. 6558) y Babilonia (1: B.143 + B. 227). El texto UM 29-15-598, también inédito y con idénticas características que los anteriores, pertenece a la Segunda Dinastía de Isin, durante el período post-casita.

914 Doce textos publicados (UET 7 2, UET 7 21, UET 7 22, UET 7 23, UET 7 24, UET 7 25, UET 7 26, UET 7 27, MRWH 7, BaM 13/1, BE 14 1, 128a) y uno inédito (CBS 10733).

915 El único ejemplo en que el documento de venta se expone desde la perspectiva de los vendedores es el texto de Ur UET 7 23. Aunque el contrato esté dañado en la parte donde habría estado el verbo, podemos esperar que éste se correspondiera con la noción de "vender", y no "comprar", como en los demás casos. La clave nos la da el hecho de que el comprador, presentado esta vez en primer lugar, está en caso dativo (l. 2: *a-na* m.dUTU-*e-ṭi-rù*, "a Šamaš-eṭir"). Por tanto, el caso de UET 7 23 es único para el período mesobabilónico, tanto en ventas de personas como de otro tipo (no así para otras zonas, como Siria). Sobre este ejemplo véanse Gurney, *The Middle Babylonian Legal and Economic Texs from Ur*, 5, 79; Slanski, "Middle Babylonian Period", 508 y n. 115.

916 Véase una clasificación general sobre las cláusulas de los contratos mesobabilónicos de Ur en Gurney, *The Middle Babylonian Legal and Economic Texs from Ur*, 4–5. Otro listado del mismo género y referido a este tipo de textos de ventas de niños, aunque sin consignar todos nuestros ejemplos, puede encontrarse en Sassmannshausen, *Beiträge*, 203.

(1) Denominación del niño vendido (gentilicio, estatura, nombre).
(2) Vendedor/es.
(3) Comprador y cantidad pagada en siclos de oro o plata.
(4) Desglose de la suma monetaria en bienes muebles.
(5) Total de la suma, confirmación del pago y recepción del dinero.
(6) Conformidad de los participantes en el contrato.
(7) Cláusula regulando futuras reclamaciones.
(8) Testigos.
(9) Datación.
(10) Marcas de uñas o sellos.

Esta relación puede variar de unos contratos a otros, tanto en el orden de las cláusulas como en el hecho de excluir algunas de ellas[917].

Tanto en la estructura como en las características del esquema anterior se puede apreciar un desarrollo escribal lineal con respecto tanto a corpora de épocas anteriores —documentación paleobabilónica[918]— como posteriores —documentación post-casita y neobabilónica[919]. Por tanto, ni el tipo de cláusulas ni el orden de las secuencias son característica propia ni del período mesobabilónico ni de los contratos de ventas de niños.

Estos documentos son, pues, significativos para el estudio de los contratos de ventas de niños en la Babilonia casita. La relativa homogeneidad en fórmulas, orden de expresiones o vocabulario específico empleado, subraya sin duda el carácter canónico de dichos textos. Éstos se configuran asimismo como el mayor corpus sobre ventas infantiles para todo el Bronce Reciente, con un total de al menos trece ejemplos conocidos.

VENTAS INFANTILES CONJUNTAS. De distinta tipología aunque de la misma época son las listas de ventas de varias personas de forma conjunta, general-

---

[917] Así, y a modo de ejemplo, en textos como UET 7 21 aparecerán todas, mientras que en MRWH 7 faltan las partes 1, 6 y 7 de la clasificación anterior, además de cambiarse la secuencia mayoritaria (en este caso el orden sería: 4, 5, 3, 2, 8, 9 y 10). Además, en ocasiones las mismas líneas de *ordinatio* realizadas por los escribas en los textos separan las ideas generales claramente: (para el caso de UET 7 22) presentación de las partes del contrato / desglose de la suma en bienes muebles / total de la suma, conformidad de las partes y parte de cláusulas contra reclamaciones / cláusulas contra reclamaciones / testigos y marcas de uñas.

[918] Aunque reducido, véase al respecto un esquema similar para el período paleobabilónico en Mariano San Nicolò, *Die Schlussklauseln der altbabylonischen Kauf- und Tauschverträge* (Múnich: C.H. Beck, 1974), 26. Para la relación de dichas cláusulas con los textos de Nippur BE 14 1, BE 14 7 y BE 14 128a, véanse p. 27 y n. 50.

[919] Véase en general Herbert P. H. Petschow, *Die neubabylonischen Kaufformulare*, Leipziger rechtswissenschaftliche Studien 118 (Leipzig: Verlag von Theodor Weicher, 1939). En el mismo sentido cf. san Nicolò, *Die Schlussklauseln*, 27ss y n. 51.

mente pertenecientes a la misma familia, y en las que aparecen niños entre los vendidos[920].

A pesar del estado fragmentario de alguno de estos documentos[921], podemos hacer de nuevo un esquema general señalando las partes más importantes de los contratos[922]:

(1) Listado de personas vendidas con el valor de cada una en siclos de oro.
(2) Vendedor/es.
(3) Comprador.
(4) Total de la suma y confirmación del pago.
(5) Cláusula regulando futuras reclamaciones.
(6) Testigos.
(7) Datación.
(8) Sellos.

Al igual que lo que acontece con los documentos de niños vendidos individualmente, de nuevo esta clasificación evidencia una continuidad en expresiones y estructuras respecto a los niños vendidos conjuntamente en períodos anteriores y posteriores.

Además, y si bien dicha clasificación posee paralelos con la de ventas de un solo niño, tanto a nivel filológico como de orden de fórmulas, también encontramos diferencias que señalaremos más adelante. Baste decir aquí, y como idea general, que las personas vendidas en dichas listas no son descritas de manera detallada —aparecerán sin gentilicio, sin mención a su estatura, etc. De esta forma se produce una especie de "desnaturalización" del vendido, con un estatus más de objeto que de sujeto.

---

[920] Cinco listas publicadas (BE 14 7, PBS 8/2, 162, MRWH 1, MUN 8, PBS 13 64 + MUN 9) y cinco inéditas (B.143 + B.227, Ni. 1574, Ni. 1854, Ni. 6192, Ni. 6558). Las características expuestas sobre estos cinco últimos documentos a lo largo de este estudio responden a la información personal proporcionada por el Prof. Brinkman. Por otra parte, se presentan aquí conjuntamente los documentos PBS 13 64 y MUN 9, publicados respectivamente en Léon Legrain, *Historical Fragments*, PBS 13 (Filadelfia: University Museum, 1922) y Sassmannshausen (*Beiträge*), y que hasta fecha reciente no se han contemplado de forma conjunta (cf. transliteración y traducción en Justel, "Niños lactantes", 235–36).

[921] Por ejemplo, en PBS 13 64 + MUN 9 apenas se conserva el reverso (especialmente la parte correspondiente a PBS 13 64). Por su parte, en MUN 8 es la zona izquierda del anverso la que más información nos aporta.

[922] Exceptuamos en esta clasificación los documentos casitas B.143 + B.227 y MRWH 1. Aunque se vendan tres y dos jóvenes respectivamente, poseen las mismas características que las ventas individuales. Sobre este aspecto véase §6.6.

Además, características como que todos los documentos se validen con uñas —y nunca con sellos— podrían conferir otras características al contrato, siendo igualmente legal (§6.4). Por otra parte, y como tendremos ocasión de analizar, el precio de los niños de las listas es menor que el de los vendidos individualmente (§6.5).

El número de personas vendidas en estos documentos mesobabilónicos se resume en el siguiente cuadro:

Texto	**Número de personas vendidas**	**Número de niños entre los vendidos**
BE 14 7	8	1 (o más)
PBS 8/2 162	4	3
MRWH 1	2	2
B.143 + B.227	3	3
MUN 8	9 (o más)	5
PBS 13 64 + MUN 9	22	11 (o más)
Ni. 1574	8	2
Ni. 1854	18	10
Ni. 6192	25	2 (o más)[923]
Ni. 6558	2	2

Tabla 14. Número de personas vendidas conjuntamente en la documentación mesobabilónica

Así pues, los textos de ventas individuales y conjuntas reflejan una misma realidad: ventas de niños a través de acuerdos legalizados. Las fuentes de la Babilonia casita son realmente importantes para el estudio de dicho fenómeno durante el Bronce Reciente, tanto cualitativa como cuantitativamente. Como veremos, este elenco textual se presta a paralelos historiográficamente novedosos con la documentación mittania y siria.

[923] Debido al mal estado del texto, no es posible conocer la información sobre sexo y edad de la mayoría de las veinticindo personas vendidas en Ni. 6192. Las únicas excepciones de este grupo las constituyen los dos últimos ejemplos, dos niñas lactantes ([DUMU.SA]L.GABA).

ARCHIVOS MITTANIOS

Las ventas de personas como esclavos están ampliamente atestiguadas en la zona mittania, especialmente en el reino de Arrapḫe, siendo un fenómeno que conocemos gracias al archivo de Nuzi. Las funciones de estas ventas eran variadas, pudiéndose tratar la compra adquirida desde criados de alto nivel hasta esclavos de rango mínimo considerados como bienes muebles de sus dueños[924]. Al igual que ventas de adultos, también encontramos este fenómeno relacionado con jóvenes.

Los textos conservados sobre ventas de niños en Nuzi son proporcionalmente menos numerosos que los de adopciones en el mismo archivo. Además, es realmente difícil conocer con precisión la edad de los sujetos vendidos, ya que la medida de éstos, entre 2 y 2,5 codos de estatura, complica su identificación en una franja u otra de edad (§6.4)[925].

Es precisamente esta mención a la estatura lo que nos ofrece la posibilidad de catalogar cuatro de los cinco documentos estudiados aquí como ventas de menores[926]: EN 9/1 409[927], HSS 19 125[928], HSS 19 115[929], YBC 5143[930] y BM 17600[931]. Estos textos no poseen un esquema que se repita, como en el caso de

---

924 Zaccagnini, "Nuzi", 584.

925 En la mayoría de las ocasiones en Nuzi, el término acadio *ammatu*, "codo" (CAD A/2 70a), no se refiere a personas, sino a medidas relacionadas con campos o casas. Véanse en este sentido algunos ejemplos en HSS 9 21, HSS 9 110, HSS 13 161, JEN 76, JEN 213 y JEN 403.

926 No consideraremos los textos HSS 5 13 y HSS 5 16 como ventas de niñas pequeñas, sino como pagos de dotes matrimoniales, al contrario que Mendelsohn (*Slavery*, 10, 132, n. 55), quien cataloga ambos textos entre los ejemplos de "sale of minors". Véanse ambos documentos en Cyrus H. Gordon, "Nuzi Tablets Relating to Women", *AnOr* 12 (1935): 166–67.

927 Cf. Lion y Stein, *The Tablets*, 63–65.

928 Cf. ibíd., 61–62.

929 Aunque cataloguemos el texto HSS 19 115 dentro de las ventas de niños, hay que puntualizar que su naturaleza se acercaría más a una operación de trueque. Así, un padre da a su hijo a cambio de un esclavo de dos codos de estatura. En ningún momento, por tanto, aparece mención alguna a sumas monetarias (incluso el pago que debería hacerse por romper el contrato no sería dinero, sino un esclavo). De todas maneras, creemos que la naturaleza de este documento tiene guarda relación con el fenómeno de las ventas de niños, ya que es sin duda un intercambio de bienes, en este caso de personas.

930 Publicado en Ernest R. Lacheman y David I. Owen, "Texts from Arrapḫa and from Nuzi in the Yale Babylonian Collection", SCCNH 1 (Winona Lake: Eisenbrauns, 1981), 383–84 (copia cuneiforme en p. 411).

931 En el documento BM 17600 (publicado en Cyril John Gadd, "Tablets from Kirkuk", *RA* 23 [1926]: n.º 52) no encontramos referencia alguna a la medida de la persona vendida, una mujer (al igual que EN 9/1 409 y HSS 19 125). Sin embargo, el hecho de

las ventas de niños en la Babilonia casita, aunque se aprecia cierta continuidad entre esta documentación y la paleobabilónica. Encontramos tres litigios legales y declaraciones, en juicio[932] y ante testigos[933], en el que se tratan aspectos que conciernen a jóvenes mujeres[934]. Los otros dos contratos[935] son disposiciones que se arreglan entre las dos partes —comprador y vendedor— sin necesidad de intervención de un estamento jurídicamente superior[936].

La diversa naturaleza y riqueza en términos de este reducido elenco textual nuzita nos ofrece interesante información para el análisis de las ventas de jóvenes. Aunque la cronología de estos documentos sea ligeramente más antigua que la de los casitas y algunos sirios, la comparación entre los tres corpora pone de relieve que estamos ante el mismo fenómeno de ventas de jóvenes, encontrando además terminología similar entre todos ellos.

Por su parte, el nivel mesobabilónico de Alalaḫ (IV) presenta hasta la fecha siete textos de ventas de personas. De ellos, dos se corresponden con ventas de niños: AlT 69 y AlT 70. En el primer caso un hombre compra a un joven (*ṣuḫāru*) por 5,5 talentos de cobre. Por otra parte, y tomando como base la lectura de Wiseman, AlT 70 había sido tradicionalmente interpretado como una venta de una esclava de edad indeterminada: SAL.LÚ-*tum*[937]. Una posterior colación de Oliva muestra que este término, solo presente en Alalaḫ IV, se debería más bien leer como SAL-*tum*, por lo que podrá ser interpretado como *šinništu*[938].

---

que un hombre entregue su hija —ambos nombres perdidos— a otro hombre, Urḫi-Tešup, pone de relieve la ínfima capacidad jurídica de la muchacha. Aunque sea difícil precisar con ello una edad concreta, podemos estar sin duda ante una "hija joven" (véase la misma denominación sobre el documento de adopción matrimonial nuzita EN 9/2 299 en Lion y Stein, *L'Archive de Pašši-Tilla*, 40–41).

932 EN 9/1 409: 3: *i-na di-ni*, "en el juicio", y no *a-na di-ni*, como muestra la copia de Lacheman (Ernest R. Lacheman y David I. Owen y Martha A. Morrison, "Part III. Texts in the Harvard Semitic Museum", SCCNH 2 [Winona Lake: Eisenbrauns, 1987], 635) (cf. Lion y Stein, *The Tablets*, 64, l. 3). El otro ejemplo es BM 17600, por restitución en la l. 2 (*a-na* ⌜*pa*⌝-[*ni* LÚ.MEŠ ŠI.MEŠ]) a partir de la l. 20 (*a-na pa-ni* LÚ.MEŠ ŠI.MEŠ).

933 HSS 19 125: 2–3: *a-na pa-ni* ⌜LÚ⌝[(MEŠ) *ši-bu-t*]*i*-MEŠ, "ante los testigos".

934 EN 9/1 409, HSS 19 125 y BM 17600.

935 HSS 19 115 y YBC 5143.

936 Estos cinco documentos provenientes de Nuzi no han sido hasta la fecha analizados de forma conjunta, si bien se refieren a una misma realidad. Desde una perspectiva más cercana al fenómeno de "esclavitud" que al de "venta de persona" véase Dosch, *Zur Struktur*, 155–62. Aún así, y aunque los demás textos estuvieran ya publicados en 1993, Dosch solamente nombra de nuestro corpus, bajo el epígrafe "Kinder in die Sklaverei verkaufen" (pp. 157–58), los documentos BM 17600 y HSS 19 115.

937 Donald J. Wiseman, *The Alalakh Tablets* (Londres: The British Institute of Archaeology at Ankara, 1953), 51.

938 Cf. Oliva, "Collations", 327 y n. 15; 332 (poco después, Niedorf [*Die mittelbabylonischen Rechtsurkunden*, 317, 318[Z. 2-7]] llega al mismo resultado que Oliva sin conocer la

SIRIA

El tercer ámbito del Bronce Reciente en el que se constatan textos sobre ventas de niños es Siria, cuya mayor parte documental se inscribe cronológicamente en el siglo XIII a. C., con los casos emariotas. El documento de Tuttul KTT 382 deberá asimismo encuadrarse en el Bronce Reciente[939]. Todos estos textos, al igual que en Nuzi pero al contrario que en el corpus mesobabilónico, carecen de una estructura general y prefijada. Además, su naturaleza literaria es radicalmente diversa, reflejando de tal manera la generalidad de los archivos sirios, y muy especialmente de Emar, de tratar varias cuestiones en un mismo documento[940]. Hay que señalar, por último, que la mayor parte de los textos emariotas de ventas de niños se encuadran en la tradición escribal siro-hitita, caracterizada por su gran diversidad de formas, estructuras y temas tratados, rompiendo con el desarrollo paleobabilónico del que es deudora la tradición siria[941].

En el corpus de Emar encontramos dos claros ejemplos de ventas infantiles en E6 83 y E6 217. En el primero un hombre vende su hija, aún en período de lactancia[942]. Para el estudio de E6 217, en el que se venden cuatro niños pequeños, habrá que añadir cuatro documentos más, dada la íntima relación existente entre ellos: E6 218, E6 219, E6 220 (improntas de pies de tres de los niños) y E6 216 (adopción matrimonial de la hija mayor que luego será vendida en E6

---

colación de este último. Por su parte, Klengel ("Zur Sklaverei in Alalaḫ", *AcAnt* 11 [1963]: 12, n. 72) había identificado el término SAL.LÚ-*tum* con el acadio *awēltum*, "junge Sklavin (?)". Véase un análisis de estos logogramas, tanto en su versión femenina (SAL.LÚ-*tum*) como en la masculina (AlT 66 y AlT 67: LÚ.SAL-*tum*) en Niedorf, *Die mittelbabylonischen Rechtsurkunden*, 301–2. Baste decir que los logogramas SAL.LÚ no se corresponderían en todo caso con los términos *ṣuḫartu* (ni LÚ.SAL con *ṣuḫāru*), oposición presente en los ejemplos AlT 233 y 234 (al respecto véase Klengel, "Zur Sklaverei", 14, n. 96).

939 Si bien la mayor parte del corpus de Tuttul se contextualiza en el Bronce Medio, el texto aquí estudiado KTT 382 data del Bronce Reciente. Manfred Krebernik lo cataloga como "Nach-altbabylonische Texte" (*Tall Bi'a/Tuttul—II: Die Altorientalischen Schriftfunde*, WVDOG 100 [Saarbrüken: Saarbrücker Druckerei und Verlag, 2001], 159), mientras que Durand habla propiamente de "Bronze Récent" (Durand y Marti, "Chroniques du Moyen-Euphrate", 141, n. 2). Sea como fuere, y sin bien no podemos conferirle una fecha exacta, este documento sería contemporáneo de parte de nuestro corpus, especialmente el nuzita.

940 En Emar no es extraño ver reguladas varias cuestiones, como adopciones, ventas o matrimonios, en el mismo texto, siendo éste de naturaleza, por ejemplo, testamentaria.

941 Démare-Lafont, "Éléments pour une diplomatique juridique", 45.

942 Sobre las ventas de esclavos en Emar véanse Démare-Lafont, "Éléments pour une diplomatique juridique", 45, 50–52; Lena Fijałkowska, *Le droit de la vente à Emar* (Wiesbaden: Harrassowitz Verlag, 2014), 98–115.

217)[943]. Si bien los hechos que narran los documentos E6 216 y E6 217 han sido reconstruidos en más de una ocasión[944], conviene aquí hacer un esquema básico de ambos textos:

(1) En un contexto de crisis económica, el matrimonio de Zadamma y Ku'e no puede hacerse cargo de la alimentación de sus cuatro hijos[945].

(2) Anat-'ummī alimenta a los pequeños, quizás habiendo pactado previamente el contrato de la fase (3).

(3) Deudora por lo ocurrido en (2), Ku'e da en estatus de *kallatu* a su hija mayor, Ba'ala-Bea, a Anat-'ummī. El precio que habría que abonar por esta última se fija en 30 siclos de plata.

(4) Anat-'ummī no paga el precio convenido por Ba'ala-Bea, por lo que el contrato de adopción matrimonial queda sin validez.

(5) Zadamma y Ku'e, inmersos aún en una fuerte crisis, venden sus cuatro hijos a Ba'al-malik por 60 siclos de plata (menos dinero, proporcionalmente, que en (3).

(6) Quizás con el objetivo de que no se pudiera cambiar a los niños vendidos por otros[946], se realizan las impresiones en arcilla de los tres niños mayores: E6 218, E6 219, E6 220[947].

E6 211, relacionada con E6 212, es la otra venta emariota en la que se venden varios niños conjuntamente[948]. En esta ocasión un esclavo llamado Šalilu es

---

943 Para E6 217 véase Tropper y Vita, "Texte aus Emar", 151–52. Sobre la edad de estos niños véase §6.4 en el presente capítulo.

944 Véanse por ejemplo Jean-Marie Durand, "Comptes rendus", *RA* 84 (1990): 74; Justel, *La capacidad jurídica*, 220–21; Cohen, *The Scribes and Scholars*, 174–75.

945 A partir de la información textual de E6 217 no hay razones para pensar que el matrimonio tuviera más de estos cuatro hijos, pero tampoco las hay para negar tal posibilidad. Zaccagnini ("Feet of Clay at Emar and Elsewhere", *OrNS* 63 [1994]: 2), por ejemplo, contempla esta segunda opción, cuando dice que "Ku'e and Zadamma sell Ba'ala-bi'a, together with *other three children of theirs*" (y no "their other three children"). Más atrevido en este sentido es Cohen ("Feet of Clay", 165), quien habla de "a woman named Ku'e, her husband Zadamma, and *four of their children*" (y no "their four children"). Más adelante, Cohen (*The Scribes and Scholars*, 174) se decanta por que fueran cuatro los hijos. Sea como fuere, lo evidente es que venden cuatro hijos y no más, por lo que si un quinto o más hubieran existido, serían con toda seguridad mayores, posibilidad que exponemos pero no contemplamos en nuestro análisis.

946 Como defiende Leichty ("Feet of Clay", 356).

947 No contamos con documentación que atestigue si los cuatro hijos de Zadamma y Ku'e fueron finalmente entregados a Ba'al-malik. No obstante, podemos suponer que la pequeña lactante, Ba'ala-ummī, permanecería con su madre hasta que fuera destetada (Durand, "Comptes rendus", 75).

948 Sobre este documento de Emar véase Marsman, *Women in Ugarit and Israel*, 439.

vendido junto con su mujer y sus cinco hijos[949]. Si bien es difícil precisar la edad de éstos, puesto que son denominados simplemente como DUMU.MEŠ ("hijos") y DUMU.SAL.MEŠ ("hijas"), probablemente algunos de los hijos serían menores de edad en el momento del contrato. Por su parte, E6 212 presenta un caso judicial por el que Dagan-taliḫ, antiguo propietario de los vendidos, reivindicó a sus antiguos esclavos tras la muerte de su comprador, Ba'al-qarrād. El hijo de éste, Ba'al-malik, presentó el contrato del primer acuerdo (E6 211), ganando de esta manera el proceso y conservando los esclavos que un día comprara su padre[950].

Aunque no poseamos evidencias terminológicas para calcular la edad exacta de la persona vendida en ASJ 10/E, muy fragmentario, todo hace pensar que se trata de un menor. En época de carestía una madre se ve obligada a vender a su único hijo. Quizás el precio de la transacción nos podría indicar una edad u otra del muchacho, pero esa parte se encuentra dañada[951]. También complicado es precisar la edad de Iram-ela, vendida en Hir 20 por varias personas[952], o de Bēlu-taliḫ, vendido en E6 7 por su abuela materna.

Otro documento emariota en este sentido es E6 118, en el que tres hombres venden a su cuñada junto con el hijo de ésta por 42 siclos de plata. Por otra parte, de procedencia desconocida, aunque sin duda próximo a Emar, encontramos el texto AuOr 5/11[953]. En él, un hombre vende a su propio hermano, junto con la mujer e hija de éste, por un total de 70 siclos de plata. Aunque es posible que en ambos ejemplos se trataran de niños, tampoco aquí podemos conocer su edad concreta, si bien el hecho de que dependan de sus padres, hasta el punto de ser vendidos junto a ellos, habla de una capacidad de autonomía legal mínima.

Por último, en el archivo de Tuttul encontramos el texto KTT 382[954], contextualizado en período de hambruna y en el que una muchacha es vendida

---

949 Dos niños y tres niñas.

950 Sobre esta relación entre ambos textos véase Bellotto, *Le Adozioni a Emar*, 41.

951 El joven vendido de ASJ 10/E no sería un recién nacido, ya que viaja (presumiblemente solo) hasta Tuttul, donde es vendido.

952 Varias mujeres y un hombre de la ciudad de Karša (ASJ 12/17: 2: LÚ.MEŠ ^{uru}*kar-ša*).

953 Catalogado por Arnaud ("La Syrie du moyen-Euphrate sous le protectorat hittite: contrats de droit privé", *AuOr* 5 [1987]: 229–31) como ME 120. A lo largo del presente estudio nos referiremos a AuOr 5.11 como procedente de Emar. Sobre su proveniencia más precisa véase ibíd., 229.

954 Editado en Krebernik, *Tall Bi'a/Tuttul*, 159–60 y láms. 49, 63. Véase un análisis más completo del texto en Durand y Marti, "Chroniques du Moyen-Euphrate", 170–73.

probablemente por su padre[955]. Al igual que ocurre con otros ejemplos anteriores, no se puede definir la edad concreta de la muchacha vendida, quien tiene poco que decir en su defensa y es legalmente pasiva en la transacción.

CONSIDERACIONES EN TORNO A LAS FUENTES

Al contrario de lo que hemos visto con las adopciones infantiles del Bronce Reciente, que se concentran principalmente en Nuzi, el corpus de ventas de niños se distribuye de forma más equitativa entre los diferentes ámbitos: Babilonia, Mittani y Siria. La Babilonia casita, sin embargo, ofrece un corpus especial, tanto por la cantidad de tablillas halladas como por las dos tipologías que presentan dichos documentos: (1) ventas de un solo niño; y (2) ventas de varias personas, entre ellos niños —aspecto este último también apreciable en Emar, aunque con distinto formato. Las características similares de estos textos dentro de ambas categorías, a nivel terminológico o de orden de cláusulas, ponen de relieve que en la Babilonia del Bronce Reciente este tipo de contratos eran habituales.

En Nuzi y Emar el elenco textual responde también al trasfondo social y económico subyacente. En el primer archivo están documentados abundantemente los contratos que conciernen a ventas de esclavos. Asimismo en Emar y Tuttul estas actividades están atestiguadas, ya que la situación económica de la zona hacia el 1200 a. C. era sin duda crítica[956].

Así pues, y divididas por ámbitos socio-políticos, archivos y tipología de textos, las fuentes con las que contamos para el estudio de las ventas infantiles durante el Bronce Reciente son las siguientes:

---

955 Si seguimos la restitución de Durand de la l. 2: KI *ba-ah-lu*-[…] *a*-[*bi-ši*], "de Baḫlu…, su padre" (ibíd., 171). Otra posibilidad de restitución sería *a*-[*na* GEMÉ-*ut-ti*], "e[n estatus de esclava]".

956 Como muestra por ejemplo, en Emar o Ekalte, la fórmula *ina* MU KALA.GA-*ti nukurti*, "en el año del desastre y la guerra". Encontramos dicha expresión no solo en ventas de personas, sino también en ventas de campos y casas, esclavitud por deudas, adopciones o contratos sobre herencias. Sobre este aspecto véase un elenco textual en Adamthwaite, *Late Hittite Emar*, 133–75, completándolo con el ofrecido por Démare-Lafont ("Éléments pour une diplomatique juridique", 80, n. 70).

Tipo de texto	Babilonia				Archivos mittanios		Siria		
	Ur	Nippur	Tell Imli-ḫiye	Babi-lonia	Nuzi	Alalaḫ	Emar	Tuttul	Total textos
Ventas de un niño/a	(9) UET 7 1, 2, 21, 22, 23, 24, 25, 26, 27	(4) MRWH 1, 7, BE 14, 1, 128a	(1) BaM 13/1		(5) EN 9/1 409, HSS 19 125, HSS 19 115, YBC 5143, BM 17600	(2) AlT 69, 70	(4) E6 7, 83, ASJ 10/E, Hir 20	(1) KTT 382	26
Listas de vendidos (entre ellos al menos un niño/a)		(8) BE 14 7, PBS 8/2 162, MUN 8, PBS 13 64 + MUN 9, Ni. 1574, 1854, 6192, 6558		(1) B.143 + B.227			(4) E6 118, 217 (216, 218, 219, 220), 212, AuOr 5/11		13

Tabla 15. Documentación de ventas de niños en el Bronce Reciente

6.3. TÉRMINOS Y EXPRESIONES

Aunque existan diferencias entre los términos y expresiones empleados en Babilonia, Arrapḫe y Siria en relación a las ventas de niños, la realidad a la que se refieren es la misma. Por esta razón, tanto los vocablos para designar a los vendidos como las fórmulas relacionadas con la venta misma y el momento en que los niños pasan de una esfera legal a otra distinta deben ser estudiados conjuntamente. En las siguientes páginas analizaremos estos términos y expresiones en relación directa con las ventas. Otros tipos de fórmulas, presentes aquí pero no exclusivas de las ventas de niños, serán estudiadas más adelante[957].

Al contrario de lo que sucede con las adopciones infantiles, donde la terminología empleada para definir a los niños es semejante a la de los adultos (§4.3), en las ventas infantiles el vocabulario nos da claves para definir la edad de dichos sujetos. Este hecho está presente especialmente en la documentación de los archivos babilónicos, aunque en menor medida también en Mittani y Siria.

Estos términos nos informan del rango de edad aproximado de los niños, desde recién nacidos hasta adolescentes. En otras ocasiones deberemos conferirles una edad u otra por el contexto, ya que se denominarán simplemente "DUMU NP" ("hijo de NP"). Los términos empleados para definir de los pequeños son los que muestra la siguiente tabla, que incluye asimismo el número de vendidos:

[957] Estas expresiones, generalmente relacionadas con fórmulas para impedir la ruptura de los contratos, son analizadas en §6.4. Véase un análisis de estas y otras fórmulas en Sassmannshausen, *Beiträge*, 204–8.

Texto	Término				
	LÚ.TUR (o GURUŠ.TUR)/ SAL.TUR (joven adolescente)	LÚ.TUR.TUR/ SAL.TUR.TUR (niño/niña)	DUMU(.SAL) (*ša*) GABA (niño/a lactante)	DUMU/ DUMU.SAL (hijo/hija)	*ṣuḫāru*/GEMÉ, SAL-*tum* (esclavo/esclava)
UET 7 1	1				
UET 7 2	1				
UET 7 21	1				
UET 7 22	1				
UET 7 23	1				
UET 7 24	1				
UET 7 25	1				
UET 7 26	(parte rota)				
UET 7 27	[1]				
MRWH 1	1	1			
MRWH 7	1				
BaM 13/1	1				
BE 14 1	[1]				
BE 14 7			1		

Texto	**Término**				
	LÚ.TUR (o GURUŠ.TUR)/ SAL.TUR (joven adolescente)	LÚ.TUR.TUR/ SAL.TUR.TUR (niño/niña)	DUMU(.SAL) (*ša*) GABA (niño/a lactante)	DUMU/ DUMU.SAL (hijo/hija)	*ṣuḫāru*/GEMÉ, SAL-*tum* (esclavo/esclava)
BE 14 128a					1
PBS 8/2 162	3				
MUN 8	4		2		
PBS 13 64 + MUN 9	[¿5?]		[1], 1	11	
CBS 10733	(parte rota)				
B.143 + B.227	3				
Ni. 1574			2		
Ni. 1854	3		7		
Ni. 6192			2		
Ni. 6558	2				
EN 9/1 409					1
HSS 19 115				1	
HSS 19 125					1

Texto	**Término**				
	LÚ.TUR (o GURUŠ.TUR)/ SAL.TUR (joven adolescente)	LÚ.TUR.TUR/ SAL.TUR.TUR (niño/niña)	DUMU(.SAL) (*ša*) GABA (niño/a lactante)	DUMU/ DUMU.SAL (hijo/hija)	*ṣuḫāru*/GEMÉ, SAL-*tum* (esclavo/esclava)
YBC 5143				1	
BM 17600				1	
E6 7				1	
E6 83			1		
E6 118				1	
E6 211				5	
E6 217			1	3	
ASJ 10/E				1	
Hir 20				1	
AuOr 5/11				1	
AIT 69					1
AIT 70					1
KTT 382				[1]	

Tabla 16. Denominación y número de los niños vendidos

Los términos acadios que se esconden bajo los sumerogramas LÚ/GURUŠ.TUR[958] y SAL.TUR son respectivamente *ṣuḫāru* y *ṣuḫārtu*, "niño/a" o "sirviente/a"[959]. Ahora bien, ¿cuál de los dos conceptos prevalece sobre el otro a lo largo de nuestro corpus?

Entre otros, CAD ofrece como significados posibles de *ṣuḫāru* los de "niño", "sirviente" o, en conexión con el adjetivo *ṣeḫru*, "niña-*ṣiḫirtu*"[960]. El primero, "niño", es el más empleado a lo largo de la documentación que manejamos, considerablemente más que el concepto de "sirviente"[961]. El significado que aporta el CAD como "niña-*ṣiḫirtu*", por su parte, es difícilmente traducible. Probablemente se refiere a una niña pequeña[962], o en todo caso joven, quizás cercana a un ámbito de esclavitud, siendo con toda probabilidad el concepto más cercano a la realidad de nuestro corpus mesobabilónico.

Sea como fuere, y teniendo en cuenta que las definiciones que los diccionarios ofrecen no expresan ni explican completamente las realidades históricas y sociales, parece evidente que los términos *ṣuḫāru* y *ṣuḫārtu* presentes en la documentación casita de ventas de niños tienen que ver directamente con el mundo

---

958 El término LÚ.TUR es característico del Ur mesobabilónico, y equivale por regla general al GURUŠ.TUR que encontramos en Nippur (Tenney, *Life at the Bottom*, 33). A lo largo de este subapartado, y aunque la explicación valga asimismo para la forma GURUŠ.TUR, nos referiremos al "niño" como LÚ.TUR. Sobre este concepto véase van Soldt, *JAOS* 98 (1978): 500.

959 AHw 1109a, CAD Š 179bss. Sassmannshausen (*Beiträge*, 122) defiende que no es posible por el momento precisar si la construcción sumeria LÚ.TUR —y por extensión su femenino SAL.TUR— se refiere en los textos mesobabilónicos a *ṣeḫru* (adjetivo) o a *ṣuḫāru* (sustantivo). En su estudio sobre dichos términos (pp. 121–23), sin embargo, no cita el documento a nuestro juicio clave para enfocar la interpretación de TUR como *ṣeḫru*: BE 14 128a, un ejemplo más de ventas de niños de época casita. Normalmente en dichos documentos se denomina al joven vendido como LÚ/GURUŠ.TUR o SAL.TUR, pero en este caso la niña vendida es designada como SAL *ṣe-ḫe-er-tu* (l. 1 y l. 18). Por tanto, la redacción en BE 14 128a del sumerograma TUR como *ṣeḫertu* hace que la inclusión del determinativo personal femenino SAL no fuera gramaticalmente necesario si estuviéramos ante una forma adjetiva. Así, la equivalencia acadia básica de los sumerogramas LÚ/GURUŠ.TUR y SAL.TUR podría ser la de un sustantivo (al que se le yuxtapone la cualidad del adjetivo TUR [*ṣeḫru*/*ṣeḫertu*]), respectivamente *awīlu*/*eṭlu ṣeḫru* y *sinništu ṣeḫertu*. Sobre estas cuestiones para el período neoasirio, véase Radner, *Die Neuassyrischen Privatrechtsurkunden*, 149–52. Para las diferentes interpretaciones sobre estos terminos a lo largo de la historiografía, cf. Langloise, *Les archives de la princesse Iltani*, 217.

960 Respectivamente CAD Ṣ 231b, CAD Ṣ 232b y CAD Ṣ 184b-ss.

961 Véanse algunos ejemplos de *ṣeḫru* con significado de "sirviente" —nunca en documentación mesobabilónica— en VAS 7 91: 5, CT 29 34: 28 o ARM 9 24.

962 El documento neoasirio ADD 1099 nos informa acerca de varias TUR.SAL.MEŠ, entre las que hay alguna niña recién nacida (SAL *ša* GA, literalmente "mujer de leche").

de la infancia[963]. Aun así, dichos conceptos guardan también relación con el estatus servil al que entrarían a formar parte estos niños, algo admitido por la historiografía más reciente[964].

En el ámbito mittanio se emplearán otras denominaciones para designar a estos niños vendidos. Si bien en Siria lo normal será referirse a ellos con el término DUMU, "hijo", en dos ocasiones de Nuzi vemos el empleo de GEMÉ, (*amtu*, "esclava", "sirvienta"[965]), término frecuentemente atestiguado en este archivo[966], mientras que los textos de Alalaḫ AlT 69 y AlT 70 presentan los sustantivos *ṣuḫāru* y SAL-*tum* respectivamente.

Las expresiones para referirse al acto de pagar el precio del niño varían asimismo entre las diferentes regiones. En la Babilonia casita encontramos el verbo *šâmu*, "comprar", normalmente en su versión sumeria, IN.ŠI.SA_{10}, acompañando a la fórmula tipo "(IN.ŠI.SA_{10}) *ana* ŠÁM.TIL.LA.BI.ŠÈ"[967], "(compró) por su precio total". Esta fórmula, perfectamente establecida en el período paleobabilónico, se empleará hasta bien entrado el 1.er milenio a. C.[968]

963 Para acentuar este carácter de juventud e infancia, véase el empleo doble del sumerograma TUR en MRWH 1: 3: GURUŠ.TUR.TUR (*contra* Sassmannshausen [*Beiträge*, 70b], quien denomina a ambos vendidos como GURUŠ.TUR). Aparte de en el mundo casita, la relación entre este término y la edad pueril se comprueba en Kaniš o en el Levante del 2.º milenio a. C. En Mari, sin embargo, es posible que la voz *ṣuḫāru* no tuviese que ver con el concepto de "infancia" (John MacDonald, "The Role and Status of the *ṣuḫārū* in the Mari Correspondence", *JAOS* 96 [1976], 57–68), así como posiblemente en los archivos paleobabilónicos de la princesa Iltani (Langloise, *Les archives de la princesse Iltani*, 216–20, esp. 218).

964 Es lo que defienden, por ejemplo, Sassmannshausen (*Beiträge*, 121–23, dentro del apartado "Sklaven und Diener") o Brinkman ("Administration and Society", 284, n. 6), quien habla de "[...] legal texts recording the sale of young children (presumably into slave status)".

965 AHw 45a, CAD A/2 80a-ss.

966 A modo de ejemplos véanse los textos JEN 515: 2, JEN 637: 19 o HSS 9 25: 2. En la Babilonia casita no es tan frecuente el uso del sustantivo GEMÉ. Apréciese que en CAD A/2 82 solamente hay ejemplos de dicho empleo en regiones contemporáneas como Alalaḫ, Elam o Ugarit. Sobre el término GEMÉ (*amtu*) en la documentación casita proveniente de Nippur y Dūr-Kurigalzu véase Sassmannshausen, *Beiträge*, 119.

967 Acadio (*išāmuma*) *ana šīmīšu gamrūti*.

968 MEA 187 expone que el signo ŠÁM de la expresión ŠÁM.TIL.LA.BI.ŠÈ aparece solamente en textos neoasirios. Sin embargo, apreciamos su empleo frecuente en época paleobabilónica en archivos como Ur, Larsa o Kutalla (Wu Yuhong, "Two OB Tablets and the Sale Document Formula šám-til-la-ni(or –bi)-šè", NABU 1993.79), o en la que nos ocupa mesobabilónica. Además, esta fórmula en forma acadizada está presente a lo largo de varios archivos del Próximo Oriente antiguo: Elam (MDP 28 421: 4), Alalaḫ (AlT 7, AlT 62: 5), Ugarit (RS 16.145: 15), Ḫana (ZA 79: 196–97) o Aššur (KAJ 147: 9ss). Obviamente, y aparte de esta fórmula prefijada, el uso del verbo *šâmu*, "comprar", está

En otras ocasiones, principalmente en Nuzi, Alalaḫ y Emar, los verbos *nadānu* ("dar") o *leqû* ("tomar") se emplearán también para referirse al acto de compra[969]. En Emar encontramos otra expresión relacionada con la acción de "dar" (esto es, "vender"): *ištu* SAG.DU, "por (su) voluntad"[970]. Tanto los verbos como las expresiones utilizadas se reflejan en el siguiente cuadro:

Texto	**Verbo**	**Expresiones**
UET 7 2	IN.ŠI.SA$_{10}$	*a-na* ŠÁM.TIL.LA.BI.ŠÈ
UET 7 21	IN.SA$_{10}$	a-*na* ŠÁM.TIL.LA.BI.ŠÈ
UET 7 22	IN.ŠI.⸢SA$_{10}$⸣	⸢ŠÁM.TIL.LA.BI⸣.[ŠÈ]
UET 7 23	[...]	[...]
UET 7 24	*[i-ša]-⸢am⸣-ši-ma*	*a-na ši-mi-ša gam-ru-⸢ti⸣*
UET 7 25	IN.ŠI.SA$_{10}$	ŠÁM.TIL.LA.⸢BI⸣.ŠÈ
UET 7 26	*id-⸢di-in⸣*	
UET 7 27	IN.ŠE.⸢SA$_{10}$⸣	⸢ŠÁM⸣.TIL.LA.BI.[ŠÈ]
MRWH 1	IN.ŠI.IN.ŠÁM	ŠÁM.TIL.LA.BI.ŠE.NE.NE
MRWH 7	*ma-ḫi-ir*	*a-na* ŠÁM

plenamente atestiguado también sin relación a la comentada expresión. Sobre el logograma ŠÁM véase Petschow, *Mittelbabylonische Rechts*, 24, Z.7.

[969] Dependiendo del punto de vista del comprador o vendedor. Nos referimos aquí a la terminología referente al pago —dinero, tabla 17—, y no al bien transferido —niño(s), tabla 18.

[970] Acadio *ištu ramāni*, lit. "de (él/ella) mismo/a". El significado exacto de esta formulación no está del todo claro, como muestra Zaccagnini ("War and Famine", 103). Aun así, Arnaud ("Humbles et superbes", 6, n. 2) propone entender los logogramas SAG.DU como *ramānu*, "uno mismo". En Nuzi también encontraremos dicha expresión (a modo de ejemplo véase la adopción infantil HSS 19 43: 5). Al respecto véase Lion, "Les adoptions d'hommes à Nuzi", 548, n. 33. Véanse otros ejemplos emariotas en E6 7, E6 83, E6 205, E6 215, E6 217, TBR 26, TBR 52, Hir 17, Hir 18, AuOr 5/11 y quizás ASJ 10/E. Por su parte, Seminara (*L'accadico*, 640–41) no apunta nada al respecto. Sobre las diversas interpretaciones de esta expresión véase Justel, *La capacidad jurídica*, 235, n. 73.

BaM 13/1	⸢IN⸣.ŠI.⸢ŠÁM⸣	*a-⸢na* ŠÁM⸣.TIL.LA.BI.ŠÈ
BE 14 1	IN.ŠI.IN.ŠÁM	ŠÁM.TIL.LA.BI.ŠÈ
BE 14 7	IN.ŠI.ŠÁM	ŠÁM.TIL.LA.NU.⸢NU⸣
BE 14 128a	⸢*id*⸣-*di*-[*in*]	*a-na* ŠÁM.⸢TIL⸣.[LA.BI.ŠÈ]
PBS 8/2 162	IN.ŠI.IN. ⸢ŠÁM⸣	ŠÁM.TIL.LA.BI.[ŠÈ]
MUN 8	[...]	[...]
PBS 13 64 + MUN 9	[...]	ŠÁM.TIL.LA.BI.ŠÙ.NE.NE
CBS 10733	IN.ŠI.ŠÁM	*a-na* ŠÁM.TIL.LA.BI.⸢ŠÈ⸣
B.143 + B.227	IN.ŠÁM	¿?
EN 9/1 409	⸢*at*⸣-[*ta-din*]	
HSS 19 115	*i-na-an-*⸢*din*⸣	
HSS 19 125	[*e*]*l-te-qè-mi*	
YBC 5143	*il-te-qè*	
BM 17600	*el-te-qè*	
AlT 69	*a-pil*	*ši-im-šu*
AlT 70	<*a-pil*>	ŠÁM SAL-*tum*
E6 7		ŠÁM.TIL.LA / *iš-tu* SAG.DU-*šú-ma*
E6 83		[ŠÁM.TIL.LA] / ⸢*iš-tu* SAG⸣.DU-*ši*
E6 118		ŠÀM.TIL.LA
E6 211		
E6 217		ŠÁM.TIL.LA / *iš-tu* SAG.DU-*šú-nu-ma*
ASJ 10/E		ŠÁM.TIL.LA / [*iš-tu* SAG.D]U-*š*[*i-ma*]
Hir 20		*a-na* ŠÁM.TIL.⸢LA.ÀM⸣ / *a-na* SAG.DU-*ši-ma*

AuOr 5/11		ŠÁM.TIL.LA /*iš-tu* SAG.DU-*šú-nu-ma*
KTT 382		¿[ŠÁM.TIL.LA]?[971]

Tabla 17. Fórmulas verbales referidas al pago

Como se puede apreciar en la tabla 17, en la Babilonia casita se emplean generalmente verbos, además de expresiones relacionados con éstos, para subrayar el acto de la venta y refiriéndose específicamente al bien abonado. En el ámbito mittanio, sin embargo, los verbos utilizados serán *nadānu* ("dar"), *leqû* ("tomar") y *apālu* ("pagar"), pero no encontramos fórmulas prefijadas que acompañen al verbo de la acción principal[972]. Al contrario que en los dos casos anteriores, en Emar y en Tuttul no encontramos un verbo que haga referencia directa al precio pagado por el joven vendido. Ello se debe a la presencia de la preposición *ana*, "por" —redactada u omitida—, antes de dicha cifra, lo que hace innecesaria la inclusión de una forma verbal referida específicamente al dinero[973].

---

[971] En el documento de Tuttul KTT 382 no apreciamos la expresión ŠÁM.TIL.LA, aunque se podría esperar tras el precio del vendido, en la fragmentada l. 4. En su edición del texto, Krebernik (*Tall Bi'a/Tuttul*, 159) no propone ninguna restitución para dicha parte: *a-na* 11 GÍN KÚ.⸢BABBAR⸣ xxx. Durand, sin embargo, lee la línea como *a-na* 11 GÍN KÙ[.BABBAR *ṣar*]*-pí it-b*[*a*?*-al-ši*] (Durand y Marti, "Chroniques du Moyen-Euphrate", 171). El mal estado de conservación de esta parte del texto complica nuestra interpretación (véanse copia y fotografía en Krebernik, *Tall Bi'a/Tuttul*, láms. 49 y 63 respectivamente). Ello hace que la relectura de Durand no quede clara respecto a las formas [*ṣar*]*-pí it-b*[*a*?*-al-ši*] por las siguientes razones: (1) el signo de interrogación que presenta en su restitución; (2) en su comentario no hace referencias a esta forma propuesta, sino solamente al verbo *paṭāru*; (3) en ningún caso esperaríamos un verbo en ese lugar, sino la fórmula ŠÁM.TIL.LA, presente siempre tras el precio de los bienes pagados (en este caso una niña). Sea como fuere, el texto KTT 382 es peculiar, por ejemplo, en el empleo del verbo *paṭāru* para marcar el hecho de la venta, al igual que se hace en el Nippur del 1.er milenio a. C. (Oppenheim, "Siege Documents"). Preferimos, por tanto, no restituir con total certitud la forma ŠÁM.TIL.LA en la l. 4, pero al menos presentar esa posibilidad, ya que la lógica del texto lo demanda.

[972] Con excepción de la expresión "su precio (ha sido abonado)" del documento de Alalaḫ AlT 69: 9: *ši-im-šu a-pil*. El empleo del verbo acadio *apālu* en este documento es único dentro de nuestro corpus de ventas infantiles. En él nos basamos para la enmienda de introducción de AlT 70: 12 <*a-pil*>.

[973] A modo de ejemplo véase E6 83: "NPF$_1$ […], por 9 (siclos) de plata […] dio (a su hija)". Véanse otros ejemplos en el mismo sentido en E6 7: 4: *a-na* 42 GÍN KÙ.BABBAR; E6 217: 4: *a-na* 60 KÙ.BABBAR.MEŠ; ASJ 10/E: 6: (reconstruído) [*a-na* X G]ÍN ⸢KÙ.BABBAR.MEŠ⸣; Hir 20: 3: *a-na* 15 GÍN.KÙ.BABBAR.MEŠ; KTT 382: 4: *a-na* 11 GÍN KÙ.[BABBAR].

Los textos de Nuzi, Emar y Tuttul presentan otro tipo de expresión que no hace referencia al precio, sino directamente a los jóvenes vendidos. Se trata de la conocida fórmula *ana ardūti / amūti nadānu*, "dar en estatus de esclavo / esclava". Al contrario de lo que normalmente vemos con *ana* ŠÁM.TIL.LA.BI.ŠÈ, donde el verbo se encuentra en primer lugar, la expresión *ana ardūti* se encuentra antes de la forma verbal —generalmente del verbo *nadānu*, "entregar."

Texto	**Expresión**	**Verbo**
HSS 19 115	*a-na* ÌR-*du-ti*	*ad-din-*⌜*mi*⌝
HSS 19 115	*a-na* ÌR-*du-ti*	*ad-din-*⌜*mi*⌝
BM 17600	*a-na* GEMÉ-*ti*	*at-ta-din*
E6 7	*a-na* ÌR-*ut-ti*	*it-ta-din-šú*
E6 83	[*a-na* GEMÉ-*ut-ti*][974]	*id-*⌜*din*⌝*-ši*
E6 217	*a-na* ÌR-*ut-ti*	*it-ta-din*
ASJ 10/E	*a-na* ÌR-*ut-*[*t*]*i*	⌜*ta-ta*⌝*-din-šú*
AuOr 5/11	*a-na* ÌR.MEŠ	*it-ta-din-šú-nu-ti*
KTT 382	-----[975]	*ip-ṭú-ur-ši*[976]

Tabla 18. Fórmulas empleadas para subrayar el cambio de estatus del niño vendido

974 Restitución de la *editio princeps* de Arnaud, con quien nos mostramos de acuerdo en este aspecto.

975 En el documento de Tuttul KTT 382 no aparece la expresión *ana* GEMÉ-*ut-ti*, "dar en estatus de esclava". Sin embargo, podríamos restituir esta fórmula al final de la dañada l. 3, donde solamente se aprecia un signo similar a una *a* (MEA 579). De todas formas, dicho signo está demasiado cerca del borde derecho respecto a lo que cabría esperar si fuera parte de la preposición *a*-[*na*]. Por tanto, y si bien no podemos estar totalmente seguros, tendremos también en cuenta la restitución que propone Durand: *a*-[*bi-ši*] (Durand y Marti, "Chroniques du Moyen-Euphrate", 171).

976 El empleo en KTT 382 del verbo *paṭāru*, "soltar", "liberar", tiene paralelos en otras ventas de niños del Nippur del 1.er milenio a. C. (Oppenheim, "Siege Documents"). Durand propone que en el ejemplo de Tuttul esta forma no se trata de un eufemismo, como Oppenheim defiende para los casos de Nippur, sino más bien de un dialectismo de la zona (Durand y Marti, "Chroniques du Moyen-Euphrate", 172). Sea como fuere, la ausencia de los verbos *šâmu* ("comprar"), *nadānu* ("dar") o *leqû* ("tomar") hacen de KTT 382 un ejemplo único en este sentido. Véase la traducción que propone Durand (p. 171): "[...] pour 11 sicles d'argent raffiné il l'a emportée et l'a « séparée »".

Como vemos en la tabla 18, la redacción de los sustantivos *ardu*, "esclavo", y *amtu*, "esclava", se plasma siempre mediante sus valores ideográficos (ÌR y GEMÉ respectivamente). El esquema de esta fórmula es el mismo que apreciamos en las adopciones (*ana mārūti* + verbo; cf. §4.3): preposición *ana* + sustantivo en forma abstracta (partícula *–ūt–*) + verbo. En los textos que presentan estas fórmulas los menores entran, en el momento del contrato, en la esfera de la esclavitud[977].

Los términos y expresiones analizados son característicos, aunque no exclusivos, de las ventas de niños y jóvenes en el Bronce Reciente. En los ámbitos de Babilonia, Mittani y Siria se aprecian diferencias en algunos aspectos relacionados con la nomenclatura empleada, pero en muchos casos esa terminología es similar. Este hecho pone de relieve que estamos sin duda ante el mismo fenómeno de ventas de niños, con idéntica concepción y posiblemente con la misma relación entre causas y efectos.

6.4. LOS ACTORES DEL CONTRATO

En las ventas infantiles de la Mesopotamia y Siria del Bronce Reciente intervienen varias partes contratantes. El niño es lógicamente el sujeto central de la operación, pero su ínfima potestad legal, unida a la obvia incapacidad de participar en el acuerdo por ser demasiado joven —a veces incluso lactante—, hace necesarios el estudio y análisis de los otros sujetos que aparecen en estos documentos. En estos procesos de ventas hay al menos tres partes diferenciadas: vendedor, persona vendida y comprador. Analizaremos los tres, aportando asimismo algunas reflexiones sobre otros sujetos secundarios pero no por ello menos importantes: garantes, testigos y selladores.

EL NIÑO VENDIDO

NÚMERO, SEXO Y EDAD. El corpus con el que trabajamos presenta un total de cincuenta y ocho niño vendidos. Entre ellos encontramos veintiséis varones y treinta y dos mujeres[978]. Con la información proporcionada en los textos es difícil señalar con precisión la edad de todos estos jóvenes vendidos, si bien cier-

---

977 Es esta precisamente la razón por la cual no encontramos esta fórmula en los textos EN 9/1 409 y HSS 19 125, los únicos documentos de este tipo que presentan el desarrollo de litigios. Así pues, en el momento en que estos dos documentos fueron redactados, sendas esclavas ya eran tales desde un tiempo indeterminado, por lo que simplemente vemos su denominación como GEMÉ, sin ser necesario el expresar la fórmula *ana amūti nadānu*.

978 Las otras dos personas vendidas corresponden a los textos CBS 10733 y YBC 5143. En el primer caso el texto está fragmentado en el espacio de la denominación del niño/a. En el segundo ejemplo se llega a un acuerdo para que se entregue bien a un joven varón, bien a una joven mujer (en cualquier caso esclavos).

tos indicios, filológicos o de contexto, nos pueden dar la clave para estudiar este aspecto.

En primer lugar, y al igual que ocurre con otro tipo de documentación sobre niños, éstos no poseen capacidad jurídica alguna. Dichos jóvenes se presentan, por tanto, como sujetos legalmente pasivos y a merced de las decisiones de otras personas (adultos). Ello abre dos posibilidades de interpretación: que se traten de esclavos adultos —también sin potestad legal— o de niños. Para dilucidar tal problema debemos acudir a la terminología utilizada para designar a estos sujetos.

La gama de términos empleados para referirse a cada uno de ellos es variada: LÚ/SAL.TUR, LÚ/SAL.TUR.TUR, SAL-*tum*, GURUŠ.TUR, DUMU.SAL.GABA, *ṣuḫāru*, *ṣeḫertu*, GEMÉ, DUMU / DUMU.SAL. Con estas denominaciones podemos encuadrar a los vendidos en diferentes edades, pero siempre dentro del período comprendido entre el nacimiento y la adolescencia[979].

En algunos documentos casitas[980] y otros procedentes de Nuzi se señala la medida o estatura del joven vendido en relación con una parte del cuerpo. Para ello en el ámbito babilónico se emplea normalmente el sumeograma KÙŠ[981], "codo", aunque también encontramos su valor acadio, *ammatu*[982]. Asimismo en Nuzi se utiliza el término *ammatu*[983], acompañado en ocasiones por el sustantivo *ūṭu*, "palmo"[984], *ubānu*, "dedo"[985] o por *kinṣu*, medida de longitud solamente atestiguada en Nuzi[986].

---

979 Véase al respecto la tabla 21.

980 En la mayor parte de ventas infantiles en las que se vende un solo niño o niña, pero nunca en listas. Añádanse los textos UET 7 22, UET 7 26, UET 7 27, BaM 13/1 y CBS 10733 a la información proporcionada en Petschow, "Die Sklavenkaufverträge", 144, n. 8. En el presente subapartado, referido a las medidas de las ventas de niños, añadimos la referencia de MSKH I 9 (§3.2), adopción matrimonial en la que la pequeña UD.9.KAM-bēlet es designada como una adolescente (SAL.TUR) de ½ codo de estatura (l. 2: ½ KÙŠ *la-an-⌜ša⌝*).

981 UET 7 21, UET 7 22, UET 7 25, UET 7 26, ¿UET 7 27?, [BE 14 1], BE 14 128a, CBS 10733.

982 BaM 13/1: 3: *am-ma-at ⌜la-an⌝-ša*, "un codo es su (de ella) estatura".

983 EN 9/1 409, HSS 19 115, HSS 19 125, YBC 5143.

984 YBC 5143. El *ūṭu* se correspondería con la mitad de un *ammatu* (Powell, "Masse und Gewichte", 472–73; cf. tabla 20).

985 YBC 5143: 4: 2 *am-ma-ti ú-uṭ-ṭá ù 4 ú-ba-ni*, "dos codos, un palmo y cuatro dedos".

986 CAD K 375b (cf. EN 9/1 409 y HSS 19 125). Sobre este tipo de medidas en Nuzi, tanto en relación con bienes muebles como con esclavos, véanse Dorothy Cross, *Movable Property in the Nuzi Documents*, AOS 10 (New Haven: Graduate School of Arts and Sciences, University of Pennsylvania, 1937), 11–12; Powell, "Masse und Gewichte", 473. Refiriéndose a la esclava vendida en HSS 19 125, Lion expresa que "la servante mesure-

Texto	Medida
UET 7 21	1 KÙŠ
UET 7 22	⌜1 KÙŠ⌝
UET 7 25	⌜2⌝ KÙŠ
UET 7 26	½ KÙŠ
UET 7 27	¿[1 KÙŠ]?
BaM 13/1	(1) *am-ma-at*
BE 14 1	¿[1 KÙŠ]?
BE 14 128a	½ KÙŠ
CBS 10733	1 KÙŠ
MSKH I 9 (adopción matrimonial)	½ KÙŠ *la-an-⌜ša⌝*
EN 9/1 409	2 *am-ma-ti ù m[a-la ki-in-ṣ]i*
HSS 19 115	2-*na am-ma-ti*
HSS 19 125	2 *am-ma-ti ù ma-la ki-in-ṣí*
YBC 5143	2 *am-ma-ti ú-uṭ-ṭá ù* 4 *ú-ba-ni*

Tabla 19. Medidas de los niños vendidos

El valor exacto de la medida de longitud "codo" en época casita no se encuentra totalmente clarificado[987]. Aunque varía ligeramente según la época y lugar donde nos encontremos, un codo normal[988] podría equivaler para esta

rait donc environ 1,35 ou 1,40 m, ce qui fait penser à une toute jeune fille, ou à une femme adulte de petite taille" (Lion y Stein, *The Tablets*, 62).

987 En su estudio sobre diferentes medidas en el Próximo Oriente antiguo, Powell ("Masse und Gewichte", 481–82) solamente analiza para la época mesobabilónica medidas de superficie, y no de longitud, como los codos que encontramos en las ventas de niños.

988 Hay que diferenciar el "codo normal" (KÙŠ, *ammatu*: 40–50 cm) del "gran codo" (KÙŠ.GAL, *ammatu rabītu*: 70–75 cm), siendo el primero el empleado en las ventas de niños. Aparte, hay que contemplar la posibilidad de que estas medidas tuvieran variaciones a lo largo del tiempo, e incluso contemporáneamente dentro de un mismo ámbito o archivo. Véase al respecto el caso de Ur, donde las medidas de los niños transferidos varían de ½ a 2 codos, o el de Nuzi YBC 5143 (cf. nota siguiente).

época a 30 dedos; esto es, unos 40–50 cm[989]. Un palmo se correspondería con unos 20–25 cm[990], mientras que un dedo equivaldría a 1,3–1,5 cm. No conocemos la longitud del *kinṣu* nuzita, aunque probablemente rondaría los 20 cm, al igual que el palmo. Para tales medidas véase la siguiente tabla:

Medida	**Codo (KUŠ, *ammatu*)**	**Palmo (*ūṭu*)**	**Dedo (*ubānu*)**	***kinṣu***
Equivalencia aproximada	40–50 cm	20–25 cm	1,3–1,5 cm	¿20 cm?

Tabla 20. Medidas empleadas y equivalencias aproximadas

Estas medidas se refieren en principio a la estatura de los vendidos, ya que generalmente encontramos tras la medida misma el complemento *lān-šu/ša*, "(x es) su estatura". Sin embargo, y teniendo en cuenta que la estatura de los recién nacidos a término[991] se sitúa en torno a los 48–52 cm, resulta difícil imaginar un niño de un codo (40–50 cm) denominado LÚ.TUR, "joven, adolescente"[992], y aún menos verosímil es encontrar una niña de medio codo (20–25 cm)[993], independientemente de su denominación de edad[994]. Por tanto, ¿a qué se refieren los textos que

---

989 Este dato se vería apoyado por el paralelo de la contemporánea Emar, donde parece haber un consenso en asignar a un codo el valor de 50 cm (Grégory Chambon, "L'écriture des mesures de longueur à Emar", en d'Alfonso y Cohen y Sürenhagen, *The City of Emar*, 142). Véase sin embargo el documento nuzita YBC 5143, donde se expresa que el esclavo entregado deberá medir "según (la medida) del codo de Wullu" (l. 5: *i-na am-ma-at* ᵐ*wu-ul-lu*). Lacheman y Owen ("Texts from Arrapḫa", 383, l. 5) proponen la idea de que, al menos en Nuzi, no hubiera una medida estandarizada para el codo, y por ello se especificara aquí la relación entre el codo de Wullu, el comprador, y la longitud del niño o niña vendidos.

990 Sobre la medida de *ūṭu* (o *rūṭu*), "palmo", véanse Benno Landsberger, "Einige unerkannt gebliebene oder verkannte Nomina des Akkadischen", *WZKM* 56 (1960): 109–12; Wolfram von Soden, "Zu einigen akkadischen Wörten", *ZA* 67 (1977): 240–41; Powell, "Masse und Gewichte", 472–73. Sobre este término en relación al de *ammatu*, "codo", véase Hildegard Lewy, "Origin and Development of the Sexagesimal System of Numeration", *JAOS* 69 (1959): 3, n. 13.

991 Esto es, tras cuarenta semanas de gestación.

992 UET 7 21, UET 7 22, BaM 13/1, CBS 10733.

993 UET 7 26, BE 14 128a.

994 Otros casos, como el mesobabilónico UET 7 25 o los nuzitas EN 9/1 409, HSS 19 115, HSS 19 125 y YBC 5143, podrían reflejar la realidad, puesto que los vendidos medirían en torno a un metro o poco más. El texto de Nimrud ND 2082, del s. VII a. C., nos informa de la venta de una niña que mide 3 codos de estatura (3 *ru-ṭu la-an-šá*). Estos aproximadamente 60 cm también podrían reproducir la estatura real de la pequeña

presentan las medidas de los niños? Lamentablemente no lo sabemos con total certidumbre, aunque se pueden exponer diversas explicaciones al respecto.

La primera posibilidad apunta a errores en la consignación de esta información, bien escribales, bien en la edición de los documentos. Además, los textos que comportan este tipo de dudas no son demasiado numerosos: solo son tres los que implican a un niño vendido menor de 50 cm: UET 7 26, BaM 13/1 y BE 14 128a[995]. Otra opción posible se refiere a un problema historiográfico de comprensión de las medidas anteriormente expuestas. Esto afectaría de manera especial al codo casita[996], puesto que todos los textos de Nuzi podrían responder perfectamente a la realidad a un nivel etrictamente físico.

Por otra parte, hay que subrayar que este tipo de anotaciones de longitud son características de las ventas de niños y adolescentes. Por tanto, podríamos encontrarnos ante una referencia a sus edades, apoyando lo expresado anteriormente a través de la terminología empleada para designar al vendido[997]. Otra opción es que se tipificaran las medidas de los niños, a los cuales no se les mediría físicamente, y la referencia fuera aproximativa y en relación con su estatura: ½ codo para niños pequeños, 1 para medianos y 2 para grandes. Por otro lado, teniendo en cuenta que estos documentos guardan relación con el mundo de la esclavitud, ¿podría la mención de una medida de longitud extremadamente corta hacer referencia a la ínfima fuerza legal de la persona vendida? Como última posibilidad planteada, la mención de las medidas de los niños vendidos podría guardar relación con el precio abonado por ellos. Así, constatamos que los dos menores en UET 7 26 y BE 14 128a, de ½ codo cada uno, son comprados por los precios más bajos de nuestro corpus: 5 prendas de vestir y 9 siclos de plata (2 ¼ siclos de oro) respectivamente (cf. tabla 23)[998].

De todas formas, y a partir de la documentación disponible, no podemos explicar convenientemente esta relación entre medidas y esclavitud, calidad de los

---

vendida, que contaría entonces con apenas dos o tres meses de edad (Barbara Parker, "The Nimrud Tablets, 1952-Business Documents", *Iraq* 16 [1954]: 34).

[995] De los tres documentos hemos colacionado BE 14 128a, que claramente muestra los signos ½ KÙŠ, confirmando la fidelidad de la copia de Clay. También colacionada, algo idéntico ocurre con la adopción matrimonial de Nippur MSKH I 9, donde la pequeña es asimismo designada —claramente— con una estatura de ½ codo.

[996] Y especialmente en Ur, donde las medidas varían desde ½ hasta 2 codos, pasando por ejemplos de 1 codo (cf. tabla 19).

[997] Parker ("The Nimrud Tablets", 34, n. 3), por ejemplo, defiende esta relación de estatura en relación directa con la edad de los vendidos.

[998] Esta última propuesta estaría avalada por la cantidad abonada por la pequeña *kallatu*, también de ½ codo de estatura, en la adopción matrimonial MSKH I 9: dos prendas *muḫtillû* de buena calidad, equivalentes a 2 siclos de oro, y el compromiso del adoptante de proveer de alimento a los padres de la niña.

niños, precio abonado por ellos o condición social[999]. Lo que sí parece claro es que hay un interés especial en consignar las medidas de los niños, aspecto relacionado con cualquier venta de propiedad. El niño en estos acuerdos es considerado un objeto más, y recordamos que otro tipo de bienes, como animales o campos, son en todas las épocas transferidos constándose por escrito sus principales características (color y calidad de animales, medidas y lindes de campos, etc.).

Sea como fuere, parece evidente que la anotación de la estatura de estos sujetos tiene que ver en cierta medida con sus edades, ya que nunca la encontramos referenciada en ventas de adultos. Las denominaciones que encontramos (LÚ.TUR, DUMU.GABA, etc.) apoyan por otra parte la opción de la conexión entre medida y edad, si bien hay que tomarla con cautela por las estaturas extremadamente cortas.

Texto	**Recién nacido (1–3 años)**		**Niño pequeño (3–10 años)**		**Pre-adolescente/ adolescente (a partir de 10 años)**	
	Varón	Mujer	Varón	Mujer	Varón	Mujer
UET 7 1						
UET 7 2					x	
UET 7 21					x	
UET 7 22					x	
UET 7 23					x	
UET 7 24						x
UET 7 25						x
UET 7 26			¿x?			
UET 7 27						x
MRWH 1			x		x	
MRWH 7						x
BaM 13/1						x

999 Interesante sería en este sentido realizar un elenco exhaustivo de todos los documentos próximo-orientales antiguos conocidos en los que se mencionen las medidas de los niños, poniendo dichas medidas en relación con el contexto de cada documento (ventas, adopciones, etc.).

Texto	**Recién nacido (1–3 años)**		**Niño pequeño (3–10 años)**		**Pre-adolescente/ adolescente (a partir de 10 años)**	
BE 14 1					x	
BE 14 7		x				
BE 14 128a						x
PBS 8/2 162					x	xx
MUN 8		xx			x	xxx
PBS 13 64 + MUN 9	[xxx]	x			xxx	xxxxx
CBS 10733						¿x?
B.143 + B.227					x	xx
Ni. 1574		xx				
Ni. 1854	x	xxxxxx			xxx	
Ni. 6192		xx				
Ni. 6558					xx	
EN 9/1 409						x
HSS 19 115					x	
HSS 19 125						x
YBC 5143						
BM 17600						x
E6 7					x	
E6 83		x				
E6 118					¿x?	
E6 211					¿xx?	¿xxx?
E6 217	xx	xx				

Texto	Recién nacido (1–3 años)	Niño pequeño (3–10 años)	Pre-adolescente/ adolescente (a partir de 10 años)
ASJ 10/E			x
Hir 20			x
AuOr 5/11			x
AIT 69			x
AIT 70			x
KTT 382			x

Tabla 21. Distribución por edades de los niños vendidos (cada "x" representa un individuo)

Por último, mencionamos el texto de Emar E6 217, donde se puede estimar con mayor exactitud la edad de los cuatro niños vendidos. Para la pequeña Ba'ala-ummī, la mención DUMU.SAL.GABA, "niña lactante", es suficiente a la hora de encuadrarla en sus primeros años o incluso meses de edad. Para los demás, las impresiones de sus pies en arcilla nos dan la clave para interpretar sus edades[1000]. Basándose en estas características, Zaccagnini realizó un breve estudio en el que concluyó lo siguiente sobre las edades de los vendidos en el momento de la creación del contrato[1001]:

- Ba'ala-ummī: durante sus tres primeros meses de edad.
- Ba'al-bēlu e Išma-Dagan: un año cada uno (probablemente gemelos).
- Ba'ala-Bea: dos años[1002].

NOMBRES Y PROCEDENCIA. Aparte de las medidas, los documentos de nuestro corpus informan sobre más aspectos en relación a los jóvenes vendidos. Uno de ellos es su nombre, que aparece en los textos casitas y emariotas[1003]. Los docu-

[1000] E6 218, E6 219, E6 220.

[1001] Zaccagnini, "Feet of Clay at Emar and Elsewhere".

[1002] Por tanto, se desmontaría así la teoría de Leichty ("Feet of Clay", 356), quien dice para los casos de Ba'ala-Bea, Ba'al-bēlu e Išma-Dagan que "they are probably triplets".

[1003] Con la excepción de E6 83, donde no se menciona el nombre de la niña lactante. En la documentación mesobabilónica el nombre de los vendidos es acompañado de la formula sumeria MU.NI.IM (ac. *-šumšu*), "es su nombre", expresion quizás relacionada con el ámbito de la esclavitud. Al respecto véase un análisis en §5.3. Por su parte, varios autores apuntan a que el acto de nombrar un niño, consignando el nombre de uno o los dos progenitores tras él, era una forma de reconocer al menor como miembro de la sociedad (cf. Garroway, *Children*, 148–49). Analizando la documentación del 1.er milenio a. C., Baker propone que los niños adquirían un nombre entre los dos y cuatro años, por lo

mentos de Nuzi son en este sentido un caso excepcional, ya que los nombres de los vendidos no se mencionan. Esta falta de designación personal responde sin duda a la tradición escribal nuzita, que no consigna este tipo de información en las ventas de esclavos[1004].

Por otra parte, en ocaciones se menciona el origen geográfico de los niños que son vendidos, mediante los logogramas Ù.TU, con el sentido de "natural de" + topónimo[1005]. Esto ocurre con frecuencia en varios textos babilónicos, así como en el nuzita EN 9/1 409. Sin bien la joven vendida en este último texto procede de Nullu[1006], la mayoría de los niños en la documentación mesobabilónica tienen por origen "el país de Karduniaš"[1007], nombre con que los casitas designaban a Babilonia[1008].

Otros documentos mesobabilónicos son en este sentido particulares. En MRWH 1 el joven vendido procede del país de Amurru (MAR.TU^{ki}), mientras que en BaM 13/1 y el inédito B.143 + B.227 los niños provienen respectivamente del "país de Kaššû" (KUR *kaš-ši-i*) y del "país de Aššur" (KUR *aš-šur*)[1009].

---

podrían ser nombrados cuando eran capaces de sobrevivir por ellos mismos (Heather D. Baker, "Degrees of Freedom: Slavery in the Mid-first Millennium BC Babylonia", *World Archaeology* 33.1 [2001]: 22). Sin embargo, varios textos de nuestro corpus, como el nuzita HSS 19 86 o los emariotas E6 217, E6 218, E6 219 y E6 220, consignan los nombres de los pequeños, algunos de ellos con toda seguridad recién nacidos. Por tanto, nos mostramos de acuerdo con Stol, cuando apunta que "Soon after birth the baby received a name" (Stol, "Private Life", 491).

1004 Sí que lo hará, por ejemplo, con textos de adopciones de niños (§4.4).

1005 Bajo estos sumerogramas se esconde el participio acadio *ildu*, del verbo *alādu*, "dar a luz".

1006 EN 9/1 409: 5: 1 GEMÉ [*nu-ul-la-ú*] ("una esclava [nulla]") (también en l. 18). La región de Nullu, también denominada en ocasiones "Lullu", está frecuentemente atestiguada en los textos de Nuzi (Fincke, *Die Orts*, 190–93; Lion y Stein, *The Tablets*, 59). Aun así, no se conoce el emplazamiento exacto de esta zona, de donde procedía habitualmente mano de obra esclava como muchos documentos muestran (cf. por ejemplo AASOR 16 42, AASOR 16 32, JEN 467, JEN 488, etc.).

1007 Bien KUR *kar-du-ni-aš* o KUR *ka-ra-an-du-ni-ia-aš*.

1008 El topónimo "Karduniaš", posiblemente de origen casita, se refiere tanto a la ciudad como a la región de Babilonia. Durante la dominación casita en el 2.º milenio a. C. esta designación se incluía en la titulatura real (por ejemplo, TCS 5171: 2: LUGAL KUR *kar-an-dun-ia-àš*, "Rey de Karduniaš"). Tras la caída de la dinastía encontramos este término en inscripciones asirias, y hará referencia solamente a Babilonia como ciudad (John A. Brinkman, "Karduniaš", *RlA* 5 [1980]: 423). Para los textos mesobabilónicos y mesoasirios con mención a la región de Karduniaš véase Nashef, *Die Orts- und Gewässernamen*, 150–51. Véase una discusión sobre dicho término en Kemal Balkan, *Studies in Babylonian Feudalism of the Kassite Period*, Monographs on the Ancient Near East 2/3 (Malibú: Undena Publications, 1986), 95–96.

1009 UM 29-15-598, documento inédito de venta de niño y proveniente de la Segunda Dinastía de Isin, presenta un joven que procede del "país de Lullumû" (John A.

La mención sobre los orígenes de estos niños pone implícitamente de manifiesto la gran escala que tendría el tráfico de esclavos en Mesopotamia. Los niños pertenecerían a ese marco geográfico o tendrían la calidad suficiente como para ser designados de esta forma. Proceder de un sitio u otro tendría sin duda connotaciones sociales o económicas distintas, aunque este aspecto es difícilmente analizable a partir del corpus disponible.

En los textos de ventas infantiles de Ur, sin embargo, encontramos un hecho que quizás no deba ser tratado como mera coincidencia. La media pagada por cada niño o niña calificado como Ù.TU KUR *Karduniaš* ("natural del país de Karduniaš"), siempre en términos monetarios, es de 9,58 siclos[1010]. En UET 7 23 y 26 no se menciona el origen del vendido, y en ambos casos lo abonado por los pequeños se computa en especie[1011], cuya suma equivale a una cantidad considerablemente menor a 9,58 siclos[1012]. Aunque estos datos deban ser tomados con cautela debido a la escasa documentación disponible, todo indica que los niños calificados como naturales de Karduniaš tenían más valor que los demás, al menos en Ur[1013]. Esto explicaría la naturaleza y razón de este gentilicio, que equivaldría a una especie de certificado de calidad del vendido, bien por sus características físicas o bien por la misma procedencia[1014].

Brinkman, "A Second Isin Dynasty Economic Text", NABU 1996.67). El topónimo Lullumû aparece normalmente designado como "Lullubê" o "Lullumê" (Nashef, *Die Orts- und Gewässernamen*, 188–89). En el texto de Isin IB 1018a, probablemente contemporáneo de UM 29-15-598, el vendido procede del "país de Akkad" (KUR *ak-ka-di-i*) (Petschow, "Die Sklavenkaufverträge", 145, n. 8). Por su parte, en el texto neobabilónico de Nippur 2 NT 301 el pequeño vendido proviene de "la ciudad de Marad" (l. 2: ^{uru}MARAD.DA-*ú-a* [cf. Oppenheim, "Siege Documents", 89]).

1010 Textos UET 7 2, UET 7 21, UET 7 22, UET 7 24, UET 7 25, UET 7 27.

1011 En UET 7 23: 4 parte de lo abonado se expresa también en dinero: 3 ⸢GÍN⸣ KÙ.⸢GI⸣ SA$_5$, "3 siclos de oro rojo".

1012 UET 7 23: 3–5: ⸢ŠÁM⸣.TIL.LA.BI 3 *muḫ-til-⸢li⸣* 3 ⸢GÍN⸣ KÙ.⸢GI⸣ SA$_5$ 3 (GUR) ŠE.BAR *ki-i* 3 GÍN KÙ.GI, "el precio total son tres prendas de vestir, 3 siclos de oro rojo (y) 3 (sūtus) de cebada equivalentes a 3 siclos de oro"; UET 7 26: *ki-i* ⸢5 TÚG⸣.ḪÁ, "por cinco vestimentas".

1013 Sería arriesgado realizar este tipo de análisis con la documentación de Nippur, ya que la amplitud cronológica de este archivo es mayor que la de Ur. En Nippur, de esta forma, los precios de los individuos vendidos presentan mayor disparidad entre sí que en Ur, donde la documentación está temporalmente más concentrada.

1014 Ello explicaría en parte el texto UET 7 2 (§6.4, bajo "Previsión de rupturas del acuerdo por parte de los actores del contrato"). Se trata de una disputa legal en la que Šamaš-ēṭir, que había comprado a un niño, no está satisfecho con su adquisición y lo devuelve. Sin duda alguna Šamaš-ēṭir esperaba en el momento de la compra que el pequeño fuera de mejor calidad, y quizás sus expectativas guarden relación con que el niño fuera "natural del país de Karduniaš" (l. 1). Este hecho apoyaría nuestra proposición de la

CONDICIÓN SOCIAL. Aunque se trate parcialmente en otro apartado (§6.6), conviene resaltar aquí otra característica de los niños vendidos: su condición social. Dos claves nos pueden ayudar a precisar este aspecto: la terminología empleada y el contexto.

Como hemos visto, los términos *ṣuḫāru* (LÚ.TUR) o *ṣuḫārtu* (SAL.TUR) en la documentación casita, *ardu* (ÌR) o *amtu* (GEMÉ) en Nuzi y *ṣuḫāru* y SAL-*tum* en Alalaḫ, hacen referencia al mundo de la esclavitud. Sin embargo, en otras ocasiones encontramos nombres que nada tienen que ver con esa esfera jurídica: DUMU.(SAL.) (*ša*) GABA ("niño/a lactante"), DUMU ("hijo") o DUMU.SAL ("hija"). Estos últimos términos aparecen en los tres ámbitos geográficos y documentales estudiados: Babilonia, Mittani y Siria. Aún así, aunque nos encontremos ante el mismo fenómeno de ventas de niños, las diferencias de contexto entre las tres unidades hace que haya que analizar este aspecto por separado, explicando en cada una el por qué de la terminología empleada.

Al igual que en otras épocas, en la región de Babilonia durante el Bronce Reciente el tráfico de esclavos fue sin duda una práctica generalizada. Si interpretamos los términos *ṣuḫāru* y *ṣuḫārtu* como "esclavo" y "esclava" respectivamente, tendríamos que conferirle ese mismo sentido —aunque no traducción— a DUMU/SAL.GABA, "niño/a lactante". ¿Estaríamos por tanto en todos estos casos ante niños esclavos? Si el objetivo de tener esclavos era que éstos pudieran trabajar en un ámbito familar en servicios de diversa naturaleza, un niño de pecho era, en principio, el menos indicado para ello, si bien hay documentos de otro tipo, especialmente las listas administrativas de trabajadores forzados, que muestran lo contrario (§5.2). Aún así, hay que recordar que los únicos niños recién nacidos del corpus de ventas casitas son vendidos junto con sus madres[1015]. Éstas son denominadas solo por su nombre, sin indicación alguna a su posible condición servil. Sin embargo, la naturaleza misma del documento —una venta— pone de manifiesto que no sería libre, por lo que sus hijos compartirían idéntico estatus. Todo parece indicar así que el concepto de *ṣuḫāru* en la Babilonia casita guarda relación con el mundo de la esclavitud, pudiéndose asimismo traducir por "niño esclavo" pero también con el sentido simple de "niño".

En Mittani la esclavitud está asimismo ampliamente atestiguada[1016]. El significado de los logogramas ÌR (*ardu*, "esclavo") y GEMÉ (*amtu*, "esclava") son más claros en su interpretación que el recién mencionado término *ṣuḫāru*[1017]. Sin duda alguna ÌR y GEMÉ se refieren por tanto a la esfera de la esclavitud, por lo

---

conexión entre gentilicio y calidad, ya que el comprador conoce bien este tipo de compras, como atestiguan los textos UET 7 21, UET 7 22, UET 7 23 o UET 7 25.

[1015] BE 14 7, MUN 8 y PBS 13 64 + MUN 9.

[1016] Véanse en general Dosch, *Zur Struktur*, 155–62; Zaccagnini, "Nuzi", 584–87.

[1017] Aún así, en el documento nuzita YBC 5143 se expresa que el sujeto que se debería entregar por 30 siclos de plata sería "bien un esclavo o bien una esclava", empleándose para ello los términos *ṣuḫāru* y *ṣuḫartu* (l. 3: *lu-ú ṣú-ḫa-ru ù lu-ú ṣú-ḫa-ar-tu*$_4$).

Texto	N.º y sexo	Denominación	Origen	Medidas	Nombres
UET 7 2	1 varón	LÚ.TUR	^{kur}*kar-du-ni-ia-aš*		Bunni-Sîn
UET 7 21	1 varón	LÚ.TUR	^{kur}*ka-kar-du-ni-ia-aš*	1 KÙŠ	Ikalrūa
UET 7 22	1 varón	LÚ.TUR	[^{kur}*kar-du-ni-ia-aš*]	⸢1 KÙŠ⸣	Ikalrūa
UET 7 23	1 varón	LÚ.TUR			Kabtiya
UET 7 24	1 mujer	SAL.TUR	^{kur}*kar-du-*⸢*ni*⸣-[*ia-aš*]		Rabāt-qibi-dumqi
UET 7 25	1 mujer	SAL.TUR	^{kur}*kár-*⸢*du*⸣-[*ni*]-⸢*ia*⸣*-aš*	⸢2⸣ KÙŠ	Gula-šemat
UET 7 26	1 varón	DUMU NPF		½ KÙŠ	Indalik-Bēl
UET 7 27	1 mujer	SAL.TUR	¿?	¿?	Šalašetu
MRWH 1	2 varones	1 GURUŠ TUR 1 GURUŠ TUR.TUR	MAR.TU^{ki}		Imenizenni / Alimmini
MRWH 7	1 mujer	SAL.TUR			No se dice
BaM 13/1	1 mujer	SAL.TUR	^{kur}*kaš-ši-i*	(1) *am-ma-at*	Bāltī-Nergal
BE 14 1	1 varón	[LÚ.TUR]	^{kur}*ka-ra-du-ni-ia-aš*	[¿1? KÙŠ]	Taklāku-ana-Kamulla
BE 14 7	1 mujer	DUMU.SAL.GABA			Ina-Isin-rabât
BE 14 128a	1 mujer	SAL *ṣe-ḫe-er-*tu_4	^{kur}*ka-*⸢*ra-an*⸣*-du-*⸢*ni-ia*⸣*-aš*	½ KÙŠ	Lammasū'a

que los niños vendidos en Nuzi son de condición servil. Lo mismo ocurrirá, en conexión con la terminología mesobabilónica, con la documentación de de Alalaḫ (*ṣuḫāru* y SAL-*tum*).

Como ocurre con otros documentos, la terminología empleada en los textos sirios es más similar a la de Nuzi que a la de Babilonia. El logograma común para referirse a las niñas vendidas es GEMÉ, utilizándose asimismo la expresión *ana ardūti / ana amtūti* para marcar el paso al estatus de esclavo (tabla 18)[1018]. Aunque las causas por las que se venden los niños emariotas difieren en ocasiones de lo que apreciamos en Babilonia o Nuzi, los términos de la documentación siria también indican la condición servil de los vendidos.

Por tanto, y tomando como base tanto la filología como el contexto de cada documento, podemos concluir que los niños vendidos en el corpus textual del Bronce Reciente mesopotámico y sirio pertenecen a una esfera legal íntimamente ligada a la esclavitud. En ocasiones forman parte de dicha categoría porque sus padres también son esclavos. Otras veces, sin embargo, son sus propios progenitores, de condición libre, quienes los venden como siervos. Por último, hay casos en los que sus padres no aparecen nombrados en los contratos, siendo también obvio el estatus inferior al que pertenecen los pequeños, quizás huérfanos[1019].

Al contrario de lo que ocurre en las adopciones infantiles del Bronce Reciente (§4.4), en los documentos de compras de niños no se especifican los derechos y obligaciones de los vendidos. Este simple hecho apoya la evidente condición servil de estos niños. Así, un esclavo no tiene derechos, y la obviedad de sus obligaciones, inherentes a su estatus social, llevaría a no ser necesario consignarlas por escrito[1020].

1018 Encontramos el sumerograma GEMÉ, "esclava", en el texto emariota E6 83: [4] y 6. La expresión *ana ardūti* aparece redactada como *a-na* ÌR-*ut-ti*, "en estatus de esclavo" (E6 7: 5, E6 217: 4, ASJ 10/E: 6) y *a-na* GEMÉ-*ut-ti*, "en estatus de esclava" (Hir 20: 5).

1019 Véase un análisis más pormenorizado sobre la condición social de los niños vendidos en §6.6.

1020 Se constata de esta manera que a estos niños, como a cualquier otro esclavo adulto, solamente se les valoraba en su tiempo presente. Esta privación de futuro, que no se contempla en ningún momento —ni tan siquiera en la reglamentación de posibles obligaciones—, ayuda a subrayar la condición servil de estos sujetos considerados como mano de obra.

Texto	N.º y sexo	Denominación	Origen	Medidas	Nombres
PBS 8/2 162	1 varón 2 mujeres	1 GURUŠ TUR 2 SAL.TUR			Arad-Gula / Ummī-Šerū'a y Tukulti-Gula
MUN 8	1 varón 5 mujeres	1 ⌜GURUŠ.TUR⌝ 3 SAL.TUR 2 DUMU.SAL.GABA			[...] / Alšiš-ablut, Bīt-Sîn-ṣnaya?, Gula-rēmanni / Šī-kabta[...], Rabât-Bēlet-Akka[de]
PBS 13 64 + MUN 9	5 varones 4 (ó 5) mujeres	2 [GURUŠ TUR], 3 [DUMU.GABA] 5 [SAL.TUR] 1 [DUMU].SAL.GABA			[...] [...] [...] / Sîn-lūdul Sîn-bāltī
CBS 10733	[...]	[SAL.TUR]	[...]	1 KÙŠ	¿?
B.143 + B.227	1 varón 2 mujeres	GURUŠ TUR 2 SAL.TUR	KUR *aš-šur*		¿? ¿?
Ni. 1574	2 varones	2 DUMU.GABA			¿?
Ni. 1854	4 varones 4 mujeres	3 GURUŠ.TUR 1 DUMU.GABA 4 DUMU.SAL.GABA			¿?
Ni. 6192	2 mujeres	2 [DUMU.SA]L.GABA			¿?
Ni. 6558	2 varones	2 GURUŠ.TUR			

Texto	N.º y sexo	Denominación	Origen	Medidas	Nombres
EN 9/1 409	1 mujer	GEMÉ	[*nu-ul-la-ú*]	2 *am-ma-ti ù ma-la ki-in-ṣi*	No se dice
HSS 19 115	1 varón	⌜ÌR⌝-du_4		2-*na am-ma-ti*	No se dice
HSS 19 125	1 mujer	GEMÉ		2 *am-ma-ti ù ma-la ki-in-ṣí*	No se dice
YBC 5143	1 varón o 1 mujer	*lu-ú ṣú-ḫa-ru ù lu-ú ṣú-ḫa-ar-*tu_4		2 *am-ma-ti ú-uṭ-ṭá ù 4 ú-ba-ni*	No se dice
BM 17600	1 mujer	DUMU.SAL			[...]
E6 7	1 varón	DUMU			Bēlu-taliḫ
E6 83	1 mujer	DUMU.SAL *ša* GABA			No se dice
E6 118	1 varón	DUMU			Lubašu
E6 211	2 varones 3 mujeres	DUMU.MEŠ D[UMU.SAL-MEŠ]			No se dice
E6 217	2 varones 2 mujeres	DUMU.MEŠ / DUMU.SAL.MEŠ (una también DUMU.SAL.GABA)			Ba'al-bēlu, Išma'-Dagan / Ba'ala-bia, Ba'ala-ummī
ASJ 10/E	1 varón	DUMU			Zue'ya
Hir 20	1 mujer	DUMU.SAL (GEMÉ)			Iram-ela

Texto	N.º y sexo	Denominación	Origen	Medidas	Nombres
AuOr 5/11	1 mujer	DUMU.SAL			Ku'li
AlT 69	1 varón	*ṣú-ḫa-ru*			No se dice
AlT 70	1 mujer	SAL-*tum*			No se dice
KTT 382	1 mujer	[DUMU.SAL]			Ahî-damiq

Tabla 22. Principales características de las ventas de niños del Bronce Reciente

El comprador

Al centrarse en las características de los niños vendidos, estos textos apenas nos proporcionan información sobre los demás sujetos que interactúan en los contratos. Los compradores son un ejemplo en este sentido. Su figura se corresponde normalmente con un varón. Solamente en un caso mesobabilónico, BE 14 128a, es una mujer quien desempeña esta función[1021].

Aparte de en el sexo, también podemos generalizar en el número de compradores en los contratos. En todos los ejemplos solo hay una persona que compra al niño, salvo en el también casita PBS 8/2 162, donde encontramos dos hombres jugando este rol[1022].

Al contrario de lo que ocurre en las adopciones infantiles, donde es posible valorar la edad de los receptores del niño[1023], en estas ocasiones la información extratextual no nos permite conocer dicho aspecto. Aún así, parece obvio que los compradores de niños serían personas adultas.

Tampoco somos informados acerca de su condición social, si bien todo hace pensar en personajes libres inmersos en este tipo de negocios. Cuatro buenos

[1021] Aunque en BE 14 128a se nombre en tres ocasiones a la compradora Yā'ūtu, este antropónimo se emplea también para referirse a un hombre (PBS 8/2 161, BE 14 110, BE 14 168, BE 15 190). Los determinativos personales femeninos son en los tres casos claros en BE 14 128a (ll. 6, 14, 20; colación personal). Aún así, en la l. 6 esperaríamos el empleo de DUMU.SAL, "hija", en vez de DUMU, "hijo", al referirse a Yā'ūtu. Por otra parte, esta es la única ocurrencia en la que Yā'ūtu es hija de Rabâ-ša-Kūbu, quien a su vez no aparece en ningún otro documento casita conocido por nosotros. Ello hace que no podamos realizar un análisis prosopográfico sobre la compradora, aunque el hecho de que no aparezca su marido nos podría señalar que se trata de una viuda que compra una joven esclava. Sobre los conflictos de género en los determinativos personales mesobabilónicos véase el trabajo de Brinkman ("Masculine or Feminine?"), quien llega a idénticas conclusions que Philippe Abrahami ("Masculine and Femenine Personal Determinatives before Women's Names at Nuzi: A Gender Indicator of Social or Economic Independence?", *Cuneiform Digital Library Bulletin* 2011:1), este último al tratar los determinativos masculinos que preceden nombres femeninos en Nuzi: estas mujeres, que actúan como agentes independientes de su marido, tendrían un estatus prominente en su sociedad (en este sentido, para los casos de Emar, véanse Justel, *La capacidad jurídica*, 156–69; Brigitte Lion, "Sexe et genre (1). Des filles devenant fils dans les contrats de Nuzi et d'Emar", en Françoise Briquel-Chatonnet y Saba Farès y Brigitte Lion y Cécile Michel (eds.), *Femmes, cultures et sociétés dans les civilisations méditerranéennes et proche-orientales de l'Antiquité*, Topoi suppl. 10 (Lyon: Éditions de Boccard, 2009), 9–25.

[1022] Uno de los dos compradores de PBS 8/2 162 es Enlil-Kidinnī, personaje importante de su época y quien parece haberse dedicado habitualmente a la compra-venta de personas (sobre Enlil-Kidinnī cf. más adelante).

[1023] Esto es, los padres adoptivos. Véanse al respecto Justel, "Some Reflections", 150–53 y §4.4 en el presente estudio.

ejemplos en este sentido son Šamaš-ēṭir (Ur), Enlil-Kidinnī (Nippur)[1024], Ilimi-limma (Alalaḫ) y Ba'al-malik (Emar)[1025].

Šamaš-ēṭir, hijo de Diyānātu[1026], actúa como comprador de niños en los documentos UET 7 2, UET 7 21, UET 7 22, UET 7 23 y UET 7 25. Fue sin duda una persona importante a nivel económico en la sociedad de Ur, al menos en la década de los años 20 del s. XIII a. C.[1027]. Ello se puede comprobar, aparte de por los negocios de los que tenemos constancia, por su condición de "cervecero del templo de Ekišnugal"[1028], cargo quizás honorífico pero que sin duda implicaría una cierta reputación social. Su función parece haber quedado relegada a Ur, ya que no es nombrado en ninguna ocasión a lo largo de la documentación de otros archivos.

1024 Aparte de Enlil-Kidinnī, en el reinado de Burna-Buriaš II, otro personaje de la sociedad de Nippur que se dedicaría a tales menesteres sería Amīl-Marduk, durante los reinados de Šagarakti-Šuriaš y Kaštiliašu IV (Brinkman, "Sex, Age, and Phisycal Condition Designations", 8, n. 50).

1025 Aunque aparezca en más de un texto de Nuzi como comprador de jóvenes, no pondremos a Ilaya, hijo de Ḫapira, al mismo nivel que estos cuatro personajes, ya que su importancia solo viene reflejada en esos textos (EN 9/1 409, HSS 19 125) y en pocos más (por ejemplo, HSS 5 4, HSS 9 100, SMN 3610). Al que sí podemos considerar una persona de alto rango es a Adad-šar-ilāni, hijo de Bēlī-emūqāya. Además de conocerlo por otros textos (PBS 2/2 98), es el comprador de PBS 8/2 162, y a su vez denominado (l. 8) lúSAG <m>*en-líl-ki-di-ni* ⸢GÁ-DUB⸣-BA-A ⸢NIBRU⸣ki, "eunuco de Enlil-kidinnī, *šandabakku* de Nippur". Por tanto, estos dos personajes guardan relación, pero solo Adad-šar-ilāni sería en este caso el comprador (contra la interpretación de Edward Chiera [*Old Babylonian Contracts*, PBS 8/2 [Filadelfia: University Museum, 1922], 134], quien propone que tanto él como Enlil-kidinnī actuarían como tales). Al respecto, Sassmannshausen (*Beiträge*, 205) dice que "in PBS 8/2 162 fungierte vermutlich der genannte Käufer im Auftrag des eigentlichen Käufers, des "Kanzlers" (donde, a partir de su interpretación, ese Kanzler, "canciller", sería Enlil-Kidinnī. Sobre dicha controvertida interpretación, más que traducción, véase más adelante, en nota).

1026 La filiación de Šamaš-ēṭir, "hijo de Diyānātu", aparece consignada en UET 7 22: 5 (⸢DUMU⸣ m⸢*di-ia*⸣-[*na-ti*]) y UET 7 25: 8 (⸢DUMU f⸣*da-a-a-na-ti*). Sobre el distinto determinativo personal en ambos casos (masculino en UET 7 22 y femenino en UET 7 25) véase Brinkman, "Masculine or Feminine?", 6 y n. 21.

1027 Década en la que se inscriben todos estos textos, desde 1231/1230 (UET 7 25, según Gurney, *The Middle Babylonian Legal and Economic Texs from Ur*, 82) hasta 1222 a. C., año de ascensión al trono de Adad-šuma-iddina (UET 7 21, UET 7 23). Por semejanza a UET 7 21, UET 7 22 podría datar también del año 1222 a. C., ya que ambos textos comparten algunas fórmulas idénticas o aparecen los mismos personajes y testigos (cf. MSKH I 87, n. 2).

1028 UET 7 22: 6: LÚ.ŠIM ⸢*ša* É⸣-*kiš*-⸢*nu*⸣-[*gal*] (interpretación en sumerogramas de É.KIŠ.N[U.GÁL] según van Soldt [*JAOS* 98 [1978]: 501a]).

Hace más de tres décadas Petschow estudió la figura de Enlil-Kidinnī, hijo de Ninurta-nādin-aḫḫē[1029]. Se trata de un oficial, portador del importante título de "*šandabakku* de Nippur"[1030], y que interviene en la compra de más de medio centenar de personas a lo largo de siete textos[1031]. De estos sujetos, veintiuno son

---

1029 Petschow, "Die Sklavenkaufverträge".

1030 El oficial con el título de *šandabakku* (sumerio GÁ.DUB.BA.A o GÚ.EN.NA) desempeñó una labor diferente dependiendo de la época y lugar donde nos encontremos. Durante el período de Ur III (s. XXI a. C.) el *šandabakku* era un oficial de muy alto rango ligado a la administracion del templo (Benno Landsberger, "Remarks on the Archive of the Soldier Ubarum", *JCS* 9 [1955]: 125, n. 22). En la Babilonia de Hammurapi (s. XVIII a. C.) la función del *šandabakku* guardaría relación con actividades como cultivos, cosechas o impuestos (Maria deJ. Ellis, *Agriculture and the State in Ancient Mesopotamia: An Introduction to Problems of Land Tenure*, Occasional Publications of the Babylonian Fund 1 [Filadelfia: The Babylonian Fund, 1976], 37, 46–49).

En la época casita que nos ocupa, el *šandabakku* de Nippur (generalmente GÚ.EN.NA NIBRU^{ki}) era un personaje tan importante que su campo de actuación traspasaría los límites de dicha ciudad e incluso del reino mesobabilónico. Reyes como el asirio Enlil-nīrārī (1327–1318 a. C.), enemigo por entonces de los monarcas Mursil II de Ḫatti o Kurigalzu II de Babilonia, enviaban cartas directamente a este oficial (Steven W. Cole, *Nippur in Late Assyrian Times (c. 755–612 BC)*, SAAS 4 [Helsinki: Neo-Assyrian Text Corpus Project, 1996], 48 y n. 21). El *šandabakku* de Nippur mesobabilónico se encargaría de tareas de diversa índole, tales como supervisar las raciones de trabajadores (PBS 2/2 56), resolver asuntos legales en la corte (BE 14 39) o incluso administrar los excedentes alimentarios (BE 14 136). Desde la Segunda Dinastía de Isin hasta mediados del s. VIII a. C. no tenemos constancia de más *šandabakku* de Nippur. Más adelante, bajo los reinados de Asarhaddón y Asurbanipal, el *šandabakku* de Nippur fue deportado a Asiria y allí ejecutado (Albert K. Grayson, *Assyrian and Babylonian Chronicles*, TCS 5 [Nueva York: Eisenbrauns, 1975], 83 iv 1–2, 84 iv 14–15, 126: 10–11).

Sobre la historia de los *šandabakku* de Nippur véase Cole, *Nippur in Late Assyrian Times*. Para época casita, además del estudio de Petschow ("Die Sklavenkaufverträge"), quien solo se centra en la figura de Enlil-kidinnī, véanse los análisis de Benno Landsberger (*Brief des Bischofs von Esagila an König Asarhaddon*, Koninklijke Nederlandse Akademie van Wetenschappen [Amsterdam: Noord-Hollandsche Uitgevers Maatschappij, 1965], 76–77); Edmon Sollberger ("Two Kassite Votive Inscriptions", *JAOS* 88 [1968]: 191–92); Balkan, *Studies*, 10–11; Sassmannshausen (*Beiträge*, 16–21); o Tenney (*Life at the Bottom*, 102). Sassmannshausen analiza los ocho *šandabakku* de Nippur de época casita, proponiendo la traducción de "canciller" ("Kanzler"). Brinkman ("Administration and Society", 283), por su parte, desaconseja traducciones categóricas de este tipo de oficiales. Al referirnos a este cargo, nosotros lo designaremos en su forma acadia, *šandabakku*.

1031 MRWH 1, BE 14 1, BE 14 7, Ni. 1574, Ni. 6192, PBS 13 64 + MUN 9, PBS 8/2 162 (incluímos en este análisis este último documento, aunque Enlil-kidinnī no actúe directamente como comprador). Enlil-kidinnī es bien conocido no solamente por estos siete documentos, sino por otros muchos procedentes de Nippur. Véanse a modo de ejemplos los textos BE 14 2, BE 14 8, BE 17 55, BE 15 78, BE 15 79, BE 15 88, BE 15 92, Ni. 641 (Albrecht Goetze, "Two Letters from Dilmum", *JCS* 6 [1952]: 137–45),

niños, encuadrándose cronológicamente los documentos en el reinado de Burna-Buriaš II (1359–1333 a. C.): (número de niños entre paréntesis) MRWH 1 (1), BE 14 1 (1), BE 14 7 (1), PBS 13 64 + MUN 9 (15)[1032] y PBS 8/2 162 (3)[1033]. Dada la importancia de Enlil-kidinnī en la administración y diplomacia de la época, se plantea la cuestión de si estas compras eran realizadas a título privado o público. Probablemente la segunda opción se adecúe mejor a este caso, encargándose Enlil-kidinnī de estas adquisiciones de personal servil palaciego o del templo. Nutriría, por tanto, a las instituciones —políticas y/o religiosas— con jóvenes esclavos que pudieran desempeñar diversas tareas[1034]. Sin embargo, hay que señalar que ni el precio de los niños ni las fórmulas empleadas difieren de lo que encontramos en los demás documentos de ventas de jóvenes. Otros paralelos contemporáneos, como los textos Ni. 6558 y B.143 + B.227, responderían más bien a compras de carácter privado[1035].

MRWH 2, MRWH 10, MRWH 13, MRWH 14, PBS 1/2 60, PBS 1/2 81, PBS 1/2 82, PBS 8/2 162, TBER 5: AO 2597, 6 o el inédito Ni. 1333: 5. Los textos Ni. 1574 y Ni. 6192 deberán ser añadidos al elenco estudiado por Petschow ("Die Sklavenkaufverträge").

1032 El número total de niños y su división por edades en PBS 13 64 + MUN 9 es dudoso debido al fragmentario estado del texto. Al respecto cf. Justel, "Niños lactantes", 235–36.

1033 Estos textos se desarrollan entre el tercer año de Burna-Buriaš II (1357 a. C. [BE 14 1: 30]) hasta el vigésimo cuarto de dicho monarca (1336 a. C. [PBS 8/2 162: 28]). El texto en el que Enlil-kidinnī compra adultos, MRWH 2, también se encuadra en este margen temporal (1342 a. C.). Posiblemente toda la actividad —o la práctica totalidad— de este *šandabakku* de Nippur se desarrolló mientras Burna-Buriaš estuvo en el trono, siendo éste uno de los reyes casitas que más tiempo gobernó el reino (cf. John A. Brinkman, "La Cronología de Mesopotamia en época histórica" (apéndice en A. Leo Oppenheim, *La Antigua Mesopotamia: Retrato de una civilización extinguida*, edición ampliada por Erica Reiner, versión española de Ignacio Márquez Rowe [Madrid: Gredos, 2003], 318).

1034 Quizás dentro de este tipo de compras de carácter público haya que contextualizar el grupo de nueve documentos neobabilónicos estudiados por Oppenheim ("Siege Documents"). En ellos también hay un único comprador, Ninurta-uballiṭ (en ocasiones asociado con otros hombres), quien a lo largo de unos años (656–617 a. C.) adquiere varios pequeños, en su mayoría niñas. Como defiende Oppenheim (ibíd., 71), Ninurta-uballiṭ sería la cabeza de un grupo de gente especializada en la compra de niños pequeños. Aún así, el ejemplo casita de Enlil-kidinnī no es comparable, ya que este "*šandabakku* de Nippur" no tendría la necesidad de especializarse en dicha actividad, siendo su cargo superior al de un simple comerciante.

1035 Véase en este sentido el también documento inédito Ni. 2885. En él se presenta el caso de la mujer Ātamar-qāssa, vendida como esclava en un intercambio de carácter privado durante el reinado de Kadašman-Turgu, y liberada décadas más tarde por medio del decreto real (*zakûtu*) de Šagarti-Šuriaš, por el que todas las mujeres de Nippur que

Con respecto al archivo de Alalaḫ, Bunnens[1036] mostró hace más de tres décadas la importancia del comprador de AlT 70: Ilimilimma, hijo de Tuttu, figura analizada posteriormente por von Dassow[1037]. Se trata de uno de los personajes mejor conocidos de la sociedad de Alalaḫ IV, siendo además un *maryannu*[1038]. Ilimilimma, sujeto perteneciente a esta alta esfera social, estaba envuelto en operaciones relacionadas con campos, animales o esclavos. Quizás sus sobrados recursos económicos apoyen la veracidad del exorbitado valor de la quizás joven esclava comprada en AlT 70: 1.000 siclos de plata refinada (§6.5).

Entre la documentación de Emar encontramos dos clanes familiares, encabezados por Zū-Bala y Kutbe, y dedicados a la compra-venta de esclavos. Ba'al-qarrād, un hijo de Zū-Ba'la, actúa como comprador de la familia entera —un matrimonio con sus cinco niños— en E6 211, y como sellador en E6 216. Además, su hijo Ba'al-malik es el comprador en E6 217 de cuatro pequeños[1039]. Por su parte, un nieto de Kutbe, segundo tratante de esclavos, y llamado asimismo Zū-Ba'la, es testigo en E6 83: 19 y probablemente también sellador[1040]. Varios miembros de ambas familias se dedicarían por tanto a esta actividad, y sin duda serían gente prominente, tanto económica como socialmente[1041]. Por consiguiente, los compradores Ba'al-qarrād (E6 211) y Ba'al-malik (E6 217) se deberán inscribir en estos importantes clanes.

Aunque no todos los compradores de niños serían personas tan prominentes como Enlil-kidinnī de Nippur e Ilimilimma de Alalaḫ, o incluso Šamaš-ēṭir de Ur y Ba'al-qarrād y Ba'al-malik de Emar, todo indica que serían personas libres y de un nivel social medio-alto.

---

habían nacido libres adquirirían de nuevo su antiguo estatus. Este ejemplo es el único mesobabilónico conocido en el que un esclavo adscrito a un ámbito privado se beneficia de este tipo de promulgaciones reales. Al respecto véanse Brinkman *JNES* 32 (1973): 259 y §4.4 y §6.2 en el presente estudio.

[1036] Guy Bunnens, "Ilim-Ilimma, fils de Tuttu "bourgeois-gentilhomme" d'Alalakh au XVe s av. N. è.", *Akkadica* 10 (1978): 2–15.

[1037] Von Dassow, *State and Society*, 294–97.

[1038] Los *maryannūma* eran individuos de la elite social, cuya característica más visible era el empleo de carros de guerra tirados por caballos. Sobre el concepto de *maryannu* véase von Dassow, *State and Society*, 96–97, 268ss.

[1039] Aparte de en E6 217, Ba'al-malik compra esclavas en emplazamientos cercanos a Emar (E6 214, E6 224), hace entrar en servidumbre a un deudor incapaz de saldar sus deudas (E6 215) y proteje a unos esclavos que fueron comprados por su padre, Ba'al-qarrād (E6 211, E6 212). Al respecto véase Cohen, "Feet of Clay", 165, n. 5.

[1040] Reconstrucción de E6 83: 14.

[1041] Como muestra el hecho de que Zū-Ba'la, testigo de E6 83: 19, presente una filiación no solo nombrando a su padre, Aḫī-malik, sino también a su abuelo paterno y cabeza de familia, Kutbe. Sobre esta familia y la de Zū-Ba'la, en relación a las ventas de esclavos, véase Adamthwaite, *Late Hittite Emar*, 145–48.

El vendedor

La figura del vendedor nos ayuda a comprender mejor las ventas de niños. ¿Qué motivos les lleva a venderlos? ¿Quiénes eran realmente estas personas? La importancia de dichas figuras es capital a la hora de entender estos contratos. A partir de la treintena de textos de ventas de niños con los que trabajamos podemos generalizar que en prácticamente todos estos acuerdos al menos un hombre actúa como vendedor[1042]. En diversas ocasiones, además, son los padres quienes venden sus hijos. Sin embargo, el número y características de los vendedores difiere según el ámbito documental en que nos encontremos.

En el ámbito mesobabilónico el nombre del vendedor viene frecuentemente precedido por la preposición sumeria KI (ac. *itti*), "con", pero en época casita con el valor general de complemento circunstancial de procedencia[1043], formando cláusulas del tipo NP_1 NP_2 KI NP_3 IN.ŠI.SA_{10} ("NP_1 [comprador] compró a NP_2 [niño] procedente de NP_3 [vendedor]"). Hasta en seis ocasiones la madre del pequeño figura como vendedora de su propio hijo[1044]. En todos estos ejemplos la madre está acompañada de más personas: su hermano[1045], su marido y padre del hijo[1046], el hermano del vendido[1047], el garante[1048] u otros hombres[1049]. En los demás documentos actúan como vendedores un hombre[1050], dos[1051], tres[1052] o cuatro[1053].

No podemos proponer una tesis general respecto al estatus social de los vendedores a partir de los archivos mesobabilónicos de Ur y Nippur. Habría, por tanto, que estudiar ciertos casos por separado para llegar a conclusiones satisfactorias. En primer lugar, el hecho de que familiares del niño/a vendido/a —especialmente sus madres— formen parte del contrato[1054] hace pensar en necesidades económicamente imperiosas por su parte. El ejemplo de Ur UET 7

1042 La única excepción es el texto de Emar E6 7, donde es Asda-aḫī, abuela materna del pequeño vendido Bēlu-taliḫ, quien figura como única vendedora en la transacción.

1043 Aro, *Studien*, 99.

1044 UET 7 2, UET 7 22, UET 7 25, UET 7 27, BE 14 128a y CBS 10733.

1045 UET 7 2, UET 7 25.

1046 UET 7 25, CBS 10733.

1047 BE 14 128a.

1048 UET 7 2, UET 7 25, UET 7 27.

1049 UET 7 22, UET 7 27, BE 14 128a.

1050 UET 7 24, UET 7 26, MRWH 1, MRWH 7, BaM 13/1, BE 14 1, PBS 8/2 162.

1051 PBS 13 64 + MUN 9.

1052 UET 7 21, entre ellos un garante.

1053 BE 14 7 y UET 7 23 (en este último ejemplo entre los vendedores hay un garante). Por su parte, el mal estado de conservación de la lista de vendidos MUN 8 imposibilita conocer cualquier información sobre el vendedor.

1054 Alrededor del 30% de las ocasiones conocidas.

25 es paradigmático en este sentido. En este documento figuran como vendedores el padre, la madre, el tío materno y un garante. Este es el segundo texto de Ur en el que menos se paga por la niña: 8 siclos de oro[1055]. Podríamos imaginar por consiguiente un caso ejemplar en el que la familia, pasando por una fase de penurias económicas, se ve en la obligación de vender su hija, como aparece atestiguado en otros ámbitos geográficos, contemporáneos o no[1056].

Diferentes son los ejemplos en los que el vendedor no tiene vínculos sanguíneos con el niño vendido. En estas ocasiones, estudios prosopográficos muestran la importancia de algunos de estos personajes: Rā'imu[1057], Adadma-ilu[1058] o Adaggal-pān-ilī[1059] aparecen calificados como DAM.GÀR, "comerciante". Estos individuos, que podrían también dedicarse a otro tipo de operaciones económicas, están atestiguados en otros textos de compra-venta de personas[1060]. Su actividad habitual casa perfectamente con la posibilidad de que ejercieran una labor de reventa, adquiriendo sujetos para posteriormente venderlos a mejores precios.

El vendedor del texto de Nippur PBS 8/2 162 es Gimillu, hijo de Ubāya, y porta un apelativo más importante: "Ungido de Ninlil"[1061]. Sin embargo, entre los vendedores de niños en la Babilonia casita destaca el *šandabakku* Enlil-kidinnī en PBS 13 64 + MUN 9, quien actúa como comprador en varios contratos. Estos ejemplos (especialmente el último) nos muestran la otra cara de la moneda, en comparación con los padres obligados a vender a sus hijos: gente acomodada cuyo objetivo último sería el de ganar dinero y no el de proveerse de bienes de subsistencia.

Aunque a otra escala debido a la menor cantidad de este tipo de textos en el ámbito mittanio, podemos comprobar que en Nuzi la figura del vendedor de niños parece seguir el mismo patrón que en la Babilonia casita. En dos ocasiones

---

1055 En UET 7 21 el precio del joven Ilabrūa es 7½ siclos de oro. Sin embargo, este caso es excepcional, dada su relación con UET 7 22 (cf. §6.4 bajo el subapartado "El garante").

1056 Véase un caso contemporáneo de dificultades económicas en Emar. Por otra parte, las ventas de niños por sus padres debido a problemas financieros está atestiguada a lo largo de la documentación próximo-oriental antigua. Véanse a modo de ejemplos algunos textos neobabilónicos de Nippur en Oppenheim, "Siege Documents".

1057 MRWH 1. Abreviatura de su nombre completo, Enlil-rā'im-nišīšu (MRWH 14: 41'; cf. Petschow, *Mittelbabylonische Rechts*, 48, n. 2).

1058 MRWH 7.

1059 BE 14 1.

1060 Rā'imu: MRWH 1, MRWH 14; Adadma-ilu: MRWH 7, BE 14 51, BE 14 72, BE 15 131, BE 15 175, BE 15 196; Adaggal-pān-ilī: BE 14 1, MRWH 14.

1061 GUDU$_4$ ^{d}NIN-LÍL-LÁ (cf. asimismo MRWH 14: 15'). Sobre este título véase especialmente Sassmannshausen, *Beiträge*, 66.

los padres de los niños son los vendedores, actuando como tales en solitario[1062]. En el resto de textos es solo un hombre quien actúa como vendedor[1063]. En YBC 5143, además, el vendedor se presenta como comerciante[1064], por lo que quizás se dedicara profesionalmente, entre otras actividades, al comercio de personas.

Por su parte, en Alalaḫ los vendedores no guardan relación sanguínea con los pequeños vendidos. Mientras en AlT 69 el vendedor es solo un hombre, en AlT 70 serán hasta siete personas, entre ellas una mujer[1065]. Este último caso es más característico de Alalaḫ, donde era común que varias personas actuaran como vendedoras de esclavos[1066].

Por último, en el ámbito sirio la figura de los individuos que venden los niños guarda evidente relación con las causas de la propia venta. Así, en estos

---

[1062] BM 17600 y HSS 19 115. Es este último documento Ḫampizi entrega su hijo Unaya como esclavo a Akap-tukke. Aún así, el menor al que nos referimos a lo largo de este estudio es el esclavo de dos codos que Akap-tukke tendría que dar a Ḫampizi. Todo hace pensar, de todas maneras, que Unaya sería un niño pequeño —o al menos preadolescente—, estando aún bajo la autoridad de su padre.

[1063] EN 9/1 409, HSS 19 125, YBC 5143.

[1064] YBC 5143: 2: LÚ.DAM.GÀR.

[1065] La mayoría de autores piensan que este antropónimo referido a un/a vendedor/a debe ser leído como femenino. Wiseman (*The Alalakh Tablets*, 51) y von Dassow (*State and Society*, 403) leen ^{f}Silalli, ambos con signos de interrogación. Bunnens ("Ilim-Ilimma, fils de Tuttu", 11) y Jacob Hoftijzer y Wilfred H. van Soldt ("Texts from Ugarit Concerning Security and Related Akkadian and West Semitic Material", *UF* 23 [1991]: 203) lo hacen como ^{f}Silarari. Por su parte, Draffkorn (Anne D. Kilmer, *Hurrians and Hurrian at Alalaḫ: An Ethno-Linguistic Analysis*, Tesis Doctoral inédita [Filadelfia: University of Pennsylvania, 1959], 131) ya había interpretado este antropónimo como masculino bajo la forma ^{m}Ellali, lectura contemplada asimismo por Niedorf (*Die mittelbabylonischen Rechtsurkunden*, 318–19) como ^{m}Elalle. Aún así, Niedorf (ibíd., 319) no cierra categóricamente la interpretación como ^{f}Silalle.

En su reciente colación del documento, Oliva ("Collations", 327, l. 6, copia en p. 332) no señala que se trate de una mujer, aunque su lectura como Zulalli (o Sulalli), nombre probablemente de etimología hurrita, implica la existencia del determinativo femenino ^{f} (SAL) antes del primer *zu* o *sú*. Así, donde Niedorf interpreta ^{m}*el-*, deberíamos leer $^{m.f}$*zu-*. Además, el término hurrita Zula- es conocido en Nuzi (JEN 11: 5), y el hecho de presentar un determinativo masculino y otro femenino (**$^{m.f}$**Zulalli) no debería constituir un problema, tanto por paralelos en Alalaḫ (AlT 92: 6: $^{m.f}$*na-i-du*) como en otros textos de la época (véanse ejemplos mesobabilónicos en Brinkman, "Masculine or Feminine?" y nuzitas en Abrahami, "Masculine and Femenine Personal Determinatives"). Por tanto, siguiendo la interpretación de Oliva, quien ha colacionado AlT 70, consideramos este antropónimo como femenino, por lo que probablemente habría que añadir a Zulalli al grupo textual sirio en que una mujer actúa como vendedora de esclavos (cf. Justel, *La capacidad jurídica*, 193, n. 45).

[1066] Klengel, "Zur Sklaverei", 11 y n. 68.

ejemplos los vendedores son el padre[1067], padre y madre[1068] e incluso la abuela materna[1069]. El único documento de Emar en el que vemos otro sujeto actuando como vendedor es Hir 20. En él, quizás la pequeña Iram-ela sería huérfana, lo que explicaría el hecho de que fueran los "hombres de la ciudad de Karša"[1070] quienes se responsabilizaran de la niña, siendo al menos tres los vendedores[1071].

Los vendedores de niños en la Babilonia casita, Mittani y Siria no pueden, por tanto, ser definidos conjuntamente y procederse a una generalización. En Ur, Nippur y Nuzi se dan ejemplos en los que los padres venden sus propios hijos, pero en otras ocasiones, al igual que en Alalaḫ, la figura del vendedor se corresponde con personajes importantes a nivel comercial[1072], político[1073] o incluso religioso[1074]. Es probable que estos sujetos se dedicaran profesionalmente al comercio de personas.

En la Siria del Bronce Reciente el modelo del vendedor de niños cambia, o al menos es semejante a solo parte de los casos de Babilonia y Arrapḫe. En Emar y Tuttul son los ascendientes directos —padres o abuelos— los que venden sus descendientes, algo que no sorprende si se toma en cuenta la más que conocida crisis que afectó la región durante parte del s. XIII a. C y que obligó a realizar semejantes actividades[1075]. De todas formas, y aunque los pequeños fueran vendidos como esclavos, probablemente los padres no pertenecerían a un estatus servil, por lo que seguirían conservando su condición de libres[1076].

Por último, y desde la óptica del vendedor familiar directo del niño, se puede explicar la toma de esta difícil decisión aduciendo determinadas ventajas: estos vendedores se harían con un dinero ciertamente necesario en los momentos de crisis; tendrían la seguridad de que sus hijos, aún en una esfera servil,

---

[1067] ASJ 10/E, KTT 382, E6 83.

[1068] E6 217.

[1069] E6 7.

[1070] Hir 20: 2: LÚ.MEŠ ^{URU}*kar-ša*.

[1071] Aunque probablemente cinco, si seguimos la interpretación que hace Akio Tsukimoto ("Akkadian Tablets in the Hirayama Collection (II)", *ASJ* 13 [1991]: 276, 277, n. 1) sobre los logogramas DUMU.SAL (l. 1), que traduce como nombre personal femenino (Mārat) en vez de como elemento de filiación ("Ummiši, hija de Nina'e").

[1072] MRWH 1, MRWH 7, BE 14 1, YBC 5143.

[1073] PBS 13 64 + MUN 9.

[1074] PBS 8/2 162.

[1075] Véanse al respecto Zaccagnini, "War and Famine"; Adamthwaite, *Late Hittite Emar*, 133–75; Démare-Lafont, "Éléments pour une diplomatique juridique", 80, n. 70. Otra solución a los problemas económicos inherentes a esta fuerte crisis sería la adoptada por la viuda del contrato de Emar AOS 1 65. En él, la mujer no vende a sus cuatro hijos huérfanos de padre, sino que opta por vender la casa familiar por una baja cantidad: 42 siclos de plata.

[1076] El único ejemplo en que los padres sí que son esclavos, y sus hijos se venden junto a ellos, es el emariota E6 211.

poseerían los recursos suficientes para comer, vestir e incluso aprender un oficio; además, es probable que siguieran teniendo contacto con sus hijos en el lugar donde vivieran[1077].

EL GARANTE

El término acadio *qātātu*, "garantía, promesa"[1078], hace referencia a la garantía o al propio garante de un contrato[1079], y lo encontramos bajo su forma sumeria en AlT 70[1080]. En ciertos textos del Próximo Oriente antiguo, sin embargo, a la figura del garante se le denomina *kattû* (sum. LÚ INIM.GI.NA[1081]), "el que confirma la declaración"[1082] (a partir de ahora "garante"), sujeto encargado de dar fe y garantizar la validez de una operación legal y actuar en caso de futuribles problemas[1083]. Aunque no contemos con muchos ejemplos de este último término, encontramos garantes desde época paleobabilónica hasta el 1.er milenio a. C.[1084]. En nuestro corpus, estas personas debían garantizar de una forma u otra

[1077] Especialmente Ur y Emar, archivos donde se concentran los textos en los que los padres venden sus hijos.

[1078] CAD Q 168ss.

[1079] El primer estudio que conocemos para las actividades y características del garante en el Próximo Oriente antiguo fue el de Paul Koschaker (*Babylonisch-Assyrisches Bürgschaftrecht* [Berlín: Druck und Verlag von B.G. Teubner, 1911]). Véanse asimismo los estudios de Meir Malul (*Studies in Mesopotamian Legal Symbolism*, AOAT 221 [Münster: Neukirchener Verlag, 1988], 209–85) y Raymond Westbrook y Richard Jasnow (*Security for Debt in Ancient Near Eastern Law*, CHANE 9 [Leiden: Brill, 2001], 79–83, 104–25, 161–221). Para un análisis sobre este fenómeno en Ugarit en el contexto de Siria del Bronce Reciente y la Palestina bíblica véase Hoftijzer y van Soldt, "Texts from Ugarit". Sobre la figura del garante en contratos de compra-ventas en épocas anteriores véase Claus Wilcke, "Kauf. A.II", *RlA* 5 (1980): 507, §II.

[1080] L. 15: ŠU.DU$_8$.A. Véase al respecto Niedorf, *Die mittelbabylonischen Rechtsurkunden*, 321, l. 15.

[1081] MSL 5 78, 352. Cf. AHw 466a, CAD K 307ss.

[1082] "Der die Aussage bestätigt" (AHw 466a). Este término proviene del raramente atestiguado verbo *katā'u*, "tomar como (elemento de) seguridad", referido tanto a bienes materiales como a esclavos (CAD K 308b).

[1083] En época mesoasiria encontramos el término *kattû* referido solamente a propiedades activas (como campos o bienes inmuebles) que actúan de garantía. Al respecto véase el estudio de Kathleen Abraham. "The Middle Assyrian Period", en Westbrook y Jasnow, *Security for Debt*, 189–216. En el presente estudio, al hablar de garantes nos referiremos a los denominados *kattû*.

[1084] Véanse como ejemplos para época paleobabilónica los textos TIM 2 101, TBL 4 83, PBS 8/2 140 o los documentos de Alalaḫ AlT 23 y AlT 24. Para el 1.er milenio a. C. cf. CT 22 110 (dudoso), BWL 74: 49 o MVAG 21 86: 37. En Ugarit podríamos encontrar, también referido a una persona, una forma del verbo *katā'u*, "tomar como (elemento de) seguridad", y relacionado con el término *kattû*, en el texto acadio RS 17.329: 3, si seguimos

que los resultados de las ventas de niños fueran los convenidos entre las dos partes contractantes. Además, es interesante señalar que en todos los casos los garantes aparecen entre los vendedores, por lo que se les puede considerar como uno más de ellos, pero aún así con características propias.

Dentro de nuestro corpus, el vocablo *kattû* abunda especialmente a lo largo de la documentación casita, y más concretamente en las ventas de niños de Ur: UET 7 2, UET 7 21[1085], UET 7 23, UET 7 25 y UET 7 27[1086]. Fuera de Ur, el único ejemplo de un garante *kattû* a lo largo del corpus de ventas de niños es el inédito Ni. 6558[1087]. Por su significado de fondo hay que poner en relación el término *mūdûtu*, "conocedor, testigo"[1088], con *kattû*. Bēl-muballiṭ, *kattû* en UET 7 21: 5, aparece como *mūdûtu* en la operación que se desarrolla poco después en UET 7 22[1089]. Ambos textos son próximos entre sí, ya que actúan los mismos personajes: niño vendido, comprador, vendedores y testigos. Gurney plantea la posibilidad de que Bel-muballiṭ jugara como *mudûtu* en UET 7 22 un rol menor que el que había tenido anteriormente en UET 7 21 como *kattû*[1090]. De esta manera la cualidad del garante (*kattû*) sería jurídicamente más elevada a la de un simple conocedor o testigo (*mudûtu*). Sea como fuere, parece obvia la relación entre los dos términos, ya que en ambos casos se refieren a idénticos persona (Bel-muballiṭ) y caso (la venta del mismo niño).

Afortunadamente, a partir de la documentación de Ur donde aparecen estos *kattû* no debemos simplemente teorizar sobre sus funciones, sino que

---

la restitución de Hoftijzer y van Soldt, "Texts from Ugarit", 195–96: *ik-t*[*u-ú*]. Nougayrol, en su *editio princeps* (PRU 6 69), y Lackenbacher (*Textes akkadiens d'Ugarit*, 326 y n. 1178) interpretarán sin embargo la forma *ik-t*[*u-um*] como del verbo *katâmu*, según Nougayrol con el sentido figurado de "couvrir moralement quelqu'un" (PRU 6 69, p. 64, n. 3).

1085 Corríjase CAD K 308a 1c), ya que donde pone UET 7 22 se refiere realmente a UET 7 21 (ll. 5 y 14).

1086 Cf. CAD K 308a 1c.

1087 Al documento CT 43 60, considerado como el único caso mesobabilónico en el que un garante *kattû* no interviene en ventas de niños (van Soldt, *JAOS* 98 [1978]: 500), habrá que añadir ahora el inédito Ni. 7190. En él, un hombre actúa como garante en la compra de un caballo. En caso de problemas, este individuo debería abonar una compensación en animales, y no en dinero. Aún así, probablemente haya más garantes *kattû* entre el material sin publicar de Nippur (información cortesía del Prof. Brinkman).

1088 CAD traduce *mudûtu* como "conocimiento", "información", "sabiduría", e incluso cita el texto que nos ocupa, UET 7 22: 5 (CAD M/2 168; *conta* Gurney [*The Middle Babylonian Legal and Economic Texs from Ur*, 79, rev. 5-6], quien dice que "CAD s.v. *mudûtu* does not offer a translation"). La inclusión de la partícula prefijada *mu-*, que forma participios y nombres de profesión, daría un sentido de adjetivo al verbo semítico con radicales YD' (*edû*, "conocer").

1089 UET 7 22: 5'–6': *a-na mu-du-ti šá* $^{m.d}$30-*lul-tar-ri-iḫ* ^{m}EN-*mu-bal-liṭ ú-ši-ib*, "Bel-muballiṭ estaba presente como *mudûtu* (conocedor, testigo) de Sin-liltarriḫ".

1090 *The Middle Babylonian Legal and Economic Texs from Ur*, 79 n. Rev. 5–6.

poseemos un claro ejemplo del desarrollo posterior en caso de problemas: UET 7 2[1091]. En este documento casita se explica que Šamaš-ēṭir había comprado el pequeño Bunni-Sîn procedente de su tío materno, de su madre y de Irība-ilī, garante. El comprador evaluó al pequeño y no quedó convencido de su calidad[1092]. Lo que esperaríamos entonces sería que Šamaš-ēṭir, insatisfecho con su compra, devolviera al niño a cambio de dos del mismo valor o un tipo de operación similiar. Sin embargo, es en estos momentos en los que se hace presente la figura e importancia del garante, desarrollándose los acontecimientos de una forma relatada de manera estructurada: Šamaš-ēṭir no solo devuelve a Bunni-Sîn a su madre natural[1093], sino que arresta en su casa a Riḫītuša, esposa del garante Irība-ilī[1094]. Comienza entonces un proceso judicial que no entendemos completamente debido al mal estado del documento. Aún así, comprobamos que el propio hermano del garante acabó siendo detenido por un sacerdote de Eridu con potestad judicial[1095].

Este singular ejemplo merece ser comentado en el contexto del corpus donde aparecen garantes. En primer lugar, y como ya hemos apuntado, el niño debía cumplir unos requisitos mínimos para poder llevar a cabo su cometido tras

---

1091 UET 7 24 constituye otro ejemplo en el que probablemente un garante, para el que no se conserva el apelativo de *kattû*, tuviera que actuar debido a la ruptura del contrato. Sin embargo, el texto está demasiado fragmentado para poder ser estudiado. Para una reconstrucción de los hechos véase Gurney, *The Middle Babylonian Legal and Economic Texs from Ur*, 81–83.

1092 UET 7 2: 7: $^{\text{m.d}}$UTU-KAR-*ir* LÚ.TUR *al-⌜tuk⌝-ma*, "Šamaš-ēṭir pro⌜bó⌝ entonces al niño". El verbo utilizado para marcar el acto de "probar" es *latāku* (AHw 540, CAD L 111 3), empleado normalmente para comprobar medidas o trabajos en progreso pero en ocasiones también referido directamente a personas. Por otra parte, la forma verbal que esperaríamos sería un acabado de tercera persona singular: *il-tuk*.

1093 UET 7 2: 8–9: *ù* (*a-na*) ^{f}*⌜ta⌝-ri-ba-ti ⌜ú⌝-tir-šu-⌜ma⌝*, "y a Tarībatu lo devolvió" (empleo del verbo *târu* en voz D, "devolver"; cf. AHw 1332, CAD T 250ss).

1094 UET 7 2: 9–10: ^{f}*ri-ḫi-tu-⌜ša⌝* DAM-*ti* ^{m}SU-DINGIR *kát-te-e*<<*a*>> $^{\text{m.d}}$UTU-KAR-*ir i-⌜na⌝* É-*šu ik-⌜la-ši-ma⌝*, "y Šamaš-ēṭir arrestó en su casa a Riḫītuša, la esposa de Irība-ilī, el garante" (nótese, al igual que en las listas mesobabilónicas de trabajadores forzados que mencionan fugitivos (§5.4), el empleo del verbo *kalû*, "arrestar, confinar"; cf. AHw 428, CAD K 95ss).

1095 Este sacerdote de Eridu, "tras haber examinado su caso, detuvo [¿en Eridu?] a [^{m}NP], hermano de Irība-ilī, el garante" (UET 7 2: 21–24). Tras varias fases enrevesadas con juicios de por medio, el texto concluye presumiblemente que una niña, Unnunu, fue dada como sustituta del pequeño Bunni-Sîn. Riḫītuša (esposa del garante), por su parte, debería volver con Amurrea (tío de Bunni-Sîn y su pasado vendedor). Véase una plausible reconstrucción del documento en Gurney, *The Middle Babylonian Legal and Economic Texs from Ur*, 22–23.

ser vendido. En caso contrario, como en UET 7 2, sería devuelto al vendedor —en este caso su madre— después de ser examinado[1096].

En este documento casita se pone de manifiesto la gran responsabilidad que tendrían dichos sujetos. Al actuar como elementos garantizadores de los contratos, no solo ellos se exponían a diversas repercusiones en caso de problemas, sino que su propia familia podría jugar un papel en los posibles vaivenes legales. La normalidad con que UET 7 2 muestra la actividad del garante[1097] implica sin duda que estos casos sucedían en ocasiones, siendo obvio y aceptado por todos el importante papel que jugarían los garantes. Con casi toda seguridad éstos, al figurar entre los vendedores, recibirían parte del precio del niño por garantizar el acuerdo. Sin embargo, deberían rendir cuentas y responsabilizarse de futuribles complicaciones a las que se pudiera llegar, como la mala calidad de un niño (UET 7 2) o incluso su posible fuga[1098].

Los testigos y selladores

En todos los textos de nuestro corpus de ventas de niños el nombre de los testigos está precedido por el término sumerio IGI (ac. *šību*), "testigo"[1099]. Su papel es el de certificar la creación del contrato, hecho que les infiere una cierta responsabilidad pero en cualquier caso diferente a la de los garantes. Las mismas u otras personas procedían asimismo a ratificar los acuerdos mediante la impronta de sus sellos (especialmente en los ámbitos mittanio y sirio) o incluso de sus uñas (caso de la Babilonia casita).

En la mayor parte de los textos casitas de ventas infantiles hay tres o cuatro testigos, aunque otros documentos muestran hasta dieciséis de estos personajes[1100]. El número de testigos es por tanto variado, y probablemente dependa de

---

1096 Comprobamos de esta manera que existía una cierta protección del menor, que es devuelto a su madre directamente. Se pone de relieve que el pequeño no tendría la culpa de no satisfacer las necesidades de Šamaš-ēṭir, quien carga de inmediato contra la esfera del garante, incluso confinando en su casa (de Šamaš-ēṭir) a su esposa (del garante).

1097 Esto es, sin justificar ninguno de los hechos que no tendrían lugar sin la existencia de su figura.

1098 Cf. Sassmannshausen, *Beiträge*, 204, n. 3213.

1099 El término sumerio IGI se empleará casi siempre acompañando al nombre del testigo. En algún caso mesobabilónico, no relacionado con ventas infantiles, este vocablo se redacta sin embargo mediante dos signos, interpretables bien como un logograma con complemento fonético (IGI-*bu*, como lee Gurney para los textos de Ur UET 7 15: 12', 13' y UET 7 32: 1', 3' [cf. Gurney, *The Middle Babylonian Legal and Economic Texs from Ur*, 100]), bien como escritura silábica acadia (*ši-bu*, como interpreta Civil para el documento de Nippur OIC 22 19: 4 y 5 [cf. Miguel Civil, "Texts and fragments", en McGuire Gibson, *Excavations at Nippur. Eleventh Season*, OIC 22 [Chicago: The University of Chicago Press, 1976], 131]). Al respecto véase van Soldt, *JAOS* 98 (1978): 499.

1100 Es el caso de nuestra reconstrucción de PBS 13 64 + MUN 9 (testigos en ll. 9'–24'). Por su parte, MRWH 1 y MUN 8 presentan once y nueve testigos respectivamente.

las circunstancias de cada contrato. Aun así, es interesante relacionar los textos donde el *šandabakku* de Nippur Enlil-kidinnī compra un niño con los textos en los que más testigos hay: MRWH 1 (11), BE 14 1 (8) y BE 14 7 (7)[1101]. El caso de PBS 13 64 + MUN 9 es paradigmático en este sentido, ya que Enlil-kidinnī es el vendedor de varias personas, y el texto consigna dieciséis testigos. ¿Podrían estos dos hechos guardar relación? Si fuera así, se demostraría que un personaje importante como el *šandabakku* de Nippur se podría encargar de aportar un buen número de sus propios testigos para que constaran en el contrato[1102]. En ocasiones, no obstante, encontramos testigos que no aparecen a lo largo del contrato[1103]. Por otra parte, y como ocurre en Nuzi (cf. abajo), también en el ámbito mesobabilónico el escriba figura en ocasiones como testigo[1104]. Hay que destacar asimismo que los tres testigos de UET 7 21 y UET 7 22 son los mismos, siendo documentos en relación por venderse al mismo niño pequeño.

A lo largo de la documentación casita se da un fenómeno a la hora de sellar los documentos único en nuestro corpus: las presencia de marcas de uñas[1105]. De hecho, existe una fórmula prefijada típica que encontramos en la parte final de estos contratos: *ṣu-pur* NP_1 *ki-ma* NA_4.KIŠIB-*šú*, "(marca de) uña de NP_1, en lugar de su sello". Dichas marcas actúan como verdaderos sellos, poseyendo idéntica validez a efectos legales[1106].

1101 PBS 8/2 162 es el único documento en el que Enlil-kidinnī actúa como comprador de varias personas y los testigos son solamente dos.

1102 No es de extrañar, por tanto, que algún personaje coincida en estas listas, como Rabâ-ša-Ninurta, hijo de Ninurta-bānî (BE 14 1: 23, BE 14 7: 33).

1103 Véanse como ejemplos los documentos UET 7 25 y MRWH 7.

1104 BE 14 1: 27, BE 14 7: 37, PBS 8/2 162: 26.

1105 Dudamos sobre la existencia de marcas de uñas en el contrato nuzita YBC 5143. La copia de Lacheman (Lacheman y Owen, "Texts from Arrapḫa", 411) muestra trece pequeños trazos verticales en el reverso del documento, pero la ausencia de comentarios al repecto dificulta su identificación y puesta en relación con marcas de uñas. De todas formas, probablemente no se trate de este fenómeno, ausente en Nuzi según Georges Boyer: "Les empreintes d'ongle ne se rencontrent ni dans les textes de Nuzi, ni dans les contrats du Moyen Age assyrien" ("*ṣupur X kima kunnukišu*", en Georges Boyer, "*ṣupur X kima kunnukišu*", en Johannes Friedrich y Julius Georg Lautner y John Charles Miles y Theunis Folkers (eds.), *Symbolae ad Iura Orientis Antiqui Pertinentes Paulo Koschaker dedicatae*, SD 2 (Leiden: Brill, 1939), 212.

1106 El estudio de referencia sobre la fórmula *ṣupur kīma kunnukkišu*, "(marca de) uña en lugar de su sello", y su significado, sigue siendo el de Boyer ("*ṣupur X kima kunnukišu*"). Véanse otros ejemplos de marcas de uña en documentación casita, sin relación con ventas infantiles, en Boyer, "*ṣupur X kima kunnukišu*", 212, n. 23. Por otra parte, y como apunta Oelsner, esta expresión seguirá idénticos patrones en el período neobabilónico posterior (Joachim Oelsner y Bruce Wells y Cornelia Wunsch, "Neo-Babylonian Period", en Westbrook, *A History*, 946).

Las personas que plasman sus uñas en la arcilla del documento pueden ser testigos, desconocidos para nosotros, o también ser los actores del contrato. En UET 7 2, por ejemplo, se dice que Amurrea, el tío materno del niño vendido, imprime sus uñas. Los tres vendedores, primero de UET 7 21 (garante incluído) y después de UET 7 22 (los mismos excepto el garante, y ahora más la madre) incluyen estas marcas en el documento. Lo mismo ocurre en UET 7 23, que presenta las marcas de uñas de dos de los cuatro vendedores, entre ellos las del garante. En UET 7 25 las marcas que aparecen pertenecen a Iddin-SUKKAL, padre y a su vez vendedor, mientras que el garante sella el documento. En el inédito de Nippur CBS 10733 se mencionan las marcas de uña de los vendedores: el padre y la madre de la niña vendida[1107].

En algunas ocasiones, sin embargo, el texto habla de la existencia de marcas de uñas, pero éstas no se aprecian a lo largo de la tablilla[1108]. Gurney propone algo a nuestro juicio muy plausible: que estas tablillas formaran parte de una "copia archivística", por lo que solo el texto original presentaría dichas marcas[1109].

Aunque en menor medida, también encontramos impresiones de sellos a lo largo de los contratos mesobabilónicos de ventas de niños. Por regla general los sellos corresponden a los vendedores de los niños[1110], si bien también los testigos podrían sellar[1111].

A lo largo de los textos mittanios de ventas infantiles también encontramos testigos. En Nuzi, tanto en HSS 19 115 como en YBC 5143 se consignan siete, mientras que en HSS 19 125 aparecen nueve. EN 9/1 409, por su parte, solo presenta cuatro nombres de personas, con sus respectivos sellos pero sin sustantivo sumerio IGI, "testigo". Su función, no obstante, sería probablemente la

---

[1107] CBS 10733: 23' y 24': [*ṣu-pu*]*r* (colación personal). Ocho de esas marcas —más otras dos en parte fragmentada— se consignan en el borde izquierdo.

[1108] Véanse los textos UET 7 2, UET 7 21 y UET 7 27. Otros ejemplos en MRWH 13 y probablemente UET 7 35. Sobre la forma de incidirse la uña en la Babilonia casita y otros ámbitos véase Boyer, "*ṣupur X kima kunnukišu*", 208, n. 2.

[1109] Gurney, *The Middle Babylonian Legal and Economic Texs from Ur*, 28, rev. 27. La teoría de Gurney parece más posible que lo defendido por Boyer ("*ṣupur X kima kunnukišu*", 208, n. 2), quien dice que quizás —aunque no siempre— este fenómeno se podría explicar por el deterioro de la tablilla o una omisión del copista.

[1110] Tanto en Ur (UET 7 26) como en Nippur (MRWH 7, BE 14 1, BE 14 7). Para UET 7 26 véase Gurney, *Middle Babylonian Legal Documents and Other Texts*, lám. 79 n. 26. Para MRWH 7 véase Bernhardt, *Sozialökonomische Texte*, láms. 125–26.

[1111] Caso de Rabâ-ša-Ninurta e Ilī-bānî en BE 14 7: 41-42. Es posible que otros textos casitas de ventas de niños presentaran sellos, pero el mal estado de conservación de algunos de ellos hace difícil su identificación. En MUN 8: 28' y PBS 13 64 + MUN 9: 28', por ejemplo, Sassmannshausen (*Beiträge*, 211, 212; el último caso, que estudia antes de realizarse el "join", corresponde a su MUN 9: 28') restituye (con interrogante) la fórmula NA_4.KIŠIB NP_1 ("sello de NP_1"), si bien admite que no hay signos de sellos ("Keine Siegelspuren erkennbar"), aspecto confirmado a través de colación personal.

misma. Al igual que lo señalado anteriormente para el caso mesobabilónico, e incluso en mayor medida, en Nuzi uno de los testigos se corresponde con el escriba del documento. Es el caso de los tres textos que presentan una lista legible de testigos[1112]: HSS 19 115: 19, HSS 19 125: 32 y YBC 5143: 14. También encontramos impresiones de sellos, normalmente también referidos a la gente que testifica al final del contrato[1113], o, al igual que ocurre en la Babilonia casita, al vendedor[1114].

Con respecto a los documentos de Alalaḫ, y si bien en AlT 70 vemos tres o más testigos[1115], en AlT 69 apreciamos hasta 10 de estos personajes[1116]. Hay que subrayar con respecto a AlT 70 que Ilimilimma, hijo de Tuttu, actúa como comprador y al mismo tiempo sella el documento. Sin duda este hecho guarda relación con la importancia de este *maryannu* de Alalaḫ (cf. arriba).

En los documentos de ventas de niños de la Siria del Bronce Reciente ni los testigos ni los selladores guardan relación con el desarrollo del contrato, limitándose su función a la de testificar. Si bien suele haber pocos testigos (tres o más[1117], dos[1118] o ninguno[1119]), el texto Hir 20 presenta ocho. Es un caso este sin duda peculiar, ya que se trata de la venta de una niña por parte de cinco vendedores, "hombres de la ciudad de Karša". Cusiosamente, siete de los testigos, aún sin coincidir en esos cinco vendedores, se denominan de la misma manera[1120], por lo que sin duda este documento emanaría de dicha institución colectiva.

También encontramos sellos a lo largo de la documentación emariota[1121]. Como ocurre en el texto nuzita EN 9/1 409, los contratos ASJ 10/E, E6 7, E6 118 y AuOr 5/11 no presentan testigos pero sí personas que sellan[1122]. Por otra

---

[1112] El mal estado del reverso de BM 17600 (colacionado), especialmente en la parte superior izquierda del reverso, donde esperamos la mención de testigos, hace imposible conocer el número de estos. Probablemente contaría con unos seis testigos, si atendemos al número de sellos (unos seis, difícilmente apreciables, en la mitad inferior del reverso).

[1113] En HSS 19 115, por ejemplo, de los siete selladores, seis son testigos. En HSS 19 125 de nueve, ocho.

[1114] Es el caso de Tiwirra, en HSS 19 125.

[1115] En este texto hay tres testigos según Wiseman (*The Alalakh Tablets*, 51, con signo de interrogación) y cuatro según la restitución de Niedorf (*Die mittelbabylonischen Rechtsurkunden*, 318, 321–22).

[1116] *Contra* Wiseman (*The Alalakh Tablets*, 51), quien habla de nueve testigos para el caso de AlT 69. Al respecto véase Niedorf, *Die mittelbabylonischen Rechtsurkunden*, 315, l. 2.

[1117] E6 83. Sobre los sellos en Emar véase Beyer, *Emar VI: Les sceaux*.

[1118] E6 217.

[1119] E6 7, ASJ 10/E.

[1120] Hir 20: 20: LÚ.MEŠ ^{uru}*kar-ša*.

[1121] El mal estado del reverso del texto de Tuttul KTT 382 hace imposible conocer más sobre posibles testigos o sellos.

[1122] Número de selladores: ASJ 10/E (2), E6 7 (4), E6 118 (6) AuOr 5/11 (7).

parte es significativo constatar el número de testigos y selladores de E6 217: dos y siete respectivamente. En E6 216, documento anterior en el tiempo e íntimamente relacionado con E6 217 (§6.2), había solo un testigo y cinco selladores. Aunque no se pueda afirmar con seguridad, podría haberse dado el caso de que en E6 217 hubiera más personas que dieran fe del acuerdo, debido a que una parte de E6 216 (el comprador) no había cumplido el contrato[1123].

Al igual que en el resto de la documentación próximo-oriental antigua, la función de los testigos y selladores es la de testificar que cada acuerdo se haya llevado a cabo, estando presentes en el momento en que se formaliza el contrato. Los testigos en los textos de ventas de niños pueden tener que ver con el desarrollo mismo de cada caso, o ser gente para nosotros anónima. Especialmente en la documentación casita los testigos se corresponden con actores del contrato (padres, madres o tíos del vendido), a través de una forma de sellar común en muchos de estos textos mesobabilónicos: las marcas de uñas. En Nuzi, sin embargo, la mayor parte de los testigos imprimen su sello personal en la arcilla. La generalidad en Emar habla de testigos con nula relación en el desarrollo del caso expuesto, y los selladores, por su parte, son personas diferentes a los testigos.

PREVISIÓN DE RUPTURAS DEL ACUERDO POR PARTE DE LOS ACTORES DEL CONTRATO

Independientemente del ámbito documental en que nos encontremos, la posibilidad de que el acuerdo de compra de un niño pueda romperse se contempla en prácticamente todos los documentos estudiados[1124]. Este fenómeno es recurrente a lo largo de los contratos próximo-orientales antiguos, cuyos creadores eran plenamente conscientes de los problemas que podían derivarse si una o más de las partes contractantes no cumplía lo acordado. Por tanto, las cláusulas, fórmulas y expresiones que tratan este tema se refieren a los actores de los contratos, razón por la cual tratamos dicha cuestión en este apartado. Como en muchas otras ocasiones, también en la previsión de rupturas de estos acuerdos se aprecia la diferencia entre los ámbitos de Babilonia, Mittani y Siria durante el Bronce Reciente. Sin embargo, en esta ocasión hay características comunes que permitirán estudiar el fenómeno de forma global.

En ciertos contratos de Ur y Nippur, nada más presentarse el precio —desglosado o no— del niño vendido, se emplea la fórmula *aplū zakû u ruggumâ ūl īšû*, "(se ha) pagado, (están) conformes, y no tendrán reclamación alguna"[1125].

[1123] Como se puede comprobar en E6 217: 11–14.

[1124] El único caso en que no se regula la posible ruptura del contrato es el nuzita YBC 5143.

[1125] Ejemplo de UET 7 21: 14–15: *ap-lu za-ku-ú ù ru-gu-ma-a ul i-šu-u*. Esta expresión, con variantes pero siempre con el verbo *ragāmu*, "hacer una reclamación", se da en UET 7 21, UET 7 22, UET 7 25, UET 7 26, UET 7 27, BaM 13/1, BE 14 7 (añádanse los dos últimos documentos al análisis de Sassmannshausen, *Beiträge*, 207a). El texto de Alalaḫ

Esta expresión tipificada hace referencia a los compradores, vendedores y —en el caso de que exista— al garante, y tiene como objetivo exponer la conformidad de los mismos.

Tanto en el ámbito mesobabilónico como en Mittani y Siria existen expresiones parecidas, aunque no tan homogéneas, en las que también se subraya la prohibición de reclamar en el futuro por el acuerdo. Para ello se emplean distintos verbos, siempre en clara alusión a la ruptura del contraro, como *ragāmu*, "hacer una reclamación"[1126], *baqāru*, "reclamar"[1127], *tebû*, "levantarse"[1128], (*ina muḫḫi*) *dabābu*, "conspirar"[1129]; *enû* III, "alterar"[1130], GÁ (ac. *šakānu*), "poner"[1131], GI$_4$.GI$_4$ (ac. *apālu*), "contestar"[1132], KI.BAL (ac. *nabalkutu*), "transgredir"[1133], *zakû* II, "ser libre de reclamación"[1134], o *šalû* II, "arrojar (un contrato)"[1135].

En algunos documentos casitas, además, consta la existencia de un juramento que los actores del contrato realizan sobre varios dioses[1136] y el rey. La fórmula empleada para ello, aunque pueda variar el número de divinidades, es del tipo[1137] MU ^{d}ND$_1$ ^{d}ND$_2$ ^{d}ND$_3$ *ù* NR LUGAL UR-*bi* IN.PÀD.DA.NE.EŠ, "Juntos han jurado ante los dioses ^{d}ND$_1$ ^{d}ND$_2$ y ^{d}ND$_3$, y (ante) el rey NR"[1138].

AlT 70 presenta una forma del verbo *zakû*, "ser libre de reclamaciones": l. 14: [*ú-za-a*]*k-ku-ú*, "(el comprador) será libre de reclamaciones".

1126 UET 7 26: 15: *ul* ⌜*i-rag*⌝-*gu*-[*um*].

1127 UET 7 25: 7': *i-paq-qa-ru*; BM 17600: 16: *pa-qi-ra-na*; E6 7: 11: *a-na pa-qa-ri-šu il-la-a*; Hir 20: 9: *i-bá-qa-ar-ši*.

1128 UET 7 25: 5': *i-te-eb-ba-am-ma*.

1129 UET 7 25: 5'-6': *i-na* UGU [...] *i-da-ab-bu-bu*.

1130 UET 7 25: 7': *in-nu-ú*.

1131 MRWH 1: 18: KA.NU.UM.GÁ.GÁ.A; PBS 8/2 162: 19: KA.NU.GÁ.GÁ.

1132 MRWH 1: 19: KA.NU.UM.GI$_4$.GI$_4$.DÈ; BE 14 7: 28: KA.NU.GI$_4$.⌜GI$_4$⌝; PBS 8/2 162: 20: KA.NU.GI$_4$.GI$_4$-ÀM. Véase asimismo la versión acadia en AlT 69: 9: *a-pil* (enmienda de introducción en AlT 70: 12 <*a-pil*>).

1133 HSS 19 115: 10: ⌜KI⌝.BAL-*tu*$_4$.

1134 E6 83: 7: *za-a-ku*.

1135 Esto es, "romperlo" (E6 217: 16: *ú-še-la-a*).

1136 Divinidades tanto de origen casita como de tradición babilónica.

1137 ^{d}ND: Nombre de divinidad; NR: nombre de rey.

1138 Encontramos este tipo de expresión en los textos BE 14 1: 18–20, BE 14 7: 28–30, MRWH 1: 21 y PBS 8/2 162: 21–23. Aunque con la parte superior del reverso destruída en su práctica totalidad, y debido al perfectamente legible signo *bi* de la l. 7' (colación personal), probablemente el documento PBS 13 64 + MUN 9 presentara esta fórmula (ll. 7'–8': [UR]-*bi* / [IN PÁD.DA.NE-EŠ]). Por su parte, en el documento MRWH 1: 21 se redacta el verbo en escritura silábica acadia: *za-kir* (verbo *zakāru*, "jurar"). Véase otro ejemplo de la construcción verbal sumeria IN.PÀD.DA.NE.EŠ en MRWH 2: 21. Sobre esta expresión véase Sassmannshausen, *Beiträge*, 207a.

Esta fórmula pone de relieve la importancia del acto, haciendo hincapié en la validez del mismo.

En algunas ocasiones de los tres ámbitos estudiados se dispone que si los vendedores reclaman al niño y lo quieren recuperar, tendrán que pagar a los compradores el doble; esto es, dos niños[1139]. Este fenómeno, conocido como *stipulatio duplae* o *poena duplex* en derecho romano, está atestiguado en referencia a bienes muebles e inmuebles en el Mundo Antiguo desde la época de Ur III[1140], pasando por el Código de Ešnunna[1141], el de Hammurapi[1142], la legislación hebrea[1143] o la Grecia Clásica[1144].

En nuestro corpus de ventas de niños este tipo de disposición es frecuente en Ur[1145], pero también lo encontramos en Nippur[1146], Emar[1147] y quizás Nu-

---

[1139] Sobre este fenómeno en el Próximo Oriente antiguo, y no solamente referido a ventas de personas, véanse Bahijah K. Ismail, B. K. y Matthias Müller, "Einige bemerkenswerte Urkunden aus Tell al-Faḫḫār zur altmesopotamischen Rechts-, Sozial- und Wirtschaftsgeschichte", *WO* 9 (1977–1978): 21–22; van Soldt, *JAOS* 98 (1978): 500; Gurney, *The Middle Babylonian Legal and Economic Texs from Ur*, 22, rev. 3–8.

[1140] Especialmente en los pagos de deudas (cf. Henri Limet, "La clause du double en droit néo-sumérien", *OrNs* 38 [1969]: 520–32).

[1141] CE 23, CE 25.

[1142] En el Código de Hammurapi no solo encontramos ejemplos de pagar el doble (CH 101, CH 120, CH 124, CH 126, CH 160, CH 161, CH 254), sino también hasta el séxtuple (CH 107). En época neobabilónica hay ejemplos en los que en caso de ruptura de contratos habría que pagar hasta doce veces más (san Nicolò, *Die Schlussklauseln*, 203, n. 50).

[1143] Ex 22: 3: "Si le hallare vivo en su poder lo robado, trátese de toro, oveja o asno, pagará el doble"; Ex 22: 6: "Cuando un hombre hubiere entregado a su prójimo dinero u objetos en custodia y fueren robados de la casa de esta persona, si se descubre al ladrón, pagará el doble"; Ex 22: 8: "Cualquiera que sea el objeto del delito, trátese de toro, asno, cordero, vestido o cualquier cosa extraviada, del que uno diga «¡Esto es cierto!», vendrá a Ha-□Ĕlohim el asunto de ambas partes: aquel a quien Ha-□Ĕlohim condene pagará a su prójimo el doble".

[1144] En las ciudades griegas la pena por ruptura de contratos, especialmente relacionados con deudas, se correspondería con pagar doble de su valor o bien una parte y media del mismo (ἡμιόλιον) (Ludovic Beauchet, *Histoire du droit privé de la république athénienne: Le droits des obligations*, vol. 4 [París: Chevalier-Marescq et C. Éditeurs, 1897], 430).

[1145] Ejemplo de UET 7 21: 4'–7': LÚ.TUR *ip-pa-qar-ma ša* 1 LÚ.TUR 2 LÚ.TUR.MEŠ NP$_1$ NP$_2$ *ù* NP$_3$ *kát-tu-ú* NP$_4$ *i-ta-nap-pa-lu*, "(Si) el niño es reclamado, entonces por ese niño NP$_1$, NP$_2$ y NP$_3$, el garante, pagarán dos niños a NP$_4$". Otros ejemplos en UET 7 22, [UET 7 23], UET 7 24 (según Gurney [*The Middle Babylonian Legal and Economic Texs from Ur*, 82-83], a quien hemos seguido en nuestra interpretación; cf. UET 7 24 en el apéndice de textos), UET 7 25, UET 7 27. Otros textos mesobabilónicos de Ur donde encontramos la *poena duplex*, esta vez referido a compras de vacas, son UET 7 33: 7'–11' y UET 7 34: 8'–9'.

[1146] BE 14 128a: 18–20: [S]AL *ṣe-ḫe-er-tu*$_4$ *i*[*p-pa-qa-ar-ma*] / 2 SAL *ṣe-ḫe-ri-ti* ^{m}*k*[*u-ru-ú a-na*] / ^{f}*ia-ú-ta* ⌜*i*⌝-[*ta-nap-pa-lu*], "(si) la niña es re[clamada], NP pa[gará] [a] NPF dos

zi[1148]. Los verbos empleados para marcar el hecho de pagar el doble son diferentes en los tres ámbitos: *apālu*, "pagar" (zona mesobabilónica[1149]), *malû* IV, "pagar" (Nuzi) y *nadānu*, "entregar" (Emar). Probablemente, y tomando como paralelo el texto emariota de adopción infantil TBR 77: 15–16, los dos sujetos para pagar deberían ser del mismo valor que el vendido. Aún así, solamente la adopción emariota RE 82 podría constituir en este sentido un caso de *poena duplex* en caso de rescisión del contrato[1150]. Sea como fuere, el fin perseguido será siempre el de dificultar y poner trabas a la ruptura del acuerdo.

Idéntico objetivo siguen las cláusulas que expresan castigos de tipo económico o incluso físico en caso de ruptura del contrato. No abundan los casos en que se imponen penas monetarias, ya que ello se suple con la *poena duplex*. En un ejemplo nuzita, sin embargo, se señala que "quien transgreda (el acuerdo) deberá pagar 1 mina de plata y 1 mina de oro"[1151].

Aunque dudosos por el mal estado de conservación, los textos mesobabilónicos de ventas de niños UET 7 25 y CBS 10733 (procedentes de Ur y Nippur respectivamente) presentan otro tipo de fórmula en la que se insta a la persona que rompa el contrato a pagar un caballo al rey[1152]: "dará un caballo blanco del

---

niñas". En MRWH 1, al venderse dos jóvenes, se tendrían que pagar cuatro niños (ll. 22–23: *ša da-ba-ba an-na-a in-nu-ú* 4 DUMU.MEŠ *i-nam-din*, "quien cambie este acuerdo entregará cuatro niños"). Véase otro caso de *poena duplex* de Nippur en MRWH 3: 8–10.

1147 E6 83: 11–12: 2 ZI [*ma-lu-uš-ši*] ⌜*li*⌝-*din*-⌜*šu*⌝ [*ù*] GEMÉ *lil-qì*, "Entonces dos almas [entregará] ⌜en su⌝ lugar, [y] tomará a la esclava". También procedente de Emar, cf. TBR 52: 9–14 (Fijałkowska, *Le droit de la vente à Emar*, 154 y n. 237). Véase asimismo nuestra propuesta de existencia de *poena duplex* en la adopción emariota de dos niños de RE 82 en Justel, "Adopciones infantiles", 120–21, n. 66.

1148 Si restituimos [2] GEMÉ, "[dos] esclavas", en HSS 19 125: 18. La copia de Lacheman muestra esa línea 18 dañada, y solo se aprecia parte de una cuña vertical donde quizás hubiera dos. No parece descabellado restitur con ese numeral, teniendo en cuenta los varios ejemplos de *poena duplex* que encontramos en Nuzi en documentos de ventas de esclavos (JEN 115: 14–17, JEN 179: 21–23, HSS 9 25: 18ss, HSS 9 96: 16–18), de trueques con esclavos (JEN 280: 12ss) o de préstamos de esclavos (RA 23 54: 21–23 [p.156]). En este sentido, véase el comentario de Lion al respecto: "On pourrait aussi supposer [K]I.BAL-⌜*at*? x⌝ [1]+⌜1⌝ ⌜GEME$_2$⌝.[MEŠ], si en cas de rupture du contrat il faut rendre le double du bien concerné" (Lion y Stein, *The Tablets*, 62, l. 18).

1149 La única excepción es el caso de Nippur MRWH 1: 23, donde se emplea el verbo *nadānu*, "dar".

1150 Cf. Justel, "Adopciones infantiles", 120–21, n. 66.

1151 BM 17600: 21–23: *ša* KI.BAL-*tù* 1 *ma-na* KÙ.BABBAR 1 *ma-na* KÙ.GI *ú-ma-al-la*. El precio pagado en este caso por la rescisión del contrato es el que encontramos en otros textos provenientes de Arrapḫe, como por ejemplo en casi todas las adopciones infantiles.

1152 Kaštiliašu en UET 7 25 y Kudur-Enlil en CBS 10733.

tipo *minzir* a NR"[1153]. Lamentablemente, no comprendemos el sentido último de esta expresión, ni el significado del término casita acadizado *minzir*[1154]. Esta fórmula, presente en otros textos mesobabilónicos y en la Segunda Dinastía de Isin[1155], incidirá de nuevo en la obligatoriedad de cumplir el contrato[1156].

Más comunes son, en las ventas de niños del Ur mesobabilónico, las alusiones a castigos físicos en caso de reclamación del contrato por parte de cualquier participante en éste. Al que reclamara lo firmado y convenido "se le clavará un clavo de cobre en su boca"[1157]. Este tipo de expresión está bien atestiguada a lo largo de la documentación próximo-oriental[1158], tratándose sin duda de un gesto

---

[1153] Sirva como ejemplo el caso del documento inédito CBS 10733: 13'–14' (colacionado): 1 ANŠE.KUR.RA BABBAR *ša mi-gi-⌜ri-šu⌝* GE_6 / *a-na* LUGAL [d]*ku-du-ur-*[d]*en-*[*líl i-nam*]*-din*.

[1154] CAD M/2 100a. Probablemente se trataría de un tipo de caballo blanco y moteado de algún color, pero en ningún caso negro (Balkan, *Kassitenstudien*, 26–27). Sobre los calificativos casitas en relación al color de los caballos véase John A. Brinkman, "Kassite *timiraš* and *sirpi* as Cattle Designations", NABU 1996.40.

[1155] Véanse respectivamente el texto inédito CBS 14195: 8' (colacionado) y el *kudurru* BBSt 30: 8–10.

[1156] Sobre esta expresión de "dar un caballo blanco de tipo *minzir* al rey" véase John A. Brinkman, "On a Twelfth-Century Babylonian Legal Penalty (BBSt no.30, rev.3-10)", *RA* 73 (1979): 188–89.

[1157] *si-kát* URUDU *i-na pi-šu i-ri-tu-ú*. Encontramos esta expresión en los documentos de Ur UET 7 21: 16-3', UET 7 22: 13'-14', ¿[UET 7 26]?, UET 7 27: 19 (cf. sub *retû* CAD R 298a 2'). Véase al respecto van Soldt, *JAOS* 98 (1978): 501a. Sobre otro tipo de castigos corporales en rupturas de contratos véase san Nicolò, *Die Schlussklauseln*, 21ss.

[1158] A partir del 3.er milenio a. C., como muestra por ejemplo el texto pre-sargónico RTC 16 rev ii, 1–2: GIŠ.KAK KA.KIRI$_x$ (KA).NA ŠÈ.GAZ, "se le clavará una estaca en su nariz y boca" (otros ejemplos en Samuel Greengus, "A Textbook Case of Adultery in Ancient Mesopotamia, *HUCA* 40–41 [1969–1970]: 41–42, n. 25). En Nuzi y la cercana Tell al-Faḫḫār vemos esta fórmula en JEN 79: 11 e IM 70826: 15 respectivamente. En ambas ocasiones el verbo empleado para marcar la acción de "clavar" no es *retû* ("clavar"), como en el Ur mesobabilónico, sino *maḫāṣu* ("golpear, clavar"). Sirva como ejemplo IM 70826: 15: GAG *a-na* KA-*šu i-ma-ḫa-a*[*ṣ*], "(con) un clavo se (le) golpeará en su boca" (Ismail—Müller, "Einige bemerkenswerte Urkunden", 23, n.º 2). Sobre expresiones relacionadas con clavos (*sikkatu*) y ambos verbos véase Meir Malul, "GAG-RÙ: *sikkatam maḫāṣum/retûm* 'To Drive in the Nail'. An Act of Posting a Public Notice", *OrAn* 26 (1987): 1–19.

simbólico[1159]: el hecho de querer romper el contrato se enfoca en la boca, de donde salen las palabras que formulan la reclamación[1160].

Por otra parte, en el caso de UET 7 25 esta fórmula se desarrolla de otra manera más elocuente e incluso gráfica: ll. 9'–12': "(a quien rompa el acuerdo) una mina de pelo (y) una mina de lana arrojarán[1161] a su boca; una flecha de cobre clavarán en su boca; una mina de [...]; una mina de plomo verterán en su boca"[1162]. Este documento se convierte por tanto en el ejemplo que más insiste en no romper el contrato, no solo por la expresión mencionada, sino por todos los verbos empleados en las oraciones precedentes[1163].

En Ur, y refiriéndose a quienes rompieran el contrato, encontramos la fórmula acadia *kî rikilti šarri* NR *ippušušu*, "se le aplicará (una pena determinada) según el decreto del rey NP"[1164]. Aunque el término *rikistu*, que no está atestiguado antes del Bronce Reciente, pueda tener varios significados en el período mesobabilónico, en estos textos se refiere a un edicto promulgado por el rey de turno, y en el que se especifican las penas que deberían ser impuestas a quienes

---

1159 Para este tipo de gestos simbólicos, en relación a la ruptura de contratos, véanse algunos casos de Alalaḫ y Ugarit en Anne D. Kilmer, "Symbolic Gestures in Akkadian Contracts from Alalakh and Ugarit", *JAOS* 94 (1974): 177–83. Sobre el caso concreto de la boca en dichas expresiones, cf. ibíd., 182, n. 24.

1160 Los textos mesoasirios VAS 1 108, VAS 1 109 y probablemente VAS 1 106 expresan ambos tipos de penas, tanto la económica como la física. Sirva como ejemplo VAS 1 108: 5ss: *mannu ša ina birišunu ibbalakkatu* 1 *bilat kaspim* 1 *bilat ḫurāṣim inaddin ù sikkat erîm ana pîšû imaḫḫaṣū*, "el que entre ellos rompa el contrato deberá pagar 1 talento de plata (y) 1 talento de oro, y se le clavará una estaca de cobre en su boca" (cf. Greengus, "A Textbook Case of Adultery", 42, n. 25).

1161 Nótese que el verbo *ḫarāṣu* (l. 10': *i-ḫar-ra-ṣu*, traducido por nosotros como "arrojarán") no tiene el significado tradicional de "determinar, cortar" (CAD Ḫ 92b, sub *ḫarāṣu* A), sino, como en UET 6 19: 30, el menos frecuente de "rellenar, tapar" (CAD Ḫ 95b, sub *ḫarāṣu* B). AHw, por su parte, no distingue ambos conceptos.

1162 1 *ma-na šar-ta* 1 *ma-na* SÍG.ḪI.A *a-na* ⌜*pi-i*⌝*-šu i-ḫar-ra-ṣu* GIŠ.GAG URUDU *i-na pi-i-šu i-ri-it-*⌜*tu*⌝*-ú* 1 *ma-na* ¿AN.MU? 1 *ma-na* A.⌜GAR$_5$ *a*⌝*-na pi-i-šu ú-*⌜*šap*⌝-[*pa-ku*].

1163 También por la fraseología empleada al precisar qué tipo de personas podrían emprender acciones legales contra el trato acordado (cf. CAD T 316b, c, sub *tebû*).

1164 Textos UET 7 21, UET 7 22, UET 7 25. Sirva como ejemplo UET 7 21: 1'–2': *ki-i ri-kil-ti* LUGAL $^{m.d}$IŠKUR-MU-SUM-*na ip-pu-šu-šu*, "Se le aplicará según el decreto del rey Adad-šuma-iddina". Para otros casos mesobabilónicos con idéntica fórmula véanse la adopción matrimonial MSKH I 9: 22 o la tablilla inédita B.151: 27-29. Para otro ejemplo posterior, datado en la Segunda Dinastía de Isin (reinado de Itti-Marduk-Balatu, 1139–1132 a. C.), véase el *kudurru* BBSt 30: 24–25 (cf. John A. Brinkman, "Political Covenants, Treaties, and Loyalty Oaths in Babylonia and between Assyria and Babylonia", en Luciano Canfora y Mario Liverani y Carlo Zaccagnini [eds.], *I Trattati nel Mondo Antico. Forma, Ideologia, Funzione*, Saggi di Storia antica 2 [Roma: L'Erma di Bretschneider, 1990], 92, n. 45).

alteraran el acuerdo legal[1165]. Así, su sentido es el de "decreto"[1166] o "pronunciamiento oficial"[1167], y forma parte de una expresión encaminada de nuevo a impedir la ruptura de contratos.

Por último, en los tres ámbitos estudiados poseemos ejemplos en los que se rompe el contrato de venta de niño: Ur (UET 7 2, UET 7 24), Nuzi (EN 9/1 409) y Emar (E6 216, E6 217). Mientras UET 7 24 presenta una disputa sobre una niña, en cuyo caso no podemos profundizar debido al mal estado de la tablilla[1168], en UET 7 2 apreciamos el desarrollo de la ruptura de un contrato. En este texto, el comprador no quedó satisfecho con el niño adquirido, por lo que inicia un proceso relatado con detalle a lo largo del documento.

Las leyes babilónicas tradicionales no reconocían una garantía especial para los bienes vendidos defectuosos. La única excepción la constituían los esclavos, sobre los que había cláusulas de garantía —para el comprador— de un mes contra la epilepsia (*bennu*) y de tres días contra la "búsqueda" o "investigación" (*teb'ītu*)[1169]. Este último caso es el que se presenta en UET 7 2, si bien no aparece el término *teb'ītu*, solamente atestiguado en ventas de esclavos adultos[1170]. San Nicolò propuso que esos tres días de garantía estuvieran en relación con la posibilidad de que el esclavo escapara[1171]. Si el nuevo propietario encontrara durante los tres días siguientes a la compra al esclavo huído, éste volvería bajo la potestad del primero. Sin embargo, nos parece más plausible la propuesta de Driver y Miles, quienes defienden que el término *teb'ītu* haría referencia al derecho de inspección y examen del esclavo por parte del comprador, para comprobar que la información provista por el vendedor fuera veraz[1172]. Ese

---

[1165] Para los cuatro significados que poseería el término *rikiltu* en época mesobabilónica cf. Brinkman, "Political Covenants", 92–93.

[1166] CAD R 345b.

[1167] Brinkman, "Political Covenants", 92.

[1168] Véase una posible reconstrucción de los hechos de UET 7 24 en Gurney, *The Middle Babylonian Legal and Economic Texs from Ur*, 81–83.

[1169] CAD T 305b, b.

[1170] Gurney, *The Middle Babylonian Legal and Economic Texs from Ur*, 23.

[1171] San Nicolò, *Die Schlussklauseln*, 212–15.

[1172] Driver y Miles, *The Babylonian Laws, vol. I*, 480, n. 3. Encontramos un interesante paralelo moderno a este fenómeno en la "Common Law" británica. Concretamente, en el §34 de las Actas del año 1893 del Parlamento del Reino Unido de Gran Bretaña e Irlanda, sobre la regulación de bienes comprados y vendidos, se estipula que "(1) Where goods are delivered to the buyer, which he has not previoulsy examined, he is not deemed to have accepted them unless and until he has had a reasonable opportunity of examining them for the purpose of ascertaining whether they are in conformity with the contract. (2) Unless otherwise agreed, when the seller tenders delivery of goods to the buyer, he is bound, on request, to afford the buyer a reasonable opportunity of examining the goods for the purpose of ascertaining whether they are in conformity with the contract" (Frank Newbolt, *The Sale of Goods Act, 1893* [Londres: Sweet & Maxwell, 1894], 94). Aunque sin

derecho a confirmar la calidad del esclavo duraría tres días[1173], pero no se menciona en UET 7 2. Sea como fuere, este caso mesobabilónico parece que sigue el mismo patrón: Šamaš-ēṭir compró un niño como esclavo, durante los (¿tres?) primeros días lo inspeccionó, y al no estar satisfecho con su adquisición quiso romper el contrato, comenzando entonces el comentado proceso.

En texto de Nuzi EN 9/1 409 se presenta un proceso judicial tras un contrato que no fue cumplido por el vendedor. Éste había recibido del comprador el precio de una esclava de dos codos y un *kinṣu* de estatura (§6.4), pero no le habría entregado dicha esclava. Así pues, los jueces[1174], tras interrogar al vendedor[1175], le obligaron a pagar al comprador la esclava, además de 3 *imēru* de cebada[1176].

El ejemplo más evidente de ruptura de un acuerdo de venta de niño lo encontramos en Emar: E6 216 y E6 217. En el primer documento unos padres dan a su hija "como *kallatu* y como hija" a una mujer[1177]. Sin embargo, el texto posterior en el tiempo E6 217 nos informa de que la receptora de la muchacha no había abonado a los padres los 30 siclos de plata convenidos[1178]. Por esta razón los padres venderán de nuevo su hija, junto sus tres hijos menores, a otras personas.

Por tanto, la posibilidad de quebrar el acuerdo está contemplada en todo momento a lo largo de la documentación de ventas de niños. Aún así, ello se dificulta a través de mecanismos como expresiones conocidas o regulación de penas económicas o físicas para la parte que incumpla el contrato. Dicha parte, sin embargo, no se corresponderá en ningún caso con los jóvenes vendidos,

---

el carácter de ley propiamente dicho, véase la sección §2–513 de las "Uniform Commercial Code-Sales" estadounidenses sobre el derecho de inspección por parte del comprador respecto de los bienes adquiridos en http://www.law.cornell.edu/ucc/2/article2.htm. Agradecemos esta referencia a Stefano Gennarini (*Center of Legal Studies, Center for Family & Humans Rights*, Nueva York–Washington DC).

1173 Dando entonces validez final al contrato.

1174 Encontramos la sentencia de los jueces en las ll. 1'–7'. Según restitución personal (confirmada por Lio y Stein, *The Tablets*, 65, l. 1') , estos magistrados aparecerían nombrados en la l. 1'. La clave nos la da la forma *it-ta-du-uš* (l. 7'), perfecto plural de tercera persona del verbo *nadû*, "sentenciar a una persona" (CAD N 88a i 2'). Véanse otros paralelos nuzitas de esta forma verbal en HSS 5 52: 30 y en AASOR 16 73: 33. Agradecemos a Brigitte Lion la ayuda con este documento.

1175 Parte muy dañada (ll. 15–22).

1176 La cebada equivaldría a una compensación por los tres meses que no habría trabajado la esclava para el comprador.

1177 E6 216: 5–6: *a-na* ⸢É⸣.[GI.A *ù*] *a-na* DUMU.SAL-*ša ša* NPF. Sobre el estatus de *kallatu* y las adopciones matrimoniales en Emar véase Justel, "L'adoption matrimoniale à Emar".

1178 E6 217: 13–14: fNPF 30 KÙ.BABBAR.MEŠ ŠÀM fNPF$_2$ *la-a i-din*, "fNPF no pagó los 30 (siclos) de plata, el precio de fNPF$_2$".

quienes, al contrario de lo que sucede con los adoptados (§4.4), no tendrían capacidad para rescindir el contrato.

CONSIDERACIONES SOBRE LOS ACTORES DEL CONTRATO

En los contratos de ventas infantiles, al igual que en los de adopciones, los niños no tienen capacidad jurídica propia. Ello implica que en dichos acuerdos tenga que haber al menos dos partes intervinientes más: el vendedor y el comprador. Los tres actores constituyen el núcleo de este tipo de documentos, aunque tanto los garantes como los testigos han sido analizados separadamente debido a su incuestionable importancia. A partir de toda esta documentación no se pueden extraer grandes generalizaciones para ninguna de las cinco partes, ya que cada ámbito (Babilonia, Mittani y Siria) es distinto y cada caso dentro de ellos necesita un análisis por separado.

La edad de los niños vendidos, por ejemplo, puede oscilar entre recién nacidos y pre-adolescentes, aunque la mayoría se corresponden con estos últimos. Su condición sería generalmente servil, como se deduce de la terminología empleada —especialmente en Babilonia y Nuzi— y del contexto del que emana el documento. Es interesante comprobar que su naturaleza de no libres hace, al contrario de lo que ocurre con las adopciones de niños, que en los contratos no se subrayen ni los derechos ni tan siquiera las obligaciones que tendrían en el futuro. Su capacidad propia de decisión es, por tanto, nula.

Los compradores, por su parte, son adultos de condición libre y en ocasiones sujetos adinerados. Algunos de ellos se dedicarían —exclusivamente o no— al comercio de personas (entre ellas niños).

Los vendedores de menores también podían ser personas inmersas en negocios similares, aunque destacan por su cantidad los textos en los que los padres, conjuntamente o no, venden sus hijos. Esto se manifiesta especialmente en Siria, donde el fatídico s. XIII, lleno de hambrunas y crisis, obligó a muchos padres a vender sus hijos. Los textos sirios, al igual que en los contratos de ventas mesoasirias[1179], y a diferencia del resto de la tradición próximo-oriental antigua, se redactan desde el punto de vista del vendedor y no del comprador[1180]. Ello podría subrayar la imperiosa necesidad de estos padres de vender sus hijos, si bien responde también a la tradición escribal siro-hitita, donde se inscribe la mayoría de estos contratos de ventas. Dicha tradición, conviviendo con la más canónica y

[1179] Démare-Lafont, "Vente", 907b.

[1180] Esto ocurre con todos los ejemplos de ventas de personas —niños o adultos— de Emar, con la única excepción de E6 224 (Raymond Westbrook, "Emar and Vicinity", en Westbrook, *A History*, 684, n. 70). La misma singularidad presenta el documento AlT 75 de Alalaḫ IV (Ignacio Márquez Rowe, "Alalakh", en Westbrook, *A History*, 712). Véase un ejemplo único en la Babilonia casita en UET 7 23, donde, al igual que en Emar o Alalaḫ, se redactará el contrato desde el punto de vista de los vendedores (§6.2, en nota bajo "Ventas infantiles individuales").

rígida siria, tiende al amorfismo, rompiendo con las estructuras formalistas y conservadoras de origen y desarrollo paleobabilónico[1181].

La figura de los garantes aparece frecuentemente en la documentación casita. Son los encargados de garantizar que el acuerdo se lleve a cabo tras su creación. El interesante documento de Ur UET 7 2 nos ayuda a comprender mejor la función de estos sujetos en caso de problemas; en este caso, por la supuesta mala calidad del niño vendido.

Para este tipo de contratos, como de cualquier otra naturaleza, es asimismo importante la existencia los testigos y selladores. Si bien a veces coinciden con los propios actores del contrato, en otras ocasiones solamente figuran como testigos del acuerdo. Su cometido es sin embargo fundamental a la hora de crear al documento, puesto que solo así un contrato de este tipo podría tener categoría legal.

Por último, la mayoría de estos personajes, e incluso otros que no aparecen en los contratos, podrían romper el contrato mediante una reclamación. Si bien los documentos presentan varias expresiones encaminadas a impedir la ruptura del acuerdo, éste se llegaba a producir en ocasiones. Es interesante recordar cómo en las adopciones de jóvenes se contempla la posibilidad futura de que los mismos adoptados puedan llegar a romper el contrato (§4.4). La diferencia con el corpus de ventas de niños es evidente: en él no se expresa siquiera la opción de que el vendido dé algún paso para quebrar el acuerdo. Esto habla sin duda de una menor capacidad jurídica de los niños vendidos como esclavos con respecto de los adoptados, estando los primeros totalmente abandonados a la suerte que otros les imponían.

6.5. ECONOMÍA EN LAS VENTAS DE NIÑOS

Las cuestiones económicas juegan un papel fundamental en cualquier tipo de contratos. Los documentos de ventas de niños de nuestro corpus no son una excepción, sino todo lo contrario: la naturaleza de venta subraya la importancia de estos aspectos, obligando a exponerlos de manera aislada.

Como en otros temas analizados, también en las características económicas de las ventas de niños se pueden comprobar las diferencias existentes entre los ámbitos de la Babilonia casita, Mittani y Siria. La cuestión principal dentro del mundo de la economía de estos contratos es el precio del niño vendido. Esta cantidad de dinero equivale al valor en que se fija la calidad del joven, previamente acordado por comprador y vendedor, y arroja luz no solo en relación a la cantidad pagada, sino también en la misma forma de pagar: en dinero o en bienes (tanto básicos como de prestigio).

[1181] Sobre estas cuestiones cf. especialmente Démare-Lafont, "Éléments pour une diplomatique juridique", 44ss.

Nuestro corpus textual de ventas de niños posee peculiaridades dentro de la documentación próximo-oriental antigua en lo que al precio del objeto vendido —en este caso, personas— se refiere. Muchos de estos textos se inscriben en momentos de crisis general o dificultades que asolaban a las familias. Estas necesidades imperiosas hacen que, según Powell, uno considere realmente al comprador como el depredador y al vendedor como la presa[1182]. Así, y sin ninguna duda, los compradores en muchos de los ejemplos de nuestro corpus se aprovecharían del pésimo momento económico de los vendedores para adquirir un niño al menor precio posible[1183].

En los documentos casitas de Ur, Nippur, Babilonia y Tell Imliḫiye, se suele utilizar el patrón oro. Con ello, se desglosan los bienes pagados y se aporta la suma total en siclos de oro mediante el empleo del sumerograma PAP (ac. *napḫaru*), "total"[1184]. En una ocasión de Nippur el precio de los vendidos se consigna también en plata: en el inédito Ni. 6558 por los dos GURUŠ.TUR vendidos se pagan "16 siclos de oro y 15 siclos de plata". Teniendo en cuenta que en la Babilonia casita la relación entre siclos de oro de plata solía estar, al igual que en Ugarit[1185], en un 4–1 respectivamente[1186], hay que señalar asimismo el docu-

1182 Marvin A. Powell, "Preise", *RlA* 10 (2005): 609.

1183 Como apunta Westbrook ("Slave and Master", 1645), "The sale of a child in times of famine could always be regarded as a sale made under duress with the price being a debt". Este aspecto será especialmente característico en la Siria del Bronce Reciente. El caso paradigmático es el de E6 217 (en relación con E6 216, E6 218, E6 219 y E6 220), en el que un matrimonio vende sus cuatro hijos por 60 siclos de plata (cf. §6.2). En el también documento emariota E6 7, sin embargo, se venderá una joven por 42 siclos de plata. Por tanto, la diferencia proporcional entre los precios por persona es obvia, subrayándose las dificultades económicas en que estarían inmersos Zadamma y Ku'e, vendedores de sus cuatro hijos en E6 217.

1184 El documento con mayor importe pagado es el proceso en torno a la compra de dieciocho personas Ni. 1854, con 143 siclos de oro. Aunque su interpretación sea complicada en lo que a los vendedores se refiere, todo apunta a que son Uballissu-Marduk e Ilšu-ibnīšu, hijos de Kidin-Enlil, y Ḫunābu, hijo de Ezida-NAM.TI.LA (uno de los dos tío paterno de los primeros), los que venden ocho mujeres (SAL, 10 siclos cada una), tres jóvenes (GURUŠ.TUR, 7 siclos cada uno), un niño lactante (DUMU.GABA, 6 siclos) y seis niñas lactantes (DUMU.SAL.GABA, 6 siclos cada una) por dicha cantidad, pagada por Enlil-kininnī. El segundo texto con más dinero abonado es la también lista inédita Ni. 6192, con un total de 135 siclos de oro entre los veinticinco vendidos. Así, en ella se venden más personas, pero el valor de cada una es menor que en Ni. 1854 (por ejemplo, una pequeña lactante costaría en Ni. 1854 6 siclos de oro, mientras que en Ni. 6192 su valor descendería a 2 siclos de oro).

1185 Véanse PRU 5 100 y PRU 5 101, así como Michael Heltzer, *Goods, Prices, and the Ortanisation of Trade at Ugarit* (Wiesbaden: Ludwig Reichert Verlag, 1978), 28.

1186 Al respecto véanse Matthias Müller, "Gold, Silber und Blei als Wertmesser in Mesopotamien Während der zweiten Hälfte des 2.Jahrtausends v.u.Z.", en Muhammad A. Dandamaev (ed.), *Societies and Languages of the Ancient Near East: Studies in Honour of M.*

mento de Nippur BE 14 128a, en el que la niña tiene un valor de 9 siclos de plata[1187]. Por último, en el texto inédito de Babilonia B.143 + B.227 se emplea también el concepto de mina de cobre para referirse al total (PAP) del precio de los vendidos.

Sin embargo, en algunas ocasiones, especialmente en ventas individuales (§6.2)[1188], el precio del niño se desglosa en bienes de primera necesidad y de prestigio[1189]. Entre los primeros cabe destacar animales domésticos[1190], prendas de vestir[1191] o alimentos —especialmente cereales[1192]. En cuanto a los bienes de prestigio, podemos incluir prendas específicas de vestir[1193], así como objetos de metal[1194]. De todas maneras, estos últimos objetos no deben ser considerados como bienes de excepcional calidad ni propios de la clase más pudiente, sino que actúan simplemente como complemento de los bienes básicos[1195].

Siempre en relación con el precio de los niños, es interesante hacer una diferenciación dentro del ámbito mesobabilónico entre archivos sexo/edad de los vendidos. En primer lugar, y de manera general, se constata que en Ur, así como

Diakonoff (Warmister: Aris & Phillips Ltd, 1982), 271; Gurney, *The Middle Babylonian Legal and Economic Texs from Ur*, 14–15.

1187 BE 14 128a: 14: [9] ⌜GÍN⌝ KÙ.BABBAR. Sobre las relaciones monetarias entre siclos de oro, plata y plomo, véase un análisis en Müller, "Gold, Silber und Blei".

1188 En las listas de vendidos, como MUN 8 y PBS 13 64 + MUN 9, no se desglosa el precio total en bienes, sino que se consigna directamente el valor monetario de los mismos.

1189 Cf. textos con asterisco (*) en la tabla 23.

1190 Asnos (ANŠE), bueyes (GU_4), vacas (ÀB), vacas lecheras (ÀB.GA), ganado vacuno (GU_4 ÁB), etc.

1191 "Prendas" en sentido general (^{túg}*muḫtillû*), chales (^{túg}SIG), camisas (^{túg}GÚ), mantos (^{túg}AN.TA.DUL), capas pesadas (^{tùg}DÙG *muḫtille*), etc. UET 7 26 es el único ejemplo en el que el niño es vendido solamente a cambio de prendas de vestir, sin nombrarse en ningún momento su valor monetario equivalente: ll. 7–8: *ki-i* ⌜5 TÚG⌝.ḪÁ $^{\text{m.d}}$SUKKAL.DUB.NUMUN *a-na* ^{m}*ki-⌜rim⌝-mu-⌜ša⌝ id-⌜di-in⌝*, "SUKKAL-šapik-zēri dio (el pequeño Indalik-Bēl) a Kirimiša por cinco vestimentas".

1192 Grano en general (ŠE.GUR), aunque especialmente cebada (ŠE.BAR), aceite (Ì.GIŠ), etc.

1193 ^{túg}*tūnšu*, ^{túg}*kabrum*, etc.

1194 Dagas de bronce (^{gír}GAG ZABAR).

1195 Aún así, la "daga puntiaguda de bronce" (^{gír}GAG ZABAR) de MRWH 7: 5 tiene un valor de ½ siclo de oro. Este precio es semejante al de cada vaca lechera del mismo documento: l. 3: 2 ÀB.GA *ki-i* 1 GÍN KÙ.GI, "dos vacas lecheras por 1 siclo de oro". Por tanto, el cuchillo de bronce actuaría sin duda alguna como un bien de relativa importancia. Para un breve análisis y bibliografía sobre bienes de primera necesidad y de prestigio, aunque refiriéndose al 1.er milenio a. C., véase Péter Vargyas, "Preise. B", *RlA* 10 (2005): 611–14.

en el ejemplo BaM 13/1 de Tell Imlihiye, el precio pagado por los niños es mayor que el pagado en Nippur[1196]. Por otra parte, y esta vez refiriéndose a ambos archivos, podemos argumentar que cuanto mayor sea el niño, más alto es su precio[1197], y que los varones cuestan más que las mujeres[1198]. Ninguno de los dos puntos deben sorprendernos, ya que el objetivo que se desprende de la documentación mesobabilónica a la hora de comprar un niño es el de servir como esclavo, y la fuerza física jugaría sin duda un papel importante en este sentido.

Por último, y a falta de más documentos con los que comparar el fenómeno, podemos proponer provisionalmente y de forma general que los niños vendidos en grupo costarían menos que los vendidos individualmente. Sin embargo, el único archivo en el que se puede constatar y comparar este fenómeno es Nippur, donde contamos con varias ventas de ambos tipos. Allí, donde una joven

---

1196 Sobre los precios pagados por los pequeños en estos documentos véase Petschow, "Die Sklavenkaufverträge".

1197 Aunque este hecho se aprecie claramente en varios documentos, sirva de ejemplo el texto de Nippur MRWH 1. En él, un joven (GURUŠ.TUR) es vendido por 8 siclos de oro (ll. 1 2), mientas que un chico aún más joven (GURUŠ.TUR.TUR) es vendido por 6 siclos de oro (ll. 3–4) (*contra* Gurney [*The Middle Babylonian Legal and Economic Texs from Ur*, 15], quien presenta a ambos jóvenes con diferente precio pero idéntica denominación: GURUŠ.TUR). Otro ejemplo que merece la pena ser reseñado en este sentido es el que ofrecen los documentos de Ur UET 7 21 y UET 7 22, relacionados entre sí. Como se ha visto, en ellos actúan prácticamente las mismas personas: niño vendido, comprador, casi todos los vendedores, testigos, etc. Sin embargo, el precio del —mismo— niño en UET 7 21, anterior en el tiempo, es considerablemente menor que en UET 7 22: de 7½ se pasa a 11 siclos de oro. Quizás para incrementar el precio del niño habría más razones que las que nos exponen ambos documentos, pero la información con la que contamos hace relacionar directamente la edad del vendido con el precio del mismo. Lamentablemente, no podemos saber cuánto tiempo pasó exactamente entre ambos contratos, debido al mal estado del final del reverso de UET 7 22, donde probablemente se encontraría la datación (l[l]. 18'–[19']).

1198 Este hecho se puede constatar bien en las listas de varias personas vendidas, aunque también en las ventas individuales, como en la compra de una recién nacida en BE 14 7 por tan solo 3 siclos de oro. A modo de ejemplo, en PBS 8/2 162 se vende un joven (GURUŠ.TUR) por 7 siclos de oro. Otras dos muchachas (SAL.TUR) son vendidas por 6 siclos de oro cada una. Ambas denominaciones, aunque perteneciendo cada una a un género distinto, son equivalentes entre sí (Brinkman, "Sex, Age, and Phisycal Condition Designations", 2–4). Tomando como base la relación entre sexo de vendidos y precio, y al contrario que Sassmannshausen (*Beiträge*, 211–12), quien no añade nada al respecto, podemos proponer las restituciones de MUN 8 (precio) y PBS 13 64 + MUN 9 (denominación de vendidos) (cf. tabla 23). De todas formas, el que por los esclavos varones se pague más que por las mujeres no es solo característico de las ventas de niños, sino que también se constata en las ventas de adultos a lo largo del todo el Próximo Oriente antiguo. Al respecto véase una comparativa de precios en Mendelsohn, *Slavery*, 117–18.

(SAL.TUR) vendida sola cuesta 12 ¾ siclos[1199], otra joven de las mismas características (SAL.TUR), si se vende en grupo, costaría 5[1200] o 6[1201] siclos. Se daría por tanto una especie de descuento por comprar un grupo, en el que al menos una persona de las vendidas en listas como MUN 8 o PBS 13 64 + MUN 9, resultaría gratis para el vendedor que adquiriera varios sujetos a la vez[1202].

En la documentación de Mittani se aprecian características distintas a las que encontramos en la Babilonia casita en lo que se refiere al precio de los niños vendidos. En Nuzi encontramos dos que no son típicos contratos de ventas, sino más bien procesos judiciales en torno a dicha cuestión: EN 9/1 409 y HSS 19 125[1203]. Así, se preven varias disposiciones sobre el pasado y el futuro de la transacción, pero sin consignarse en ningún momento el precio total de las pequeñas vendidas[1204]. En HSS 19 115 tampoco se menciona el precio del "esclavo de dos codos"[1205], ya que se trata de una operación de trueque entre dos partes (§6.2). Por el contrario, los documentos YBC 5143 y BM 17600 sí presentan el precio de los vendidos. En el primer ejemplo el pequeño que deberá ser entregado cuesta 30 siclos de plata. En el segundo caso encontramos un esquema que en nuestros corpus solo se repite en el documento emariota Hir 20: se consignan los diversos bienes pagados por el niño, pero no el precio total[1206].

1199 MRWH 7.

1200 PBS 13 64 + MUN 9.

1201 PBS 8/2 162.

1202 Aún con el peligro que conlleva comparar precios de lugares y ambientes distintos, incluso siendo casi contemporáneos, véase que en Ur el niño más barato (LÚ.TUR, todos vendidos individualmente) costaba 7½ siclos de oro (UET 7 21), mientras que en Nippur el precio de los mismos niños (GURUŠ.TUR) vendidos en grupo ronda los 7 (PBS 8/2 162) y sobre todo 5 siclos de oro (BE 14 1, [MUN 8], PBS 13 64 + MUN 9). Las características de LÚ.TUR y GURUŠ.TUR son idénticas, y la distinta denominación responde simplemente a una tradición escribal distinta entre Ur y Nippur respectivamente (Tenney, *Life at the Bottom*, 33). Lo mismo ocurre con el caso de las mujeres (SAL.TUR), vendidas de manera individual en Ur por 8 (UET 7 25) y 12 siclos de oro (UET 7 24), y en Tell Imliḫiye por 10 siclos (BaM 13/1), mientras que en las listas de Nippur, con idéntica denominación (SAL.TUR), las encontramos por 6 (PBS 8/2 162) o 5 siclos (PBS 13 64 + MUN 9).

1203 Algo similar a lo que ocurre con el documento mesobabilónico inédito, de época de Kadašman-Enlil I, Ni. 1854.

1204 Por ejemplo, Tiwirra, vendedor de una niña en HSS 19 125, dice (ll. 4-6): "De Ilaya, hijo de Ḫapira, he tomado el precio por una esclava, la cual tiene por estatura dos codos y un kinṣu" ([*ši-im*]-⌜*šu*⌝ *ša* ⌜1 GEMÉ *ša*⌝ 2 *i-na* <*am*>*-ma-ti ù ma-la ki-i*[*n-ṣí*] [*a-šar*] ⌜m⌝DINGIR-*a-a* DUMU *ḫa-pí-ra* [*e*]*l-te-qè-mì*).

1205 HSS 19 115: 6–7: ⌜ÌR⌝-*du*$_4$ *ša* 2-*na am-ma-ti*.

1206 Aunque el documento BM 17600 tenga la mayor parte del reverso ilegible, parece poco probable que en esa parte de la tablilla se expresara el valor monetario total de

Por su parte, en Alalaḫ el joven vendido en AlT 69 tiene un valor de 5½ talentos de cobre. Sin embargo, AlT 70 presenta una mujer (SAL-*tum*) comprada por 1.000 siclos de plata refinada[1207]. Teniendo en cuenta que el precio de los esclavos en Alalaḫ oscila entre los 25 y 50 siclos de plata[1208], esta cantidad parece desorbitada. La mayoría de autores han propuesto la existencia de un error escribal en la suma total[1209]. Bunnens, por su parte, cree que dicha cifra podría ser real, constituyendo la esclava un producto de lujo, destinada a satisfacer las distracciones de un hombre tan rico como el *maryannu* de Alalaḫ Ilimilimma (§6.4)[1210]. Von Dassow, quien se muestra de acuerdo con Bunnens, propone como otra posibilidad que la suma de 1.000 siclos de plata actuara como una redención de miembros capturados de su familia[1211].

Respecto a la documentación siria de ventas de niños, se constata una diferencia sustancial del precio pagado en relación con otros ábitos de estudio[1212]. Los pagos se realizan normalmente en siclos de plata. Proporcionalmente, la mayor cantidad pagada por una joven son 42 siclos de plata (E6 7), mientras que en E6 217 se venden cuatro niños pequeños por 60 siclos de plata[1213] y en E6

---

la niña vendida, ya que ese sería un lugar reservado para testigos, sellos y otro tipo de fórmulas y expresiones.

1207 AlT 10: 1 *li-im* KÙ.BABBAR *ṣár-pi.* La interpretación tradicional de esta mujer como una joven vendida hace que la incluyamos en nuestro repertorio. Aún así, en este caso debemos ser sumamente cautos, puesto que es posible que nos encontremos ante una mujer que ya ha pasado la adolescencia (SAL-*tum*=*šinništu*).

1208 Al respecto véase Niedorf, *Die mittelbabylonischen Rechtsurkunden*, 320.

1209 Ephraim Avigdor Speiser, *JAOS* 74 (1954), 24; Isaac Mendelsohn, "On Slavery in Alalakh", *IEJ* 5 (1955): 68, n. 25; Klengel, "Zur Sklaverei", 12; *Geschichte Syriens im 2. Jh. V.u.Z. Teil 1 - Nordsyrien*, Deutsche Akademie der Wissenschaften zu Berlin. Institut für Orientforschung. Veröffentlichung 40 (Berlín: Akademie Verlag, 1965), 243, n. 37; Burkhart Kienast, "Kauf. E", *RlA* 5 (1980): 539; Hoftijzer y van Soldt, "Texts from Ugarit", 203, n. 38; Ignacio Márquez Rowe, "A Number of Measure? The Hurrian Gloss in AlT 46", *ZA* 87 (1997): 253, n. 11.

1210 "Qu'a-t-elle donc de si extraordinaire? Sa beauté? Son talent? S'agit-il d'une "artiste lyrique" de valeur exceptionnelle?" (Bunnens, "Ilim-Ilimma, fils de Tuttu", 8).

1211 Von Dassow, *State and Society*, 296. Sin embargo, en ese caso, como la misma von Dassow puntualiza (ibíd. 296, n. 93), esperaríamos que la persona vendida presentara un antropónimo. Sobre estos aspectos de AlT 70 véase Niedorf, *Die mittelbabylonischen Rechtsurkunden*, 320, l. 10.

1212 Según el estudio, basado en la documentación Emar, de Arnaud, "Humbles et superbes", 3ss.

1213 En E6 217 se nos informa que en un anterior contrato (E6 216, donde no se consigna el precio de la niña) se había vendido a Ba'ala-bia por 30 siclos de plata (dinero que por otra parte no fue abonado, véase E6 217: 11–14). Esta muchacha entra en el global de la venta en E6 217, junto con sus tres hermanos menores, sin especificarse el precio concreto de cada uno de ellos. De todas maneras, y teniendo en cuenta el valor anterior de Ba'ala-bia (30 siclos de plata), parece claro que ésta tendría más valor que sus herma-

211 la cantidad asciende a 120[1214]. El precio del vendido en E6 83 son 9 siclos de plata, y en el documento de Tuttul KTT 382 ascienden a 11. Probablemente algo parecido costaría el joven vendido en ASJ 10/E, pero esa parte del texto se encuentra dañada[1215]. Como veremos (cf. tabla 23), Hir 20 desglosa el precio pagado por la joven vendida, pero no expresa la suma total en valor monetario[1216].

Los factores económicos juegan por tanto un papel fundamental en los contratos de ventas de niños analizados. Las diferencias entre las distintas realidades (babilónica, mittania y siria) son evidentes, aún refiriéndose al mismo fenómeno y con idénticos actores en el acuerdo. En Ur, por ejemplo, poseemos varios contratos de similar tradición escribal (fórmulas, expresiones, etc.), y donde el patrón oro está generalizado: se enumeran varios bienes —precio de la compra— y se da su valor total en siclos de oro. Lo mismo ocurre en las ventas individuales —como en Ur— de Nippur y Tell Imliḫiye. La excepción en este sentido la constituyen las listas de vendidos conjuntamente. En estos documentos no se desarrolla el precio, sino que se da su valor monetario en siclos áureos, que sería presumiblemente lo que en realidad se abonaría al vendedor en dichos casos.

Asimismo apreciamos diferencias de precios entre jóvenes y menores y entre niños y niñas (de más a menos precio respectivamente en ambos casos), aspecto que también se puede constatar en Emar.

En Mittani y Siria la cuestión del precio de los niños se aborda de distinta manera. En ninguno de ambos ámbitos existe el patrón oro, y si se consigna el desglose de lo pagado por el joven, no se expresa su equivalencia ni en oro ni en plata (BM 17600 y Hir 20). La documentación de estas dos realidades es menor proporcionalmente a la que encontramos en el sur de Mesopotamia. Aún así, y a partir del material disponible, podemos concluir que los precios para los niños en Mittani y Siria son más bajos que lo que constatamos en Ur, Nippur y Tell Imliḫiye[1217]. Dejando a un lado el caso de Nuzi, donde solo en dos documentos

---

nos, quizás por ser la mayor de todos. Con ello se apoyaría la teoría defendida en la documentación casita, en la que hemos visto que cuanto mayor sea el vendido, más caro resultará.

1214 E6 211 es el documento emariota de venta de esclavos, y entre ellos esclavas, en el que más dinero se transfiere del comprador al vendedor (cf. Justel, *La capacidad jurídica*, 240).

1215 ASJ 10/E: 6: [*a-na* x G]ÌN ⌜KÙ.BABBAR.MEŠ⌝, "[por x si]clos de ⌜plata⌝".

1216 Aunque sí encontramos la expresión *a-na* ŠÁM.TIL.LA.ÀM, "por su precio total" (l. 4). El montante total sería sin duda superior a 15 siclos de plata, ya que esta cantidad es uno de los bienes que se enumeran, junto a un asno y 500 siclos de cobre (ll. 3-4).

1217 Si tenemos en cuenta la relación de 1–4 entre siclos de oro y de plata, solo los textos YBC 5143 (30 siclos de plata = 7½ de oro) E6 7 (42 siclos de plata = 10½ de oro), E6 211 (120 siclos de plata = 30 de oro) y, el en este aspecto controvertido, AlT 70 (1.000 siclos de plata refinada=250 siclos de oro), podrían compararse a los documentos casitas en cuanto al precio de los vendidos. Por otra parte, a la hora de analizar esta diferencia

—YBC 5143 y BM 17600— se menciona el precio, en los documentos de Alalaḫ y sirios esto se puede explicar fácilmente a la luz de la crisis generalizada, que obligaría a mucha gente a vender niños —generalmente sus hijos— por una cantidad ínfima.

Texto	Denominación	Precio varón	Precio mujer
UET 7 2	LÚ.TUR	9 siclos de oro blanco	
UET 7 21*	LÚ.TUR	7 ½ siclos de oro	
UET 7 22*	LÚ.TUR	11 siclos de oro	
UET 7 23*	LÚ.TUR	[12 siclos de oro blanco]	
UET 7 24*	SAL.TUR		12 siclos de oro blanco
UET 7 25*	SAL.TUR		8 siclos de oro
UET 7 26	DUMU NPF	5 prendas de vestir	
UET 7 27*	SAL.TUR		10 siclos de oro
MRWH 1	GURUŠ TUR GURUŠ TUR.TUR	8 siclos de oro 6 siclos de oro	
MRWH 7*	SAL.TUR		12 ¾ siclos
BaM 13/1*	SAL.TUR		10 siclos de oro
BE 14 1*	[GURUŠ.TUR]	5 siclos de oro	
BE 14 7	DUMU.SAL.GABA		3 siclos de oro
BE 14 128a*	SAL *ṣe-ḫe-er-tu*$_4$		9 siclos de plata
PBS 8/2 162	GURUŠ TUR SAL.TUR SAL.TUR	7 siclos de oro	 6 siclos de oro 6 siclos de oro
MUN 8	⌜GURUŠ.TUR⌝ / SAL.TUR SAL.TUR SAL.TUR DU-MU.SAL.GABA DUMU.SAL.GABA	[6–7 siclos de oro]	 [5–6 siclos de oro] [5–6 siclos de oro] [5–6 siclos de oro] [3–4 siclos de oro] [3–4 siclos de oro]

de precios entre el reino casita y los Mittani y Siria de la época, hay que tener en cuenta el contexto económico de cada ámbito (por ejemplo, a partir de la documentación casita no se desprende la idea de una crisis tan acusada como en la zona siria).

Texto	Denominación	Precio varón	Precio mujer
PBS 13 64 + MUN 9	[GURUŠ TUR]	5 siclos de oro	
	[GURUŠ TUR]	5 siclos de oro	
	[DUMU.GABA]	4 siclos de oro	
	[DUMU.GABA]	4 siclos de oro	
	[DUMU.GABA]	4 siclos de oro	
	SAL.TUR		5 siclos de oro
	SAL.TUR		5 siclos de oro
	SAL.TUR		5 siclos de oro
	SAL.TUR		5 siclos de oro
	[DUMU].SAL.GABA		4 siclos de oro
CBS 10733	[SAL.TUR]		4 siclos de oro
B.143 + B.227	GURUŠ TUR SAL.TUR SAL.TUR	1 siclo y 50 minas de cobre (por todos)	
Ni. 1574	DUMU.GABA DUMU.GABA	146 siclos [de oro] (por todos, incluídos otros seis adultos)	
Ni. 1854	GURUŠ.TUR	7 siclos de oro	
	GURUŠ.TUR	7 siclos de oro	
	GURUŠ.TUR	7 siclos de oro	
	DUMU.GABA	6 siclos de oro	
	DUMU.SAL.GABA		6 siclos de oro
	DUMU.SAL.GABA		6 siclos de oro
	DUMU.SAL.GABA		6 siclos de oro
	DUMU.SAL.GABA		6 siclos de oro
Ni. 6192	[DUMU.SA]L.GABA		2 siclos de oro
	[DUMU.SA]L.GABA		2 siclos de oro
Ni. 6558	GURUŠ.TUR GURUŠ.TUR	16 siclos de oro y 15 siclos de plata (por ambos)	
EN 9/1 409	GEMÉ		---
HSS 19 115	⸢ÌR⸣-*du*$_4$	---	
HSS 19 125	GEMÉ		---
YBC 5143	*lu-ú ṣú-ḫa-ru ù lu-ú ṣú-ḫa-ar-tu*$_4$	3 siclos de plata (por un chico o una chica)	
BM 17600	DUMU.SAL		30 minas de plomo, 7 imēru de cebada, 5 ovejas (no se dice el total)
E6 7	DUMU	42 siclos de plata	
E6 83	DUMU.SAL *ša* GABA		9 siclos de plata

Texto	Denominación	Precio varón	Precio mujer
E6 118	DUMU	42 siclos de plata (incluídos los padres)	
E6 211	DUMU.MEŠ D[UMU.SAL.MEŠ]	120 siclos de plata (por todos, incluídos los padres)	
E6 217	DUMU.MEŠ / DUMU.SAL.MEŠ (una también DUMU.SAL GAB)	60 siclos de plata (por todos)	
ASJ 10/E	DUMU	[...] siclos de plata	
Hir 20	DUMU.SAL (GEMÉ)		15 siclos de plata, 1 asno, 500 siclos de cobre (no se dice el total)
AuOr 5/11	DUMU.SAL		70 siclos de plata (incluídos los padres)
AlT 69	*ṣú-ḫa-ru*	5 ½ talentos de cobre	
AlT 70	SAL-*tum*		1.000 siclos de plata refinada
KTT 382	[DUMU.SAL]		11 siclos de plata refinada

Tabla 23. Precios de los niños vendidos
(con * cuando se presenta el valor monetario y también se desglosa en bienes diversos)

6.6. Causas y objetivos de las ventas de niños

Generalmente una venta de cualquier bien implica la necesidad, imperiosa o no, por parte del vendedor de realizar dicha transacción. Esta característica también se dará en las ventas de personas, incluyendo en ellas a los niños y jóvenes. Ahora bien, ¿por qué vender niños? ¿Cuál era el objetivo de vendedores y compradores? ¿En qué afectaba al pequeño vendido? A continuación se presentan algunos comentarios sobre estas cuestiones, exponiendo las principales causas, consecuencias y objetivos perseguidos a partir del contrato de venta de uno o varios niño.

Causas y consecuencias para compradores y vendedores

En mayor o menor medida las razones económicas siempre están presentes a lo largo de la documentación del Bronce Reciente sobre ventas de niños. La consecuencia más inmediata tras la creación del contrato es siempre la transferencia de bienes —generalmente dinero— del comprador al vendedor a cambio del niño. El principal objetivo que se desprende a partir de estos documentos es, por parte del vendedor, el de ganar una cierta cantidad de dinero; por parte del comprador, hacerse con un niño que pudiera desempeñar una labor por lo general de carácter servil.

Las actividades que desarrollarían los niños tras su compra (y, por tanto, las consecuencias de ésta) estarían relacionadas asimismo con el mundo de la economía: el trabajo de los pequeños, fuera cual fuera la esfera en que se llevara a cabo, tendría como objetivo principal incrementar la producción del comprador, o simplemente aumentar su bienestar en el hogar. En este apartado se inscribirían indudablemente personajes importantes dedicados entre otras actividades a la compra-venta de niños. Šamaš-ēṭir en Ur, Enlil-Kidinnī en Nippur, Ba'al-qarrād y Ba'al-malik en Emar o Ilimilimma en Alalaḫ (§6.4) podrían considerar dicha tarea como fin o complemento de sus negocios, pero más probablemente como una labor pública[1218].

Aún así, la figura en la que más significativas y evidentes son las causas para vender a los niños es la del propio vendedor. Es él quien se ve obligado, por unas razones determinadas, a tener que prescindir de lo que antes le pertenecía, generalmente sus hijos. Así pues, hay varias causas relacionadas con la economía familiar que conducen al esta figura a vender jóvenes, pero generalmente éstas tienen que ver con un ambiente de crisis.

Los documentos no explicitan claramente las razones concretas para vender a los niños, pero varios factores nos pueden dar la clave para interpretar el fenómeno. En primer lugar, el hecho de que los padres vendan sus hijos implica una necesidad imperiosa de hacerlo. Los recursos económicos de la familia con nivel medio durante el fin del Bronce Reciente, especialmente en Siria[1219], no era boyante. En este contexto se dieron épocas de hambrunas bien atestiguadas, lo que conducía en ocasiones al tipo de servidumbre conocida como "esclavitud por hambre"[1220]. Los padres que vendían sus hijos no solamente se proveían legalmente de cierto dinero, que sin duda les ayudaría en esos momentos críticos, sino que asegurarían a sus hijos una manutención que ellos no podrían dispensarles[1221].

[1218] En este sentido véase en especial el caso del *šandabakku* de Nippur, Enlil-Kidinnī.

[1219] Aunque también en Babilonia y antes en Nuzi.

[1220] Sobre este fenómeno ("Enslavement for famine") véase Westbrook, "Slave and Master", 1645–46.

[1221] La legalidad de estas ventas en casos de extrema necesidad tiene paralelos en otros ámbitos de la Antigüedad. Sirva como ejemplo un caso de la Tebas alejandrina, en el que un padre vende a su hijo, en William Linn Westermann, *The Slave Systems of Greek and Roman Antiquity* (Filadelfia: American Philosophical Society, 1955), 6.

Por otra parte, cabría la posibilidad de que se vendieran los hijos para poder pagar las deudas en las que los padres habrían incurrido[1222]. En los contratos próximo-orientales antiguos de venta en relación a la "esclavitud por deudas" se suele enfatizar la naturaleza voluntaria de la venta por parte del deudor. Si bien dicha característica se cumple en nuestro corpus de ventas infantiles, ese fenómeno se da especialmente cuando el deudor se vendía a sí mismo[1223], fenómeno diferente al de nuestro corpus[1224].

Es obvio que las causas de carácter económico para vender y comprar un niño difieren del punto de vista respectivo del vendedor y comprador. La situación del primero puede variar entre la obligatoriedad de vender jóvenes —caso de los padres— y su deber profesional —caso de comerciantes o gente ligada a la administración pública. Los compradores, por otro lado, poseen suficientes recursos económicos como para hacerse con el servicio de los menores.

Las consecuencias son evidentes, y desde el punto de vista económico positivas para ambas las partes. Los vendedores logran dar salida a una situación en ocasiones económicamente insostenible. Los padres que juegan ese rol también se asegurarían de que sus hijos tuvieran cubiertas las necesidades básicas para vivir[1225]. Por otro lado, los compradores obtienen un recurso humano capaz, casi siempre[1226], de producir y satisfacer sus necesidades diarias.

[1222] Como apunta Westbrook, "If a debt fell due and the debtor was unable to pay, the creditor could seize goods or members of the debtor's family in order to force him to pay the sum owing" (Westbrook, "Slave and Master", 1643).

[1223] Ibíd., 1643.

[1224] Además, en la Babilonia casita, y con las dudosas excepciones de los documentos inéditos CBS 11106 y Ni. 2885, no parece haber existido el fenómeno de la esclavitud por deudas (Tenney, *Life at the Bottom*, 128). En Emar, sin embargo, la mayoría de los ejemplos de paso de condición de libre a esclavo tendría relación con las deudas, el hambre o ambas (Westbrook, "Emar and Vicinity", 664). Un ejemplo en este sentido se encuentra en el documento emariota E6 205, en el que dos hijos (quizás niños) pasan a ser esclavos tras la muerte de su padre, quien tenía una deuda con su acreedor. Nótese que ambos hijos entran en la esfera de la esclavitud voluntariamente (según la reconstrucción de Arnaud [*Recherches au Pays d'Aštata. Emar VI.3, Textes sumériens et accadiens*, Synthèse 18 [París: Éditions Recherche sur les Civilisations, 1986], 216], l. 12: *iš-tu* [*ra-ma-ni-šu-n*]*u a-na* ÌR-*ut-tu-ia it-ta*! *a*[*r-bu*], "han entrado voluntariamente bajo mi servidumbre"]).

[1225] Especialmente alimentación y ropa, además de algún tipo de formación profesional.

[1226] La compra de niños lactantes no implica que en el momento del contrato dichos individuos constituyeran un elemento productivo. Sin embargo, hay que tener en cuenta que estos recién nacidos son vendidos en todas las ocasiones (excepto en los ejemplos emariotas inmersos en fuerte crisis E6 83 y E6 217) junto con otros miembros, tanto jóvenes como adultos (cf. tabla 23).

CAUSAS Y CONSECUENCIAS PARA EL NIÑO VENDIDO

Separadamente hay que destacar la figura del niño, quien juega en estos contratos un rol económico básico. Su venta es la resulta del acuerdo entre los adultos, y él mismo se constituye involuntariamente como el bien en torno al cual se desarrollan los acuerdos. Es por tanto un elemento económico productivo para ambas partes, pero su consecuencia personal inmediata no tiene tanto que ver con beneficios económicos como con el cambio social de estatus resultante.

A partir de la venta, el niño pasa a depender automáticamente del comprador. La esfera legal en la que sumergen la mayoría de los vendidos de nuestro corpus no se define de manera concreta, pero este tipo de contratos equivaldría con gran probabilidad a una entrada en semi-servidumbre o servidumbre. Aún así, es complicado adscribir a estos jóvenes en un grupo específico u otro. En este sentido, Chirichigno clasificó hace años la sociedad mesopotámica en tres estratos y clases sociales diferenciados[1227]:

(1) Personas libres: sacerdotes, nobleza, oficiales, comerciantes y terratenientes.

(2) Personas semi-libres: individuos que trabajaban para los hogares relacionados con el Estado (templo, palacio, etc.) pero sin controlar los sistemas de producción.

(3) Esclavos en sentido general: propiedad de sus dueños, cautivos extranjeros, etc.

¿En qué grupo de los anteriores se deberían clasificar a los niños vendidos? Parece claro que deberemos eliminar de nuestro discurso el primero de ellos, al que solamente pertenecerían algunos de los compradores y vendedores de nuestros contratos. La terminología empleada en los textos casitas de ventas de niños, así como la de Nuzi, Alalaḫ y Emar, apunta a una condición del niño más cercana a la servidumbre. Sin embargo, es difícil aseverar si pertenecerían a los estratos (2) o (3) de la clasificación anterior.

Si bien en cada documento y ámbito en que nos encontremos se podría concebir la situación jurídica de figura del vendido de forma diferente, preferimos englobar a estos niños en el segundo y último grupo en que Gelb clasifica, en clave económica, la sociedad mesopotámica[1228]:

1227 Chirichigno, *Debt-Slavery*, 49–50. En la misma línea véase Mendelsohn, "Free Artisans", 26.

1228 Gelb, "Definition", 293–94. Esta desaparición de la clase media también había sido defendida por Bruno Meissner (*Babylonien und Assyrien* I [Heidelberg: Carl Winter Universitätsbuchhandlung, 1920], 385) para el período neobabilónico.

(1) Clase alta: personas que controlan los mecanismos de producción.

(2) Resto de la población: trabajadores dependientes: siervos, esclavos, campesinado libre, etc.

Nuestra propuesta para la mayoría de estos niños vendidos es no identificarlos automáticamente con esclavos condenados a sufrir trabajos forzosos, sino quizás más bien con siervos cuya actividad se desarrollaría de forma general en hogares[1229] y ámbitos tanto de carácter privado como público. De esta manera el joven seguiría considerándose un producto para su nuevo dueño, incluso pudiendo éste volver a venderlo, pero su función no conllevaría probablemente un importante gasto de fuerza física, sino un trabajo cotidiano de servicio en casas particulares, templo o palacio[1230]. Habría sin duda una diferencia social y económica entre varios tipos de esclavos, como ocurre en otros ámbitos de la Antigüedad[1231], pero el desconocimiento de las actividades de los vendidos tras cada contrato nos impiden corroborar totalmente esta hipótesis.

Las consecuencias de estos contratos tampoco serían iguales para hombres y mujeres vendidos. En el primer caso se buscarían quizás los trabajos más pesados en ámbitos familiares o en relación con instituciones políticas y religiosas[1232]. Si bien las mujeres también podrían servir en ámbitos similares, no se debe desechar la posibilidad de que compartieran dicha función con el de concubinas de sus dueños, fenómeno atestiguado en las ventas de niñas en el Próximo Oriente antiguo[1233].

Es posible que las consecuencias sociales para los niños vendidos de forma individual fueran diferentes en comparación con los vendidos, en listas, junto con sus familiares u otras personas[1234]. Ello es visible a la luz de los textos meso-

---

1229 Entendiéndose el concepto de "hogar" en sentido abstracto (inglés *household*).

1230 Parece lógico pensar que si un comprador necesitaba un sujeto para ayudarle en trabajos pesados, preferiría comprar un joven (siempre varón) más cercano a la adultez. Además, el tipo de personas sometidas a trabajos forzados se contempla en otro tipo de documentación con características diferentes (§5.2).

1231 En este sentido, para la Roma antigua véase Keith R. Bradley, *Slavery and Society at Rome* (Cambridge: Cambridge University Press, 1994).

1232 Como se ha apuntado (§6.4), es posible que una de las actividades del *šandabakku* de Nippur Enlil-Kidinnī fuera adquirir jóvenes esclavos que sirvieran en el palacio o templo.

1233 Aún así, en las ventas de mujeres menores con ese objetivo se expresaba normalmente el propósito de emplearla también como concubina (Mendelsohn, *Slavery*, 8), algo ausente en nuestro corpus.

1234 Una possible excepción se podría haber encontrado en el documento emariota E6 217, con el caso de los probablemente gemelos Ba'al-bēlu e Išma-Dagan, sobre los que Cohen ("Feet of Clay") interpretó en un primer momento que habrían devenido escribas. No obstante, el mismo autor, basándose en detalles epigráficos y al hablar de los dos escribas que portan idéntico nombre al de los vendidos en E6 217, cambia su opinion,

babilónicos, donde encontramos ambas tipologías. En el caso de ventas individuales, los documentos se detienen en las caraterísticas del niño vendido (estatura, procedencia, etc.). La designación en ocasiones de "naturales del país de Karduniaš", "de Kaššû o "de Aššur"[1235] podría implicar una categoría especial de los vendidos (§6.2).

En el primer caso, los niños son calificados como "procedentes de Karduniaš"[1236]. Si bien en esta época la dinastía casita controlaba políticamente el reino, la gran masa de población era de origen babilónico[1237]. Por tanto, teniendo en cuenta que la sociedad sería mayoritariamente babilónica, es difícil pensar que el apelativo de "babilónico", referido a niño o adulto, poseyera connotaciones negativas e hiciera referencia al esclavo de más bajo rango. En el último supuesto, si el vendido hubiera sido de procedencia babilónica dicho origen se habría probablemente obviado.

Además, nuestra tesis de identificación de estos niños con siervos más que con esclavos tiene paralelos en el Próximo Oriente antiguo. En general, Gelb identifica a los esclavos (inglés *chattel slaves*) como extranjeros, mientras que los siervos (inglés *serfs*) serían de origen nativo[1238]. El presente caso de niños naturales de la región de Karduniaš sigue el segundo patrón, puesto que se venden en el propio país de Babilonia. Además, Gelb equipara el concepto de "siervo" con el logograma GURUŠ, término que encontramos en nuestras ventas infantiles[1239].

Especialmente significativos en este sentido son los ejemplos de niños procedentes de Kaššû (BaM 13/1) y Aššur (B.143 + B.227). De forma general se puede afirmar que los casitas y asirios son los únicos grupos minoritarios de la sociedad mesobabilónica que no están relacionados de forma directa con trabajos forzados bajo el poder de instituciones babilónicas controladas por casitas[1240]. Poseemos por consiguiente varios ejemplos que no desmienten la relación entre

---

aseverando con posterioridad que "these two students were not the same as the two boys bought into slavery" (Cohen, *The Scribes and Scholars*, 132; cf. 174, n. 75). Corríjanse, por tanto, interpretaciones posteriores como las de Fijałkowska, *Le droit de la vente à Emar*, 103, n. 39.

1235 Aunque en él se vendan tres niños, el documento inédito babilónico B.143 + B.227 posee las mismas características que las ventas individuales, al igual que el de Nippur MRWH 1 (dos jóvenes).

1236 Esto es, Babilonia como capital y región

1237 Justel, "La Babilonia casita", 85.

1238 Gelb, "Quantitative Evaluation", 204. Como apunta Gelb, los siervos constituirían la mayor parte de la clase trabajadora, siendo cuantitativamente mucho más numerosos que los esclavos.

1239 Con su equivalente de Ur, LÚ.

1240 Al respecto véase Brinkman, "Administration and Society", 284–85.

los términos empleados y el ámbito servil infantil[1241], pero probablemente estos niños no serían esclavos en el sentido más crudo del término[1242].

El caso de las ventas conjuntas de niños junto a otras personas podría ser diferente en la percepción de sus contemporáneos. La composición en listas casitas de hasta veinticinco sujetos (Ni. 6192) recuerda a los documentos de trabajadores forzados de Nippur. Si bien en este tipo de textos también se expresan algunas características de los niños vendidos[1243], éstos se enumeran como unos más, sin recibir una atención especial, y en ningún momento se consigna su origen. Además, el precio medio pagado por estos niños sería menor que el de sus contemporáneos en ventas individuales (§6.5). El diferente tratamiento del que son objeto estos dos tipo de jóvenes vendidos se observa incluso incluso dentro de las excepciones de este pequeño corpus: en MRWH 1 y B.143 + B.227, donde se venden dos y tres jóvenes respectivamente, se realiza un tratamiento más personal de los vendidos[1244].

En este sentido hay que recordar el caso atípico, al menos en cuanto a las fuentes disponibles, de los niños varones vendidos en el documento emariota E6 217: Ba'al-bēlu e Išma-Dagan. Estos dos bebés, probablemente gemelos de un año, han sido objeto de análisis por parte de Cohen[1245]. El autor plantea la posibilidad de que ambos niños fueran formados en una escuela escribal, pasando más tarde a ser verdaderos escribas, como algunos documentos demuestran. Así pues, su condición de esclavos, puesto que fueron vendidos como tales[1246], podría en ese caso suavizarse y tender más hacia la servidumbre que hacia la esclavitud[1247].

1241 LÚ/GURUŠ.TUR, SAL.TUR o *ṣeḫru / ṣeḫertu*, etc.

1242 El caso de Tell Imliḥiye BaM 13/1 es significativo por el contexto geográfico del documento. Esta zona del Diyala, incluyendo también los yacimientos de Tell Zubeidi y Tell Abbas, constituía una unidad rural en época mesobabilónica (Boehmer y Dämmer, *Tell Imlihiye*). El archivo hallado en Tell Imliḥiye es de naturaleza eminentemente administrativa y familiar (Justel, "La Babilonia casita", 72), y en él en principio no cabría esperar la mención a esclavos forzados.

1243 Denominación por sexo y edad, nombre, precio y tipo de relación con otros individuos.

1244 En el caso de B.143 + B.227, por ejemplo, se consigna el origen del joven vendido (KUR *aš-šur*).

1245 Cohen, "Feet of Clay at Emar".

1246 Al respecto véase la expresión de E6 217: 4-5: *a-na* ÌR-*ut-ti* [...] / [...] *it-ta-din* ("[los] entregaron en estatus de esclavos").

1247 Esta hipótesis debe ser tomada como tal, puesto que posteriormente el propio Cohen (*The Scribes and Scholars*, 132) admite la posibilidad de que los dos individuos que él había tomado por los vendidos en E6 217 fueran en realidad otros sujetos llamados asimismo Ba'al-bēlu e Išma-Dagan. De todas formas, son varios los contextos en los que un esclavo podría desempeñar la labor escribal. En el texto de Nuzi JEN 613, por ejemplo, Attalimmu, un hombre adulto de origen asirio, entra al servicio (*a-na* ÌR-*ti*) de Teḫip-Tilla

Sea como fuere, y exceptuando los corpora de Nuzi y Siria, donde se expresa que los niños fueron vendidos en calidad de esclavos[1248], la documentación mesobabilónica de ventas infantiles no consigna claramente el estatus de los niños vendidos. Ello hace que diversos autores pongan al menos en duda la naturaleza, de esclavos o no, de estos sujetos[1249]. La tesis que proponemos con respecto al estatus social de los niños tras su venta[1250], y aún teniendo en cuenta de que cada caso y ámbito documental podrían ser diferentes, se resume en tres puntos[1251]:

> (1) La capacidad jurídica de los niños vendidos es siempre ínfima. Mientras que en otros tipos de contratos se contempla la posibilidad de que el objeto del acuerdo —el niño— quiebre el contrato en el futuro (ejemplo de adopciones infantiles), en las ventas infantiles dicha opción no es nunca contemplada.
>
> (2) Los niños vendidos pasan por tanto de una esfera legal de libertad o semi-libertad a otra de servidumbre o semi-servidumbre[1252].
>
> (3) Los niños vendidos de manera individual entrarían en un estatus de servidumbre privada doméstica (incluyendo B.143 + B.227) o servidumbre estatal (incluyendo MRWH 1) en relación con palacio o templo, especialmente en determinados ejemplos mesobabilónicos. Los pequeños vendidos en largas listas podrían corresponderse con un estrato servil inferior, estando más cercanos a la esclavitud. Existe, por tanto, una diferencia entre los conceptos "esclavitud" y "servidumbre", siendo la condición legal del primero menor que la del segundo.

---

y trabaja a partir de entonces para él como escriba. Al respecto véase especialmente Paola Negri Scafa, "Die 'assyrischen' Schreiber des Königtums Arrapḫe", en Hartmut Waetzoldt y Harald Hauptmann (eds.), *Assyrien im Wandel der Zeiten, CRRAI 39 (Heidelberg, 1992)* (Heidelberg: Heidelberger Orientverlag, 1997), 123–32.

1248 Cf. tabla 18.

1249 "[...] verkauft wird ein kleines Mädchen (als Sklavin?)" (Karlheinz Kessler, "Kassitische Tontafeln vom Tell Imliḥiye", *BaM* 13 [1982]: 60); "Presumably into slave status" (Brinkman, "Administration and Society", 284, n. 6); Sassmannshausen (*Beiträge*, 203ss) identifica todos los textos de nuestro corpus, tanto ventas individuales como listas conjuntas, con un estatus de pura esclavitud bajo el epígrafe "Die Mittelbabylonischen Sklavenkaufverträge".

1250 Esto es, sus consecuencias a partir del contrato.

1251 Para unas conclusiones más generales sobre las características jurídicas de los niños vendidos cf. §6.8.

1252 A excepción de los posibles casos de reventa del niño, plausibles en contratos en los que no intervienen los padres naturales.

6.7. Las ventas de niños del Bronce Reciente en el contexto próximo-oriental antiguo

Ventas de personas

Las ventas infantiles del corpus del Bronce Reciente no deben ser contempladas ni analizadas como un fenómeno aparte, descontextualizado y sin tradiciones anteriores y posteriores. El elenco documental estudiado en el presente capítulo responde a un desarrollo concreto de este tipo de textos, que beberán de una forma u otra de las tradiciones escribales con origen en los contratos de compraventa de diferentes productos ya desde el 4.º milenio a. C.

En este subapartado analizaremos brevemente la naturaleza y desarrollo de las ventas de personas —entre ellos niños— en las Mesopotamia y Siria antiguas, desde los albores de la escritura hasta finales del 1.er milenio a. C. En dicho corpus inscribiremos el elenco de ventas de niños estudiadas del Bronce Reciente, subrayando cómo estas se comportan en el contexto próximo-oriental antiguo.

La obra de referencia sobre ventas en Mesopotamia sigue siendo la de M. san Nicolò (*Die Schlussklauseln der altbabylonischen Kauf- und Tauschverträge*), publicada en 1922 y reeditada por su discípulo H. P. H. Petschow, con la colaboración de W. Farber, en 1974. En este estudio el autor analiza mayoritariamente los bienes inmuebles, aunque teniendo en cuenta también los esclavos vendidos, a lo largo de la Mesopotamia antigua y con especial atención al período paleobabilónico. Profundiza asimismo en aspectos como el producto vendido, las cláusulas en las que comprador y vendedor impiden futuras reclamaciones, los tipos de juramentos o los testigos de los acuerdos. Sin embargo, la obra de San Nicolò no ofrece un análisis global y exclusivo de las ventas de personas en el Próximo Oriente antiguo[1253]. Este tema ha sido tratado transversalmente en numerosos estudios relacionados con la esclavitud[1254], pero no ha sido objeto de investigación tomando el fenómeno de la venta como punto común de partida y base del análisis.

Los primeros documentos cuneiformes que conocemos datan de mediados del 4.º milenio a. C., y guardan relación con cuentas de naturaleza económica[1255]. El logograma ŠÁM, "precio", aparece en estos primeros textos del estrato

---

[1253] Tampoco es el objeto preferente de estudio del análisis de Georges Boyer, "Nature et formation de la vente dans l'ancien droit babylonien", *RIDA* 2 (1953): 45–85.

[1254] Por ejemplo, a lo largo de las obras de Mendelsohn, *Slavery*; Frans van Koppen, "The Geography of the Slave Trade and Northern Mesopotamia in the Late Old Babylonian Period", en Hermann Hunger y Regine Pruzsinszky (eds.), *Mesopotamian Dark Age Revisited: Proceedings of an International Conference of SCIEM 2000 (Vienna 8th–9th November 2002)*, AÖAW 32 (Viena: Austrian Academy of Sciences Press, 2004), 9–33; Dandamaev, *Slavery in Babylonia*. Para las ventas de personas en Emar véase Adamthwaite, *Late Hittite Emar*, 133ss.

[1255] Al respecto véase especialmente Jean-Jacques Glassner, *Écrire à Sumer. L'invention du cunéiforme* (París: Éditions du Seuil, 2000), 87–112.

IV de Uruk[1256]. Los productos —trigo, cebada, cerveza, etc.— se consignan de cara a una óptima organización administrativa. En ocasiones encontramos el precio de cada producto, lo que implica desde el principio un sistema de compra-venta.

Los contratos de ventas de personas responden a la misma realidad, y presentan idéntico objetivo con respecto a las ventas de productos: plasmar por escrito un acuerdo por el cual alguien pasa de un ámbito jurídico a otro, perteneciendo a partir de entonces a otra persona o institución. Este fenómeno de compra-venta de individuos, al igual que el de la esclavitud, está presente en la documentación también a partir del 4.° milenio a. C.[1257], y los contratos serán desde los orígenes parecidos a los de ventas de productos, incluso en la apariencia física de las tablillas (punto este último que se puede apreciar en la siguiente fig. 3):

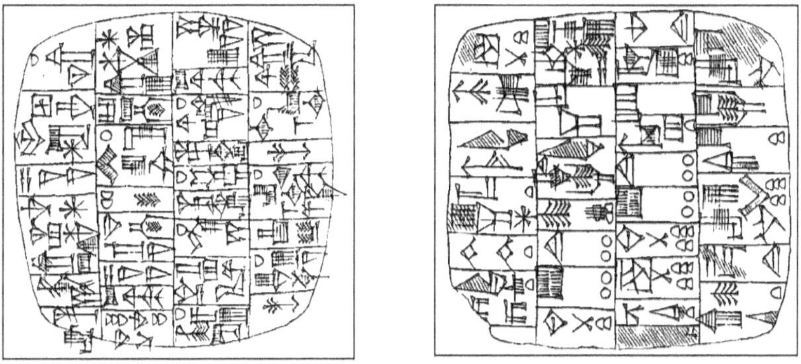

Fig. 3. Copia de dos contratos arcaicos de ventas (ambos anversos), uno de una mujer (izquierda, RTC 16) y otro de campos (derecha, RTC 15)[1258]

La información expuesta en estos contratos de ventas de personas solía seguir siempre un mismo patrón, parecido al posterior de ventas mesobabilónicas individuales de niños. Para las diferentes partes, sirva a modo de ejemplo uno de los documentos sumerios más antiguos sobre ventas de individuos, RTC 16:

1256 Véase la comparación entre el signo sumerio del 4.° milenio a. C. y el clásico posterior ŠÁM (MEA 187) en Adam Falkenstein, *Archaische Texte aus Uruk*, Ausgrabungen der Deutschen Forschungsgemeinschaft in Uruk-Warka, Band 2 (Leipzig: Harrassowitz, 1936), n.° 288. La forma originaria de este sumerograma representa un recipiente lleno de grano, lo que indicaría que en esta época arcaica la única moneda conocida sería el cereal (Boyer, "Nature et formation", 47, n. 2).

1257 Langdon, "Some Sumerian Contracts", 206.

1258 Copias extraídas de François Thureau-Dangin, *Recueil de Tablettes Chaldéennes* (París: Ernest Leroux, 1903).

Esquema general[1259]	**RTC 16**
(1) Nombre del vendido	Ginartapaddan
(2) Nombres de vendedores y compradores	Zanini y "Devota de Ningursu"
(3) Precio	10 siclos de plata, 2 qa de vino mezclado y 2 qa de pan
(4) Cláusulas sobre la posible ruptura del contrato	"Si en el futuro se produjera una reclamación [...], que se mate a cada uno (de los actores del contrato) con la espada por sus palabras"
(5) Juramentos	---
(6) Nombres de testigos	Girnibadur el comerciante; Burezen el suegro del sacerdote; Šuldumu [...]; Urezida el heredero de Arabasum; Ennaname el panadero; Kitilanalumepi el escriba; Enigasud el panadero; la mujer de Dingirmu, esclavo del sacerdote; Nammagni [...]; Šeškisigduli.
(7) Datación	"En el tiempo en que Entemena era Ensi de Lagaš y Enlitarzi era sacerdote de Ningirsu, en el 19.º año"

Tabla 24. Esquema general de las ventas de personas con la información correspondiente de RTC 16

En el 3.er milenio a. C. encontramos más ejemplos de ventas de personas. A partir de época sargónida (ss. XXIV–XXIII a. C.) en este tipo de contratos se emplea en la parte principal de la venta (apartados anteriores 1–3) el término sumerio GIŠ.GAN.NA (ac. *bukānu*). Si bien su significado es el de "mano de mortero"[1260], esta construcción formará parte de la expresión *bukānam šūtukum*, literalmente "entregar una mano de mortero", pero con el sentido de "concluir una venta"[1261]. Esta fórmula, presente también en documentos de Ur III (ss. XXII–XXI a. C.) y de Larsa (ss. XXI–XX a. C.)[1262], no aparece tras el período

---

1259 Esquema general basado en Mendelsohn, *Slavery*, 34. Cada realidad documental tendría, no obstante, un esquema particular, pero siguiendo normalmente los mismos patrones. A modo de ejemplos véanse en el estudio de Kienast ("Kauf") las diferentes partes en los contratos de ventas durante el Bronce Reciente en Ugarit (533a) y Alalaḫ (538a); para el período neoasirio cf. Herbert P. H. Petschow, "Kauf", sub. C. III, *RlA* 5 (1980): 521. En este sentido véase también van Koppen, "The Geography of the Slave Trade", 10.

1260 CAD B 308a 1.

1261 CAD B 308b; Démare-Lafont, "Vente", 908a; Dominique Charpin, *Lire et écrire à Babylone* (París: Presses Universitaires de France, 2008), 132 y 149 (con bibliografía).

1262 Véanse algunos ejemplos de estas tres realidades (períodos sargónido, Ur III y Larsa) en Mendelsohn, *Slavery*, 36–38. Asimismo cf. Wilcke, "Kauf", 502b–503a. Véanse otras ventas de personas en el período neosumerio en Adam Falkenstein, *Die neusumerischen*

paleobabilónico. Por su parte, esta última época (primera mitad del 2.º milenio a. C.) presenta un amplio corpus de personas vendidas, tanto a particulares como en relación con ámbitos estatales (palacio y templo). Aunque también existentes en períodos anteriores[1263], en esta época se subrayan las garantías que el vendedor daba al comprador en cuanto a la persona transferida. La compra en sí implica un cierto riesgo para el comprador, ya que el producto, amén de la complejidad que comporta que éste sea una persona, le es desconocido totalmente. Una primera inspección del esclavo podría ser satisfactoria en una fase previa, pero no tanto tras su venta, como podemos comprobar posteriormente en el documento mesobabilónico de Ur UET 7 2 (§6.4).

A partir de la época de Hammurapi los vendedores garantizaban ocasionalmente que el esclavo no sufriera ninguna enfermedad, generalizando ésta en el caso de la "epilepsia" (ac. *bennu*)[1264], y con un lapso temporal de un mes a partir de la venta para comprobar que el comprado estuviera sano. Otro derecho para el comprador era poseer un período de gracia de dos o tres días para que investigara sobre los antecedentes del vendido (derecho de *teb'ītu*, "investigación")[1265].

Gerichtsurkunden, SBAW 44 (Múnich: Verlag der Bayerischen Akademie der Wissenschaften, 1955), 88ss; Joachim Krecher, "Neue sumerische Rechtsurkunden des 3. Jahrtausends", *ZA* 63 (1973): 192–93 (textos 14–19); Claus Wilcke, *Early Ancient Near Eastern Law: A History of its Beginnings. The Early Dynastic and Sargonic Periods*, SBAW 2003/2 (Múnich: Verlag der Bayerischen Akademie der Wissensschaften, 2003), 109.

1263 En Ur III, por ejemplo, ya aparece la figura del garante, encargado de garantizar que el contrato se llevara a cabo y sus consecuencias fueran las pactadas (Wilcke, "Kauf", 507). Sobre la figura del garante en nuestro corpus casita cf. §6.4.

1264 Como legisla por ejemplo el Código de Hammurapi (CH 278). Al respecto véase Marten Stol, *Epilepsy in Babylonia*, CM 2 (Groningen: Brill, 1993), 133–34. Para una cláusula en este sentido, en un contrato de venta de un esclavo adulto de Nuzi, véase Gernot Wilhelm, "Die šu-dingir-ra Krankheit als Hauptmangel innerhalb der Gewährfrist bei Sicherheitsleistung in Form einer Sklavin", *ZA* 77 (1987): 127–35. Para el mismo fenómeno de garantía por posible enfermedad en Roma y Grecia véanse las pp. 132–33.

1265 Como se ha visto (§6.4), es probable que el derecho de *teb'ītu*, que no aparece en el Código de Hammurapi, estuviera presente —sin el empleo de dicho término— bajo la compra infantil mesobabilónica de Ur UET 7 2. Sobre este derecho véanse Claus Wilcke, "Zu den spät-babylonischen Kaufverträgen aus Nordbabylonien", *WdO* 8 (1976): 254–85, 258–62, 281; Innocenzo Cardellini, *Die biblischen "Sklaven"-Gesetze im Lichte des keilschriftlichen Sklavenrechts: Ein Beitrag zur Tradition, Überlieferung und Redaktion der alttestamentlichen Rechtstexte* (Königstein: Peter Hanstein Verlag, 1981), 97, n. 11; Karel van Lerberghe, *Old Babylonian Legal and Administrative Texts from Philadelphia*, OLA 21 (Lovaina: Peters, 1986), 39: 14–19 (cf. textos VAS 22 20: 2, VAS 22 6: 8). A modo de ejemplo en que aparece la responsabilidad del vendedor de garantizar ambos derechos de *teb'ītu* y *bennu* véase el texto de la Ḫana arcaica (primera mitad s. XVII a. C.) en Amanda H. Podany, *The Land*

Si bien algunos códigos legales, como el de Hammurapi[1266] o las Leyes Asirias Medias[1267] tratan las ventas de personas, la inmensa mayoría de estos ejemplos lo constituyen los contratos cotidianos de arcilla. Durante el Bronce Reciente, como se ha analizado, encontramos varios acuerdos de este tipo. La mayor parte de ellos se corresponden con ventas de adultos que pasan al estatus legal de esclavos. Este fenómeno no ha sido tratado de forma global para el período hasta la fecha, y su estudio sería interesante al comparar realidades contemporáneas o próximas en el tiempo, como Babilonia[1268], Asiria[1269], Mittani[1270] o Siria[1271]. No obstante, y ateniéndonos al menos a nuestro análisis sobre ventas de niños, parece que las diferentes tradiciones escribales hacen que los tipos de contratos, con sus características propias —fórmulas, expresiones, precios, actores, etc.—, se diversifican en esta época.

Por su parte, en el 1.er milenio a. C. encontramos asimismo documentos de ventas de personas. En el período neobabilónico, por ejemplo, esta práctica está

---

of Hana: Kings, Chronology, and Scribal Tradition (Bethseda: CDL Press, 2002), 110–14 (texto 8, ll. 15–17).

1266 CH 278, CH 279, CH 280.

1267 LAM C 2, LAM C 3. Para la numeración de las Leyes Asirias Medias seguimos el orden expuesto en Roth, *Law Collections*.

1268 Slanski, "Middle Babylonian Period", 508–10.

1269 En la zona asiria predominarían sin embargo las ventas de campos sobre las de personas (al respecto cf. Démare-Lafont "Middle Assyrian Period", 546–48). Véanse dos ejemplos de ventas mesoasirias de individuos en KAJ 169 y KAJ 170.

1270 Para Nuzi véanse Dosch, *Zur Struktur*, 158; Zaccagnini, "Nuzi", 605–6. En Alalaḫ IV, al contrario que en el nivel VII, no hay ventas de bienes muebles, sino solamente de bueyes y esclavos (Márquez Rowe, "Alalakh", 712). Para el fenómeno de las ventas de personas en Alalaḫ, Nasgowitz habla de seis documentos de compras de esclavos: AlT 66, AlT 67, AlT 68, AlT 69, AlT 70, AlT 71 (David Walter Nasgowitz, *Prices of Commodities, Slaves, and Real State at Ugarit in the Fourteenth-Thirteenth Centuries B.C.*, Tesis Doctoral inédita (Chicago: University of Chicago, 1976). A ellos habría que añadir AlT 75, posible venta de varias esclavas (Wiseman, *The Alalakh Tablets*, 52). Sobre este texto véase Niedorf, *Die mittelbabylonischen Rechtsurkunden*, 325ss. Sobre las ventas de esclavos en Alalaḫ véanse Kienast, "Kauf"; Niedorf, *Die mittelbabylonischen Rechtsurkunden*, 174ss.

1271 Para Emar véanse Zaccagnini, "Nuzi"; Adamthwaite, *Late Hittite Emar*, 133–54; Westbrook, "Emar and Vicinity", 664–68, 684. Los documentos emariotas en los que se venden esclavos son los siguientes: E6 7, E6 35, E6 79, E6 83, E6 84, E6 118, E6 211, E6 214, E6 217, E6 224, TBR 52, Hir 17, Hir 18, Hir 40, AuOr 5/12, Iraq 54/5, JCS 40/1, ASJ 10/E. Por su parte, y aunque contemos con algunos ejemplos, en Ugarit no son frecuentes las ventas de personas (Ignacio Márquez Rowe, "Ugarit", en Westbrook, *A History*, 732). Véanse los casos de Ugarit de ventas de individuos en Nasgowitz, *Prices of Commodities*, 225–32. Por último, y en relación con el ámbito sirio, para las ventas de personas en Ekalte véanse los textos MBQ-II 57, MBQ-II 61, MBQ-II 85.

atestiguada en varias ocasiones[1272]. Sin embargo, el corpus neoasirio es quizás el más prolijo en este tipo de textos, especialmente de ventas individuales de esclavos, aunque también encontramos casos de ventas conjuntas[1273]. Por otro lado, en el Antiguo Testamento también constatamos ventas de personas, especialmente en el Pentateuco[1274].

En cuanto al valor de los esclavos vendidos, cabe recordar que en las sociedades del Oriente antiguo las personas eran valoradas económicamente y tratadas a nivel penal según su estatus social. En los códigos legales mesopotámicos el valor de los vendidos rondaría el 25% en relación al individuo libre[1275], proporción ligeramente menor a la que encontraríamos a lo largo de la legislación de la Antigüedad en conjunto (33%)[1276]. Además, el esclavo trabajaba a cambio de menos salario que el hombre libre[1277]. Hay que tener presente este hecho a la hora de valorar el precio de los vendidos (§6.5). Así, nuestro corpus de ventas infantiles en el Bronce Reciente no es una excepción en la constante de la Antigüedad por la que una persona vendida tiene menor valor económico que

---

1272 Véanse por ejemplo los documentos Camb 334 y Camb 143. Sobre estos y otros textos neobabilónicos de ventas de personas véanse Oelsner y Wells y Wunsch, "Neo-Babylonian Period", 928ss; Dandamaev, *Slavery in Babylonia*, 107–11.

1273 Véanse al respecto Theodore Kwasman, *Neo-Assyrian Legal Documents in the Kuyunjik Collection of the British Museum*, StPohl, Series Maior 14 (Roma: Pontificium Istitutum Biblicum, 1988), xxi; Betina I. Faist, *Alltagstexte aus neuassyrischen Archiven und Bibliotheken der Stadt Assur*, StAT 3 (Wiesbaden: Harrassowitz, 2007), 6 (cf. copias cuneiformes en Betina I. Faist, *Neuassyrische Rechtsurkunden III: Mit einem Beitrag von Evelyn Klengel-Brandt*, WVDOG 110 [Saarwellingen: Saarländische Druckerei & Verlag, 2005]). Sirva como ejemplo de ventas conjuntas neoasirias la lista VAT 9762, en la que se venden dieciocho personas, entre ellas dos niños lactantes (*ša zi-zi*) y uno ya destetado (*pirsu*) (Faist, *Alltagstexte*, 21–23).

1274 Véanse algunos ejemplos en Ex 21, 2; Lv 25, 39; Dt 15, 12 (cf. más adelante en este subapartado §6.7).

1275 Leyes de Lipit-Ištar: 17%; Código de Ešnunna: 38%; Código de Hammurapi: 25% (James Lindgren, "Measuring the Value of Slaves and Free Persons", en Lindgren y Mayali y Miller, *Symposium on Ancient Law*, 202, cuadro 30).

1276 Al respecto véase ibíd., 152. Para ofrecer estos datos, el autor se basa en documentación legal antigua como los códigos mesopotámicos, textos griegos, leyes romanas o tardo-antiguas.

1277 Véanse algunos ejemplos babilónicos tardíos de este hecho en Waldo H. Dubberstein, "Comparative Prices in Later Babylonia (625–400 B.C.)", *AJSL* 56 (1939): 40, n. 93. Por su parte, en la Roma de la Ley de las XII Tablas (mediados del s. V a. C.) comprobamos cómo una persona que pegara a un cuidadano libre debería pagar trescientos ases, mientras que si el que recibía los golpes era un esclavo, la cantidad se reduciría a ciento cincuenta ases (Tabla VII, Ley XII). El valor de un esclavo era por tanto el 50% del de un hombre libre.

una totalmente libre. Además, como hemos visto, el precio de los niños vendidos también es inferior al de los adultos, fenómeno asimismo característico de otras sociedades antiguas, como la clásica[1278] o la hebrea[1279].

Por tanto, la práctica de vender personas y considerarlas como un producto más fue algo habitual en la Mesopotamia antigua. Es posible que las primeras personas vendidas de las que tenemos constancia fueran prisioneros de guerra provenientes de países extranjeros, como se desprende tras el análisis de determinados términos[1280]. Aún así, la mayoría de ventas de personas tendría que ver, quizás ya desde una época muy antigua, con la entrada voluntaria en servidumbre debido a las deudas, fenómeno bien atestiguado en todo el Próximo Oriente[1281]. Sea como fuere, por medio de estos contratos de carácter cotidiano los vendidos, en su mayoría adultos, entrarían en un estatus jurídico de esclavitud o semi-esclavitud, abandonando su condición anterior de libres.

Ventas de niños

Adentrándonos en las ventas de niños, comprobamos que nuestro corpus del Bronce Reciente mesopotámico y sirio sigue la constante de la Antigüedad, siendo en ocasiones una práctica no solo generalizada, sino legal[1282]. El hecho de

---

[1278] Al respecto véase Westermann, *The Slave Systems*, 100ss.

[1279] El libro del Levítico (Lev 27, 1–7) tasa a las personas, en siclos de plata, según su edad y sexo. Así, un hombre mayor de sesenta años costaba 15 siclos, mientras que una mujer de la misma edad valía 10 siclos. Entre los veinte y sesenta años el hombre valía 50 siclos y la mujer 30. Los jovenes comprendidos entre los cinco y veinte años costaban 20 siclos para el caso de los varones y 10 siclos para las mujeres. Por último, los niños entre un mes y cinco años estaban tasados en 5 siclos y las niñas en 3 siclos. Se aprecia, por tanto, que tanto los más mayores como los más pequeños tenían para la sociedad judía antigua un menor valor en comparación con los adultos con plenas capacidades físicas.

[1280] De hecho, el término sumerio para esclavo (ÌR) sería en su origen LÚ.KUR, "hombre del país extranjero", o su versión femenina GEMÉ (SAL.KUR), "mujer del país extranjero", algo relacionado con los sumerogramas LÚ.GÁN, "cautivo". Sobre estos términos véanse Gelb, "Terms for Slaves", 91–92; Molina "Sklave, Sklaverei" (esp. pp. 562–63); Selz, "Zu einer frühdynastischen Bezeichnung von "Unfreien". Sobre los prisioneros de guerra véanse Mendelsohn, *Slavery*, 1–3; Gelb, "Prisioners of War" (para los niños cautivos en Ur, véase la p. 83).

[1281] Véase en general Chirichigno, *Debt-Slavery*. Para el caso de Emar cf. Adamthwaite, *Late Hittite Emar*, 139–44. Para el Antiguo Testamento véase asimismo Alonso Fontela, *La esclavitud*, 33–34.

[1282] Por ejemplo, un edicto durante la Dinastía Han de China (202 a. C.–220 A. D.) permitió vender a los hijos en casos de extrema hambruna familiar (cf. Clarence Martin Wilbur, *Slavery in China during the Former Han Dynasty. 206 B.C.–A.D. 25* [Chicago: Field Museum of Natural History, 1943], 86). Los ejemplos próximo-orientales de ventas de niños analizados en este capítulo también entran indudablemente en la legalidad, ya que actores que intervienen como testigos, selladores, e incluso altas personalidades públicas, le dan este carácter de validez.

que se trate de jóvenes implica características propias en los contratos, puesto que ellos no tendrán en ningún caso potestad en el acuerdo[1283]. Actúan por tanto como sujetos pasivos y como un bien preciado en torno al cual comprador y vendedor realizan las operaciones económicas más satisfactorias para ambas partes.

El tema de las ventas de niños en el Próximo Oriente antiguo no ha sido objeto de ningún análisis monográfico amplio hasta el momento. El estudio de referencia es el de Burkhart Kienast, "Kinderkauf, -verkauf", *RlA* 5 (1980), pp. 598–601. En él se nombran los aspectos esenciales de las ventas infantiles de Mesopotamia, como la naturaleza de los contratos o las fórmulas y expresiones básicas. Sin embargo, en este breve examen de las fuentes próximo-orientales antiguas, el autor no toma en consideración algunos textos ya publicados para entonces[1284], a lo cual habría que añadir los editados con posterioridad. Si bien este fenómeno se ha estudiado desde una perspectiva economicista[1285], fue Oppenheim quien mostró por vez primera el trasfondo social de penurias que podrían acompañar a determinadas ventas infantiles[1286]. Los padres se verían entonces obligados a vender sus propios hijos debido a la crisis que asolaría su región. Es en este contexto en el que deben inscribirse varios de los documentos analizados por nosotros, especialmente los procedentes de Emar[1287].

Por tanto, en prácticamente todos los ámbitos de la Mesopotamia antigua poseemos ejemplos de ventas de niños. Ya desde el 3.er milenio a. C. la docu-

---

1283 Por ejemplo, no podrán entrar voluntariamente en un estatus servil, como los adultos aquejados de deudas.

1284 Por ejemplo, las ventas de niños mesobabilónicas del archivo de Ur, analizadas en el presente capítulo, cuyas copias cuneiformes fueron publicadas en Gurney, *Middle Babylonian Legal Documents and Other Texts*.

1285 Petschow (*Neubabylonisches Pfandrecht*, 60ss) identificaba a los niños vendidos con las garantías y fianzas que daban los padres (deudores) a sus acreedores, función que no podrían tener las esposas. Sin embargo, los documentos del Nippur neobabilónico publicados un año antes por Oppenheim ("Siege Documents") muestran que estos casos serían excepcionales. Al respecto véanse Guillaume Cardascia, *BiOr* 15 (1958): 31–36; Émile Szlechter, *OrNS* 27 (1958): 124.

1286 Oppenheim, "Siege Documents".

1287 Además de mencionar los textos neobabilónicos publicados por Oppenheim ("Siege Documents") y el mesoasirio KAJ 167, los documentos emariotas E6 216, E6 217, E6 218, E6 219, E6 220 son los únicos de nuestro corpus de ventas de niños que trata Démare-Lafont en su análisis sobre este fenómeno en Mesopotamia ("Réflexions juridiques", 74–76). Sobre el estatus de los niños vendidos en el crítico contexto del asedio de Nippur por parte de Aššurbanipal, cf. Kristine H. Garroway, "Neither Slave Nor Free: Children Living on the Edge of a Social Status", en Bill T. y Nancy Erickson y John H. Walton (eds.), *Windows to the Ancient World of the Hebrew Bible: Essays in Honor of Samuel Greengus* (Winona Lake: Eisenbrauns, 2014), 121–37.

mentación se refiere al fenómeno[1288], al igual que en el período paleobabilónico[1289]. Tras el Bronce Reciente, período analizado en este estudio, en el 1.er milenio a. C. encontramos más ejemplos de ventas infantiles. A los documentos estudiados por Oppenheim[1290] y Dandamaev[1291] para la zona meridional de Mesopotamia, hay que añadir también varios ejemplos neoasirios[1292]. En el Antiguo Testamento también quedan atestiguadas las ventas de niños, princi-

---

1288 Encontramos el primer caso claro de dicho fenómeno en el documento RTC 17, datado en la época de En-entarzi, Ensi de Lagaš (ca. 2389 a. C.) (copia cuneiforme en Thureau-Dangin, *Recueil de Tablettes*. Véanse transcripción, traducción y comentarios en Dietz Otto Edzard, *Sumerische Rechtsurkunden des III. Jahrtausends* (Múnich: Verlag der Bayerischen Akademie der Wissenschaften, 1968), 91–92). Durante el período de Ur III (ss. XXII–XXI a. C.) también se atestigua esta realidad (Falkenstein, *Die neusumerischen Gerichtsurkunden*, 85ss; Culbertson, "A Life-Course Approach", 36–41).

1289 Véanse como ejemplos en este sentido los documentos paleobabilónicos CT 8 22; Josef Kohler y Arthur Ungnad, *Hammurabis Gesetz*, Band III (Leipzig: E. Pfeiffer, 1909), 115, n.º 424; los paleoasirios ICK 1 27, ICK 1 35; o el de la Ḫana de la época AO 9056. Este último, datado durante el reinado de Šuniḫru-ammu (mediados del s. XVII a. C.), presenta a una hija, probablemente menor, vendida por sus padres a un hombre por 5/6 minas y un siclo de plata (Podany, *The Land of Hana*, 110–13). Fenómeno común con otros códigos legales, como los de Ešnunna o las Leyes Asirias Medias, también el Código de Hammurapi legisla en torno a la posibilidad de que un padre fuertemente endeudado se viera obligado a entregar a su acreedor a su mujer e hijos. Éstos deberían trabajar para el acreedor durante tres años, constituyendo este caso un buen ejemplo de venta por deudas. CH 117 reza así: "Si las deudas se apoderan de un hombre y tiene que vender a su esposa, a su hijo o a su hija, o andar entregándolos para que sirvan por la deuda, que trabajen tres años para la casa del que los compró o del que los tomó en servicio; el cuarto año se efectuará su puesta en libertad" (traducción en Sanmartín, *Códigos legales*, 121). La naturaleza de venta de este artículo es confirmada por el hecho de que el acreedor sea definido como *šāyamānum* "comprador" (cf. AHw 1134a, CAD Š/1 112b). Al respecto véanse Fritz Rudolf Kraus, *Ein Edikt des Königs Ammi-ṣaduqa von Babylon*, SD 5 (Leiden: Brill, 1958), 170–72; Chirichigno, *Debt-Slavery*, 89ss. Compárese esta cláusula del CH con los pasajes del Pentateuco Ex 21, 2; Lev 25, 39; Dt 15, 12. Sobre la esclavitud por deudas en el Antiguo Testamento cf. Alonso Fontela, *La esclavitud*, 35–38. Véase un ejemplo paleobabilónico de venta de un niño por deudas de sus progenitores (en este caso es la madre la vendedora) en UET 5 190. En la Babilonia del 1.er milenio a. C., por otra parte, no está atestiguado el fenómeno de la esclavitud por deudas (Francis Joannès, "Les textes judiciaires néo-babyloniens", en Joannès, *Rendre la justice*, 230).

1290 Oppenheim, "Siege Documents".

1291 Dandamaev, *Slavery in Babylonia*, 173ss.

1292 Véase un buen estudio sobre las fuentes de ventas de niños en el período neoasirio en Radner, *Die Neuassyrischen Privatrechtsurkunden*, 134–37. Asimismo cf. varios textos en Josef Kohler y Arthur Ungnad, *Assyrische Rechtsurkunden* (Leipzig: E. Pfeiffer, 1913), 35–38, StAT 3 16 19, StAT 3 16 72, StAT 3 16 76.

palmente hijos, como esclavos[1293]. Estos hijos podían asimismo constituir la fianza de los padres (deudores), tras cuya muerte podrían pasar a pertenecer al acreedor[1294].

Se ha analizado cómo las ventas de niños en el Bronce Reciente responden a varias causas. Los factores económicos juegan un papel fundamental en este tipo de contratos, tanto para los compradores como para los vendedores. Estos últimos son normalmente los más acuciados por las crisis económicas o sociales que se vivirían en determinadas regiones y épocas de la Mesopotamia antigua y su periferia[1295]. Ésta, unida a las altas deudas de algunas personas, serían las principales causas de la alta proporción de padres actuando como vendedores de sus propio hijos, como bien pone de manifiesto nuestro elenco de ventas infantiles. A ello habrá que añadir las ocasiones en que no se consignarían por escrito este tipo de acuerdos, inscritos en un contexto quizás cercano al de la familia.

Por tanto, las ventas de niños se contemplaban bien como una salida a una crisis, bien como un negocio. Ambas cuestiones se ejemplifican en nuestro corpus, tanto en documentos inscritos en períodos económicamente difíciles como referidos a individuos dedicados a la transacción de personas, entre otros pro-

---

[1293] Ex 21, 7–9: "[7] Cuando un hombre venda a su hija por esclava, no saldrá como salen los esclavos. [8] Si ella resulta desagradable a los ojos de su dueño que la había destinado para sí, la permitirá rescatar, y no estará autorizado a venderla a un pueblo extranjero, habiendo sido desleal con ella. [9] Si la destina para su hijo, obrará respecto a ella con arreglo al derecho de las hijas". Sobre las leyes en Éxodo sobre las ventas de niñas como esclavas véase especialmente Joseph Fleishman, *Father-Daughter Relations in Biblical Israel* (Bethesda: CDL Press, 2011), 7–92. Véase asimismo un gráfico pasaje del libro de Nehemías, donde el pueblo se queja de las dificultades económicas: (5, 2–5) "[2] Y había quienes decían: «Nuestros hijos, nuestras hijas y nosotros somos numerosos. ¡Tengamos grano con que poder comer y vivir!». [3] Decían otros: «Estamos empeñando nuestros campos, nuestras viñas y nuestras casas a fin de obtener trigo en esta penuria». [4]Y otros decían: «Hemos tomado dinero a préstamo para el tributo del rey. [5] Ahora bien, nuestra carne es identica a la carne de nuestros hermanos, y como sus hijos son nuestros hijos; mas he aquí que nosotros tenemos que someter a nuestros hijos e hijas a la esclavitud, y parte de nuestras hijas están ya reducidas a esclavas, sin que podamos impedirlo, pues nuestros campos y nuestros viñedos pertenecen a los magnates»". Sobre la venta de los hijos en el Antiguo Testamento véase Alonso Fontela, *La esclavitud*, 34–35.

[1294] 2 R 4, 1: "Una mujer, de entre las mujeres de los discípulos de los profetas, clamó a Eliseo diciendo: «Mi marido, tu siervo, ha muerto, y tú sabes que tu servidor era temeroso de Yahveh. Ahora bien, el acreedor ha venido para convertir en esclavos a mis dos hijos»".

[1295] Sirvan como ejemplos varios pasajes de las Cartas de Amarna. En ellas se refleja la situación vivida por los campesinos, quienes a causa de los ataques de los Habiru (SA.GAZ) se empobrecieron aún más, viéndose obligados a vender sus hijos (EA 75: 13–14, EA 81: 39–40, EA 85: 13–14, EA 90: 36–39).

ductos. Si bien un niño no tenía la capacidad física ni intelectual para realizar determinados trabajos, sí que representaría un valor importante en el contexto económico. Su trabajo en el hogar, como sirviente, o su actividad en el palacio o templo, hacen que fuera sin duda un bien preciado para las sociedades mesopotámicas antiguas en general y del Bronce Reciente en particular.

6.8. Conclusiones

Los contratos de ventas de niños, ligados al fenómeno de la esclavitud (§5), constituyen una de las fuentes principales para el estudio de la infancia en el Bronce Reciente próximo-oriental. Teniendo en cuenta que este tipo de acuerdos probablemente también se llevarían a cabo sin consignarlo por escrito[1296], podemos afirmar que la documentación de esta época se comporta de manera irregular en cuanto a la continuidad de tradiciones escribales. Así, el corpus mesobabilónico presenta elementos similares a los que encontramos en el período paleobabilónico o incluso anterior, con estructuras canónicamente prefijadas. El otro extremo lo constituye la documentación de Emar, de tradición siro-hitita en las ventas infantiles, y que rompe radicalmente con ese orden establecido en el Bronce Medio e incluso con anterioridad. Los textos emariotas de ventas de niños son presentados por los escribas como una amalgama de ideas, casos, justificaciones y tipologías, conviviendo todos estos aspectos en una misma tablilla. Entre estos dos opuestos podemos emplazar los corpora mittanios de Nuzi y Alalaḫ, que guardan un sobrio aspecto en sus formas pero presentando asimismo ciertas concesiones con respecto a las tradiciones cristalizadas a principios del 2.º milenio a. C.

En los estratos arqueológicos mesobabilónicos, y quizás debido a que las excavaciones han incidido más en archivos de instituciones como palacio y templo, la naturaleza de estos acuerdos es eminentemente pública, aunque poseemos ejemplos de lo contrario[1297]. Por su parte, a lo largo de la documentación de Arrapḫe y Siria los contratos apuntan a un carácter normalmente privado, inscritos por regla general en una economía familiar. Sea como fuere, en todos ellos se refleja vívamente la baja condición legal de estos jóvenes, subordinados jurídicamente a las decisiones que sobre ellos toman los adultos. Aunque esa característica se puede comprobar en otro tipo de acuerdos que tienen al niño como objeto principal, en las ventas se acentúa esta falta de prerrogativa legal de los pequeños, ya que ni tan siquiera pueden romper en un futuro lo pactado[1298].

Por tanto, al analizar este tipo de textos hay que tener presentes a los demás actores que intervienen en el contrato. Los principales son los que obtienen

---

[1296] De hecho, y aunque no se encuentre documentado, es posible que muchos niños fueran vendidos sin que mediara un contrato por escrito, expresión legal que conllevaría sin duda cierto gasto económico.

[1297] Ni. 6558 o B.143 + B.227 son compras de carácter privado.

[1298] A diferencia, por ejemplo, de las adopciones de niños (cf. §4.4).

beneficios económicos: compradores y vendedores. Los primeros suelen ser individuos libres, en ocasiones dedicados al negocio de la compra-venta de esclavos. Si bien los vendedores también pueden formar parte de este grupo de comerciantes, se corresponden normalmente con los propios padres de los niños vendidos. Comprobamos de tal manera que estos contratos reflejan situaciones de crisis económica y social extremas. Ello es especialmente visible en Emar, aunque también encontramos casos similares en la Babilonia casita y en el reino de Arrapḫe. Estos padres optan por tanto por vender sus hijos, obteniendo más beneficios que los que obtendrían al vender otro tipo de bienes.

Sin embargo, el elemento alrededor del cual se establece el acuerdo, aún sin expresar su opinión o condiciones, es el niño vendido. Para él el contrato implica un cambio de naturaleza jurídica y social. Con pocas excepciones[1299], los niños parecen haber sido antes del acuerdo sujetos libres, al igual que sus progenitores. Aún así, el resultado del proceso legal no es el mismo en todos los documentos estudiados, difiriendo tanto en los corpora de los diferentes ámbitos (Babilonia, Mittani, Siria) como en la tipología de cada cual. Por consiguiente, basándonos en las ventas infantiles no podemos extraer unas conclusiones concretas a nivel legal para toda la infancia de la Mesopotamia del Bronce Reciente. Cada situación es diferente, y responde a la situación social concreta de vendedores y compradores.

Los niños podían ser vendidos a cualquier edad, desde su nacimiento en adelante. Exceptuando los documentos emariotas E6 83 y E6 217, en todos los textos en que se venden pequeños lactantes, éstos van acompañados de otros jóvenes mayores e incluso de adultos[1300]. Por regla general, cuanto mayores fueran los niños, mayor valor se pagaba por ellos. La diferencia de género también es evidente, ya que los varones tenían un valor económico mayor que las mujeres.

Algunos niños vendidos en los ámbitos mesobabilónico y nuzita presentan la peculiaridad de estar acompañados por un gentilicio. Quizás el ser procedente de Karduniaš u otros lugares implicara una cierta calidad del vendido. Sea como fuere, en Babilonia esta característica solamente se da en las ventas individuales. Ello, unido a que se paga menor cantidad por los pequeños de las ventas conjuntas casitas[1301], nos lleva a interpretar de forma diferente ambos tipos. En la región babilónica los niños vendidos individualmente, de los que se nos proporciona más información personal, pasarían a formar parte de una servidumbre familiar o estatal. Los vendidos en largas listas se acercarían más a un estatus de esclavitud, quizás incluso desempeñando trabajos forzados. Aún siendo sujetos

---

1299 Como el texto de Emar E6 211.

1300 caso este último de las listas casitas de vendidos y el documento emariota E6 211.

1301 Exceptuando MRWH 1 y B.143 + B.227, que tienen por otra parte características similares a las ventas individuales.

pasivos, la posible mayor capacidad jurídica de los primeros se puede apreciar en el texto de Ur UET 7 2, en el que tras romperse el contrato no se actúa en ningún momento contra el niño, principal causa de la disputa debido a su condición de no satisfactorio para el comprador, sino que los actores del acuerdo resuelven los problemas respetando la legalidad del vendido. Aunque éste no resultara satisfactorio, es devuelto convenientemente a su madre, sin causarle ningún tipo de daño (§6.4).

En el ámbito mittanio, y especialmente en Arrapḫe, el fenómeno de las ventas de niños parece seguir el mismo patrón que el de sus homólogos adultos, tanto a nivel social como terminológico. Hasta la fecha no poseemos ningún documento de Nuzi que presente ventas de recién nacidos. Su edad, sin embargo, es difícilmente abordable, y la única información que tenemos al respecto es su estatura, que rondaría poco más de un metro (¿de cuatro a seis años?), si bien no hay que tomar estas medidas, al menos en la Babilonia casita, como algo fiel a la realidad (cf. §6.4).

Las ventas infantiles más características de la documentación siria son las inscritas en períodos de dificultades económicas. Los padres se ven obligados a vender sus hijos a cambio de dinero o bienes básicos de subsistencia, fenómeno atestiguado a lo largo de todo el Próximo Oriente antiguo.

Por tanto, todos estos niños se presentan como sujetos pasivos de un proceso legal de venta. Tienen en común un paso de una esfera legal a otra inferior. El hecho de que no se contemplen sus derechos, y ni tan siquiera sus obligaciones, confiere a estos individuos una naturaleza de "nulos" legalmente, totalmente a merced de las decisiones de otros. Así, un niño podría ser de esta forma una mano de obra barata y eficaz, y las diferencias entre comprar uno y comprar un adulto podrían ser diversas: realizarían mejor determinadas actividades, serían más sumisos en muchos sentidos[1302], etc.

Por tanto, las ventas de niños eran contempladas por sus contemporáneos como algo normal y cotidiano. Sus fórmulas redaccionales no difieren de lo que apreciamos en otros tipos de textos, constituyendo unos contratos más, aunque esta vez con recursos humanos de por medio, encaminados a reactivar la economía familiar o estatal de la época.

1302 También en el sexual al hablar de mujeres.

7
CONCLUSIONES

A lo largo del estudio hemos analizado los documentos cuneiformes del Bronce Reciente mesopotámico y sirio que nos informan sobre varios aspectos legales relacionados con la infancia. Dichos corpora, además de ser de naturaleza textual variada, proceden asimismo de contextos geográficos y culturales diversos. La relación entre infancia y legalidad parece seguir un patrón común en general, pero cada ámbito documental estudiado presenta unas características propias, inmersos como están en un contexto político, económico y social determinado.

En la primera parte de este capítulo trazaremos una breve síntesis de lo estudiado a lo largo del trabajo, tomando como criterio clasificador las diferentes áreas que de por sí forman una unidad diferenciada a varios niveles (§7.1). Tras estas conclusiones por ámbitos documentales, procederemos a presentar las conclusiones conjuntas (§7.2). En ellas expondremos en primer lugar los aspectos más significativos y novedosos de nuestra investigación para el Bronce Reciente. Posteriormente, y al igual que hemos realizado en los diferentes capítulos, dedicaremos un subapartado a inscribir las distintas realidades de la época estudiada dentro del Próximo Oriente antiguo. De esta manera comprobaremos cómo se comporta la documentación del Bronce Reciente en el devenir histórico de las antiguas Mesopotamia y Siria.

7.1. SÍNTESIS POR ÁMBITOS DOCUMENTALES

ÁMBITO MESOBABILÓNICO

La documentación mesobabilónica empleada en el estudio proviene de los archivos de Nippur, Ur y, en menor medida, Tell Imliḫiye. En contraposición a los dos últimos, Nippur presenta peculiaridades en cuanto a su diversidad textual, y dificultades en lo que se refiere a la cantidad de documentos publicados. Más de la mitad de los textos de Nippur referenciados a lo largo del trabajo permanecen aún inéditos, principalmente en museos de Filadelfia y Estambul[1303].

1303 Respectivamente en los Museo de la Universidad y Museo Arqueológico de Estambul. Hemos tenido acceso, en unos casos total y en otros parcial, a dicho corpus, por lo que esta visión de conjunto para la documentación casita, en lo que a la infancia se refiere, no dejará de ser válida una vez las tablillas sean editadas y publicadas en un futuro.

Los textos mesobabilónicos aportan una información crucial a la hora de evaluar la condición legal de la infancia en el Bronce Reciente mesopotámico. La diversidad de géneros documentales es la más amplia de todos los ámbitos estudiados, presentando contratos de adopción matrimonial, ventas individuales de niños, ventas conjuntas de personas entre las que se encuentran niños, listas de trabajadores forzados o listas de raciones alimentarias que también incluyen menores. Esta amalgama de géneros ha enriquecido la investigación, mostrando además la realidad de decenas de niños, representación sin duda de lo que serían cientos o miles de ellos, ligados de una forma u otra al ámbito de la esclavitud.

Al contrario de lo que ocurre con otros archivos contemporáneos, el corpus casita no nos informa sobre adopciones de niños. Este hecho puede ser explicado por la fuerte preponderancia cuantitativa de los archivos públicos en relación a los privados. Si bien éstos últimos están representados especialmente por Ur y Tell Imiḫiye, donde encontramos textos de ventas de niños, el principal archivo para la época es Nippur, con algunos documentos de carácter privado, pero aún así, por lo general, de naturaleza netamente pública. Es probable que la práctica de la adopción, de adultos y menores, fuera extendida en la Babilonia casita[1304], pero hasta el momento no poseemos suficiente información como para proceder a una comparación entre dicha realidad en los archivos mesobabilónicos y en otros como Aššur, Nuzi o Emar.

Donde sí podemos profundizar a partir de la documentación casita es en los aspectos jurídicos de la infancia en relación a la esclavitud. En primer lugar, Ur y Nippur nos informan profusamente sobre la práctica de compra-venta de niños. Este fenómeno se plasma documentalmente a través de contratos de ventas individuales o conjuntas, pero siempre siguiendo un mismo patrón, canónico, heredero de las antiguas tradiciones paleobabilónicas e incluso remontándose hasta el 3.er milenio a. C.

Por otra parte, y también en conexión con el mundo servil, el archivo de Nippur nos informa con decenas de documentos sobre los niños esclavos. Se tratan por lo general de listas de individuos, agrupados en familias y entre los que aparecen menores. Especialmente importantes serán en este sentido las listas de trabajadores forzados y las de racionamientos. Si las primeras arrojan luz sobre las labores infantiles, mortalidad, posición en la familia o vicisitudes variadas como fugas de niños, los textos de raciones nos informan sobre su alimentación, aspecto que presenta continuidad en relación a documentos anteriores, como algunos de Ur III. Todo este elenco evidencia las dificultades en que las familias mesobabilónicas estaban inmersas, y no solo las de condición servil, sino también las libres, que en muchas ocasiones se veían en la imperiosa necesidad de vender sus hijos.

[1304] Como podemos imaginar a partir de la variedad geográfica de los únicos cinco contratos mesobabilónicos de adopción conocidos por nosotros: Babilonia (Bab 39032), Nippur (D 85, BE 14 40, MSKH I 9) o el periférico Ḫana (RBC 779).

Aún así, estas vías de entrada en la esclavitud deben en ocasiones relativizarse. El análisis detallado de los documentos comentados anteriormente dejan entrever que incluso en los ambientes familiares con mayores dificultades se podían activar determinados mecanismos legales, como el matrimonio. Nos encontraríamos, por tanto, ante una esfera jurídica complementaria a la esclavitud y en cierto modo paralela. En este sentido los niños de estas familias se encontrarán a veces más cerca de la condición servil, entendiéndose ésta como un ámbito legal próximo a la esclavitud pero indudablemente menos radical[1305].

ÁMBITO MESOASIRIO

Si bien la documentación mesoasiria es la menos numerosa de todos los ámbitos estudiados, ofrece por contrapartida una interesante variedad de géneros textuales que se prestan a comparaciones con paralelos contemporáneos. Además, este elenco presenta ciertas peculiaridades, especialmente en cuanto a cuestiones de terminología. Tres son los principales archivos que proveen información sobre la infancia en el contexto mesoasirio: Aššur, Ḫarbe y Kār-Tukultī-Ninurta.

La documentación mesoasiria nos informa a través de dos textos sobre el deseo voluntario de deshacerse de un niño. En primer lugar, la disposición 53 de las Leyes Asirias Medias constituye el único artículo legislativo que habla el aborto voluntario por parte de una madre. Las consecuencias para éstas serían fatídicas, al ser condenada al empalamiento. Este castigo atroz tiene asimismo una lectura a nivel jurídico: la eliminación voluntaria del niño se equipara al asesinato, e incluso a un nivel superior, puesto que la madre, lejos de ser ejecutada de otra manera, a través de su condena es privada de recibir sepultura conforme a los ritos funerarios pertinentes. Por otro lado, el documento MKGH 4 presenta el abandono ficticio de un niño, arrojado a un río, rescatado y posteriormente adoptado. Este caso, apenas tratado en la historiografía moderna, constituye un paralelo interesante al mitema de exposiciones infantiles, poniéndose en relación directa con ejemplos conocidos en la literatura como los de Sargón o Moisés.

De Aššur provienen los dos únicos ejemplos de adopciones infantiles de la época y lugar. Aunque no presentan un vocabulario específico relacionado con la infancia, su adhesión al tipo de de contratos denominados "entrega en adop-

---

[1305] Hay que subrayar la importancia que en el futuro tendrá la publicación de todos los textos mesobabilónicos sobre trabajadores forzados, raciones o ventas de personas, a la hora de evaluar la condición jurídica de la infancia en la Babilonia casita. Una vez editado este corpus, se podrá proceder al estudio prosopográfico de determinados individuos atestiguados a lo largo de los años. Por ahora este seguimiento personal solo es posible hacerlo con ciertos sujetos (por ejemplo, con los presentes en BE 14 58 y BE 14 91a), pero una vez dichos documentos vean la luz en su totalidad comprenderemos mejor el desarrollo de numerosos niños al analizar su evolución vital y su paso a la adultez.

ción" hace que estemos indudablemente ante casos de adopciones de menores. La semajanza con las adopciones de adultos en cuanto a fórmulas, expresiones o penas por romper los acuerdos, deja entrever que la sociedad mesoasiria contemplaría ambos fenómenos de forma similar, con la edad de los adoptados como única diferencia.

Los textos de Aššur, Ḫarbe y Kār-Tukultī-Ninurta también confirman la presencia de niños esclavos en la sociedad mesoasiria. Estas evidencias provienen de listas con deportados de guerra (Aššur y Kār-Tukultī-Ninurta) y listas de raciones (Ḫarbe). Entre los individuos nombrados se consignan menores, formando parte de grupos de esclavos generalmente ligados a la administración palaciega y con el más que probable objetivo de constituir una fuerza de trabajo en el sector de la construcción. La terminología empleada para referirse a los niños se asemeja en parte a la que vemos en la documentación casita, pero otros términos serán exclusivos de la mesoasiria (cf. §5.3).

Hay que subrayar, además, que a lo largo de este corpus sobre la relación entre infancia y esclavitud no encontramos en ningún momento un tratamiento individual de los menores, al contrario de lo que constatamos en los demás ámbitos documentales analizados. Los niños esclavos forman por tanto parte de un todo, y por ello no se puede profundizar en la percepción que la administración palaciega tendría de forma individualizada de estos menores. Este tipo de "despersonalización" es reafirmada incluso en las listas de raciones de Ḫarbe, donde, siguiendo distinto patrón del de sus homólogas mesobabilónicas, se consigna el total del grano adjudicado a una familia, sin diferenciar la cantidad por rangos de edad.

En conclusión, la documentación mesoasiria sobre la infancia ofrece dos vertientes bien diferenciadas. Los textos administrativos, en los que se consignan niños esclavos a través de deportaciones o raciones alimentarias, dan una idea desnaturalizada de los menores, algo por otra parte lógico si tenemos en cuenta su naturaleza administrativa. Por otro lado, tanto LAM 53 como MKGH 4 confirman lo que vemos en la generalidad del Bronce Reciente: la importancia que los niños tendrían para la sociedad de la época y la protección jurídica que les amparaba.

ÁMBITO MITTANIO

La información sobre la capacidad legal de la infancia en el ámbito mittanio proviene tanto del reino de Arrapḫe —archivo de Nuzi— como de Alalaḫ. Respecto al primero, que nos aporta más información que el sirio de Alalaḫ, de los cientos de textos cuneiformes publicados del sitio hemos extraído un elenco documental que arroja luz sobre la cuestión, a través de adopciones infantiles, ventas de niños o procesos judiciales en torno a menores. A partir de estos textos, y al igual que ocurre con los demás ámbitos estudiados, la condición jurídica de los niños de Nuzi varía en función del tipo de documento con que nos encontremos.

Así como el fenómeno de la adopción de adultos está ampliamente atestiguado en este archivo, lo mismo acontece con las adopciones infantiles. Varios contratos nos informan sobre la práctica de adoptar niños, quienes en el momento de la creación del acuerdo podrán ser desde recién nacidos hasta adolescentes próximos a ser desposados. Por lo general, los adoptados en este tipo de contratos suelen ser varones, mientras que las mujeres son más bien objeto de las llamadas "adopciones matrimoniales", por las que pasan a otra familia, en calidad de *kallatu*, para ser posteriormente entregadas a un hombre. Ambos tipos de adopciones muestran cómo se podía prever el matrimonio de hombres y mujeres mientras éstos eran solo niños.

Un fruto novedoso de la presente investigación se refiere a los padres adoptivos[1306]. Aunque éstos no sean objeto principal del estudio, a partir de las adopciones infantiles podemos entrever que los adoptantes de niños eran por lo general más jóvenes que los adoptantes de adultos. Esta afirmación no es definitoria ni exclusiva del Bronce Reciente, pero el archivo de Nuzi muestra, a partir de fórmulas hereditarias canónicas, que los padres adoptivos estudiados contemplaban generalmente la posibilidad biológica de procrear, fenómeno no contemplado en las adopciones de adultos de Nuzi u otro archivo.

Las ventas de niños están asimismo atestiguadas en Nuzi y Alalaḫ. En todos los casos se procede a un tratamiento individualizado del menor, sin presentar ningún caso de venta infantil de dos o más sujetos. Este hecho comporta la inclusión de las principales características de cada vendido, especialmente en Nuzi, desde su designación mediante terminología ligada a la esclavitud hasta la mención de sus medidas. De todas formas, este tipo de documentación no se inscribe en una sola tipología textual, sino que somos informados sobre las ventas de niños en Nuzi tanto a través de contratos de ventas como de procesos judiciales en torno a dichos vendidos. La sola existencia de estos litigios pone de relieve la importancia que la sociedad nuzita confería a los más pequeños.

Por tanto, se puede afirmar que la documentación del ámbito mittanio, especialmente procedente de Nuzi, dispensa un tratamiento primordial a los menores. Ya sea en contratos de adopción, adopción matrimonial, o en acuerdos de ventas y litigios, la figura del niño, libre o esclavo, es contemplada como algo merecedor de una atención preferencial. Se trata de un sujeto sobre el que se ejerce poder, pero siempre dentro de unos parámetros legales.

ÁMBITO SIRIO

El último ámbito documental analizado en la investigación se corresponde a grandes rasgos con lo que actualmente conocemos por Siria. Como hemos subrayado (§1.2), los criterios para agrupar los archivos de Emar, Ekalte o Ugarit

---

[1306] Cf. asimismo Justel, "Some Reflections".

son eminentemente culturales, pero también políticos. En esta región de la periferia mesopotámica encontramos una amalgama de formas y situaciones, presentando características exclusivas de la región pero aún así con relación documental con los archivos mesopotámicos.

La práctica totalidad de los textos sirios del Bronce Reciente que nos informan sobre los aspectos legales de la infancia ponen de relieve el contexto de turbulencia social y crisis económica del que emanan. El fenómeno de la adopción, por ejemplo, fue ampliamente empleado en Emar como mecanismo legal para mitigar a escala local esta crisis. Los adoptantes se hacían con un sujeto capaz de perpetuar la línea familiar, mientras que el tutor legal, entregando en adopción al niño, impedía la disgregación de su patrimonio. Aún así, y si bien estas últimas características son comunes con otros corpora próximo-orientales antiguos, de la documentación de Emar sobre adopciones infantiles, al igual que lo que ocurre con las adopciones matrimoniales de las que las menores son objeto, se desprenden situaciones de urgencia y necesidades radicales.

De hecho, y aunque sean realidades distintas a nivel jurídico, en Emar podemos poner en relación directa los fenómenos de adopciones y ventas infantiles. Esa conexión viene evidenciada especialmente por los textos E6 216 y E6 217. En el primero se entrega a una niña en adopción matrimonial, a partir de la cual la familia de origen espera recibir una compensación económica pactada. Al no recibir finalmente nada a cambio, en E6 217 se opta por "radicalizar" ese mecanismo, pasando directamente a vender no solo la misma *kallatu* que en E6 216, sino a (los) otros tres hijos. La mención al "Año de la Dificultad"[1307] pone de relieve el contexto económico que obligaría a muchos padres a vender sus hijos. Este fenómeno, además, no solo está presente en Emar, sino en otros archivos de Siria, como Tuttul o el emplazamiento que no debemos desligar completamente de Siria, Alalaḫ. De esta manera se refleja la necesidad de los padres de deshacerse de tal forma de sus hijos, algo que no veremos con tanta desesperación hasta el Nippur de época neobabilónica.

Ligado a esta esfera servil en la que entrarían los niños vendidos, mención aparte merece el documento ugarítico KTU 4.102, que nos podría informar sobre mujeres y niños procedentes de Chipre que son deportados a Ugarit en calidad de botín de guerra. Si bien hay diversas interpretaciones sobre la naturaleza y cometido mismo del documento ugarítico, el fenómeno de hacer constar menores entre prisioneros de guerra no sería anormal en un contexto de guerra, estando además atestiguado para todo el Oriente antiguo, como por ejemplo en el texto contemporáneo mesoasirio VAT 18087+.

Por último, un mecanismo mucho más radical a la hora de deshacerse de los hijos sería el del abandono. Si bien la historiografía moderna ha visto en algún documento emariota casos de niños expósitos, en la presente investigación he-

[1307] E6 216: 7: MU *dan-na-ti*.

mos argumentado en contra de esta situación para dichos casos. El texto E6 256 ha sido contemplado tradicionalmente como un caso "físico" de abandono, por el que tres niños fueron, según reza el texto, "arrojados a la calle". A través de paralelos cuneiformes proponemos un caso de justificación de la posterior adopción de los menores. El hacer constar expresamente la indefensión de los niños expósitos conferiría al adoptante, a un nivel jurídico y conforme a una legalidad consuetudinaria, el derecho a adoptar los supuestamente expósitos.

Así pues, la documentación siria nos informa sobre diversas situaciones jurídicas en las que los niños de la época se veían inmersos. Todas ellas tienen un eje común, con rasgos de dificultades socio-económicas, fruto sin duda del ambiente de crisis imperante en la periferia mesopotámica durante el Bronce Reciente.

7.2. CONCLUSIONES GENERALES

LA INFANCIA EN EL BRONCE RECIENTE

A la hora de delimitar temáticamente la investigación hemos atendido a la idea que el hombre del Bronce Reciente tendría del concepto de "infancia", sin extrapolar nuestra percepción occidental moderna a la mesopotámica antigua. Un examen terminológico nos da la clave para proceder a esta comprensión, y pone de manifiesto que el lapso temporal que nosotros entendemos por "infancia" transcurriría, a los ojos del hombre próximo-oriental antiguo, desde el nacimiento hasta la adolescencia. Si bien el primer límite es evidente, el segundo viene dado por la inclusión en determinados textos mesobabilónicos del sumerograma TUR ("pequeño", "menor") formando una construcción junto con los ideogramas GURUŠ ("hombre") y SAL ("mujer"), todo ello (GURUŠ.TUR, SAL.TUR) con el sentido de "adolescente". Así pues, la idea de "adolescencia" se pone en conexión directa con la de "menor", por lo que dicha categoría es contemplada como algo temporal y conceptualmente inferior a la de adultez — genéricos GURUŠ y SAL. La primera conclusión, por tanto, es que la sociedad de la que emanan los textos analizados en el presente trabajo sí que poseería una idea, aún siendo general y vaga, del concepto de "infancia", o al menos de "minoría de edad". Si bien la terminología sumeria profundiza por lo general más en las diferenciaciones de etapas a lo largo de la infancia, la acadia se restringirá en la documentación empleada al campo semántico de la raíz *ṣḫr*[1308].

Pasando de los aspectos terminológicos al aspectos de fondo, a lo largo de los documentos analizados se aprecia por lo general un tratamiento "personalizado" de los niños. Este hecho, indicador evidente de la importancia que los menores tenían para la sociedad de la época, es subrayado por ejemplo a través de la mención de características de ciertos niños: nombre, medidas, procedencia

---

[1308] En otros textos cuneiformes contemporáneos, otros términos para referirse a niños serán los acadios *la'û*, *šerru* o *batūlu* (cf. §6.3).

geográfica, etc. En la mayor parte de la documentación estudiada se trata al menor de una forma positiva, buscando siempre su beneficio, o al menos sin perjudicarle deliberadamente, incluso en los textos que presentan niños esclavos.

En el capítulo §2 se han analizado dos formas que las fuentes cuneiformes ofrecen para estudiar la eliminación voluntaria del niño: los abortos intencionados y los abandonos.

Respecto al primer fenómeno, entre el corpus de la investigación se encuentra el artículo 53 de las Leyes Asirias Medias, única disposición de un código legal próximo-oriental antiguo que trata el aborto voluntario por parte de la madre. El consignar una ley como LAM 53 implicaría sin duda que estos actos se producirían, si bien no tenemos constancia de puestas en práctica concretas. Sea como fuere, la misma existencia de esta ley, aunque la pena expuesta pudiera no ser ejecutada en la práctica de manera literal, evidencia que al menos para la sociedad mesoasiria el valor del niño comenzaba desde el momento de la concepción, y no solo desde el alumbramiento. Se vela por la protección del feto, puesto que se considera una verdadera vida. Siempre a partir de LAM 53, al matarle de forma voluntaria se infiere a la madre un castigo destinado a los peores delincuentes: tal es la afrenta hacia el niño, el padre y la misma sociedad, que no solo se la ejecutaría, sino que se la empalaría, negándole la posibilidad de recibir sepultura conforme a los ritos funerarios pertinentes.

Respecto a las exposiciones infantiles, se trata de un fenómeno bien atestiguado a lo largo de la documentación próximo-oriental antigua, tanto a través de casos reales como míticos. En casi todos ellos se nos presenta un final positivo para el expósito, quien finalmente es salvado por su redentor para ser posteriormente adoptado. Así, las realidades de abandono y adopción están íntimamente relacionadas a nivel jurídico: a partir de la primera fase —abandono— el niño se encuentra en posición indefensa en un plano legal, mientras que tras la segunda etapa —adopción— el menor pasa a depender de su nuevo padre, el adoptivo.

En relación a las Mesopotamia y Siria del Bronce Reciente, un reducido grupo textual ha sido tradicionalmente interpretado como ejemplos de práctica de abandonos infantiles. A lo largo del capítulo hemos analizado cada uno de estos documentos, procedentes de Aššur (MKGH 4) y Emar (Subartu 17, E6 256), defendiendo su no pertenencia a casos verdaderos de exposición de menores. Nuestra argumentación se ha basado en diversos criterios, puesto que cada ejemplo presenta sus propias peculiaridades. MKGH 4 es en realidad un texto que no refleja una práctica real de abandono, mientras que Subartu 17 es más bien un contrato de anticresis femenina. Si bien estas ideas habían sido esbozadas por algunos autores, especialmente novedosa es la interpretación de E6 256. Este documento emariota presenta las dos fases comentadas: abandono y adopción. En nuestra opinión, la expresión "fueron arrojados a la calle", en referencia a los tres huérfanos supuestamente abandonados, debe ser entendida no como un acto físico, sino como una justificación de la posterior adopción. De esta manera el tutor legal de los niños, su propio abuelo, Addu, permite que esta fórmula, con paralalos claros a lo largo de la literatura cuneiforme, aparezca en el contrato. Así, interpretamos el texto como si el mismo Addu "arrojara a la calle" a sus nietos, manera más gráfica de significar que "renunciara jurídicamente" a ellos. A partir de ese momento la adopción de los tres menores queda plenamente justificada, dejando vía libre para que un tercer actor del contrato les adopte, presentándose además como el salvador de los niños.

A lo largo del capítulo dedicado a la relación entre infancia y matrimonio (§3) hemos tratado los casos en los que se plantea el matrimonio futuro de diversos sujetos, siendo éstos aún menores en el momento de tal planteamiento. La naturaleza de este corpus es variada, si bien los textos que nos informan sobre el tema son en su mayoría adopciones y adopciones matrimoniales.

El primer caso arroja luz sobre la regulación del matrimonio de varones. Varios contratos de adopción señalan explícitamente que el adoptado deberá ser provisto de una mujer en un plazo indeterminado. La documentación evidencia por lo general que estas cuestiones son planteadas especialmente con respecto a los adolescentes varones, algo visible en particular en Nuzi. Esta edad podría comprender aproximadamente los 15–20 años, si bien la contemporánea disposición 43 de las Leyes Asirias Medias deja entrever que el futuro casadero podría contar con apenas 10 años. El último ejemplo es excepcional y atípico, por lo que, para el caso de los varones, podremos concluir que la edad en la que comienzan sus arreglos matrimoniales está realmente próxima a su desposamiento.

El modelo de las mujeres parece seguir otro patrón a partir de la documentación del Bronce Reciente. Las adopciones matrimoniales nos informan sobre el paso de una mujer, menor o adulta, al estatus de *kallatu*, paso previo al matrimonio. El apelativo de "casadera", con el sentido de "la que está en edad de casarse", frecuentemente ligado a estas *kallātu* en la historiografía moderna, deberá ser definitivamente abandonado para hacer referencia a dicha realidad. De hecho, determinados documentos ponen de manifiesto que el planteamiento del matrimonio de ciertas mujeres se podía dar cuando éstas eran aún niñas pequeñas. Aunque poseamos varias evidencias en este sentido, como en Nippur (MSKH I 9) o Emar (E6 216–220), el caso más claro es el que presentan los textos de Nuzi HSS 19 86 y HSS 19 134, en los que una niña es entregada en adopción matrimonial siendo aún lactante. Los demás ejemplos apuntan a la misma línea concerniendo a las mujeres, en relación a las cuales se plantea el matrimonio a una edad más temprana.

Por tanto, la documentación del Bronce Reciente sobre infancia y matrimonio ofrece un modelo por el que los arreglos matrimoniales de mujeres, y en menor medida hombres, se producen con suficiente antelación a la propia boda. Esta forma de asegurarse un cónyuge con el que perpetuar el linaje familiar tiene asimismo repercusiones directas en cuanto al momento del desposorio, ya que por regla general las mujeres se casarán antes que los varones.

Por su parte, en las adopciones infantiles del Bronce Reciente (§4) encontramos distintas fórmulas que regulan cuestiones en torno a las partes del contrato. Todas estas disposiciones están encaminadas a beneficiar a todos los contractantes, y en especial al adoptado. Teniendo en cuenta la indefensión legal de estos y otros niños estudiados, el derecho próximo-oriental antiguo les confiere ciertas prerrogativas jurídicas, a corto, medio o largo plazo, como heredar el patrimonio de los adoptantes. Por contra, y como si de un contrato que conciernen a adultos se tratara, estos menores también tendrán determinados deberes, como hacerse cargo de las obligaciones fiscales familiares o mantener a los padres adoptivos durante su vejez.

La principal tesis defendida para las adopciones del Bronce Reciente se refiere a su complejidad casuística en comparación con las adopciones de adultos. Éstas, más numerosas en el corpus cuneiforme de la época, tienen por lo general una finalidad eminentemente económica. En el corpus que nos ocupa, sin embargo, los objetivos perseguidos por los contractantes en lo que se refiere al niño son mucho más variados. Aparte de la transmisión del patrimonio, objetivo común con las adopciones de adultos, en las de niños encontramos por ejemplo el deseo de proveer al menor con la formación en un oficio. Al identificarse por lo general los padres adoptivos de niños con parejas fértiles, también se reglarán los cuidados que los adoptados, una vez ya adultos, deberán dispensar a sus padres en el futuro. Otro objetivo frecuentemente expuesto en las adopciones infantiles es el de arreglar el matrimonio del adoptado, justo tras la creación del contrato o tras un tiempo indeterminado. Por otra parte, los aspectos religiosos se encontrarían indudablemente en el trasforno de muchas adopciones, especialmente encaminadas a asugurarse el adoptante los ritos funerarios tras su muerte. Sin embargo, nuestros corpora del Bronce Reciente apenas apuntan explícitamente a esta cuestión. Por último, en ciertos contextos de crisis, situación evidente en la Siria de la época, apreciamos que las adopciones persiguen propósitos de carácter social o incluso sentimental. Teniendo en cuenta que la adopción se presenta como un mecanismo activado frecuentemente tras ciertos casos de abandonos, estos contratos reflejarán el deseo por parte de los adultos de que los menores salieran de situaciones problemáticas a las que se veían en ocasiones abocados, como la orfandad, la indigencia, la falta de herencia o de posibilidad de desposarse en el futuro.

Todas estas peculiaridades se observan, en un grado u otro, en los textos estudiados sobre adopciones infantiles en el Bronce Reciente. Aún así, es evidente que cada ámbito documental sigue tradiciones escribales diferentes, algo presentado separadamente en las conclusiones por archivos (§7.1). En Nuzi, por ejemplo, se aprecia un tratamiento más estandarizado en cuanto a fórmulas, expresiones o estructuras de los contratos. Esta continuidad es evidente asimismo en los escasos textos de adopciones infantiles de Aššur, pero no así en los sirios. Efectivamente, en la documentación emariota sobre la cuestión se aprecia una diversidad a varios niveles: formulísticos, estructurales, de participantes en contratos, etc. De esta manera se rompe radicalmente con el hieratismo de las tradiciones paleobabilónicas, aportando nuevas realidades jurídicas, expresiones lógicas de la amalgama de lenguas, pueblos y situaciones de la Siria de la época.

Aparte de las ventas de niños, analizadas aparte, en el capítulo 5 se ha profundizado en la realidad de la esclavitud infantil. Atendiendo a las tipologías de textos sobre este fenómeno, hemos dividido el corpus en listas conjuntas y textos que conciernen a un solo niño. Entre las primeras encontramos listas de raciones alimentarias, de trabajadores forzados, de deportados o las ya comentadas listas de personas vendidas.

Las listas de raciones alimentarias son de naturaleza pública y administrativa, siendo características de los reinos casita y mesoasirio. Los niños consignados en estos documentos son objeto de nuevo de un tratamiento despersonalizado, recibiendo una cantidad de grano en relación directa con los otros grupos de edad, información evidente cuando se consta expresamente (solo en el ámbito casita: por ejemplo, los menores recibirán menor cantidad que los adultos).

Por su parte, las listas de trabajadores forzados, procedentes en su totalidad de Nippur, son la mayor fuente de la presente investigación en cuanto al número de textos, la gran parte inéditos en la actualidad. En dichas listas, también de carácter público y administrativo, se consignan los trabajadores, además de por nombres y edades, agrupados por familias. Esta última información es crucial a la hora de analizar, por un lado, los modelos familiares imperantes en la sociedad servil del Nippur mesobabilónico; por otro, el papel que los niños desempañaban en este contexto. El estudio de las categorías de edades inferiores, encuadradas dentro del período infantil (lactantes, destetados, niños y adolescentes), pone de relieve la importancia que los niños de dichas categorías tuvieron en el contexto laboral de la capital administrativa del reino. Los menores, ya desde una temprana edad —siendo incluso lactantes—, aportan una fuerza de trabajo fundamental para sostener el sistema servil, llevando a cabo labores como alfareros, artesanos, cuidadores de caballos o escribas —caso este último de dos adolescentes. Aún así, la tarea más desempeñada por niños es la relacionada con la industria textil, producción en la que encontramos multitud de menores especializados en una actividad u otra dentro de dicho campo.

La última fuente que presenta varios niños esclavos son las listas de deportados, presentes en la documentación mesoasiria (Kār-Tukultī-Ninurta y Aššur) y de Ugarit. La condición jurídica de los menores presentes en estos textos es la más baja que podemos apreciar a lo largo de todo el corpus del trabajo, puesto que constituyen con gran probabilidad prisioneros de guerra.

Respecto a los documentos que conciernen a un solo niño, y aparte de las comentadas posteriormente ventas individualizadas, se aprecia algún caso de entrada en una esfera servil a partir de contratos que toman el formato de la adopción. Asimismo la esclavitud por deudas es una fuente por la que varios menores pasarían a ser esclavos. Por último, y aunque no encontremos demasiadas evidencias directas para analizar el fenómeno, podemos afirmar que la esclavitud desde el nacimiento constituiría una de las mayores, si no la mayor, fuente de esclavitud infantil en las Mesopotamia y Siria del Bronce Reciente.

Casi todos los documentos descritos insertan de una forma u otra al menor en un contexto familiar. Si bien parece una obviedad señalar que estos niños crecerían en este tipo de ambiente, a nuestro juicio este hecho generalizado debe guiarnos hacia una interpretación en clave jurídica. Los menores son desprovistos de un grado determinado de libertad, pero sin romper en ningún modo el sistema familiar donde nacen y se desarrollan. Esta institución está implícitamente ligada de algún modo al concepto de "libertad", puesto que permite activar mecanismos legales como la adopción o el matrimonio. En nuestro propio corpus podría encontrarse la excepción que confirmaría esta tesis: el documento administrativo ugarítico KTU 4.102. En él los niños deportados solo están acompañados por mujeres adultas, probablemente sus madres. Las interpretaciones al respecto pueden ser varias, pero, aún teniendo en cuenta posibilidades como que los progenitores varones hubieran muerto en batalla, sido ejecutados o vendidos aparte, creemos más bien que en este caso se buscaría deliberadamente una disgregación familiar. Separar expresamente las partes básicas de la familia (padre, madre e hijos) conllevaría inferir un grado de esclavitud elevadísimo a los objetos de tal acto. La condición legal de dichos sujetos sería, por tanto, realmente ínfima.

Así pues, el análisis de los niños presentes en los documentos sobre esclavitud del Bronce Reciente nos informa sobre los distintos grados de servidumbre de las familias donde se inscriben estos menores. La generalidad de los textos estudiados pone de manifiesto que la familia es el ámbito donde la mayoría de mecanismos legales pueden ser activados, incluso en relación con los niños, aún estando estos individuos supeditados a un poder privado o público.

Por su parte, el fenómeno de vender niños, desde su nacimiento hasta su adolescencia, está ampliamente atestiguado en las Mesopotamia y Siria del Bronce Reciente (§6). Dentro del contexto de la infancia en un ámbito servil, las fuentes documentales sobre ventas de niños han sido estudiadas en un capítulo aparte debido a sus peculiaridades y características propias, como contar con ejemplos para todos los ámbitos de estudio —lo cual facilita el análisis comparativo— o el hecho de que casi todos los ejemplos han sido publicados y su conocimiento por tanto es más completo. Las principales fuentes que nos informan al respecto son contratos de ventas individuales (un niño o una niña) o conjuntas (varios niños juntos o, por regla general, listas de individuos entre los que se consignan niños). El análisis de estos textos pone de manifiesto la institucionalización de dicha realidad en determinadas zonas del Próximo Oriente.

Así, en la Babilonia casita (Nippur, Ur y Tell Imliḫiye) los contratos de ventas de niños son generalmente de carácter público, y están estandarizados en lo que respecta a fórmulas, participantes en el contrato o precios de los vendidos.

Aunque en el ámbito mittanio (Nuzi y Alalaḫ) ocurre algo parecido —aunque de forma no tan evidente—, de nuevo Emar —al igual que el único ejemplo de Tuttul— constituye la excepción, ya que la heterogeneidad de formas complica una categorización de rasgos comunes para todos los ejemplos de ventas infantiles. Aún así, prácticamente todos los casos analizados presentan rasgos comunes que conviene comentar.

En primer lugar, en la mayoría de documentos encontramos importantes personalidades que aparecen en la transacción, como compradores o vendedores. Si uno de los casos más evidentes es el de Enlil-kidinnī, *šandabakku* de Nippur, también en los otros archivos vemos individuos prominentes, dedicados total o parcialmente a la compra-venta de personas, como Šamaš-ēṭir en Ur, Ilimilimma en Alalaḫ o Ba'al-malik en Emar.

En otras ocasiones, sin embargo, los vendedores de los niños se corresponden con sus padres. Esta práctica es especialmente común en Siria, donde la crisis económica, que afectó de forma particularmente fuerte la zona, es la principal causa por la que los padres se verían obligados a optar por vender sus hijos, fenómeno atestiguado en contratos de carácter privado. Como en dicho ámbito cada caso era singular, con problemática propia y sin responder a situaciones comunes, los documentos sirios sobre ventas de niños, al contrario de lo que vemos en Babilonia o Mittani, no siguen un patrón establecido, siendo heterogéneos en la presentación de cada caso.

La última conclusión en torno a los niños vendidos debe hacer referencia a su condición jurídica. Es común para todos los ejemplos de la época que el menor pasa de una esfera legal a otra inferior. Ahora bien, dependiendo de los ámbitos en que nos encontremos, así como a la tipología textual, apreciamos diferencias de estatus de unos niños u otros. En Babilonia determinadas características apuntan a un estatus menor de los pequeños vendidos conjuntamente en comparación con los que aparecen de forma individual. Éstos últimos, por ejemplo, tienen mayor valor monetario, se expresan sus medidas, procedencias geográficas, nombres e incluso proveniencia familiar. Empero, las ventas conjuntas tratan a los menores de forma desnaturalizada, consignándoles con un simple sustantivo unido a su precio. La terminología española que hemos empleado para marcar esta diferencia es, respectivamente, "servidumbre" y "esclavitud".

Más difícil es expresar en qué grado se encontrarían los niños vendidos en los ámbitos de Mittani y Siria. Cada caso es difícilmente rastreable en este sentido, pero todo apunta a que, a excepción del documento emariota E6 211, todos los menores vendidos eran libres antes de la transacción. Su cambio jurídico será por tanto evidente, pasando a engrosar, por la razón que fuera (crisis económica, deudas paternas, situaciones familiares concretas, etc.), el nutrido grupo de niños esclavos del Bronce Reciente.

De manera generalizada podemos concluir que la documentación estudiada pone de relieve la importancia que los niños tenían para la sociedad del Bronce Reciente mesopotámico y sirio. Herederos en parte de la tradición jurídica paleobabilónica, los contratos y listas administrativas presentados ofrecen una especie de trato de favor hacia los niños, algo evidente en el único código legislativo mesopotámico conocido para la época, las Leyes Asirias Medias. De todo nuestro corpus se desprende esta idea de permisividad legal para con los menores, incluso en las ocasiones en que el contexto no es precisamente el más adecuado para que se den dichas circunstancias, como respecto a la esclavitud infantil (incluidas las ventas de niños). El hombre del Bronce Reciente, inmerso en una sociedad que conocía y aceptaba la existencia de niños sufrientes, trataba en la medida de lo posible que éstos constituyeran la excepción, y ya fuera por cuestiones interesadas o altruistas, intentaría proteger a los menores también dentro de los parámetros legales.

La infancia del Bronce Reciente en el contexto próximo-oriental antiguo

La documentación del Bronce Reciente mesopotámico y sirio sobre los aspectos legales de la infancia no debe ser contemplada como un corpus cerrado, sin relación alguna con los períodos anteriores y posteriores. En cada capítulo se ha dedicado un subapartado a contextualizar nuestras fuentes dentro de la constante del Próximo Oriente antiguo. En esta última parte de las conclusiones procederemos a resumir brevemente el comportamiento de los mecanismos jurídicos de la época en su contexto próximo-oriental antiguo, señalando el grado de innovación o conservadurismo que presentan en relación con las tradiciones anteriores y su reflejo posterior en documentos del 1.er milenio a. C.

En primer lugar, la inserción de las fuentes sobre abortos voluntarios de la época dentro del contexto mesopotámico y sirio antiguo se dificulta por la ausencia general de textos al respecto. La disposición LAM 53, por tanto, constituye un documento excepcional en la constante del Próximo Oriente antiguo.

Por otra parte, a lo largo de la investigación hemos argumentado a favor de la inexistencia de ejemplos claros de abandonos reales de niños para la época que nos ocupa. En la documentación próximo-oriental antigua, sin embargo, sí que disponemos de varios ejemplos de exposiciones infantiles, en las que en ocasiones el niño sobrevive pero en otras corre peor suerte. Aún así, la tesis que hemos defendido para este punto (es decir, el constar expresamente la indefensión de los niños expósitos a modo de justificación a la posterior adopción) tiene una relación evidente en la literatura mesopotámica antigua. De hecho, la presencia de esta realidad en épocas anteriores ha sido determinante para comprender los ejemplos del Bronce Reciente que se presentan formalmente como abandonos. Por tanto, también el fenómeno de justificar la custodia legal de un menor a través de un caso de abandono, real o simulado, tiene cabida en la documentación del Bronce Reciente, época para la que contamos con pocas pero significativas fuentes al respecto.

En cuanto a la relación entre infancia y matrimonio, la documentación del Bronce Reciente presenta ciertas peculiaridades distintas con respecto a la constante próximo-oriental antigua. Los textos mesopotámicos de cualquier período nos informan sobre las edades a las que hombres y mujeres se desposaban, haciéndolo estas últimas, por regla general, con anterioridad a los primeros. Nuestro corpus no es una excepción en este sentido, y los casos que contamos para estudiar el fenómeno apuntan en esa dirección. También es común para todo el Próximo Oriente antiguo, incluidos los textos del Bronce Reciente, el hecho de que la edad de las mujeres a la hora de convenir su matrimonio era menor que la de los hombres.

Sin embargo, nuestro corpus aporta una información crucial a la hora de afirmar que el matrimonio, al menos para el caso de mujeres sin relación con la realeza o altas esferas de la sociedad, donde esta práctica era común, podría ser arreglado siendo las niñas aún lactantes. Esta peculiaridad es evidente en especial a partir de dos grupos textuales, de Nuzi (HSS 19 86, HSS 19 134) y Emar (E6 216, E6 217). En ellos dos niñas en sus primeros años de vida entran en un estatus de *kallatu*, tanto implícito (Nuzi) como explícito (Emar). Sus padres, al igual que harían otros en numerosas ocasiones no atestiguadas hasta el momento, querrían por las razones que fueran —claramente económicas en el caso emariota— reglar cuanto antes el futuro matrimonio de sus hijas. Si bien este fenómeno podría ser común para el resto del Oriente antiguo, no conocemos otras fuentes que nos informen tan directamente sobre la cuestión.

Lo primero que llama la atención al comparar las adopciones infantiles del Bronce Reciente con los corpora anteriores es la ausencia para nuestra época de fuentes legislativas. Así, todos los documentos aquí analizados son de práctica legal, al contrario de lo que sucede, por ejemplo, en época paleobabilónica, donde varias disposiciones de códigos hablan sobre la cuestión. Sin embargo, y exceptuando matices como la preponderancia de fórmulas de adopción como *ana mārūti nadānu* en relación a otras empleadas más frecuentemente con anterioridad, como *ana mārūti leqû*, en general se aprecia una continuidad de estas tradiciones en cuanto a adopciones de niños, algo evidente en especial en algunos casos. La adopción de Nuzi JEN 572 es un buen ejemplo en este sentido, ya que supone uno de los ejemplos más claros de práctica legal de lo tratado siglos atrás en las disposiciones 188 y 189 del Código de Hammurapi. Por otro lado, y debido a la crisis siria de la época, determinados textos de adopción de Emar muestran un carácter de urgencia más radical que lo que apreciamos en las adopciones paleobabilónicas, pero similar a otras posteriores de época neobabilónica.

La conclusión general sobre la comparación entre las adopciones infantiles del Bronce Reciente y de otras épocas se refiere a sus similitudes en cuanto a complejidad casuística. En todos estos corpora los textos de adopciones de niños exponen, explícita o implícitamente, más objetivos perseguidos que llevan a adoptar un niño que los que encontramos en sus homólogos de adultos. Siendo muy común en el período paleobabilónico, solamente el motivo religioso para adoptar, y quizás con la excepción de la adopción mesobabilónica BE 14 40, está ausente en nuestro corpus.

En el Bronce Reciente encontramos el mismo tipo de documentos sobre esclavitud infantil que en otras épocas anteriores y posteriores. Ya desde el 3.er milenio a. C. se nos informa sobre la práctica de vender, deportar u obligar a niños a realizar trabajos forzados, fenómenos todos presentes asimismo en la primera mitad del 2.° milenio y a lo largo de todo el 1.er milenio a. C. Como en dichos períodos, la sociedad del Bronce Reciente acepta la esclavitud infantil como algo inherente a sus culturas, conscientes del aporte que los trabajos infantiles daban a la economía a niveles público y familiar.

En este sentido hay que poner de relieve la labor que los niños esclavos desempeñarían en la industria textil a lo largo de toda la historia del Próximo Oriente antiguo, para lo cual el Bronce Reciente tampoco es una excepción. También comunes entre estas épocas son las cantidades de raciones recibidas por estos menores, así como su consignación general dentro de un contexto familiar.

Así pues, la documentación de la época que nos ocupa no ofrece cambios significativos en cuanto a la institución de la esclavitud en Mesopotamia y Siria. Aún así, constituye un nexo de unión entre el 2.° y 1.er milenio a. C., subrayando la importancia que en todas estas épocas tuvo la esclavitud infantil en el Oriente antiguo.

Por su parte, la práctica de vender niños constituye una realidad bien conocida en la literatura cuneiforme de cualquier época. Al igual que en la constante próximo-oriental antigua, en el Bronce Reciente apreciamos ventas infantiles individuales y conjuntas, tanto de naturaleza privada como pública (y no necesariamente de manera respectiva). Así, algunas ventas, especialmente atestiguadas en la Babilonia casita, estaban institucionalizadas por el poder dominante, algo común con determinada documentación paleobabilónica.

Sin embargo, son las ventas de niños en la Siria del Bronce Reciente las que de algún modo rompen con la tradición anterior. Este cambio tiene como principal motivo la fuerte crisis económica de época y lugar, y de los contratos de ventas se desprenden situaciones límite de los vendedores, generalmente los padres. Documentalmente esta realidad solo es comparable, a nuestro juicio, al corpus del Nippur neobabilónico, donde numerosos textos muestran el fenómeno de las ventas de niños como una de las pocas salidas a las dificultades económicas a las que las familias se veían sometidas.

Como conclusión sobre el comportamiento de nuestro corpus sobre los aspectos legales de la infancia dentro de su contexto próximo-oriental antiguo, podemos afirmar que a grandes rasgos sigue idénticos parámetros. Las peculiaridades vienen determinadas por las vicisitudes socio-económicas imperantes en cada ámbito de estudio, y tendrán relación directa con las mismas u otras zonas que presentaran situaciones similares en otras épocas.

A lo largo del estudio hemos podido comprobar cómo es imposible entender la documentación sobre la infancia del Bronce Reciente sin tener en cuenta el desarrollo anterior, de tradición paleobabilónica, de los aspectos legales sobre los niños. De igual manera ocurrirá con el corpus del 1.er milenio a. C., también deudor de la misma tradición y con características comunes con el elenco textual analizado para el Bronce Reciente.

8
BIBLIOGRAFÍA

AA. VV. *El viagero universal, ó Noticia del Mundo Antiguo y Nuevo: Obra recopilada de los mejores Viageros por D. P. E. P.*, Tomo II, Suplemento. Madrid: Imprenta de Villalpando, 1801.

AA. VV. *L'Enfant. Première partie: Antiquité- Afrique- Asie*, Recueils de la Société Jean Bodin pour l'histoire comparative des institutions, vol. 35. Bruselas: Éditions de la Librarie Encyclopedique, 1975.

AA. VV. *L'Enfant. Cinquième partie: Le droit à l'éducation*, Recueils de la Société Jean Bodin pour l'histoire comparative des institutions, vol. 39. Bruselas: Éditions de la Librarie Encyclopedique, 1975.

AA. VV. *Manual de lactancia materna: De la teoría a la práctica*, Asociación Española de Pediatría. Madrid: Editorial Médica Panamericana, 2008.

AA. VV. *Séptimo Centenario de los Estudios Orientales en Salamanca*, Estudios Filológicos de la Universidad de Salamanca 337. Salamanca: Ediciones Universidad Salamanca, 2012.

Abraham, Katheleen. "The Middle Assyrian Period", en Westbrook, Raymond y Jasnow, Richard (eds.). *Security for Debt in Ancient Near Eastern Law*, CHANE 9. Leiden: Brill, 2001, 189–216.

Abrahami, Philippe "Masculine and Femenine Personal Determinatives before Women's Names at Nuzi: A Gender Indicator of Social or Economic Independence?", *Cuneiform Digital Library Bulletin* 2011:1, 1–3.

Adams, Robert McC. "Slavery and Freedom in the Third Dynasty of Ur: Implications of the Garshana Archives", *CDL Journal* 2010:2, 1–8.

Adamthwaite, Murray R. *Late Hittite Emar: The Chronology, Synchronisms, and Socio-Political Aspects of a Late Bronze Age Fortress Town*. Lovaina: Ancient Near Eastern Studies Supplement Series 8, Peeters, 2001.

d'Alfonso, Lorenzo, Cohen, Yoram y Sürenhagen, Dietrich (eds.). *The City of Emar among the Late Bronze Age Empires: History, Landscape, and Society. Proceedings of the Emar Conference, 25–26.04.2006*, AOAT 349. Münster: Ugarit-Verlag, 2008.

d'Alfonso, Lorenzo y Cohen, Yoram. "The Duration of the Emar Archives and the Relative and Absolute Chronology of the City", en d'Alfonso, Lorenzo, Cohen, Yoram y Sürenhagen, Dietrich (eds.). *The City of Emar among the Late*

Bronze Age Empires: History, Landscape, and Society. Proceedings of the Emar Conference, 25–26.04.2006, AOAT 349. Münster: Ugarit-Verlag, 2008, 3–25.

Alonso Fontela, Carlos. *La esclavitud a través de la Biblia*, Bibliotheca Hispana Biblica 9. Madrid: Consejo Superior de Investigaciones Científicas, 1986.

Alt, Albrecht. "Bemerkungen zu den Verwaltungs- und Rechtsurkunden von Ugarit und Alalach", *WO* 3 (Heft 1/2): 1964, 3–18.

Ankum, Johan Albert y Feenstra, Robert y Leemans, W. F. (eds.). *Symbolae ivridicae et historicae Martino David dedicatae*, vol. 2. Leiden: Brill, 1968.

Ariès, Philippe. *L'Enfant et la vie familiale sous l'ancien régime*, París: Éditions du Seuil, 1960.

Arnaud, Daniel. "Catalogues des textes cunéiformes trouvés au cours des trois premières campagnes à Meskéné qadimé Ouest (Chantiers A, C, E, et trouvaille de sourface)", *AAAS* 25 (1975): 87–93.

———. "Humbles et superbes à Emar (Syrie) à la fin de l'âge du Bronze récent", en Cacot, André y Delcor, Mathias (eds.). *Mélanges bibliques et orientaux en l'honneur de Henri Cazelles*, AOAT 212, Münster: Ugarit-Verlag, 1981, 1–14.

———. *Recherches au Pays d'Aštata: Emar VI.3, Textes sumériens et accadiens*, Synthèse 18, París: Éditions Recherche sur les Civilisations, 1986.

———. *Recherches au Pays d'Aštata: Emar VI.1* y *VI.2* (dos volúmenes), Synthèse 18, París: Éditions Recherche sur les Civilisations, 1986.

———. "La Syrie du moyen-Euphrate sous le protectorat hittite: contrats de droit privé", *AuOr* 5 (1987): 211–41.

———. *Textes Syriens de l'âge du Bronze Récent*, AuOrS 1, Sabadell: Eisenbrauns, 1991.

———. "Le fœtus et les dieux au Proche-Orient sémitique ancien. Naissance de la théorie épigénétique", *Revue de l'Histoire des Religions* 213 (1996): 123–42.

Arnold, Bill T. y Erickson, Nancy y Walton, John. H. (eds.). *Windows to the Ancient World of the Hebrew Bible: Essays in Honor of Samuel Greengus*, Winona Lake: Eisenbrauns, 2014.

Aro, Jussi. *Studien zur Mittelbabylonischen Grammatik*, Studia Orientalia 20. Helsinki: Societas Orientalis Fennica, 1955.

———. *Mittelbabylonische Kleidertexte der Hilprecht-Sammlung Jena*. Berlín: Akademie Verlag Berlin, 1970.

Avishur, Yitzhak y Deutsch, Robert (eds.). *Michael: Historical, Epigraphical and Biblical Studies in Honour of Prof. Michael Heltzer*, Tel Aviv-Jaffa: Archaeological Center Publications, 1999.

Baccari, Maria Pia. "Sept notes pour la vie", en Bouineau, Jacques (ed.). *Enfant et romanité: Analyse comparée de la condition de l'enfant*. París: L'Harmattan, 2007, 110–18.

Baker, Heather D. "Degrees of Freedom: Slavery in the Mid-first Millennium BC Babylonia", *World Archaeology* 33/1 (2001): 18–26.

Baker, Brenda J. y Dupras, Tosha L. y Tocheri, Matthew W. *The Osteology of Infants and Children*, Texas A&M University Antrophology Series. Austin: Texas A&M University Press, 2005.

Balkan, Kemal. *Kassitenstudien. 1: Die Sprache der Kassiten*, American Oriental Series 37. New Haven: American Oriental Society, 1954.

———. *Studies in Babylonian Feudalism of the Kassite Period.* Monographs on the Ancient Near East 2/3. Malibú: Undena Publications, 1986.

Balza, Maria Elena. "Les pratiques sigillaires à Emar: quelques donnés préliminaires à propos des documents d'achat et vente", en d'Alfonso, Lorenzo y Cohen, Yoram y Sürenhagen, Dietrich (eds.). *The City of Emar among the Late Bronze Age Empires: History, Landscape, and Society. Proceedings of the Emar Conference, 25–26.04.2006*, AOAT 349. Münster: Ugarit-Verlag, 2008, 153–77.

Barberon, Lucile. "Quand la mère est une religieuse: le cas d'Ilša-hegalli d'après les archives d'Ur-Utu", NABU 2005.98.

———. *Les religieuses et le culte de Marduk dans le royaume de Babylone*, Mémoires de NABU 14. París: Société pour l'étude du Proche-Orient ancien, 2012.

Bartash, Vitali. "Children in Institutional Households of Late Uruk Period Mesopotamia", *ZA* 105.2 (2015): 131–38.

Bartelmus, Alexa y Sternitzke, Sternitzke (eds.). *Karduniaš: Babylonia under the Kassites* (2 vols), Berlín: de Gruyter, 2017.

Basham, Arthur L. *The Wonder that was India*, Noida: Rupa. CO. 1996.

Beauchet, Ludovic. *Histoire du droit privé de la république athénienne: Le droits des obligations*, vol. 4. París: Chevalier-Marescq et C. Éditeurs, 1897.

Beaulieu, Paul-Alain. "New Light on Secret Knowledge in Late Babylonian Culture", *ZA* 82 (1992): 98–111.

Becker, Marshal Joseph. "Infanticide, Child Sacrifice and Infant Mortality Rates: Direct Archaeological Evidence as Interpreted by Human Skeletal Analysis", *Old World Archaeological Newsletter* 18/2 (1995): 24–31.

Becker, Jörg, Hempelmann, Ralph y Rehm, Ellen (eds.). *Kulturlandschaft Syrien: Zentrum und Peripherie, Fetschrift für Jan-Waalke Meyer*, AOAT 371. Münster: Ugarit-Verlag, 2010.

Beckman, Gary M. *Hittite Birth Rituals*, Second Revised Edition, StBoT 29. Wiesbaden: Harrassowitz, 1983.

———. *Texts from the Vicinity of Emar in the collection of Jonathan Rosen*, HANEM 2. Padua: Sargon, 1996.

———. "Family Values on the Middle Euphrates in the Thirteenth Century B.C.E.", en Chavalas, Mark William (ed.). *Emar: the History, Religion and Culture of a Syrian Town in the Late Bronze Age.* Bethesda: CDL Press, 1996, 57–79.

Beckman, Gary M. y Foster, Benjamin R. "Assyrian Scholary Texts in the Yale Babylonian Collection", en Leichty, Erle y Ellis, Maria deJ. (eds.). *A Scientific Humanist: Studies in Memory of Abraham Sachs*, Occasional Publications of the

Samuel Noah Kramer Fund 9, Filadelfia: Samuel Noah Kramer Fund, The University Museum, 1988, 1–26.

Behrens, Hermann y Loding, Darlene y Roth, Martha T. (eds.). *DUMU-E₂-DUB-BA-A: Studies in Honor of Åke Sjöberg*, Occasional Publications of the Samuel Noah Kramer Fund 11, Filadelfia: Samuel Noah Kramer Fund, University Museum, 1989.

Beich, Ralph. *Nuzu Last Wills and Testaments*. Waltham: Brandeis University Press, 1963.

Bellotto, Nicoletta. "Adoptions at Emar: An Outline", d'Alfonso, Lorenzo y Cohen, Yoram y Sürenhagen, Dietrich (eds.). *The City of Emar among the Late Bronze Age Empires: History, Landscape, and Society. Proceedings of the Emar Conference, 25–26.04.2006*, AOAT 349. Münster: Ugarit-Verlag, 2008, 179–94.

———. *Le Adozioni a Emar*, HANEM 9. Padua: Sargon, 2009.

———. "The Functions of Witnesses in the Middle Assyrian Laws", en Bellotto, Nicoletta y Ponchia, Simonetta (eds.). *Witnessing in the Ancient Near East: I Testimoni nella documentazione del Vicino Oriente Antico*. Acta Sileni 2, Padua: Sargon, 2009, 117–29.

Bellotto, Nicoletta y Ponchia, Simonetta (eds.). *Witnessing in the Ancient Near East: I Testimoni nella documentazione del Vicino Oriente Antico*. Acta Sileni 2, Padua: Sargon, 2009.

Belmonte, Juan Antonio. "Reflexiones sobre el territorio de Cárquemis durante el periodo mittanio", en Bernabé Pajares, Alberto y Álvarez Pedrosa, Juan Antonio (eds.). *Orientalística en tiempos de crisis: Actas del VI Congreso Nacional del Centro de Estudios del Próximo Oriente*. Zaragoza: Libros Pórtico, 2015, 49–82.

Bernabé Pajares, Alberto. "La mujer en las leyes hititas", en Justel, Josué Javier y Solans, Bárbara Eugenia y Vita, Juan Pablo y Zamora, José Ángel (eds.). *Las aguas primigenias: El Próximo Oriente Antiguo como fuente de civilización: Actas del IV Congreso Español de Antiguo Oriente Próximo (Zaragoza, 17 a 21 de Octubre de 2006)*, vol. 1, Serie Próximo Oriente Antiguo 3. Zaragoza: Instituto de Estudios Islámicos y del Oriente Próximo, 2007, 85–97.

Bernabé Pajares, Alberto y Álvarez Pedrosa, Juan Antonio. *Historia y Leyes de los Hititas. Textos del Imperio Medio y del Imperio Nuevo*, Madrid: Akal, 2004.

———. (eds.). *Orientalística en tiempos de crisis: Actas del VI Congreso Nacional del Centro de Estudios del Próximo Oriente*. Zaragoza: Libros Pórtico, 2015.

Bernhardt, Inez. *Sozialökonomische Texte und Rechtsurkunden aus Nippur zur Kassitenzeit*, TMH NF 5, Berlín: Akademie-Verlag, 1976.

Beyer, Dominique (ed.). *Meskéné-Emar, Dix ans de travaux, 1972–1982*, París: Éditions recherche sur les civilisations, 1982.

———. "Les empreintes de sceaux", en Beyer, Dominique (ed.). *Meskéné-Emar, Dix ans de travaux, 1972–1982*, París: Éditions recherche sur les civilisations, 1982, 61–68.

———. *Emar VI: Les sceaux*, Orbis Biblicus et Orientalis Series Archaelogica 20. Friburgo: Academic Press Fribourg, 2001.

Bicksler, William H. *Slavery Documents of Old Babylonia*, Tesis Doctoral inédita, Brandeis University, 1973.
Biga, Maria Giovanna. "Enfants et nourrices à Ebla", *KTEMA* 22, 1997, 35–44.
Biga, Maria Giovanna y Liverani, Mario (eds.). *Ana turri gimilli: Studi dedicati al Padre Werner Mayer, S. J. da amici e allievi*. Roma: Universitá di Roma La Sapienza, 2010.
Biggs, Robert D. y Brinkman, John A. (eds.). *Studies Presented to A. Leo Oppenheim. June 7, 1964*. Chicago: University of Chicago Press, 1964.
Blackmore Dann, Judith. *The World of the Infant: Ideology of the Infant Condition and Infant Care in Ancient Greece*, Tesis Doctoral inédita. Columbus: The Ohio State University, 1999.
Bock, Ulrike. *"Von seiner Kindheit bis zum Erwachsenenalter": Die Darstellung der Kindheit des Herrschers in mesopotamischen und kleinasiatischen Herrscherinschriften und literarischen Texten*, *AOAT* 383. Münster: Ugarit-Verlag, 2012.
Boehmer, Rainer M. y Dämmer, Heinz-Werner. *Tell Imlihiye, Tell Zubeidi, Tell Abbas*, Baghdader Forschungen 7. Mainz: Von Zabern, 1985.
Bord, Lucien-Jean. "L'adoption dans la bible et dans le droit cunéiforme", *ZAR* 3 (1997): 174–94.
Bordreuil, Pierre y Pardee, Dennis. *Manuel d'Ougaritique*. París: Geuthner, 2004.
———. *A Manual of Ugaritic*. Winona Lake: Eisenbrauns, 2009.
Bordreuil, Pierre y Briquel-Chatonnet, Françoise y Michel, Cécile (eds.). *Les débuts de l'Histoire: Le Proche-Orient, de l'invention de l'écriture à la naissance du monothéisme*. París: Éditions de La Martinière Jeunesse, 2008.
Borger, Rykle. "Der Codex Eschnunna", TUAT I/1. Gütersloh: Gütersloher Verlagshaus, 1982, 32–38.
Boswell, John, "Expositio and Oblatio: The Abandonment of Children and the Ancient and Medieval Family", *The American Historical Review* 89/1 (1984): 10–33.
———. *The Kindness of Stranger: The Abandonment of Children in Western Europe from Late Antiquity to the Renaissance*. Chicago: University of Chicago Press, 1988.
Botterweck, G. Johannes y Ringgren, Helmer y Fabry, Heinz-Joseph (eds.). *Theological Dictionary of the Old Testament* vol. 8. Grand Rapids: Eerdmans Publishing, 1997.
Bouineau, Jacques (ed.). *Enfant et romanité: Analyse comparée de la condition de l'enfant*. París: L'Harmattan, 2007.
Boyer, Georges. "*ṣupur X kima kunnukišu*", en Friedrich, Johannes y Lautner, Julius Georg y Miles, John Charles y Folkers, Theunis (eds.). *Symbolae ad Iura Orientis Antiqui Pertinentes Paulo Koschaker dedicatae*, SD 2. Leiden: Brill, 1939, 208–18.
———. "Nature et formation de la vente dans l'ancien droit babylonien", *RIDA* 2 (1953): 45–85.

Bradley, Keith R. *Discovering the Roman Family: Studies in Roman Social History*. Nueva York: Oxford University Press, 1991.

———. *Slavery and Society at Rome*. Cambridge: Cambridge University Press, 1994.

Bradley, Keith R. y Cartledge, Paul (eds.). *The Cambridge World History of Slavery. Volume I: The Ancient Mediterranean World*. Cambridge: Cambridge University Press, 2011.

Breiner, Sander J. *Slaughter of the Innocents: Child Abuse through the Ages and Today*. Nueva York: Springer US, 1990.

Breneman, J. Marvin. *Nuzi Marriage Tablets*, Tesis Doctoral inédita. Brandeis University, 1971.

Brequinet, Catherine y Michel, Cécile (eds.). *Wool Economy in the Ancient Near East and the Aegean: from the Beginnings of Sheep Husbandry to Institutional Textile Industry*, Ancient Textile Series 17. Oxford: Oxbow Books, 2014.

Brinkman, John. A. *A Political History of Post-Kassite Babylonia, 1158–722 B.C.*, AnOr 43. Roma: Pontificium Institutum Biblicum, 1968.

———. *JNES* 32 (1973): 259–60 (reseña de Ankum, Johan Albert y Feenstra, Robert y Leemans, W. F. (eds.). *Symbolae iuridicae et historicae Martino David dedicatae*, vol. 2. Leiden: Brill, 1968).

———. *Materials and Studies for Kassite History* I: *A Catalogue of Cuneiform Sources Pertaining to Specific Monarchs of the Kassite Dynasty* (MSKH I). Chicago: The Oriental Institute Publications, 1976.

———. "On a Twelfth-century Babylonian Legal Penalty (BBSt no.30, rev.3-10)", *RA* 73 (1979): 188–89.

———. "Forced Laborers in the Middle Babylonian Period", *JCS* 32 (1980): 17–22.

———. "Karduniaš", *RlA* 5 (1980): 423.

———. "Sex, Age, and Phisycal Condition Designations for Servile Laborers in the Middle Babylonian Period", en van Driel, Govert y Krispijn, Theo J. H. y Stol, Marten y Veenhof, Klaas R. (eds.). *Zikir Šumim: Assyriological Studies Presented to F. R. Kraus on the Occasion of His Seventieth Birthday*. Leiden: Brill, 1982, 1–8.

———. "Political Covenants, Treaties, and Loyalty Oaths in Babylonia and between Assyria and Babylonia", en Canfora, Luciano y Liverani, Mario y Zaccagnini, Carlo (eds.). *I Trattati nel Mondo Antico: Forma, Ideologia, Funzione*, Saggi di Storia antica 2. Roma: L'Erma di Bretschneider, 1990, 81–112.

———. "Kassite *timiraš* and *sirpi* as Cattle Designations", NABU 1996.40.

———. "A Second Isin Dynasty Economic Text", NABU 1996.67.

———. "Assyrian Merchants at Dūr-Kurigalzu", NABU 2001.73.

———. "La Cronología de Mesopotamia en época histórica" (apéndice en Oppenheim, A. Leo. *La Antigua Mesopotamia: Retrato de una civilización extinguida*, edición ampliada por Erica Reiner, versión española de Ignacio Márquez Rowe. Madrid: Gredos, 2003, 315–27).

———. “Administration and Society in Kassite Babylonia”, *JAOS* 124 (2004): 283–304.

———. “Masculine or Feminine? The Case of Conflicting Gender Determinatives for Middle Babylonian Personal Names”, en Roth, Martha T. y Farber, Walter y Stolper, Matthew W. y Bechtolsheim, Paula von (eds.). *Studies Presented to Robert D. Biggs: June 4, 2004. From the Workshop of the Chicago Assyrian Dictionary,* Volume 2. Chicago: The Oriental Institute Publications, 2007, 1–10.

———. “Babylonia under the Kassites: Some Aspects for Consideration”, en Bartelmus, Alexa y Sternitzke, Sternitzke (eds.). *Karduniaš: Babylonia under the Kassites* (2 vols), Berlín: de Gruyter, 2017, 1–44.

Briquel-Chatonnet, Françoise y Lozachmeur, Hélène (eds.). *Proche-Orient Ancien: Temps vécu, temps pensé*. París: Éditions Maisonneuve, 1998.

Briquel-Chatonnet, Françoise y Farès, Saba y Lion, Brigitte y Michel, Cécile (eds.). *Femmes, cultures et sociétés dans les civilisations méditerranéennes et proche-orientales de l'Antiquité,* Topoi suppl. 10. Lyon: Éditions de Boccard, 2009.

Brockliss, Laurence y Montgomery, Heather (eds.). *Childhood and Violence in the Western Tradition,* Childhood in the Past Monograph Series: Volume 1. Oxford: Oxbow Books, 2010.

Brulé, Pierre. “Infanticide et abandon d'enfants. Pratiques greques et comparisons anthropologiques”, *DHA* 18 (1992): 53–92.

Bryan, Cyril P. *Ancient Egyptian Medicine: The Papyrus Ebers*. Chicago: Ares Publisher, 1974.

Bryce, Trevor. *Ancient Syria: A Three Thousand Year History*. Oxford: Oxford University Press, 2014.

Budin, Stephanie. *The Myth of Sacred Prostitution in Antiquity*. Nueva York: Cambridge University Press, 2008.

Bunnens, Guy. “Ilim-Ilimma, fils de Tuttu “bourgeois-gentilhomme” d'Alalakh au XVe s av. N. è.”, *Akkadica* 10 (1978): 2–15.

Butterlin, Pascal y Lebeau, Michel y Monchambert, Jean-Yves y Montero Fenollós, Juan Luis y Muller, Béatrice (eds.). *Les Espaces Syro-Mésopotamiens: Dimensions de l'expérience humaine au Proche-Orient ancient. Volume d'hommage offert à Jean-Claude Margueron,* Subartu 17. Turnhout: Brespols Publishers, 2006.

Butz, Kilian. “Landwirtschaft”, *RlA* 6 (1980): 470–86.

Cacot, André y Delcor, Mathias (eds.). *Mélanges bibliques et orientaux en l'honneur de Henri Cazelles,* AOAT 212. Münster: Ugarit-Verlag, 1981.

Campbell, Ken (ed.). *Marriage and Family in the Biblical World.* Downers Grove: InterVarsity Press, 2003.

Cancik-Kirschbaum, Eva y Brisch, Nicole y Eidem Jesper (eds.). *Constituent, Confederate, and Conquered Space: The Emergence of the Mittani State,* Topoi Berlin Studies of the Ancient World 17. Gotinga: de Gruyter, 2014.

Cancik, Hubert y Schneider, Helmuth (eds.). *Der Neue Pauly. Enzyklopädie der Antike* 12/2. Sttutgart: J.B. Metzler, 2002.

Canfora, Luciano y Liverani, Mario y Zaccagnini, Carlo (eds.). *I Trattati nel Mondo Antico: Forma, Ideologia, Funzione*, Saggi di Storia antica 2. Roma: L'Erma di Bretschneider, 1990.

Cantera, Francisco e Iglesias, Manuel. *Sagrada Biblia: Versión crítica sobre los textos hebreo, arameo y griego*. Madrid: Biblioteca de Autores Cristianos, 2003.

Cardascia, Guillaume. *BiOr* 15 (1958): 31–36 (recensión de Petschow, Herbert P. H. *Neubabylonisches Pfandrecht*, ASAW 48/1. Berlín: Akademie-Verlag, 1956).

———. "L'adoption matrimoniale à Babylone et à Nuzi", *RHD* 37 (1959): 1–16.

———. *Les lois assyriennes*, LAPO 2. París: Éditions du Cerf, 1969.

Cardellini, Innocenzo. *Die biblischen "Sklaven"-Gesetze im Lichte des keilschriftlichen Sklavenrechts. Ein Beitrag zur Tradition, Überlieferung und Redaktion der alttestamentlichen Rechtstexte.* Königstein: Peter Hanstein Verlag, 1981.

Cartledge, Paul. *Spartan Reflections.* Berkeley: University of California Press, 2003.

Cassin, Elena-M. *L'adoption à Nuzi.* París: Adrien-Maisonneuve, 1938.

———. "Symboles de cession immobilière dans l'ancien droit mésopotamien", *L'année sociologique*, 3e série. París: Presses Universitaires de France, 1952, 107–61.

———. "Le sceau: un fait de civilisation dans la Mésopotamie ancienne", *Annales* 15 (1969): 742–51.

———. "Nouvelles données sur les relations familiales à Nuzi", *RA* 57 (1963): 113–19.

Cavigneaux, André. "Lexikalische Listen", *RlA* 6 (1980–1983): 609–41.

Cavigneaux, André y Beyer, Dominique. "Une orpheline d'Emar", en Butterlin, Pascal y Lebeau, Michel y Monchambert, Jean-Yves y Montero Fenollós, Juan Luis y Muller, Béatrice (eds.). *Les Espaces Syro-Mésopotamiens: Dimensions de l'expérience humaine au Proche-Orient ancient. Volume d'hommage offert à Jean-Claude Margueron*, Subartu 17. Turnhout: Brespols Publishers, 2006, 497–500.

Chambon, Grégory. "L'écriture des mesures de longueur à Emar", en d'Alfonso, Lorenzo y Cohen, Yoram y Sürenhagen, Dietrich (eds.). *The City of Emar among the Late Bronze Age Empires: History, Landscape, and Society. Proceedings of the Emar Conference, 25–26.04.2006*, AOAT 349. Münster: Ugarit-Verlag, 2008, 141–51.

Charpin, Dominique. "Des scellés à la signature: l'usage des sceaux dans la Mésopotamie antique", en Christin, Anne-Marie (ed.). *Écritures II.* París: Le Sycomore, 1985, 13–23.

———. "Lettres et procès paléo-babyloniens", en Joannès, Francis (dir.). *Rendre la justice en Mésopotamie: Archives judiciaires du Proche-Orient ancien (IIIe-Ier millénaires avant J.-C.).* París: Presses Universitaires de Vincennes, 2000, 69–111.

———. "Chroniques du Moyen-Euphrate. 1. Le «Royaume de Hana»: Textes et Histoire", *RA* 96 (2002): 61–92.

———. *Hammu-rabi de Babylone*. París: Presses Universitaires de France, 2003.

———. *Lire et écrire à Babylone*. París: Presses Universitaires de France, 2008.

Charpin, Dominique y Durand, Jean-Marie (eds.). *Recueil d'études à la mémoire d'André Parrot*, Florilegium marianum VI, Mémoires de NABU 7. París: Société pour l'étude du Proche-orient ancien, 2002.

Chavalas, Mark William (ed.). *Emar: the History, Religion and Culture of a Syrian Town in the Late Bronze Age*. Bethesda: CDL Press, 1996.

Chiera, Edward. *Old Babylonian Contracts*, PBS 8/2. Filadelfia: University Museum, 1922.

———. *Texts of Varied Contents, Excavations at Nuzi* 1, HSS 5. Londres: Oxford University Press, 1929.

Chirichigno, Gregory C. *Debt-Slavery in Israel and the Ancient Near East*, JSOT supp. 141. Sheffield: A&C Black, 1993.

Christin, Anne-Marie (ed.). *Écritures II*. París: Le Sycomore, 1985.

Civil, Miguel. "New Sumerian Law Fragments", en Güterbock, Hans G. y Jacobsen, Thorkild (eds.). *Studies in Honor of Benno Landsberger on His Seventy-Fifth Birthday*, AS 16. Chicago: The University of Chicago Press, 1965, 1–12.

———. "Texts and fragments", en Gibson, McGuire. *Excavations at Nippur: Eleventh Season*, OIC 22. Chicago: The University of Chicago Press, 1976, 125–42.

———. "The Texts from Meskene-Emar", *AuOr* 7 (1989): 5–25.

———. "Ancient Mesopotamian Lexicography", en Sasson, Jack M. (ed.). *Civilizations of the Ancient Near East*. Farmington Hills: Hendrickson Publishers, 2006, 2305–2314.

Clay, Albert T. *Documents from the Temple Archives of Nippur dated in the Reigns of Cassite Rulers (complete dates)*, BE 14. Filadelfia: Department of Archaeology, University of Pennsylvania, 1906.

———. *Documents from the Temple Archives of Nippur dated in the Reigns of Cassite Rulers (incomplete dates)*, BE 15. Filadelfia: Department of Archaeology, University of Pennsylvania, 1906.

———. *Personal Names from Cuneiform Inscriptions of the Cassite Period*, Yale Oriental Series Researches, vol. 1. New Haven: Yale University Press, 1912.

Coats, George W. *Exodus 1–18* (vol. 2A de Knierim, Rolf P. y Tucker, Gene M. (eds.). *The Forms of the Old Testament Literature*. Grand Rapids: Eerdmans Publishing, 1998).

Cogan, Morton. "A Technical Term for Exposure", *JNES* 27 (1968): 133–35.

Cohen, Yoram. *The Transmission and Reception of Mesopotamian Scholary Texts at the City of Emar*, Tesis doctoral inédita. Harvard: Harvard University, 2003.

———. "Feet of Clay at Emar: A Happy End?", *OrNS* 12 (2005): 165–70.

———. *The Scribes and Scholars of the City of Emar in the Late Bronze Age*, HSS 59. Winona Lake: Eisenbrauns, 2009.

———. "Problems in the History and Chronology of Emar", *KASKAL* 10 (2013): 281–94.

———. "The Scribal Traditions of Late Bronze Age Emar", en Shibata, Daisuke y Yamada, Shigeo (eds.). *Cultures and Societies in the Middle Euphrates and Habur Areas in the Second Millennium BC—I: Scribal Education and Scribal Tradition*. Wiesbaden: Harrassowitz Verlag, 2016, 119–31.

Cohen, Yoram y d'Alfonso, Lorenzo. "The Duration of the Emar Archives and the Relative and Absolute Chronology of the City", en d'Alfonso, Lorenzo y Cohen, Yoram y Sürenhagen, Dietrich (eds.). *The City of Emar among the Late Bronze Age Empires: History, Landscape, and Society. Proceedings of the Emar Conference, 25–26.04.2006*, AOAT 349. Münster: Ugarit-Verlag, 2008, 3–25.

Cole, Steven W. *Nippur in Late Assyrian Times (c. 755–612 BC)*, SAAS 4. Helsinki: Neo-Assyrian Text Corpus Project, 1996.

———. *Nippur IV: The Early Neo-Babylonian Governor's Archive from Nippur*, OIP 114. Chicago: The University of Chicago Oriental Institute Publications, 1996.

Collon, Dominique. *The Seal Impressions of Tell Atchana / Alalakh*, AOAT 27. Kevelaer: Neukirchen Verlag, 1975.

Colón, A. R. *A History of Children: A Socio-Cultural Survey Across Millennia*. Westport: Greenwood Press, 2001.

Cooper, John. *The Child in Jewish History*. Northvale: Jason Aronson, 1996.

Cooper, Jerrold S. "Virginity in Ancient Mesopotamia", en Parpola, Simo y Whiting, Robert M. (eds.). *Sex and Gender in the Ancient Near East: Proceedings of the Forty-Seventh Rencontre Assyriologique Internationale. Helsinki, July 2–6, 2001*. Helsinki: Neo-Assyrian Text Corpus Project, 2002, 91–112.

Cornelius, Izak y Jonker, Louis (eds.). *"From Ebla to Stellenbosch": Syro-Palestinian Religions and the Hebrew Bible*, Abhandlungen des Deutschen Palästina-Vereins 37. Wiesbaden: Harrassowitz Verlag, 2008.

Corò, Paola y Devecchi, Elena y De Zorzi, Nicla y Maiocchi, Massimo (eds.). *Libiamo ne' lieti calici: Ancient Near Eastern Studies Presented to Lucio Milano on the Occasion of His Sixty-Fifth Birthday by Pupils, Colleagues and Friends*, AOAT 436. Münster: Ugarit-Verlag, 2016.

Crawford, Sally. "Infanticide, Abandonment and Abortion in the Graeco-Roman and Early Medieval World: Archaeological Perspectives", en Crawford, Sally e Ingram, Martin y Levene, Alysa y Montgomery, Heather y Sheehy, Kieron y Lee, Ellie. "Infanticide, Abandonment and Abortion", en Brockliss, Laurence y Montgomery, Heather (eds.). *Childhood and Violence in the Western Tradition*, Childhood in the Past Monograph Series: Volume 1. Oxford: Oxbow Books, 2010, 59–67.

Crawford, Sally y Lewis, Carenza. "Childhood Studies and the Society for the Study of Childhood in the Past", *Childhood in the Past* 1 (2008): 5–16.

Crawford, Sally e Ingram, Martin y Levene, Alysa y Montgomery, Heather y Sheehy, Kieron y Lee, Ellie. "Infanticide, Abandonment and Abortion", en Brockliss, Laurence y Montgomery, Heather (eds.). *Childhood and Violence in the Western Tradition*, Childhood in the Past Monograph Series: Volume 1. Oxford: Oxbow Books, 2010, 57–104.

Cross, Dorothy. *Movable Property in the Nuzi Documents*, AOS 10. New Haven: Graduate School of Arts and Sciences, University of Pennsylvania, 1937.

Culbertson, Laura (ed.). *Slaves and Households in the Near East*, OIS 6. Chicago: The University of Chicago, 2011.

———. "A Life-Course Approach to Household Slaves in the Late Third Millennium B.C.", en Culbertson, Laura (ed.). *Slaves and Households in the Near East*, OIS 6. Chicago: The University of Chicago, 2011, 33–48.

Cuq, Édouard. *Études sur le droit babylonien: Les lois assyriennes et les lois hittites*. París: Geuthner, 1929.

Damerow, Peter y Englund, Robert K. *The Proto-Elamite Texts from Tepe Yahya*, The American School of Prehistoric Research Bulletin 39, 3.ª edición (1.ª edición de 1989). Bethesda: Peabody Museum of Natural History, 2003.

Dandamaev, Muhammad A. (ed.). *Societies and Languages of the Ancient Near East: Studies in Honour of M. Diakonoff*. Warmister: Aris & Phillips Ltd, 1982.

———. "Slavery (Old Testament)", en Freedman, David Noel (ed.). *The Anchor Bible Dictionary*. New Haven: Yale University Press, 1992, 62–65.

———. *Slavery in Babylonia: From Nabopolassar to Alexander the Great (626–331 B C)* (edición revisada de la de 1984). DeKalb: Northern Illinois University Press, 2009.

Dasen, Véronique (ed.). *Naissance et petit enfance dans d'Antiquité: Actes du colloque de Fribourg, 28 novembre–1er décembre 2001*, OBO 203. Friburgo: Academic Press, 2004.

Dasen, Véronique y Späth, Thomas (eds.). *Children, Memory, and Family Identity in Roman Culture*. Oxford: Oxford University Press, 2010.

von Dassow, Eva. *State and Society in the Late Bronze Age: Alalaḫ under the Mittani Empire*, SCCNH 17. Bethesda: University Press of Maryland, 2008.

David, Martin. *Die Adoption im altbabylonischen Recht*. Leipzig: Theodor Weicher, 1927.

———. "Adoption", *RlA* 1 (1928): 37–39.

David, Martin y Ebeling, Erich. *Assyrische Rechtsurkunden*. Stuttgart: Ferdinand Enke, 1929.

Davies, Philip R. y Clines, David J. A. (eds.). *Among the Prophets: Language, Image and Structure in the Prophetic Writings*, JSOT Suppl. Series. Sheffield: Bloomsbury T&T Clark, 1993.

Degler, Carl N. "Starr on Slavery", *Journal of Economic History* 19/2 (1959): 271–77.

Deheselle, Danielle. "Meuniers et brasseurs kassites, travailleurs itinérants", *Amurru* 3 (2004): 273–85.

Démare-Lafont, Sophie. "Un «cas royal» a l'époque de Mari", *RA* 91 (1997): 109–19.

———. "Adoption", en Joannès, Francis (dir.). *Dictionnaire de la Civilisation Mésopotamienne*. París: Éditions Robert Laffont, 2001, 16–17.

———. "Vente", en Joannès, Francis (dir.). *Dictionnaire de la Civilisation Mésopotamienne*. París: Éditions Robert Laffont, 2001, 907–8.

———. "*ilku*", en Joannès, Francis (dir.). *Dictionnaire de la Civilisation Mésopotamienne*. París: Éditions Robert Laffont, 2001, 407–8.

———. "Enlèvement et sequestration à l'époque paléo-babylonienne", en Charpin, Dominique y Durand, Jean-Marie (eds.). *Recueil d'études à la mémoire d'André Parrot*, Florilegium marianum VI, Mémoires de NABU 7. París: Société pour l'étude du Proche-orient ancien, 2002, 69–88.

———. "Middle Assyrian Period", en Westbrook, Raymond (ed.). *A History of the Ancient Near Eastern Law*, vol. 1 y 2. Leiden-Boston: Brill, 2003, 521–63.

———. "Inheritance Law of and through Women in the Middle Assyrian Period", conferencia de agosto de 2003 dentro del seminario *Women and Property in Ancient Near Eastern and Mediterranean Societies*, Harvard University (http://chs.harvard.edu/wb/1/wo/YgRMKgNz2X83oTMjCfKTNg/0.1), 2003.

———. "Réflexions juridiques autour de l'enfance en Mésopotamie", en Bouineau, Jacques (ed.). *Enfant et romanité: Analyse comparée de la condition de l'enfant*. París: L'Harmattan, 2007, 65–85.

———. "Éléments pour une diplomatique juridique des textes d'Émar", en Démare-Lafont, Sophie y Lemaire, André (eds.). *Trois millénaires de formulaires juridiques*, EPHE, Sciences Historiques et Philologiques II, Hautes Études Orientales-Moyen et Proche-Orient 4, 48. Ginebra: Droz, 2010, 43–84.

———. "Women at Work in Mesopotamia: An attempt at a legal perspective", en Lion, Brigitte y Michel, Cécile (eds.). *The Role of Women in Work and Society in the Ancient Near East*, Studies in Ancient Near Eastern Records 13. Berlín: de Gruyter, 2016, 310–27.

Démare-Lafont, Sophie y Fleming, Daniel E. "Tablet Terminology at Emar: 'Conventional' and 'Free Format'", *AuOr* 27 (2009): 19–26.

———. "Emar Chronology and Scribal Streams: Cosmopolitanism and Legal Diversity", *RA* 109 (2015): 45–77.

Démare-Lafont, Sophie y Lemaire, André (eds.). *Trois millénaires de formulaires juridiques*, EPHE, Sciences Historiques et Philologiques II, Hautes Études Orientales-Moyen et Proche-Orient 4, 48. Ginebra: Droz, 2010.

Demuth, Ludwig. "Fünfzig Rechts- und Verwaltungsurkunden aus der Zeit des Königs Kyros (538-529 v.Chr.)", *BA* 25 (1898): 393–444.

Dettwyler, Katherine A. "Time to Wean: The Hominid Blueprint for the Natural Age of Weaning in Modern Human Populations", en Stuart Macadam,

Patricia y Dettwyler, Katherine A. (eds.). *Breastfeeding Perspectives*. Nueva York: Transaction Publishers, 1995, 39–73.

Dietrich, Manfried. "Babylonische Sklaven auf der Schreiberschule", en van Soldt, Wilfred H. y Dercksen, Jan Gerrit y Kouwenberg, Bert N. J. C. y Krispijn, Theo J. H. (eds.). *Veenhof Anniversary Volume: Studies Presented to Klaas R. Veenhof on the Occasion of His Sixty-Fifth Birthday*, PIHANS 89. Leiden: Nederlands Institut voor het Nabije Oosten, 2001, 67–83.

Dietrich, Manfried y Loretz, Oswald y Sanmartín, Joaquín. *Die keilalphabetischen Texte aus Ugarit, Ras Ibn Hani und anderen Orten. Dritte, erweiterte Auflage* (KTU^3), AOAT 360/1. Münster: Ugarit-Verlag, 2013.

MacDonald, John. "The Role and Status of the *ṣuḫārū* in the Mari Correspondence", *JAOS* 96 (1976): 57–68.

MacDonald, David N. "Terms for 'Children' in Middle Egyptian: A Sociolinguistic View", *Bulletin of the Australian Centre for Egyptology* 5 (1994): 53–59.

Donbaz, Veysel y Yoffee, Norman. *Old Babylonian Texts from Kish Conserved in the Istanbul Archaeological Museums*, BiMes 17. Undena Publications, Malibú, 1986.

Dosch, Gudrun. *Zur Struktur der Gesellschaft des Königreichs Arrapḫe*, HSAO 5. Heidelberg: Heidelberger Orientverl, 1993.

van Driel, Govert. "Care of the Elderly: The Neo-Babylonian Period", en Stol, Marten y Vleeming, Sven P. (eds.). *The Care of the Elderly in the Ancient Near East*, Leiden-Boston-Colonia: Brill, 1998, 161–97.

van Driel, Govert y Krispijn, Theo J. H. y Stol, Marten y Veenhof, Klaas R. (eds.). *Zikir Šumim: Assyriological Studies Presented to F. R. Kraus on the Occasion of His Seventieth Birthday*. Leiden: Brill, 1982.

Driver, Godfrey Rolles y Miles, John C. *The Babylonian Laws, vol. I: Legal Commentary*. Oxford: At the Clarendon Press, 1952.

———. *The Babylonian Laws, vol. II: Transliterated Text, Translation, Philological Notes, Glossary*. Oxford: At the Clarendon Press, 1955.

———. *The Assyrian Laws*. Darmstadt: Scientia Verlag Aalen, 1975.

Dubberstein, Waldo H. "Comparative Prices in Later Babylonia (625-400 B.C.)", *AJSL* 56 (1939): 20–43.

Durand, Jean-Marie. *Textes babyloniens d'époque récente*. París: Éditions A.D.P.F., 1981.

———. "La population de Mari", *MARI* 5, 1987, 664–65.

———. "Comptes rendus", *RA* 84 (1990): 49–85 (reseña de Arnaud, Daniel. *Recherches au Pays d'Aštata: Emar VI.3* (dos volúmenes), Synthèse 18, París: Éditions Recherche sur les Civilisations, 1986; *Recherches au Pays d'Aštata: Emar VI.1* y *VI.2* (dos volúmenes), Synthèse 18, París: Éditions Recherche sur les Civilisations, 1986).

———. *Les Documents Épistolaires du Palais de Mari*, LAPO 18. París: Éditions du Cerf, 2000.

Durand, Jean-Marie y Marti, Lionel. "Chroniques du Moyen-Euphrate. Relecture de documents d'Ekalte, Émar et Tuttul", *RA* 97 (2003): 141–80.

Ebeling, Erich. *Keilschrifttexte Juristischen Inhalts* (KAJ), Ausgrabungen der Deutschen Orient-Gesellschaft in Assur. E: Inschriften IV. Leipzig: Hinrichs, 1927.

Edzard, Dietz Otto. *Sumerische Rechtsurkunden des III. Jahrtausends*. Múnich: Verlag der Bayerischen Akademie der Wissenschaften, 1968.

———. (ed.). *Gesellschaftsklassen im Alten Zweistromland und in den angrenzenden Gebieten- XVIII: Rencontre Assyriologique Internationale, München, 29. Jun ibis 3. Juli 1970*. Múnich: Verlag der Bayerischen Akademie der Wissenschaften, 1972.

Eichler, Barry L. *Indenture at Nuzi: The Personal* tidennūtu *Contract and its Mesopotamian Analogues*, Yale Near Eastern Researches 5. New Haven: Yale University Press, 1973.

———. (ed.). *Kramer Anniversary Volume: Cuneiform Studies in Honor of Samuel Noah Kramer*, AOAT 25. Kevelaer: Verlag Butzon & Bercker, 1976.

Ellis, Maria deJ. "An Old Babylonian Adoption Contract from Tell Harmal", *JCS* 27 (1975): 130–51.

———. *Agriculture and the State in Ancient Mesopotamia: An Introduction to Problems of Land Tenure*, Occasional Publications of the Babylonian Fund 1. Filadelfia: The Babylonian Fund, 1976.

Englund, Robert K. "Hard Work—Where Will It Get You? Labor Management in Ur III Mesopotamia", *JNES* 50 (1991): 255–80.

———. "The Smell of the Cage", *CDL Journal* 2009:4, 1–27.

Faist, Betina I. *Der Fernhandel des assyrischen Reiches zwischen dem 14. und 11. Jh. V. Chr.*, AOAT 265. Münster: Ugarit-Verlag, 2001.

———. "Emar", en Cancik, Hubert y Schneider, Helmuth (eds.). *Der Neue Pauly. Enzyklopädie der Antike* 12/2. Sttutgart: J.B. Metzler, 2002, 950.

———. *Neuassyrische Rechtsurkunden III. Mit einem Beitrag von Evelyn Klengel-Brandt*, WVDOG 110. Saarwellingen: Saarländische Druckerei & Verlag, 2005.

———. *Alltagstexte aus neuassyrischen Archiven und Bibliotheken der Stadt Assur*, StAT 3. Wiesbaden: Harrassowitz, 2007.

———. Faist, Betina I. y Justel, Josué Javier y Sakal, Ferhan y Vita, Juan Pablo. "Bibliografía de los estudios de Emar (6)", *UF* 45 (2014): 95–110.

Fales, Frederick M. *Censimenti e catasti di epoca neo-assira*, Centro per l'Antichità e la Storia dell'Arte del Vicino Oriente, Studi economici e tecnologici 2. Roma: Istituto per l'Oriente, 1973.

Falkenstein, Adam. *Archaische Texte aus Uruk*, Ausgrabungen der Deutschen Forschungsgemeinschaft in Uruk-Warka, Band 2. Leipzig: Harrassowitz, 1936.

———. *Die neusumerischen Gerichtsurkunden*, SBAW 44. Múnich: Verlag der Bayerischen Akademie der Wissenschaften, 1955.

Faraguna, Michele (ed.). *Archives and Archival Documents in Ancient Societies*, Legal Documents in Ancient Societies IV, Graeca Tergestina, Storia e Civiltà 1. Trieste: Edizioni Università di Trieste, 2013.

Farber, Walter. *Schlaf, Kindchen, Schlaf! Mesopotamische Baby-Beschwörungen und -Rituale*, MC 2. Winona Lake: Eisenbrauns, 1989.

Feucht, Erika. *Das Kind im alten Ägypten: Die Stellung des Kindes in Familie und Gesellschaft nach altägyptischen Texten und Darstellungen*. Fráncfort: Campus Verlag, 1995.

Fijałkowska, Lena. *Le droit de la vente à Emar*, Wiesbaden: Harrassowitz Verlag, 2014.

di Filippo, Francesco. "Notes on the Chronology of Emar Legal Tablets", *SMEA* 46 (2004): 175–214.

———. "Emar Legal Tablets: Archival Practice and Chronology", en d'Alfonso, Lorenzo y Cohen, Yoram y Sürenhagen, Dietrich (eds.). *The City of Emar among the Late Bronze Age Empires: History, Landscape, and Society. Proceedings of the Emar Conference, 25–26.04.2006*, AOAT 349. Münster: Ugarit-Verlag, 2008, 45-64.

Fincke, Jeanette. *Die Orts- und Gewässernamen der Nuzi-Texte*, RGTC 10. Wiesbaden: Ludwig Reichert, 1993.

———. "Beiträge zum Lexikon des Hurritischen von Nuzi", SCCNH 7. Bethesda: CDL Press, 1995, 5–21.

Fine, Hillel. A. "Two Middle-Assyrian Adoption Documents", *RA* 46 (1952): 205–11.

Finet, André. "Le *ṣuḫarum* à Mari", en Edzard, Dietz Otto (ed.). *Gesellschaftsklassen im Alten Zweistromland und in den angrenzenden Gebieten-XVIII: Rencontre Assyriologique Internationale, München, 29. Jun ibis 3. Juli 1970*. Múnich: Verlag der Bayerischen Akademie der Wissenschaften, 1972, 56–72.

———. *Le Code de Hammurabi*, LAPO 6. París: Éditions du Cerf, 2004.

Finkbeiner, Uwe. "Die Stratigraphie von Emar", en Becker, Jörg y Hempelmann, Ralph y Rehm, Ellen (eds.). *Kulturlandschaft Syrien: Zentrum und Peripherie*, Fetschrift für Jan-Waalke Meyer, AOAT 371. Münster: Ugarit-Verlag, 2010, 197–205.

Finkelstein, Jacob J. "*šilip rēmim* and Related Matters", en Eichler, Barry L. (ed.). *Kramer Anniversary Volume: Cuneiform Studies in Honor of Samuel Noah Kramer*, AOAT 25. Kevelaer: Verlag Butzon & Bercker, 1976, 187–94.

Finley, Moses I. (ed.). *Slavery in Classical Antiquity*. Londres: Heffer, 1960.

Flavio Josefo. *Autobiografía—Contra Apión*, Edición de L. García Iglesias (introducción) y M. Rodríguez de Sepúlveda (traducción y notas), Biblioteca Clásica Gredos 189. Madrid: Gredos, 2008.

Fleishman, Joseph. *Studies in the Legal Status of Children in the Bible and the Ancient Near East*, Tesis doctoral inédita (en hebreo). Ramat Gan: Bar Ilan University, 1989.

———. "The Age of Legal Maturity in Biblical Law", *JANES* 21 (1992): 35–48.

———. *Parent and Child in the Ancient Near East and the Bible*, Ancient East Bible Studies, Studies Perry Foundation for Biblical Research (en hebreo). Jerusalén: Hebrew University Mag, 1999.

———. "On the Legal Relationship between a Father and His Natural Child", *ZAR* 6 (2000): 68–81.

———. "Child Maintenance in the Laws of Eshnunna", *ZAR* 7 (2001): 374–83.

———. "Who Is a Parent? Legal Consequences of Child Maintenance", *ZAR* 7 (2001): 398–402.

———. "Continuity and Change in Some Provisions of the Code of Hammurabi's Family Law", en Sefati, Yitzhak (ed.). *"An Experienced Scribe who Neglects Nothing": Ancient Near Eastern Studies in Honor of Jacob Klein*. Bethseda: CDL Press, 2005, 480–96.

———. "Did a Child's Legal Status in Biblical Israel Depend upon his beign Acknowledged?", *ZAW* 121 (2009): 350–68.

———. *Father-Daughter Relations in Biblical Israel*. Bethesda: CDL Press, 2011.

Fleming, Daniel E. *Time at Emar: The Cultic Calendar and the Rituals from the Diviner's House*, MC 11. Winona Lake: Eisenbrauns, 2000.

(Klock-)Fontanille, Isabelle. "Les lois hittites: traduction, commentaire", *KTEMA* 12, 1987, 209–55.

Fontiony, Charles. "La naissance de l'enfant chez les Israélites de l'Ancien Testament", en Théodoridès, Aristide y Naster, Paul y Ries, Julien (eds.). *L'enfant dans les civilisations orientales: Het Kind in de Oosterse Beschavingen*, Acta Orientalia Belgica 2. Lovaina: Peeters Publishers, 1980, 103–18.

Foster, Benjamin R. *Before the Muses: An Anthology of Akkadian Literature*. Bethesda: CDL Press, 2005.

Frahm, Eckart. "Observation on the Name and Age of Sargon II and on Some Patterns of Assyrian Royal Onomastics", NABU 2005.44.

Franke, Sabina y Wilhelm, Gernot. "Eine Mittelassyrische Fiktive Urkunde zur Wahrung des Anspruchs auf ein Findelkind", *Jahrbuch des Museums für Kunst und Gewerbe Hamburg* 4 (1985): 19–26.

Freedman, David Noel (ed.). *The Anchor Bible Dictionary*. New Haven: Yale University Press, 1992.

Freu, Jacques. *Histoire politique du Royaume d'Ugarit*. París: L'Harmattan, 2006.

Freydank, Helmut. "Zwei Verpflegungstexte aus Kar-Tukulti-Ninurta", *AoF* 1 (1974): 55–89.

———. "Zur Lage der deportierten Hurriter in Assyrien", *AoF* 7 (1980): 89–117.

Friedrich, Johannes y Lautner, Julius Georg y Miles, John Charles y Folkers, Theunis (eds.). *Symbolae ad Iura Orientis Antiqui Pertinentes Paulo Koschaker dedicatae*, SD 2. Leiden: Brill, 1939.

Gadd, Cyril John. "Tablets from Kirkuk", *RA* 23 (1926): 49–161.

Galbois, Estelle y Rougier-Blanc, Sylvie (eds.). *La pauvreté en Grèce ancienne: Formes, représentations, enjeux*, Scripta antiqua 57. Burdeos: Ausonius Éditions, 2014.

Gallou, Chrysanthi. "Children at Work in Mycenaean Greece (*c.* 1680–1050 BCE): A Brief Survey", en Brockliss, Laurence y Montgomery, Heather (eds.). *Childhood and Violence in the Western Tradition*, Childhood in the Past Monograph Series: Volume 1. Oxford: Oxbow Books, 2010, 162–71.

García-Ventura, Agnès (ed.). *What's in a Name? Terminology related to Workforce and Job Categories in the Ancient Near East*, AOAT. Münster: Ugarit-Verlag, en prensa.

Garroway, Kristine H. "Gendered or (Un)Gendered? The Perception of Children in the Ancient Near East", *JNES* 71 (2012): 95–114.

———. *Children in the Ancient Near Eastern Household*, Explorations in Ancient Near Eastern Civilizations 3. Winona Lake: Eisenbrauns, 2014.

———. "Neither Slave Nor Free: Children Living on the Edge of a Social Status", en Arnold, Bill T. y Erickson, Nancy y Walton, John. H. (eds.). *Windows to the Ancient World of the Hebrew Bible: Essays in Honor of Samuel Greengus*, Winona Lake: Eisenbrauns, 2014, 121–37.

Gasche, Hermann y Tarnet, Michel y Janssen, Caroline y Degraeve, Ann (eds.). *Cinquante-deux réflexions sur le Proche-Orient ancien offertes en hommage à Léon de Meyer*. MHE Occasional Publications 2. Lovaina: Peeters, 1994.

Gaudemet, Jean. *Institutions de l'Antiquité*. París: Sirey, 1967.

Gehler, Michael y Rollinger, Robert (eds.). *Imperien und Reiche in der Weltgeschichte: Epochenübergreifende und globalhistorische Vergleiche*. Wiesbaden: Harrassowitz Verlag, 2014.

Gehlken, Erlend. "Childhood and Youth, Work and Old Age in Babylonia—A Statistical Analysis", AOAT 330. Münster: Ugarit-Verlag, 2005, 89–120.

Gelb, Ignace J. "The Ancient Mesopotamian Ration System", *JNES* 24 (1965): 230–43.

———. "The Arua Institution", *RA* 66 (1972): 1–32.

———. "Prisioners of War in Early Mesopotamia", *JNES* 32 (1973): 70–98.

———. "Quantitative Evaluation of Slavery and Serfdom", en Eichler, Barry L. (ed.). *Kramer Anniversary Volume: Cuneiform Studies in Honor of Samuel Noah Kramer*, AOAT 25. Kevelaer: Verlag Butzon & Bercker, 1976, 195–207.

———. "Definition and Discussion of Slavery", *UF* 11 (1979): 283–97.

———. "Terms for Slaves in Ancient Mesopotamia", en Dandamaev, Muhammad A. (ed.). *Societies and Languages of the Ancient Near East: Studies in Honour of M. Diakonoff*. Warmister: Aris & Phillips Ltd, 1982, 81–98.

Gelb, Ignace J. y Purves, Pierre M. y MacRae, Allan A. *Nuzi Personal Names*, OIP 62. Chicago: The University of Chicago Press, 1943.

Germain, L. F. R. "L'exposition des enfants nouveau-nés dans la Grèce ancienne: aspects sociologiques", en AA. VV. *L'Enfant. Première partie: Antiquité-Afrique- Asie*, Recueils de la Société Jean Bodin pour l'histoire comparative des institutions, vol. 35. Bruselas: Éditions de la Librarie Encyclopedique, 1975, 211–46.

Gibson, McGuire. *Excavations at Nippur: Eleventh Season*, OIC 22. Chicago: The University of Chicago Press, 1976.

Gibson, McGuire y Biggs, Robert D. *Seals and Sealing in the Ancient Near East*, BiMes 6. Malibú: Undena Publications, 1977.

Gilissen, John. "Preface", en AA. VV. *L'Enfant: Cinquième partie: Le droit à l'éducation*, Recueils de la Société Jean Bodin pour l'histoire comparative des institutions, vol. 39. Bruselas: Éditions de la Librarie Encyclopedique, 1975, 5–7.

Glanville, Stephen R. K. *Catalogue of Demotic Papyri in the British Museum*, vol. 2: *The Instructions of 'Onchsheshonqy (British Museum Papyrus 10508)*. Londres: Trustees of the British Museum, 1955.

Glassner, Jean-Jacques. *Écrire à Sumer: L'invention du cunéiforme*. París: Éditions du Seuil, 2000.

Goetze, Albrecht. "The Laws of Eshnunna discovered at Tell Harmal", *Sumer* 4 (1948): 63–102.

———. "Texts and Fragments", *JCS* 2 (1948): 305–8.

———. "The Laws of Eshnunna", ANET. Princeton: Princeton University Press, 1950, 161b–163b.

———. "Two Letters from Dilmum", *JCS* 6 (1952): 137–45.

Golden, Mark. *Children and Childhood in Classical Athens*. Baltimore-Londres: The Johns Hopkins University Press, 1990.

Gonelle, Michel. *La condition juridique de l'enfant en droit suméro-babylonien*, Tesis Doctoral inédita. París: Faculté de Droit et des Sciences Économiques, Université de Paris, 1971.

———. "Le droit à l'éducation, de l'époque de la 3e dynastie d'Ur à celle de la dynastie de Hammurabi", en AA. VV. *L'Enfant. Cinquième partie: Le droit à l'éducation*, Recueils de la Société Jean Bodin pour l'histoire comparative des institutions, vol. 39. Bruselas: Éditions de la Librarie Encyclopedique, 1975, 63–77.

González Moratinos, Sara. *Antropología del parentesco en Babilonia: Estudio de los grupos consanguíneos y residenciales en el periodo paleobabilónico*, Tesis Doctoral inédita. Barcelona: Universidad de Barcelona, 2017.

Gordon, Cyrus H. "Nuzi Tablets Relating to Women", *AnOr* 12 (1935): 163–84.

Grayson, Albert K. *Assyrian and Babylonian Chronicles*, TCS 5. Nueva York: Eisenbrauns, 1975.

Greenfield, Jonas C. "*Adi balṭu*: Care for the Elderly and its Rewards", *AfO Beih.* 19 (1982): 309–16.

Greengus, Samuel. "Old Babylonian Marriage Ceremonies and Rites", *JCS* 20 (1966): 55–72.

———. "A Textbook Case of Adultery in Ancient Mesopotamia, *HUCA* 40–41 (1969–1970): 33–44.

Grimal, Nicolas y Kamel, Amr y May-Sheilholeslami, Cynthia (eds.). *Hommages à Fayza Haikal*, Bibliothèque d'étude 138. El Cairo: Institut français d'archéologie orientale du Caire, 2003.

Grosz, Katarzyna. "Dowry and Brideprice in Nuzi", SCCNH 1. Winona Lake: Eisenbrauns, 1981, 161–82.

———. "On Some Aspects of the Adoption of Women at Nuzi", SCCNH 2. Winona Lake: Eisenbrauns, 1987, 131–52.

———. *The Archive of the Wullu Family*, CNIP 5. Copenague: Museum Tusculanum Press, 1988.

Gulick, John. *The Middle East: An Anthropological Perspective*. Pacific Palisades: Goodyear Pub. Co., 1976.

Gurney, Oliver R. "Texts from Dur-Kurigalzu", *Iraq* 11 (1949): 131–49.

———. "Further Texts from Dur-Kurigalzu", *Sumer* 9 (1953): 21–55.

———. *Middle Babylonian Legal Documents and Other Texts*, UET 7. Londres: British Museum Publications, 1974.

———. "A Case of Conjugal Desertion", en van Driel, Govert y Krispijn, Theo J. H. y Stol, Marten y Veenhof, Klaas R. (eds.). *Zikir Šumim: Assyriological Studies Presented to F. R. Kraus on the Occasion of His Seventieth Birthday*. Leiden: Brill, 1982, 91–94.

———. *The Middle Babylonian Legal and Economic Texs from Ur*. Londres: British School of Archaeology in Iraq, 1983.

Gursky, Marjorie D. *Reproductive Rituals in Ancient Israel*, Tesis Doctoral inédita. Nueva York: New York University, 2001.

Güterbock, Hans G. y Jacobsen, Thorkild (eds.). *Studies in Honor of Benno Landsberger on His Seventy-Fifth Birthday*, AS 16. Chicago: The University of Chicago Press, 1965.

Hadley, Dawn M. y Hemer, Katie A. (eds.). *Medieval Childhood: Archaeological Approaches*, Childhood in the Past Monograph Series 3. Oxford: Oxbow Books, 2014.

Harris, Rivkah. "The Naditu Woman", en Biggs, Robert D. y Brinkman, John A. (eds.). *Studies Presented to A. Leo Oppenheim. June 7, 1964*. Chicago: University of Chicago Press, 1964, 106–35.

———. *Gender and Aging in Mesopotamia: The Gilgamesh Epic and Other Ancient Literature*. Norman: University of Oklahoma Press, 2000.

Heltzer, Michael. *Goods, Prices, and the Ortanisation of Trade at Ugarit*. Wiesbaden: Ludwig Reichert Verlag, 1978.

Herdner, Andrée. *Corpus des tablettes en cunéiformes alphabétiques découvertes à Ras Shamra—Ugarit de 1929 à 1939*. París: Éditions Geuthner, 1963.

Hill, Andrew E. "Abortion in the Ancient Near East", en Hoffmeier, James K. (ed.). *Abortion: A Christian Understanding and Response*. Grand Rapids: Baker Book House, 1987, 31–48.

Hölscher, Monika. *Die Personennamen der Kassitenzeitlichen Texte aus Nippur*, IMGULA 1. Münster: Rhema, 1996.

Hoffmeier, James K. (ed.). *Abortion: A Christian Understanding and Response*. Grand Rapids: Baker Book House, 1987.

———. "Abortion and the Old Testament Law", en Hoffmeier, James K. (ed.). *Abortion: A Christian Understanding and Response*. Grand Rapids: Baker Book House, 1987, 49–63.

Hoffner, Harry A. (ed.). *Orient and Occident: Essays Presented to Cyrus H. Gordon on the Occasion of His Sixty-Fifth Birthday*, AOAT 22. Kevelaer: Butzon & Becker, 1973.

Hoftijzer, Jacob y van Soldt, Wilfred H. "Texts from Ugarit Concerning Security and Related Akkadian and West Semitic Material", *UF* 23 (1991): 189–216.

Hrozný, Bedřich. *Inscriptions Cunéiformes du Kultépé* 1, ArOr 14. Praga: SPN, 1952.

Hübner, Barbara y Reizammer, Albert. Inim kiengi II, *Sumerisch-Deutsches Glossar*, Band I, Band II. Marktredwitz: Selbstverlag A. Reizammer, 1985.

Huehnegard, John. *The Akkadian of Ugarit*, HSS 34. Atlanta: Scholars Press, 1989.

———. *Or* 70 (2001): 133–36 (Recensión de Beckman, Gary M. *Texts from the Vicinity of Emar in the collection of Jonathan Rosen*, HANEM 2. Padua: Sargon, 1996).

Hunger, Hermann y Pruzsinszky, Regine (eds.). *Mesopotamian Dark Age Revisited. Proceedings of an International Conference of SCIEM 2000 (Vienna 8th–9th November 2002)*, AÖAW 32. Viena: Austrian Academy of Sciences Press, 2004.

Ismail, Bahijah K. y Müller, Matthias. "Einige bemerkenswerte Urkunden aus Tell al-Faḫḫār zur altmesopotamischen Rechts-, Sozial- und Wirtschaftsgeschichte", *WO* 9 (1977–1978): 14–34.

Jakob, Stefan. *Die mittelassyrischen Texte aus Tell Chuēra in Nordost-Syrien*, Vorderasiatische Forschungen der Max Freiherr von Oppenheim-Stiftung 2, III. Wiesbaden: Harrassowitz, 2009.

Janssen, Rosalind M. y Janssen, Jac J. *Growing Up in Ancient Egypt*. Londres: The Rubicon Press, 1990.

Joannès, Francis. *šēpê ina ṭiṭṭi šakânu*, NABU 1989.109, 81–82.

———. "La mention des enfants dans les listes néo-babyloniens", *KTEMA* 22, 1997, 119–33.

———. (dir.). *Rendre la justice en Mésopotamie: Archives judiciaires du Proche-Orient ancien (IIIe-Ier millénaires avant J.-C.)*. París: Presses Universitaires de Vincennes, 2000.

———. "Les textes judiciaires néo-babyloniens", en Joannès, Francis (dir.). *Rendre la justice en Mésopotamie: Archives judiciaires du Proche-Orient ancien (IIIe-Ier millénaires avant J.-C.)*. París: Presses Universitaires de Vincennes, 2000, 201–39.

———. (dir.). *Dictionnaire de la Civilisation Mésopotamienne*. París: Éditions Robert Laffont, 2001.

Johnson, Janet H. "Sex and Marriage in Ancient Egypt", en Grimal, Nicolas y Kamel, Amr y May-Sheilholeslami, Cynthia (eds.). *Hommages à Fayza Haikal*, Bibliothèque d'étude 138. El Cairo: Institut français d'archéologie orientale du Caire, 2003, 149–59

Jones, Arnold Hugh Martin. "Slavery in the Ancient World", en Finley, Moses I. (ed.). *Slavery in Classical Antiquity*. Londres: Heffer, 1960, 1–15 (publicación original en *The Economic History Review* 9/2 (1956): 185–99).

Jordan, Gregory D. "Usury, Slavery, and Land-Tenure: The Nuzi *tidennūtu* Transaction", *ZA* 80 (1990): 76–92

Justel, Daniel. "New Proposals of Family Relationship at Nuzi Based on HSS 19 134 and 19 86", NABU 2010.83.

———. "La Babilonia casita: Historia de las investigaciones y perspectivas futuras de estudio", en Oliva, Juan Carlos y Belmonte, Juan Antonio (coords.). *Esta Toledo, aquella Babilonia*, Colección Estudios 131. Cuenca: Ediciones de la Universidad de Castilla-La Mancha, 2011, 65–98.

———. "La adopción en Emar en su contexto próximo-oriental antiguo", *Historiae* 8 (2011): 103–18.

———. "Some Reflections on the Age of Adopted Children and Their Adoptive Parents at Nuzi", en Lion, Brigitte y Abrahami, Philippe (eds.). *The Nuzi Workshop at the 55th Rencontre Assyriologique Internationale*, SCCNH 19. Bethesda: CDL Press, 2012, 141–57.

———. "A Small Fragment Joined to JEN 572 (Lines 26–28)", en Lion, Brigitte y Abrahami, Philippe (eds.). *The Nuzi Workshop at the Fifty-Fifth Rencontre Assyriologique Internationale*, SCCNH 19. Bethesda: CDL Press, 2012, 262–62.

———. (ed.). *Niños en la Antigüedad: Estudios sobre la infancia en el Mediterráneo Antiguo*, Colección Ciencias Sociales 87. Zaragoza: Prensas de la Universidad de Zaragoza, 2012.

———. "El estudio de la infancia en el Mundo Antiguo", en Justel, Daniel (ed.). *Niños en la Antigüedad: Estudios sobre la infancia en el Mediterráneo Antiguo*, Colección Ciencias Sociales 87. Zaragoza: Prensas de la Universidad de Zaragoza, 2012, 15–29.

———. "Adopciones infantiles en el Próximo Oriente Antiguo", en Justel, Daniel (ed.). *Niños en la Antigüedad: Estudios sobre la infancia en el Mediterráneo Antiguo*, Colección Ciencias Sociales 87. Zaragoza: Prensas de la Universidad de Zaragoza, 2012, 99–148.

———. "Un cas de justification d'adoption à l'époque cassite", NABU 2014.86.

———. "Niños lactantes en las listas de trabajadores forzados de Nippur durante la época mesobabilónica", en Bernabé Pajares, Alberto y Álvarez Pedrosa, Juan Antonio (eds.). *Orientalística en tiempos de crisis: Actas del VI Congreso Nacional del Centro de Estudios del Próximo Oriente*. Zaragoza: Libros Pórtico, 2015, 233–47.

———. *BiOr* 73/1–2 (2016): 273–79 (reseña de Garroway, Kristine H. *Children in the Ancient Near Eastern Household*, Explorations in Ancient Near Eastern Civilizations 3. Winona Lake: Eisenbrauns, 2014).

———. "La Filiación en la Antigua Mesopotamia a partir de las adopciones infantiles", en Sáez Gutiérrez, Andrés y Cano Gómez, Guillermo y Sanvito, Clara (eds.). *Filiación VI: Cultura pagana, religión de Israel, orígenes del cristianismo*. Madrid: Editorial Trotta-Fundación San Justino, 2016, 19–31.

———. *BiOr* 73/3–4 (2016): 423–30 (reseña de Bock, Ulrike. *"Von seiner Kindheit bis zum Erwachsenenalter": Die Darstellung der Kindheit des Herrschers in mesopotamischen und kleinasiatischen Herrscherinschriften und literarischen Texten*, *AOAT* 383. Münster: Ugarit-Verlag, 2012).

———. "Abandonos infantiles en la literatura cuneiforme y bíblica", en Rostom, Santiago y Andiñach, Pablo (eds.). *Revista Bíblica* 77–78 (2015–2016): *Homenaje a Armando Levoratti*. Buenos Aires: Editorial PPC, 2017, 337–53.

———. "Middle Babylonian Terminology related to Workforce", en García-Ventura, Agnès (ed.). *What's in a Name?: Terminology related to Work Force and Job Categories in the Ancient Near East*, AOAT 440. Münster: Ugarit-Verlag, en prensa.

———. "Labores femeninas en época mesobabilónica", en Justel, Josué Javier y García-Ventura, Agnès (eds.). *Las mujeres en el Oriente cuneiforme*. Alcalá de Henares: Servicio de Publicaciones de la Universidad de Alcalá, en prensa.

Justel, Josué Javier. "El levirato en Ugarit según el documento jurídico RS 16.144", *Estudios Bíblicos* 65 (2007), 416–25.

———. *La capacidad jurídica de la mujer en la Siria del Bronce Final: Estudio de las estrategias familiares y de la mujer como sujeto y objeto de derecho*, SPOA 4. Zaragoza: Instituto de Estudios Islámicos y del Oriente Próximo, 2008.

———. "L'adoption matrimoniale à Emar (Syrie, XIIIe s. av. J.-C.)", *RHD* 86 (2008): 1–19.

———. "Remarks on Inheritance and Adoption in the Middle Euphrates during the Late Bronze Age", NABU 2008.2.

———. "Is Poliginy Attested in the Administrative Texts from Ugarit?", *UF* 40 (2008): 445–52.

———. "A New Expression of the Adoption from Nuzi and Ekalte: Some Remarks on the Role of Adoption during the Late Bronze Age", *ZDMG* 161 (2011): 1–15.

———. "The Involvement of a Woman in her Husband's Second Marriage and the Historicity of the Patriarchal Narratives", *ZAR* 18 (2012): 191–207.

———. *Mujeres y Derecho en el Próximo Oriente Antiguo: La presencia de mujeres en los textos jurídicos cuneiformes del segundo y primer milenio a. C.* Zaragoza: Libros Pórtico, 2014.

Justel, Josué Javier y Solans, Bárbara Eugenia y Vita, Juan Pablo y Zamora, José Ángel (eds.). *Las aguas primigenias: El Próximo Oriente Antiguo como fuente de civilización, Actas del IV Congreso Español de Antiguo Oriente Próximo (Zaragoza, 17 a 21 de Octubre de 2006)*, vol. 1, Serie Próximo Oriente Antiguo 3. Zaragoza: Instituto de Estudios Islámicos y del Oriente Próximo, 2007

Justel, Josué Javier y Zamora, José Ángel y Vita, Juan Pablo (eds.). *Las culturas del Próximo Oriente Antiguo y su expansion mediterránea*. Zaragoza: Instituto de Estudios Islámicos y del Oriente Próximo, 2008.

Justel, Josué Javier y Justel, Daniel. "An Unpublished Nuzi-Type Antichretic Loan Contract in the British Museum: With Some Comments on Children in the Kingdom of Arrapḫe", *Iraq* 77 (2015): 129–42.

Justel, Josué Javier y García-Ventura, Agnès (eds.). *Las mujeres en el Oriente cuneiforme*. Alcalá de Henares: Servicio de Publicaciones de la Universidad de Alcalá, en prensa.

Kamp, Kathryn A. "Prehistoric Children Working and Playing: A Southwestern Case Study in Learning Ceramics", *Journal of Anthropological Research* 57/4 (2001): 427–50.

Kessler, Karlheinz. "Kassitische Tontafeln vom Tell Imliḥiye", *BaM* 13 (1982): 51–116.

Kienast, Burkhart. "Kauf. E", *RlA* 5 (1980): 530–541.

———. "Kinderkauf, -verkauf", *RlA* 5 (1980): 598b–601b.

Kilmer, Anne D. *Hurrians and Hurrian at Alalaḫ: An Ethno-Linguistic Analysis*, Tesis Doctoral inédita. Filadelfia: University of Pennsylvania, 1959.

———. "Symbolic Gestures in Akkadian Contracts from Alalakh and Ugarit", *JAOS* 94 (1974): 177–83.

King, Philip J. "Slavery in Antiquity", en Schloen, J. David (ed.). *Exploring the Longe Durée: Essays in Honour of Lawrence E. Stager*. Winona Lake: Eisenbrauns, 2009, 243–49.

Klein, Jacob y Sharlach, Tonia M. "A Collection of Model Court Cases from Old Babylonian Nippur (CBS 11324)", *ZA* 97 (2007): 1–25.

Klengel, Horst. "Zur Sklaverei in Alalaḫ", *AcAnt* 11 (1963): 1–15.

———. *Geschichte Syriens im 2. Jh. V.u.Z.: Teil 1-Nordsyrien*, Deutsche Akademie der Wissenschaften zu Berlin. Institut für Orientforschung. Veröffentlichung 40. Berlín: Akademie Verlag, 1965.

———. *Syria 3000 to 300 B.C.: A Handbook of Political History*. Berlín: Akademie Verlag, 1992.

Klengel, Horst y Renger, Johannes (eds.). *Landwirtschaft im Alten Orient*, BBVO 18, Berlín: Reimer Verlag, 1999.

Klíma, Josef. "Le statut de l'enfant d'après les documents cunéiformes de Mari (Première moitié du 2E Millénaire avant J.C.)", en AA. VV. *L'Enfant. Première partie: Antiquité- Afrique- Asie*, Recueils de la Société Jean Bodin pour l'histoire comparative des institutions, vol. 35. Bruselas: Éditions de la Librarie Encyclopedique, 1975, 119–30.

Knierim, Rolf P. y Tucker, Gene M. (eds.). *The Forms of the Old Testament Literature*. Grand Rapids: Eerdmans Publishing, 1998.

Kogan, Leonid y Koslova, Natalia y Loesov, Sergey y Tishchenko, Sergey (eds.). *City Administration in the Ancient Near East: Proceedings of the 53e Rencontre Assyriologique Internationale*, vol. 2, Babel & Bibel 5. Winona Lake: Eisenbrauns, 2010.

Kohler, Josef y Ungnad, Arthur. *Hammurabis Gesetz*, Band III. Leipzig: E. Pfeiffer, 1909.

———. *Assyrische Rechtsurkunden*. Leipzig: E. Pfeiffer, 1913.

van Koppen, Frans. "The Geography of the Slave Trade and Northern Mesopotamia in the Late Old Babylonian Period", en Hunger, Hermann y Pruzsinszky, Regine (eds.). *Mesopotamian Dark Age Revisited: Proceedings of an International Conference of SCIEM 2000 (Vienna 8th–9th November 2002)*, AÖAW 32. Viena: Austrian Academy of Sciences Press, 2004, 9–33.

Koschaker, Paul. *Babylonisch-Assyrisches Bürgschaftrecht*. Berlín: Druck und Verlag von B.G. Teubner, 1911.

———. *Neue keilschriftliche Rechtsurkunde aus der El-Amarna Zeit*, ASAW 39/5. Leipzig: Hirzel, 1928.

Koskenniemi, Erkki. *The Exposure of Infants among Jews and Christians in Antiquity*, The Social World of Biblical Antiquity, Second Series, 4. Sheffield: Sheffield Phoenix Press, 2009.

Kraemer, David (ed.). *The Jewish Family in Antiquity: Metaphor and Memory*. Nueva York: Oxford University Press, 1989.

Kramer, Samuel, N. "Lipit-Ishtar Lawcode", ANET. Princeton: Princeton University Press, 1955, 159–61.

Kraus, Fritz Rudolf. *Ein Edikt des Königs Ammi-šaduqa von Babylon*, SD 5. Leiden: Brill, 1958.

———. "Sesam im alten Mesopotamien", *JAOS* 88 (1968): 112–19.

Krebernik, Manfred. *Tall Bi'a/Tuttul—II: Die Altorientalischen Schriftunde*, WVDOG 100. Saarbrüken: Saarbrücker Druckerei und Verlag, 2001.

Krecher, Joachim. "Neue sumerische Rechtsurkunden des 3. Jahrtausends", *ZA* 63 (1973): 145–271.

Kühne, Cord. "Mittelassyrisches Verwaltungsarchiv und andere Keilschrifttexte", en Orthmann, Winfried (ed.). *Ausgrabungen in Tell Chuēra in Nordost Syrien I: Vorbericht über die Grabungskampagnen 1986 bis 1992*, Vorderasiatische Forschungen der Max Freiherr von Oppenheim-Stiftung 2. Saarbrücken: Saarbrücker Druckerei und Verlag, 1995, 203–25.

Kupper, Jean R. *Correspondance de Baḫdi-Lim*, ARM 6. París: Imprimerie nationale, 1954.

Kunz-Lübcke, Andreas. *Das Kind in den antiken Kulturen des Mittelmeers: Israel, Ägypten, Griechenland.* Neukirchen-Vluyn: Neukirchener Verlag, 2007.

Kunz-Lübcke, Andreas y Lux, Rüdiger (eds.). *"Schaffe mir Kinder, wenn nicht, so sterbe ich": Beiträge zur Kindheit im alten Israel und in seinen Nachbarkulturen*, Arbeiten zur Bibel und ihrer Geschichte 21. Leipzig: Evangelische Verlagsanstalt, 2006.

Kwasman, Theodore. *Neo-Assyrian Legal Documents in the Kuyunjik Collection of the British Museum*, StPohl, Series Maior 14. Roma: Pontificium Istitutum Biblicum, 1988.

Lacheman, Ernest R. *Miscellaneous Texts*, American Schools of Oriental Research, Publications of the Baghdad School, Texts: Vol. VI, JEN. New Haven: American Schools of Oriental Research, 1939.

———. *Family Law Documents. Excavations at Nuzi* 8, HSS 19. Harvard: Harvard University Press, 1962.

———. "Real Estate Adoption by Women in the Tablets from URU Nuzi", en Hoffner, Harry A. (ed.). *Orient and Occident: Essays presented to Cyrus H. Gordon on the Occasion of His Sixty-Fifth Birthday*, AOAT 22. Kevelaer: Butzon & Becker, 1973, 99–100.

Lacheman, Ernest R. y Owen, David I. "Texts from Arrapḫa and from Nuzi in the Yale Babylonian Collection", SCCNH 1. Winona Lake: Eisenbrauns, 1981, 377–432.

Lacheman, Ernest R. y Owen, David I. y Morrison, Martha A. "Part III. Texts in the Harvard Semitic Museum", SCCNH 2. Winona Lake: Eisenbrauns, 1987, 355–702.

Lackenbacher, Sylvie. *Textes akkadiens d'Ugarit*, LAPO 20. París: Éditions du Cerf, 2002.

Laes, Christian. "Child Slaves at Work in Roman Antiquity", *Ancient Society* 38 (2008): 235–83.

Lafranchi, Giovanni B. y Morandi Bonacossi, Daniele y Pappi, Cinzia y Ponchia, Simonetta (eds.). *Leggo! Studies Presented to Frederick Mario Fales on the Occasion of His Sixty-Fifth Birthday.* Wiesbaden: Harrassowitz Verlag, 2012.

Lago, Enrico dal y Katsari, Constantina. *Slave Systems: Ancient and Modern*. Cambridge: Cambridge University Press, 2008.

Landsberger, Benno. *Die Serie* ana ittišu. Roma: Pontificium Istitutum Biblicum, 1937.

———. "Remarks on the Archive of the Soldier Ubarum", *JCS* 9 (1955): 121–31.

———. *The Series* ḪAR-ra = *ḫubullu*, MSL 5 (tablillas I–IV). Roma: Pontificium Istitutum Biblicum, 1957.

———. *The Series* ḪAR-ra = *ḫubullu*, MSL 6 (tablillas V–VII). Roma: Pontificium Istitutum Biblicum, 1958.

———. *The Series* ḪAR-ra = *ḫubullu*, MSL 7 (tablillas VIII–XII). Roma: Pontificium Istitutum Biblicum, 1959.

———. "Einige unerkannt gebliebene oder verkannte Nomina des Akkadischen", *WZKM* 56 (1960): 109–29.

———. *Brief des Bischofs von Esagila an König Asarhaddon*, Koninklijke Nederlandse Akademie van Wetenschappen. Amsterdam: Noord-Hollandsche Uitgevers Maatschappij, 1965.

———. "Jungfräulichkeit: ein Beitrag zum Thema «Beilager und Eheschliessung»", en Ankum, Johan Albert y Feenstra, Robert y Leemans, W. F. (eds.). *Symbolae iuridicae et historicae Martino David dedicatae*, vol. 2. Leiden: Brill, 1968, 41–105.

Langdon, Stephen. "Some Sumerian Contracts", *ZA* 25 (1911): 205–14.

Langloise, Anne-Isabelle. *Les archives de la princesse Iltani découvertes à Tell al-Rimah (XVIIIe siècle av. J.-C) et l'histoire du royaume de Karana/Qaṭṭara*, Volumen 1, Mémoires de NABU 18. París: Société pour l'étude du Proche-orient ancien, 2017.

Lebrun, René. "Notes sur la terminologie et le status de l'enfant hittite", en Théodoridès, Aristide y Naster, Paul y Ries, Julien (eds.). *L'enfant dans les civilisations orientales: Het Kind in de Oosterse Beschavingen*, Acta Orientalia Belgica 2. Lovaina: Peeters Publishers, 1980, 43–58.

van Lerberghe, Karel. *Old Babylonian Legal and Administrative Texts from Philadelphia*, OLA 21, Lovaina: Peters, 1986.

Leichty, Erle. "Feet of Clay", en Behrens, Hermann y Loding, Darlene y Roth, Martha T. (eds.). *DUMU-E$_2$-DUB-BA-A. Studies in Honor of Åke Sjöberg*, Occasional Publications of the Samuel Noah Kramer Fund 11, Filadelfia: Samuel Noah Kramer Fund, University Museum, 1989, 349–56.

Leichty, Erle y Ellis, Maria deJ. (eds.). *A Scientific Humanist: Studies in Memory of Abraham Sachs*, Occasional Publications of the Samuel Noah Kramer Fund 9, Filadelfia: Samuel Noah Kramer Fund, The University Museum, 1988.

Legrain, Léon. *Historical Fragments*, PBS 13. Filadelfia: University Museum, 1922.

Lepicard, Étienne. "L'embryon dans la Bible et la tradition rabbinique: les représentations de la conception", *Éthique. La vie en question* 3. París: Éditions Universitaires, 1992, 37–47 (hiver 1992), 58–80 (printemps 1992).

Levavi, Yuval. "Four Middle-Babylonian Legal Documents concerning prison", *RA* 111 (2017): 87–108.

Lewis, Brian. *The Sargon Legend: A Study of the Akkadian Text and the Tale of the Hero Who Was Exposed at Birth*, American Schools of Oriental Research Dissertation Series 4, Cambridge: American Schools of Oriental Research, 1980.

Lewy, Hildegard. "Gleanings from a New Volume of Nuzi Texts", *OrNS* 10 (1941): 201–22.

———. "Origin and Development of the Sexagesimal System of Numeration", *JAOS* 69 (1959): 1–11.

Lewy, Hildegard y Lewy, Julius. "The Origin of the Week and the Oldest West Asiatic Calendar", *HUCA* 17 (1942/1943), 1–152.

Lichtheim, Miriam. *Ancient Egyptian Literature*, vol. 3: *The Late Period*. Berkeley: University of California Press, 2006.

Lillehammer, Grete (ed.). *Socialisation: Recent Research on Childhood and Children in the Past: Proceedings from the Second International Conference of the Society for the Study of Childhood in the Past in Stavanger, Norway*. Stavanger: Museum of Archaeology, University of Stavanger, 2010.

Limet, Henri. "La clause du double en droit néo-sumérien", *OrNs* 38 (1969): 520–32.

———. "La condition de l'enfant en Mésopotamie autour de l'an 2000 av. J.-C.", en Théodoridès, Aristide y Naster, Paul y Ries, Julien (eds.). *L'enfant dans les civilisations orientales: Het Kind in de Oosterse Beschavingen*, Acta Orientalia Belgica 2. Lovaina: Peeters Publishers, 1980, 5–17.

Lindgren, James. "Measuring the Value of Slaves and Free Persons", en Lindgren, James y Mayali, Laurent y Miller, Geoffrey P. (eds.). *Symposium on Ancient Law, Economics & Society. Part II*, CKLR 70. Chicago: Chicago-Kent Law Review, 1995, 149–215.

Lindgren, James y Mayali, Laurent y Miller, Geoffrey P. (eds.). *Symposium on Ancient Law, Economics & Society. Part II*, CKLR 70. Chicago: Chicago-Kent Law Review, 1995.

Lion, Brigitte. "Les enfants des familles déportées de Mésopotamie du nord à Mari en ZL 11'", *KTEMA* 22, 1997, 109–18.

———. "Les archives privées d'Arrapḫa et de Nuzi", SCCNH 10. Bethesda: CDL Press, 1999, 35–62.

———. "Sésame", en Joannès, Francis (dir.). *Dictionnaire de la Civilisation Mésopotamienne*. París: Éditions Robert Laffont, 2001, 778.

———. "Les adoptions d'hommes à Nuzi (XIVe s. av. J.-C.)", *RHD* 82 (2004): 537–76.

———. "Adoptions médio-babyloniennes et médio-assyriennes dans les royaumes de Hana, d'Arraphe et d'Aššur", NABU 2004.35 (cf. Lion, Brigitte. NABU 2004.62).

———. "Les familles royales et les artisans déportés à Mari en ZL 12'", en Nicolle, Christophe (ed.). *Nomades et sédentaires dans le Proche-Orient ancien.* CRRAI 46, Amurru 3. París: Études et Recherches sur les Civilisations, 2004, 217–24.

———. "Sexe et genre (1): Des filles devenant fils dans les contrats de Nuzi et d'Emar", en Briquel-Chatonnet, Françoise y Farès, Saba y Lion, Brigitte y Michel, Cécile (eds.). *Femmes, cultures et sociétés dans les civilisations méditerranéennes et proche-orientales de l'Antiquité*, Topoi suppl. 10. Lyon: Éditions de Boccard, 2009, 9–25.

———. "Les femmes comme signe de puissance royale: la maison du roi d'Arrapha", en Wilhelm, Gernot (ed.). *Organization, Representation, and Symbols of Power in the Ancient Near East: Proceedings of the Fifty-Fourth Rencontre Assyriologique Internationale at Würzburg, 20–25 July 2008.* Winona Lake: Eisenbrauns, 2012, 531–42.

———. "Male and Female Palace Servants in the Kingdom of Arraphe", *Orient* 51 (2016): 69–82.

———. "Work and Gender in Nuzi Society", en Lion, Brigitte y Michel, Cécile (eds.). *The Role of Women in Work and Society in the Ancient Near East*, Studies in Ancient Near Eastern Records 13. Berlín: de Gruyter, 2016, 354–70.

Lion, Brigitte y Abrahami, Philippe (eds.). *The Nuzi Workshop at the Fifty-Fourth Rencontre Assyriologique Internationale*, SCCNH 19. Bethesda: CDL Press, 2012.

———. "L'archive de Tulpun-naya", SCCNH 19. Bethesda: CDL Press, 2012, 3–86.

———. "Remarks to W. Mayer's Catalogue of the Nuzi Palace Texts", *Cuneiform Digital Library Bulletin* 2012:1, 1–7.

Lion, Brigitte y Michel, Cécile. "Mariage", en Joannès, Francis (dir.). *Dictionnaire de la Civilisation Mésopotamienne.* París: Éditions Robert Laffont, 2001, 503–507.

———. (eds.). *The Role of Women in Work and Society in the Ancient Near East*, Studies in Ancient Near Eastern Records 13. Berlín: de Gruyter, 2016.

Lion, Brigitte y Stein, Diana. *L'Archive de Pašši-Tilla fils de Pula-Ḫali: Une famille de financiers du Royaume d'Arrapḫa au XIV.ᵉ s. Av. J.-C.*, SCCNH 11. Bethesda: CDL Press, 2001.

———. *The Tablets from the Temple Precinct at Nuzi*, HSS 65. Bethesda: CDL Press, 2016.

Lipiński, Edward. "*mōhar*", en Botterweck, G. Johannes y Ringgren, Helmer y Fabry, Heinz-Joseph (eds.). *Theological Dictionary of the Old Testament* vol. 8. Grand Rapids: Eerdmans Publishing, 1997, 142–49.

Llop Raduà, Jaume. *Aportació a l'estudi de les relacions polítiques i militars entre Assíria i Babilònia durant la segona meitat del segon mil.leni a.C.*, Tesis Doctoral inédita. Barcelona: Universitat de Barcelona, 2001.

Lozano Velilla, Arminda. *Importancia Social y Económica de la Esclavitud en el Asia Menor Helenística*, Tesis Doctoral inédita. Salamanca: Universidad de Salamanca, 1974.

Lutzmann, Heiner. "Aus den Gesetzen des Königs Lipit Eschtar von Isin", TUAT I/1, Gütersloh, 1982, 23–31.

Maidman, Maynard P. "The Nuzi Texts of the British Museum", *ZA* 76 (1986), 254–288.

———. *JAOS* 102 (1992): 391–92 (reseña de Gernot Wilhelm, *Das Archiv des Šilwa-Teššup. Heft 2. Rationenlisten I.* Wiesbaden: Otto Harrassowitz, 1980).

———. *The Nuzi Texts of the Oriental Institute: A Catalogue Raisonné*, SCCNH 16. Bethesda: CDL Press, 2005.

———. *Nuzi Texts and Their Uses as Historical Evidence*, WAW 18. Atlanta: Society of Biblical Literature, 2010.

Malbran-Labat, Florence. "Langues et écritures à Ougarit", *Semitica* 49 (1999): 65–101.

———. "Nouvelles données épigraphiques sur Chypre et Ougarit", en *Report of the Department of Antiquities*. Nicosia: Department of Antiquities of Cyprus, 1999, 121–23.

———. "Alašiya et Ougarit", *Res Antiquae* 1 (2004), 365–377.

Malul, Meir. "GAG-RÙ: *sikkatam maḫāṣum/retûm* 'To Drive in the Nail'. An Act of Posting a Public Notice", *OrAn* 26 (1987): 1–19.

———. *Studies in Mesopotamian Legal Symbolism*, AOAT 221. Münster: Neukirchener Verlag, 1988.

———. "Adoption of Foundlings in the Bible and Mesopotamian Documents. A Study of Some Legal Metaphoes in Ezekiel 16.1–7", *JSOT* 46 (1990): 97–126.

———. "Some Measures of Population Control in the Ancient Near East", en Avishur, Yitzhak y Deutsch, Robert (eds.). *Michael: Historical, Epigraphical and Biblical Studies in Honour of Prof. Michael Heltzer*, Tel Aviv-Jaffa: Archaeological Center Publications, 1999, 221–36.

———. "Foot Symbolism in the Ancient Near East: Imprinting Foundlings' Feet in Clay in Ancient Mesopotamia", *ZAR* 7 (2001): 353–67.

Márquez Rowe, Ignacio. "A Number of Measure? The Hurrian Gloss in AlT 46", *ZA* 87 (1997): 247–57.

———. "Royal Land Grants and *ilku*-Service in Ugarit. The Legal Mechanism", en Klengel, Horst y Renger, Johannes (eds.). *Landwirtschaft im Alten Orient*, BBVO 18. Berlín: Reimer Verlag, 1999, 171–78.

———. "Alalakh", en Westbrook, Raymond (ed.). *A History of the Ancient Near Eastern Law*, vol. 1 y 2. Leiden-Boston: Brill, 2003, 693–717.

———. "Ugarit", en Westbrook, Raymond (ed.). *A History of the Ancient Near Eastern Law*, vol. 1 y 2. Leiden-Boston: Brill, 2003, 719–35.

Marsman, Hennie J. *Women in Ugarit and Israel: Their Social and Religious Position in the Context of the Ancient Near East.* Leiden-Boston: Brill, 2003.
Matthews, Donald M. *The Kassite Glyptic of Nippur*, OBO 116. Friburgo: Universitätsverlag, 1990.
Matthews, Victor H. "Marriage and Family in the Ancient Near East", en Campbell, Ken (ed.). *Marriage and Family in the Biblical World.* Downers Grove: InterVarsity Press, 2003, 1–32.
Matthews, Victor H. y Levinson, Bernard M. y Frymer Kensy, Tivka (eds.). *Gender and Law in the Hebrew Bible and the Ancient Near East.* Sheffield: T&T Clark, 1998.
deMause, Lloyd (ed.). *The History of Childhood.* Nueva York: Harper & Row, 1974.
———. "The Evolution of Childhood", en deMause, Lloyd (ed.). *The History of Childhood.* Nueva York: Harper & Row, 1974, 1–73.
Mayer, Walter. *Tall Munbāqa-Ekalte-II. Die Texte*, WVDOG 102. Saarbrücken: Saarbrücker Druckerei und Verlag, 2001.
———. *Nuzi Studien I. Die Archive des Palastes und die Prosopographie der Berufe*, AOAT 205/1. Neukirchen-Vluyn: Butzon & Becker, 1978.
Maynard, John A. "A Neo-babylonian Grammatical School Text", *JSOR* 3 (1919): 65–69.
Mays, Simon. "Infanticide in Roman Britain", *Antiquity* 67/257 (1993): 883–88.
Mazzoni, Stefania. "Les sceaux d'Emar", *Syria* 82 (2005): 331–36.
McGeough, Kevin M. y Smith, Mark S. *Ugaritic Economic Tablets. Text, Translation and Notes*, ANES Supp. 32. Lovaina, Peeters, 2011.
Meek, Theophile James. *JAOS* 53 (1933): 72–73 (reseña de Mendelsohn, Isaac. *Legal Aspects of Slavery in Babylonia, Assyria and Palestine: A Comparative Study (3000–500 B. C.)*. Williamsport: Bayard Press, 1932).
———. "The Code of Hammurabi", ANET. Princeton: Princeton University Press, 1955, 163b–180a.
Meissner, Bruno. "Studien zur serie *ana ittišu*", *ZA* 7 (1892): 16–32.
———. *Babylonien und Assyrien* I. Heidelberg: Carl Winter Universitätsbuchhandlung, 1920.
Mekhitarian, Arpag. "L'enfant dans la peinture thébaine", en Théodoridès, Aristide y Naster, Paul y Ries, Julien (eds.). *L'enfant dans les civilisations orientales: Het Kind in de Oosterse Beschavingen*, Acta Orientalia Belgica 2. Lovaina: Peeters Publishers, 1980, 65–73.
Mendelsohn, Isaac. *Legal Aspects of Slavery in Babylonia, Assyria and Palestine: A Comparative Study (3000–500 B. C.)*. Williamsport: Bayard Press, 1932.
———. "Free Artisans and Slaves in Mesopotamia", *BASOR* 89 (1943): 25–29.
———. "Slavery in the Ancient Near East", *BiAr* 9 (1946): 74–88.
———. *Slavery in the Ancient Near East.* Nueva York: Greenwood Press, 1949.
———. "On Slavery in Alalakh", *IEJ* 5 (1955): 65–72.
Michel, Cécile. "Les enfants des marchands de Kaniš", *KTEMA* 22, 1997, 91–108.

———. "Listes lexicales", en Joannès, Francis (dir.). *Dictionnaire de la Civilisation Mésopotamienne*. París: Éditions Robert Laffont, 2001, 475–76.

———. "Huile", en Joannès, Francis (dir.). *Dictionnaire de la Civilisation Mésopotamienne*. París: Éditions Robert Laffont, 2001, 395–96.

van de Mieroop, Marc. *Society and Enterprise in Old Babylonian Ur*, BBVO 12. Berlín: D. Reimer, 1992.

del Monte, Giuseppe F. "Razioni e classi d'età in Nippur medio-babilonese", en Zanardo, Aldo (ed.). *Stato, Economia, Lavoro nel Vicino Oriente antico*. Milán: Francoangeli, 1988, 17–30.

———. "Su alcune tecniche contabili delle amministrazioni di Nippur medio-babilonese", en Biga, Maria Giovanna y Liverani, Mario (eds.). *Ana turri gimilli: Studi dedicati al Padre Werner Mayer, S. J. da amici e allievi*. Roma: Universitá di Roma La Sapienza, 2010, 85–104.

———. "Finanza creativa in Nippur medio-babilonese", en Lafranchi, Giovanni B. y Morandi Bonacossi, Daniele y Pappi, Cinzia y Ponchia, Simonetta (eds.). *Leggo! Studies Presented to Frederick Mario Fales on the Occasion of His Sixty-Fifth Birthday*. Wiesbaden: Harrassowitz Verlag, 2012, 223–28.

———. "Tre set di registry da Nippur medio-babilonese dell'amministrazione del tempio di Ninlil", en Corò, Paola y Devecchi, Elena y De Zorzi, Nicla y Maiocchi, Massimo (eds.). *Libiamo ne' lieti calici: Ancient Near Eastern Studies Presented to Lucio Milano on the Occasion of His Sixty-Fifth Birthday by Pupils, Colleagues and Friends*, AOAT 436. Münster: Ugarit-Verlag, 2016, 257–67.

Molina, Manuel. *La ley más antigua: Textos legales sumerios*. Barcelona: Trotta, 2000.

———. "Sklave, Sklaverei A. Im 3. Jahrtausend", *RlA* 12 (2011): 562–64.

Morrison, Martha A. *The Eastern Archives of Nuzi*, SCCNH 4. Winona Lake: Eisenbrauns, 1993, 1–130.

Motomura, Ryoji. "The Practice of Exposing Infants and Its Effects on the Development of Slavery in the Ancient World", en Yuge, Tōru y Doi, Masaoki (eds.). *Forms of Control and Subordination in Antiquity*, Leiden-Nueva York-København-Colonia: Brill, 1988, 410–15.

Müller, Ernst Wilhelm (ed.). *Geschlechtsreife und Legitimation zur Zeugung*. Múnich: Alber, 1985.

Müller, Gerfrid G. W. *Londoner Nuzi-Texte*, SANTAG 4. Wiesbaden: Otto Harrassowitz Verlag, 1998.

Müller, Matthias. "Gold, Silber und Blei als Wertmesser in Mesopotamien Während der zweiten Hälfte des 2.Jahrtausends v.u.Z.", en Dandamaev, Muhammad A. (ed.). *Societies and Languages of the Ancient Near East: Studies in Honour of M. Diakonoff*. Warmister: Aris & Phillips Ltd, 1982, 270–77.

Murphy, Eileen y Le Roy, Mélie (eds.). *Children, Death and Burial: Archaeological Discourses*, Childhood in the Past Monograph Series 5. Oxford: Oxbow Books, 2017.

Mustakallio, Katariina y Laes, Christian (eds.). *The Dark Side of Childhood in Late Antiquity and the Middle Ages: Unwanted, Disabled and Lost*, Childhood in the Past Monograph Series: Volume 2. Oxford: Oxbow Books, 2011.

Nasgowitz, David Walter. *Prices of Commodities, Slaves, and Real State at Ugarit in the Fourteenth-Thirteenth Centuries B.C.*, Tesis Doctoral inédita. Chicago: University of Chicago, 1976.

Nashef, Khaled. *Die Orts- und Gewässernamen der mittelbabylonischen und mittelassyrischen Zeit*, RGTC 5. Wiesbaden: L. Reichert, 1982.

Naster, Paul. "Geboortepremies en tewerkstelling van jongeren te Persepolis (van Darius I tot Artaxerxes I)", en Théodoridès, Aristide y Naster, Paul y Ries, Julien (eds.). *L'enfant dans les civilisations orientales: Het Kind in de Oosterse Beschavingen*, Acta Orientalia Belgica 2. Lovaina: Peeters Publishers, 1980, 19–27.

Negri Scafa, Paola. "Die 'assyrischen' Schreiber des Königtums Arrapḫe", en Waetzoldt, Hartmut y Hauptmann, Harald (eds.). *Assyrien im Wandel der Zeiten, CRRAI 39 (Heidelberg, 1992)*. Heidelberg: Heidelberger Orientverlag, 1997, 123–32.

Neumann, Hans. "Slavery in Private Households Toward the End of the Third Millennium B.C.", en Culbertson, Laura (ed.). *Slaves and Households in the Near East*, OIS 6. Chicago: The University of Chicago, 2011, 21–32.

Newbolt, Frank. *The Sale of Goods Act, 1893*. Londres: Sweet & Maxwell, 1894.

Nicolle, Christophe (ed.). *Nomades et sédentaires dans le Proche-Orient ancien.* CRRAI 46, Amurru 3. París: Études et Recherches sur les Civilisations, 2004.

Niedorf, Christian. *Die mittelbabylonischen Rechtsurkunden aus Alalaḫ (Schicht IV)*, AOAT 352. Münster: Ugarit-Verlag, 2008.

san Nicolò, Mariano. "Über Adoption und die Gerichtsbarkeit der mâr-bânî im neubabylonischen Rechte", *ZSS* 50 (1930): 445–55.

———. *Der neubabylonische Lehrvertrag in rechtsvergleichender Betrachtung*, SBAW 1950/III. Múnich: Verlag der Bayerischen Akademie der Wissenschaften, 1950.

———. *Die Schlussklauseln der altbabylonischen Kauf- und Tauschverträge* (edición de Petschow, Herbert P. H.; 1.ª ed., 1922). Múnich: C.H. Beck, 1974.

Obermark, Peter Raymond. *Adoption in the Old Babylonian Period*, Tesis Doctoral inédita. Cincinnati: Hebrew Union College- Jewish Institute of Religion, 1992.

Oelsner, Joachim y Wells, Bruce y Wunsch, Cornelia. "Neo-Babylonian Period", en Westbrook, Raymond (ed.). *A History of the Ancient Near Eastern Law*, vol. 1 y 2. Leiden-Boston: Brill, 2003, 911–74.

Oliva, Juan Carlos. "Collations of Middle Babylonian Alalakh Tablets in the British Museum", en del Olmo, Gregorio y Feliú, Lluis y Millet, Adelina (eds.). *Šapal tibnim mû illakū: Studies Presented to Joaquín Sanmartín on the Occasion of His Sixty-Fifth Birthday*, AuOr Supp. 22. Barcelona: AUSA, 2006, 325–32.

Oliva, Juan Carlos y Belmonte, Juan Antonio (coords.). *Esta Toledo, aquella Babilonia*, Colección Estudios 131. Cuenca: Ediciones de la Universidad de Castilla-La Mancha, 2011.

del Olmo, Gregorio. *Mitos y Leyendas de Canaán según la tradición de Ugarit*, Fuentes de la ciencia bíblica 1. Madrid: Ediciones Cristiandad, 1981.

del Olmo, Gregorio y Sanmartín, Joaquín. *A Dictionary of Ugaritic Language in the Alphabetic Tradition*, HdO 67. Leiden-Boston: Brill, 2003.

del Olmo, Gregorio y Feliú, Lluis y Millet, Adelina (eds.). *Šapal tibnim mû illakū: Studies Presented to Joaquín Sanmartín on the Occasion of His Sixty-Fifth Birthday*, AuOr Supp. 22. Barcelona: AUSA, 2006.

Oppenheim, A. Leo. "Assyriological Gleanings I", *BASOR* 91 (1943): 36–37.

———. "Siege Documents from Nippur", *Iraq* 17 (1955): 69–89.

———. *Letters from Mesopotamia: Official, Business, and Private Letters on Clay Tablets from Two Millennia*. Chicago: The University of Chicago Press, 1967.

———. *La Antigua Mesopotamia: Retrato de una civilización extinguida*, edición ampliada por Erica Reiner, versión española de Ignacio Márquez Rowe. Madrid: Gredos, 2003.

Orthmann, Winfried. (ed.). *Ausgrabungen in Tell Chuēra in Nordost Syrien I: Vorbericht über die Grabungskampagnen 1986 bis 1992*, Vorderasiatische Forschungen der Max Freiherr von Oppenheim-Stiftung 2. Saarbrücken: Saarbrücker Druckerei und Verlag, 1995.

Pache, Corinne O. *Baby and Child Heroes in Ancient Greece*, Urbana-Chicago: University of Illinois Press, 2004.

Pangas, Julio César. "Notas sobre el aborto en la Antigua Mesopotamia", *AuOr* 8 (1990): 213–18.

Paul, Shalom M. "Adoption Formulae: A Study of Cuneiform and Biblical Legal Clauses", *MAARAV* 2/2 (1979/1980): 173–85.

Paulus, Susanne. "The Limits of Middle Babylonian Archives", en Faraguna, Michele (ed.). *Archives and Archival Documents in Ancient Societies*, Legal Documents in Ancient Societies IV, Graeca Tergestina, Storia e Civiltà 1. Trieste: Edizioni Università di Trieste, 2013, 87–103.

———. "Babylonien in der 2. Hälfte des 2. Jts. v. Chr.—(K)ein Imperium? Ein Überblick über Geschichte und Struktur des mittelbabylonischen Reiches (ca. 1500–1100 B.C.)", en Gehler, Michael y Rollinger, Robert (eds.). *Imperien und Reiche in der Weltgeschichte: Epochenübergreifende und globalhistorische Vergleiche*. Wiesbaden: Harrassowitz Verlag, 2014, 65–100.

Paradise, Jonathan S. *Nuzi Inheritance Practices*, Tesis Doctoral inédita. Filadelfia: University of Pennsylvania, 1972.

Parayre, Dominique. "Les âges de la vie dans le répertoire figuratif oriental", *KTEMA* 22, 1997, 59–89.

Paricio Talayero, José María y Hernández Aguilar, María Teresa "Aspectos históricos de la alimentación al pecho", en AA. VV. *Manual de lactancia materna: De la teoría a la práctica*, Asociación Española de Pediatría. Madrid: Editorial Médica Panamericana, 2008, 12–23.

Parker, Barbara. "The Nimrud Tablets, 1952-Business Documents", *Iraq* 16 (1954): 29–59.

Parpola, Simo. *Letters from Assyrian Scholars to the Kings Esarhaddon and Assurbanipal, Part II*, AOAT 5/2. Kevelaer: Eisenbrauns, 1983.

Parpola, Simo y Whiting, Robert M. (eds.). *Sex and Gender in the Ancient Near East: Proceedings of the Forty-Seventh Rencontre Assyriologique Internationale. Helsinki, July 2–6, 2001*. Helsinki: Neo-Assyrian Text Corpus Project, 2002.

Pedersén, Olof. *Archives and Libraries in the City of Assur: A Survey of the Material from the German Excavations*, Part 1. Uppsala: Almqvist & Wiksell, 1985.

———. *Archives and Libraries in the City of Assur: A Survey of the Material from the German Excavations*, Part 2. Uppsala: Almqvist & Wiksell, 1986.

———. *Archives and Libraries in the Ancient Near East. 1500–300 B.C.* Bethesda: CDL Press, 1998.

———. *Archive und Bibliotheken in Babylon*, ADOG 25. Berlín: Saarländische Druckerei und Verlag, 2005.

Peiser, Felix Ernst. *Urkunden aus der Zeit der dritten babylonischen Dynastie*, Berlín: Wolf Peiser Verlag, 1905.

Petschow, Herbert P. H. *Die neubabylonischen Kaufformulare*, Leipziger rechtswissenschaftliche Studien 118. Leipzig: Verlag von Theodor Weicher, 1939.

———. *Neubabylonisches Pfandrecht*, ASAW 48/1. Berlín: Akademie-Verlag, 1956.

———. *Mittelbabylonische Rechts- und Wirtschaftsurkunden der Hilprecht-Sammlung Jena: Mit beiträgen zum mittelbabylonischen Recht*, ASAW 64/4. Berlín: Akademie-Verlag, 1974.

———. "Kauf", sub. C. III, *RlA* 5 (1980): 520–28.

———. "Die Sklavenkaufverträge des *šandabakku* Enlil-kidinnī von Nippur (I)", *OrNS* 52 (1983): 143–55.

Pfeiffer, Robert H. y Speiser, Ephraim Avigdor. *One Hundred New Selected Nuzi Texts*, AASOR 16. New Haven: The American Schools of Oriental Research, 1936.

Podany, Amanda H. *The Land of Hana: Kings, Chronology, and Scribal Tradition.* Bethseda: CDL Press, 2002.

Podany, Amanda H. y Beckman, Gary M. y Colbow, Gudrun. "An Adoption and Inheritance Contract from the Reign of Igid-Lim of Ḫana", *JCS* 43–45 (1991/1993): 39–51.

Pognon, Henri. "Lexicographie Assyrienne", *RA* 9 (1912): 125–41.

Postgate, J. Nicholas. *Fifty Neo-Assyrian Legal Documents.* Warminster: Aris & Phillips Ltd., 1976.

———. "Wool, Hair and Textiles in Assyria", en Brequinet, Catherine y Michel, Cécile (eds.). *Wool Economy in the Ancient Near East and the Aegean: from the*

Beginnings of Sheep Husbandry to Institutional Textile Industry, Ancient Textile Series 17. Oxford: Oxbow Books, 2014, 401–27.

Powell, Marvin A. "Masse und Gewichte", *RlA* 7 (1990): 457–517.

———. "Preise", *RlA* 10 (2005): 609–11.

Pritchard, James B. (ed.). *Ancient Near Eastern Texts Relating to the Old Testament*. Princeton: Princeton University Press, 1950–1969.

———. *Ancient Near Eastern Texts Relating to the Old Testament with Supplement*. Princeton: Princeton University Press, 1992.

Pruzsinszky, Regine. *Die Personennamen der Texte aus Emar*, SCCNH 13. Bethesda: CDL Press, 2003.

Pryor, Frederic L. *The Origins of the Economy: A Comparative Study of Distribution in Primitive and Peasant Economies*. Nueva York-Londres: Harcourt Brace Jovanovich, 1977.

Quaegebeur, Jan (ed.). *Ritual and Sacrifice in the Ancient Near East*, OLA 55. Lovaina: Uitgeverij Peeters en Departement Oriëntalistiek, 1993.

Rainey, Anson F. (ed.). *kinattūtu ša dārâti: Raphael Kutscher Memorial Volume*. Tel Aviv: Institute of Archaeology of Tel Aviv University, 1993.

Radner, Karen. *Die Neuassyrischen Privatrechtsurkunden als Quelle für Mensch und Umwelt*, SAAS 6. Helsinki: Eisenbrauns, 1997.

Radner, Karen y Robson, Eleanor (eds.). *The Oxford Handbook of Cuneiform Culture*. Nueva York: Oxford University Press, 2011.

al-Rawi, Farouk N. H. "Assault and Battery", *Sumer* 38 (1982): 117–20.

al-Rawi, Farouk N. H. y Dalley, Stephanie. *Old Baylonian Texts from Private Houses at Abu Habbah Ancient Sippir*, Edubba 7. Londres: NABU Publications, 2000.

Reid, John Nicholas. "The Children of Slaves in Early Mesopotamian Laws and Edicts", *RA* 111 (2017): 9–23

Richardson, Mervyn Edwin John. *Hammurabi's Laws: Text, Translation and Glossary*. Sheffield: T&T Clark, 2000.

Ricks, Stephen D. "Abortion in Antiquity", en Freedman, David Noel (ed.). *The Anchor Bible Dictionary*. New Haven: Yale University Press, 1992, 31–35.

da Riva, Rocío. "La Guerra en el Antiguo Oriente: el asedio a las ciudades y las penurias de la población", *Historiae* 5 (2008): 1–9.

Roche, Carole. "Serviteurs ou esclaves?", en Bordreuil, Pierre y Briquel-Chatonnet, Françoise y Michel, Cécile (eds.). *Les débuts de l'Histoire: Le Proche-Orient, de l'invention de l'écriture à la naissance du monothéisme*. París: Éditions de La Martinière Jeunesse, 2008, 266–70.

Rostom, Santiago y Andiñach, Pablo (eds.). *Revista Bíblica* 77–78 (2015–2016): *Homenaje a Armando Levoratti*. Buenos Aires: Editorial PPC, 2017.

Roubineau, Jean-Manuel. "Pauverté, rationalité économique et abandon d'enfants dans les cités greques", en Galbois, Estelle y Rougier-Blanc, Sylvie (eds.). *La pauvreté en Grèce ancienne: Formes, représentations, enjeux*, Scripta antiqua 57. Burdeos: Ausonius Éditions, 2014, 145–64.

Roth, Martha T. *Scholastic Tradition and Mesopotamian Law: A Study of FLP 1287, a Prism in the Collection of the Free Library of Philadelphia*, Tesis Doctoral inédita. Filadelfia: University of Pennsylvania, 1979.

———. "Age at Marriage and the Household: A Study of Neo-Babylonian and Neo-Assyrian Forms", *Comparative Studies in Society and History* 29/4 (1987): 715–47.

———. *Babylonian Marriage Agreements: Seventh–Third Centuries B.C.*, AOAT 222. Neukirchen-Vluyn: Neukirchener Verlag, 1989.

———. *Law Collections from Mesopotamia and Asia Minor*, WAW 6. Atlanta: Scholars Press, 1997.

Roth, Martha T. y Farber, Walter y Stolper, Matthew W. y Bechtolsheim, Paula von (eds.). *Studies Presented to Robert D. Biggs: June 4, 2004. From the Workshop of the Chicago Assyrian Dictionary,* Volume 2. Chicago: The Oriental Institute Publications, 2007.

Rousselle, Aline. "La politique des corps. Entre procréation et continence à Rome", en Schmitt Pantel, Pauline (dir.). *Histoire des femmes: L'antiquité*. París: Plon, 1991, 319–59.

Saarisalo, Aapeli. *New Kirkuk Documents relating to Slaves*, StOr 3. Helsinki: Societas Orientalis Fennica, 1934.

Sáez Gutiérrez, Andrés y Cano Gómez, Guillermo y Sanvito, Clara (eds.). *Filiación VI: Cultura pagana, religión de Israel, orígenes del cristianismo*. Madrid: Editorial Trotta-Fundación San Justino, 2016.

Salah, Saqer. *Die Mittelassyrischen Personen- und Rationenlisten aus Tall Šēḫ Ḥamad / Dūr-Katlimmu*, BATSH 18. Wiesbaden: de Gruyter, 2014.

Sánchez Romero, Margarita. "Childhood and the Construction of Gender Identities through Material Culture", *Childhood in the Past* 1 (2008): 17–37.

———. (ed.). *Infancia y cultura material en Arqueología*, monografía en *Complutum* 21/2. Madrid: Publicaciones Universidad Complutense de Madrid, 2010.

Sánchez Romero, Margarita y Alarcón García, Eva y Aranda Jiménez, Gonzalo (eds.). *Children, Spaces and Identity*, Childhood in the Past Monograph Series: Volume 4. Oxford: Oxbow Books, 2015.

Sancho Rocher, Laura. "Τεκνοποιία: Estrategias de natalidad en las ciudades griegas de época clásica", en Justel, Daniel (ed.). *Niños en la Antigüedad: Estudios sobre la infancia en el Mediterráneo Antiguo*, Colección Ciencias Sociales 87. Zaragoza: Prensas de la Universidad de Zaragoza, 2012, 163–98.

Sanmartín, Joaquín. *Códigos legales de tradición babilónica*, Pliegos de Oriente 2. Barcelona: Trotta, 1999.

———. "«Siria»: historia de un mapa", en AA. VV. *Séptimo Centenario de los Estudios Orientales en Salamanca*, Estudios Filológicos de la Universidad de Salamanca 337. Salamanca: Ediciones Universidad Salamanca, 2012, 153–61.

Saporetti, Claudio. *Assur 14446: Le altre famiglie: Ascesa e declino di persone e famiglie all'inizio del medio-regno assirio*. Malibú: Undena, 1982.

———. *Le leggi della Mesopotamia*. Florencia: Le Lettere, 1984.

Sassmannshausen, Leonhard. *Beiträge zur Verwaltung und Gesellschaft Babyloniens in der Kassitenzeit*, BaF 21. Mainz am Rhein: von Zabern, 2001.

Sasson, Jack M. (ed.). *Civilizations of the Ancient Near East*. Farmington Hills: Hendrickson Publishers, 2006.

Sauren, Herbert. "Het examenreglement van de sumerische school", en Théodoridès, Aristide y Naster, Paul y Ries, Julien (eds.). *L'enfant dans les civilisations orientales: Het Kind in de Oosterse Beschavingen*, Acta Orientalia Belgica 2. Lovaina: Peeters Publishers, 1980, 59–64.

Scheil, Vincent. "Code des Lois de Hammurabi, roi de Babylone, vers l'an 2000 avant Jésus-Christ", *MDP* 4 (1902): 11–162.

Schloen, J. David (ed.). *Exploring the Longe Durée: Essays in Honour of Lawrence E. Stager*. Winona Lake: Eisenbrauns, 2009.

Schmitt Pantel, P. (dir.). *Histoire des femmes: L'antiquité*, París, 1991.

Schneider-Ludorff, Helga, "Die Amme nach Texten aus Nuzi", SCCNH 18. Bethesda: CDL Press, 2009, 479–89.

Schorr, Moses. *Urkunden des altbabylonischen Zivil-und Prozess-rechts*, Leipzig: J. C. Hinrichs'sche Buchhandlung, 1913.

Schroeder, Otto. *Keilschriften aus Assur verschiedenen Inhalts*, Ausgrabungen der Deutschen Orient-Gesellschaft in Assur 3. Leipzig: J. C. Hinrichs'sche Buchhandlung, 1920.

Sefati, Yitzhak (ed.). *"An Experienced Scribe who Neglects Nothing": Ancient Near Eastern Studies in Honor of Jacob Klein*. Bethseda: CDL Press, 2005.

Selz, Gebhard J. "Zu einer frühdynastischen Bezeichnung von "Unfreien": Ur(a)du(-d), eine Bemerkung zum "Haus-geborenen Sklaven", NABU 2011.70.

Seminara, Stefano. *L'accadico di Emar*, Materiali per il vocabulario sumerico 6. Roma: Herder, 1998.

Sevilla Conde, Alberto. "Morir *ante suum diem*. La infancia en Roma a través de la muerte", en Justel, Daniel (ed.). *Niños en la Antigüedad: Estudios sobre la infancia en el Mediterráneo Antiguo*, Colección Ciencias Sociales 87. Zaragoza: Prensas de la Universidad de Zaragoza, 2012, 199–233.

Siegel, Bernard J. *Slavery during the Third Dynasty of Ur*, Memoirs Series 66, American Anthropological Association 49. Whitefish, Literary Licensing, 1943.

Sigrist, Marcel. "Gestes symboliques et rituels à Emar", en Quaegebeur, Jan (ed.). *Ritual and Sacrifice in the Ancient Near East*, OLA 55. Lovaina: Uitgeverij Peeters en Departement Oriëntalistiek, 1993, 381–410.

Silk, Jonathan A. "Child Abandonment and Homes for Unwed Mothers in Ancient India: Buddhist Sources", *JAOS* 127 (2007): 297–314.

Simantiras, C. "L'enfant dans la Grèce Antique", en AA. VV. *L'Enfant. Première partie: Antiquité- Afrique- Asie*, Recueils de la Société Jean Bodin pour l'histoire comparative des institutions, vol. 35. Bruselas: Éditions de la Librarie Encyclopedique, 1975, 199–209.

Singer, Itamar. "A Political History of Ugarit", en Watson, Wilfred G. E. y Wyatt, Nicolas (eds.). *Handbook of Ugaritic Studies*, Leiden-Boston-Colonia: Brill, 1999, 603–733.

Skaist, Aaron. "The Chronology of the Legal Texts from Emar", *ZA* 88 (1998): 45–71.

Slanski, Kathryn E. "Middle Babylonian Period", en Westbrook, Raymond (ed.). *A History of the Ancient Near Eastern Law*, vol. 1 y 2. Leiden-Boston: Brill, 2003, 485–520.

Snell, Daniel C. *Fligth and Freedom in the Ancient Near East*, Leiden-Boston-Colonia: Brill, 2001.

———. "Slavery in the Ancient Near East", en Bradley, Keith R. y Cartledge, Paul (eds.). *The Cambridge World History of Slavery. Volume I: The Ancient Mediterranean World*. Nueva York: Cambridge University Press, 2011, 4–21.

Von Soden, Wolfram. "Zu einigen akkadischen Wörten", *ZA* 67 (1977): 233–41.

Sofaer Derevenski, Joanna. "Where Are the Children? Accessing Children in the Past", *Archaeological Review from Cambridge* 13/2 (1994): 7–20.

Solans, Bárbara Eugenia. *Poderes colectivos en la Siria del Bronce Final*. Barcelona: Universidad de Barcelona, 2014.

van Soldt, Wilfred H. *JAOS* 98 (1978): 498–501 (recensión de Gurney, Oliver R. *Middle Babylonian Legal Documents and Other Texts*, UET 7. Londres: British Museum Publications, 1974).

———. *Studies in the Akkadian of Ugarit: Dating and Grammar*, AOAT 40. Neukirchen-Vluyn: Butzon & Bercker, 1991.

———. "The Syllabic Akkadian Texts", en Watson, Wilfred G. E. y Wyatt, Nicolas (eds.). *Handbook of Ugaritic Studies*, Leiden-Boston-Colonia: Brill, 1999, 28–45.

———. *Society and Administration in Ancient Ugarit: Papers read at a simposium in Leiden, 13-14 December 2007*, Uitgaven van het Nederlands Instituut voor Nabjije Oosten te Leiden, Leiden, 2010.

———. "The City-Administration of Ugarit", en Kogan, Leonid y Koslova, Natalia y Loesov, Sergey y Tishchenko, Sergey (eds.). *City Administration in the Ancient Near East: Proceedings of the 53e Rencontre Assyriologique Internationale*, vol. 2, Babel & Bibel 5. Winona Lake: Eisenbrauns, 2010, 247–61.

———. *Middle Babylonian Texts in the Cornell University Collections I: The Later Kings*, CUSAS 30. Bethesda: CDL Press, 2015.

van Soldt, Wilfred H. y Dercksen, Jan Gerrit y Kouwenberg, Bert N. J. C. y Krispijn, Theo J. H. (eds.). *Veenhof Anniversary Volume: Studies Presented to Klaas R. Veenhof on the Occasion of His Sixty-Fifth Birthday*, PIHANS 89. Leiden: Nederlands Institut voor het Nabije Oosten, 2001.

Sollberger, Edmond. "Two Kassite Votive Inscriptions", *JAOS* 88 (1968): 191–97.

Spada, Gabriella. "A Handbook from the Eduba'a: An Old Babylonian Collection of Modern Contracts", *ZA* 101 (2011): 204–45.

Speiser, Ephraim Avigdor. "New Kirkuk Documents Relating to Family Laws", *AASOR* 10 (1928/1929): 1–71.

———. *JAOS* 74 (1954): 18–25 (recensión de Wiseman, Donald J. *The Alalakh Tablets*. Londres: The British Institute of Archaeology at Ankara, 1953).

———. "A Significant New Will from Nuzi", *JCS* 17 (1963): 65–71.

Stähli, Hans-Peter. *Knabe-Jüngling-Knecht: Untersuchungen zum Begriff* נ ע י *im Alten Testament*, Beiträge zur biblischen Exegese und Theologie, Band 7. Fráncfort-Berna-Las Vegas: Peter Lang, 1978.

Stamm, Johann Jakob. *Die Akkadische Namengebung*. Darmstadt: Wissenschaftliche Buchgesellschaft, 1968.

Starr, Chester G. "An Overdose of Slavery", *Journal of Economic History* 18/1 (1958), 17–32.

Stavrakopoulou, Francesca. *King Manasseh and Child Sacrifice: Biblical Distorsions of Historical Realities*. Berlín: de Gruyter, 2004.

Steele, Francis R. "The Lipit-Ishtar Law Code", *AJA* 52 (1948): 425–50.

Stein, Diana. *The Seal Impressions (Text)*, en Wilhelm, Gernot (ed.). *Das Archiv des Šilwa-Teššup* (vol. 8). Wiesbaden: Harrasowitz Verlag, 1993.

———. "The Pula-Ḫali family Archive. Seals and Sealing Practice", en Lion, Brigitte y Stein, Diana. *L'Archive de Pašši-Tilla fils de Pula-Ḫali: Une famille de financiers du Royaume d'Arrapḫa au XIV.ᵉ s. Av. J.-C.*, SCCNH 11. Bethesda: CDL Press, 2001, 247–376.

Stohlman, Stephen Ch. *Real Adoption at Nuzi*, Tesis Doctoral inédita. Waltham: Brandeis University, 1972.

Stol, Marten. *Epilepsy in Babylonia*, CM 2. Groningen: Brill, 1993.

———. "Women in Mesopotamia", *JESHO* 38 (1995): 123–44.

———. "Private Life in Ancient Mesopotamia", en Sasson, Jack M. (ed.). *Civilizations of the Ancient Near East*. Farmington Hills: Hendrickson Publishers, 2006, 485–501.

———. "The Care of the Elderly in Mesopotamia in the Old Babylonian Period", en Stol, Marten y Vleeming, Sven P. (eds.). *The Care of the Elderly in the Ancient Near East*, Leiden-Boston-Colonia: Brill, 1998, 59–117.

———. *Birth in Babylonia and the Bible. Its Mediterranean Setting*, CM 14. Groningen: STYX Publications, 2000.

———. *Vrouwen van Babylon: prinsessen, priesteressen, prostituees in de bakermat van de cultuur*. Utrecht: Kok, 2012.

Stol, Marten y Vleeming, Sven P. (eds.). *The Care of the Elderly in the Ancient Near East*, Leiden-Boston-Colonia: Brill, 1998.

Stone, Elizabeth C. y Owen, David I. *Adoption in Old Babylonian Nippur and the Archive of Mannum-mešu-liṣṣur*, MC 3. Winona Lake: Eisenbrauns, 1991.

Strivay, Lucienne. *Enfants sauvages: approches anthropologiques.* París: Gallimard, 2012.

Stuart Macadam, Patricia y Dettwyler, Katherine A. (eds.). *Breastfeeding Perspectives.* Nueva York: Transaction Publishers, 1995.

Studevent-Hickman, Benjamin. *The Organization of Manual Labor in Ur III Babylonia*, Tesis Doctoral inédita. Harvard: Harvard University, 2006.

Swanepoel, Marius Gerhardus. "Ezekiel 16: Abandoned Child, Bride Adorned or Unfaithful Wife?", en Davies, Philip R. y Clines, David J. A. (eds.). *Among the Prophets: Language, Image and Structure in the Prophetic Writings*, JSOT Suppl. Series. Sheffield: Bloomsbury T&T Clark, 1993, 84–104.

Szlechter, Émile. "Les anciennes codifications en Mésopotamie", *RIDA* 4 (1957): 73–92.

———. *Tablettes juridiques de la 1re Dynastie de Babylone*, 2ème Partie. París: Recueil Sirey, 1958.

———. *OrNS* 27 (1958): 122–24 (recensión de *Neubabylonisches Pfandrecht*, ASAW 48/1. Berlín: Akademie-Verlag, 1956).

———. "Des droits successoraux dérivés de l'adoption en droit babylonien", *RIDA* 14 (1967): 79–106.

———. *Codex Hammurapi.* Roma: Pontificia Universitas Lateranensis, 1977.

———. *Les lois sumériennes.* Roma: Pontificia Universitas Lateranensis, 1983.

Tafaro, Stefano. "La responsabilité de l'enfant dans le droit romain", en Bouineau, Jacques (ed.). *Enfant et romanité: Analyse comparée de la condition de l'enfant.* París: L'Harmattan, 2007, 119–33.

Tanret, Michet. "Learned, Rich, Famous, and Unhappy: Ur-Utu of Sippar", en Radner, Karen y Robson, Eleanor (eds.). *The Oxford Handbook of Cuneiform Culture.* Nueva York: Oxford University Press, 2011, 270–87.

Tenney, Jonathan S. "Household Structure and Population Dynamics in the Middle Babylonian Provincial "Slave" Population", en Culbertson, Laura (ed.). *Slaves and Households in the Near East*, OIS 6. Chicago: The University of Chicago, 2011, 135–46.

———. *Life at the Bottom of Babylonian Society: Servile Laborers at Nippur in the Fourteenth and Thirteenth Centuries B.C.* Leiden: Brill, 2011.

———. "Additions and Corrections to Jonathan S. Tenney, *Life at the Bottom of Babylonian Society*, CHANE 51. Leiden: Brill, 2011", NABU 2015.43,

Théodoridès, Aristide. "L'enfant dans les institutions pharaoniques", en Théodoridès, Aristide y Naster, Paul y Ries, Julien (eds.). *L'enfant dans les civilisations orientales: Het Kind in de Oosterse Beschavingen*, Acta Orientalia Belgica 2. Lovaina: Peeters Publishers, 1980, 89–102.

Théodoridès, Aristide y Naster, Paul y Ries, Julien (eds.). *L'enfant dans les civilisations orientales: Het Kind in de Oosterse Beschavingen*, Acta Orientalia Belgica 2. Lovaina: Peeters Publishers, 1980.

Thureau-Dangin, François. *Recueil de Tablettes Chaldéennes*. París: Ernest Leroux, 1903.

Tiumenev, Aleksandr Il'ich. *Gosudarstvennoe Khoziaistvo Drevnego Shumera* (*Economía estatal de la antigua Sumer*). Moscú: Nawka, 1956.

du Toit, Jaqueline S. "'These Loving Fathers': Infanticide and the Politics of Memory", en Cornelius, Izak y Jonker, Louis (eds.). *"From Ebla to Stellenbosch": Syro-Palestinian Religions and the Hebrew Bible*, Abhandlungen des Deutschen Palästina-Vereins 37. Wiesbaden: Harrassowitz Verlag, 2008, 49–65.

Torczyner, Harry. *Altbabylonische Tempelrechnungen*. Viena: A. Holder, 1913.

Tropper, Josef. *Ugaritische Grammatik*, AOAT 273. Münster: Ugarit-Verlag, 2000.

———. "Elischa und die 'große' Frau aus Schunem (2 Kön 4,8–37)", *KUSATU* 3 (2001): 71–80.

———. *Kleines Wörterbuch des Ugaritischen*, Elementa Linguarum Orientis 4. Wiesbaden: Harrassowitz Verlag, 2008.

Tropper, Josef y Vita, Juan Pablo. "Texte aus Emar", TUAT NF 1. Gütersloh: Gütersloher Verlagshaus, 2004, 146–62.

———. "Texte aus Ugarit", TUAT NF 1. Gütersloh: Gütersloher Verlagshaus, 2004, 11–128.

Tsukimoto, Akio. "Sieben spätbronzezeitliche Urkunden aus Syrien, *ASJ* 10 (1988): 153–89.

———. "Akkadian Tablets in the Hirayama Collection (II)", *ASJ* 13 (1991): 275–333.

Undheim, Timothy L. *Late Bronze Age Middle Euphrates Wills in the Context of Their Ancient Mesopotamian Analogues: A Window on Emar Society*, Tesis Doctoral inédita. Cincinnati: Hebrew Union College-Jewish Institute of Religion in Cincinnati, 2001.

Vaiman, Aizik A. "Die Bezeichnung von Sklaven und Sklavinnen in der protosumerischen Schrift", *BaM* 20 (1989): 121–33 (edición original rusa en *VDI* [1974/2], 138–48).

Vanstiphout, Herman. "Over het vak „Sumerich" aan de Oud-babylonische Scholen", en Théodoridès, Aristide y Naster, Paul y Ries, Julien (eds.). *L'enfant dans les civilisations orientales: Het Kind in de Oosterse Beschavingen*, Acta Orientalia Belgica 2. Lovaina: Peeters Publishers, 1980, 29–42.

Vargyas, Péter. "Preise. B", *RlA* 10 (2005): 611–14.

de Vaux, Ronald. *Instituciones del Antiguo Testamento*. Barcelona: Herder, 1985.

Veenhof, Klaas R. "Two *šilip rēmim* Adoptions from Sippar", en Gasche, Hermann y Tarnet, Michel y Janssen, Caroline y Degraeve, Ann (eds.). *Cinquante-deux réflexions sur le Proche-Orient ancien offertes en hommage à Léon de Meyer*. MHE Occasional Publications 2. Lovaina: Peeters, 1994, 143-52.

———. "Old Assyrian and Anatolian evidence for the Care of the Elderly", en Stol, Marten y Vleeming, Sven P. (eds.). *The Care of the Elderly in the Ancient Near East*, Leiden-Boston-Colonia: Brill, 1998, 119–60.

———. "Old Assyrian Period", en Westbrook, Raymond (ed.). *A History of the Ancient Near Eastern Law*, vol. 1 y 2. Leiden-Boston: Brill, 2003, 431–83.

Verpoorten, Jean-Marie. "L'enfant dans la littérature rituelle védique (*Brāhmana*)", en Théodoridès, Aristide y Naster, Paul y Ries, Julien (eds.). *L'enfant dans les civilisations orientales: Het Kind in de Oosterse Beschavingen*, Acta Orientalia Belgica 2. Lovaina: Peeters Publishers, 1980, 75–88.

Viano, Maurizio. "Problemi di datazione di alcuni testi legali di Emar", *KASKAL* 4 (2007): 245–59.

Vidal, Jordi. "La infancia en las leyendas de Ugarit", en Justel, Daniel (ed.). *Niños en la Antigüedad: Estudios sobre la infancia en el Mediterráneo Antiguo*, Colección Ciencias Sociales 87. Zaragoza: Prensas de la Universidad de Zaragoza, 2012, 149–62.

Viel, Dieter H. *The Complete Code of Hammurabi* (2 vols.). Múnich: Lincom Europa, 2005.

Virolleaud, Charles. "Lettres et documents administratifs provenant des archives d'Ugarit", *Syria* 21 (1940): 247–76.

Vita, Juan Pablo. *El ejército de Ugarit*, Banco de datos filológicos semíticos noroccidentales 1. Madrid: Consejo Superior de Investigaciones Científicas, 1995.

———. "Remarques épigraphiques à propos de quatre textes ougaritiques", *UF* 29 (1997): 705–7.

———. "Datation et genres littéraires à Ougarit", en Briquel-Chatonnet, Françoise y Lozachmeur, Hélène (eds.). *Proche-Orient Ancien: Temps vécu, temps pensé*. París: Éditions Maisonneuve, 1998, 39–52.

———. "Los estudios ugaríticos: breve presentación y bibliografía", en Justel, Josué Javier y Zamora, José Ángel y Vita, Juan Pablo (eds.). *Las culturas del Próximo Oriente Antiguo y su expansion mediterránea*. Zaragoza: Instituto de Estudios Islámicos y del Oriente Próximo, 2008, 169–89.

———. "La pena de muerte en la Siria-Palestina del Bronce Final", en Oliva, Juan Carlos y Belmonte, Juan Antonio (coords.). *Esta Toledo, aquella Babilonia*, Colección Estudios 131. Cuenca: Ediciones de la Universidad de Castilla-La Mancha, 2011, 301–13.

Volk, Konrad. "Von Dunkel in die Helligkeit: Schwangerschaft, Geburt und frühe Kindheit in Babylonien und Assyrien", en Dasen, Véronique (ed.). *Naissance et petit enfance dans d'Antiquité: Actes du colloque de Fribourg, 28 novembre–1er décembre 2001*, OBO 203. Friburgo: Academic Press, 2004, 71–92.

———. "Von Findel-, Waisen-, verkauften und deportierten Kindern. Notizen aus Babylonien und Assyrien", en Kunz-Lübcke, Andreas y Lux, Rüdiger (eds.). *"Schaffe mir Kinder, wenn nicht, so sterbe ich": Beiträge zur Kindheit im alten Israel und in seinen Nachbarkulturen*, Arbeiten zur Bibel und ihrer Geschichte 21. Leipzig: Evangelische Verlagsanstalt, 2006, 47–87.

Waetzoldt, Hartmut y Hauptmann, Harald (eds.). *Assyrien im Wandel der Zeiten, CRRAI 39 (Heidelberg, 1992)*. Heidelberg: Heidelberger Orientverlag, 1997.

Watson, Wilfred G. E. y Wyatt, Nicolas (eds.). *Handbook of Ugaritic Studies*, Leiden-Boston-Colonia: Brill, 1999.

Weinfeld, Moshe. "The Covenant of Grant in the Old Testament and in the Ancient Near East", *JAOS* 90 (1970): 184–203.

Westbrook, Raymond. *Old Babylonian Marriage Law*. Tesis doctoral inédita. New Haven: Yale University, 1982.

———. "The Adoption Laws of Codex Hammurabi", en Rainey, Anson F. (ed.). kinattūtu ša dārâti: *Raphael Kutscher Memorial Volume*. Tel Aviv: Institute of Archaeology of Tel Aviv University, 1993, 195–204.

———. "Slave and Master in Ancient Near Eastern Law", en Lindgren, James y Mayali, Laurent y Miller, Geoffrey P. (eds.). *Symposium on Ancient Law, Economics & Society. Part II*, CKLR 70. Chicago: Chicago-Kent Law Review, 1995, 1631–1676.

———. "The Female Slave", en Matthews, Victor H. y Levinson, Bernard M. y Frymer Kensy, Tivka (eds.). *Gender and Law in the Hebrew Bible and the Ancient Near East*. Sheffield: T&T Clark, 1998, 214–38.

———. "Social Justice and Creative Jurisprudence in Late Bronze Age Syria", *JESHO* 44/1 (2001): 22–43.

———. (ed.). *A History of the Ancient Near Eastern Law*, vol. 1 y 2. Leiden-Boston: Brill, 2003.

———. "Old Babylonian Period", en Westbrook, Raymond (ed.). *A History of the Ancient Near Eastern Law*, vol. 1 y 2. Leiden-Boston: Brill, 2003, 361–430.

———. "Emar and Vicinity", en Westbrook, Raymond (ed.). *A History of the Ancient Near Eastern Law*, vol. 1 y 2. Leiden-Boston: Brill, 2003, 657–91.

———. "The Character of Ancient Near Eastern Law", en Westbrook, Raymond (ed.). *A History of the Ancient Near Eastern Law*, vol. 1 y 2. Leiden-Boston: Brill, 2003, 1–90.

Westbrook, Raymond y Jasnow, Richard (eds.). *Security for Debt in Ancient Near Eastern Law*, CHANE 9. Leiden: Brill, 2001.

Westenholz, Joan Goodnick. *JNES* 43/1 (1984): 73–79 (reseña de Foster, Benjamin R. *Before the Muses: An Anthology of Akkadian Literature*. Bethesda: CDL Pres, 2005).

Westermann, William Linn. *The Slave Systems of Greek and Roman Antiquity*. Filadelfia: American Philosophical Society, 1955.

White, Andrew. "Abortion and the Ancient Practice of Child Sacrifice", *Journal of Biblical Ethics in Medicine* 1:2 (2012): 27–42.

Wiedemann, Thomas E. J. *Adults and Children in the Roman Empire*. Londres: Routledge, 1989.

Wilbur, Clarence Martin. *Slavery in China during the Former Han Dynasty. 206 B.C.—A.D. 25*. Chicago: Field Museum of Natural History, 1943.

Wilcke, Claus. "Zu den spät-babylonischen Kaufverträgen aus Nordbabylonien", *WdO* 8 (1976): 254–85.

———. "Kauf. A.II", *RlA* 5 (1980): 498–512.

———. "*šumßulum* "den Tag verbringen", *ZA* 70 (1980): 138–40.

———. "Noch einmal: *šilip rēmim* und die Adoption *ina mê-šu*. Neue und alte einschlägige Texte", *ZA* 71 (1981): 87–94.

———. "Familiengründung im alten babylonien", en Müller, Ernst Wilhelm (ed.). *Geschlechtsreife und Legitimation zur Zeugung*. Múnich: Alber, 1985, 213–317.

———. "AH, die 'Brüder' von Emar. Untersuchungen zur Schreibtradition am Euphratknie", *AuOr* 10 (1992): 115–50.

———.*Early Ancient Near Eastern Law: A History of its Beginnings. The Early Dynastic and Sargonic Periods*, SBAW 2003/2. Múnich: Verlag der Bayerischen Akademie der Wissensschaften, 2003.

Wilhelm, Gernot. *Das Archiv des Šilwa-Teššup. Heft 2: Rationenlisten I*. Wiesbaden: Otto Harrassowitz, 1980.

———. *Das Archiv des Šilwa-Teššup. Heft 3: Rationenlisten II*. Wiesbaden: Otto Harrassowitz, 1985.

———. *BiOr* 42 5/6 (1985): 646–47 (reseña de Saporetti, Claudio. *Assur 14446: Le altre famiglie: Ascesa e declino di persone e famiglie all'inizio del medio-regno assirio*. Malibú: Undena, 1982).

———. "Die šu-dingir-ra Krankheit als Hauptmangel innerhalb der Gewährfrist bei Sicherheitsleistung in Form einer Sklavin", *ZA* 77 (1987): 127–35.

———. (ed.). *Das Archiv des Šilwa-Teššup* (vol. 8). Wiesbaden: Harrasowitz Verlag, 1993.

———. "Nuzi Note 10", SCCNH 7, 1995, 144–46.

———. (ed.). *Organization, Representation, and Symbols of Power in the Ancient Near East: Proceedings of the Fifty-Fourth Rencontre Assyriologique Internationale at Würzburg, 20–25 July 2008*. Winona Lake: Eisenbrauns, 2012.

Wiseman, Donald J. *The Alalakh Tablets*. Londres: The British Institute of Archaeology at Ankara, 1953.

Woolley, Leonard. *The Kassite Period and the Period of the Assyrian Kings*, UE 8. Londres: British Museum Publications, 1965.

Wolff, Hans-Walter. *Anthropology of the Old Testament*. Filadelfia: Hymns Ancient & Modern Ltd, 1974.

Wunsch, Cornelia. "Findelkinder und Adoption nach neubabylonischen Quellen", *AfO* 50 (2003/2004): 174–244.

Yamada, Masamichi. "The Chronology of the Emar Texts Reassessed", *Orient* 48 (2013): 125–56.

Shibata, Daisuke y Yamada, Shigeo (eds.). *Cultures and Societies in the Middle Euphrates and Habur Areas in the Second Millennium BC—I: Scribal Education and Scribal Tradition*. Wiesbaden: Harrassowitz Verlag, 2016.

Yaron, Reuven. "Varia on Adoption", *Journal of Juristic Papyrology* 15 (1965): 171–83.

———. *The Laws of Eshnunna*. Jerusalén: Brill, 1988.

Yon, Marguerite. *La cité d'Ougarit sur le tell de Ras Shamra*. París: Éditions Recherche sur les Civilisations, 1997.

———. *The City of Ugarit at Tell Ras Shamra*. Winona Lake: Eisenbrauns, 2006.

Yuge, Tōru y Doi, Masaoki (eds.). *Forms of Control and Subordination in Antiquity*, Leiden-Nueva York-København-Colonia: Brill, 1988.

Yuhong, Wu. "Two OB Tablets and the Sale Document Formula šám-til-la-ni(or –bi)-šè", NABU 1993.79.

———. "The Earliest Slavery Documents from Mesopotamia", *Journal of Ancient Civilizations* 24 (2009): 1–33.

Zaccagnini, Carlo. "Feet of Clay at Emar and Elsewhere", *OrNS* 63 (1994): 1–4.

———. "War and Famine at Emar", *OrNS* 64 (1995): 92–109.

———. "Nuzi", en Westbrook, Raymond (ed.). *A History of the Ancient Near Eastern Law*, vol. 1 y 2. Leiden-Boston: Brill, 2003, 565–617.

Zanardo, Aldo (ed.). *Stato, Economia, Lavoro nel Vicino Oriente antico*. Milán: Francoangeli, 1988.

Ziegler, Nele. "Les enfants du palais", *KTEMA* 22, 1997, 45–57.

———. *Les Musiciens et la musique d'après les archives de Mari*, Mémoires de NABU 10, Floriegium marianum IX. París: Société pour l'étude du Proche-orient ancien, 2007.

De Zorzi, Nicla. "The Omen Series *Summa izbu*: Internal Structure and Hermeneutic Strategies", *KASKAL* 8 (2011): 43–75.

9
Anexos

9.1. Antropónimos

Aba-lā-īdi 53, 53 n. 182, 207 n. 904
Abī-kāpī 35, 36, 36 n. 114, 37, 87 n. 310, 96, 106 n. 418, 122, 122 n. 501, 123
Adadma-ilu 256 n. 1060
Adad-nada 198 n. 858
Adad-šar-ilāni 251 n. 1025
Adad-šuma-iddina 251 n. 1027, 271 n. 1164
Adaggal-pān-ilī 256, 256 n. 1060
Addu 35–37, 96, 106 n. 418, 312–13
Aḫa-mi 35–36, 87 n. 310, 122 n. 501
Aḫassunu 202
Aḫiu 35–36, 87 n. 310, 122 n. 501
Akap-šenni 103, 103 n. 403, 104, 104 n. 404, 110 n. 436
Akap-tukke 257 n. 1062
Akawatil 64
Akītu-rīšat 152 n. 630
Akki 47 n. 163
Akkuya 14, 103 n. 403, 108 n. 426
Al-ummī 38, 38 nn. 122–23, 39, 39 n. 130, 53
Amurrea 261 n. 1095, 264
Aniya 104 n. 405, 108 n. 426
Apil-Nergal 10
Arabasum 294
Arad-Ninsar 197 n. 853
Arad-Nusku 172 n. 739
Arim-matka 172 n. 739
Arip-šerri 103 n. 401, 108 n. 428
Asda-aḫī 255 n. 1042
Aššur-iddin 32
Aššur-uballiṭ 12
Ašua-našši 63, 64
Ātamar-qāssa 108 n. 429, 144, 145, 213 n. 912, 253 n. 1035
Azukiya 90 n. 317, 104 n. 405
Bahdî-Lîm 54
Baḫlu 222 n. 955
Baltešup 98–99, 101 n. 394, 105 n. 413, 110 n. 436, 115 n. 470
Bāltī-Nergal 152 n. 630, 246
Basundu 160 n. 684, 197 n. 855
Belaya 98, 105 n. 413, 110 n. 436
Bēlī-emūqāya 251 n. 1025
Bēlīya 96 n. 357, 106 n. 417, 110
Bēlta-balāṭa-īriš 162, 162 n. 691
Bēlu-malik 39 n. 130
Bēlum-karad 104 n. 405
Bēlu-taliḫ 221, 248, 255 n. 1042
Bitti-Dagan 104, 104 n. 407
Bunni-Sîn 148 n. 613, 246, 261, 261 n. 1095
Burezen 294
Burna-Buriaš II 251 n. 1024, 253, 253 n. 1033
Burna-Nergal 10
Dadâ 202
Dayyānī-Šamaš 157 n. 658
Dingirmu 294
Dīni-ilī-lūmur 162, 162 n. 691, 162 n. 692, 163 n. 696, 198 n. 860

Diyānātu 251, 251 n. 1026
Duqqin-ilī 150 n. 622, 158 n. 661, 197 n. 852
É.A.BA-ul-īšu 53
Eḫli-Tešup 88 n. 312, 103 n. 398, 105 n. 413
Elḫip-šarri 64, 144 n. 588
Elwini 65
Enigasud 294
Enlil-Kidinnī 182, 250 n. 1022, 251, 251 nn. 1024–25, 252, 252 nn. 1030–31, 253, 253 nn. 1033–34, 254, 256, 263, 263 n. 1101, 285, 285 n. 1218, 288 n. 1232, 317
Enlil-nīrārī 252 n. 1030
Enlitarzi 294
Enna-mati 97, 97 n. 362, 97 n. 366, 103, 103 nn. 399–400, 164
Ennaname 294
Entemena 294
Eriš-ilu 104 nn. 405–6, 108 n. 426
Eṭirtu 121, 130 n. 539, 198 n. 858
Eza 66, 66 n. 234
Ezida-NAM.TI 276 n. 1184
Faraón 49 n. 166, 53 n. 183
Gab-Martaš 197 n. 854
Gimillu 104 n. 405, 203 n. 888, 256
Ginartapaddan 294
Gugatu 104
Ḫaluia 64
Ḫampizi 257 n. 1062
Ḫamsu 35, 122 n. 501
Ḫapira 251 n. 1025, 279 n. 1204
ḪU.TI-rēminni 32, 33 n. 97, 34
Ḫulālatu 198 n. 858
Ḫulāu 35, 122 n. 501
Ḫunābu 276 n. 1184
Iddin-Adad 151 n. 625
Iddin-Nergal 161 n. 688, 163 n. 698
Iddin-SUKKAL 264
Ilaya 251 n. 1025, 279 n. 1204
Ilī-abī 104
Ilī-bānî 264 n. 1110
Ilimilimma 251, 254, 265, 280, 285, 317
Ilī-šēmi 10
Ilšu-ibnīšu 276 n. 1184
Iltani 173 n. 744, 229 n. 963
Ina-pī-Marduk-dīnu 172, 172 n. 739, 197 n. 854
Inbūša 161 n. 688, 163 n. 698
Indalik-Bēl 246, 277 n. 1191
Innamar 177 n. 765, 198 n. 858
Iram-ela 221, 248, 258
Išma-Dagan 165, 166 n. 712, 187, 241, 241 n. 1002, 288 n. 1234, 290, 290 n. 1247
Ištarte 35, 36, 87 n. 310, 122 n. 501
Judá 78 n. 276
Kadašman-Turgu 11 n. 32, 61 n. 200, 144, 162 n. 694, 163 n. 695, 213 n. 912, 253 n. 1035
Kai-Tilla 88 n. 312, 110
Kalbaya 165 n. 710
Karrate 64
Kaštiliašu 137 n. 558, 251 n. 1024, 269 n. 1152
Kelipukur 88 n. 312, 103 n. 398, 105 n. 413
Kidin-^{d}NIN-x 151 n. 625
Kidin-Enlil 276 n. 1184
Kidin-Šuqamuna 151 n. 625
Kiniya 104 n. 405
Kinnuya 88 n. 312, 99, 105 n. 412, 116 n. 470
Kirimiša 277 n. 1191
Kitilanalumepi 294
Kittatu 144 n. 593, 180, 180 n. 783
Kudur-Enlil 269 n. 1152
Kullupat 202
Kuntuya 84 n. 296, 103 n. 401, 108, 108 n. 427
Kurigalzu II 137 n. 558, 252 n. 1030
Kurṣubtu 32
Kutbe 254, 254 n. 1041
La-abu-Dāgan 39

Lultamar 163
Lultamar-Nusku 150 n. 622, 159 n. 682, 162 n. 691, 172 n. 739
Mārat 258 n. 1071
Matiya 39
Meli-Šipak 212
Minde-iballuṭ 197 n. 855
Moisés 34, 48 n. 163, 49 n. 166, 53 n. 183, 75 n. 265, 307
Mursil II 252 n. 1030
Mušapu 95, 97, 98, 101 n. 394, 106, 166 n. 712
Nabû-aḫḫē-iddin 165 n. 710
Nabû-nādin-šumi 49 n. 168, 50 n. 168
Nakidu 104 n. 405, 111
Nammagni 294
Naniya 95, 97, 97 nn. 365–66, 103, 103 n. 399, 105, 105 n. 410, n. 413, 110 n. 440, 117, 118, 143, 164, 164 n. 703
Nāru-erība 32, 33, 34, 53
Nazi-Maruttaš 61 n. 200, 162 nn. 693–95
Ninlil-ilatni 198 n. 857
Ninurta-nādin-aḫḫē 252
Ninurta-uballiṭ 253 n. 1034
Nūru-mātu 64, 69 nn. 244–45, 78
Nuska-kīna-uṣur 150 n. 622
Nusku-ibni 159 n. 679, 199, 208 n. 906
Pašši-Tilla 65, 65 n. 231, 109
Qaqqadānu 157 n. 658
Rabâ-ša-ilī 144 n. 593, 180, 180 n. 783, 181
Rabâ-ša-Išḫara 162, 162 nn. 691–92, 163 nn. 695–96, 198 n. 858
Rabâ-ša-Kūbu 250 n. 1021
Rabâ-ša-Ninurta 263 n. 1102, 264 n. 111
Rabât-bēlet-Akkade 152 n. 630
Rabi-Nergal 152 n. 630
Riḫītuša 261, 261 nn. 1094–95
Šadmezi 157 n. 658
Šagarti-Šuriaš 145, 213 n. 912, 253 n. 1035
Šallī-lūmur 151 n. 629
Šamaš-eṭir 213 n. 915, 243 n. 1014, 251, 251 n. 1026, 254, 261, 261 n. 1092, n. 1094, 262 n. 1096, 273, 285, 317
Ša-pî-kalbi 52, 52 n. 180, 53 n. 180
Sargón 34, 47 n. 163, 48 n. 163, 307
Šāt-Aššur 173 n. 744
Šelaḫ 78 n. 276
Šelluni 103, 103 n. 403, n. 404, 104 n. 404, 110 nn. 436–37
Šennima 105 nn. 412–13
Šēpītaya 49 n. 168
Šeškisigduli 294
Ṣillī-Eštar 202
Šilwa-Teššup 14, 102 n. 396, 109 n. 434, 171 n. 736
Šīma-ilat 198 n. 857
Sîn-ašarēd 161 n. 688
Šindi-Enlil 180, 180 n. 783
Sîn-ēriš 197 n. 856
Ṣiraya 49 n. 168, 50 n. 171, 55 n. 188
Šuldumu 294
Šuriḫilu 102 n. 397, 105 nn. 412–13
Taklāku-ana-Šuqamuna 151 n. 625, 246
Talziya-enni 197 n. 851
Tamar 79 n. 276
Tanna 64
Tatu 66, 66 n. 234
Teḫip-Tilla 13, 65, 65 n. 227, 97, 103 n. 398, n. 400, 106, 144, 144 n. 598, 290 n. 1247
Tiglat-Pileser I 12
Tirwaya 95, 97, 97 n. 366, 103, 103 n. 402, 105, 105 n. 413, 106 n. 416, 117, 118, 164, 164 n. 703
Tiwirra 265 n. 1114, 279 n. 1204
Tukultī-Ninurta 12, 76 n. 269, 140
Tulpi-šenni 65, 144 n. 588
Tuttu 254, 265
Uante 65, 65 n. 231
Ubāya 256
Ugišiya-Saḫ 172, 172 n. 741

Ummī-namī 104
Ummiši 258 n. 1071
Unaya 257 n. 1062
Urezida 294
Urḫi-Tešup 218 n. 931
Ūrī 197 n. 855
Uriš-elli 63
Utḫaptae 88 n. 312, 105 n. 413
Warḫa-zizza 65, 144 n. 588
Zadamma 174, 220, 220 n. 945, n. 947, 276 n. 1183
Zanini 294
Zike 14, 103, 103 n. 403, 108 n. 426, 110, 110 n. 437, 145 n. 599
Zimrî-Lîm 140 n. 574, 200
Zulalli 257

9.2. Términos y expresiones

Sumerio

ÁB.GU$_4$.ḪI.A 158 n. 671
AD.KID 158 n. 663
AMA.AR.GI$_4$ 190 n. 825
ana ŠÁM.TIL.LA.BI.ŠÈ 229, 233
ARAD 182 n. 788, 189, 189 n. 823, 195 n. 845
AŠGAB 159, 167
ÁZLAG 159, 159 n. 679, 167, 199
BA.ÚŠ 175, 177 n. 764 (.MEŠ)
BÁḪAR 158 n. 669, 167
BUR.GUL 158 n. 670, 167
DAM 100 n. 381, 105 n. 413, 113 n. 455, n. 460, 119 n. 488, 198, 261 n. 1094
DÍM 135 n. 551, 153 n. 633
DÙ 158 n. 661, 197 n. 852
DUB.SAR 158 n. 675, 183
DUMU.GABA 22, 22 n. 69, 53, 138 n. 556, 150, 151 n. 625, 152, 152 n. 630, 158 n. 664, n. 669, n. 672, 159 nn. 679–81, 160 nn. 683–684, 166, 166 n. 713, 167, 167 n. 716, 168 n. 718, 172, 177, 179, 181, 195 n. 849, 196, 197, 197 n. 854, 199, 207 n. 904, 208 n. 906, 239, 247, 276 n. 1184, 283
DUMU.SAL.GABA 22, 138 n. 566, 151, 152, 152 n. 630, 158 n. 665, n. 670, n. 672, 159 n. 680, 160 nn. 683–84, 162 n. 692, 166, 166 n. 713, 167, 168 n. 718, 177, 195 n. 849, 196, 197, 197 n. 855, n. 856, 198 nn. 857–58, 235, 241, 246, 247, 248, 276 n. 1184, 282, 283
É.GAL 32, 182
E.GI$_4$.A 69, 69 n. 246
GEMÉ 32, 103 n. 401, 108, 114 n. 462, 144 n. 591, 148, 155, 185 n. 801, 189, 189 n. 823, 190, 195 y 200 (GEMÉ-DUMU), 206 n. 901, 222 n. 955, 224–27, 229, 229 n. 966, 233, 233 n. 975, 234, 234 n. 977, 235, 242 n. 1006, 244, 245, 245 n. 1018, 248, 269 nn. 1147–48, 283, 298 n. 1279
GIG 175
GÍR 158 n. 667
GIŠ.GAN.NA 294
GURUŠ 25, 25 n. 80, 150, 151, 153, 157, 157 n. 658, 158 n. 668, n. 670, 172, 172 n. 739, 176, 179, 196, 289, 311
GURUŠ.TUR 22, 22 nn. 67–68, 23 n. 71, 25, 25 n. 81, 146, 607, 150, 151, 152, 154 n. 647, 158, 158 nn. 662–63, nn. 665–69, nn. 671–76, 159 n. 680, n. 682, 160 n. 684, 172 n. 739, 176, 177, 179, 181, 183, 183 n. 795, 196, 197 n. 851, 225–28, 228 nn. 958–59, 229 n. 963, 235, 247, 276, 276 n. 1184, 278 nn. 1197–98, 279 n. 1202, 282, 283, 290 n. 1241, 311
GURUŠ.TUR.TUR 22, 22 nn. 67–68, 23, 25 n. 81, 141 n. 606, 150, 151, 152, 153, 154 n. 647, 155 n. 650, 158 n. 661, n. 668, 159 n. 682, 162 n. 691, 166, 172 n. 739, 174 n.

745, 181, 183 n. 795, 196, 197, 197 n. 852, 229 n. 963, 278 n. 1197
ḪA.LA 93, 105 n. 412, 116 n. 471
ḪÚB.BI 159, 159 n. 681, 167
Ì.BA 135, 194
IM.ÚŠ 175
IN.ŠI.SA$_{10}$ 229, 230, 255
KUR.GAR.RA 158 n. 676
LÚ.GÁN 298 n. 1280
LÚ.KUR 298 n. 1280
LÙNGA 158 n. 666
MUḪALDIM 158 n. 665
MUŠEN.DÙ 158 n. 673
NAM.ARAD.A.NI.ŠÈ 203
NU.^{giš}KIRI$_6$ 158 n. 668
SAL 62, 77, 151, 153, 154 nn. 639–41, 158 n. 670, 179, 189, 190, 196, 198, 228 n. 959, 257 n. 1065 (como determinativo), 276 n. 1184, 311
SAL.KUR 190, 298 n. 1280
SAL.LÚ-*tum* 155, 155 n. 652, 218, 219 n. 938
SAL.LÚ.TUR.RA 203 n. 887
SAL *ša* GA 228 n. 962
SAL.ŠU.GI 151, 176 n. 758
SAL.TUR 22, 22 nn. 67–68, 25 n. 81, 61, 62, 83, 130 n. 539, 144, 148, 151, 152, 158, 158 n. 672, 159 n. 681, 160 n. 684, 161 n. 688, 163 n. 698, 176, 177, 177 n. 764, 183 n. 795, 184 n. 797, 196, 197 n. 855, 225–28, 228 n. 959, 235, 235 n. 980, 244, 246–47, 278 n. 1198, 279, 279 n. 1202, 282–83, 290 n. 1241, 311
SAL.TUR.TUR 22, 22 nn. 67–68, 23, 25 n. 81, 151, 151 n. 628, 152, 155 n. 650, 166, 174 n. 745, 196, 197, 197 n. 856, 225–27, 235
SAL-*tum* 218, 229, 235, 244, 245, 249, 280, 280 n. 1207, 284
ša KIN 153 n. 633
ŠE.BAR 135, 194, 277 n. 1192
ŠE.GUR 277 n. 1192
SIPA 158 n. 662
SIPA ANŠE.KUR.RA 158 n. 672, 167, 168 n. 717
ŠU.GI 150, 172, 176
TÚG.KA.KEŠDA 159, 167
UM.MI.A 158 n. 664, 166 n. 713, 167, 167 n. 716
UR-*bi* IN.PÀD.DA.NE.EŠ 267
ÚŠ 175, 177 n. 763
UŠ.BAR 159, 160 n. 683, 161 n. 688, 162 n. 691, 163 n. 696, n. 698, 164 n. 705, 172, 172 n. 739
ZÁḪ GIBIL 175 n. 756
ZÁḪ LIBIR.RA 175 n. 756

ACADIO

amat ekalli 206 n. 901
ana ardūti 143 n. 586, 186 n. 805, 206 n. 900, 233, 245, 245 n. 1018
ana ittišu 33 n. 99, 45, 45 n. 152, 46 n. 154, 52, 82, 91 n. 319, n. 326, 93 n. 341, 123–24 n. 503, 124 n. 505
ana kallūti 62, 144
ana mārūti nadānu 143, 319
ana mārūti šakānu 129
ana mārūti leqû 129, 319
ana ribīti ṣālu 36, 96
ana tarbūti leqû 128 n. 531
ana ṭamūdi 163 n. 698
aplū zakû ù rugguma ūl īšû 266
aplūtu 91 n. 319
arad 206 n. 901
ašlāku 159, 159 n. 679, 167, 199
aškāpu 159, 167
atkuppu 158 n. 663
bānû 135 n. 551, 153 n. 633, 158 n. 661
bennu 272, 295, 295 n. 1265
bukānam šūtuk 294
bukānu 294
epēšu 89 nn. 312–13, 91
erēbu 60 n. 200
eṭlūtu 91 n. 319

ezēbu 49
ḫabātu 185 n. 802
ḫâṭu 114
ḫubbutānu 185 n. 802
ḫubtu 185 n. 802
ḫuppu 159, 167
ḫurādu 206 n. 901
ildu 146, 146 n. 604, 187, 242 n. 1005
ina mêšu 46, 46 n. 157
ina mêšu u damēšu 46, 46 n. 157
ina tulî 69, 77
išparu 159, 160 n. 683, n. 686
kallatu 62, 62 n. 210, 212–13, 64–65, 66, 69–70, 69–70 n. 246, 75, 77–79, 144, 147, 184, 184 n. 797, 220, 238 n. 998, 273, 273 n. 1177, 309–310, 313, 319
kāṣiru 159, 160 n. 683, 167
kattû 259, 259 nn. 1083–84, 260, 260 n. 1087, 261 n. 1091
kî rikilti šarri NR *ippušušu* 271
kīlu 180
kinṣu 235, 237, 273, 279 n. 1204
kunšillu 160, 167, 197 n. 855
kurgarrû 158 n. 676
lamādu 50
leqû 50, 50 n. 170, 62, 62 n. 208, 92, 93, 93 n. 341, 114 n. 462, 128, 128 n. 529, 180 n. 781, 230, 232, 233 n. 976
malû 114, 269
mār bītim 205
mārūtu 91, 91 n. 319, 126 n. 519
minzir 270, 270 n. 1156
mušēniqtu 169
nabalkutu 112, 112 n. 448, 267
nadānu 89 n. 312, 91, 91 n. 324, 92 n. 330, 114, 129, 230, 232–33, 269, 269 n. 1149
nadû 43 n. 145, 44, 49, 49 n. 166, 273 n. 1174
nasāku 48
našû 50, 50 n. 169, n. 171, 99
nuḫatimmu 158 n. 665
nukarribu 158 n. 668
paḫāru 158 n. 669, 167
palāḫu 90 n. 317, 93, 99, 120 n. 492
pasālu 112, 112 n. 450
paṭāru 232 n. 971, 233 n. 976
pirsatu 23, 150–51, 151 n. 629, 152, 153, 158 n. 664, 166, 166 n. 713, 174 n. 745, 176, 195 n. 849, 196–97, 198 n. 857
pirsu 23, 150, 150 n. 624, 151, 151 n. 629, 152–53, 154 nn. 645–46, n. 649, 166, 166 n. 713, 174 n. 745, 181, 195 n. 849, 196–97, 197 n. 853, 198 n. 857, 297 n. 1273
purkullu 158 n. 670, 167
qinnu 182, 206 n. 901
rabû 50, 64–65, 65 n. 230, 95 n. 353
rē'i lâti 158 n. 671
rē'i sisê 158 n. 672, 167
rē'û 158 n. 662
rubbû 50
sirašû 158 n. 666
sugulli 158 n. 671
ṣalû 49
ṣeḫertu 23, 68 n. 240, 151, 228 n. 959, 235, 290 n. 1241
ṣeḫru 22–23, 63, 68, 77, 78 n. 276, 83 n. 289, 194, 194 n. 842, 228, 228 n. 959, n. 961, 290 n. 1241
ṣuḫārtu 23, 65, 65 nn. 228–29, 68, 68 n. 242, 77, 144, 148, 151, 155, 219, 228, 244, 244 n. 1017
ṣuḫāru 23, 51, 68, 68 n. 241, 83 n. 290, 136, 148, 155, 164 n. 705, 194, 218, 219, 225–28, 228 n. 959, 229, 229 n. 963, 235, 244, 244 n. 1017, 245
ṣupur kīma kunnukkišu 263 n. 1106
ša kukulli 153–54
ša šipri 153 n. 633
ša šizbi 150 n. 624
ša UŠ-*pi* 153
šakānu 91, 267
šakin māti 161 n. 688
šaknu 161 n. 688

šandabakku 252, 252 n. 1030, 253 nn. 1033–34, 256, 263, 285 n. 1218, 288 n. 1232, 317
šaqû 50
šalû 267
šaṭāru 91
šilip rēmim 51, 51 n. 174
šūnuqu 91 n. 319
talmettu 153
talmidātu 154
tarbītu 91 n. 319, 169
tarītu 153
tenēštu 153, 153 n. 632, 163 n. 698, 206 n. 901
tēniqu 155 n. 650, 169, 171
ṭābiḫu 158 n. 667
ṭāmītu 163
ṭupšarru 158 n. 675
ṭuppi aḫuzati 60 n. 200
ṭuppi mārūti 87, 87 n. 309
ṭuppi riksi 118 n. 485
ṭuppi zununnê 60 n. 200
ubānu 235, 237
ummânu 158 n. 664, 166 n. 713, 167
usandû 158 n. 673
ūṭu 235 n. 984, 237, 237 n. 990
wabālu 94, 99, 120 n. 492
wilid bītim 161, 205 n. 897
zakûtu 145, 184 n. 798, 191 n. 834, 213 n. 912, 253 n. 1035
zittu 93, 93 n. 340, 116 n. 471

UGARÍTICO

at̠t 155
at̠t adrt 155
n'rt 155
ġzr 155
pġt 155

HURRITA

teḫambašḫu 95, 96 n. 357, 106, 115, 170

LATÍN

adoptio servi loco 97 n. 363, 98
poena duplex (o *stipulatio duplae*) 34, 268, 268 n. 1145, 269, 269 nn. 1146–48

GRIEGO

δοχιμασία 21 n. 63
παῖς 193

9.3. TEÓNIMOS

Gula 34
Ištar 34
Sîn 34
Šamaš 34

9.4. TOPÓNIMOS

Akkad 243
Alalaḫ 8 n. 21, 13–14, 14 nn. 40–41, 15 n. 42, n. 45, 143, 155, 212, 218, 223, 229, 229 n. 966, n. 968, 230, 232 n. 972, 244–45, 251, 254, 257, 257 n. 1065, 258, 259 n. 1084, 265, 266 n. 1125, 271 n. 1159, 274 n. 1180, 280, 282, 285, 287, 294 n. 1259, 296 n. 1270, 302, 308–10, 317
Alašia 141–42
Amurru 183 n. 795, 242

Arrapḫe 13, 25, 67, 70, 77, 140, 183 n. 795, 217, 224, 258, 269 n. 1151, 302–4, 308
Asiria 8, 12, 15, 25, 72, 76 n. 269, 86, 91 nn. 321–22, n. 324, 92 n. 332, 93, 93 n. 340, 98, 111, 120 n. 490, 134, 147, 155, 178, 183 n. 795, 206, 252 n. 1030, 296
Aššur 11–12, 12 n. 35, 13, 85–86, 86 n. 301, 89, 98, 98 n. 373, 100, 100 n. 381, 194 n. 405, 106, 107 n. 422, 111, 112 n. 448, 114, 120 n. 492, 128 n. 532, 129, 131, 183 n. 795, 186, 229 n. 968, 242, 289, 306–308, 312, 314–15
Babilonia 5, 8, 8 n. 22, 9, 9 n. 23, 10, 10 n. 31, 25, 60, 67, 70, 72, 77, 83, 83 n. 290, 134, 135 n. 547, 136, 136 n. 556, 137, 138 n. 561, 142–143, 148 n. 613, 155, 158, 168, 182, 183 n. 795, 200 n. 867, 206, 212, 213 n. 913, 214, 216, 218, 222–24, 229, 229 n. 966, 232, 234, 242, 242 n. 1008, 244–45, 252 n. 1030, 256, 258, 262, 264 n. 1108, 265, 266, 274, 274 n. 1180, 275–77, 279, 285 n. 1219, 286 n. 1224, 289, 289 n. 1236, 296, 300 n. 1289, 303–4, 306, 306 n. 1304, 307 n. 1305, 316–17, 320
Cárquemis 13 n. 37, 16
Dūr-Enlilē 11 n. 32, 137 n. 560, 161 n. 688
Dūr-Kurigalzu 9, 61 n. 200, 159 n. 677, 229 n. 966
Ekalte 15, 66 n. 235, 222 n. 956, 296 n. 1271, 309
Ekišnugal 251
Emar 15, 15 n. 46, 16 nn. 46–49, 17, 35, 36 n. 111, 37, 37 n. 120, 39, 39 n. 128, 49, 66 n. 235, 67–68, 72 n. 254, 83, 85–86, 86 n. 300, 89, 90 n. 314, 91, 91 n. 322, n. 324, 93, 94 n. 349, 98, 100, 106, 107 n. 423, 110 n. 435, 114, 120, 120 n. 492, 122, 124 n. 509, 125 n. 517, 129, 136-137, 153, 145 n. 600, 146, 155, 164–65, 165 n. 708, 174 n. 747, 178 n. 770, 186 n. 805, 187, 208, 212, 219, 219 n. 940, n. 942, 220 n. 948, 221, 221 n. 953, 222, 222 n. 956, 223, 230, 232–33, 237 n. 989, 241, 250 n. 1021, 251, 254, 254 n. 1039, 255 n. 1042, 256 n. 1056, 258, 258 n. 1075, 259 n. 1077, 265 n. 1117, 266, 268-269, 269 n. 1147, 272–73, 273 n. 1177, 274 n. 1180, 280 n. 1212, 281, 285, 286 n. 1224, 287, 292 n. 1253, 296 n. 1271, 298 n. 1281, 299, 302, 303, 303 n. 1299, 306, 309–10, 312–13, 317, 319
Eqlum-bana 140 n. 574, 200 n. 872
Eridu 9, 261, 261 n. 1095
Girsu 149 n. 618
Ḫana 83, 85, 92, 100, 131, 229 n. 968, 295 n. 1265, 300 n. 1289, 306 n. 1304
Ḫanigalbat 13 n. 37, 183 n. 795
Ḫarbe 11, 12, 12 n. 36, 13, 15 n. 45, 135, 136 n. 553, 154, 154 n. 646, 174, 307–8
Ḫardûm 178 n. 770
Ḫatti 17, 142, 252 n. 1030
Ḫurwaš 140 n. 574, 200 n. 872
Idu 140
Isin 9, 41, 45 n. 152, 213 n. 913, 242 n. 1009, 243 n. 1009, 252 n. 1030, 270, 271 n. 1164
Kaniš 173 n. 744, 229
Karduniaš 183 n. 795, 242, 242 n. 1008, 243, 243 n. 1014, 289, 303
Karša 221 n. 952, 258, 265
Kaššû 242, 289
Kilizu 140
Kutalla 228 n. 968
Lagaš 294, 300 n. 1288
Larsa 9, 202, 202 n. 882, 229 n. 968, 294, 294 n. 1262
Lullu (cf. Lullubê, Lullumê, Lullumû) 242 n. 1006, 242–43 n. 1009

Marad 243
Mari 4 n. 11, 40 n. 132, 54, 140 n. 574, 170–71 n. 732, n. 733, 178 n. 770, 200, 200 n. 866, 229 n. 963
Nairi 140
Nimrud 237 n. 994
Nippur 9, 9 n. 26, 10, 11 n. 32, 12, 22, 33 n. 101, 40, 51 n. 175, 55 n. 189, 58 n. 195, 61 n. 200, 62 n. 213, 67, 67 n. 237, 69 n. 246, 72 n. 254, 77, 83, 85, 100 n. 385, 108 n. 429, 120, 124, 124 n. 403, 129, 134, 134 n. 545, 135 n. 549, 137, 137 nn. 560–61, 138, 138 n. 561, n. 565, n. 567, 142–44, 144 n. 593, 145, 147, 148 n. 613, 149 n. 618, 157, 158, 159 n. 677, n. 679, 681, 160 n. 684, 161 n. 688, 162, 165 n. 710, 166, 166 n. 714, 169 n. 725, 170 n. 726, 176 n. 757, 180, 182–84, 184 nn. 796–97, 185, 185 n. 801, 186, 188, 196, 198–99, 212, 212 n. 912, 213, 213 nn. 912–13, 214 n. 918, 223, 228, 229 n. 966, 232 n. 971, 233 n. 976, 238 n. 995, 243 n. 1009, n. 1013, 251, 251 n. 1024, 252, 252 nn. 1030–31, 253 nn. 1033–35, 254–56, 256 n. 1056, 258, 260 n. 1087, 262 n. 1099, 263–64, 264 n. 1110, 266, 268–69, 269 n. 1146, n. 1149, 276–78, 278 n. 1197, 279 n. 1202, 281, 285, 285 n. 1218, 288 n. 1232, 289 n. 1235, 290, 299 n. 1285, n. 1287, 305–6, 310, 313, 315–17, 320
Nullu 113 n. 457, 242, 242 n. 1006
Nuzi 5, 13, 13 n. 38, 14, 14 n. 39, 39 n. 128, 40, 51 n. 171, 63, 64, 64 n. 226, 67–69, 69 n. 246, 72 n. 253, 73, 77, 78 n. 273, 81 n. 279, 82 n. 288, 84–86, 86 n. 301, 87 n. 309, 88, 91 nn. 321–25, 92 n. 332, 93–94, 96 n. 357, 98 n. 360, 98, 98 n. 372, 99, 99 n. 374, 100, 100 n. 380, 101 n. 390, 102 n. 394, 103, 103 n. 400, 103 n. 401, 105, 106, 107 n. 422, 108 n. 429, 110, 110 n. 437, 111, 114–15, 116 n. 116 n. 478, 118, 118 nn. 484–85, 119, 119 n. 485, 120 n. 490, n. 492, 128, 128 n. 528, 129, 131, 136, 136 n. 555, 143, 143 n. 586, 144–45, 145 n. 599, 155, 160 n. 683, 164, 164 nn. 703-704, 165, 169, 169, 169 n. 725, 170, 170 nn. 726–27, n. 730, n. 732, 171, 171 n. 733, n. 736, 174, 186, 186 n. 805, 187 n. 808, 204, 206 n. 900, 212, 217, 217 n. 925, 218 n. 936, 219, 222–23, 229–30, 230 n. 970, 233, 235, 235 n. 986, 237 n. 989, 238, 242, 242 n. 1006, 244, 245, 250 n. 1021, 251 n. 1025, 256, 257, 258, 263, 263 n. 1105, 264–66, 269, 269 n. 1148, 270 n. 1158, 272–74, 279, 281, 285 n. 1219, 287, 290 n. 1247, 291, 295 n. 1264, 296 n. 1270, 302, 304, 306, 308–9, 313–14, 317, 319
Ṣidqan 140 n. 574, 200 n. 872
Šelenu 140
Šibaniba 11
Širšiphi 140 n. 574, 200 n. 872
Tell Abbas 290 n. 1242
Tell al-Faḫḫār 270 n. 1158
Tell Fekhariya 11
Tell Imliḥiye 9–10, 10 n. 30, 142–43, 212, 212 n. 912, 213, 276, 278, 279 n. 1202, 281, 290 n. 1242, 305, 316
Tell Rimaḫ 11
Tell Zubeidi 290 n. 1242
Tello 123 n. 503
Till-abna 140 n. 574, 200 n. 872
Till-badi 140 n. 574, 200 n. 872
Tuttul 15, 18–19, 186 n. 805, 212, 219, 219 n. 939, 221, 221 n. 951, 222–23, 232, 232 n. 971, 233, 233 nn. 975–76, 258, 265 n. 1121, 281, 310, 317
Ugarit 15, 17, 17 nn. 52–53, 18, 18 n. 54, nn. 57–58, 69 n. 244, 72 n. 254, 78 n. 275, 81 n. 279, 114 n. 462, 124 n. 509, 138 n. 565, 141–

42, 229 n. 966, 229 n. 968, 259 n. 1079, 259 n. 1084, 271 n. 1159, 276, 294 n. 1259, 296 n. 1271, 309–10, 315
Umma 149 n. 618
Ur 10, 22, 61 n. 200, 142, 212 n. 910, 213, 236 n. 988, 243, 243 n. 1013, 251, 255, 260, 266, 268 n. 1145, 269, 270 n. 1157, 276, 278 n. 1197, 289 n. 1239, 299 n. 1284
Uruk 9, 293
Wilayah 149 n. 618

9.5. Textos

Fuentes del 3.er milenio a. C.

Dok. 2 329 195 n. 845
HSS
10 187 198 n. 859, n. 861
10 188 198 n. 859, 198 n. 861
10 190 198 n. 859
10 193 198 n. 859
MDP
14 11 198 n. 859, 198 n. 861
14 71 195 n. 845
51 198 n. 859, n. 861
61 198 n. 859, n. 861
71 198 n. 859, n. 861
RTC
16 270 n. 1158, 293–94
17 300 n. 1288
TCL 5 6039 195 n. 845
TRU 326 194 n. 843
UET 2 259 189 n. 823
YBC 3666 195 n. 845

Fuentes paleobabilónicas

A.1945 178 n. 770
AbB 6 80 202 n. 881
AlT
7 229 n. 968
10 280 n. 1207
23 259 n. 1084
24 259 n. 1084
62 229 n. 968
AO 9056 300 n. 1289
ARM
6 43 40 n. 132, 54
7 32 171 n. 733
7 50 171 n. 733
7 55 171 n. 733
7 61 171 n. 733
9 24 228 n. 961
BAM 3 246 43
BE
6/1 58 51
6/2 24 100 n. 379
6/2 57 100 n. 379, n. 385
9 68 205 n. 897
BM 78811/78812 51 n. 172
CBS 11324 47 n. 162, 51–52 n. 175, 124 n. 503, 127, 127 n. 523
CE
23 268 n. 1141
25 268 n. 1141
32 91 n. 319, 127, 127 n. 525, 170 n. 728
35 128
CH
14 202, 202 n. 879
101 268
107 268 n. 1142
117 300 n. 1289
120 268 n. 1142
124 268 n. 1142
126 268 n. 1142
160 268 n. 1142
161 268 n. 268
166 78 n. 276
170 204
175 204 n. 893
185 46, 46 n. 155, n. 157, 83 n. 289, 127 n. 526, 206 n. 899

186 127 n. 526, 206 n. 899
187 127 n. 526, 206 n. 899
188 91 n. 319, 95 n. 354, 101 n. 394, 118 n. 484, 127 n. 526, 128, 128 n. 531, 129, 130 n. 538, 158 n. 664, 206 n. 899
189 95 n. 354, 118 n. 484, 127 n. 526, 128–29, 206 n. 899
190 127 n. 526
191 127 n. 526
193 127 n. 526
194 28 n. 84
209 42 nn. 140–41
211 42 nn. 140–41
212 42 nn. 140–41
213 42 nn. 140–41
214 42 nn 140–41
229 42 n. 140
230 42 n. 140
231 42 n. 140
254 268 n. 1142
278 295 n. 1264, 296 n. 1266
279 296 n. 1266
280 296 n. 1266
CHJ 70–74 202
CT
4 39a 66 n. 234
8 22 300 n. 1289
8 22b 66 n. 234
14 36 44, 44 n. 148
29 34 228 n. 961
48 48 66 n. 234
48 57 121 n. 494
48 70 51 n. 172
Ki 618/607 203 n. 888
Kohler—Ungnad, *Hammurabis Gesetz* 115 n.° 424 300 n. 1289
LLI
20 46 n. 154, 126 n. 521
20a 126 n. 521
20b 126 n. 521
20c 126 n. 521
M.18121 171 n. 733
MAH
15951 51, 51 n. 172, 83 n. 289
15954 203, 203 n. 887
MARI 3 71 171 n. 733
MDP
23 288 46, 46 n. 159, 49
28 421 229 n. 968
MSL I 45, 91 n. 319, n. 326, 93 n. 341
PBS
8/2 107 100 n. 379
8/2 140 259 n. 1084
T.108 171 n. 733
TBL 4 83 259 n. 1084
TIM
2 101 259 n. 1084
4 49 66 n. 234
UET
5 93 128 n. 633
5 636 60 n. 200
YOS
1 28 42 n. 137
12 331 46 n. 157, 50 n. 170
13 248 205 n. 897
ZA 101 47 n. 162, 127

FUENTES PALEOASIRIAS

BIN 4 22 173 n. 744
ICK
1 27 300 n. 1289
1 35 300 n. 1289

FUENTES DEL BRONCE RECIENTE

Los textos subrayados se corresponden con documentos inéditos.

ÁMBITO MESOBABILÓNICO

Nippur

BE
14 1 143, 212 n. 912, 213 n. 914, 214 n. 918, 223, 225, 231, 235 n. 981, 236, 240, 246, 252 n. 1031, 253, 253 n. 1033, 225 n. 1050, 256 nn. 1059–60, 258 n. 1072, 263, 263 n. 1102, n. 1104, 264 n. 1110, 267 n. 1138, 279 n. 1202, 282
14 2 252 n. 1031
14 3 159 n. 677
14 7 137, 159 n. 679, 212–13 n. 912, 214 n. 918, 215 n. 920, 216, 223, 225, 231, 240, 244 n. 1015, 246, 252 n. 1031, 253, 255 n. 1053, 263, 263 n. 1102, n. 1104, 264 nn. 1110–11, 266 n. 1125, 267 n. 1132, n. 1138, 278 n. 1198, 282
14 8 252 n. 1031
14 11 180 n. 781
14 19 160 n. 684
14 39 252 n. 1030
14 40 83, 85, 121, 121 n. 498, 130, 130 n. 539, 144, 144 n. 591, 187 n. 807, 207 n. 902, 306 n. 1304, 320
14 46 159 n. 677, 170 n. 726
14 51 256 n. 1060
14 58 62 n. 211, 69 n. 246, 70 n. 246, 138 n. 568, 139, 150 n. 622, 152, 157 n. 656, n. 658, 158 n. 661, 159 n. 682, 160 n. 684, 162, 162 n. 691, nn. 693–94, 163 nn. 696–97, 167 n. 715, 172, 172 nn. 739-740, 177 n. 765, 196 n. 849, 197 nn. 851–52, nn. 854–55, 198 n. 858, 307 n. 1305
14 60 162 n. 694, 172 n. 740, 196 n. 849
14 62 160 n. 684, 162 n. 694, 172 n. 740, 196 n. 849
14 72 256 n. 1060
14 73 159 n. 679
14 91a 162, 162 nn. 694–95, 163 nn. 696–97, 172, 172 n. 739, n. 741, 198 n. 860, 307 n. 1305
14 105 196 n. 849, 197 n. 856
14 110 250 n. 1021
14 126 62 n. 211, 69 n. 246
14 127 180 n. 781
14 128a 83 n. 290, 143, 148 n. 613, 151, 212–13 n. 912, 213 n. 914, 214 n. 918, 226, 228 n. 959, 231, 235 n. 981, 236, 237 n. 993, 238, 238 n. 995, 240 246, 250, 250 n. 1021, 255 n. 1044, n. 1047, n. 1049, 268 n. 1146, 277, 277 n. 1187, 282
14 135 180 n. 781, 204 n. 896
14 136 252 n. 1030
14 142 139, 152
14 168 250 n. 1021
15 78 252 n. 1031
15 79 252 n. 1031
15 84 196 n. 849
15 88 252 n. 1031
15 91a 196 n. 849
15 92 252 n. 1031
15 96 159 n. 679, 160 n. 685, 196 n. 849, 199
15 97 159 n. 681
15 111 159 n. 679, 160 n. 685, 196 n. 849, 199
15 131 256 n. 1060
15 152 160 n. 684
15 171 160 n. 684
15 175 256 n. 1060
15 190 159 n. 681, 160 n. 684, 163 n. 698, 250 n. 1021
15 196 256 n. 1060
15 200 160 n. 684
17 55 252 n. 1031
17 58 159 n. 681
BM 17626 180 n. 781, 181 n. 783

CBS
3225 + 3291 176 n. 761
3323 (BE 14 58) 70 n. 246
3472 138 n. 568, 139, 151 n. 625, 152, 152 n. 630
3484 62 n. 211, 167 n. 715
3493 180 n. 780
3523 158 n. 664, 166 n. 713, 167 n. 716
3646 62 n. 211, 69 n. 246
3650 138 n. 566, 139, 152
3736 179 n. 779, 179 n. 779
7052 33 n. 101
7752 62 n. 211, 69 n. 246, 139, 152
8558 139, 151 n. 628, 152
8600A 180
10450 70 n. 246
10700 176 n. 761
10713 180 n. 780
10733 213 nn. 913–14, 226, 231, 234 n. 978, 235 nn. 980–81, 236, 237 n. 992, 240, 247, 255 n. 1044, n. 1046, 264, 264 n. 1107, 269, 269 n. 1152, 270 n. 1153, 283
11051 179 n. 779
11103 180 n. 780
11106 144, 144 n. 593, 180, 180 nn. 781–83, 181, 181 n. 784, 286 n. 1224
11453 180 n. 781
11505 139, 152
11868 62 n. 211, 69 n. 246
11937 62 n. 211, 69 n. 246
11969 139, 152
13311 177 n. 764
13455 138 n. 568, 139, 152, 152 n. 630
14195 270 n. 1155
CT
43 60 260 n. 1087
52 103 46 n. 157, 50
51 19 163 n. 695
MRWH
1 183 n. 795, 212 n. 912, 215 n. 920, 215 n. 922, 216, 223, 225, 229 n. 963, 230, 239, 242, 246, 252 n. 1031, 253, 255 n. 1050, 256 n. 1057, n. 1060, 258 n. 1072, 262 n. 1100, 263, 264 n. 1108, 267 n. 1131, n. 1138, 269 n. 1146, n. 1149, 278 n. 1197, 282, 289 n. 1235, 290–91, 303
2 253 n. 1031, n. 1033, 267 n. 1138
3 269 n. 1146
7 223
10 180 n. 781, 253 n. 1031
13 253 n. 1031
14 253 n. 1031, 256 n. 1057, nn. 1060–61
50 182 n. 788
51 182 n. 788
69 159 n. 677
MSKH I
7 159 n. 677
9 61 n. 203, 62, 62 n. 205, n. 208, 67, 69 n. 246, 70 n. 246, 83 n. 295, 184 n. 797, 235 n. 980, 236, 238 n. 995, n. 998, 271 n. 1164, 306 n. 1304, 313
MUN
8 137, 212 n. 912, 215 nn. 920–21, 216, 223, 226, 231, 240, 244 n. 1014, 247, 255 n. 1053, 262 n. 1100, 264 n. 1111, 277 n. 1188, 278 n. 1198, 279, 279 n. 1202, 282
9 (cf. PBS 13 64 + MUN 9)
93 153 n. 632
363 159 n. 677
364 159 n. 677
365 159 n. 677
366 159 n. 677
367 159 n. 677
368 159 n. 677
369 159 n. 677
370 159 n. 677
371 159 n. 677
372 159 n. 677
373 159 n. 677
Ni.
177 139, 152
373 176 n. 761

614 158 n. 668
641 252 n. 1031
890 139, 152
1066 + 1069 139, 151 n. 629, 152, 177, 180
1075 180 n. 780
1333 180 n. 781, 181 n. 783, 253 n. 1031
1390 180 n. 781
1574 62 nn. 211–12, 70 n. 246, 77 n. 272, 137, 139, 152, 213 n. 913, 215 n. 920, 216, 223, 226, 240, 247, 252 n. 1031, 253 n. 1031, 283
1624 158 n. 668
1627 183 n. 795
1854 213 n. 913, 215 n. 920, 216, 226, 240, 247, 276 n. 1184, 279 n. 1203, 283
1860 160, n. 685, 167 n. 715
2204 180 n. 781
2228 146, 146 n. 605, n. 607, 177 n. 763
2793 138 n. 565, 139, 151 n. 629, 152
2885 108 n. 429, 144, 146 n. 603, 213 n. 913, 253 n. 1035, 286 n. 1224
5989 53, 53 n. 182, 139, 152, 176 n. 761, 207 n. 904
5993 180 n. 780
6033 180 n. 780
6068 180 n. 780
6192 139, 152, 213 n. 913, 215 n. 920, 216, 216 n. 923, 226, 240, 247, 252 n. 1031, 253 n. 1031, 276 n. 1184, 283, 290
6208 139, 152
6237 180 n. 780
6244 180 n. 780
6444 139, 151 n. 629, 152
6468 180 n. 780
6470 180 n. 780
6558 213 n. 913, 215 n. 920, 216, 226, 240, 247, 253, 260, 276, 283, 302 n. 1297
6816 139, 152
7190 260 n. 1087
7195 180 n. 781
8199 158 n. 668
11055 180 n. 780
12412 162 n. 694
OIC 22 17 159 n. 677
PBS
1/2 60 253 n. 1031
1/2 81 253 n. 1031
1/2 82 253 n. 1031
2/2 5 197 n. 856
2/2 53 196 n. 849, 197 nn. 855–56, 198 n. 857
2/2 56 252 n. 1030
2/2 92 158 n. 664, 159 n. 681
2/2 95 160 n. 684
2/2 98 251 n. 1025
2/2 103 69 n. 246
2/2 118 159 n. 679
2/2 161 180 n. 781
8/2 107 100 n. 379
8/2 140 259 n. 1084
8/2 161 250 n. 1021
8/2 162 137, 212 n. 912, 215 n. 920, 216, 223, 226, 231, 240, 247, 250, 250 n. 1022, 251 n. 1025, 252 n. 1031, 253, 253 n. 1031, n. 1033, 255 n. 1050, 256, 258 n. 1074, 263 n. 1101, n. 1104, 267 nn. 1131–32, n. 1158, 278 n. 1198, 279 nn. 1201–2, 282
13 64 + MUN 9 62 n. 211, 69 n. 246, 137, 212 n. 912, 215 nn. 920–21, 216, 223, 226, 231, 240, 244 n. 1015, 247, 252 n. 1031, 253, 253 n. 1032, 255 n. 1051, 256, 258 n. 1073, 262 n. 1100, 263, 264 n. 1111, 267 n. 1138, 277 n. 1188, 278 n. 1198, 279, 279 n. 1200, n. 1202, 283
TBER 5 (AO 2597) 253 n. 1031
TBER lám. 24 159 n. 677
TCL
9 57 150 n. 624
9 55 159 n. 677
TCS 5171 242 n. 1008

UM
29-13-441 176 n. 761
29-13-984 180 n. 781
29-15-292 138 n. 565, 139, 151 n. 629, 152
29-15-298 139, 152
29-15-730 62 n. 211
29-15-760 139, 152, 162 n. 691, 163 n. 696, 177 n. 765, 198 n. 858

Ur

UET
7 1 143, 161 n. 688, 163 n. 698, 212 n. 912, 223, 225, 239
7 2 148 n. 613, 212 n. 912, 213 n. 914, 225, 230, 239, 239 n. 1010, n. 1014, 246, 251, 255 nn. 1044–45, n. 1048, 260, 261, 261 nn. 1092–95, 262, 264, 264 n. 1108, 272–73, 275, 282, 295, 295 n. 1265, 304
7 8 61
7 15 262 n. 1099
7 21 83 n. 290, 212 n. 912, 213 n. 914, 214 n. 917, 225, 235 n. 981, 236, 237 n. 992, 239, 239 n. 1010, 244 n. 1014, 246, 251, 251 n. 1027, 255 n. 1052, 256 n. 1055, 260, 260 n. 1085, 263, 264, 264 n. 1108, 266 n. 1125, 268 n. 1145, 270 n. 1157, 271 n. 1164, 278 n. 1197, 279 n. 1202, 282
7 22 212 n. 912, 213 n. 914, 214 n. 917, 225, 235 nn. 980–81, 236, 237 n. 992, 239, 239 n. 1010, 244 n. 1014, 246, 251, 251 nn. 1026–28, 255 n. 1044, n. 1049, 256 n. 1055, 260, 260 n. 1085, nn. 1088–89, 263, 264, 266 n. 1125, 268 n. 1145, 270 n. 1157, 271 n. 1164, 278 n. 1197, 282
7 23 212 n. 912, 213 nn. 914–15, 225, 230, 239, 243, 239 nn. 1011–12, 244 n. 1014, 246, 251, 251 n. 1027, 255 n. 1053, 260, 264, 268 n. 1145, 274 n. 1180, 282
7 24 212 n. 912, 213 n. 914, 225, 230, 239, 239 n. 1010, 246, 255 n. 1050, 261 n. 1091, 268 n. 1145, 272, 272 n. 1168, 279 n. 1202, 282
7 25 212 n. 912, 213 n. 914, 225, 230, 235 n. 981, 236, 237 n. 994, 239, 239 n. 1010, 244 n. 1014, 246, 251, 251 nn. 1026–27, 255 nn. 1044–46, n. 1048, 260, 263 n. 1103, 264, 266 n. 1125, 268 n. 1145, 269, 269 n. 1152, 271, 271 n. 1164, 279 n. 1202, 282
7 26 212 n. 912, 213 n. 914, 225, 230, 235 nn. 980–81, 236, 237 n. 993, 238, 239, 243, 239 n. 1012, 255 n. 1050, 264 n. 1110, 266 n. 1125, 267 nn. 1126–30, 270 n. 1157, 277 n. 1191, 282
7 27 212 n. 912, 213 n. 914, 225, 230, 235 nn. 980-981, 236, 239, 239 n. 1010, 246, 255 n. 1044, nn. 1048–49, 260, 264 n. 1108, 266 n. 1125, 268 n. 1145, 270 n. 1157, 282
7 32 262 n. 1099
7 33 268 n. 1145
7 34 268 n. 1145
7 35 264 n. 1108
7 51 60 n. 200
7 52 60 n. 200
7 53 60 n. 200
7 54 60 n. 200
7 74 11 n. 33
7 79 159 n. 677

Babilonia

B.143 + B.227 10 n. 31, 136 n. 556, 137, 183 n. 795, 212, 213 n. 913, 215 n. 920, n. 922, 216, 223, 231, 240, 242, 247, 253, 277, 283,

289, 289 n. 1235, 290, 290 n. 1244, 291, 302 n. 1297, 303 n. 1301

Tell Imliḥiye

BaM 13/1 143, 212, 212 n. 912, 213 n. 914, 223, 225, 231, 235 n. 980, n. 982, 236, 237 n. 992, 238, 239, 242, 246, 255 n. 1050, 266 n. 1125, 278, 279 n. 1202, 282, 289, 290 n. 1242

Dūr-Kurigalzu

DK
4 60 n. 200
5 60 n. 200

DK_3-
11 159 n. 677
9 159 n. 677
DK_4-28 159 n. 677

Ḫana

RBC 779 83 n. 295, 85, 92, 101 nn. 388–89, 306 n. 1304

ZA 79 229 n. 968

Procedencia desconocida

P 88 63, 67, 67 n. 237, 68, 77

Fuentes post-casitas

BBSt 30 270 n. 1155, 271 n. 1164
IB 1018a 243 n. 1009
UM 29-15-598213 n. 913, 242 n. 1009, 243 n. 1009

ÁMBITO MESOASIRIO

Aššur

KAJ
1 33 n. 97, 85, 86 n. 303, 89, 90 nn. 316-317, 91 n. 321, n. 324, n. 329, 92 n. 332, n. 335, 93 n. 337, n. 340, 93 n. 341, 94, 94 n. 345, 99 n. 373, 100 n. 381, n. 387, 101, 101 n. 389, n. 391, 104, 104 nn. 405–6, 107 n. 422, 108 n. 426, 110, 110 n. 441, 111 n. 447, 112, 112 n. 448, n. 450, n. 453, 114, 114 n. 465, 120 n. 490
2 33 n. 97
3 33 n. 97, 83 n. 292, 87 n. 306, 92 n. 331
4 33 n. 97, 94 n. 345, 99 n. 373
5 33 n. 97
6 33 n. 97, 85, 86 n. 303, 89, 90 nn. 316–17, 91 n. 322, n. 326, 92 n. 330, 104, 104 nn. 405–6, 107 n. 422, 108 n. 426, 111, 111 n. 442, 120 n. 490
36 108 n. 426
54 108 n. 426
147 229 n. 968
155 108 n. 426
167 299 n. 1287
169 296 n. 1269
170 296 n. 1269
180 21 n. 65, 141, 150 n. 624, 151 n. 629, 154, 154 nn. 635–41, 185 n. 803, 200 n. 869
251 151 n. 629

LAM
21 30, 30 n. 89, 43 n. 143
43 73, 78, 78 n. 274, 119 n. 489
50 30, 30 n. 89, 43 n. 143
51 30, 30 n. 89, 43 n. 143
52 30, 30 n. 89, 43 n. 143
53 30–32, 41, 43, 43 n. 143, 57, 308, 312, 318
LAM C
2 296 n. 1267
3 296 n. 1267
MKGH 4 32, 33 n. 97, 34, 34 n. 106, n. 108, 45, 48, 50, 53, 307–8, 312
VAS
1 106 271 n. 1160
1 108 271 n. 1160
1 109 271 n. 1160
19 57 154 n. 648

Ḫarbe

92.G.127 21 n. 65, 135, 136 n. 552, 151 n. 629, 154, 154 nn. 643–44, n. 646
92.G.172 21 n. 65, 135, 151 n. 629, 154

Kār-Tukultī-Ninurta

VAS 21 6 (VAT 18087+) 67 n. 236, 76 n. 269, 140 n. 572

ARCHIVOS MITTANIOS

Nuzi

AASOR
16 32 242 n. 1006
16 33 86 n. 302
16 39 108 n. 429, 143 n. 586, 204
16 42 242 n. 1006
16 73 273 n. 1174
16 95 103 n. 398
16 96 103 n. 398
BM
17600 143, 180 n. 781, 217, 217 n. 931, 218 n. 932, n. 934, n. 936, 223, 227, 231, 233, 240, 248, 257 n. 1062, 265 n. 1112, 267 n. 1127, 269 n. 1151, 279, 179 n. 1206, 281, 282, 283
80388 84, 86 n. 302, 88, 90 n. 316, 91 n. 321, n. 324, 91 n. 329, 96, 106, 106 n. 417, 107 n. 424, 110, 110 n. 438, 115, 116 n. 471
C-8 101, 101 n. 391
EN 9/1 409 143, 217, 217 n. 931, 218 n. 932, n. 934, 223, 226, 231, 234 n. 977, 235 n. 983, n. 986, 236, 237 n. 994, 240, 242, 242 n. 1006, 248, 251 n. 1025, 257 n. 1063, 264, 265, 272, 273, 279, 283
EN 9/2 299 65, 65 n. 231, 67, 218 n. 931
G 12 143 n. 586
HSS
4 3 160 n. 687
5 2 102 n. 397
5 4 251 n. 1025
5 7 84, 86 n. 302, 88, 90 n. 316, 91 n. 321, n. 324, 92 n. 330, n. 332, 93 nn. 338–39, n. 341, 94 n. 344, 98 n. 373, 100 n. 381, 100 n. 386, 101, 101 n. 398, n. 391, 103, 107 n. 422, 108 n. 426, 110, 110 nn. 436-438, 111 n. 446, 112, 112 n. 448, n. 451, nn. 454–55, 114 n. 463, 120 n. 490, 129 n. 535
5 13 217 n. 926
5 16 217 n. 926
5 21 100 n. 386
5 30 102 n. 397

5 46 100 n. 386
5 47 102 n. 397
5 48 102 n. 397
5 49 102 n. 397
5 52 273 n. 1174
5 56 86 n. 305
5 57 64, 67, 84, 86 n. 302, 87 n. 309, 88, 90 n. 316, 91 n. 321, n. 324, 92 n. 330, 94 n. 344, 98, 98 n. 373, 99, 99 nn. 375–77, 101 n. 394, 105 n. 413, 107 n. 422, 108 n. 426, 110 n. 436, 111 n. 446, 112, 112 n. 448, n. 455, 114 n. 463, 115 n. 470, 116 n. 472, n. 475, n. 478, 119 n. 486, n. 488, 120 n. 490, 143, 143 n. 587
5 59 102 n. 397
5 60 92 n. 333, 99 n. 374, 100 n. 386, 101, 101 n. 389, n. 391
5 62 102 n. 397
5 67 64, 84, 86 n. 302, 87–88, 90 n. 316, 91 n. 321, n. 324, 92 n. 330, n. 332, 93 n. 337, n. 339, n. 341, 94 n. 344, 98 n. 373, 100 n. 386, 101, 101 n. 389, n. 391, 102 n. 397, 105 nn. 412–13, 107 n. 422, 108 n. 426, 111 n. 446, 112 n. 448, nn. 451–52, 114 n. 464, 119 nn. 486–87, 120 n. 490
5 71 100 n. 386
5 72 100 n. 386, 102 n. 397
5 74 103 n. 398
5 77 100 n. 386
5 96 102 n. 397
5 99 100 n. 386
9 21 217 n. 925
9 24 100 n. 386, 143 n. 586
9 25 229 n. 966, 269 n. 1148
9 96 269 n. 1148
9 100 251 n. 1025
9 110 217 n. 925
13 161 217 n. 925
13 165 170 n. 726, 171 n. 733
13 227 170 n. 727
14 102 171 n. 733
15 247 155 n. 650, 170 n. 730, 171, 171 n. 734
16 234 171 n. 733
16 384 118 n. 484
19 5 100 n. 386
19 6 100 n. 386
19 22 84
19 37 86 n. 302, 87 n. 309, 88, 88 n. 312, 90 n. 316, 91 nn. 321–22, nn. 324–25, 92 n. 330, n. 334, 93 n. 337, n. 339, n. 341, 94 n. 344, 98 n. 373, 99, 99 nn. 375–77, 100 n. 381, n. 386, 101 n. 389, 105 n. 412, 107 n. 422, 111 n. 446, 112 n. 448, n. 451, 114 n. 463, 115 n. 470, 116 n. 472, n 473, n. 478, 120 n. 490, 123
19 43 84, 84 n. 297, 86, 86 n. 302, 88, 90 n. 316, 91 n. 321, n. 324, n. 328, 94 n. 344, 98 n. 373, 99, 103 n. 401, 107 n. 425, 108, 108 n. 428, 120 n. 490, 230 n. 970
19 45 64, 67, 83 n. 292, 84, 86 n. 302, 87 n. 309, 88, 88 n. 312, 89 n. 313, 90 n. 316, 91 n. 321, 91 n. 324, 91 n. 328, 94 n. 344, 98 n. 373, 103 n. 398, 105 n. 413, 107 n. 422, 111 n. 446, 112, 112 n. 454, 113 n. 457, 114 n. 463, 116 n. 475, 119 n. 486, n. 488, 120 n. 490
19 46 100 n. 386
19 50 100 n. 386, 101, 101 n. 391
19 51 64, 67, 85, 86 n. 302, 87 n. 309, 88, 88 n. 312, 89 n. 313, 90 n. 316, 91 n. 321, n. 324, n. 328, 92 n. 332, 93 n. 337, n. 339, n. 341, 99, 99 nn. 375–76, 100 n. 381, n. 386, 101, 101 n. 391, 103 n. 398, 105 nn. 412–13, 107 n. 422, 110, 113 n. 457, 116 n. 470, nn. 472–74, n. 478, 119, 119 nn. 486–87
19 56 99 n. 374
19 75 63, 64, 67
19 76 63, 67

19 86 51, 64, 64 nn. 223–24, n. 226, 67, 69, 69 nn. 244–45, 77–78, 79, 242 n. 1003, 313, 319
19 88 63, 65 n. 226
19 89 65, 65 nn. 229–30
19 115 143, 155, 217, 217 n. 929, 218 nn. 935–36, 223, 226, 231, 233, 235 n. 983, 236, 237 n. 994, 240, 248, 257 n. 1062, 264, 265, 265 n. 1113, 267 n. 1133, 279, 279 n. 1205, 283
19 125 143, 155, 217, 217 n. 931, 218 nn. 933–34, 223, 226, 231, 234 n. 977, 235 n. 983, n. 986, 236, 237 n. 994, 240, 248, 251 n. 1025, 257 n. 1063, 264, 265, 265 nn. 1113–14, 269 n. 1148, 279, 279 n. 1204, 283
19 134 51 n. 171, 64 nn. 225–26, 69 nn. 244–45, 313, 319

JEN
11 257 n. 1065,
76 217 n. 925
79 270 n. 1158
89 63
115 269 n. 1148
139 96 n. 357
166 100 n. 386
179 269 n. 1148
213 217 n. 925
218 108 n. 426
280 269 n. 1148
403 216 n. 925
437 63, 65, 65 nn. 227–29, 67–68, 77, 144, 144 nn. 588–90, 204
467 242 n. 1006
482 103 n. 402
488 242 n. 1006
515 229 n. 966
571 84, 86 n. 302, 88, 90 n. 315, 91 n. 321, n. 324, n. 329, 94 n. 344, 95, 97, 97 nn. 361–62, 98, 98 n. 373, 101 n. 394, 103 n. 398, n. 400, 106, 106 nn. 414–15, 107 n. 422, 109 n. 430, 115, 115 n. 468, 120 n. 490, 130 n. 538, 143, 143 n. 587
572 64, 67, 84, 86 n. 302, 88, 90 n. 316, 91 n. 321, n. 324, n. 328, 94 n. 344, 95, 95 n. 354, 97, 97 n. 366, 98 n. 373, 101 n. 394, 103, 103 n. 400, n. 402, 105, 105 nn. 410–11, n. 413, 106, 106 nn. 415–16, 107 n. 422, 108 n. 426, 109 n. 431, 110, 110 n. 440, 111, 111 n. 446, 112 n. 448, n. 451, 113, 113 n. 458, 114 n. 463, 115, 115 n. 469, 116 n. 475, 117, 117 n. 482, 118, 118 n. 484, 119, 119 n. 486, nn. 488–89, 120 n. 490, 128, 128 n. 528, 130, 130 n. 538, 143, 143 n. 587, 164, 164 nn. 700–701, n. 704, 166 n. 712, 319
637 229 n. 966
673 108 n. 427
677 103 n. 402
1028 108 n. 427
1118 108 n. 426

RA 23 54 269 n. 1148

SMN
347 108 n. 427
3610 251 n. 1025

YBC 5143 143, 217, 218 n. 935, 223, 227, 231, 234 n. 978, 235 nn. 983-985, 236, 236 n. 988, 237 n. 989, n. 994, 240, 244 n. 1017, 248, 257, 257 nn. 1063–64, 258 n. 1072, 263 n. 1105, 264–65, 266 n. 1124, 279, 281 n. 1217, 282–83

Alalaḫ

AlT
66 219 n. 938, 296 n. 1270
67 219 n. 938, 296 n. 1270
68 296 n. 1270
69 143, 155 n. 651, 218, 223, 227, 229, 231, 232 n. 972, 241, 249, 257, 265, 265 n. 1116, 267 n. 1132, 280, 284, 296 n. 1270

70 155 n. 652, 218, 227, 229, 231, 232 n. 972, 241, 249, 254, 257, 257 n. 1065, 259, 265, 267 n. 1125, n. 1132, 280, 280 n. 1211, 281 n. 1217, 284, 296 n. 1270
71 296 n. 1270
75 274 n. 1180, 296 n. 1270
87 66 n. 235
91 66 n. 235
92 257 n. 1065

Tell al-Faḫḫār

IM 70826 270 n. 1158

SIRIA

Emar

ASJ
10/A 146
10/E 143, 221, 221 n. 951, 223, 227, 230 n. 970, 231, 232 n. 973, 233, 241, 245 n. 1018, 248, 258 n. 1067, 265, 265 n. 1119, 265 n. 1122, 281, 281 n. 1215, 284, 296 n. 1271
AuOr
5/11 137, 142, 221, 223, 227, 230 n. 970, 232, 233, 241, 249, 265, 265 n. 1122, 284
5/12 296 n. 1271
AuOrSI 41 143 n. 586
E6
7 143, 221, 223, 227, 230 n. 970, 231, 232 n. 973, 233, 240, 245 n. 1018, 248, 255 n. 1042, 258 n. 1069, 265, 265 n. 1119, 265 n. 1122, 267 n. 1127, 276 n. 1183, 280, 281 n. 1217, 283, 296 n. 1271
35 296 n. 1271
79 296 n. 1271
83 143, 219, 227, 230 n. 970, 231, 232 n. 973, 233, 240, 241 n. 1003, 245 n. 1018, 248, 254, 254 n. 1040, 254 n. 1041, 258 n. 1067, 265 n. 1117, 267 n. 1134, 269 n. 1147, 281, 283, 286 n. 1226, 296 n. 1271, 303
84 296 n. 1271
91 85, 86 n. 304, 87 n. 311, 89, 90 n. 316, 91 nn. 323–24, n. 328, 100, 107 n. 425, 113 n. 457, 143 n. 586, 164 n. 703
118 137, 142, 221, 223, 227, 231, 240, 248, 265, 265 n. 1122, 284, 296 n. 1271
124 66, 67
181 94 n. 349
205 145, 230 n. 970, 286 n. 1224
211 220–21, 227, 231, 240, 248, 254, 254 n. 1039, 258 n. 1076, 281 n. 1214, n. 1217, 284, 296 n. 1271, 303 nn. 1299–1300, 317
212 142, 220–21, 254 n. 1039
214 254 n. 1039, 296 n. 1271
215 230 n. 870, 254 n. 1039
216 66–68, 70, 70 n. 249, 78–79, 174 n. 748, 208, 208 n. 908, 219–20, 254, 266, 272–73, 273 n. 1177, 276 n. 1183, 280 n. 1213, 299 n. 1287, 310, 310 n. 1307, 313, 319
217 66–67, 142, 146, 164, 165, 166 n. 712, 174, 175, 175 n. 754, 186 nn. 804–5, 187, 208, 219, 220, 220 n. 943, n. 945, 227, 230 n. 970, 231, 232 n. 973, 233, 240–41, 242 n. 1003, 245 n. 1018, 248, 254, 254 n. 1039, 258 n. 1068, 265 n. 1118, 266, 266 n. 1123, 267 n. 1135, 272–73, 273 n. 1178, 276 n. 1183, 280, 280 n. 1213, 284, 286 n. 1226, 288 n. 1234, 290, 290 n. 1246, 290 n. 1247, 296 n. 1271, 299 n. 1287, 303, 310, 319

218 33 n. 101, 66, 219–20, 241 n. 1000, 242 n. 1003, 276 n. 1183, 299 n. 1287
219 33 n. 101, 66, 219–20, 241 n. 1000, 242 n. 1003, 276 n. 1183, 299 n. 1287
220 33 n. 101, 66, 219–20, 241 n. 1000, 242 n. 1003, 276 n. 1183, 299 n. 1287
224 254 n. 1039, 274 n. 1180, 296 n. 1271
256 35–36, 36 nn. 110–12, 37, 45, 45 n. 153, 48, 48 n. 165, 49-50, 57, 85, 86, 86 n. 304, 87, 87 n. 308, n. 310, 89, 90 n. 315, 90 n. 316, 91 n. 323, n. 327, 91 n. 329, 96, 96 n. 359, 106 n. 418, 107, 113, 113 n. 461, 114 nn. 461–62, n. 466, 122–123, 129 n. 536, 130, 311–12

Hir
17 230 n. 970, 296 n. 1271
18 230 n. 970, 296 n. 1271
20 143, 221, 223, 227, 231, 232 n. 973, 241, 245 n. 1018, 248, 258, 258 n. 1070, 265, 265 n. 1120, 267 n. 1127, 279, 281, 284
29 104 n. 409
36 146
40 296 n. 1271
Iraq 54/5 296 n. 1271
JCS 40/1 296 n. 1271
RAI
47/1 101 n. 390
47/2 66 n. 235
RE
6 66 n. 235
26 87 n. 307
28 83 n. 291
61 66 n. 235, 146
67 146
76 66 n. 235
82 85, 85 n. 299, 86 n. 304, 89, 90 nn. 316–17, 91 n. 322, n. 324, n. 328, 94, 96 n. 358, 100 n. 381, 107 n. 423, 113, 113 n. 456, nn. 459–60, 114 n. 466, 129 n. 535, 269, 269 n. 1147
Subartu 17 35, 37, 38 nn. 122–23, 39, 39 n. 130, 48, 53, 312
TBR
21 104 n. 409
26 230 n. 970
42 104 n. 409
43 101 n. 390
52 230 n. 970, 269 n. 1147, n. 1271
72 101 n. 390
77 85, 86 n. 304, 89, 90 n. 316, 91 n. 322, n. 324, n. 328, 94, 94 n. 349, 100, 104, 104 nn. 407–8, 105, 107 n. 423, 114, 114 nn. 461–62, n. 466, 120 n. 492, 269

Ugarit

KTU
1.17 98 n. 373
4.102 141, 141 n. 580, 142, 155, 310, 316
PRU 6 69 260 n. 1084
RS
16.145 229 n. 968
16.151 66 n. 235
16.344 81 n. 279
17.155 69 n. 244
25.134 81 n. 279

Ekalte

MBQ-II
37 104 n. 409
37/40 66 n. 235
57 296 n. 1271
61 296 n. 1271
85 296 n. 1271

Tuttul

KTT 382 19, 219, 219 n. 939, 221, 223, 227, 232, 232 n. 971, 232 n. 973, 233, 233 nn. 975–76, 241, 249, 258 n. 1067, 265 n. 1121, 281, 284

AMARNA

EA
75 301 n. 1295
81 301 n. 1295
85 301 n. 1295
90 301 n. 1295

ÁMBITO HITITA

LH
17 42 n. 142
18 42 n. 142

FUENTES NEOBABILÓNICAS

2 NT 301 243 n. 1009
BWL 74 259 n. 1084
CT
22 110 259 n. 1084
22 144 195 n. 844
CTMMA III 53 165 n. 710
EAH 197 124 n. 510
MVAG 21 86 259 n. 1084
Nbk
346 178 n. 771
439 33 n. 101, 35, 48, 50, 50 n. 171, 52 n. 180, 55 n. 188
Nbn
33 195 n. 844
349 160 n. 686
544 160 n. 686
626 203 n. 889
990 49 n. 168
OIC 114 83 165 n. 710
PSBA 9 53 n. 180
VAS
5 56 53 n. 181
6 116 49 n. 168, 50, 50 nn. 168–69
7 91 228 n. 961
20 42 195 n. 844
22 6 295 n. 1265
22 20 295 n. 1265
YOS 6 216 158 n. 664

FUENTES NEOASIRIAS

ABL 308 74 n. 261
ADD 1099 228 n. 962
CT 13 42 47 n. 163, 49
LKA 9 43 n. 145
ND 2082 237 n. 994
StAT
3 16 19 300 n. 1292
3 16 72 300 n. 1292
3 16 76 300 n. 1292
TCL 9 57 150 n. 624
VAT 9762 297 n. 1273

FUENTES POSTERIORES

AQUEMÉNIDAS

Cyr 287 195 n. 844
NRVU 96 178 n. 772

HELENÍSTICAS

TCL 13 248 178 n. 773

TALMUD BABILÓNICO

Nidaah 45a 78 n. 275

ANTIGUO TESTAMENTO

Gn
17 205 n. 898
37 202 n. 881
Ex
1 49 n. 166
2 48 n. 163, 49 n. 166, 53 n. 183
21 202, 297 n. 1274, 300 n. 1289, 301 n. 1293
22 268 n. 1143
Lev
25 300 n. 1289
27 75 n. 265, 298 n. 1279
Dt 15 297 n. 1274, 300 n. 1289
Jc 16 200 n. 867
2 R
4 301 n. 1294
25 200 n. 867
Ez 16 47 n. 161, 49 n. 166

AUTORES CLÁSICOS

Estrabón, *Geografía* 56 n. 191
Diodoro Sículo, *Bibliotheca Historica* 56 n. 191
Flavio Josefo, *Antigüedades judías* 53 n. 183
Flavio Josefo, *Contra Apionem* 43 n. 144

www.ingramcontent.com/pod-product-compliance
Lightning Source LLC
Chambersburg PA
CBHW050849300426
44111CB00010B/1187